▼基辛格在哈佛大学时。

▼1971年7月，周恩来总理会见秘密访华的美国总统国家安全事务助理基辛格。

1.1971年7月，基辛格秘密访华后返回美国，尼克松乘车到专机边迎接。

2.1974年5月，基辛格和南茜。

3.1972年2月，美国总统尼克松对中国进行为期一周的访问。图为毛泽东、周恩来会见尼克松（右二）、基辛格（右一）。

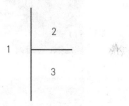

2
1 ——————
3

1	3
2	4

1.1974年，中国副总理邓小平、外交部长乔冠华在北京与美国国务卿基辛格举行会谈。

2.1975年，基辛格和埃及总统萨达特。

3.1975年4月28日，美国总统福特在白宫的椭圆形办公室会见国务卿基辛格及副总统纳尔森·洛克菲勒，讨论美军撤出越南西贡（现胡志明市）事宜。

4.1976年，英国外交大臣安东尼在伦敦的家接见基辛格。

1.1976年3月3日，美国国务卿亨利·基辛格。
2.1985年，邓小平在北京会见基辛格。
3.1983年，英国首相撒切尔和基辛格。

```
      1
  ————————|
          | 3
      2
```

▲1987年9月3日上午，邓小平在人民大会堂会见亨利·基辛格。
▼2001年，布什请出基辛格组建独立委员会调查"9·11"事件。

基辛格

KISSINGER ALFRED HENRY

大国博弈的背后

[美]沃尔特·艾萨克森 Walter Isaacson◎著

刘汉生等◎译

国际文化出版公司

·北京·

图书在版编目（CIP）数据

基辛格：大国博弈的背后/（美）沃尔特·艾萨克森著；刘汉生等译. –北京：
国际文化出版公司，2012.7
ISBN 978–7–5125–0364–9

I.①基… II.①艾… ②刘… III.①基辛格，H.A. –传记
IV.①K837.127=6

中国版本图书馆CIP数据核字（2012）第109723号

著作权登记号　图字：01–2012–2947号

基辛格：大国博弈的背后

作　　者	（美）沃尔特·艾萨克森
译　　者	刘汉生等
责任编辑	李　璞
统筹监制	葛宏峰　古　雪
策划编辑	吴　静
美术编辑	徐燕南
市场推广	刘　菲
出版发行	国际文化出版公司
经　　销	国文润华文化传媒（北京）有限责任公司
印　　刷	北京市通州富达印刷厂
开　　本	710毫米×1000毫米　　16开
	38.25印张　　　510千字
版　　次	2012年7月第1版
	2012年7月第1次印刷
书　　号	ISBN 978–7–5125–0364–9
定　　价	59.80元

国际文化出版公司
北京朝阳区东土城路乙9号　　邮编：100013
总编室：（010）64270995　　传真：（010）64271499
销售热线：（010）64271187　64279032
传真：（010）84257656
E–mail：icpc@95777.sina.net
http://www.sinoread.com

前言 1
基辛格的现实主义和当今的理想主义

在亨利·基辛格离任30年后，他仍然以奇妙的方式影响着美国公众的想象力和国家的外交政策。他持久的影响力和盛名是当代所有政治家都无法比拟的。

基辛格不仅是全球最负盛名的外交政策专家，也是全球私营企业和政治领导人推崇的顾问。他的声音是媒体的常客，他的名字时常出现在学术论文上。

他的智慧在一定程度上奠定了基辛格长盛不衰的卓绝地位，即使他的反对者在这一点上也没有异议。

当今世界，政治讨论常常出现两极化、党派化，或者被电视热卖的内容所左右。可是，即使和基辛格意见相左的人士，也会被他精准、细致、深刻和理智的尖锐论点所折服。

描写基辛格的回忆录之所以不同凡响，在于他的文章和观点结合了历史公理和具有时代感的深度分析。

现在全球政治不再是过度简单化的冷战时代。基辛格理解问题的方式和强调大国之间力量均衡的理论变得更加有现实意义。

同样，他对全球相关性的判断，也就是说，在这个地球上一个角落里发生的事情会影响到另外一个角落的人们，在纷杂的全球化时代背景下显得日趋重要。

但是，和基辛格政坛常青树的地位相对的是，他一直和政府职位保持着距离。

自从基辛格在福特政府末期离开政府职位到两任大、小布什政府的32年期间，一共有三位共和党总统，在任时间长达20年。

但是没有任何一位总统任命基辛格以政府高位，这是为什么呢？

这个答案既和共和党内以及国家的政治变动有关，也和基辛格本人有关。

基辛格代表了保守国际主义。保守国际主义大部分根源于现实主义、现实政治、讲究力量平衡和实用主义。

在此书中，我谈到过对基辛格最有危害的反对者们并非是左翼鸽派或者自由民主派，而是新保守派或者具有极度意识形态的共和党人。这些人从扩张、价值观、道德和情感为基础看待美国在全球事务上的冲突。

这本书的读者将看到，罗纳德·里根总统成为了基辛格在意识形态领域最致命的对手。

尽管里根总统在很多观点上和基辛格达成一致，但是他最终将基辛格赶出了他的政府。

特别是里根总统在外交政策上的方针——参与争取自由运动而并非是基辛格所提倡的寻求力量之间的平衡稳定——定义了共和党人的观点。

这个方针在小布什政府执政期间，特别是2001年的"9·11"事件之后变得更加清晰。

一些基辛格派的现实主义者们，特别是布伦特·斯考克罗夫特（Brent Scowcroft）和劳伦斯·伊戈尔博格（Lawrence Eagleburger），公开质疑扩张型的外交政策。基辛格也对此颇有疑虑，但是他将疑虑用不明显、细致和微妙的方式表达出来。

他这样做有两个原因。

第一，基辛格的观点，始终带有细微的变化。在处理伊拉克和中东地区的复杂问题上，基辛格表现的十分微妙，充满智慧，有时候即使态度有些保留，也是先见之明举。

这个世界是一个复杂和危险的世界，作为一个分析家，基辛格的长处在于他从不将事情过度简单化（他的弱点是融入更多意识形态保守力量）。

另外，他本能地反对公开挑战当权者。

这一观点在保守共和党人执政时期表现得十分明显。执政者对基辛格的意识形态持不信任的态度，这种不信任导致了他被排挤在政权之外。

这使我联想到这本书讨论的核心话题，这一话题在当下更有讨论的价值。

我认为基辛格是极少数一手打造美国外交的现实主义者（和理想主义者相

对应）。在国与国的力量均衡上，基辛格是一位大师。他天生就能感觉到力量的平衡和范围，以及和现实政治的关系。

基辛格出色地创造了美国、俄罗斯（指苏联。——编者注）和中国之间的三角结构，在南越瓦解后打造了美国的国家实力和在全球的影响力。

基辛格会将理想主义价值观称之为理想主义情感，他不理解在公开的民主体制下这一价值观在国内外发挥的作用。

他也不认同理想主义价值观。我认为，美国民主体制的公开透明和混乱局面对外交政策来说是优点，而并非弱点。

因为在尼克松的黑暗政治下，基辛格太喜欢，同时也十分依赖于在黑暗下的秘密操作。

当这本书最初付梓的时候，基辛格并不十分认可，即使我曾经采访过他许多次。他感到惊讶的是保守派对他的批评多于自由派。我在猜想，像基辛格这样很爱面子的人，如果诺贝尔和平奖关于他的引言中，或者他的传记中正面评价太少，他很有可能会在看后大发雷霆。

这本书问世后的一段时间里，基辛格没有和我说过话。后来我成为《时代》周刊的执行主编。在我们杂志的一次封面人物的年度晚会上，基辛格被邀请到场。他打电话给我："你好！沃尔特，即使30年战争都有结束的时候。我原谅你了。"（他允许他忠实和聪明的夫人南茜支持百年战争）。从那以后，我和基辛格在很多项目上一起工作，包括阿斯本研究院主持的中东问题。

我们最近的几次谈话中，基辛格着力强调可持续的外交政策所发挥的作用。对他来说，国家之间的利益和交易之中一定要有一个力量平衡，这个平衡一定要在理智的情况下才能发挥最大的作用。

想全面理解这一观点，读者可以阅读基辛格撰写的关于他在白宫期间的一些著作。最著名的一本是1994年出版的大部头著作《大外交》。

此书挖掘了历史上外交政策中的力量均衡，包括现实主义和理想主义。从红衣主教黎塞留，现实主义者西奥多·罗斯福到理想主义者伍德罗·威尔逊。

基辛格是一个欧洲的难民，从小读的梅特涅远远多于托马斯·杰斐逊，这使得他的著作倾向于现实主义的阵营。

"世界上没有任何一个国家宣称国际领导地位是建立在利他主义上的。"基辛格在此书中写道。

有些美国人持有这个观点是因为骄傲，但是当基辛格这么说的时候，他的态度更像是一个人类学家在观察一个持续混乱的部落仪式。

基辛格指出，将外交政策建立在理想主义而并非国家利益的基础上会将一个国家置于一个危险的，难以预测的境地。

从《大外交》和他的过去20年间其他著作和看法上来说，基辛格成为了继西奥多·罗斯福后，在美国所有政治家中，最极力推崇现实主义和普鲁士式现实政策在国际事务中发挥作用的倡导者。

如果说乔治·肯南奇特将浪漫主义和现实主义结合在一起的思想形成了美国在冷战后的外交立场，基辛格强调国家利益，弱化道德情感的思想则定义了美国处理在苏联解体后复杂国际事务的框架。

在《大外交》的结束语中，基辛格这样写道："美国理想主义仍然像以往一样占主导地位，甚至更强大。但是在新世界的秩序中，理想主义需要为此提供一个信念，这个信念能够让美国在并不完美的世界中那些模糊不清的纷繁选择中坚持下来。"

事实上，自从本·富兰克林在法国施行了力量均衡的政策并借此机会展示美国优秀的价值观以来，美国的理想主义和现实主义一直交织进行着。

从门罗主义到"天赋使命观"到马歇尔计划，美国的国家利益总是和其观念联系起来。在冷战时期通过美国的道德运动和国家安全方面的努力得到了明显的表现。

基辛格意识到，美国的外交政策在当时需要实现力量均衡，以价值观为基础的理想主义是实现力量均衡十分重要的一部分。

但是，我始终相信，美国70年代的力量均衡理论更多地被政府秘密和暗箱操作所扭曲。而有些时候，这些策略在一个民主国家对于现实外交看起来是必要的。

1999年出版的基辛格自传里，在第三卷中的福特时代（在我这本书面世之后），基辛格一直在捍卫这个观点，而并非否认这个倾向。

"美国必须用国家利益来缓和其传教士的精神，要用头脑而不是心灵去定义它对世界的责任。"他说。

即使基辛格的如上结论是在克林顿政府时期得出的，也可能是在其接下来的布什政府得到运用。

基辛格的现实主义，在70年代时期成功地打造了一个稳定的框架，却没有维持到政治范围的终结。在一个民主政权里，他的现实主义和保持国际关系的情绪并不协调，这也导致了不正常的一些秘密行动。

　　但是如今，我们应该从另外一面来看待美国外交政策：我们是否过于倾向于理想主义的方向？我们是否需要更多基辛格的现实主义和基辛格式的精巧？国家积极宣扬自由的外交方针一直被一种道德使命和征服精神所驱使，是否我们现在需要增加一些小心翼翼、实用主义、现实主义和冷静计算国家利益，以及我们的传统保守主义。

　　为了回答这些问题，我认为我们必须认识到基辛格所持有的保守现实政治传统发挥的重要作用，认识到他40年来和情感理想主义，包括大力倡导的新保守主义和讲究道德的自由主义所作出的斗争。

　　了解基辛格本人和他对全球变化的观点在越南战争后以及冷战后十分重要，这一点在现在也是如此。

沃尔特·艾萨克森

于华盛顿

前言 2

当教授时，我认为历史是由非人性的力量推动的。但当你实实在在看着它
前进时，你会发现人格力量给历史演进带来的巨大不同。

——基辛格，1974年

父母将仅剩的几件允许带出德国的行李打好包，15岁的眼镜少年独自伫立
在墙角，回想着这里曾经上演的点点滴滴。他是个书虫式的和多思的男孩，
带着一种长大懂事后却惨遭迫害时产生的一种自尊自负和不安全感的奇怪结
合。"总有一天我会回来的，"他冲着翻检他们行李箱的海关检查员说道。多
年后，他忆起当年那海关小官是如何看着他，脸上带着"那个时代特有的鄙
夷"，一言未发。

亨利·基辛格没有食言：多年后他确实又多次踏上了巴伐利亚的土地。最初
是作为美军反情报部队官员，后来是知名的国际关系学者，最后则作为享誉时代
的政治巨头。不过他重返故里时，是作为一个美国人而非德国人。基辛格刚一来
到纽约便发现，在这里他不必为了闪躲对面冲过来的非犹太裔的孩子们的殴打而
绕到街对面去走路，从那时起，基辛格便渴望能被看做并被接受为美国人。

他的愿望实现了。当1973年基辛格坐上国务卿宝座时，据盖洛普民调显
示，他成了美国最受欢迎的公众人物。当基辛格在鸡尾酒会上以贵宾身份跳动
外交舞步的时候，他总是成为那些最能抓住国际社会眼球的名流人物之一。基
辛格访问玻利维亚，礼宾官不让玻利维亚总统加入机场的欢迎人群，但固执的

总统竟然隐姓埋名地跑到了机场里头，就为了能亲眼见到基辛格抵达。

但是，基辛格也遭到许多美国公众的鄙视，从自由派知识精英到保守主义活动家，都认为基辛格是个危险的、核战争狂式的权力操纵者，没有任何道德原则。在美国主流外交机构的官僚群体内部，讽刺基辛格也成了一种时尚，即使人们都亲切地称他亨利。美国资深外交家乔治·保尔曾给一家出版社的编辑寄去一份书稿，结果编辑告诉他："里头有个大麻烦。在每一章里，您总是说着说着就停下来奚落一番基辛格。"保尔回复说："编辑先生，请告诉我有没有哪些章节我漏下了，我好再加上些（关于基辛格的）流言蜚语。"

正因为人们对基辛格抱有十分不同的意见，而且往往立场特别坚定，要想写一本关于基辛格的传记，就必须回答一个问题：对基辛格究竟是褒还是贬？这问题很奇怪，写关于亨利·史汀生、乔治·马歇尔甚至迪恩·艾奇逊的传记就不会有这种问题。离开官位多年后，基辛格这个人物仍能引发激烈争议，而且人们在评价基辛格时往往持有鲜明的个人喜好——憎恨或崇拜、厌恶或者敬畏，所有的争论都旗帜鲜明，很少夹杂中立立场。

基辛格风格诡秘，像个变色龙，这些特质使得外界要抓住他在某个问题上的真实色彩变得非常困难，要想得出客观的评价就更复杂了。那些在不同时候和基辛格一同卷入某个重大历史事件的人们——入侵柬埔寨、在海防港布雷、圣诞节轰炸河内、1973年恢复对以色列武器供应等，往往对基辛格如何看待事物有着相互冲突的认知。

这或许解释了为什么大多数讲述基辛格外交政策的著作都持有观点鲜明的或褒或贬的立场，这也是为什么从来没有一本完整的基辛格传记的原因。笔者的目标是写一本能够描绘基辛格所有复杂特性的、不偏不倚的传记，当然，我写得成功与否留给读者去判断。在我看来，基辛格叱咤风云的年代毕竟遥远，逝去的时间已够长，曾经的主角们已走进职业生涯的晚期，他们仍旧保留着历史记忆和私人文件，并且不再受制于保密规定和个人升迁野心，这就使我们能够获得对基辛格的客观评说。

写这本传记并没有得到授权，书出版之前，基辛格并没有去批准甚至了解其中的内容，他也无权去规定我写什么或不写什么。当然，对书里披露的一些东西和作出的判断，基辛格肯定会怀疑，尤其是出于他的自负和敏感，他很可能觉得连自己的回忆录都不足以公正地评价他取得的丰功伟绩。

但是从另一方面讲，这也不是一本未经授权的传记。到最初决定下笔时为止，我和基辛格之间唯一一次联系，是为创作一本有关其他当代美国政治家的著作而进行的采访（书名为《明智之士》）。我决定写他的传记后，出于礼貌，给他写了封信。

基辛格的复信里流露出一丝兴奋。他说，他没法阻止我干这件事情，但是也不想看到我极力推动此事。但当我逐个采访他以前的下属、收集文献资料的时候，我开始察觉到，基辛格的兴趣也越来越大。

书的主题深深地吸引了基辛格。毕竟，他自己从未写过有关尼克松政府之前的回忆录和关于他个人自身的东西，也没有写过其在福特政府任职期间及其后的经历。作为基辛格个性的一部分，他对努力说服别人理解他的言行有一种近乎强迫症般的关注，就好像飞蛾扑火一样，批评者总是对基辛格非常有吸引力。他常常显得急于去转化他们，或至少向他们解释些什么。

所以，当我再次和基辛格交谈的时候，他改弦更张，转而同我充分合作。我们进行了超过两打以上的访谈，我得以接触了大量的公共和私人文件。此外，基辛格还请其家人、前助手、生意伙伴和几位前总统配合我的工作。他甚至帮我找到了他从前的一些敌手。

在创作过程中，我努力不夹杂任何个人偏见，但还是想突出一些主题，希望读者能够体会得到并且感到信服。其中最基本的一点，我相信，就是基辛格对于构造大国博弈和创造新的全球势力均衡有着本能般的天才，但比较而言，在运用美国的民主制度和价值观念在国际关系中创造力量方面，基辛格的才能并不那么强，而制度和价值二者才是美国全球影响力的真正来源。

基辛格有着魅力十足但有时颇具欺骗性的个性——才华横溢、善弄权谋、行事诡秘、对人际关系和细微差别的敏感多虑、嗜于对抗和争权夺利。我所探究的一个问题是，这种个性和作为基辛格政策基础的权力政治、秘密外交之间究竟有什么样的关系。政策根植于个性，正如基辛格从梅特涅那里学到的那样。

基辛格登上权力舞台之时，正值历史发展的各种力量风云激荡的大时代，苏联获得了和美国平起平坐的战略地位，美国在越南狼狈挣扎，而中国正面临结束长达一代人自我封闭的历史渴求。而同时，这也是一个复杂而传奇的英雄人物在世界大舞台上纵横天下、一逞风流的时代，这其中有尼克松、毛泽东和萨达特，也包括基辛格本人。

　　还是年轻学者的时候，基辛格曾这样描述俾斯麦和他所处的时代："这位天才试图通过驾驭国内外相互竞争的各种力量间的敌对和仇视对它们加以遏制，而新秩序则被量身打造成适合他施展拳脚的样式。"这个说法同样适用于基辛格和他所处的时代。而20世纪30年代的德国正好是一个敏感、多才的少年学习所谓"相互竞争的力量和驾驭对抗"的好地方。

第1章 | 童年时代

纳粹时期的菲尔特（1923～1938）

秩序是起点，秩序本身就能带来自由。

——梅特涅

◎巴伐利亚的基辛格家族

一座小小的巴伐利亚村庄洛德尔希（Rodelsee），坐落在沃尔斯堡（Wurzburg）附近，这里的犹太居民里，亚伯拉罕·基辛格的虔诚和渊博的宗教学识是出了名的。他生意做得很成功，每逢星期五，总能在日落前早早打烊，好好地过安息日。不过他担心自己的四个儿子要是投资做买卖大概没法处理好这种事情。于是亚伯拉罕定下规矩：他们要像祖父那样做名教师，以保证能够老老实实地守好安息日。

就这样，亚伯拉罕的四个儿子约瑟夫、梅尔、西蒙和大卫长大成人后离开了洛德尔希（Rodelsee），在临近的德国人村庄建立了一些非常出色的犹太学校。而他们的孩子们——至少有五个，其中包括大卫的长子路易斯·基辛格，后来也当了老师。多年后，路易斯的大儿子又成为一个遥远国度一所知名大学的教员，这个勤奋内向的年轻人在举家逃往美国前，名字一直叫海茵茨。

巴伐利亚的犹太人自公元10世纪定居此地以来，便反复遭受压迫。他们大多是商贾和放债者，对当地经济有所贡献，故此在巴伐利亚许多城镇，犹太人是受到保护的，而一旦王公权贵们脾气变幻无常或民意波动时，他们就会遭到野蛮的放逐。1276年始，犹太人被从巴伐利亚地区驱赶出来，由此掀起的驱犹风潮到1349年黑死病爆发后达到顶峰。及至16世纪，巴伐利亚地区残存的犹太人社区已经寥寥无几。

18世纪初，犹太人开始重返巴伐利亚，大多来自奥地利。其中一些是银行家，被弄回巴伐利亚是为了资助德国打西班牙王位战争，其余都是商人或奶牛贩子。尽管时不时反犹浪潮还会发作，但无论如何，犹太人逐渐在巴伐利亚社会中找回了安全的位置，或者至少看上去是这样。1804年到1813年拿破仑统治期间，颁布了一系列法律，规定允许犹太人上公立学校、参军并享有完全的公民权。此外，犹太人还获得了起族姓的权利。

基辛格家族中第一个启用"基辛格"这个族姓的成员是亚伯拉罕的父亲迈耶（Meyer）。迈耶年轻时曾在沃尔斯堡（Wurzburg）北边的旅游胜地巴德—基辛根（Bad-kissingen）镇定居过。当时，那里居民才1000多人，其中犹太人大概就有180个。后来他搬到洛德尔希（Rodelsee），就是在这里，1817年，迈耶正式择定了迈耶·基辛格这个名字。次年，亚伯拉罕出生了。

亚伯拉罕是迈耶所生的10个孩子里唯一一个活过童年的幸运儿。不但活过童年，这老头儿一直活到81岁，成了一个大家族的族长，有四个儿子——都遵其志愿当上了教师、四个女儿和32个孙子孙女。尽管一家人都是根红苗正的正统犹太人，但这也是个纯粹的德国中产阶级家庭，对这个给予其恩惠和善待的国家充满深深的忠诚。

亚伯拉罕的小儿子大卫·基辛格生于1860年，后来搬到厄尔梅索森（Ermershausen），在那里建了一所小学校，他自己还在犹太人教堂里担任唱诗班的领唱。后来他在沃尔斯堡的犹太神学院任过教。大卫总是衣着得体，被朋友们开玩笑地称为"安息日基辛格"，用以区别他哥哥西蒙，西蒙穿得比较随便，因此便有"平日基辛格"的外号。

大卫和妻子莉娜老练成熟，饱读诗书，是典型的德国人，他们给1887年降生的第一个儿子起了个法国名字——路易斯。路易斯是这对夫妇七个孩子里唯一一个做老师的。

1923年5月27日，他们的第一个孩子来到了世间。

这就是海茵茨·阿尔弗雷德·基辛格。大名叫海茵茨，因为葆拉喜欢。中间名阿尔弗雷德实际上是"亚伯拉罕"的德文变种，就像基辛格的叔叔阿诺的名字一样。小海茵茨从爸爸那儿继承了"Kissus"这个昵称。15年后,海茵茨一家移民到美国,从那时开始,他才取名亨利。

◎年轻的海茵茨

海茵茨·基辛格出生时,菲尔特的犹太人口已经锐减至3 000人。一场全新的压迫犹太人的运动正在德国国内展开:"一战"战败后,极力推崇条顿和雅利安纯正血统的狂热民族主义迅速在国内蔓延开来。犹太人越来越被视为异类,许多社会活动都禁止犹太人参与,包括足球联赛。

即便如此,渐渐长大的海茵茨仍然成为Kleeblatt 11人队的狂热拥趸,11人队1914年刚刚荣膺全国足球联赛冠军。海茵茨不顾父母让他遵守法律的命令,拒绝远离他钟爱球队的比赛。他会偷偷地溜进体育馆,有时候和弟弟沃尔特或者某个朋友一块,假装不是犹太人。基辛格本人后来回忆当时的情形说:"至于风险,最多不过是挨顿揍而已。"

基辛格所说的情况并不是很少见,有一次,他和弟弟在看比赛时被揪了出来,并被一伙孩子暴打了一顿。哥俩不敢让父母知道,就告诉了管家阿姨,阿姨给他们收拾干净,替他们隐藏了这个秘密。

基辛格对足球的热爱远超过他的球技,但丝毫不妨碍他一试身手的能力。在一个尘埃未定的世界里,足球是这个男孩唯一的寄托和发泄途径。基辛格少年时代在菲尔特的朋友、后来移民到芝加哥的保罗·史蒂菲尔(Paul Stielfel)回忆说:"他是我们那帮踢球的孩子里头最小最瘦的一个。"但基辛格缺啥补啥,力量差他就做健身练习。有一年他甚至当选班级足球队的队长,当然更多是因为他的领袖才能而非球技。

菲尔特的犹太人有自己的体育俱乐部。基辛格的同学亨利·基特尔曼(Henry Gitterman)说:"我父亲曾经是菲尔特市市队的队员。犹太人遭到排斥之后,他们就在一家犹太体育俱乐部成立了自己的球队。"设施十分简陋:比赛用地是块插着门柱的土场,体育馆也不过是间旧仓库。不过所有这些却成了他们躲避四处游荡的青年纳粹团伙,远离日益危险的世界的天堂。

年轻的基辛格是个非常争强好胜的家伙。在铺满鹅卵石的后院里,他常和约翰·黑曼（John Heiman，基辛格表亲，曾在基辛格家寄宿五年）一对一单挑。黑曼回忆说："比赛结束时，如果领先，基辛格便不说什么，如果他落后，那么我就得一直陪着踢下去，直到他扳平为止。"

基辛格更擅长的还是伏尔科球（Volkerball），通常是五人一组，各站一边，目标是将球打在对方队员的身上。基辛格喜欢当接球手，即站在对方队员身后，接住队友扔出的球。他后来说："这是我所擅长的为数不多的运动项目之一。"

作为学生的基辛格要远比作为运动员的基辛格出色得多。和父亲一样。他举止颇有学者风度。弟弟沃尔特印象里的哥哥是"书虫一个，性格内向"。儿时伙伴乔希博格（Jochsberger）说她记忆里的基辛格"腋下夹着一本书，总是如此。"母亲感到很担心，怕儿子沉溺书本，不愿面对这个并不友善的现实世界。她后来回忆道："他在退缩，有时候不够外向，因为他掉进书坑了。"

弟弟沃尔特比海茵茨·基辛格小一岁，两人长得像极了，都很瘦，而且都是一头金发，都像父亲那样长着对大耳朵。不过哥俩脾气却迥然各异。海茵茨害羞，敏感，感情不那么丰富，像他父亲一样总有点惴惴不安，又极严肃认真，喜欢思考。沃尔特则顽皮好动，喜欢交往，活泼而又实际，更善于运动而且像他母亲那样脚踏实地。不过即使海茵茨有点孤僻，但是朋友们敬重他的才智，还是推举他当老大。沃尔特混起社会来则更加老练，善于独断专行，遇事更会煽风点火而不是当领导。他的父亲曾说："亨利总是那个思考者，他比较内向。而沃尔特更像是个实践者，外向一些。"

路易斯做梦都想让两个宝贝儿子上国立高中。在犹太学校就读多年后，海茵茨也想换换地方。但当他申请国立高中时，反犹主义风潮已然阴霾密布。海茵茨因为犹太人身份被学校拒收了。他后来去的希伯来实科学校其实在教学水平上一点也不差，特别是历史（包括德意志和犹太人史）、外语（基辛格当时学的是英语）和文学样样都行。学校不大，每个年级只有30名学生，男女生各占一半。公立学校系统拒绝接收犹太人入学后，纽伦堡许多犹太儿童便大老远跑来上学，这时每个年级人数便增加到50人。在这里，宗教是个大事。每天，基辛格和朋友们要花两小时学习《圣经》和犹太教法典。

基辛格非常敬爱父亲，但亲近中却也对父亲保持超然、客观的评价。他后来回忆说："我父亲是你能想象得到的最绅士的一个人，绅士得无与伦比。善恶问题从不会在他那儿成为问题，因为他压根没想过天底下还会有恶事。他没法想象纳粹意味着什么。他那种绅士优雅风范是纯粹的，绝无牵强和奉承。"路易斯颇有文化气，对文学和古典音乐尤为钟爱，这位犹太教师私人收藏的唱片数量极为可观，还拥有一架立式钢琴，不论唱片声悠悠响起还是亲自演奏钢琴，犹太教师都是全心投入，如痴如醉。路易斯为人睿智而富于同情心，邻居有事都愿意找他咨询。儿子评价说："（爸爸）自己并不把自己当成道德家。但是他言行如此卓越，自然而然便成了典范。"不过路易斯的两个儿子倒是不怎么愿意找他解决问题。基辛格说："他对于子女出现问题不能理解，总认为他们不应该有什么大不了的事。也不会理解一个10岁男孩会有的那类问题。"

葆拉·基辛格不一样，处理家庭危机她十分在行。基辛格认为，父亲应该为娶了一个朴实、什么事情都能拿主意的老婆感到庆幸。母亲是残酷现实的幸存者，因此为人来得更加实际。"她脑子里可没那么多大道理或者终极关怀之类的东西。她只关心那些必须去做的事情。"葆拉眼光锐利，直觉敏感。别看她总是脸上挂着笑容，举止朴实优雅，但在保护家庭方面决不含糊。刚毅得很。她没丈夫和儿子的思想那么深邃和有学问，可她对自己该做什么以及她周围人们都在琢磨些什么可是一清二楚。

孩提时代的基辛格更喜欢和一位挚友深交，而不是和一大帮孩子打打闹闹。在菲尔特，同他形影不离的伙伴是海茵茨·莱昂（Heinz Lion），此人后来成为以色列化学家，改名米那肯·莱昂。两人几乎每个下午和周末都在一块。每逢周六，莱昂的父亲会给他们讲经，然后带他们去远足。基辛格会和莱昂父子讨论他那些对自己父亲无法启齿的问题。莱昂回忆说："基辛格家离我家不远，他常骑自行车过来玩。好像他和父亲之间有点问题，很怕他，因为他爸是个学究，老查他作业。基辛格不止一次告诉我说他和父亲没法讨论任何问题，特别是关于女孩的事。"基辛格和莱昂曾在星期五的晚上带着女朋友在公园里散步，有时顺便去结冰的湖面上溜溜冰。一次安息日，哥俩玩得太忘情，结果回家晚了。"在那个时代的德国，准点回家，天黑后不能在外逗留都是绝不能违反的清规戒律。"莱昂的母亲后来回忆说："我丈夫抽出皮带，痛打了他们一顿。"但不公平的是，赫尔·莱昂（小莱昂之父）指责基辛格带坏了自己的儿子，禁止他们见面一周。再后来，莱昂夫妇把孩子送去捷克斯洛伐克参加了六个礼拜的夏令营，好让儿子远离基辛格。

基辛格七岁时，表弟约翰·黑曼搬来同住。因为他自己的村子没有犹太人学校，哥仨同居一室，很快小约翰就成了家庭的一分子。黑曼后来回忆道："起初我特别想家，表现糟透了。"一天晚上，葆拉发现小约翰正自己偷着掉泪。"第二天早上我一睁眼就看见一顶学帽摆在面前。瞧，葆拉就是这么个女人。"

有一个地方对童年时代的基辛格有着特别的魅力，那就是外公斯特恩在鹿特索森（Leutershausen）的家，基辛格一家会在那里消夏。老斯特恩家可谓富丽大方，又安全，四周围包着舒适的院落，基辛格总是满院子追小鸡，长大些后就在院落里和朋友们打伏尔科球（Volkerball，当地青少年的一种游戏。——编者注）。饱经风霜的法尔克·斯特恩总是透过窗子看着孩子们玩耍。他的妻子、葆拉的继母总是戴着围裙忙里忙外。斯特恩夫人是个蛮挑剔的人，一到周三收拾房间，她就禁止孩子们进入客厅，直到星期六晚上安息日结束。鹿特索森的犹太人社区非常小，只有二十几家犹太人，所以斯特恩自然有很多非犹太裔的朋友，这和菲尔特的基辛格一家不同。

基辛格在鹿特索森最要好的朋友之一是奇波拉·乔希博格（Tzipora Jochsberger）。她家有个大花园，孩子们会在那儿组织他们自己的马戏演出。他们借来梯子和席子，搭起简易舞台，然后尽情地蹦跳、"演出"。女孩后来回忆道："玩耍时亨利总是很认真，但他对演杂技倒还是蛮投入的。"奇波拉14岁时，和其他犹太孩子一起被赶出了公立学校。父母把她送进了一所正统的犹太学校，尽管他们都是革新派犹太人。结果一个夏天下来，小家伙回家时已经变成了正统派，搞得父母好不气恼。"我父母宗教观念不太强，他们没法理解我为什么要皈依正统犹太教，感到非常不安。"这么一来，恪守清规戒律的奇波拉连吃饭都没法和父母一起了。在她看来，基辛格（也是正统派）是唯一理解她信仰转变的人。他们常常会长时间散步一起讨论宗教问题。基辛格对她讲，信仰非常重要，如果她觉得虔诚恪守正统教法是正确的事情，就应该坚持这样做。"亨利似乎理解我的行为，我总是愿意听他分析事情，因为他太聪明了。"

除了和约翰·黑曼和海茵茨·莱昂在一起外，基辛格每早上学前都要去犹太教堂。莱昂的母亲说，小基辛格"全身心浸润在虔信之中，总是满心投入地祈祷"。基辛格经文学习极优秀，且天生嗓音洪亮，朗诵起来竟别有一番美感，以至于许多当年听过他朗诵的人多年后还津津乐道于基辛格13岁行受戒礼时的情景。主持仪式的是犹太人莱昂·布莱斯劳尔（Leo Breslauer），他后来移居纽约并主持了基辛格的第一次婚礼。仪式后的派对上，葆拉还吟诵了专门为儿子受戒礼创作的诗歌。

基辛格从菲尔特毕业后去了沃尔斯堡的犹太神学院。那里的时光可谓惬意舒适：热闹从容的宿舍生活，尽情徜徉在书海之中而无须理会外部世界的种种威胁，每天基辛格还会例行去拜访他那睿智博学的祖父——大卫·基辛格。不过基辛格到沃尔斯堡不是去当老师的，形势已然判明，在当时德国那个环境下做犹太老师没前途，甚至做犹太人就是没有出路的。他去沃尔斯堡纯粹因为当时无处可去。那时，基辛格一家正面临着痛苦的抉择。

◎被毁灭的世界

基辛格出生的1923年，尤利乌斯·斯特莱彻（Julius Streicher）已经在纽伦堡创建了激进的《冲锋者》（*Der Stuermer*）周刊。斯特莱彻煽动反犹主义已经不能用狂热二字来形容，而是施虐般的歇斯底里，他把犹太种族唤作"细菌"和"肮脏物"，主张将其彻底灭绝。斯特莱彻的报纸发行量多达50万份，在菲尔特和鹿特索森地区引发了强烈的反犹风潮。葆拉回忆说，当时在鹿特索森避暑时，已嗅到风向的变化，"一些非犹太教徒曾是我们的朋友，但自从斯特莱彻开始办报后，我们便成了孤家寡人。只有少数几个人还坚持与我们来往，但只有几个。孩子们几乎找不到任何玩伴"。斯特莱彻的所作所为最终为1935年通过《纽伦堡法案》铺平了道路，该法案规定：犹太人不能拥有德国公民权，禁止犹太人和德国基督徒结婚，犹太人不能担任公立学校的教职，不能占据其他任何职业性的工作职务。结果，路易斯·基辛格很快被认为没有资格教育真正的德国人，失去了他一向引以为傲的工作。曾有一阵子，他在菲尔特创立了一所犹太人职业学校，他本人教会计学。但无论如何，他被反犹仇恨风潮逼成了一个卑贱、耻辱的事业破产的男人，路易斯那善良的灵魂终究无法理解这一切。

多年后，亨利·基辛格总是试图对自己的犹太特性轻描淡写。他很少，也不太乐意谈起童年时代，不过每每谈到时，他总是将其描述成一个"典型的中产德国人"的童年时代，只是在后来补充那么一句：当然，是德国犹太人。他认为他的家庭是融入当时当地社会的，菲尔特的犹太人也没那么孤立。童年时期的基辛格近乎每天都会遭到殴打、敌视和对抗，这些都让他觉得自己像个无依无靠的小流氓和圈外人，但他仍刻意淡化那些伤害和痛苦回忆。就像1958年他对菲尔特的一位记者所讲的那样："我在菲尔特的生活好像就那么过去了，没留下任何持久的回忆。"多年来，面对许许多多其他的问题，他给出的答案也都差不多。1971年的一次采访中，基辛格坚持说："当时并未意识到生活是多么的不幸，也没有敏锐地觉察到外界正在发生的事情。对于孩子来说，这些事情并没有多么大不了。"

朋友们可不这么看。儿时伙伴们都认为基辛格上述讲话是拒绝事实，自欺欺人。有些人认为基辛格对童年记忆的逃避是他一向所抱有的那种不安全感的根源所在。人们说，基辛格童年时候曾假装不是犹太人，好混进足球场去看比赛，长大后自然而然也就善于欺骗和自我欺骗，以赢取他生活中那些"贵人"的好感。

葆拉·基辛格预见到了即将到来的纳粹时代可能带给他们的苦难。"孩子们不能和其他小孩一起玩了，"葆拉回忆说，"他们被关在园子里。可他们喜欢足球，特别是亨利，只是纽伦堡的足球比赛已经禁止他们去看了。"让葆拉尤其无法忘怀的是，纳粹少年辱骂着犹太人列队前进时亨利和沃尔特那目瞪口呆和疑惑不解的表情。"当时，几乎所有的菲尔特儿童都是希特勒青年军的成员，统一着装，雄赳赳喊着整齐划一的号子踏步前进，亨利带着他弟弟只有在一边傻看的份，就是不明白为什么他们没有权利加入。"米那肯（Menachem）说："反犹浪潮一直是巴伐利亚地区的特征之一，并非始自希特勒。我们小时候和非犹太儿童的接触即使是有，也少得可怜。每每看见非犹太裔的孩子从街上过来，我们都吓得要死。我们所经历的事情是今天的人没法想象的。但当时我们却视之为理所当然，像每天呼吸的空气一样自然。"其他儿时伙伴也都有着相同的痛苦回忆。维尔拿（Werner Gundelfinger）说："我们不能去游泳池，不能去跳舞、喝茶。只要标着'禁止犹太人'字样的地方我们都没法去。直到今天，这些东西仍然在你的潜意识里作祟。"弗兰克·哈里斯说："我们这代人成长过程中多少都带有一些自卑感。"奥托·普里茨菲尔德接受访谈时说："任何人如果经历过像我们那样长大成人的过程，都不再会是今天的样子。街上每天都是对犹太人无休止的谩骂，拿肮脏的小名羞辱你。"

纳粹的兴起对葆拉·基辛格的冲击是最大的。路易斯几乎被突如其来的灾难击倒，变得沉默寡言。不过葆拉对一幕幕正在发生的事情高度敏感，内心被深深地刺痛了。她是个善于社交的人，每个夏日都和一群非犹太裔朋友兴高采烈地去鹿特索森市政游泳池游泳。当朋友们一个个开始躲着她时，当犹太人被禁止使用游泳池时，葆拉开始意识到，她的家庭在德国已经没有希望了。她后来回忆说："离开是我的决定，这么做是为了孩子们。如果留下他们将毫无前途。"

葆拉有个表姐早年已经移民到美国，住在纽约曼哈顿岛上西部地区的华盛顿高地（Washington Heights）。虽然从未谋面，葆拉还是在1935年《纽伦堡法案》通过后给表姐写了封信，问海茵茨和沃尔特能否搬去美国和她同住。表姐回信说：不行，不能光让孩子来，基辛格全家都应移民过来。葆拉非常敬爱父亲，那时他因患癌症将不久于人世，她不忍离去。但到1938年春时，她知道自己已别无选择。表姐发来了允许他们赴美的宣誓书，德国当局批准他们离境的文件也已办妥。

临行前，基辛格一家去鹿特索森看望了葆拉的父亲和继母。基辛格回忆说："从未见父亲哭过，直到他和外公说再见的那一刻。那对我的震撼是如此巨大，我陡然间意识到，我的家庭也已卷入一场庞大而无可逆转的历史事件中了。居然还有连父亲也束手无策的事情，那是我有生以来头一次遭遇到。"到那时，基辛格已经做好了背井离乡的准备。3月，莱昂一家移民去了巴勒斯坦。临走前的一个礼拜他们卖掉公寓，海茵茨·莱昂跑去基辛格家和基辛格同住了最后一周。两个伙伴一叙别情，讨论着将来能否重返家园。莱昂的父亲向年轻的基辛格话别："有朝一日你回到家乡，会发现这里再没有一草一木还是原来的样子了。"莱昂家离去后，基辛格再也没有什么留下的理由了，妈妈回忆说："亨利第一次感到了真正的寂寞。"

1938年8月20日，基辛格一家登上了前往伦敦的客船。他们走后不到三周，"水晶玻璃"事件的暴徒们就砸毁了德国大部分地区的犹太机构。基辛格在伦敦的亲戚那里暂住了两周，随后便动身前往美利坚。当时，亨利15岁，沃尔特14岁，父亲路易斯50岁，母亲葆拉37岁。行前打包工作十分简单：虽然他们付了将家产运出德国所需的费用，但仅被允许携带一些能装进箱子的家具和随身物品。路易斯不得不把他心爱的书籍扔下，他们也只能带些贴身的零钱。

多年后，基辛格作为士兵和政治家重返巴伐利亚。1975年12月，身为美国国务卿的他和父母一道被邀请回到故里参加菲尔特市授予基辛格的"杰出本地市民金质奖章"颁奖典礼。德国外长根舍和菲尔特市长施尔泽和近千名观众出席了仪式，一所来自当年拒绝接收基辛格的学校的乐队还到场助兴。基辛格的致辞极简短，没有提及任何有关当年导致他举家逃亡的恐怖年代的事情。德方还邀请基辛格参观当年他踢足球和学习Torah（犹太教的全部经文。——译者注）的地方——也是在那里，基辛格和他的朋友们曾不止一次地面对希特勒青年军成员们的殴打。对于此项邀请，国务卿礼貌地回绝了。他后来告诉记者："我的回忆也不都是那么光彩，之所以参加那项活动主要是为了父母，他们对菲尔特一直有感情。"他爸爸似乎同意这个说法，一次和菲尔特的朋友们吃饭时，路易斯引用古希腊戏剧家欧里庇得斯的话说："今天，我们忘记所有糟糕的事情。"可是，基辛格的母亲却是什么都没忘。"其实那天我内心深感耻辱，但什么都没说。"葆拉后来讲道，"我心里清楚，如果当年留下的话，他们肯定连我们一起烧死。"

在一座当年基辛格常常光顾的、已然修葺一新的教堂墙上，挂着一张牌子，上书："1942年3月22日，这座建筑的最后一批居民——33名孤儿和他们的老师伊萨克·哈勒曼一起被送往依兹贝卡处死。"

1975年那次访问，基辛格一家还前往法尔克·斯特恩的坟墓拜祭。斯特恩是幸运的，大屠杀开始前他就因病在家中去世。而其他至少13位基辛格的至亲或被送去毒气站或死在集中营里，包括法尔克的妻子——葆拉的继母。正像基辛格所言，这么多亲戚被害，一个原因就是他们都把自己当成忠贞不贰的德国好公民。他祖父大卫和叔祖西蒙都认为，家族应该能挺过纳粹这一关，都认为纳粹时代迟早会过去。大卫直到"水晶玻璃"事件发生后才逃到瑞典的儿子阿诺（路易斯的兄弟）那里。而西蒙甚至在"水晶玻璃"事件后仍禁止家人逃亡。他说，德国一向善待犹太人。他们应该忠于祖国，和国家共患难，度过这段艰难岁月。

西蒙最终在一所德国集中营里遇害，他的两个同路易斯一样当老师的儿子费迪南德和尤利乌斯也难逃厄运，双双被害。基辛格的三个姑妈——路易斯的姐妹——也在大屠杀中遇难：伊达和丈夫希尔波特·弗里德曼以及他们的孩子；萨拉和丈夫马克思·布拉特纳以及他们的女儿塞尔玛；芬尼和丈夫雅各布·劳及儿子诺伯特。曾经寄宿在基辛格家的芬尼的女儿莉娜·劳设法逃到了纽约，她回忆说：“我父母觉得希特勒长不了，谁都这么认为。我们想，事情应该很快就会结束的。”

◎失落的童年意味着什么

基辛格很少谈起那场大屠杀，不过倒是常常辩解道，大屠杀并未在他的性格上留下挥之不去的永恒伤疤。“那不是什么终身的痛，”他说，“不过倒是有一点：就是在集权体制下生活过，我知道那是什么滋味。”只有一件事情，大概让他表现出某种愤怒情绪。他当国家安全助理后有一次要访问德国，结果波恩方面竟事先宣布说“基辛格将探望他的一些亲属”。“他们到底想搞什么？！”基辛格对助理们嘟囔道，“亲戚？我亲戚早就成肥皂泡了。”

但不管基辛格怎么否认，纳粹时代的那场灾难确实在他身上留下了持久的印记。弗里茨·克雷默（Fritz Kraemer）——一位离开德国、抗击希特勒的非犹太裔德国人，也是基辛格在美军服役期间的导师——对此评论称：“基辛格是很强悍，但纳粹仍然能破坏他的灵魂。长大成人的岁月里，他面对的是自己整个世界被生生扯得分崩离析的恐惧、一种他深爱的父亲被活活逼成孤苦无助的小老鼠的恐惧。”克雷默认为基辛格身上所有最具特点的个性特征都能从他这段时期的经历中找到些由头。“这种苦难的经历促使他去寻求秩序，驱使他如饥似渴地寻求别人的认同和接受，为此甚至不惜去讨好那些他认为在智力上根本不及自己的人。”

总是渴望被别人接纳、永远充满不信任和不安全感：这些都是对一个被人类历史上最血腥篇章颠覆的童年所表现出来的值得理解的正常反应。基辛格在社会和政治上为人接受、得人捧爱的渴望非同一般的强烈，以致他在很多时候宁愿在信仰问题上作出妥协。对于成人后的基辛格而言，如果他觉得因为自己太过固执于犹太宗教而无法融入四下的人群，便会产生不安全感，对此基辛格往往用半自省式的尖刻幽默来表现这种不安。只有在开玩笑的时候，他才会抱怨说市面上有太多关于他家庭背景的报道，非得把反犹情绪从阴沟旮旯里逼出来不可。

在基辛格看来，纳粹大屠杀摧毁了"上帝的意志"和历史进步之间的联系。这一联系处于犹太信条体系的中心位置，也是犹太教对西方哲学最重大的贡献之一。对虔诚的犹太教徒而言，历史本身只有同上帝的意志和圣洁的正义相结合，其意义才能为人理解。目睹纳粹暴行后，基辛格便放弃了践行犹太教。其后，作为哈佛大学年轻的学生，基辛格将学术追求作为探寻历史真意的替代途径。

基辛格的童年经验也使得他对周围的人抱有深深的不信任，这并不奇怪。他总是以一种自我嘲讽的姿态，拿自己那著名的多疑症和老是怀疑别人针对他策划阴谋等话题大开玩笑。美国著名政治家亨利·史汀生所信奉的信条是：获得别人信任的唯一途径就是相信别人，这是他在耶鲁大学骷髅会学来的。基辛格则反其道而行之，他的风格更像尼克松：对身边的同学和外部世界人等一概抱有出于本能的不信任。史汀生反对大兴间谍机构，说"绅士从不拆看别人的信件"；尼克松和基辛格则刚好长于此道，建立了一大套窃听机构，连最亲密的朋友也不放过。

大屠杀历史经验带给基辛格的另一份性格遗产，即在今后的生活中力避暴露任何个人缺点。这一信条不仅施诸于基辛格本人，也作为最基本的政治前提应用于外交政策制定和实施上。基辛格所至爱的父亲路易斯，其绅士风度和无可置疑的好心肠是出了名的，但这种美德在纳粹铁蹄践踏下，除了使他显得懦弱无为外毫无他意。基辛格成人后，不断依附于各种具有强势性格甚至傲慢自大的资助人，例如美军反情报部队中狂暴、自以为是的普鲁士人弗里茨·克雷默、哈佛大学那位夸夸其谈的"疯狂比尔"——威廉·伊利亚特教授，后来又有尼尔森·洛克菲勒和理查德·尼克松。

除了上述之外，童年时代在德国老家遭到社会摒弃的基辛格有一种获得他人接受的强烈渴望。许多人无法接受欺瞒行为，但基辛格总是希望赢得反对派的支持，结果恰恰总是导致欺骗发生。越南战争即为一例。一方面，基辛格试图让哈佛大学那些鸽派思想精英们相信，他是和他们站在一起的；同时他在尼克松面前却又不断提出强硬的解决方案，极力取悦当权的总统。又如，每当美国右翼势力对尼克松—基辛格提出的"缓和"路线大加鞭挞时，基辛格都会站出来好言相劝，讨好右派，但另一面却又向他的知识精英朋友们大倒苦水，对里根和里根主义者严词抨击。基辛格多年的好友、美国著名历史学家小阿瑟·施莱辛格对此评价为"渴望肯定的难民心态"。

基辛格的另一份童年遗产是他的哲学悲观主义。他的世界观是黑暗的，充满悲剧意识。他曾写道，美国人"从未遭过罪，很难理解一种建立在对未来灾难进行预测防范基础上的政策"。基辛格对斯宾格勒的"历史衰落不可避免"论采取拒斥态度，但他仍然相信，政治家必须积极有为，不断采取行动对世界秩序滑向混乱和不稳定的趋向加以遏制。

纳粹时代的生活经验给基辛格的外交思想注入了两种营养选择：一是理想主义、道德主义路线，致力于保护人权；二是现实主义、实力主义路线，即谋求通过保持势力均衡和将武力用作外交工具以确保秩序得到维系。基辛格遵循的是后者。在秩序和正义面前，基辛格常援引歌德的提法说，他将选择秩序。对于混乱造成的种种后果，基辛格已然感同身受。

总而言之，凡此种种，使得基辛格在思想层面上、知识分子层面上和政治层面上都成为一名真正的保守主义者。他对革命有着本能的反感，这种态度在他那篇有关梅特涅和卡索里博士论文中有详细探讨，并在他登上权力舞台之后影响着他的外交政策。不过，他对于推广民主的狂热情绪和民粹主义也不怎么感冒。像他的"思想导师"、保守主义者兼现实主义者乔治·凯南那样，基辛格对所谓美国政治制度的荣耀和光环从未感到过赞赏，特别在实实在在、真刀真枪制定外交政策时尤为如此。从知识层面上看，基辛格的头脑仍然停留在欧洲范畴内，就像他的口音至今仍然透着轰隆隆的巴伐利亚味一样。基辛格可以从容、舒适地一头扎进黑格尔、康德和梅特涅以及陀思妥耶夫斯基的怀抱，却从未对典型的美国英雄诸如马克·吐温、托马斯·杰斐逊和本杰明·富兰克林等人表现出半点欣赏。

但是，恐怖青年时代留下的最重要印记——基辛格自己亦常常提起——乃是他对美利坚这个容他置身、给他天地的国度的热爱，这份爱远远超越他对美国民主制度的混乱性所时而表现出来的不屑和蔑视。当年少的海茵茨踏上曼哈顿的土地时，当他改唤作"亨利"之时，美国的宽容和秩序给这个从来上街都胆战心惊的男孩以从未有过的、沁人心脾的自由快感。基辛格后来曾说："'美利坚'所代表的含义在土生美国人看来是理所当然的东西，而我一直对其中真意怀抱着特殊的情感。"

第2章 | 在华盛顿高地的日子

一位雄心勃勃的会计师的"美国化"历程

> 1938年刚到这里，我就读的乔治·华盛顿高中曾让我写一篇文章，谈谈"做一个美国人意味着什么"。我这样写道……我认为，这是一个能够让你昂首挺胸、安然跨过街道的国度。
>
> ——1977年，国务卿基辛格的告别演说

◎新世界

他的第一反应，是横穿马路到街对面去——对于多年来总在街头遭人殴打和谩骂的人来说，这是路遇行人时的自然反应。他，正独自一人走在曼哈顿西区185街，从阿姆斯特丹大道去往他新发现的一家冰淇淋店的路上，这时，他看到一群男孩——陌生人、非犹太裔——正迎面走近。若是在菲尔特，这样的遭遇最起码的结果会是一场小型侮辱。他开始挪动脚步，下了人行道。这时，他才想起来自己身在何处。

上面这个小情节发生时，亨利·基辛格刚来美国几个月的工夫。全家搬进了一间舒适但略显局促的三居室公寓，那是幢六层高的砖体建筑，位于曼哈顿岛华盛顿堡大道（Fort Washington Avenue）和187街内的街区里。大堂对面住着的正是葆拉的表姐一家。其他来自菲尔特和纽伦堡的朋友们也都来到此地。熙攘的大街上，一幢幢类似的巨大公寓楼挤满了逃难而来的犹太难民。

华盛顿高地是当年美国独立战争时期华盛顿将军率众抗击英国殖民军、保

卫曼哈顿的阵地所在处（1776年10月，那次保卫战并未取胜），整个高地紧靠悬崖断壁拔地而起，俯视着哈德逊河。20世纪早期，高地上散落的一排排公寓楼住着的还都是波兰和俄国犹太人，他们许多人闯出名堂后就搬到了郊外，留下的社区里尽是无处不在的犹太教堂和熟食店，等着接待下一拨难民的到来。自从那些从希特勒魔爪下逃生的犹太人抵达后，这片地方就得了个绰号叫"第四帝国"。

年届半百的路易斯·基辛格在适应语言方面有点困难。也难怪，他受过良好的英文教育，但也正因如此，格外害怕说话时弄出些语法错误，且还顾虑自己的口音。所以他英文说得很少，比起那些文化程度低、没那么多说道的朋友们，就越发少得可怜了。路易斯能教书，但显然当时市面上并没有这种需求。当时还正值大萧条时期（1929～1935年），找工作难上加难。而且雪上加霜的是，抵达美国时，路易斯正身患慢性胆病，大夫一度诊断为癌症。家里虽从法尔克·斯特恩那继承了一笔不大的遗产（法尔克在基辛格一家离德后不久即病逝），但很快就所剩无几了。无论如何，经过两年有一搭没一搭的谋生岁月后，路易斯好歹找到了一份收入不高的工作——给德国友人的工厂当图书管理员。

维持家庭的重担落在了比路易斯小13岁、适应性更强的葆拉身上。她善于处世，头脑灵敏而且嘴快，没多久就学会了英文，足够让她不带惧色地与人聊天了。有一阵子她和一位伙食包办商合作，为犹太教堂的戒礼和婚礼准备食物。之后，她便开始单干。多数时候她担任的都是"供应商"（这是人们称呼伙食包办商的一般称谓）的角色，承办私人举办的小型家庭聚会。

从菲尔特无处不在的恐怖气氛中解放出来的基辛格，好像假释的囚犯兴高采烈地一头扎进了新的生活。几天工夫他就找到了去扬基体育场的路，掌握了一项从未见过的运动的奥妙所在。那年夏天从菲尔特移民来的约翰·萨克（John Sachs）说："他是第一个找到那里并且搞清票价，摸清棒球比赛规则的家伙。几个礼拜后，他便把我和我叔叔拉了去。我们对棒球是一无所知，是他向我们作的全盘讲解。"但基辛格和萨克一起参加驾驶考试，基辛格却考了个不及格，第二次再考又没及格。（基辛格后来说他始终弄不清楚为什么老是考砸，但是和基辛格一起开过车的人都能列出一大堆理由）萨克则轻松过关，他们借了辆车，哥俩一起探索了不少地方，比如卡茨齐尔（Catskills）。

　　搬过来的一个月后，1938年9月，基辛格进了位于192街的乔治·华盛顿高中。这所高中可谓是当时纽约私立学校系统的骄傲，校园占地两英亩，主楼建于1925年，是座乔治四世时期风格的庞大建筑。为该地区受过良好教育、雄心勃勃的犹太移民和其他族裔的难民提供良好的服务。教师和教育质量都是全市一流的。看看基辛格的学习记录，会发现他和很多人一起被确定为有"外语学习障碍"，但实际情况并非如此。基辛格第一学期英语成绩是70分（满分100），但第二学期就提高到了90分。从那时起，他上过的所有课程——诸如法语、美国历史、欧洲史、经济、几何和账目课等考试成绩都在90分以上，只有一门"工业和贸易"课是85分。他的数学老师安妮·辛蒂班德回忆说："他是所有德国难民学生中最认真、最成熟的一个。我觉得德国学生与本地生相比态度都要更认真些。"基辛格当时同班的一位德国移民同学说："我们当然得认真。否则怎么办，除了认真学习之外我们还能干什么？想在美国立足，除了好好上学然后上城市学院外我们没有其他路可走。今天的孩子们都拿那些拼命学习的开玩笑。可那时，我们清一色都是拼命学习的家伙。"他又笑着补充一句，"特别是亨利。"

　　基辛格一家当时属于卡尔·埃达·耶苏伦教堂（K'hal Adath Jeshurun），那是一家新兴的正统犹太教堂，在他们来的前一年刚刚建立。首任拉比是前法兰克福犹太法典学校的校长约瑟夫·布鲁尔（Joseph Breuer），是位坚定不移的正统犹太教卫道士，在他的教区人们简称其教堂为"布鲁尔堂"。基辛格去时总穿着祈祷用的披巾，是位虔诚的信徒。但他母亲却开始觉得不对头，她发现儿子去教堂更多是出于对父亲的孝顺而非对信仰的忠诚。社交方面，基辛格也开始离经叛道。他加入了一个由革新派犹太教徒组成的组织贝斯·希勒尔（Beth Hillel），多数是巴伐利亚难民，聚会地点在尼古拉大道和183街的派拉蒙礼堂。基辛格在菲尔特实科学校的同学亨利·基特曼（Henry Gitterman）是贝斯·希勒尔组织的主席，他说："我们大多在周末聚会，有男有女。这是个接触背景相似的女孩的途径。"尽管成员都来自德国，但英文是贝斯·希勒尔组织的官方语言。犹太裔社区的领袖们——包括雅各布·雅维（Jacob Javits）这样的政治家还常会光临聚会讲话。这种机会为移民青年们提供了一个在融入当地社会的同时也在同类内部加强团结的机会。库尔特·希尔伯曼说："每次聚会有18到20人。我们会举行讨论会、组建读书小组，有时候干脆晚上我们就一起看电影或听音乐。"

除了约翰·萨克，基辛格另一密友是沃尔特·奥本海姆（Walter Oppenheim）——有时候也是对手。他是基辛格在菲尔特实科学校的同桌，两家人都于1938年夏天移民来美，都来了纽约，又在华盛顿高地成了邻居。奥本海姆虽没基辛格那般有学问，但他风度翩翩，人长得也帅，是个天生的领袖人物。多数周六的晚上，十个八个朋友，包括基辛格，会在奥本海姆家里聚会。有时去看电影，有时去吃冰淇淋。有时候也会带上女伴一路冲到59街的儿童餐厅，那儿有乐队演奏，这对他们来说已是奢侈之举。那里最低收费3美元，这对于年轻的难民子弟来说并不算小数目。每个人都掰着手指头精打细算，尽可能少花点钱。有时候，基辛格来奥本海姆家会和他爸爸聊天，此君对政治极感兴趣，还是富兰克林·罗斯福的忠实支持者。沃尔特·奥本海姆回忆说："虽然像我们这样的难民都支持民主党，但亨利确信自己是个温德尔·威尔基式的铁杆的共和党人。他总是在我家待到很晚，和我爸爸辩论。他总是读有关政治和历史的书籍，对威尔基的主张非常着迷，我就是想不通为什么。"

在陌生的大陆上度过青春期的基辛格和在菲尔特时一样性格孤僻。同侪尊敬他的学识和成熟，但他仍然保持着超然独立和社交时的不安全感。弟弟沃尔特回忆说："刚来时亨利很难找到自己的方向，总感觉找不准位置，尤其是爸爸没有工作的那段时间。"当时埃迪斯·佩雷斯办有一个舞蹈班，这被看成贝斯·希勒尔组织成员必须过的一关，基辛格的表现可以用窘困二字来形容。在1941年的一张舞会照片里，可以看见基辛格远远地被挡在众人身后，坐在最后一排的最远端。舞会上通常会评选大量的奖项，几乎所有参加者都能获得一两个奖项，可基辛格从来是什么都捞不到。

女孩子里有一位叫安妮丽斯·弗莱舍，纽伦堡难民，来纽约前父亲是当地一位颇有成就的鞋商，一家人住在华盛顿高地北边的埃尔武德街上。安妮丽斯一头黑发，总是爱笑，身材也很好——直到今天当年的老朋友说起来竟还颇为称道。同伴们对她的评价是"深沉、冷淡"，"人不错但不是很热情"，这些评价倒是完全可以适用于基辛格。安妮丽斯对文学和音乐格外感兴趣，既能写诗，又会拉大提琴，而且具有优秀家庭主妇的优点——会做衣裳，喜欢给邻居家当临时保姆照顾孩子。安妮丽斯还照顾偏瘫的父亲，可怜的老头被纳粹吓得精神崩溃了。

没过多久，安妮丽斯和亨利就开始约会了。两人一块参加贝斯·希勒尔组织的活动，而且总是他们俩在一起。安妮丽斯的家人在宗教方面比较随意些，属于保守派而非正统派，在饮食方面也并不那么讲究，但基辛格的家人对他们的约会还是感到高兴，因为这能让他们的儿子不再那么内向。安妮丽斯也和沃尔特·奥本海姆约会，奥本海姆显然风度更为优雅，穿衣戴帽更加得体些。最后，安妮丽斯作出了一个让朋友们吃惊不小的选择。她给奥本海姆写了封长信，向他解释她决定只和基辛格约会。虽然信写得委婉，奥本海姆还是感到很受伤害。不过大家仍然同属一个朋友圈子，大多数周末的晚上，他们还会相守在一起。

◎出路

虽然有浓重的巴伐利亚口音，但使基辛格卓尔不群的一点是：和朋友们相比，就融入美国主流社会、在美国闯出一番成就的雄心壮志而言，基辛格的目标更明确，野心更大，态度也最认真。其他人大都在德国犹太人的小圈子里悠然自得，甚至其中许多生意上颇为成功者仍然坚持保留自身的族裔特性，不愿从移民式的生活中剥离出来。基辛格则不然。他更渴望融入社会，更善于学习那些典型美国人的文化特征。他后来解释说："如果说我融入得更快些的话，大概是因为我刚16岁就不得不去工作。这使我变得更加独立。"在乔治·华盛顿高中读了一年后，他开始晚上上课，白天则在西15街的利奥波德·阿舍毛刷公司打工，老板是母亲的表亲，专事生产剃刀刷。作为漂白过程的环节，猪鬃要依次蘸进酸和水中，基辛格的任务就是戴着橡胶手套，把拿出来的猪鬃上的酸水挤掉。最初周薪是11美元，待他做了递送员和负责送货的店员后涨到30美元。公司老板阿兰·阿舍回忆说："他干活的时候总是心不在焉。一有机会就拿出书来做功课。"

从乔治·华盛顿高中毕业后，基辛格毫不费力就进入了位于140街华盛顿高地的纽约城市大学。学院成立于1847年，办学目标就是为纽约那些有天赋的学生提供免费的高等教育。到1940年时，在校学生已超过三万，其中约四分之三是犹太人。对于移民子弟而言，这是踏入美国精英阶层的第一步，菲利克斯·弗兰克福特（Felix Frankfurter）、伯纳德·巴鲁克和乔纳斯·索尔克

（Jonas Salk）都是该校毕业生。

　　基辛格对付城市大学的课程也是不费吹灰之力，他每天白天在毛刷公司工作，每门课程照旧拿"A"，只有历史一门是"B"。现在，基辛格正在朝着成为一名会计的道路前进，但热情不高，那是他爸爸的老本行。多年后他回忆道："我在城市大学的那段时光眼界并不怎么开阔。我从未认真考虑过要成为一名会计，不过当时确实觉得会计是个不错的职业。"

　　实际上，当时的基辛格正在找寻着生活中更远大的东西，找寻一条通向更高、更广阔世界的道路。对于一位渴望冲破生活樊篱束缚的年轻人而言，军队提供了一个绝佳的机会——而且参军是义务的，你别无选择。刚过了19岁生日的基辛格很快收到了军队的入伍通知书。1943年2月，基辛格的送别派对在时代广场附近的冰岛餐馆举行。第二天，他便搭上火车奔赴南卡罗来纳州斯巴达堡的克罗夫特军营报到，基辛格有生以来第一次脱离了德裔犹太人的圈子。

第3章 | 军旅生涯

"亨利先生"重返故里（1943～1947）

> 不论何时，只要某个大国或者一组大国的首要目标仍是谋求和平——一般被理解为避免战争，国际体系的安危就将受控于那些最无赖的国家。
>
> ——《被恢复的世界》（基辛格的博士论文）

◎ "大熔炉"

一座尘土飞扬的军营，是年轻的基辛格这辈子从未见过的陌生世界，在那儿，他成了一个真正的美国公民。时间是1943年3月基辛格刚到南卡罗来纳的克罗夫特军营不久，没有什么仪式和庆祝活动，仅仅是军队例行项目：所有移民新兵都要履行加入美国国籍的手续。这就是军队日常生活的一部分，就像基辛格给弟弟信中写的那样，"被推来操去，一会儿到这里，一会儿到那里，打防疫针，点名，立正，等等。"

背景和阶层迥异的年轻人共同分享军旅生涯，这在美国历史上大概算最后一次。第二次世界大战的一个附加效应，就是它发挥了巨大的民主催化作用，改变了美国人的生活方式。美国社会一向具有很强的变动性，阶级体系界限分散，流动性大，"二战"来临后则更加如此。一大群南卡罗来纳州和路易斯安那州小镇的冒着乡土味的美国大兵，有生以来头一次见到巴黎和柏林这样的大都市，摇身一变成了"都市征服者"。纽伦堡和菲尔特的年轻难民们也被征召到克罗夫特军营，编进连队、推上战场，由异域都市的陌生人转化成地道的美国佬。对基辛格这样的移民青年而言，在戎马旅途中获得美国国籍意义非同小可，这不单是件礼物，更是自身努力争得的荣耀。通过保卫美利坚，他们现在能和温斯罗普（Winthrop）或者洛维尔（Lowell）（比喻普通土生土长的美国人。——编者注）一样自豪地宣称——那是他们自己的国度，自己的民族，自己的家园，他们不再是外来户了。

除此之外，军队还把基辛格这样的正在一板一眼读着夜校、打算拿会计学位的各色青年人等抽集出来，赋予其全新的人生际遇。基辛格后来说："我那个步兵师的大都是威斯康星、伊利诺伊和印第安纳的弟兄，真正的中层美国人。我发现自己非常喜欢他们。军旅生涯最重要的一点，就是它让我觉得自己是一个美国人。"来自菲尔特、曾与基辛格在军队和政府并肩效力的海尔默特·索南菲尔特（Helmut Sonnenfeldt）说："军营让大熔炉熔炼的速度更快了。"

基本训练过程中的基辛格仍然独来独往、沉默寡言，也一如既往地遵规守纪。他很自然地通过了新兵营的训练，也当然和所有新兵一样恨透了军训教官（"我们对他的恨简直无以言表，而且很可能没有什么正经理由"），家信里充满了感怀新生活的愉悦之情。结束基本训练前，基辛格开始像大哥一样给弟弟提起了忠告。一封两页纸的打印的信上写道：

> "在军营里要睁大眼睛和耳朵、闭紧嘴。……站队列永远要站中间，末尾的倒霉蛋总被挑毛病。要一直低调，只要他们不认识你就不会找麻烦。所以——拜托拜托千万克制一下自己的秉性，别争强好胜。……肯定会碰到些人渣，别和他们走得太近；千万别赌！人群里总有几个职业骗子，赌起来非把你生吞活剥了不可；也别借钱给别人，否则没好，借钱容易，还钱可就难了，一来二去老讨价还价，友情就磨没了；不要嫖妓，我和你一样喜欢女人，不过我可不想碰那些肮脏的、染着梅毒的军营交际花。"

信末了，基辛格又不忘叮咛了句话——那种无数老哥会跟弟弟讲的话："咱俩有时候关系不怎么好，不过我想你我都明白，关键时刻还得靠兄弟。现在就是关键时刻。"

军营里的"关键时刻"有点特殊。基辛格在附近的克莱姆森营进行的一系列能力考核中取得了优异的成绩（全队第一），成绩优秀者有资格选派参加"军事特殊训练计划"（Army Specialized Training Program），全国约10万名优秀士兵可有此机会得以脱离常规军事训练，由政府出资赴大学攻读。基辛格被分去宾夕法尼亚州伊斯顿的拉法耶特学院学习工程学，一座风景如画的美丽校园，离华盛顿高地不到100英里。

基辛格一向颇具学究气，这次机遇更强化了他认为自己高人一等的想法。在选拔出来参加培训的优秀士兵里头，基辛格也被认为是"尖子中的尖子"式的人物，学校让他给其他学生辅导许多课程，特别是数学和物理。学习让基辛格极度着迷，几乎到了发疯上瘾的程度，他会废寝忘食地猛读各种书籍，常常待在凌乱不堪的宿舍里，一边嚼着饼干喝着可乐，一边自言自语、如饥似渴地读书。他还总和书"过不去"，当时的室友查尔斯·科伊尔（Charles Coyle）说："他那不是读书，是吃书，用眼睛，用手指，一边窝在椅子里来回辗转蠕动、咕咕哝哝地批评作者。他会无精打采地浏览某本书，然后突然爆发般地蹦出一句愤慨的、德国口音浓重的'狗屁'，对作者的论证大加鞭挞。"

基辛格在拉法耶特的那一学年总共修了12门课，成绩全部是A，化学课竟得了满分——100分。科伊尔说："这家伙简直太他妈的聪明、太有学问了，我们都觉得很奇怪，要知道我们可都是因为聪明才被选进来的。他会跑到我们的卧室里来，我们三四个人会一起讨论比如性之类的话题。可他倒好，歪在沙发里开始读起司汤达的《红与黑》，以此为乐！"基辛格的行为里总透着一股浓厚的严肃气氛，一种德式的厚重感。那些家伙他见多了，他比他们都更成熟。一些乡巴佬有时候会发表些反犹言论，基辛格选择置之不理。科伊尔说："他很聪明，不会卷入这种口舌之战。亨利总是对这些山里来的家伙们非常有耐心，到头来他们反倒喜欢上亨利了。"那时的基辛格还没什么幽默细胞，不过他开始发现，讲话时把嘲讽、"歪理邪说"和自我贬低搅和在一起总能缓解紧张气氛。"他有时骂骂军队，有时讽刺讽刺自己，也有时候拿我们中的某些家伙开开玩笑。"科伊尔说，"不过他说话总是面带微笑，典型的纽约式幽默。"

每逢周末基辛格会搭便车回家看看，有时候还和父亲去教堂做礼拜。卡尔·埃达·耶稣伦教堂的朋友们记得1943年那年基辛格有几次穿着列兵制服、头顶亚莫克便帽来教堂里参加安息日礼拜。不过他已逐渐从自己的宗教剥离出来，去做礼拜主要是为了父亲。母亲回忆说："亨利非常尊敬他爸爸，绝不会做任何伤害他的事情。"

美军打进欧洲后，战事的发展使得"特别训练计划"项目成了刺眼的"奢侈品"，军方也无法否认。前线需要人，哪怕是性情温和、没完没了读书的年轻人也应该上战场。把聪明的男孩子从前线拖回去大学读书当精英培养不再是什么受欢迎的想法了。1944年，军方取消了"特别训练计划"项目。当然，争取被选去参加军医培训仍是一个可以避免参战的办法。基辛格提出了申请，不是因为对医药感兴趣，而是不想到战场上去厮杀。在当时，军队非常重视标准化考试，而基辛格尤善此道，轻而易举地考了高分，成为25名入围拉法耶特医学院录取面试线的幸运儿之一。

和基辛格一同进入面试的还有莱昂纳德·韦斯（Leonard Weiss），人们都叫他拉里。他和基辛格曾在周末一块搭车回纽约去约会，有一回，韦斯带着女朋友和基辛格以及安妮丽斯·弗莱舍一起去都市歌剧院看了《费加罗的婚礼》。这两名士兵都是军队在拉法耶特培训项目的尖子生，不过韦斯认为基辛格更聪明。但最后，医学院录取的却是韦斯。基辛格声称是考试时的失误扯了他的后腿，"通常那些标准化考试我都能轻松搞定，"他回忆说，"但那次，我头一天睡得太晚，第二天早餐没赶上，考试已经开始了我才进的考场，结果答卷时间紧巴巴的。"不过韦斯的印象并非如此。最后录取的五名学生中，他是唯一的犹太人，另外四位的成绩远在基辛格之后，两个是南方浸礼会教徒，两个是费城的天主教徒。韦斯说："我的长相没有基辛格那么重的犹太特征，而且我没有口音。一个考官问我的信仰是什么，我说是犹太教，他说他们的原则是尽量在信仰各异的考生里取得'平衡'。"基辛格对这次失利并未太过在意。1988年，韦斯的哥哥在美国运通公司（American Express）董事会上自我介绍，基辛格说："哈，对了，当年就是你弟弟救了我，让我没去当大夫。"

这样，基辛格和另外2 800名士兵学员被请出了校园，乘船一路到了路易斯安那州的克莱伯恩军营，这里是第84步兵师17 000名官兵的驻地。营地位于路州北部亚历山德拉城附近许多尘土飞扬的农场之中，葆拉·基辛格后来把克莱伯恩叫做"那块沼泽地"。整个1944年热浪翻滚的夏天，基辛格都在接受无穷无尽一系列的军事科目训练，他开始打电话向家里抱怨，第一次，基辛格感到想家了，他在电话里说："妈妈，我真想爬出军营，爬回家里去。"能激起他兴趣的一项工作是为连队充当文化课教官。每周一次，上百位连里的大兵会被集中在一起听战争形势简报和其他世界新闻，而这个任务通常会落在基辛格肩上。一同被"发配"到克莱伯恩的查尔斯·科伊尔回忆说："拉练远足时，他总在兜里揣上本《时代周刊》和几份报纸。亨利永远是最好的讲师。他在美国的时候从来都不谈论他的童年时代，但很明显他知道纳粹所做的一切。"

◎弗里茨·克雷默

机会之神的再次降临颇有些戏剧性味道。一天，基辛格所在的连队刚刚完成十英里拉练科目，士兵们横七竖八地倒在一处靶场的干草上休息。这时，一辆吉普车卷着尘土呼啸而至，走下一位35岁上下的矮个子德裔列兵，表情坚定，军服整齐，戴着副单片眼镜，挂着手杖，急匆匆地走过，把目瞪口呆的大兵们甩在身后。

"这里谁负责？"列兵喊道。一位中校颤颤巍巍地站了出来。列兵操着大炮般响亮的普鲁士口音嚷道："长官，我奉将军之命向你连讲一下我们为什么会参加这场战争。"

当时半睡半醒的基辛格被眼前发生的事情惊呆了。洋洋自得的列兵站在吉普车上开始了演说，他声如洪钟，抑扬顿挫，洋洋洒洒讲起纳粹国家的治国之道以及为什么——也是不可避免地——希特勒要被击败。他双眼炯炯有神，散发着令人迷醉的热情和冲天而上的活力。那种傲慢、那种不可一世的神态表情都十分古怪，但效果却使他显得极具魅力而非荒唐可笑。演说结束后，基辛格做了件从前从未做过的事情：他给列兵递了张字条，上书："亲爱的克雷默列兵，我听了你昨天的演讲。我觉得就应该这么干。我能帮上什么忙吗？列兵基辛格。"

弗里茨·古斯塔夫·安顿·克雷默生于1908年，是位普鲁士国家检察官之子。母亲来自一个富庶的化学品制造商家庭，在维茨巴登附近拥有一幢35间房的大庄园。父母二人都反对希特勒，把元首称为"可怜的波西米亚行尸走肉"，母亲还在庄园建了座孤儿院，收留基督教和犹太教孤儿，纳粹上台后仍一直坚持。弗里茨大部分时间都在国外度过，在英国上学，拿到伦敦经济学校的学位后，又在法兰克福的哥特大学和罗马大学分别拿了博士学位。1939年战争迫近时，他正在罗马为国际联盟工作。在决定继续流亡国外后，他让妻小回维茨巴登向母亲告别，结果她们被扣在国内六年之久，此间弗里茨穷困潦倒，除了硬挺之外毫无办法，最后迁到美国并加入了美军。一开始美军对如何任用德国人毫无概念。一次在克莱伯恩营训练时，他的任务是在一座台子上假装德军指挥官发号指令，以增强训练的真实效果。碰巧第84步兵师司令亚历山大·伯灵将军从旁路过，便问道："你在干吗？"他答道："报告长官，我在制造战斗时的德方噪声。"结果两个人聊了起来。伯灵对眼前这个德裔士兵印象深刻，便把他调到了师指挥部。

火车满载着从天堂掉下来的特别训练计划项目的学生兵们抵达了克莱伯恩。克雷默向长官提了个要求，"师里来了2 800多名知识分子，请允许我给他们上上课，否则他们不会明白为什么会到这里来。"就这样，基辛格和克雷默——两个流亡异乡的德国人——一个勉强凑数的宗教难民、一个高傲的政治流亡者，在1944年5月路易斯安那的靶场上相遇了。

基辛格那张崇拜的字条让克雷默颇为受用。他喜欢字条上那种直截了当的风格和不带矫饰的简洁。多年后他还说对其中没有溜须拍马的废话颇为欣赏，但实际上基辛格那张字条恰恰溜须溜到了点子上。"就该这么干，"差不多50多年后，克雷默还在华盛顿家中的花园里来回踱着步子饶有兴味地咀嚼这句话。第二天，克雷默手捏字条回到了基辛格所在的连队，又站在吉普车上冲着瞠目结舌的中校大吼道："哪个是基辛格？"——这个问题在基辛格后来的生涯中不止一次地被提起。

基辛格和克雷默聊了20分钟。克雷默说："你有非凡的政治头脑。"基辛格后来回忆："这话着实让我吃了一惊，从来没人这样评价过我。"克雷默回到指挥部，向上尉提起了他碰到的"小犹太难民"，说他"还懵懵懂懂，但又什么都明白"。在克雷默那里，这话显然是种褒奖。他认为，基辛格对历史的音弦有着天生的洞察力。克雷默的大力举荐后来证明是至关重要的。接下来的三年里，他把基辛格弄出了步兵师，让他成了司令的德语翻译，又当上了盟军占领区城镇的行政官员，帮他铺平了进入反谍报兵团的道路、受雇成为德国军事情报学校的老师，在后来又说服基辛格选择了哈佛大学。克雷默常被评价为"发现基辛格的那个人"。而他不屑一顾，大声回句："我的作用不是发现基辛格！我的作用是让基辛格发现了他自己！"

克雷默在基辛格身上发现了——或者说他帮助基辛格培养了——一种保守主义精神。"亨利的历史学识，他对历史的敬畏，使得他非常尊崇秩序，"克雷默说，"他骨子里是倾向于保守主义的，认为维系秩序是国家的责任。"两人特别喜欢谈话，但只是学识层面的讨论，并非亲密无间。而且二人都愿意被奉承。"亨利，你绝对是天下无双，有让人难以置信的天赋。"老列兵说。基辛格当然对这种暗示心领神会，他便会虚心地向克雷默讨教有关历史演进的动力等玄之又玄的抽象话题。"他像挤海绵似的向我问这问那。"克雷默说。

但是，这两人的相遇也是两种利己主义的爆炸性结合。多年后，基辛格的启蒙导师当上了国防部顾问，他则回味到，克雷默动辄长篇大论的演说实际上过于自负。而克雷默也开始认识到，基辛格的雄心壮志和自我关注也是过度膨胀的。老克哀叹道："我渐渐发现，那个渴求知识的年轻人同样也在算计着个人前途。"

实际上即便没有克雷默贵人相携，基辛格大概也会有出头之日。但普鲁士人的出现无疑加快了这个进程，并且给这个充满不安全感的难民青年注入了一种对自身超群学识的自信。他把基辛格那颗20岁、年轻敏感的灵魂引入了伟大思想者和哲学家的殿堂——斯宾格勒、康德、陀思妥耶夫斯基，等等。启发他去探求自身思想的深度。从那时起，基辛格的理想不再是当一名会计。历史，而非数学，成为他新的爱好。

克雷默还鼓励基辛格增强自身的德国认同，坚持用德语同基辛格对话，让他学习德国历史和哲学。在这个过程中，克雷默根深蒂固的反共产主义思想也传递给基辛格，克雷默认为纳粹党人和共产主义者都是野蛮人。在他看来，社会秩序的崩坏极度危险，都给左或右的极权力量上台以可乘之机。

对基辛格而言，接近克雷默仿佛认了一位新父亲。他对普鲁士人贵族似的傲慢和极富传奇色彩的高谈阔论颇为仰慕，这些特质同样体现在他在哈佛的导师威廉·伊利亚特身上。克雷默带有强烈的路德式的神圣责任感，敢于为了追求抗争历史前进的车轮。他的个性为基辛格治疗不安全感提供了良药：基辛格学会了用克氏的故作勇敢去掩饰自身的不安定感，而这在今后岁月中很多时候看上去更像是一种克雷默式的傲慢。

但是老师有一样东西没能传授给他的学生。克雷默视金钱如粪土，鄙视权位，不在乎别人对他接受与否，对传统的获取成功的方式方法嗤之以鼻，雄心壮志与他无缘。这并不是说他自我放逐，而且远非如此。他只是觉得哗众取宠或追求个人成功多少有些"功利主义"。多年后，他去哈佛看望基辛格，看到昔日门徒的书架上满是他和名人的签名合影，大吃一惊，咆哮道："为什么这么干？！这样不合适！"克雷默现在可能发觉，早时对基辛格可能看走了眼，不过他对门徒曾经有过的疼爱和敬佩之情也随着憎恶一同增长起来：

他的动机可能比我当初想象的更为直接和富有野心。他还在反谍报部门时，就有人告诉我说这家伙很难相处，自以为是。基辛格有过艰辛的童年，而我没有，我知道自己是谁，而他并不然。基辛格一直有很强的权力欲，很明显，他总在寻求别人的认可。但当时，我眼中是一个如饥似渴寻求知识、渴望真理的基辛格，他想了解一切，而非仅仅那些对他有用的东西。过去和今天，他都是你所能想象得到的最有天赋的人才。上帝篮子中的才气总是公平分配的，但对基辛格，上帝把整个篮子都给了他。

◎重返菲尔特

1944年9月，84步兵师接到命令：开赴欧洲战场，加入盟军登陆后的对德军追击战。列兵基辛格，编号32816775，被分到第335步兵团G连。他们的运输舰"斯特灵城堡"号从曼哈顿岛的58号码头起锚，起航前，基辛格抽空回家看了一眼。11月1日晚，部队越过了英吉利海峡。此间，美国举行了大选，两位候选人富兰克林·罗斯福和托马斯·杜威竞选总统宝座，海外士兵们可进行缺席投票，年满21岁、已有选举权的基辛格此次没有投票。

G连一马当先，很快，84步兵师一周之内便进入德境。11月9日——"水晶玻璃"事件整满六周年那天，美军在亚琛附近德军的强大火力下蜂拥冲过了比利时－德国边境。过去的六年中，基辛格有了新的祖国，此时越过边境的他把自己当成了来自美国的解放者，而非返乡的德国人。但他回来也并不是为了复仇。一次他对《纽约邮报》讲："我觉得，如果种族清洗对犹太人来说是个坏事，那么对德国人而言也是如此，这么想可能让我的家人很沮丧。但你不能把责任推给整个德意志民族。"尽管返乡之旅和他当初想象的并不一样，但对于当年那个背井离乡、在海关出口遭人白眼、立志回到此地的少年来说，这何尝不是个乾坤倒转般的预言兑现呢？

基辛格是开着吉普车独自一人越过边境的。多亏弗里茨，就在G连开进德境的前一天，基辛格被调往师指挥部报到。伯灵将军需要一个德语翻译兼司机，在弗里茨帮助下，任务落在了基辛格的肩上。此后，他又被调往情报部队；再后来是负责军事占领的反谍报机构。在这些地方，基辛格再也用不着射一枪一弹了。

保尔基之战（Battle of Bulge）是德军发起的最后一次大规模的有组织进攻，战役开始于1944年12月。打响后，84步兵师和第九军其他部队遭德军突袭被迫撤回比利时境内。美军部队中的犹太裔士兵在此过程中面临特殊危险：许多人一旦被俘就被德军迅速处死，并不拘为战俘。尽管如此，84步兵师被迫从比利时边境小镇马尔什迅速撤离时，基辛格自愿留下来加入分遣部队，阻击追来的德军。

马尔什的状况混乱至极。美军进驻只是想挖出藏匿于此的德国警察，但形势突变，伯灵下令立即撤出。基辛格会说德语，如留下可以好好侦察一下德军的动向和计划究竟是什么。克雷默回忆说："当时他完全明白，一旦德国人占领此地，他再也别想活着出去。基辛格十分勇敢，毫不犹豫地作出了决定。"基辛格说："战斗期间，你不会想自己勇敢不勇敢的问题。"

1945年3月，84步兵师再次打入德境，攻占的第一座大城市是莱茵河边、德荷边境20万人的克雷菲尔德（Krefeld）。市内一片狼藉，垃圾遍地，没有水，没有煤气。反谍报部队首先面临恢复城市秩序的问题，但所有人都讲法语，没人说德文。于是，还是中士的克雷默便被命令去处理城市民政事务，但他习惯于在前线拿着喇叭高声劝降德国同胞，因此拒绝了这项任务。普鲁士人建议道："我认识个出色的年轻人，干吗不用他呢？"就这样，德裔列兵基辛格——甚至美国人连他安全与否尚未查实——成了克雷菲尔德的行政长官。基辛格回忆说："当时我所恢复和依靠的是德国人理解中的秩序。"他命令该市水、气、电力、交通各方面的负责人向他报道，然后清除其中的纳粹分子。即便是战时困难时期，纳粹一般也都吃得肥头大耳，因此通常很易辨别；如有必要，基辛格掘地三尺，把纳粹上台前管事的人找出来官复原职。八天内，列兵基辛格便建起了一个民事政府。"这是个让人瞠目结舌的事，"克雷默说，"而他不带任何仇恨情绪地完成了这项工作，他所示人的仅仅是他的实用主义。"

结果，基辛格凭此功劳被调到了反谍报部队，最初是当司机，因为当时尚无职位，随后提升为反谍报官员，军衔中士。反谍报部队的任务，就是抓出藏匿于盟军占领区的残余纳粹分子和盖世太保。基辛格再次诉诸德国人的性格特征来帮助自己完成任务。在汉诺威期间，他贴出布告，要本城"有警察经验的人"向他报到。一个肥硕的家伙来到跟前，称自己曾在警察局供职。基辛格起初想这家伙可能只当过普通警察，不是秘密警察，他随便开玩笑似的问了句："您不会是秘密警察吧？"那人得意地说了声是的，他的确干过盖世太保。好，逮个正着，基辛格立刻将其下狱。

接下来，基辛格又利用德国人特有的服从精神扩大战果。壮汉眼见身陷囹圄，便问如何才能将功赎罪。基辛格回忆说："他问我怎样立功，我便命令他找出同党。于是我们开着吉普车四处抓人，指定一个，抓一个。让我吃惊的是，本以为盖世太保都是些魔头，没想到这帮家伙都是些可怜兮兮的小官僚，巴不得与我们合作。"此外，基辛格在德国人的骄傲天性上大做文章，把反谍报部队常用的一个审讯技巧发挥到了极致。他会告诉每个纳粹嫌犯："先生，我们知道你在当地纳粹党里只是个小角色，无足轻重。"直到嫌犯自尊的极限遭到挑衅，爆发似的辩解说他其实是当地纳粹的高级官员。

基辛格并未去品尝复仇的快意。尽管纳粹屠戮了几乎他全家老小亲属，但他很快对满地抓捕盖世太保失去了胃口。基辛格说："抓了一阵子后，搞得一切都乱哄哄的——妻子们号啕大哭，孩子们抱父亲的大腿不放。我便派了个军警带上我那些纳粹犯人替我去下萨克森州干这事。我想我用这个办法抓到的盖世太保比整个反谍报部队抓得还多。"

为此，基辛格被授予一枚铜质奖章。他后来第一个承认，小有成就主要靠运气，其次才是勇气，这比他参加过的一些突发行动的危险性要小得多。但部队颁发的嘉奖着实不吝溢美之词："基辛格中士，在困难和极度危险的条件下执行反谍报部队的任务，成功地建立起多条深入占领区居民生活内部的情报链条，侦察出并抓捕了无数被确认为从事谍报和颠覆活动的敌军特务。"

◎ "再见吧，我的青春时代"

1945年5月盟军彻底战胜了希特勒，基辛格得以重返故里。离22岁生日还有几天工夫，美国人回到了那个德国少年曾经生活过的地方。菲尔特，鹿特索森，纽伦堡，蔓延四边的乡村野外，他再次踏上年少时代自己和友人们——海茵茨·基辛格、海茵茨·莱昂、赫尔·莱昂曾经一同雀跃徜徉过的地方，放眼望去，四下尽是满目疮痍的景象。除了葆拉·基辛格，没人认为基辛格是个多愁善感的人。但这次回菲尔特，即使是曾经的海茵茨也无法抑制内心情感。在一封长达10页的家信中，基辛格用英文犹如创作小说般动情地写下了返乡见闻和所感。第一站是巴伐利亚小村鹿特索森，当年外祖父的贩牛生意在那儿曾做得如火如荼。顺着山谷一路望去，阳光下的排排屋顶熠熠生辉，他不由惊叹小镇子竟是如此悠闲和安详：

> 伫立山头，顺着谷地一路眺去，那山谷曾经埋葬着我青春岁月的一角。树木依然青葱，奶场还在老地方。我们在公共汽车过去常停站的地方停下了。
>
> 有那么飞快的一瞬，我觉得好像看见一位披着围裙的矮胖女人和一位饱经风霜的大胡子老先生（葆拉·基辛格的父亲斯特恩和继母）。可定睛看去，有的只是老街和塔楼。
>
> 我们开得很慢，身边缓缓走过所有那些在仇恨年代生活过和死去的人们。我想起了那个在院子里踢足球的小孩和那位站在窗前观看的老人。所有过去的光阴都倒转回来，有那么一瞬，时间也停滞了，仿佛又回到了伙伴们都还活着、我们都还年少的时候。
>
> 若让我们倒转过这仇恨和褊狭的13年回到过去，会发现这是一条多么漫长坎坷的道路，充满了耻辱和失望。13年，漫长不堪回首。我念起那些善良的人们、林丛中的长长小径和那些曾经存在或者可能存在过的东西。刹那间，山谷中满是那些我曾经熟识过的人们，全都在那里，而后随风隐去……我向我的外祖父母道别再见。

从鹿特索森，基辛格来到了菲尔特，吉普车在纽伦堡满目疮痍的路上和他曾踏青而过的草地林间穿行而过。站在曾经住过的公寓二层上，他凝视着窗外七零八落的破街和公园，想起当年他和莱昂父子一起散步的情景。"您看什么呢？"新房主问道。"没什么。我想您永远不会明白。只是想起了我的朋友和他爸爸，想起了岁月无情和十年浩劫。"老房主答道。

在父亲曾经教过书的校门口，基辛格照了张相。里头有位德国官员正在忙乎杂事。基辛格信中写道："我们穿过门廊，所到之处，人们都立正敬礼；所到之处，过去的每一幕都从眼前闪过。'您为什么要视察学校呢？'哈恩博士问我。'我在还债。欠我爸爸的债。'"

最后一站是纽伦堡。信里这段叫做"尾声"。

> 歌剧院、文化大厦、火车站、邮局，一切都化为废墟。站在山
> 上，顺着峡谷望去，纽伦堡的骨架尽现眼前。我想起了赫尔·莱昂的
> 话，说有朝一日你重返故故里，会发现没有一砖一瓦还是完整的。一
> 杆破路标横在路上：距纽伦堡七公里，距菲尔特六公里。

> 那些仗剑为生者必会逝于剑下。在那俯瞰纽伦堡的山坡上，对自
> 己说：再见吧，我的青春时代。

在菲尔特逗留期间，基辛格还找过儿时的伙伴。大部分迁走，留下的死在集中营。唯一的幸存者是他的同学和球友赫尔莫特·雷斯纳尔，基辛格在一个非犹太人家庭找到了他。1941年，雷斯纳尔全家和全城所有最富的犹太人都被运去北边数百英里的布痕瓦尔德集中营，雷斯纳尔的父母和近五万名犹太人死于饥饿、医学试验和其他残酷刑罚。雷斯纳尔和其他两万余人于1945年4月被及时赶到的巴顿将军率领的第三军解救。他辗转回乡，找熟人栖身。基辛格找到他那儿时，雷斯纳尔立刻认出了老同学。"他很自然，很热情，也很有同情心。"雷斯纳尔回忆说。不过两人谈起往事时都极力克制着情绪。雷斯纳尔称："后来亨利告诉我说，那次我跟他说起过去的事，如果当时我忍不住哭了的话，他很可能会听不下去。"过后，基辛格一连几个月对雷斯纳尔问寒问暖，接济家用，直到老同学身体完全康复。一年后，雷斯纳尔准备移民去纽约投靠姑妈前，基辛格给雷斯纳尔的姑妈写了封长信，告诉她如何做好准备。信中，他揭示了从大屠杀幸存者们了解到的一些痛苦的生存经验：

> 我觉得有必要给您写封信，因为美国国内对那些在集中营待过的
> 人士有着完全错误的认识……

集中营不只是死亡作坊，它们也是考验场。那里的人们都坚忍不拔，为的只是活下去，除了自己的命，他们没有什么可失去的，任何哪怕最小的疏忽都是致命的错误。集中营里满是肮脏和疯狂，人命贱如草芥，活在其中必定得在精神和意志上有超人般的能力，才能获得求生的意志。知识分子、理想主义者、德行高尚者统统没有机会……一旦下定决心想要活命，就必须抱定一个目标坚持到底，这些对生活在美国国内、受到保护的人们而言都是无法想象的。要想活命，就不能为凡夫俗子的道德纲常所羁绊，必须抛开常人的道义标准，不顾一切地保住自己。只有通过撒谎、欺骗、想方设法填饱肚子才能求得苟活。老者、弱者没有机会。

突然有一天，解放了，自由了。但幸存者们并不在正常的人性生活的范畴之内。他们学会的是，回忆过去意味着悲伤，悲伤又代表着软弱，而软弱是死亡的代名词。他们晓得，既已挺过了集中营生活，获得自由后的生存更不在话下。因此他们唯一所求的——就像在集中营中只求活命那样——就是在安详宁静中生活下去，也完全不管不顾人们如何看待他们——就像在集中营里完全不再顾及正常人的礼仪道德那样。总而言之，他们不希望任何怜悯和施舍。怜悯会让他们感到不舒服和神经质。

如果您认为即将到来的是个受过沉重打击和遭遇挫败的男孩的话，您就大错特错了。赫尔莫特是个男人。他经历的事情比许多人一辈子见到的还多……赫尔莫特会比较希望能够自立一些，不愿人们迁就他，他希望过普通人的生活——但是，是靠自己建立的生活。

雷斯纳尔的确过的是自己建立的生活，终其一生。他在长岛开起了雷斯纳尔化学有限公司，在新海德公园过着舒适安逸的生活。

基辛格这封信触及一个在他今后职业生涯中反复出现的主题，即道德和现实主义之间的张力问题，至少在他自己看来，这一张力是存在的。他在冷酷的现实主义者（大屠杀的幸存者）和"德行高尚者"（在残酷环境中必死无疑的人）之间进行对照，并提出：生存有时要求人们放弃坚守道德标准，这对在保护伞下生活的人们来说是无法理解的。多年后，基辛格仍不时将强调道义原则等同为示弱。其实，可以用下面这句他描述大屠杀受难者的话来形容基辛格自己："他们已经见识过人性中最邪恶的一面，谁又能因为他们疑心太重就对其横加指责呢？"

◎占领者

本兹海姆的老百姓都记得基辛格坐着一辆1938年款奔驰车呼啸进城的样子，那是他从一家婴儿粉公司的纳粹老板那里没收来的。驶过中世纪的老屋和山脊村庄，车在税务站所在的小巷前停住，基辛格一步两阶地登上楼梯顶，大声宣布："我是反谍报部队的亨利先生，这栋楼已经被我征用了。"

1945年6月，22岁的基辛格中士被任命为一支新的反谍报支队的司令官，负责恢复黑森地区博格斯特拉斯区的秩序，清剿纳粹分子。部队总部就设在本兹海姆，人口17 000人。这么一来，基辛格在一块曾经鄙视犹太民族的土地上俨然成了一方"君主"。"抓人我有绝对权力，"他说道，"在反谍报部队，我们的权力甚至大过军政府。"就像克雷默所说："他是本兹海姆的绝对统治者。"

尽管如此，基辛格避免表露任何仇恨情绪，他还主动矫正一些反谍报官员——特别是犹太裔——拿德国人出气的行为。战友拉尔夫·法里斯说："记得有一回，几个担任军队翻译的德裔难民对一对德国平民夫妇滥施刑罚。基辛格向他们喝道：'你们都在纳粹统治下生活过，知道他们有多残暴！现在你们怎么能掉过头来对这些人做同样的事情？'"

基辛格走得更远，只要可能，他就不会表露自己的犹太人身份。他不再参加宗教活动，也从不提起。战友都知道他叫基辛格，但他在管区的德国人中间就称自己亨利先生，因为那听起来更像个美国名字。"我当时用的是亨利先生这个名字，"他后来解释，"因为我不想让德国人以为是犹太人回来反攻倒算了。"

军中严令禁止和本地公民称兄道弟，但基辛格还是有意无意拿出一副德国人的做派。他找了位德国贵族的老婆当情妇，喜欢开奔驰车在乡间兜风，常去参加地方足球赛事，还把郊外一处没收的豪华别墅当自己的住处。"简直太漂亮了！"菲尔特和华盛顿高地的好友杰里·本克霍夫见后赞叹道。本克霍夫驻扎在海德堡，常来串门，是基辛格招待会的常客，"基辛格别墅漂亮，女朋友美丽聪明。常举办大型宴会。你就知道他多么喜欢在炫耀权力了吧，就是不知道减减肥。"基辛格的辖区管有20多个城镇，他开始磨炼外交技巧，本兹海姆市长、警察局长都是他宴会桌上的常客，本克霍夫称赞说："亨利是位出色的外交家，他总能和德国官员相处甚欢、让他们替他干事。没过多久，那地方就恢复了生机，也实现了非纳粹化。"

卡尔·海茨勒一家是纳粹时代少数几个和斯特恩以及基辛格家保持朋友关系的非犹太家族之一。基辛格吃惊地发现，海茨勒一家被错误地指控为纳粹同情者，美军占领当局没收了他们的生意。在基辛格的干预下，海茨勒家得以重返家园，基辛格并帮助他们筹集资金、重开生意。此外，基辛格还悉心照顾克雷默在老家的妻儿，每周从本兹海姆给她们寄去食物。

基辛格在本兹海姆待了将近一年时间，直到克雷默再一次提携了他。克雷默是设在Oberammergau的欧洲司令部情报学校的发起人之一，学校坐落在慕尼黑南40英里外阿尔卑斯山一处风景名胜附近。主要内容是教授盟军军官如何搜捕纳粹残余分子和重建德国市政。克雷默坚持要把一个只有高中文凭的中士纳入教师队伍，允诺如果中士干不出名堂的话就发配他去拾柴火。在接下来的10个月时间里，基辛格便一直在该校任教，起初作为中士教师，后来成为文员，年工资只是少得可怜的一万美元。和他一同教课的还有赫尔莫特·索南菲尔特——基辛格任国务卿时的助手，和亨利·罗索夫斯基（Henry Rosovsky）——后来成为著名经济学家和哈佛教务长。参加过基辛格任教的"德国次军国主义组织系统"一课的罗索夫斯基评价说："高中毕业没多久的亨利表现出十足的权威。他讲起课来信心百倍，而且颇具学术精神。"但教务长唐纳德·斯特朗中校认为基辛格过于高傲，后者从来不把教案报上来审批，还违反规定在营房里养狗玩。"他总惹麻烦。"斯特朗回忆说。

离开欧洲前，基辛格做了最后一件事情，就是看望他那睿智的祖父大卫·基辛格。老基辛格和儿子阿诺一起住在斯德哥尔摩。1946年冬，基辛格和学校的好友列维奇乘火车来到北欧。叔叔阿诺身体很好，生意也很红火。而86岁的爷爷同样精神矍铄，基辛格在家信里写道："他每天傍晚和一位92岁的老姑娘打牌，总说人家欺负他年轻出老千。"

让基辛格钦佩不已的是，虽然祖父有三个女儿死于纳粹集中营，但他谈起纳粹时代发生的事情并没有一副痛不欲生、萎靡不振的样子。家信中，基辛格对祖父能够远离仇恨赞叹不已，暗示被姐姐的死弄得痛苦异常的父亲应该引为榜样，振作起来。

　　我每天和他谈话数小时，并非完全为了尽孙子的义务。爷爷的思维仍然出奇的敏捷，对世间事看得竟是如此的安然，如此的谦卑、没有仇恨和偏见，和他谈话确是一种乐趣。而且他还是那么幽默。亲爱的父亲，真希望您能看看爷爷。他和任何其他父亲一样承受了巨大的丧女之痛，但他对待此事的态度却是如此的得体，如此的看得开，应该成为所有人的榜样……我肯定，爸爸，他不希望您为此折磨自己。

◎ "我可能建立起了一种自我防备的心理"

　　"先是纳粹时代下的犹太人，然后是在美国谋生的难民，又投身行伍当了兵，所有这些经历并未帮我真正树立起自信。"基辛格曾说。

　　他错了。

　　军队的经历不仅使他更加美国化，还使他坚强起来。儿时创伤造成的不安全感依然存在，但从大战的硝烟中挺过来并且磨砺了领导才干的基辛格，已经披上了一层坚韧的硬壳和自信的光环。自信感加之不安全感，虚荣和着虚弱，狂傲不羁隐含着为人接受的渴望，所有这些贯注在青年基辛格人格中的复杂特性，终其一生都在发挥着作用。

　　"我经历了美国化的历程，"基辛格说，"这是平生第一次没和德裔犹太人生活在一起，我在军队里赢得了自信。"他觉得自己不那么害羞了，好像德国口音也没了，直到回家后人家提醒他完全不是他想象的那样。弟弟沃尔特说："我们两个都找到了属于自己的路，开始扬帆远航，找到了真正的自我，时代帮了我们的忙。"军营生活使基辛格在个性和自我认同上吐故纳新，他不再参加犹太教活动，从犹太难民圈子剥离了出来。日益成熟的基辛格对父母的孝顺一点都没少，但距离感却越来越大，沃尔特说："军旅生涯为我们打开了一个新世界，一个父母无法分享和理解的新天地。"所谓的自信某种程度上也是一堵墙，随着天真和好奇崩溃后拔地而起的高墙。回国不久，基辛格给正在加拿大魁北克旅行庆祝结婚25周年的父母写信解释说："要说有时候我显得疏远些的话，请记得对我而言，战争直到1947年7月才结束，我被蒙在鼓里三年多，我只能去战斗、争辩然后失败。我可能建立起了一种自我防备的心理。"

基辛格此后一生都有这种所谓的防备心理，而且他对周遭关系密切的人也都保持着疏远和一定距离。战争使他成熟起来，拓宽了他的视野，刺激了他的雄心，也扼杀了那个总是腋下夹着书本的菲尔特少年的学究气。天真、质朴和过于关注德行，所有这些在基辛格那里都变成懦弱甚至死亡的同义词。的确，就像他在山坡上俯视纽伦堡城时所说的那样，基辛格真的向青春时代挥手告别了。

1947年7月，基辛格做好了九年后第二次从德国乘船赴美的准备。24岁的他已经离家四载，在德国土地上当了三年占领者。他给爹妈拍了封自己即将返航的电报："小冒烟儿"航班今晚到。"小冒烟儿"是只西班牙长耳猎犬，是基辛格在巴黎街头一家宠物商店发现的，把它放在行军袋里走遍了欧洲，现在形影不离。"所以电报的意思就是让我们去机场接小狗，"葆拉·基辛格回忆说，"当时路易斯不巧生了病，工人也正好来给地板打蜡，我又没有汽车，只好搭地铁大老远地去机场。盒子里装着亨利的大衣，狗闻着主人的味就能安心坐飞机了。里头还有封信，说'小冒烟儿'吃汉堡包和菜豆，于是我就用汉堡和菜豆喂它。"

离开德国前，身兼两个博士学位的普鲁士人克雷默又给了基辛格一个忠告："你还得上点学。找个好点的大学，一个绅士是不会去纽约城市学院的。"这番话体现了克雷默的精英主义，很难说他说得对，不过和基辛格的新志向倒是对得上。

当时，大多数学校秋季学期已经开学了，但是哈佛大学对退伍的老兵给予特殊照顾，校长詹姆斯·布赖恩特·科南特一直是退伍军人支援法（G.I.Bill）的坚定支持者，他特地为此任命了一位顾问，以确保老兵们能进入哈佛校园。

基辛格的申请信中是这样写的："为了习得一技之长为未来从事文学职业作准备，同时把政治史作为主要兴趣领域，我想我必须在自由艺术领域进行学习。"他在"个人简历"一栏中称"种族清洗迫使我全家移民到美国"，但他在谈论过去的生活时却又语焉不详；兴趣一项有"写作、古典音乐和当代文学"，最喜爱的体育项目是"网球、棒球"，宗教一项填了"希伯来"；至于室友，希望找一位来自中西部的，最好是23岁以上的。

　　基辛格同时还申请了哥伦比亚和普林斯顿两所大学，最后选择哈佛的理由很简单：哈佛是唯一一家准许基辛格从二年级开始念起的学校。结果，这一待就是20年。

第4章 | 求学哈佛

志向远大的学生（1947～1955）

> 每个人的生活中都会有那么一刻，他会意识到，自己在青春时代所拥有的
> 无限可能性，到头来都只能化作一种现实。
>
> ——基辛格在本科毕业论文中的开场白（1949年）

◎ "小冒烟儿"和大学究

1950届哈佛毕业生——1 588人——是哈佛历史上人数最多的一届，也就
是基辛格1947年秋作为大二学生入学的那一届。大多数都是部队退伍兵，相当
于哈佛全部学生的四分之三。稚嫩的高中毕业生和成熟的退伍大兵们掺和到一
块，都急切地希望闯出个名堂。人口构成虽有变化，这所全国最老牌大学的各
种传统照旧生效——每天清早女仆们都到房间里收拾床铺，而且哈佛因此变得
更加民主了，超过半数的学生来自公立学校，这在哈佛历史上还是头一遭。

随着美利坚合众国"二战"后披上"世界领袖"的斗篷，哈佛大学也正为
她自己将要扮演的全新作用感到阵阵兴奋。1947年哈佛毕业典礼上，国务卿马
歇尔宣布了他的欧洲复兴计划。那年秋天，基辛格刚到，斯通（I.F.Stone）
和阿斯罗普（Joseph Aslop）就在哈佛举行的一个论坛上大辩了一场，主题是
"是否必须阻止俄国"。随即卡耐基和平基金会宣布资助哈佛成立俄国研究中
心，这是哈佛为配合美国在国际舞台上的崛起而发起的众多"地区研究"项目
的第一个。当时任政府管理学院教授的麦克乔治·邦迪回忆说："'二战'刚

结束那阵子哈佛校园格外活跃，国际事务研究作为一个学科迅速兴起。哈佛相信她自己将发挥新的作用，因为这个国家有了新的使命。"

基辛格的宿舍在克雷夫利楼的39号房间，一座满是灰尘的砖砌公寓，坐落在靠近哈佛中心区繁忙的奥本山大街上。他的室友是阿瑟·吉尔曼（Arthur Gilman）和爱德华.亨德尔（Adward Hendel），二人都是老兵和犹太人。1947年入校的犹太学生通常都被安排住在一起，不过战前常春藤盟校盛行一时的排犹主义此时已经大为减退。犹太学生的入学率约为17%，虽略低于20年代——当时的校长劳伦斯·洛维尔感到有必要增加犹太学生的比例，但高于战前的几年。基辛格读本科时，学校放弃了以"超出交通承载能力"为由建议校区居民拒绝向犹太生租房的一贯做法，租房名单上的犹太学生名字后面的星号也被去掉了。致力于扩大哈佛的校长詹姆斯·科南特在抵制反犹主义方面尤其积极。基辛格在情报学校的同事、后来成为哈佛经济学教授的罗索夫斯基说："哈佛敞开双臂迎接我们这样的难民学生。"罗索夫斯基后来成为经济系的教务长和哈佛集团董事会的首位犹太成员。虽然个别院系仍存在歧视现象，但政府管理学院风气最正，犹太人路易斯·哈茨是该院政治理论方面的教授，还曾出任院长一职。

基辛格从不和室友讨论宗教问题，吉尔曼说："我们从来没有谈论过我们的犹太身份问题。"但在晚上闲扯时，基辛格曾表示强烈反对建立以色列国。"他说那会疏远阿拉伯国家并且危及美国利益。这种看法对于一个曾在纳粹铁蹄下生活过的犹太难民来说简直太奇怪了，"当时住楼下的赫伯特·英格尔哈特（Herbert Engelhardt）说："我觉得基辛格小时候在德国反犹风潮中受的苦还没我在新泽西遭的罪多。"

基辛格的抓紧时间和过分成熟让室友们吃惊不小。每早七点准时起床出去学习，下午傍晚回屋，然后坐在便椅上一边咬着手指一边开读，偶尔还放声大笑，嫌作者的推理有毛病。他每天读《纽约时报》和《波士顿环球报》，但决不看社论，吉尔曼回忆："他说必须形成自己的观点，而不是从编辑那里学。"

分享三套间公寓的还有"小冒烟儿"，明明是只褐色的狗，基辛格愣把名字起成"小冒烟儿"。当时的哈佛在学生纪律方面已然非常开放，女孩可以进克雷夫利公寓，也让喝酒，实际上没什么干不了，除了两样：武器和狗。"养'小冒烟儿'是对哈佛体制的一种轻度反抗。"基辛格讲。后来清洁女工告了状，基辛格被要求必须把狗处理掉，他就每早借英格尔哈特的汽车，把"小冒烟儿"送到河对岸的一处狗窝里去，晚上再接回来。有时他去纽约过周末，吉尔曼的母亲就代为照看，吉尔曼后来开玩笑说："她就靠这出的名。"

基辛格对体育十分着迷，但从不参加哈佛校园里的任何比赛项目。不仅如此，他从不和室友去饮酒或参加聚会，不是任何俱乐部或社团的成员，从未给任何出版物投过稿，也不参加任何学生活动。"如果亨利愿意，他可以很有魅力，"吉尔曼说，"但他就是个独行侠。"英格尔哈特可不这么说，勉强觉得基辛格也还行，但评价更为苛刻："他总一副死相，从来不追女孩。他那标志性的诙谐和细腻在本科时代一点没有显现过。他对周围的人和事不持立场，没有感觉，对身边的人丝毫不投入情感，在社交方面笨手笨脚，可能是有点害羞。总之是个能力很有限的人。"

基辛格第一学期选了政府管理、历史、数学、法语几门概论性的课程，全部照旧拿A。他还被允许在不计学分的条件下选读了一门化学课。第二学期，他正式修了化学课，拿了学分，得了个A，甚至一度动过把化学作为主修专业的念头。他问化学课老师乔治·基斯迪雅可夫斯基教授——后来成为总统科学顾问，是不是应该选这行。"如果你非要问的话，"教授答称，"答案是不应该。"基辛格后来把这件事称为他一生中最走运的时刻之一。"我和教授开玩笑说，如果他培养我当一名中不溜的化学家的话，这么多年可以为我省去多少麻烦！"

最后基辛格选了政府管理和哲学作为主修领域，部分原因是他对威廉·伊利亚特教授颇为崇拜，那是他第一学期"立宪政府的发展历程"这门课程的任课教师。凭着第一年全A的优异成绩，基辛格有资格选一位资深教授做自己的指导教师。这样，他便找上了一生中第二个贵人、政府管理学院的"大拿"，一个典型的而又有点逆反的南方佬——就像弗里茨·克雷默是个标准而又反叛的普鲁士人一样。

◎伊利亚特教授

据英格尔哈特回忆说，基辛格头一次出门去见伊利亚特教授紧张得让人觉得可爱。基辛格踏进教授办公室时，伊利亚特正忙着写东西。"天哪，"伊利亚特一边抬头看一边说道，"又是个辅导生。"他快速给基辛格开了张25本书的阅读书目，把他打发走了，告诉辅导生回去先写份论文，比较一下伊曼纽尔·康德的《纯粹理性批判》和《实用理性批判》之间有何区别之后再来找他。

听说伊利亚特粗鲁打发基辛格的事后，英格尔哈特和吉尔曼大笑不止。基辛格则去了图书馆，按数目照单全收，全部借来，堆在了已经满满当当的便椅上，然后啃了起来。他连续数夜干到后半夜两点钟。英格尔哈特说："他要是漏了一本我就去死。"基辛格花了三个月完成了论文，一天早上把它投到了伊利亚特的办公室里。

下午，基辛格宿舍的电话响了，是伊利亚特召他回去的电话。教授隆隆的声音说道，他从来没有一个学生读完所有的参考书然后写出一篇如此连贯的论文。

基辛格后来说："我和伊利亚特的关系和与克雷默的关系是一样的。两人都有自负的、超凡脱俗的个性。"

和克雷默不同的是，威廉·扬德尔·伊利亚特身材十分高大。这位曾效力于范德比尔特队、荣膺全美橄榄球联盟最佳阻截队员的教授有着演说家般慈厚缓慢而低沉的声音，眉毛浓密，一头黑发，鼻直口阔。在哈佛，大家都叫他"疯子比尔"——喜欢在自家地下室里组织斗鸡比赛。斯坦利·霍夫曼教授说："他在个性、高傲自负以及身材方面都是个大块头。"在他还是个田纳西州范德比尔特的小伙子的时候，就迷上了南方文学运动的诗人和作家们；后来他得了著名的罗德兹奖学金（Rhodes Scholarship）赴牛津就读，风光无限地围上了"运动员—诗人—学者"的大披风。在哈佛，他是垒球队的后防中坚，常创作和发表热情洋溢的诗作，还喜欢提出些哲学概念——只是热情有余、思考不足。伊利亚特学问做得最好的是欧洲政治关系研究，到20世纪20年代声名达到顶峰，其后，就靠吃老本过活，没有再进一步展拓学术成就。小阿瑟·施莱辛格（Arthur Schlesinger, Jr）曾评价伊利亚特是个"光辉的陈迹"，哈佛的古典文学教授约翰·芬利（John Finley）曾把伊利亚特比作"一支同时在七个平面上疾驰的利箭"。

伊利亚特承认，平生一大遗憾是未能从政。他言谈举止之间总把自己的做派塑造成一位南方参议员或者国务卿的形象，但却从未成为其中任何一个。"他那狂放不羁和虚荣自负的仕途之志背后埋藏的是一种责任感，"曾以基辛格为研究对象写过论文的哈佛学生大卫·兰道认为，"伊利亚特正是把渴望和意义这一特殊组合传递给了基辛格。"

"很多周日，我们一起在康科德散步，"基辛格在1963年伊利亚特退休时的献词中写道，"他认为，唯一真正不可原谅的罪孽就是把人当工具利用。"不过看看基辛格日后操纵人际关系的习性就明白，这个总结更多只是种学术分析，并未引为其个人信条。上述观点实际是伊利亚特最钟爱的哲人康德的基本信条之一，康德在总结人类基本道德原则时宣称："善待自己或他人应成为目的本身，绝不应作为手段。"

伊利亚特的鼎力栽培对从本科生到终身教授的基辛格起到了极大的推动作用。伊利亚特教授评价说："他对政治哲学很有感觉，对历史的重大意义也颇有见地。"让伊利亚特尤感吃惊的是基辛格的思想深度，而不是他的优雅程度。在写给全美优秀学生联合会的推荐信中，伊利亚特教授对爱徒有如下评价：

> 可以说在过去五年内，从没有一个学生——哪怕是成绩最优的毕业生——有基辛格先生所表现出来的思想深度和哲学洞察力。当然另一方面，在彻底系统化的思维能力背后，他有着条顿式的、缺乏典雅气质的头脑。他带有某种情绪化倾向，这可能和他的难民出身有关，只是偶尔表现出来。总体看，我认为基辛格先生的头脑非常均衡而公正。

基辛格选择伊利亚特做导师后，特地给卡尔·弗里德里希（Carl Friedrich）教授打了个电话，解释他此举的缘由。弗里德里希和伊利亚特是政府管理学院的两大台柱子，但在个人层面和学术上又是冤家对头。两人都喜欢研究康德，特别是那本语焉不详的小册子《永恒的和平》。除此之外，两人毫无共同点。弗里德里希是个德裔清教徒，治学极度严谨，属典型的大陆传统，教条有余而创造性不足。他对伊利亚特突出直觉想象力、粗线条的治学作风、富有魅力的谈吐举止和炫耀多姿的风格颇为轻视。基辛格后来在两人之间游走穿梭的本事是出了名的，他在操纵人际关系方面的道行已有所表露。"他和伊教授和弗教授两位对手的关系都好得不得了，"同学约翰·斯托辛格说，"我们有位同学满腹狐疑又颇为忌妒地问：'真奇怪他是怎么做到的。'"

的确，基辛格在弗、伊二人之间同时得宠的本事在当时学生里无人能及，许多哈佛同侪是带着羡慕和愤恨的眼光看待这一点的，而基辛格注定到哪里都会引发类似的情绪。1971年，就在他平步青云马上成为世界名人时，基辛格出人意料地飞回哈佛参加了弗里德里希教授的退休聚会。"我们一块走出门廊，他对我说了些极尽赞美之词，"弗里德里希回忆，"他说从我这儿比从任何老师那儿学到的东西都多。他奉承人很有一套，这也是他作为谈判者取得成功的重要因素之一。"

在伊利亚特的指导下，基辛格在政府管理和哲学两个方向上同时用功，直到在"关系逻辑"这门课上栽了跟头。当时的哈佛哲学研究尚未从逻辑实证主义的窠臼中解放出来。基辛格对这个主题的掌握并不牢固，从本科毕业论文的一篇附属材料中可以看得出来。这门课最终成绩是"B"，对基辛格还是破天荒头一次。此后他便将方向集中在政府管理上，再未上任何哲学课，也再没拿过B。

◎ 历史的意义

基辛格成为哈佛本科史上的学术传奇，靠的不仅是考试成绩。在哈佛350年历史中，时常会从本科生里冒出些头脑极为聪明的鬼才，学校对此早已见怪不怪。但亨利·基辛格的毕业论文着实赢得了不少激赏乃至敬畏之词。

首先是篇幅，383页，这在本科毕业论文里可谓空前绝后，为此校方不得不出台了一个"基辛格规则"，规定以后毕业论文长度不得超过基辛格论文的三分之一。其次，论文涉及范围极为广博，无愧于"历史的意义"这一名号。

哈佛三年，基辛格吸收了大量的知识和素材，现在他开始把思考和研究的成果滔滔不绝地倾吐出来。论文中满是极尽考究、严密论证且无懈可击的散文式话语。起首，他将重点放在了三位思想家的比较上——多少有点"关公战秦琼"的味道：哲学巨匠康德和两位20世纪的历史学巨擘斯宾格勒、汤因比；行文中又对激进经验主义者和逻辑实证主义者加以比较，论及笛卡儿和陀思妥耶夫斯基、黑格尔和休谟、苏格拉底和斯宾诺莎；文末，他加入一节《诗的启示》，大谈康德、荷马、弥尔顿和维吉尔。包括审核者在内目睹论文的人都瞠目结舌，幸好基辛格省略了初稿中黑格尔和茨威格比较研究这一其实无甚可比性的部分，才使整个文章易读了些。

这篇未发表的论文是部有趣的哲学作品，也是基辛格的颇具魅力的"个人宣言"，涉及了包括道德、自由、革命、官僚体制以及创造性等贯穿基辛格本人一生的重要主题。他在学问上出了名的傲慢自大，从论文里也能窥得一二。另外，这位未来的政治家一向认为追求和平无外乎在各派力量间不停地周旋平衡，除此而外没有更重要的意义，这一观点也在文章里初露端倪。

要想搞清楚基辛格的思想，必须了解他所崇拜的四个欧洲人。一是斯宾格勒，其悲观的"历史决定论"在情绪上感染了基辛格，也在学问上鞭策了他；二是康德，其"道义自由理论"被基辛格奉为政治哲学的基础；三是梅特涅，这位19世纪奥地利政治家以娴熟的外交技巧构筑了欧洲的势力均衡；四是德国统一者俾斯麦，具有同时融会保守主义和革命精神的创造力。前两位是基辛格本科论文的核心角色，后两位他在博士论文里和任教初期予以重点研究。

《历史的意义》触及一个根本性的哲学命题："决定论"（determinism）和"自由意志"（free will）在历史演进中谁的作用更大？基辛格把这对矛盾投射在了个人身上。他说："每个人的生活中都会有那么一刻，他会意识到，自己在青春时代所拥有的无限可能性，到头来都只能化作一种现实。生活不再是长着茂密丛林和山巅的可以四通八达的广阔平原，很明显，一个人穿越草场的旅程都遵循着某种特定的路径，一旦走下去，便不可能再选他路。"基辛格的目的是表明，人要发挥"自由意志"是可能的。"在自由的经验和无法改变的环境之间寻求和谐，既是诗歌的死穴，也是哲学的困境。"

《直觉的历史》一章主要讲斯宾格勒。基辛格探究了这位德国民族主义学者的思想境界，其经典著作《西方的衰落》出版于1918年。基辛格对他的解读是，伟大的文明都经历青春期、成熟期直至在战争中走向僵化和死亡等几个阶段。历史就是不可避免的强权争斗，是一连串社会动荡的不断重复，大国或者强权，是历史过程的体现者，也是历史发展的唯一目标本身。

如果就此把基辛格的思想等同于斯宾格勒的阴郁历史观，那就错了。基辛格在论文中力图给历史找到一种合乎人意的意义。但同样，也不能低估这个德国长大的犹太难民对斯宾格勒的痴迷程度，基辛格的历史悲观主义从小就扎下了根，这使得他和美国传统的"天定命运"论思想家们拉开了距离。正如斯坦利·霍夫曼教授所说的那样："亨利忧郁时，似乎斯宾格勒的魂魄总在他身边如影随形。"

关于汤因比，基辛格认为他"肯定了历史发展的目的性，试图以此超越斯宾格勒的形而上学。"换句话说，历史演进方向和方式并不是一早就被限定死的，人类参与的是一场有目的性的斗争历程，旧世界倒塌后，一个具有更高价值的全新文明会随之崛起。但基辛格认为汤因比过于强调经验主义，无视人类自由意志。

基辛格提出，人要理解何谓"自由"，必须遵从内心的直觉。这就把他引向了康德。在对康德进行研究的基础上，他断定，"自由"的本质必须从人的审美和道德等更高层次的经验中去寻找。但是，康德对道德的解释过于玄奥和宗教化，无法给他提供满意的答案。

他还对"历史决定论"作了详细表述："活着就是受罪，出生孕育着死亡，存在注定短暂。"如何克服命运？他认为，只有认识到并确信自己所拥有自由的力量后，才能打破命运的樊篱。这样，基辛格打出了他自己全新的历史信条：自由，使人能够战胜过去的苦难，战胜历史挫折。

基辛格喜欢康德，但康德却不一定买基辛格的账。这位哲人曾于《永恒的和平》一书中呼吁在国际法的基础上建立一个合作性的"共和国联盟"，但基辛格从未接受过康德所倡导的这套欧式自由主义、共和主义和理想主义。相反，他更相信强调国家利益和势力均衡的欧式保守主义。恰如彼得·迪克森在研究基辛格的历史哲学的一本著作中所言："青年时代对康德的痴迷本可能将基辛格推向威尔逊主义，但这位留美难民改弦更张，投向了梅特涅和俾斯麦这两位权力政治的先驱鼻祖。"（威尔逊主义，"一战"时期的美国总统威尔逊是个宗教道德观念强烈、富有国际主义思想的领袖，他主张按国际主义标准建立国际联盟，依靠多边机制和道德力量实现世界和平，但最后在国内、国际两方面均遭失败。其一系列主张被总结为威尔逊主义，与主张权力均衡、大国博弈的实用主义相对应。——译者注）

这篇论文因其长度和充满矫饰味太浓而成为哈佛政府学院师生既敬畏又嘲笑的对象。弗里德里希教授说他看了150页后便拒绝再读下去，结果这话很快传了开来。不过这些很可能都不是真的，基辛格因其论文和课业成绩被授予了哈佛优秀毕业生的称号，在他那届，全班仅百分之一的幸运儿可获此殊荣。

◎基辛格太太

基辛格服役期间，女朋友安妮丽斯·弗莱舍一直在纽约亨特学院就读，同时照顾生病的父亲，在此期间，年少时的那股倔劲随着生活的磨炼逐渐退去。基辛格决定推迟归期让她很不开心，她离开华盛顿高地在科罗拉多州的斯普灵斯待了一年，在一家旅馆工作，同时读些书，还常常去滑雪。基辛格回到美国并进入哈佛前，她也回到纽约，在曼哈顿找了个簿记员的工作。

基辛格读大三时，两人决定结婚。当时他已经不再践行犹太教的各种礼事，她也加入了一家没有教派之分的种族文化协会。但为了照顾父母，他们还是于1949年2月6日在正统犹太教堂举行了婚礼，亨利25岁，安妮丽斯23岁。庆祝仪式在基辛格家的公寓举行，然后全体庆祝人员到临近的饭馆共进晚餐。客人只有12位，全是两家的亲属。菲尔特的朋友和邻里以及哈佛的关系都没有请。大拉比里奥非要安妮丽斯行婚前礼或者浸礼，弄得两口子私下里老大不愿意。

小两口搬到了阿灵顿高地的一处小公寓过起了日子，基辛格买了辆1947年的道奇汽车往来于哈佛校园和公寓之间。"安妮丽斯帮他一心一意扑在了学问上，"沃尔特说，"他受不了轻浮的校园生活。我俩都费了吃奶的劲儿去和宿舍那些刚从预科学校毕业的半大小子们相处。结婚使亨利对待生活更加认真了。"

日子过得很紧。三年级学费从400美元涨到了525美元。好在基辛格有600美元的奖学金可以应付，还从伊利亚特那儿搞到份助教的工作。她则在郊区一家具厂当簿记员，同时还承担了各式各样的杂务以帮助丈夫顺利完成学业（包括把基辛格潦草的毕业论文手稿用打字机誊成打印稿）。1950年年初，基辛格向学校递交了一份当年收支预算明细，以申请补助。具体如下：

收入来源（单位：美元）

妻子存款 ……700

妻子收入 ……1100 } 共计：3140

政府救济金 ……1340

花　费

学费	……600	医疗费	……30
书费	……100	房租	……750
食宿	……780	衣物	……150
汽车	……250	保险	……100
娱乐	……120	杂费	……170

共计：3050

　　基辛格曾考虑毕业后申请赴欧洲继续深造，但他呆板的个性和犹太难民的出身加之拖家带口都给申请造成困难。导师在他四年级的成绩单上写道："关于诺克斯奖学金：（基辛格）有能力，但个性品质并非明显符合诺克斯奖学金要求。而且已婚。告诉他可以申请并被考虑，但机会不大。"基辛格还考虑过申请富布赖特奖学金和洛特里奖学金，但最后还是决定留在哈佛，申请在政府学院攻读博士。

　　他在申请信上写道："我一直努力让自己的研究视野尽可能拓宽，因为我认为政治生活并不以其自身为最终目的或结果，相反，它仅是文化模式的一种体现。"他希望把自己的研究方向定在一定历史时期内文化和政治的关系。结尾时基辛格对未来打算作了一项十分精准的声明："获得博士学位后，我希望能在一所大学任教或从事科研活动，但也不排除未来为政府部门工作的可能性。"

◎崭露头角——国际研讨班

　　伊利亚特给予基辛格更多的是个人前途上的提携而非学术上的指点。老教授非常清楚，年轻的后生在思想深度上已经超越了他；更值得尊敬的是，这位鼎鼎大名、喜欢张扬的南方教授大概是基辛格在哈佛的同事中唯一一个对学生的才气毫无忌妒之意的。相反，伊利亚特对羽翼未丰的博士研究生给予各种他急需的帮助——找兼职工作，赚钱，帮他在不那么热情的学术圈子里建立社会和政治根基。1951年，身为哈佛暑期学校项目主任的伊利亚特为基辛格策划了一个不错的项目：哈佛国际研讨班。结果，基辛格掌管这个项目一去便是17年。

　　研讨班在全世界范围内邀请前途远大的年轻领袖人物来哈佛过暑期。大多数被邀请者从事实际工作，或民选政府官员或媒体精英，并非学术新星。基辛格亲自敲定人选，通常他会挑选一位诗人或作家加入。研讨班的确是个不错的主意，30年代以来欧洲成长起来的年轻一代因为战争还没有机会像前人那样去探索世界。美国刚刚成为西方盟国的新霸主，各盟国的年轻精英们都渴望得到机会到美国看看。

新项目上马后，基辛格从哈佛各类名人那里虚心讨教管理经验，获取他们的支持。28岁的基辛格开始在学术官僚阶层内逐渐建立起自己的权力根基。此时的他甚至已经有了帮助别人的资本：研讨班经费充足，他请来的教授们都有丰厚的报偿。

基辛格给那些名牌教授打电话从不脸红，也不吝奉承之词，不管是哈佛的还是全国其他地区的，问他们是否愿意惠顾研讨班为学生们讲上一课。被他搬来的有埃莉诺·罗斯福（美"二战"时期总统富兰克林·罗斯福遗孀。——译者注）、南方诗人约翰·克劳·兰塞姆（Johan Growe Ransom）、社会学家大卫·雷兹曼（David Riesman）、劳工领袖沃尔特·鲁瑟（Walter Leuther）等，各色名人，不一而足。

研讨班经费来自校方拨款以及福特基金会和洛克菲勒基金会等机构的支持。基辛格大部分时间是在四处跑赞助。1955年年初，一家名为"中东之友"的组织向研讨班提供经费，最终累计注资近25万美元，后来被披露其实是中央情报局的影子机构。基辛格刚知道时慌张不已，担心此事毁了他的名声。爆料的那天早上他冲进办公室，大发雷霆。但没过多久这场风波就平息了。

1953年7月的一个早上，办公室收到了一大堆相同的信封，是寄给班上40名外国学生的。基辛格感到很奇怪，拆看后发现里面满是批评美国军事政策或呼吁解除全球核武装之类的传单。他把此事电话报告给了联邦调查局驻波士顿办公室，一名干员被派来了解情况并上呈了份报告。报告最后部分很有意思："基辛格对联邦调查局的工作很有认同感。应采取一系列步骤……让基辛格成为我部门的秘密情报来源。"基辛格最终并没有为联邦调查局做什么具体工作。但FBI当地部门确实常去哈佛向他讨教。

哈佛国际研讨班的核心课程集中在政治和人文方面，也有部分社会实践，基辛格经常带学员们去参观工厂、海滩，观看棒球赛、马克斯兄弟和卓别林兄弟的喜剧电影以及其他文艺演出。那时的基辛格正形成自己独特的幽默感，在开班鸡尾酒会上他会先讲上几句。1950届的一位学员回忆说，当时基辛格拉着一张老脸，面无表情地对学员们讲道："开鸡尾酒会是我们美国人的一个习惯。你必须理解这种习惯，不要觉得被冒犯什么的。如果你在酒会上对某个美国人讲话超过10分钟，他脸上就会一副老大不愿意、满腹狐疑的死相，开始朝你耳朵后面瞄其他人了。甚至在你一句话说到一半他就拍屁股走了。那是因为他们认为必须让酒会上所有的人都认识自己，而你挡着道了。"

组织者有时候会自己掏腰包开鸡尾酒会，包括每年研讨班毕业前，基辛格和安妮丽斯会搞一场大型招待会。此外，他每周给学员们举行两次非正式餐会。"我们把学员分成小组和美国客人们插坐在一起。"太太回忆说，她做饭时每次都会在手边备些鸡蛋，招待那些因宗教习惯不吃肉的人士。

基辛格和这些外国精英人士打交道的热情是真诚的，他认为他们有趣、令人愉快而且没什么危险需要防备。不过这个项目的确为他在全世界范围内积累了雄厚的人脉。托马斯·谢林教授认为："亨利网罗了一大批各色精英。那么做并非是为别人干奉献，他天生就爱招待那些未来可能用得着的人。"截至1969年国际研讨班走进历史时，累计有600名外国学生参加过，其中一些人对于掌权后的基辛格发挥了重要作用。其中有：1953届的中曾根康弘（Yasuhiro Nakasone），1954届的法国人瓦勒里·吉斯卡尔·德斯坦（Valery Giscard D'Estaing），1957届的以色列人伊加尔·阿隆（Yigal Allon），1958届的土耳人布兰特·埃切维（Bulent Ecevit），1962届的比利时人莱昂·丁德曼（Leo Tindemans）和1968届的马来西亚马哈蒂尔（曾任总理）。其他成员许多成为外交部长、新闻编辑或银行老板。直至20世纪90年代，基辛格开咨询公司时还时常和其中一些人通话。

◎ 《融合》（Confluence）季刊

尽管是个刚刚开始撰写论文的博士候选人，但基辛格凭借经营国际研讨班已经在外国政治家和新闻界小有名气。一旁的同学们开始嚼舌头，抨击所谓的学术政治，策划在学院里搞权力运动，基辛格对这种内耗十分不屑。关于学术界他常爱说的一句话是："七嘴八舌的争议之所以如此怨毒是因为张嘴说话的风险小之又小。"

　　基辛格目标定得更高远。他不想在学界抢什么风头，真正瞄准的是在世界舞台的游戏者们和决策者们中间扬名立足。国际研讨班是个理想的工具，他可以借此建立自己的名人关系网。1952年，也是研讨班开始的第二年，基辛格又创立了另一个平台——一本灰皮、外表严肃的杂志：《融合》。事实证明，这一举措帮助他成为国际事务研究和实践领域一颗冉冉升起的新星。

　　《融合》采取季刊形式，刊载的都是有关国际事务方面的专题论文，订阅者并不多，没法吸引广告商，因此只维持了六年。但这六年时间里，一大串响当当的一流学者给杂志投了稿，基辛格作为编辑也得以和这些巨头们亲密接触。和国际研讨班一样，《融合》杂志成为基辛格敛聚个人势力的敲门砖，使他有机会和知名政治家、教授和媒体人士拉上关系。

　　"那是我一手搞起来的，"基辛格后来谈起这本杂志时说，"我找了本列满各种基金会地址的书就开始给他们写信要钱。"大多数赞助费——26000美元——来自洛克菲勒基金会，他给基金会的信中不遗余力地宣称这一项目的重要性。拿到这笔经费后他每期都印近5000册，免费送给那些他想认识或拉拢的人。每篇稿子的稿酬仅是区区100美元，但他发现，为哈佛的杂志投稿对那些名流们是颇具吸引力的，哪怕印出来的东西没人读也无妨。

　　《融合》杂志基本不反映基辛格本人什么思想。他在第二期的编辑留言栏中宣布，本杂志不刊社论。"这不是说我们没有自己的观点，或者我们在当前的国际危机中都是'中立主义者'。"他这样写道，但杂志创办从头到尾他始终一言未发。

　　投稿者的名单足够让他搞一次名流盛会，即便各种名人之间并没有什么必然逻辑联系。其中包括：麦克乔治·邦迪（McGeorge Bundy），莱茵霍尔德·尼布尔（Reinhold Niebuhr），约翰·克劳·兰塞姆，雷蒙·阿隆（Reymond Aron，投了三次稿），沃尔特·罗斯托（Walter Rostow），约翰·肯尼思·加尔布雷斯（John Kenneth Galbraith），奥斯卡·汉德林（Oscar Handlin），汉娜·阿伦德特（Hannah Arendt），伊诺克·鲍威尔（Enoch Powell），小阿瑟·施莱辛格，I.A.理查德斯（I.A.Richards），悉尼·胡克（Sydney Hook），拉塞尔·科克（Russell Kirk），西摩·马丁·李普赛特（Seymour Martin Lipset），琴斯洛·米罗什（Czslaw

Milosz），汉斯·摩根索（Hans Morgenthau），保罗·尼采（Paul Nitre）和丹尼斯·希利（Denis Healy）。基辛格和每一位都亲自打交道。他后来不无自豪地说："见到投稿人时，他们都对我如此年轻大为吃惊。"

基辛格曾拒载一篇来自威廉·F.巴克利（William F.Buckley）的文章，谈的是麦卡锡搜捕共产党分子手法策略，其中为麦卡锡大唱礼赞。基辛格承认，退回巴克利的文章是因为当时胆小顾虑。"他那么写当然对我的同事是种冒犯，但毕竟不是退稿的理由。"出于补偿，基辛格每年都邀请巴克利到他的国际研讨班上讲课，最终两人成了朋友。

虽然杂志的内容颇有分量，但出这种杂志始终让人觉得怪怪的，更多只是亨利和撰稿人们自我吹捧的工具，而非对国际事务研究的真正贡献。杂志倒是不轻，看上去也很出众，但除了基辛格名单上的免费读者外几乎无人问津。

"我一直觉得那就是个挂羊头卖狗肉的东西，"谢林教授说，"基辛格总是把杂志堆在壁橱里，因为他连个供销渠道都没有。他在利用杂志，就像他利用国际研讨班一样，去网聚关系。办杂志主要就是个让基辛格在国际权贵名人面前出名的营生。"基辛格的朋友、曾做过《融合》杂志助理编辑的史蒂芬·格劳巴德（Spephen Graubard）教授不这么认为："当时杂志是有供销体系的，而且确实卖了一些，只是不多。"而且文章也都是严肃、有价值甚至颇有趣味的学术论著。不过格劳巴德也赞同，《融合》季刊被基辛格用来建立名人关系网。"季刊和国际研讨班是他结识大人物的敲门砖，"格劳巴德称，"如果他只是个普通的研究生，根本不可能认识那些人。"

靠办杂志和国际问题研讨班来网罗名流，这种技艺一直是基辛格的专长。他人格深处有着结交杰出人物的渴望，这并非只是一门心思往上爬使然，部分原因是他想了解那些重要人物的思想。"我想他们发觉我是个有趣的人，欣赏我的学识，"基辛格说，"我没有什么东西可以给他们——没金钱二无地位。所以我交朋友必须要靠彰显自己的聪明才智。"当然，基辛格和别人一样，那些有权有势、腰缠万贯的达官贵人对他有着无法抗拒的吸引力。在多数同事都忙着去讨好学术权威的哈佛校园，基辛格面向外部世界的雄心壮志招致了讽刺和忌妒，但他在校外的广阔天地中成功地经营起了自己的名声，使得他面对那些暗藏在学术圈内、披着象牙塔外衣的重重袭扰时不再那样孱弱了。

◎卡索里和梅特涅

哈佛政府管理学院的研究生们有一个不成文的共识：核武器改变了国际关系的根本性质，为此大多数博士候选人把论文选题的时间范围定在了战后时期。当时的研究生约翰·斯托伊辛格说："我们都是核子时代的最初见证者同，很自然地想研究这一时代的各种新挑战。就一个人例外。"

那就是亨利·基辛格了。他那标志性的一厚本本科论文和成天在图书馆"爬书"的本事在同学里头是出了名的。一天，他和斯托伊辛格等人一起吃午饭，没一会就侃起了他的论文选题：19世纪的两位政治家——奥地利大公梅特涅和英国的卡索里——是如何在拿破仑帝国崩溃后建立欧洲新势力均衡的。旁边有人问，他是不是没听说过核武器？另一位则不无暗讽地建议说，听起来好像他应该转到历史系去吧？基辛格冷言反驳说，轰炸广岛不但没能开辟什么新世界，而且恰恰表明，现代人没有吸取历史教训去塑造一个势力均衡的世界，所以好好研究维也纳和平会议（1815年）——这一现代史上少有的几个成功的和会——是很有意义的。"他几乎是在自言自语，"斯托伊辛格说，"我们在他身上感觉到一种倔犟而高傲的东西，也嗅到了他的巨大野心。"

基辛格的博士论文题为《被恢复的世界：梅特涅、卡索里和1812～1822年间的和平问题》，多少有点显得不合时宜，有过时之感。当时大多数学者看来，梅特涅是个反动历史人物，一心只想恢复老欧洲的保守秩序，而卡索里更被认为是个连国内政治前途尚且朝不保夕的外交官。

事实上，这个论文选题在核子时代有相当重要的意义。正是因为关注苏联共产主义的挑战，基辛格才把视线投向与苏联相似的、同样不遵守现存国际秩序的19世纪初叶的"革命"法国。在拿破仑的法国和斯大林的苏联之间进行比较虽未明讲，但是意图明显。同样，基辛格也有意在1815年的英国和"二战"后的美国之间加以对比。论文试图表明，那些寻求维护世界秩序的保守政治家们如何同革命国家打交道以制造权力均衡。这篇博士论文实际上为基辛格日后的现实主义政治哲学和终其一生的保守观念打下了根基。

论文的核心观点基于一条原则：外交不能脱离武力和强权的现实而单独起

舞。同时，外交应和道德主义以及爱管别人闲事的干涉主义脱钩。维护稳定是外交的唯一目的。只有各国接受现存国际舞台的游戏规则同时基于各自国家利益行事，国际稳定才能保证；搞意识形态和道义扩张只会威胁稳定。基辛格的哈佛同事斯坦利·霍夫曼认为："他追求的是没有道德说教的实力政策。"

论文第一页开宗明义，摆下了一条基辛格抱定一生的判断："不论何时，只要某个大国或者一组大国的首要目标仍是谋求和平——一般被理解为避免战争，国际体系的安危就将受控于那些最无赖的国家。"他提出，一个更合理的目标"应是基于力量平衡的稳定秩序"。

欧洲的旧保守主义认为稳定压倒一切，哪怕稳定秩序下面是个反动压迫的世界。基辛格接受了这一套。一天，斯托伊辛格问他，在一个追求邪恶目标的合法政府和一个拥有正义的革命政权之间如何选择？基辛格引了歌德一句话回答说："如果非得在'有正义没秩序'和'有秩序没正义'之间二选一的话，我永远选择后者。"

基辛格认为，一旦拿破仑式的领袖无法接受现存国际秩序，革命就会发生，与之谈判毫无作用。同苏联搞元首峰会一类的东西是不切实际的。1955年他还在《新共和》杂志上发表《外交的局限》一文称，和共产主义国家举行元首会晤的唯一理由是安慰焦虑的盟友，拉拢中立国。后来他开始认识到，通过让中、苏在国际体系中分享些好处，承担些责任，是能够把它们逐渐诱离共产主义路线的。

基辛格这种对革命政权的"谈判无用论"在越战期间也出现过。他曾谋求与越共搞外交谈判，但北越拒绝向美国妥协。结果，碰了灰的基辛格掉进了他在自己博士论文中极力呼吁防备的陷阱之中。后来他承认，没认清北越的真面目，犯了错误。

这篇博士论文之所以有趣不是因为内容有多好（事实上论文的前期研究匮乏得令人吃惊），而是因为它为了解基辛格当时想法为人提供了一些线索。基辛格对梅特涅的描述和他对自己的认识以及评论家们对基辛格的认知都出奇的相似：

"拿破仑说梅特涅搞不清楚所谓政策和阴谋诡计有什么区别。

他（梅特涅）是个过分注重矫饰的人物，性格复杂，善于钻营，八面玲珑，像尊精心磨制的多棱镜。脸部气质优雅但缺乏深度，讲起话来炫目多彩但没什么实质意义。

年轻时他就学会了操纵权谋的方法。

他有着无法抵挡的魅力和优雅，在外交舞台上手法精细而超然，手段灵活，十分自信。

他精于摆布和调动而不善建设。在18世纪内阁外交学校里接受熏陶的他，喜欢运用权谋，灵活地操纵外交一线，只是太过理性常常使他错以为，拿到辞章讲究的一纸声明就万事大吉了。

（他）策略讲究迂回，因为既已对形势的判断非常自信，选择具体手段时也就不拘一格，极为灵活了。"

"梅特涅不是我的偶像！"基辛格后来辩解道。但无论如何，老梅肯定不是他的灾星。上面那些用在梅特涅身上的话多多少少都能用在基辛格后来政治生涯中大大小小的事情上。他对梅特涅了如指掌，措辞极为准确，也了解这位外交前辈的缺陷。总体看，这篇论文是对梅特涅的礼赞。

实际上，写梅特涅和卡索里只是个开头，他真正想写的是一统德国的铁血宰相俾斯麦。但写到1954年1月时，篇幅已然很长，时间也紧，他便改了主意。给父亲的信中说："梅特涅这部分已经完成，本想接着写俾斯麦，不过我觉得4月前够呛完得成。梅特涅这段足够我拿学位了。"

确实够了。论文反响不错，5月，基辛格拿到了博士学位。三年后，霍顿·米夫林公司以《被恢复的世界》为名出版了他这篇论文。对俾斯麦的评价要留待将来了。

◎生活与竞赛

50年代早期，埃利奥特公寓楼约翰·康威（John Conway）的住处是许多政府学院研究生们常常群聚的地方。基辛格发现那儿既有学术清谈，又能碰到不少喜欢混社会的志同道合的朋友，是个好去处。名义上是"西方思想和制度"这门课的助教们的聚会，授课老师是山姆·比尔教授，是哈佛校园里最受欢迎的教授之一。康威公寓的小聚会讨论各种各样的话题，全看有什么人在或者哪些是时下的热门话题。

哈佛大学每门课一般都是每周三讲，外加学生们课下的分组讨论，讨论由研究生牵头搞。康威是头头之一，战时失去了一条胳膊，这家伙是闲谈时搞气氛的天然催化剂。凭着优秀的本科论文，基辛格轻松地在比尔教授搞定一个小组讨论牵头人的位置，于是顺理成章地成了康威公寓的座上客，常去参加聚会的有亚当·乌拉姆（Adam Ulam）、克劳斯·爱泼斯坦（Klaus Epstein）等人，偶尔还有年轻的哈佛明星麦克乔治·邦迪等。

比尔教授为人和蔼热情，既能讲也喜欢听别人讲，两项兼备者并不多见。他思维敏捷、兴趣广泛，对民主党自由派极为拥护。老教授也会参加康威寝室的讨论，这时的他是个参加者而非大牌教授。"那是个非常棒的跨学科研究小组。"比尔回忆说，"基辛格是个重要组成部分，因为他对历史上曾经出现过的重要思想天生敏感，抓得很准。"那时，重视世界事务中思想观念的重要性在哈佛学界很流行。比尔教授研究西方思想的方法是反马克思主义的，他格外强调宗教的作用，喜欢研究清教革命一类的课题。"基辛格从未谈论过自己的宗教，"比尔说，"但他很愿意讨论宗教对历史发展的影响。"他还认为，基辛格的背景决定了他的观点。"德国难民对于'思想观念'能如何影响世界有着切身体会，特别是'主义'所带来的种种后果。他们知道什么力量竟能让德国如此强大的国家变得歇斯底里起来。"

这门课讨论的最后一个课题是纳粹在德国的兴起问题。基辛格在此前讨论问题时满腔热血、慷慨激昂，但谈到纳粹，他却变得冷静而理性，完全不露情绪。在康威寝室讨论时，他认为，结束"一战"的《凡尔赛条约》应对纳粹上台负责，参加凡尔赛和会的战胜国领袖们不懂得符号和象征对一国文化的重要意义，他们铲除了德国的王侯公爵和其他民族象征，留下了情绪真空。德国人是个高傲和有天分的民族，但也有像瓦格纳的音乐那样狂暴的情绪。基辛格从没说过一点有关他生活经验中的纳粹的事情。

尽管学识和才气为他争了名声，基辛格还是成为同学同事们轻度嘲讽加忌妒的对象，终其一生一直如此。他喜欢和大人物打交道这一点尤其被人看不惯，曾做过外交人员的赫伯特·斯皮罗回忆说，同学们把他姓氏的中间名

"A"改掉，暗地里叫他"Henry Ass-Kissinger"（ass意为"屁股"、"蠢蛋"）。霍夫曼教授称："当时人人都听说过一大堆关于基辛格的事，说他是个多么自大和讨厌的家伙，云云。"

搞成这样，部分原因是基辛格表现自己的方式太过沉重。而且从某种意义上说，他是个童年时代缺失的成年人。直到20世纪60年代，基辛格也总是一脸严肃，尽管那时他已具备了一种自我嘲讽式的幽默感。康威说："我从不记得他笑过或者逗别人笑过，至少从没故意这么干过。人们和他交往总是不顺，因为他看上去太过自大。"

洛维尔楼弹子球室的墙上贴了张基辛格的照片，亚当·乌拉姆等尚不认识他的年轻教师在照片上画了个靶子。比尔教授说："亚当和其他人拿基辛格开了不少玩笑。有些家伙甚至把照片当靶子扎飞镖玩了。"

乌拉姆是俄国历史学家，后来和基辛格成了朋友。但早时，他回忆说，基辛格的傲慢让人无法忍受，"摆的那副架子总好像他是资深教师似的。和你约事定时间时总是精打细算的，好像就他最忙，当了老师以后也还那样。"基辛格养成了凡事迟到15分钟的习惯，而且一辈子如此，弄得一副世界上第一忙人的样子。

尽管如此，大伙对他的倾慕也是实实在在的。和乌拉姆后来变得对基辛格敬重有加一样，霍夫曼的态度也变得复杂起来。"我犯了个错误，就是读了基辛格的东西，结果喜欢得不得了，"老霍说，"我喜欢他的想法和写作风格，旁征博引而且十分大气。分析事物时最重要的方面从不会漏掉。"康威也说："其实，他确实像他自夸的那样的聪明，吹吹牛也没什么。"

基辛格在学院里最大的对头是后来成为卡特总统国家安全事务助理的兹比格涅夫·布热津斯基。布热津斯基最后没拿到哈佛的终身教授职位。他回忆说，基辛格总是和他较劲；但基辛格说恰恰相反，较劲的不是他。大概两人说得都对。一次，霍夫曼和布热津斯基在弗里德里希教授的办公室外等候召见，结果基辛格一家伙挤了过来，径直进了教授办公室，中间顿了一下，回头得意地看了布热津斯基一眼。他后来说，他和他之间的争斗被人放大了，其实没那么夸张，"亨利当时没给我留下多深的印象"。

研究生开读后不久，基辛格便开始找机会到国外走走。1951年，军方行动研究办公室派他去韩国了解驻韩美军对当地老百姓生活的影响。那时他对国际事务的深浅还不够认识，干了件让韩国人不高兴的事：他竟从日本友人那儿获取有关韩国的介绍。"这么干出于一个极为愚蠢的念头，就是让亚洲朋友介绍亚洲的事情合情合理。"基辛格回忆说，"简直傻透了。李承晚差点把我从韩国撵出去。"

第二年夏天他去了德国，"不管您会怎么想象德国，他们复苏的步伐简直太神奇了。"他给父母写信说，"巴伐利亚人和过去一样能灌酒，黑森人一如既往的龌龊。"因为他是哈佛国际问题研究班的主任，这位二年级的博士研究生见到了杜塞尔多夫的德国企业领袖，还特地在克虏伯军工厂的餐厅为他举行了盛大的招待会。"谁会想到发生这种事呢？"他对父母开玩笑说。

完成博士论文后，自恃甚高的基辛格希望加入"教员协会"，里头都是小阿瑟·施莱辛格和邦迪这样的学术显贵。失败后，他又转而向学院暗示希望能尽快获得终身教职。一般终身教职需七到八年时间才能拿到，基辛格对院长邦迪说，他觉得自己有资格跨过一两级加速晋升。这的确是个厚颜无耻的要求，带着一丝不屑的微笑，邦迪礼貌地拒绝了。最后，基辛格成了"讲师"——一个模糊不清、有固定任期的职称，终身教职资格的年限计时也被中止。他开始寻找新的机会。

第5章 | 纽约试水

供职权力部门（1954～1957）

> 不懂大国关系，就没有好的外交政策。
>
> ——《核武器和外交政策》，基辛格，1957年

◎对外关系委员会

一天，基辛格在校园间穿行时撞到小阿瑟·施莱辛格。施教授请他看一篇自己刚在报纸上发表的谈核武器的文章。施莱辛格在文章里抨击了美国的"大规模报复"主义。"大规模报复"是美官方奉行的战略，警告苏联如对美发起攻击——不论是常规攻击抑或核打击，美都将对苏进行无情的核报复。基辛格随即在周末写了些读后感言，送给施教授，后者读后大为震动，立即将文章推荐给了纽约对外关系委员会下属的著名杂志《外交》季刊。结果，基辛格首篇论述国家安全政策的文章就这样出现在了1955年4月号的《外交》上。

文章认为，艾森豪威尔时期的大规模报复主义已经过时且十分危险，苏联核武力量已大为增强，情况今非昔比。全面报复的威胁不足以阻吓苏联在全球扩张势力范围，而且使外交手段毫无用武之地。基辛格提出了一项替代方案：发展打地区范围内"小型战争"的能力。

文章的发表带来了两个好处。一是为基辛格日后提出的美国应打"有限核战争"的理论奠定了基础，该理论是肯尼迪政府"灵活反应"战略和北约"在欧洲使用小型核武器"主张的概念先驱。此外，一篇文章让基辛格从对外关系

委员会得到了一份工作，这份工作又使他摇身一变，从名不见经传的小讲师一跃成为响当当的核战略专家。

帮基辛格发表文章后，施莱辛格把基辛格本人也引荐给了对外关系委员会。当时《外交》主编阿姆斯特朗正在物色副手，他觉得基辛格的文章思路没有他本人的头脑那么清晰，没把工作给他。他问基辛格有没有兴趣担任委员会一个研究小组的牵头人，该小组正在研究核武器对外交政策的影响，最后将把研究报告结集成书。

基辛格迫不及待地想得到这份差事。这个研究小组和哈佛国际研讨班一样，能让他结识纽约外交政策机构的各色精英，一大群研究核战略这一新兴领域的顶尖高手都会在他手下工作，而且还拿着工资写书。为申请这份工作，基辛格先后请施莱辛格、邦迪和伊利亚特出面推荐。

与此同时，芝加哥大学和宾夕法尼亚大学也给他发来聘任函，待遇都很好。"真是令人尴尬的财富，"基辛格1955年给妈妈写信自嘲道，"宾大钱多但地位不高，哈佛名气大但银子少。对外关系委员会答应让我写本书。《外交》季刊什么都没有。"权衡之下，他决定推掉已经接受的芝大的聘请，暂时离开哈佛，接受委员会的职位。清高的学术圈始终没有曼哈顿的权力圈诱惑力更大。

基辛格意识到，当个教授已不能满足他的志向，这成为他职业生涯的一个重要转折点。一踏进对外关系委员会的门槛他就发现，与之相比，哈佛不过是远离世界权力中心的一潭死水。曼哈顿之行强化了基辛格在现实世界拼出个名堂的决心，而且也给了他这样的机会。他不想再像爷爷和父亲那样当一辈子老师了。对基辛格这种天生就会溜须拍马的人来说，待在这家大社团仿佛是参加一场钓鱼大赛，这里满是有权有势的成功领袖，急切地希望从脱颖而出的年轻人中挑选自己的助手。

对外关系委员会由一帮子富有国际头脑的商人和法律精英创立于1921年，在公园大道有幢大宅子。豪华的大吊灯和庄严肃穆的油画像下，成员们或参加演讲，或出席宴会，出入于各种各样有高层官员和来访的异国首脑们光临的圆桌论坛。委员会里最重要的一项工作就是搞各色研究小组，大多由十几位知名成员和有识之士组成，任期一年，定期聚会，就某个特定主题进行深入研讨。小组牵头人或道主任一般由学术界的后起之秀担任。基辛格负责的那个小组成立于1954年11月，主题是"核武器与外交政策。"

小组成员每月聚首一次，时间为晚五点到十点，牵头人是前原子能委员会戈登·迪恩，成员包括国务院前政策规划司长保罗·尼斯（Paul Nitze）和现任规划司长罗伯特·鲍威（Robert Bowie）——此君后来成了基辛格在哈佛的死对头；大卫·洛克菲勒，他很快将出任Chase银行主席和对外关系委员会的主席；管姆斯·戈文上校，他认定发展军用核技术是纠正美军机构效率低下的良方。此观点后来证明颇有说服力。牵头人尼斯也是"大规模报复"政策的尖锐批评者。基辛格来之前的一次会议上，他曾提出美国可以发展打小型战争的能力——所谓的"有限战争"，并在其中使用小型核武器。这就是基辛格提出的后来赖以成名的"有限核战争"。尼斯认为，随着莫斯科核武库的扩大，对苏实施大规模核报复已无可能，可行的政策应是"渐进式威慑"。

签合同之前，基辛格旁听了1955年2月的那次讨论。4月，他正式接手，马上拟了张清单，把他认为需要深入探究的问题列在上面，同时他也参加讨论。

起初，基辛格并不同意尼斯提出的在小型战争中使用核武器的主张，年届50，在政府混迹多年的尼斯认为即便动用核武器也是小规模的；而年方31的基辛格则主张，一旦使用核武器，就很难限制其范围。二人的争论还有些个人色彩。尼斯出身名门，祖先在美国内战后就从德国移民过来，妻子的叔父是委员会所在大楼的捐赠者，其本人是典型的外交政策精英集团里的大人物。他认为基辛格这个毛头难民小伙不但横插一杠子抢班夺权，而且还觉得自己的观点了不起。"亨利忙了半天的意思就是，在他来之前根本没人曾就核武器和外交政策问题作过严谨的思考，就他行。"尼斯后来说。

到夏末，基辛格决定把研究组根据某些特定题目再拆分成若干次一级的小组，每个小组就所负责题目向他提出意见和建议，由他统一写书；他还明说，最后出书的成果归他，不归小组。结果在对外关系委员会的历史上，破天荒头一遭，研究小组成了为某负责人撰写报告提供支持的顾问班子。这么做，小组成员并非没有意见。

基辛格从研究小组成员那儿学到的最重要的东西之一与核武器毫不相干。成员们都是有头有脸的人物，都有基辛格梦寐以求的成功事业。一些人生就富有，但也能努力证明自己的天分；一些则是白手起家。他们熟谙与权贵交往之道。基辛格会仔细观察他们如何交流，什么东西会打动他们，用何种趣闻轶事和自嘲的小故事突出自己的观点。他对这些人并不总是买账，但会认真倾听他们的想法，以取悦他们，同时磨炼自己奉承和拉关系的技巧。

就像他曾延请一些名人给《融合》投稿或光临国际研讨班讲课一样，基辛格把他们也请到了委员会的研究小组里来。他不停地给政府高官们写信，赞美他们，希望他们赏光来和小组讨论一下核战略问题。麦克乔治·邦迪是他请的客人之一，那年12月邦迪来主持了一次讨论。那次会议，邦迪、基辛格和尼斯有一次精彩的对话。"有限核战争"理论头一次和防务政策扯上了关系，后来成为"灵活反应"战略的渊源。那时的基辛格，虽然老大不愿意，但也已接受了尼斯的"有限核战争"理论。他说，认为只要使用核武器就会引发全面大战的想法只会束缚美国的手脚，反而更危险。他支持渐进威慑理论，在有限战争中使用战术核武器。"美国面临的关键问题之一，"基辛格在11月的小组讨论中说，"就是发展出一套'渐进动武'的原则。"

◎《核武器和外交政策》

1956年年初，研究小组的使命结束了，成员们离开时纷纷祝基辛格好运。任务异常艰巨：把所有讨论过的课题和意见集中在一起，全部塞进一本书里。整整春夏两季，基辛格把自己锁在了曼哈顿岛东75街的公寓楼里，埋头写作。他直截了当地对妻子说："写书需要专心，少打搅我。"没有非干不可的事情，她很少和他说话。她总是小心翼翼地把几盘饼干顺着门缝滑进基辛格的书房里，不让他听见。

最后，基辛格搞出了一本450页的厚书《核武器和外交政策》，核心观点就是"有限核战争"理论。和博士论文一样，他开篇即老调重弹：避免战争不能成为外交政策首要目标，因为没有武力威胁做后盾，外交毫无用处。艾森豪威尔所谓"和平没有替代物"的说法是"危险的"，基辛格说："现代战争武器的巨大威力让人们谈虎色变，但拒绝冒任何风险无异于给苏联统治者开了一张空白支票。"苏联人谋求的是逐渐缩小对美差距，美国的选项要么是有限的常规战争、要么是全面核战争，没有灵活的中间路线，这只会使美国陷于瘫痪。美国总是假设战争是突然爆发的，但苏联的策略是在美国势力范围搞内部颠覆和打有限规模的地区战争，美国实际上无能为力。

基辛格的结论是：美国必须发展一种在小型战争中使用核武器的能力。当时对这个理论构成反驳的一个观点是：核国家都避免谈及使用核武器的问题，这一事实在客观上能够起到阻止"有限战争"滑向核战争的作用。美苏双方有个基本默契，都明白一旦打起核战争定会两败俱伤，因此搞乱常规战争和纯粹核战争的界限是危险的。但基辛格在书中反驳说："有限核战争是我们最有效的战略，美国不会主动在小规模或有限的战争中使用核武器，只是把球踢给苏联，让苏联决定什么时候引爆第一个核武器。"

几年后，基辛格重新反思了"有限核战争"理论，主要是因为没想清楚一旦打起来如何收场的问题，并未对理论产生根本性怀疑。他回忆说："我碰到的军人没一个能解答这个问题。"

基辛格的"有限核战争"理论并非他个人作品，许多东西来自委员会学习小组成员，主要是尼斯和戈文。此外，一些新兴的防务专家早已开始探索核时代的有限战争概念，最著名的当数巴斯尔·哈尔特（Basil Hart）和伯纳德·布罗迪（Bernard Brodie）。但基辛格的书是当时这一关于课题的最好作品，没多久也成了炙手可热的畅销书。布罗迪后来不无恨意地说："别人早就有过相同的论述，但他的书恰逢其时地抓住了市场。"

◎核战略名人

名不见经传的学者写书谈国防政策极少畅销。但让基辛格和出版商吃惊的是，《核武器和外交政策》出版后在畅销书排行榜上一待就是14周!哈珀兄弟出版公司印了七万多本。"每月新书俱乐部"将其列为推荐书目。基辛格自我解嘲地开玩笑说："我相信这是自汤因比的《历史研究》以来读的人最少的畅销书。"

实际上，仅从这本书掀起的热潮和反响看，就知道阅读范围还是非常广泛的。尼克松还手拿着这本书照过相；杜勒斯尽管观点遭到质疑，也说书里的批评意见有价值；氢弹之父爱德华·泰勒在《纽约时报书评》上对基辛格赞不绝口，说："有限核战争和任何有限常规战争一样，只要我们的目标定得合适、外交运筹得当，避免大规模冲突还是可能的。"面世后没几个礼拜，基辛格的书已掀起了一场大辩论，上了《纽约时报》头版。"自艾森豪威尔总统以来，政府最高层第一次对'小型'或'有限'战争理论表现出了兴趣，"该报驻华盛顿分部记者拉塞尔·贝克评称，"领导这场辩论的不是政府侧近人士，而是外交事务专家亨利·基辛格以及他新近出版的著作。"《时代》周刊刊载长文赞道："从五角大楼、国务院到白宫，美国最高政策制定者们正围绕一本新书展开辩论，一本分析战后美国与共产主义外交和军事斗争的杰出著作。"

保罗·尼斯在《记者》杂志上坚决唱反调，抨击基辛格不懂军事就敢对一个重大的理论问题品头论足。他说："书里有几百段内容的事实和逻辑都值得怀疑，至少讲得不明白。"尼斯有些批评显然是不对的。他说基辛格宣扬的理论是"在美国占据核优势时，要么打一场预防性的大仗、要么打一系列进攻性的小仗"。这其实是对基辛格论点的误解。其他批评则过于抠些技术性的细节或者太书生气。

基辛格从来对敌手的批评都很当回事。多数时候，他会表现出一种急于取悦批评者的移民心理，非要争得认可，把他们扳到自己一边来。友人曾说："基辛格身上有种希望所有人都喜欢他的强烈需求。"譬如他对《记者》杂志的编辑马科斯·阿斯科利就是这样，他给阿斯科利打电话抱怨他们刊载尼斯文章的事，后来费尽心机地（也是成功地）交上了阿斯科利这个朋友，还定期为《记者》杂志投稿。对于尼斯，基辛格的反应比较复杂。起先他威胁要控告尼斯诽谤他，但始终没出手。几个月后，两个冤家在罗马附近开会时遇到，基辛格试图息事宁人。据他说，《记者》杂志曾给他机会刊文反驳尼斯，篇幅不限。尼斯援引基辛格讲和的话说，他把反驳文章登在了第147页，还说如果要辩驳得过于冗长的话，那他的观点肯定是有问题了。不过尼斯拒绝让步。

基辛格这种讨好和转化批评者的努力有适得其反的一面，会让对手渐生恨意。尼斯就是一例。两人关系一冷就是30载，后果很严重。基辛格在台上的时候，尼斯是他的军控谈判官员，但很快辞职并转而批评基辛格的退让政策。后来，两人又在是否需要在德国保留短程导弹的问题上立场对立，一台电视节目上还有他们激烈争吵的画面。

回顾他们在有限核战争问题上的分歧，基辛格说，"尼斯想在这个问题上有所建树，自己写本书什么的。他认为我应该帮他。可我不想当尼斯的研究助理。事情搞得很僵。他当时不应该写那篇评论。"

◎新伯乐——纳尔逊·奥尔德里奇·洛克菲勒

在军队时是克雷默，在哈佛是伊利亚特。1955年，基辛格遇到了生命中的第三位贵人——远比前两位更有权势、影响更大的纳尔逊·洛克菲勒，美孚石油公司继承人小约翰·洛克菲勒之子。

当时，洛克菲勒是艾森豪威尔总统的外事顾问，他在华府附近的匡提科海军陆战队基地召集了一批学者专家开会讨论国安政策，基辛格也应邀加入。他回忆说："一进门，纳尔逊就拍着每个人的肩膀，尽力叫着他们的名字，立刻显得卓尔不群。"专家们轮番上阵给洛克菲勒出点子，建议他如何运作以实现一定的外交政策目标。最后，洛克菲勒收起了微笑，脸一沉说："各位，我要你们告诉我的不是如何操纵钻营，我要你们告诉我怎么做是正确的。"

匡提科会议开启了洛克菲勒和基辛格之间一段持久而奇怪的关系。洛克菲勒母亲曾有句名言："常和比你高的人打成一片。"和基辛格不同的是，洛克菲勒的高位做得稳稳的，从不担心那些向他发起挑战的人。尽管也有野心，有政治家的光环庇护左右，但洛克菲勒自小到大一直受到家族"特权越大、责任越大"这种入世思想的熏陶。

基辛格曾这样评价洛克菲勒："他智力二流，但阅人一流；而我有着一流的头脑，但相人也就是三流水平。"基辛格说得没错，洛克菲勒懂得如何让人有被重视的感觉，知道如何把人拢聚在自身周围，善于倾听，总能以让人轻松的方式直率地说出自己对对方的期望。这些优点基辛格一样都没有，但他敬重洛克菲勒的这些品质。

两人在其他方面也是完全不同的。洛克菲勒是典型的美式乐观主义者，基辛格则是身披悲情的多思的中欧人。洛克菲勒用和蔼可亲的形象掩盖着贵族气的超凡脱俗，且精力异常充沛，干事志在必得，总是一副候选人前呼后拥最后决战的架势，即使满堂友人时也是如此；基辛格头脑聪明、脆弱敏感，渴望别人看重和认同。洛克菲勒可以总把"哥们情谊和天父之爱"挂在嘴边，且言出必行；对基辛格而言，这种动人肺腑的高调听上去毫无意义。凡此种种不同，洛克菲勒仍十分器重基辛格。他的演讲起草人珀斯科说："基辛格充分融会了才华横溢和自我主义，纳尔逊非常喜欢这一点。"基辛格成了洛克菲勒最亲密的思想伙伴。

匡提科会议最后形成了一份报告，基辛格是主要执笔人，里面提出一系列军事建议，但执行肯定要增加经费。艾森豪威尔看后有些犹豫。这成为洛克菲勒辞职的部分原因，当然他自己也想出马竞选州长。辞职后洛克菲勒组织了一个阵容强大的"特别研究项目"，专门探索美国当前所面临的一系列"重大选择"。在洛克菲勒的精心组织下，一大批学界和社会精英加入该项目，如爱德华·泰勒、亨利·卢斯、约翰·加德纳、大卫·萨尔诺夫、阿瑟·伯恩斯等。当时《核武器和外交政策》书写了一半的基辛格应邀出任项目主任，成了100多号工作人员和若干顾问小组的头儿。第一次会议在广播城音乐大厅的舞蹈练习室里举行，四面都是大镜子和拉伸横木。32岁的基辛格发表了讲话，特地强调"概念建构"的重要性。他说，研究项目要注重多出严肃的想法，不要沉溺于细节当中。

但基辛格的管理风格可不这样，他当头儿简直是种恐怖。不停地纠缠鸡毛蒜皮的小事，譬如哪个报告仅仅到了副手那里而没向他本人汇报也要追问半天。洛克菲勒家族的密友奥斯卡·鲁布豪森说："再简单的事情他也要亲自过问，结果自己活受罪，比如有没有汽车到机场接他、汽车是不是凯迪拉克，诸如此类。毫不起眼的事情他也要呼天抢地地抱怨一番……这既是性格坦诚的表现，也是马基雅维里式（尼科洛·马基雅维里 Niccolo Machiavelli 是文艺复兴时期的巨人之一。在他最著名的著作《君主论》中鼓吹君主制，教导君主如何不择手段地获得权力。——编者注）的算计。"

基辛格对下属脾气暴躁是出了名的。他缺乏耐心的特点以后每况愈显，嘴里总蹦着"白痴"、"笨蛋"之类的词，此时的他还不能纯熟地偶尔撇出几段自编自导的笑话来缓解坏脾气。

最后成果是一本468页厚的大部头著作，基辛格还为国际安全小组的研讨单独写了份报告。报告建议发展战术核武器，为应对可能发生的有限核战争，每家每户都建防核掩体。他写道："必要时甘愿打一场核战争是美国维系其自由的代价。"报告由亨利·卢斯作了序，以平装本单独出版了，被人们看做是"给苏联人造卫星的答复"。洛克菲勒还在全国广播公司（NBC）的《今天》栏目接受过访谈，NBC表示如观众想得到报告的影印本，可以径向NBC索要。

不到两天时间，广播公司接到了25万份索要函，馈赠不得不紧急叫停。

1957年，洛克菲勒一封"亲爱的亨利"的信札把基辛格又送回了哈佛，信中满是洛克菲勒赞美之词，说他"为我们国家未来的安全和自由世界作出了贡献"。随信附上的还有一张500美元的支票。"还要谢谢安妮丽斯不辞劳苦的工作，终有回报。也许她在纽约住时，可以给新房添点什么。"

直到基辛格1968年加入尼克松的班子，他还是洛克菲勒的兼职顾问。薪水按基辛格每年的工作时间而定，1958年全年是3000美元，1960年12 000美元（相当于1990年的45 000美元）。最多的是1964年和1968年，分别是18 000美元和20 000美元，这两个年头适值洛克菲勒冲击总统宝座。

基辛格后来坚持说："那些钱数目并不大。都是根据我放弃的大学薪酬的标准付给的。"但钱数肯定也不算少，1969年，基辛格离开洛克菲勒顾问班子前往政府任职时，慷慨的洛克菲勒又赠与他50 000美元当贺礼。

第6章 | 重返哈佛

教授（1957～1968）

　　不能说俾斯麦君子无信，他不过是很好地适应了微妙的环境变化，根据趋势需要准确、适时地采取了相应措施。

——《白色革命者》，基辛格，1968年

◎国际问题研究中心

　　亲爱的鲍勃：

　　这礼拜早些时候我和亨利·基辛格谈了话，我建议他和你联系……我觉得他对于是否回到哈佛政府学院有点举棋不定，一年前，学院里有些人对他不太友好，但不是所有人。我劝他在那件事上想开一点。毫无疑问，整个政府学院殷切希望他能回来（全票通过），希望过去的感受不会让他太过难堪。读了他今年在《外交》季刊上发表的几篇大文章后，我断定，他就是我们想要的人。我给他开出的条件是：讲师（Lecture），三到四年任期，起薪8 500美元。

　　特祝教祺。

麦克乔治·邦迪
1957年4月25日

　　邦迪当时已是哈佛大学的教务长。收信人是鲍勃·鲍威，此君乃是杜勒斯任国务卿时的国务院政策规划司长，之前在哈佛法学院任教授。那时，他正从政府出来，在哈佛筹划成立一个全新机构——国际问题研究中心。邦迪的意思是让基辛格出任中心的二把手，对此，儒雅而颇富贵族气的鲍威心情复杂，不过最后还是答应了。

基辛格同意赴任。头衔是讲师，这个职称有点不伦不类，也不是终身职位。但此讲师（lecture）非彼讲师（Instructor，基辛格刚博士毕业后拿到的职位），实际上是条捷径。有了这名号，大凡不需再中规中矩坐满八年助理教授的冷板凳就可晋级终身教职。邦迪最初在政府学院就是从讲师做起，两年后当上了终身教授。基辛格理解得没错，他的前路也是八九不离十。

鲍威和基辛格掌舵期间，国际问题研究中心高调开张，却落得个成绩平平，远未达到预期水平。中心吸引了大批有才华的研究人员，但始终没能打响，原因之一是鲍威和基辛格的私人恩怨。

鲍威是杜勒斯"大规模报复"概念的创始人之一，而基辛格恰恰就是靠抨击这一理论出的名。鲍威还主张建立"多边部队"，从不同的北约国家抽调军力组成，携带核武器。基辛格则迎头痛击，那股劲头早已超出了纯粹学术争鸣的范畴。实际上，二人不睦基本上与学术分歧无甚关系，各自对对方为人极不喜欢。谢林教授说："许多时候两人干脆不说话。他们办公室相邻，外头共用一间秘书室，出门前他们会各自和自己的秘书打电话，确认对方不在秘书室后才出去。"

基辛格对两人的分歧变得十分敏感多疑。一次开会讨论奖学金的分配问题，会后基辛格十分激动，把与会的助理教授哈尔皮林拉到一边问："你知道刚才都发生了什么吗？""不是鲍威建议给新人提供奖学金吗？"不是，基辛格回答说，鲍威是想给他难堪，鲍威力推的候选人曾写过一篇抨击《核武器和外交政策》的评论。哈尔皮林后来曾任基辛格在白宫的助理、后来站到了基辛格的对立面，他劝了基辛格半天也无济于事。他认为，必须向基辛格直率地指出，如果批评过你的人就不予考虑，那么可选的范围就会大大受限。

鲍威对基辛格的不合作态度变得极为恼火。哈佛为了让两人放手打造国际问题研究中心，免去了他们1957~1958年度的教学任务。但基辛格大部时间都在纽约，帮洛克菲勒忙乎他的特别研究计划项目。鲍威怒不可遏，开动一个新的中心要做大量工作，他希望有个帮手，可基辛格看上去只是在利用这个名头为自己捞好处。鲍威还认为基辛格没有一心一意为中心拉赞助，反倒拖后腿。后来他曾抱怨说，他与卡耐基基金会搭上线后，基辛格竟把基金会的部分赞助转到了自己名下。国际问题中心曾决定出一本有关德国和西欧问题的著作集，基辛格掌管这一地区的事务，因此负责编审工作以及写一篇序。撰稿人发来了各自的章节，基辛格却到死也没写那篇序，也没编辑。中心最后不得不付了稿酬，又将稿件退回。基辛格的理由是，论文的质量不行，没法出版。

虽然鲍威觉得自己是基辛格种种行径的受害者，但中心的同事们认为两个头儿的权力欲都太重，过于斤斤计较。主要不同在于鲍威没有基辛格那么聪明。斯坦利·霍夫曼等几位教授曾向鲍威抱怨说，中心对欧洲关注不够。基辛格也随声附和，鲍威勃然大怒，说基辛格根本"不值得信任"。他后来解释说，他认为基辛格是在玩釜底抽薪，想另起炉灶搞一个欧洲中心。但霍夫曼和劳伦斯·卫理教授看法不一样，他们认为鲍威太敏感，对发起一个欧洲研究项目的建议感到十分不安。

对于这段恩怨，基辛格说："两个人谁都不会认为那段日子有什么好。他认定研究中心是个军事化的机构，我就应该是他的副手，对此我没法接受。"邦迪说："基辛格可以服侍洛克菲勒和尼克松，但他不明白如何在同事手下当老二。"

此外，同时兼任洛克菲勒的顾问让基辛格渐渐感到力不可支。1958年3月，他给母亲写信，对没法出席老人家的生日聚会表示抱歉。信中写道："我和那个恶毒的鲍威搞得势不两立，这事让我好忙乎了一阵子。然后好心眼的疯子洛克菲勒又让我忙他的两篇文章，结果比我自己的工作还重……我在他纽约的家里住了三天，夫妇两人好极了。不过现在我只希望他能让我单独待一阵子。"

◎终身教授

哈佛大学终身教职的竞争异常激烈，尤其在50年代末的政府管理学院。参加争夺的有亨利·基辛格、兹比格涅夫·布热津斯基、萨缪尔·亨廷顿、斯坦利·霍夫曼以及一大批水平相当的天才青年教师。

这场较量中，基辛格没有再次受困于此前遭遇过的尴尬。如今的他正走在声名和权势的大道上，一回哈佛他就觉察到这次终身教职基本八九不离十了，他也向周围的人暗示，哈佛能得到他乃是学校之幸。但罗索夫斯基回忆说："基辛格搞到终身教职并没那么容易。"

他的学术著作被认为虽有味道但缺乏原创性，没有足够的第一手材料的研究。比如博士论文，有关梅特涅和卡索里的东西大多出自维尔德纳图书馆而非埋在大英博物馆故纸堆里的原始文件。基辛格有点像伊利亚特，被认为过分向往华盛顿的政治圈子，而不是一心一意把一生奉献给学术事业。最后，还有他的个性，就算按哈佛的标准看也算得上傲慢和粗鲁。

政府学院大概有20个终身教职的位子，一有空缺，就会成立一专责委员会在全世界范围内搜寻最佳替入人选。哈佛校内的一些颇有天赋的年轻教员多少会占些便宜。入选最后名单的幸运儿的学术著作会被分发给学院的教授们，供其评判；之后，教授们齐集教师俱乐部二层的图书馆，在晚餐中就最终谁上谁下举行辩论。

时任政府学院院长的山姆·比尔回忆说："基辛格获取终身教职可算打了一场漂亮仗。他给我打电话，说他担心这么长时间不在学校，怕大伙对他生疏，所以想一起吃个饭沟通一下。我想这并不是拉关系，但我知道他对此事非常在乎。"亚当·乌拉姆承认他曾经是反对给予基辛格终身任期的急先锋："我对他有看法。我反对因为一个人担任过不伦不类的政治职务就给他终身教职。评判标准应是学术水平，不是看他在政策制定中发挥过什么作用。"乌拉姆和学院许多其他教师尤其认为《核武器和外交政策》一书算不得"合适的"学术成果。他更对基辛格"过于傲慢和沉重的个性"极为不满。不过最终，乌拉姆对于反对过基辛格感到十分懊悔："回过头看，我发现他还是蛮有学者风范的。在他成了同事并且有了幽默感后，我对他的看法变了。"

终于，基辛格一波三折地拿到了终身教职。教务长邦迪从福特基金会那儿拿到资金，设了两个新的"二分之一"终身教职的位子，获任者可以一边当政府学院的教师，一边从事别的工作。并规定：其中一个给予在国际问题研究中心和政府学院同时任职的教授——这就是邦迪为基辛格量身定做的。另一个"二分之一"教职给予了霍夫曼。就这样，在邦迪的运作下，基辛格和霍夫曼都拿到了终身教职，职称是副教授，起始时间为1959年7月。三年后，基辛格晋升为全职正教授。

基辛格开设的主要的一门课程是《国际关系原则》，每次都能吸引超过200名的本科生，他新近发展起来的幽默感和魅力成为重要亮点。他从拿破仑讲起，重点分析梅特涅和俾斯麦，最后分析军控领域的最新趋势。他开出的长达16页的参考书目成了哈佛课堂上的一个传奇。基辛格的演讲才气四溢，还伴有许多解释性的小插图，时不时地提提一些重要人物的名字。1963年一份本科生课程评估报告上写道："标志性的动作是在讲台两点间来回地踱步，一边夸奖梅特涅，批评肯尼迪，一边自卖自夸，认为自己的建议能救美国外交政策于水火。这成了哈佛课堂的一道景致。"每一堂课一开始是问答时间，好像就新近热点召开记者招待会一样。军控、美苏峰会、导弹危机，等等。五花八门地被扔向基辛格，本科生们急切地希望听到他那嘲讽、尖锐的针砭之词。一些学生可能觉得基辛格的表演过于华而不实甚而浪费时间，但大多认为课程蛮有启发性。

一个常被提出的是关于"单方面裁军运动"的问题，该运动50年代后期在哈佛盛极一时。基辛格显然反对这一运动，他特别乐意就此和学生们唇枪舌剑争上一番，然后得胜而归。在这一过程中，基辛格熔炼了他的魅力、诙谐和辩才，在他任国务卿时和媒体的周旋中充分发挥了出来。

基辛格常光顾昆锡楼，哈佛的一座公寓。每周一次，他会和某位外国客人或名流在这里共进午餐，纵论天下。

"他还那么年轻，但俨然就是发号施令者，"大卫·雷兹曼教授回忆说，"基辛格不要在饭桌上和人闲聊。他要的是主持。"

1958年，基辛格通过一场小小的权力斗争赢得了"防务研究项目"的承办权。在此项目下，可开设一门研究生课程，并且有额外资金支持的独立研究课题分派给学生去做。和此前的国际研讨班一样，这个项目成为基辛格从华盛顿寻找潜在赞助人的途径。每次课他都延请一位知名人士来作讲座，之后再提些不温不火的礼貌性问题。他还密切关注那些尚未出名的"潜力股"，譬如曾请来密歇根州联邦参议员杰拉尔德·福特——当时还是国会拨款分委会的一位名不见经传的共和党人，福特对此次经历十分满意，数年后再次光顾。

基辛格在另一门有关西欧研究的课程上也如法炮制。选课的有二三十名研究生，共同任教的还有另两位"大拿"劳伦斯·卫理和斯坦利·霍夫曼。基辛格从洛克菲勒基金会那里搞到了8 000美元的年经费，用于支付访问讲座人的费用。"通过邀请欧洲一些当权者和潜在的当权者来讲课，基辛格创立了一个人际关系网。"卫理回忆说，"人们总对基辛格心怀忌妒，奇怪他为什么这么年轻就能变得如此重要。"

基辛格并不是没注意到别人的忌妒，不论是真的还是假的，他对小事总是敏感多疑，这成了火药桶。而且他对学问上不及自己的人向来蔑视，这让他不会轻易饶人。结果，基辛格的性格从傲慢转向了缺乏安全感，有时两者一起表现出来。他对待同事极为苛刻。莱斯里·戈尔布曾是基辛格在哈佛的助手。此君后来在政府和新闻界干出了不小的名堂。戈尔布还是博士研究生时，曾帮助基辛格为其酝酿中的一本书做过研究；后来他独立打算写一本外交政策理论方面的书，并向基辛格讨教，后者表示鼓励。

一天，戈尔布兴冲冲地给基辛格打电话：哈珀公司答应出版他的书稿。据戈尔布回忆，基辛格闻讯后颇为高兴，似乎替他感到骄傲。但一周后，他收到了一封基辛格写给哈珀公司主编坎菲尔德的一封信的复印件，信中指责坎菲尔德打算为戈尔布出的书和基辛格以前同哈珀公司打算合作的一本书的创意完全相同，要求出版商"纠正"这个错误。戈尔布见信后十分不安。他给基辛格打了无数电话，后者就是不接。最后他给基辛格写了张条，解释说两本书决不会顶牛，"是您鼓励我这么做的"，戈尔布提醒道。基辛格回了张条说："我知道你会做出正确的事情。"最后，出于对基辛格的敬畏，戈尔布放弃了出书计划。两人多年后又成为亲密伙伴，但戈尔布对基辛格的为人也下了定论："属于独裁时代的典型'产物'——对同辈兜圈耍滑、对下属吹胡子瞪眼、对上级溜须拍马。"

虽然如此，基辛格还是能在认识他的人群中赢得深深的尊敬，有时不免牵强，但绝对真诚。如果他想给某人留下深刻的印象，就会使出解数，释放魅力和幽默感；他也会通过和别人私下一起讽刺同事的糗事来拉近关系。但最重要的是，在阐释自己的观点和辩护自身立场时，基辛格总是洋溢着才华、创造力和令人信服的魅力，在学术圈里，毕竟还是这些东西管用。

基辛格总是以一种十分脆弱的方式表现出对他人认可和喜爱的需求，总希望把学术上持不同意见者扳到自己一边来，深深的不安全感折磨着他，正因如此，敌手比朋友更让他着迷。兰德公司的军控专家考夫曼写了篇有力的文章批驳《核武器和外交政策》，基辛格便寝食难安。

◎婚变

直到获得终身教职前，基辛格夫妇一直住在剑桥弗罗斯特街的一幢小公寓里，邻居是他们最好朋友克劳斯和伊丽莎白·爱泼斯坦一家。克劳斯也是位政治学教授，既睿智而又日程紧张，只是没有基辛格那么有政治野心。伊丽莎白回忆说："一有机会两家人就聚在一起共进晚餐或者出去玩一天，就我们四个，或者五个——如果算基辛格的狗的话。"

基辛格对克劳斯和爱泼斯坦尚未过上小康生活就要孩子颇为吃惊。直到拿到终身教职后，并且从洛克菲勒那里领取每年8 000美元固定的顾问费，他和妻子才决定生孩子。1959年3月，女儿伊丽莎白降生了。两年后，有了儿子大卫。虽然夫妻俩都不再践行犹太教仪式，他们还是给大卫行了割礼。在致父母的信中，基辛格回忆了过往的艰辛岁月："我能有今天，全赖家庭所抱有的信念，正是这种信念让我们紧紧依靠在一起，走过了困难和幸福的每一天。真希望我的祖父和外祖父两位能够亲临大卫行礼的日子。"

此时，基辛格夫妇搬进了贝尔蒙特山的一幢殖民时代风格的三居室公寓。妻子任劳任怨地操持家务，把一切都收拾得干干净净的，有着典型的德式效率。她认为这很有必要，因为丈夫的社会地位越来越高了。夫妇俩每星期举办两三次家宴，通常8到10位客人，各色人等。有基辛格喜欢的学生，特别是暑期国际研讨班上的学生，加上一两位学院的同事。有时，某位外国领袖也可能顺便光顾，或者像洛克菲勒这样的名流。

安妮丽斯对高朋满座的场面非常拘谨，通常会躲在厨房里。一位教授说，有一回他看见安妮丽斯靠在餐厅的门上听里头人聊天，好像很害怕进来。"基辛格是个典型的德国丈夫，"小施莱辛格的前妻玛丽安·施莱辛格回忆，"他就把安妮丽斯当成个家庭主妇，对她在饭桌上是不是想说些什么根本不在乎。"尽管如此，安妮丽斯为丈夫的职业感到骄傲，她会把报纸上有关丈夫的报道剪下来贴存起来。她还把基辛格熟识的400多人的名字编成圣诞卡邮寄名单，要想给每个人都问候几句，她从10月就得动手开始写起。

但是，基辛格夫妇两人终归是不可避免地渐行渐远。他在阁楼上有间私人书房，领朋友参观时，安妮丽斯冒险溜进去和他们一块儿喝杯茶，会被基辛格粗鲁地赶出去，说这是他的房间。朋友们都认为，这间私人工作室是基辛格抛弃安妮丽斯的开始，但基辛格坚持说，自己私事越来越多，这是把家人更好地聚在一块的办法。不管怎么讲，夫妻间距离越来越远。虽然他喜欢孩子，但留给妻子的时间少之又少。"亨利和安妮丽斯根本没法生活在一间房子里。"朋友回忆说。

安妮丽斯实际上是个很高雅的女性，喜欢音乐和艺术，遇上对口味的朋友时，她是位颇有凝聚力的聊天好手。但基辛格就是觉得朋友逐渐上了档次之后，老婆已然登不得厅堂，没法融入自己和洛克菲勒、肯尼迪这些人物的圈子。"她丈夫认为她配不上自己，"基辛格夫妇都认识的一位波士顿精神病医生说，"她不够光鲜。"在安妮丽斯看来，亨利没法适应舒舒服服、中规中矩的家庭生活，而她正相反。她要的是丈夫，不是政客。

1962年年底，两人一块去欧洲和亚洲旅行了一趟，回来后便决定分道扬镳。1964年8月，在内华达州的雷诺正式办了离婚手续。

婚姻破裂令人伤感，但并未留下多少怨恨。两人保持了良好关系，经常谈谈孩子的事，有时安妮丽斯还请亨利去吃晚饭。她极少说他的不好，甚至对朋友也是如此。基辛格出名后，安妮丽斯还维护他声誉，甚至有一次请基辛格去她所属的一个社团发表演讲。安妮丽斯后来嫁给了一位心地善良、很有名气的化学教授。

虽然离异并非由第三者造成，但基辛格开始了潇洒的生活。他戴起了太阳镜，买了辆奔驰，还减了肥，穿戴也更整洁。有一次，谢林教授一位朋友要在伦敦机场接基辛格，便问他怎么认人，谢林回答说："一个矮胖、脸色发白的病快快的家伙。"结果朋友愣没认出来。直到那会儿，谢林才知道基辛格已开始穿戴利索，改头换面了。

◎军备控制问题

1946年，刚刚成立的联合国在控制原子武器方面的努力陷于失败，此后，伯纳德·布罗迪等学者开始研究核战略理论，但直到美苏两个超级大国大批制造核武器后，军控理论和军控科技才成为学术界的全新领域。20世纪50年代～80年代末，连续30年内，军备控制（简称军控）理论和实践主导了国际关系的风云变幻。复杂的军控谈判成为东西方关系的晴雨表和各大首脑峰会的主题。

哈佛大学是有关军控问题激烈争论的中心之一，政治学学者和核科学家们唇枪舌剑，莫衷一是。这一过程中，产生了一个被称为"哈佛－麻省军控小组"的非正式讨论的圈子，许多军控领域的大师级人物都是成员，如杰洛姆·韦斯纳、乔治·基斯迪雅可夫斯基、罗伯特·鲍伊、保罗·多蒂、汤姆·谢林、悉尼·德莱尔、阿尔伯特·沃尔斯赖特、小阿瑟·施莱辛格、马歇尔·舒曼等人，这些学者主导了战后六届美国政府在军控方面的政策。基辛格在去纽约撰写《核武器和外交政策》前已开始获邀参加讨论。在1989年的一次讨论中，基辛格主张减少军控问题在美苏关系中的分量。他说自己是"军备控制"这一概念创始的学术团体的成员之一。此言的确不虚，基辛格后来说，哈佛—麻省小组被公认为军控思想的发源地。小组每周六上午讨论，地点就在国际问题研究中心。讨论非常正式，成员们要拿出具体的有关军控问题的方案，以论文形式提交，在讨论时解释和维护自己的观点。

成员有"自由派"和"鸽派"的区别，但大多数成员都支持在大国间施行军备控制，主张建立导弹防御体系、制订禁止核试验条约、反对研制战略轰炸机。但基辛格更为保守，他对所有上述看法都持怀疑态度。

出于对军控问题的热衷，基辛格暂时放下了一些纯学术性的工作——包括研究俾斯麦。撰写、发表了大量政策批评文章，主要发表在《外交》季刊上，大多是对艾森豪威尔政府的温和批评。例如，对于艾氏政府中止核试验并呼吁苏联制订禁止核试验条约的做法，基辛格认为"美国应把制订禁止核试问题作为全面裁军协议的一部分，也要包括常规武器的裁撤问题"。当时的一个热点是北约盟国是否答应让美国在西欧部署中程核武器的问题。这种动议实际上可被看做基辛格"有限核战争"理论的延伸。1958年他在《外交》上发表了《导弹和西方盟国体系》一文，支持在西欧部署导弹的主张。他写道："这是欧洲对其自身未来发展能够发挥影响力的唯一手段。"事实证明，这一动议为北约所接受并一直延续至80年代末。

一边形成自己的外交政策观点，另一边，还仅仅是副教授的基辛格的媒体上镜率也越来越高。1958年《导弹和西方盟国体系》发表后，《纽约时报》在头版刊登了一篇文章《拒绝导弹基地建设危及欧洲的未来》，配上了一幅基辛格的大照片，《时代》周刊也用半页纸报道了他的文章，称他"铁石心肠"，立场坚定。

◎ 《选择的必要》

1960年，肯尼迪赢得总统大选几周后，基辛格出版了新书《选择的必要》，他在这本书中充分阐述了自己的外交理念。一些观点已经在此前陆续发表的文章中或有阐述，但全书对基辛格的外交政策观念和看法做了整体贯通的梳理。挑这个时候出书不是偶然的，书可以看成一份"工作申请"——一旦新总统决定从哈佛大学吸收点新鲜血液，说不定可以把基辛格拉进外交决策圈。

大凡书里的感谢声明都言不由衷，而基辛格更是把这一点发挥到极致。起始便说这本书在国际问题研究中心的"照顾下"得以出版，把罗伯特·鲍威赞扬了一番，说他给此书以"深刻评论"。实际上，正是这本书的出版让两个死对头彻底掰了，基辛格的副主任位子岌岌可危。鲍威坚持要以中心的名义出版此书，基辛格当即拒绝。《核武器和外交政策》就是在对外关系委员会的名义下出的，书卖得虽火，结果基辛格一点版税也没捞到。所以他把书交给了哈珀公司，仅在书里勉强谢了句国际问题研究中心。谢林说："两人当时为这事恶斗了一场。每个人都到我办公室里激动地走来走去，抱怨对方有多么可怕。"基辛格也对1958～1959年间对外关系委员会的研究小组表示了感谢，但措辞极为吝啬，最后谢妻子，说她"耐心、令人愉快"。

书读起来就像民主党人的政策宣示一样。"美国的生存线越来越窄了，这非常危险。"基辛格批评了艾森豪威尔政府。和肯尼迪一样，他也对美苏间可能出现的导弹能力差距发出警告，他在书里像发表竞选宣言一般说道："如果趋势继续下去，自由的未来肯定会越发暗淡。但若我们信念坚定、大胆进取的话，仍能扭转乾坤。"

基辛格在书中仍然大肆宣扬"有限战争"，但彻底放弃了先前极力鼓吹的"有限核战争"论。不是因为他认为这个理论在逻辑或道义上有缺陷，而是缺乏可操作性。他写道："从军方那里获得对'有限核战争'连贯、一致的解释基本是不可能的。"他转而承认，在核战争和常规战争之间可以划出明确的界限。虽不再主张在有限战争中使用小型核武器，但基辛格仍坚持美国应研发小核武器，以阻吓苏联发展类似的力量。同时，他反对美国率先作出"不首先使用核武器"的承诺，认为会给敌手发出妥协失败的错误信号。

所有这些听上去好像云山雾罩，和现实世界毫不相干。可事实并非如此。从20世纪60年代直到整个80年代，北约的有关政策恰恰就是建立在基辛格——以及其他一干人——所宣扬的理论基础上的。为阻吓苏联侵略，战术核武器获得了大力发展。尽管面临各种压力，北约从未采纳"不首先使用核武器"的承诺和政策。而不论在理论还是现实层面上，有限战争——包括越南战争和世界上其他角落的战乱——也始终被保持在非核化的层次上。

◎ "铁血宰相"俾斯麦

基辛格的博士论文写的是梅特涅和卡索里，最初设计是为他写德国19世纪的统一者、铁血宰相俾斯麦作铺垫。此后，基辛格断断续续花了13年才完成了对俾斯麦的研究，1968年发表在学术期刊《代达洛斯》上。这或许是他最不出名的作品，却可能最具启发性，不是因为把俾斯麦写得有多好，而是因为它反映了基辛格对现实主义的看法，反映了基辛格本人的内心世界。

在基辛格看来，俾斯麦的天才在于能"操纵和利用敌对势力间的怨恨"。他统一德国的目标与当时的欧洲格局和秩序并不相容，应被视为革命者；同时又笃信威权主义和铁律治国，也是位保守主义者，二者相权，可称其为"白色而非红色的革命者"。俾斯麦对权力的渴望出自个人野心，而非为了实践某种主义。铁相曾言："爱国主义或许是少数知名政治家的动机，但更多是野心，是统治、被崇拜和出名的渴望。"这一席话多年后也被用在了基辛格身上，应算不无道理。相同的，俾斯麦对待"真理"的态度也可被批评者用于描述基辛格。基辛格写道："俾斯麦个性的一个基本特点是，他没法理解个人意志和野心之外的仁义道德。"

正因如此，他永远无法接受任何反对者的好心肠；这也解释了为什么他总是善于顺应时势。不能说俾斯麦君子无信，他不过是很好地适应了微妙的环境变化，根据趋势需要准确、适时地采取了相应措施。

基辛格坚称，拿他和俾斯麦作过多比较是错误的。他是铁相的学生，但不迷信。但是，基辛格后来对实力政治的偏好以及他驾驭实力均衡外交时的感觉都表明，他对俾斯麦的欣赏并非仅仅出于学术。基辛格写道："俾斯麦认为，外交政策不能听凭情感，要建立在实力的基础上。"这也是基辛格的不二信条之一。

第7章 | 行走在权力边缘

肯尼迪，约翰逊和洛克菲勒（1961～1968）

> 政治是一种关于可能性的艺术、是一门关于相关性的科学。
>
> ——俾斯麦，1851年9月9日

◎鼻子贴在窗上往里看的人

尽管基辛格忠于洛克菲勒，是个典型的冷战保守派，但他却注册成民主党人士，1960年大选时也是这样投的票。1958年他就结识了肯尼迪，当时肯尼迪的演讲起草人索伦森曾邀他加入一个为肯尼迪提供学术建议的专家组。肯尼迪也是哈佛政府学院"访问委员会"成员之一，该委员会是个礼仪性机构，让名流们可以接触到学院的资深教授们。此外，基辛格熟识小阿瑟·施莱辛格，后者是肯尼迪最喜欢的历史学家。这些关系，加上他发表的一系列抨击艾森豪威尔政府的文章，都使基辛格有可能在新政府里拜上个一官半职。但他不想轻易离开哈佛终身教职的宝座，也不愿冒险割断和洛克菲勒的关系，除非给他重要职位。

重要职位都没给他。腊斯克问他愿不愿意去国务院任职——中层官职，具体哪个未定。肯尼迪曾夸奖过他的新书，邀请他来白宫任职，投入他的前任邦迪（邦迪此时出任肯尼迪的国家安全事务助理）麾下。基辛格后来回忆说，邦迪似乎和总统看法不一样，并不急于在国安会里安排一位和他学术水平旗鼓相当的大学教授。

从哈佛直到越战结束，邦迪和基辛格的关系一直紧巴巴的。在基辛格的《白宫岁月》里，邦迪十分尖刻："他总是没完没了地阐述一些华而不实的想法，但即便如此，我对他的才华十分羡慕。"二人在一起不舒服主要是因为风格和阶层不同。基辛格说："他对待我时总是带着一种波士顿人特有的那种对待有外国背景、个性强的家伙时的礼貌和下意识的优越感。"多年后，基辛格说他对邦迪显然言下留情了，"他根本配不上我在《白宫岁月》里对他的描述"。

最后，邦迪给基辛格提供了一份兼职顾问的工作。失望之余，基辛格接了下来。从1961年到1968年，基辛格只能待在权力圈的外围，就像一个鼻子贴着玻璃窗往里看的人。这八年，他还是哈佛教授，一边教课一边搞他的国际研讨班，但心早就飞到华盛顿去了，他像蜜蜂似的围在肯尼迪、约翰逊和洛克菲勒周围嗡嗡个不停。

兼职工作的缺陷他没法回避，在一封致某位马克的信里就能看出来，内容是约合适的时间见面。"3月份，我可以周一、周二早上来华盛顿（见你），就是3月13、14日。但如果你想在那之前和我讨论一下昨天我们讲过的那篇论文，我也可以周五和周日过去，也就是3月10、11日，前提是你得在3月8日之前告诉我。4月份，2日那一周大部分时间我都有空……"

基辛格拍马屁的本事在克雷默和伊利亚特这些自我感觉良好的伯乐那里管用，在尼克松那儿也好使。邦迪则不然，他刀枪不入，有着典型的清教徒式的自我克制。但基辛格仍不辞劳苦地试了又试。"我都不用说，"在给邦迪的信中他潦草地写道，"除了工作的重要性外，再次和您一道工作本身就是件极为愉快的事情。"1961年"猪湾事件"（1961年4月17日在美国中央情报局的协助下逃亡美国的古巴人向菲德尔·卡斯特罗领导的古巴革命政府进行的一次武装进攻。——编者注）后，得知邦迪萌生去意，基辛格写信鼓励说："伟大的事情总还是要做的。如果朋友们知道您仍愿意继续扮演一个主要的、领导性的角色的话，他们会大感宽慰的。"

当顾问还不到一个月，基辛格就写信给邦迪问自己是不是应该"见见希望采访我的媒体人士"。邦迪礼貌而高傲地答称他"觉得（基辛格）没有任何理由见媒体人士"。不只这个，邦迪也认为基辛格没有任何理由老去见总统。邦迪知道，基辛格是聪明，但太烦人，他老坚持事无巨细都要放在长远战略高度上审视，搞得肯尼迪不胜其烦。

于是基辛格就跑去找施莱辛格，请他帮忙把自己弄进白宫去。施莱辛格后来说："邦迪是堵墙。亨利有什么好点子时，我出面帮忙推动，但到邦迪那里就到头了。所以我就带亨利直接去见肯尼迪。"但总统耐心有限，他把施莱辛格叫来说："你知道，我确实觉得亨利说的一些东西挺有意思，但我必须坚持让他通过邦迪汇报，否则事情就乱套了。"

还没到5月，邦迪对基辛格只是隔三差五空降华盛顿来"指导工作"就受够了，后者对邦迪其他助手辛辛苦苦从事的工作说三道四。施莱辛格说："麦克（邦迪的名字）很快发觉，基辛格打这份零工就是在帮倒忙，一点没用。"基辛格知道邦迪的意思后，回信委屈地说，很显然，"这个夏天我不用到华盛顿来了"。

就在他赌气准备把1961年夏天都花在国际研讨班上的时候，他的专业学识派上了用场。此时，讨厌的柏林问题再次浮出水面。1958年起，苏联人就威胁把西柏林从西方手中夺走。应肯尼迪之请，前国务卿艾奇逊准备了一份政策文件，认为此次挑衅是对西方意志的严酷考验。如果赫鲁晓夫胆敢切断西柏林，美军部队就应开进德国，沿德国公路排开驻防。在冷战问题上，基辛格一向属强硬派，但他对艾奇逊完全不考虑外交解决感到不安。在有关会议和讨论中他站在了缓和派一边，在东西两大阵营对抗的问题上，这是基辛格少有的几次支持鸽派观点的情况之一。

7月初，施莱辛格和基辛格等人商议此事，决定撰写新的备忘录以抵制艾奇逊的主张，当时总统手里只有艾奇逊的文件，并无其他言论供其参考。施莱辛格认为，按照艾奇逊的强硬路线处理此事，可能引发核战争。事实上，柏林危机比基辛格长期以来描述的情况更加恶化：美国在常规战和全面核战争之间缺乏中间路线。最后，肯尼迪接受了施莱辛格—基辛格的备忘录，还吸收了基辛格的一份文件，主张发展中程导弹以备打一场有限核战争。

基辛格这份文件是导致"灵活反应"策略最终出台的部分原因。邦迪在基辛格文件中给总统夹了张便签："实际上，现行国防政策要求我们一枪打下来所有天上飞的东西，这使得我们很难灵活应对各种复杂情况。"肯尼迪采纳了这些建议。在7月25日关于柏林危机的讲话中，他提出要以"与挑战的级别相适应的相应级别的反应"来对付危机。"我们在卑躬屈膝和全面核战争之外应有更广泛的选择。"

　　基辛格研究外交政策的思路是，面对一个问题，首先想想解决问题要实现何种中长期目标。正如他在8月11日给邦迪的一份备忘录里所建议的："要作出这一选择，我们得想清楚美国究竟在中欧地区的目标是什么。我们希望未来的欧洲是个什么样？比如1965年的欧洲。"

　　但总统根本没空去进行这种长期的战略思考。基辛格提交备忘录三天后，柏林墙在一夜之间拔地而起。基辛格认为肯尼迪的反应过于隐忍，他支持作出对抗性的反应以试探一下苏联会冒险到何种程度，而且应该向德国人保证美国对于保护其安全是认真的。但这堵墙最终起到了化解柏林危机的作用。美国及其盟友仍然控制着西柏林各区，从东德拥入的难民潮也得到了控制。1961年秋，警报逐渐解除，而基辛格在白宫的日子也到了头。10月，他收拾了办公桌，邦迪给了他一封敷衍了事的感谢信，说白宫决定不把他离职的消息公之于众。

　　政策分歧是基辛格待不下去的一个原因。他认为肯尼迪"不惜一切代价"的主张太过危险和天真，对美国实力的局限性估计不足。但是，更重要的原因在于他始终没法融入肯尼迪的政策团队。他的性格里有种瓦格纳音乐式的激情和冲动成分。国家安全事务委员会的卡尔·卡伊森回忆说："亨利不符合总统的口味。他高傲自大而且啰里巴唆的。如果总统欣赏你，你可以滔滔不绝。但我从没听过任何人说基辛格讨人喜欢。"

　　基辛格非常沮丧。国务院的查伊斯说："他一直在外围往里看，所以心里七上八下的。"基辛格知道，肯尼迪最亲密的助手一个个风度翩翩、口齿伶俐、说话利索，他们都在背后嘲笑他；邦迪甚至开始惟妙惟肖地模仿基辛格喋喋不休和肯尼迪烦得直翻白眼的样子。基辛格后来反思道："我费了吃奶的劲尽提了些人家不需要的建议，和总统见面虽不多，但每次都长篇大论地开导他、说他助手们策划的东西什么也不是，这让总统深受折磨。"他学到的一个教训是：总统不需要别人告诉他什么不能干，只消别人告诉他哪些是能做的，如不行，至少提供可行的替代方案。

　　虽只是个副教授和中层政府顾问，基辛格已经掌握了到哪儿都能引人注目的诀窍，显得他自己是个重要人物。但正因如此，基辛格年初的以色列、印度和巴基斯坦之行招来不少是非，尽管他的身份只是美国情报机构的客人，还算不得政府代表。在以色列，他说苏联向埃及运武器是公然挑衅，结果报纸头条就来了个"纳赛尔被视为危机制造者"（注：纳赛尔是当时埃及总统）。访问南亚，他对着一帮子记者说巴基斯坦和中国结盟"愚不可及"，结果巴基斯坦驻美大使在华盛顿向美国政府提出公开抗议。最后，邦迪给基辛格拍了封电报说："如果你再不闭嘴，我就炒你鱿鱼。"无奈之下，邦迪告诉记者说这个基辛格和美国政府没任何关系；这个答问口径也被放在了肯尼迪的简报夹里，以防记者会上有人问及。

基辛格从孟买给父亲写了一封信，抱怨道："这帮子人太敏感，甚至连最清白的评论也让他们大为光火。"抱怨之余，信中也表达了给父亲的生日祝福，他动情地写道："我遇到了这世上许多伟大的人物，或者那些将要成为伟人者。但没有任何东西能抵消一丝——相反只会提升——我对您高贵品质的敬仰。我知道，对于您所代表的传统，我亏欠很多。"

◎等待时机

1962年夏天，基辛格回到哈佛继续做他的全职教授。没有了白宫清规戒律的束缚，他又开始在《外交》《记者》等刊物上发表批评美国外交政策的保守色彩的文章，大多认为美国和西欧盟国在苏联威胁面前不思进取、碌碌无为。邦迪回忆说："他不在官位上时，总有浑身的劲去畅想美国的未来。"

基辛格再次和美国是否应该在有限战争中使用核武器这个问题搅在一起。他在1962年7月号的《外交》上刊载了一篇《欧洲防务悬而未决的问题》，认为不能指望北约花大力气去和苏联拼常规武器，应该把重点放在"战术核武器"上。战术核武器是指用于战场上的短程核导弹，相对于远程的洲际导弹而言。基辛格认为，有了战术核武器，就能控制核战争的规模，把有限核战争和全面核战争明确地区别开来。基辛格几十年来一直坚持这一观点。直至20世纪80年代后期，他仍反对从欧洲仓促撤走战术核武器。而美国也确实没有清除这些核武器，直至1991年苏联解体，老布什总统才宣布从欧洲撤出核武器。

基辛格60年代早期的文章主要关注西方盟国内部的矛盾，他把这些论文汇集成一个系列讲座在对外关系委员会陆续打出，后来又结集成书《麻烦的伙伴关系》。书中批判了罗伯特·鲍威组建一支由北约指挥的多边部队（Multilateral Force）的建议，反映了基辛格对欧洲在军事方面深深的不信任，尤其在核问题上，他自始至终怀疑欧洲各国没有骨气坚持强硬的对苏防务政策。

这段时期，基辛格继续发展其引以为圭臬的权力政治哲学。其核心观点是：一国的真正影响力取决于国际社会对其能力大小及其运用能力的决心的判断。譬如古巴导弹危机。基辛格认为，即便人们觉得允许苏联在古巴安置导弹不会造成什么军事威胁，美国也不能示弱，否则会使敌手胆子越来越大，盟友惊慌失措，从而削弱美国的信用。对越南问题，他也持同样的看法。

1964年年初，离了婚的基辛格搬到了波士顿一幢单身公寓。他从来不算是好色之徒，但和女人之间的打情骂俏、拿女人开玩笑之事越来越多，60年代末，他也竟得了个浪荡子的名声。一位朋友想介绍位"楚楚动人"的女士给他认识，就是个子太高，他回答说："没问题，我不觉得难堪。"

那一年，他也卷入了政治事务，特别是给竞选总统的洛克菲勒出任智囊，后者冲击共和党总统候选人提名，但输给了古德沃尔特。基辛格大部时间都在外围忙活，写写演讲稿之类的，看到被改得一塌糊涂的原稿后，他总会大发一顿牢骚。但洛克菲勒网罗人才的热情十分高涨，越来越喜欢基辛格，于是邀请他到旧金山参加共和党竞选人提名大会。现在，基辛格把自己当成了彻头彻尾的共和党人，或者至少是洛克菲勒的共和党人。可竞选大会上的一幕幕场景让基辛格震惊不已。古德沃尔特的支持者们对洛克菲勒大作嘘声，洛克菲勒对反对者们言辞驳斥，甚至对嘘声报以一个淫秽的动作。美国民众的狂热情绪和喧嚣混乱让基辛格大为惊骇。11月大选时，他毫不犹豫地把票投给了民主党候选人林登·约翰逊。

见识过古德沃尔特拥趸的激情后，基辛格在后来的职业生涯中十分注意讨好和拉拢共和党右翼势力，但手法出奇的笨拙，也从未成功过。即使是基辛格变得极具鹰派色彩后，保守运动对他也没什么好感。1964年对洛克菲勒报以嘘声的共和党右翼群体，其背后的驱动力量不仅仅是意识形态，还有一种反精英主义式的情怀和怨恨。基辛格一直没搞清楚，保守派讨厌的不仅仅是他的政策，还有他的行事作风和移民背景。他们可以接受同样仇恨精英政治的尼克松，但没法接受一个来自欧洲的，在洛克菲勒的资助下成长起来的哈佛教授。

1964年的共和党大会上，基辛格遇到了身材苗条、年方30岁的南茜·莎朗·马金尼斯（Nancy Sharon Maginnes），她是洛克菲洛竞选班子里的一位志愿研究人员。知书达理,有着典型的本土美国人的气质。二人在洛克菲勒在曼哈顿的办公室里有过一面之缘,但直到在旧金山竞选办公室见面后基辛格才真正注意到她。两人约好当晚在竞选大会上再见。在接下来的10年里,基辛格的朋友们都知道,她是他约会次数最多的女人,尽管公众并不知情。

◎跨入烂摊子的第一步

60年代早期,基辛格对越南问题并不怎么关心。在他看来,越南南北方之间的缠斗并不是什么内战或反殖民主义战争,而是苏联支持的北越侵略作为主权国家的南越的罪恶战争。他后来写道:"在这问题上,我的看法比较传统。"

最初他对美国卷入持怀疑态度。肯尼迪向越南派了16 000名"军事顾问"后,基辛格问国务院的政策规划司长沃尔特·罗斯托,凭什么美国认为这么点人马就能打败北越?当年法国殖民军的人数比这多十倍也没成功。罗斯托回答说:"法国人不懂得如何对付游击战。"后来,雷斯敦在《纽约时报》上写了篇批评肯尼迪越南政策的专栏文章,基辛格特地给作者打电话表示支持。

当然,基辛格就是基辛格,他看待事物的观点总是十分复杂,知道在什么时候说什么话,对不同的对象,他会强调自己观点的不同方面。对学术圈的同仁,他抱怨美国卷入越来越深;对衙门里的朋友,他说自己坚决拥护政府抵抗共产主义。林登·约翰逊作出向越南派遣美军作战部队的决定后,基辛格于1965年的3月和4月给邦迪写了两封信,对此决定表示支持:"我认为总统先生在演讲中阐述的越南政策是完全正确的,在坚定和灵活之间找到了恰当的折中。"邦迪回信说:"太好了——不过恐怕在哈佛的朋友们里你大概会有些孤立。"

自此,基辛格便开始了他和越战长达10年的不解之缘。当年10月,美国驻南越的大使洛奇邀请基辛格以顾问的身份访问南越。在越南的两星期里,他会见了南越的领导人、将领、宗教领袖和一些学生,还在乡间漫步。他在家信中安慰父母说:"我们全副武装,很安全,别担心。"

这一趟下来,基辛格对美国在越南战略目标的信任没有动摇,但对手法和策略不再迷信了。他在参加驻越美军的新闻吹风会上,问了个基本问题:这样下去,我们未来5年甚至10年到底想达到什么目的?他在日记本上写道:"没一个人能回答我——哪怕作最乐观的打算——这场战争究竟该如何结束。"基辛格意识到，美国正在顽固地支持一个腐败无能的南越政府。共产主义在柬埔寨和老挝的胜利使得美国军事行动的成效大打折扣，而对北越的狂轰滥炸在国际上更是激起一片骂声，费力不讨好，而轰炸行动又三心二意不坚决。尽管如此。基辛格认为，就此撤军将损害美国在国际上的威信。

旅行结束后，基辛格卷入了一场争论，既让我们看到了他的敏感性格，也表露了他在越战问题上的真正看法。当时，使馆的新闻官佐尔锡安坚持请基辛格参加一场为八位美国记者举行的招待午宴，按照安排，席间所谈各方都不做记录、不作报道。但《洛杉矶时报》的记者杰克·福伊斯因为迟到，不知道规矩，散席后立刻便把席间见闻作了报道，《洛杉矶时报》和《华盛顿邮报》都在头版刊登了这条消息。福伊斯写道："白宫顾问们认为，南越政府当前领导人完全没有政治成熟性可言，而且缺乏大公无私的政治动机。这些话出自著名的政治学家亨利·基辛格和华盛顿律师克拉克·克里福德。"

约翰逊总统见报后勃然大怒。各方乱作一团。克里福德忙给他写了封短信，表明自己根本没参加那场午宴；白宫新闻秘书莫耶斯发表声明，称报中所言乃基辛格一己之见，和白宫无关。

现在轮到基辛格发火了，就像此后的仕途中对缺德坏事的新闻报道所作出的一贯反应一样，基辛格大发雷霆，怒不可遏。他决然而震怒地否认他曾说过福伊斯报道中的言辞。给邦迪的信中写道："我都怀疑那顿饭我说过的话有没有超过三句。（报道中的话）根本就是无中生有，连歪曲演绎都谈不上。"他还对莫耶斯的声明表示"震惊"，自己的声誉严重受损，白宫必须给他正名。第二天，他给白宫发了封电报，表示"对美国政策受到的伤害感到惊讶"。又致信克里福德说："本想此行能对事情有所帮助，竟落得如此耻辱的收场，真让我沮丧和不安。"最后，他接受美联社采访，否认自己是福伊斯报道的消息来源。

但根据佐尔锡安的说法，福伊斯报道得没错。"亨利确实说了不少，他对腐败和缺乏民意支持的南越政府感到十分悲观，"佐尔锡安回忆道，"我得说，福伊斯的报道是准确的，当然，亨利的悲观论调也是对的。"邦迪连忙救火，他让弟弟、国务院负责远东事务的助理国务卿威廉·邦迪安抚基辛格："他感到激动我不怪他。但我想他应该知道，所有的人对这件事已经释然了。"

抗议归抗议，基辛格仍然坚持他的悲观主义论调。在同一封信中他对邦迪说："越南的形势比我先前预感的要糟糕许多。"特别是"西贡政府的软弱"让人格外担心。不过基辛格仍然支持战争。"越南的状况虽然比军方报告的要严重得多，但我相信我们的政策总体上还是正确的。"1965年12月，从越南回来没几周，基辛格参加了哥伦比亚广播公司的一出电视辩论节目，公开为美国的越战政策辩护。对手是英国工党的大嘴迈克尔·布特和两个牛津大学的学生。和基辛格一道在正方的还有两名哈佛学子，两人后来都成为著名的自由派人士，一是罗伯特·舒姆（Robert Shrum），曾做过麦克戈文的演讲稿撰写人，一是劳伦斯·特莱布（Lawrence Tribe），后成为哈佛法学院教授。基辛格在节目中宣称："我们卷入越南，是因为美国希望给那里的人民自由选择政府的权利。"同月，190名学者联署了一张请愿书，支持约翰逊总统发兵越南，基辛格也是其中之一，还有他的哈佛同事萨姆·比尔和莫尔顿·哈尔皮林等人。

1966年7月，基辛格再次访问越南，其中一省是他第二次造访，几个月前他被告知，该省80%的民众已被南越政府"招安"，省长自豪地说，从教授先生上次来到现在"招安"工作已经取得了"巨大进展"。基辛格回忆说："我问他这个省多少地方已被招安，他骄傲地说，70%！"第三次来时，基辛格从当地一位农民那里获悉，村子80%的人都向越共纳税，于是他问一位美国顾问："这样怎么能算是被招安了呢？"顾问答道："越共不敢进村，老百姓把税钱寄给他们。"此事使基辛格对越战的怀疑愈深，但仍不足让他改弦更张。

基辛格对美国在越南的具体经营手法持怀疑态度。在兰德公司给学者举行的一次简报会上，他批评约翰逊政府不该费太多力气去扶植无能的南越政府（事实上，基辛格当权后也犯了同样的错误）。在哈佛商学院举办的一个名为"越南：一个管理问题"的研讨会上，学生问他怎么看"飞地理论"（注：主张美军在南越境内建立几个牢固控制的据点作为根据地），基辛格酸溜溜地回答说："哦，这个啊，意思就是让我们再多搞几个柏林，加两个关塔那摩。"

1966年8月，基辛格为《观察》杂志写了篇战争评估的文章，起首他先定了两个调子："撤军将是灾难性的，而谈判也是不可避免的。"和国务卿腊斯克不一样，基辛格不相信美国能取得完全的军事胜利，但他认为美军应该继续打下去，锁定更多领土，为谈判增加尽可能多的筹码。在基辛格看来，放弃任何一项已作出的承诺对美国而言都是危险的，哪怕是地球上一个不起眼的、对美国国家安全无关紧要的小角落也不行。《观察》杂志的文章写道："如果一个三流的共产主义农民国家都能打败美国的话，美国的敌手们将热血沸腾，盟友们势必垂头丧气，美国将威信扫地，许多国家将转而投向苏联的怀抱。"这一对"威信"的强调也成为基辛格当权后的核心政策理念之一。

◎ "宾夕法尼亚谈判"

在1967年6月巴黎的一次会议上，基辛格同一位法国微生物学家马尔科维奇聊起了越战。科学家提到他有一位叫雷蒙·奥布里奇的朋友，越共总书记胡志明1946年流亡巴黎时曾和此君结为好友。马尔科维奇建议，美国或可尝试通过奥布里奇建立一条和北越沟通谈判的秘密渠道。

基辛格从事秘密外交的第一次经验就这样开始了，这也是他和越共恩怨的开始。他提出的这项代号为"宾夕法尼亚谈判"的计划，最终促成美国在停止轰炸北越、恢复谈判的条件上作出了重大调整。

在基辛格说服了国务卿腊斯克后，马尔科维奇和奥布里奇便飞赴河内。7月24日，他们见到了越共最高领导人胡志明和范文同。越共重复了一贯立场：如果美国"无条件"停止轰炸，谈判便可继续。

消息经由基辛格捎给了华盛顿，华盛顿方面迅速以约翰逊总统的名义传来一项巧为修饰的信息，再由马尔科维奇和奥布里奇递给河内——"如果停止轰炸能立即带来富有成效的谈判"，并且如北越"不会趁机增兵南越"的话，美军将停止轰炸行动。这也是美国第一次在不坚持先行恢复谈判的情况下提出停火动议。

接下来是等待。此间马尔科维奇和奥布里奇在巴黎等待河内方面的回复，基辛格则在巴黎、华盛顿和哈佛的课堂之间来回穿梭。"我刚去了趟欧洲给哈里曼州长办点事，"他写信给父母说，"这阵子我经常得一个礼拜跑三次华盛顿。洛克菲勒那边也嚷开了，要我帮忙，下周末我得去底特律见鲁梅尼州长（注：乔治·鲁梅尼当时准备竞选共和党总统候选人提名）。国际问题研讨班那里一切都好。"

最后，9月10日，北越代表打电话给马尔科维奇和奥布里奇：越共拒绝美方提案；美军必须"明白无误地、无条件地停止"轰炸，否则在此之前，连有关谈判的先期讨论都不会进行。基辛格立即给巴黎的北越代表转去了一大套说法，称美方不是要提出什么特定条件，只是表示一下停火后"富有成效的谈判就会来临"的意思。但河内不为所动。

10月初，谈判在一些辞令问题上陷入僵持，在"美国认为（assmuption）停止轰炸后不久谈判就会重开"是否构成一个先决条件问题上，双方争执不下。基辛格不停地变换各种字眼，以便让这句话听起来不像是先决条件。

这就是基辛格后来一贯的搞外交的模式，总是挖空心思在辞章上做文章，巧饰分歧，以此调解争议。后来越战结束时，他还曾用过一些模棱两可的词句来形容"非军事区"和"南越主权国家"，这样南北双方读起来可以各自理解、一义各表。一些时候这种辞章游戏起到了作用，但通常情况是基辛格为此遭人诟病，巧言辞令虽讨好双方，但事实上的重要分歧仍然悬而不决。

10月中旬的一个周末，基辛格去佛蒙特州的乡间拜访哈佛同事保罗·多蒂，白宫电话随即尾随而至。那头是约翰逊总统，基辛格立刻暗示总统先生，多蒂有可能在分机上会听到谈话内容。约翰逊便嘟嘟嚷嚷地说了许多，意思是他对"宾夕法尼亚谈判"还有严重疑虑。基辛格便又提出了另一种美国立场的表述版本，总统勉强同意了。他对基辛格粗声大气地说："那我就再试一次，要是还搞不定，我亲自杀到剑桥（哈佛所在地。——译者注）把你睾丸切下来。"这一次，基辛格倒觉得约翰逊这种粗鲁乖张的风格不那么让人紧张，就是总统老叫错名字，把他唤作施莱辛格，这让他颇为不爽。

在带着新计划返回巴黎之前，基辛格参加了周三晚上的白宫会议，总统和国务卿腊斯克都在，与会的还有沃尔特·罗斯托、国防部长麦克纳马拉、卡赞巴克（Nicholas Katzenbach）和克里福德（Clark Clifford）。腊斯克第一个对"宾夕法尼亚谈判"表示怀疑，认为北越人毫无灵活性。基辛格反驳说，有迹象表明越共实际上"急于保持谈判势头"，如果美国确实愿意"停止轰炸，通过这一渠道来运作是完全值得的"。但约翰逊不以为然，"我晓得，要是换成越共来轰炸华盛顿，破路毁桥，我当然乐意通过谈判让他们停止轰炸了。反正胡志明斗么都不损失，且还有好处，就是可以稳居河内，拿领事会谈当幌子，通过两个科学家和一个美国公民就把事办了。"卡赞巴克不同意，主张暂停轰炸，再给美越谈判一次机会。麦克纳马拉当时正逐渐转向鸽派，因此更赞同停止轰炸，反正轰炸没什么效果，而且他"极怀疑，轰炸河内和海防会影响对南方的物资供给"。"我的判断是，如果轰炸停止，和谈能很快恢复。"在场的邦迪也表示同意。但后来很快成为国防部长的克里福德持鹰派立场，他认为基辛格的渠道毫无进展，应予中止，"中止轰炸会让实现和平的可能性更加遥不可及"。

会开到九点半，总统最终拍了板，决定不再作出任何新的姿态，他定调："我认为越共方面没表现出想谈的意思。"基辛格奉命把这一信息告知马尔科维奇和奥布里奇。

就这样，"宾夕法尼亚谈判"没能取得成功。但是，在双方软磨硬泡过程中，基辛格参与制定和修改的有关停止轰炸的表述成了美国的官方立场。几周后，越共向南方发起猛烈攻势，直至1968年越南春节前后达到高潮。春节攻势之惨烈让许多美国人大为惊骇，从此开始转而反对战争，加速了约翰逊退出总统竞选的步伐。直到这一波攻势结束，和谈才得以恢复。基辛格则因为在前前后后的过程中赢得了约翰逊政府最高谈判代表们的信任，得以一直知晓此后的和谈进程，后来证明，这对他与尼克松建立关系大有帮助。

1968年6月，基辛格参加了一次越南问题研讨会，和一干鸽派学者同在一组，有摩根索、施莱辛格、霍夫曼和艾尔斯博格（Ellsberg）。基辛格大感悲观，尽管越共实际上是苏联的盟友，但他仍然认为北越是中国的傀儡。当然，他判断越南领土遭中国蚕食不会产生太大的危险，"从势力均衡的角度看，北京获得核武器绝对要比它得到越南的严重性要大得多得多。"

他得出结论：至此，美国在越南的最佳选择是寻求"体面的间歇期"，通过谈判光荣地结束在越南的军事行动；至于谁来统治南越，则应留待美国的信誉没有任何危险后再予讨论。

◎洛克菲勒1968年竞选

自从和共和党右翼闹翻后，洛克菲勒便决定不参加1968年总统竞选，转而力挺密歇根州长鲁梅尼出面参选共和党总统候选人提名，对手是理查德·尼克松。他还遣基辛格去给鲁梅尼献策。但事实证明鲁梅尼的参选是场灾难，密歇根州长最后坦白，他在越南问题上已被"洗脑"，选战第一枪尚未打响，他便退出了竞赛。

这样，目光全都转回到了洛克菲勒身上。全国的共和党大佬都异口同声劝他出山，仔细听完各方面支持他出面竞选的言论后，洛克菲勒在纽约希尔顿饭店一间大厅里举行了一场大型新闻记者会，让四座皆惊的是，他表示"明白无误地重申，我不参加竞选"。

仅仅第二天，他便开始重新考虑自己的决定。

4月，纽约州长洛克菲勒最贴身的十几名幕僚汇集在纽约西55街洛克菲勒的办公室里，商讨这一令人困扰的问题。据演讲稿起草人约瑟夫·珀斯科（Persico）回忆说，那是场典型的自以为是"大荟萃"，洛克菲勒尚未赶到，每个人都脸红脖粗地想争当老大。

有人问基辛格，要是洛克菲勒决定竞选，他能贡献多少时间？"不会像纳尔逊希望的那么多。"基辛格回答道。

珀斯科说，噢，要是这样的话，最好把哥伦比亚的兹比格涅夫·布热津斯基也请来当顾问。

"他水平根本就不够。"基辛格反驳。珀斯科记得，基辛格很快便作出了决定，准备在竞选事务上投入更多的时间。

4月会议后，洛克菲勒决心参选。不过之前几个月的磨来蹭去已经决定了他不可能战胜尼克松。

洛克菲勒心意已决后，《纽约时报》刊登了一篇关于他手下幕僚的文章。其中提到，他的大学室友、纽约律师奥斯卡·鲁布豪森将出任幕僚长，基辛格和一位国内事务顾问两人都是手下。基辛格在电话里一字一句地向鲁布豪森郑重宣布："我保证你会明白，奥斯卡，一位有我这样名望的人士是不可能通过某位职员来向上头汇报的。我将直接向纳尔逊负责。"鲁布豪森没有和基辛格纠缠，不过后来他大为光火，连雇用什么工作人员这种问题基辛格也拒绝配合他的决定。"亨利总是对和他地位相当的人有仇，"鲁布豪森回忆说，"他对掌权者一向毕恭毕敬，却把同类人视作威胁。"

基辛格的名声是既聪明绝顶又难以相处。一次，他给洛克菲勒写了份外交政策的演讲稿，洛克菲勒的撰稿人们拿到后不得不埋头拆卸他那些条顿式的措辞，基辛格在电话里跟洛克菲勒的助手毛罗嘟囔道："纳尔逊买了毕加索的名画后从不会雇四个粉刷工去打理。"于是，从那时起撰稿人们便开始用"粉刷工"来称呼自己。

竞选办公室里的另一场斗争源自基辛格和首席演讲撰稿人约翰·胡夫斯之间在越战问题上的分歧。胡夫斯属"鸽派"，总时不时敲打洛克菲勒劝他主张撤军，基辛格总是驳斥胡夫斯，坚称美国不能放弃自己的承诺。在当时，越战是个大是大非的问题，政治家们都不得不站出来表态"支持"或"反对"。但洛克菲勒的立场正像当时的媒体一再指出的仍然模糊不清。5月1日，他正式启动竞选进程，在费城的世界事务委员会发表演讲阐述了对越战的看法，声音是洛克菲勒的，但想法都是基辛格的，后者是这篇演讲稿的主笔人。演讲称，越战"在军事上没有出路"。美国的努力建立在一个错误的假设上，即控制领土高于一切，战争已经被"美国化"。当前目标应是在南越建立安全可靠的地方政府，把战争交还给南越人自己去打。演讲另一个主题是一个同样重要但常被忽视的问题：开启一项对中国的新政策。尼克松后来在中国问题上取得突破无疑值得大书一笔，但基辛格在加入尼克松政府之前已经探索过有关想法，他把这些想法作为全新的实力均衡框架的一部分提了出来，而这些尼克松到后来才得以领会。基辛格在洛克菲勒的演讲稿中写道，"鼓励或助长伟大的中国人民进一步自我孤立"，美国将一事无成。"在美、中、苏的微妙三角中，美国最终能够提升和两国的关系，并且考验他们向往和平的意志。"这正是基辛格三年后倡导的"三角外交"的思想内涵。

经过胡夫斯和基辛格辩论后，洛克菲勒在7月13日的演讲中抛出了他全新的越南政策立场：美国在六个月内分阶段从越南撤军。负责把基辛格的草稿改成演讲稿的是珀斯科，他顺便在里头加上了几句鸽派色彩的话，譬如"我保证我们将不再为这场战争正名而努力"。当他坐在自己的办公桌前时，突然听到一句嘟嘟囔囔的抱怨声："谁改的我的演讲稿？"抬头一看，基辛格正盯着他，然后笑了："干得不错。我想不起来你都把什么删掉了。"说着，基辛格大步走开了。"那是典型的基辛格式小把戏，"珀斯科后来说，"故意作秀。"

尽管洛克菲勒生自豪门，但他对美国的民主光环抱有深深的理解和感情。基辛格则不是这样。观其一生，他对民众激情都十分怀疑，对外交政策中糅进政治因素极为痛恨与鄙视。虽然也喜欢在洛克菲勒豪华的竞选飞机里凑热闹，但基辛格从未真正喜欢过政治的喧嚣和混乱。

接下来便是共和党全国大会，地点在迈阿密。洛克菲勒一行下榻在枫丹白露酒店。竞选班子的工作人员十分讨厌基辛格，把他分在与洛克菲勒和贴身助手不同的楼层。基辛格自尊心严重受挫，暴怒不已，坚决要求搬到和候选人越近的地方越好（要求最后被满足了）。"亨利又来（这一套）了"于是成了洛克菲勒随从里的一句标准的半开玩笑、半哀叹的流行语。鲁布豪森回忆说："纳尔逊每次只是耸耸肩、叹口气，拒绝为这种事烦心。"

洛克菲勒一方实在没有什么好输的，重在冲击。基辛格受命去爱达荷州代表团拉票。"这种事对我来说太陌生了，"他对一位记者说，"我从来没接触过有着各种具体工作的政治家。我不想说他们想听的话，我只说自己知道的东西。"结果爱达荷州代表团几乎全军投了尼克松的票。

基辛格在共和党大会上的主要任务是中和两派在越战问题上的意见，更新原有的党纲。原来有关越战的党纲条款是鹰派参议员艾弗雷特·德克森写的。洛克菲勒此时逐渐转向了更加鸽派的立场。虽然没拿到足够的选票代表本党角逐总统，但他在党纲问题上仍有很大的发言权。

基辛格开始用尼克松的竞选话语去反映洛克菲勒的意思——突出谈判解决越南问题的必要性，这样得到了两方的认同。洛克菲勒手下一些人包括鲁布豪森甚至怀疑基辛格"想方设法挤进"尼克松的圈子、讨好尼克松的人。有一回，他和尼克松手下32岁的外交顾问理查德·艾伦在酒店碰面就党纲问题交换意见。在大堂谈了一会儿后，基辛格起身上楼去拿一些洛克菲勒改过的措辞。就在等基辛格回来这会儿，艾伦发现一位叫诺瓦克的著名专栏作家正在大堂里转悠；正好基辛格也回来了，他刚一出电梯，艾伦便好像碰见老朋友似的做了个夸张的大声唤基辛格名字的动作，接着就把还不知怎么回事的基辛格拐到门外的树后面，两人才互换文件。这么做实际是为了不让记者们认为双方已经达成一致，不过艾伦的古怪行为让基辛格哭笑不得，他认为这些孩子气、兴高采烈的保守分子都是些傻帽。

基辛格一直是洛克菲勒狂热的支持者之一，在这一方面他没有一点学者的超脱气质。他会大骂尼克松的"肤浅"，对外交政策有"危险的误解"。鲁布豪森回忆说："没人能像亨利那样和我一道鄙视尼克松。他认为尼克松是个脑袋空空而且邪恶的家伙。"竞选期间，基辛格还负责携带一本专供批尼克松用的"小黑书"，里面尽是些"狡猾的侦探综合征"、"失败者形象"之类的章节标题。

尼克松赢得提名后，基辛格并未掩饰内心的沮丧。纽约电台的一位主持人采访他，他失望地说："我不是共和党人，我认为自己属于独立派。在我看来，洛克菲勒是此时此刻唯一能把这个国家团结起来的人。"最后不忘加一句，说他对尼克松有"严重疑虑"。伦敦《星期日时报》的专栏作家布兰登打电话给基辛格，历数了尼克松的缺点。布兰登回忆说："基辛格不仅赞同我所担心和疑惧的一切有关尼克松东西，而且用斩钉截铁的字眼表示支持。"会后，基辛格向许多朋友都说"那家伙不配当总统"。他跟艾莫特·胡夫斯讲："这家伙胜出无疑是场灾难。而整个共和党也是个灾星。还好，他不会当选总统——不然整个国家就倒大霉了。"

但此时此刻，一场巨变在美国政府内部似乎已迫在眉睫。此前，基辛格临时接受了赴牛津大学万灵学院担任访问学者的邀请；拖了尽可能久的时日后，他在那年夏末明确答复学院，他将留在美国，也许第二年可以前往赴任，但还要看这头事情的发展。

第8章 | 天造地设的搭档

基辛格和尼克松（1968）

> 不论是国内的还是国外的，他总善于操纵敌对势力间的怨恨，以此对各方加以约束，新的世界秩序就是为这位天才量身打造的。
>
> ——《白色革命者》，基辛格评俾斯麦，1968年

◎两手准备

1968年共和党大会甫一结束，理查德·艾伦就打电话给基辛格，邀请他来尼克松的外事顾问组任职。基辛格犹豫了几天，拒绝了。他表示更愿意私下提供建议，而不是公开的。"我在幕后更能帮上忙。"

基辛格的确当了幕后英雄，在尼克松和胡伯特·汉弗莱（Hubert Humphrey）的总统竞选中帮了尼克松的忙，但关于这种"帮助"的性质究竟为何后来成了一桩争论激烈的悬案。当时，美国和越共的巴黎谈判进入关键阶段，至10月31日——大选六天前——达到最为玄妙的时刻，是日，约翰逊总统宣布暂停轰炸北越。基辛格于是向尼克松竞选班子就这一行动对选情可能发生何种影响发出了警告。他还暗示自己是圈内人士，知道谈判内情，这和他性格中爱搞玄虚玩神秘的一面极为吻合。问题在于：他是不是真的掌握关于巴黎谈判的秘密猛料，且还不恰当地提供给了尼克松竞选班子。

最有力的质问出自西摩·赫尔什《权力的代价》，作者主要根据理查德·艾伦的控诉提出了上述问题。艾伦称，一天早上他突然接到基辛格的电

话，问如果他提供些关于巴黎谈判的内情的话，选战是否会变得更有意思？他说有朋友在代表团里，几天后将去巴黎参加谈判。

艾伦迫不及待地答应下来，并把这份送上门来的情报大礼包告诉了尼克松的竞选委员会主席约翰·米切尔和办公室主任霍德曼（H.R.Haldeman）。艾伦后来悲叹道："我成了亨利·基辛格追名逐利的侍女啊！"

艾伦说此后他至少接到基辛格四个电话，都是从付费的保密电话打来的。一次谈话时两人甚至一度说起了德语，更加重了整个事件的阴谋色彩。艾伦就在尼克松第五街的公寓里亲自向他汇报此事，并将每次通话内容向尼克松和米切尔做书面报告。这些备忘录同其他敏感材料一样，全部寄到"D.C"而非尼克松家中，以利尼克松避嫌。D.C乃是哥伦比亚特区的首字母（District of Columbia，美国首都华盛顿所在地），但外面人一看就会联想到尼克松的日程秘书德怀特·卓平（Dwight Chapin，首字母也是"D.C"）。艾伦向米切尔力陈保持基辛格参与一事绝对保密的重要性。

艾伦的说法在尼克松本人的回忆录里也得到呼应。尼克松称"9月初，出现了一条极为不寻常的信息渠道"，他接到米切尔报告，说基辛格提供了帮助。"我指示霍德曼，让米切尔继续和基辛格保持联络，同时尊重基辛格完全秘密地发挥作用的愿望。"尼克松说，基辛格"极为谨慎"，没有透露巴黎谈判的任何机密细节。但确实，基辛格在他认为某种变动即将来临之前向尼克松的阵营发出了警告，敦促尼克松未来演说中提到越战时注意缓和口吻。

赫尔什的书出版后，基辛格斥之为"令人作呕的谎言"，但他并未否认曾向尼克松竞选班子建言献策一事。他自己的回忆录里仅略微提及此事："尼克松的几个代表——有些还是自封的——来电向我咨询，我表示可回答些关于外交政策的具体问题，但不会提一般性建议或者义务献策。我对汉弗莱的人也一视同仁，作出同样的答复。"

到底真相为何？

正如艾伦所言，全部故事开始于9月初，当时基辛格的确打了电话并表示可以提供巴黎谈判的内情。几天后，9月17日，基辛格到了法国，见到了他在"宾夕法尼亚谈判"时结识的好友、美方在巴黎谈判组中年轻的律师丹尼尔·戴维森。戴维森是基辛格的崇拜者。"我对亨利简直着了迷，"他后来回忆说，"他聪明、幽默，而且用一种密谋式的谈话方式，总能把你拉到他的阵营里去。"两人在巴黎讨论了谈判进展情况。事实是停止轰炸的方案尚未提出，戴维森也没有什么关于谈判可能取得进展的内部信息。但他慷慨地向基辛格谈了自己对此事的一些看法。

让戴维森印象深刻的是，基辛格鄙视尼克松。他对戴维森说："一礼拜我有六天支持胡伯特，但在第七天，我觉得他们两个都很糟。"不过基辛格透露，不管谁上台，都会给他一个高级职位，最可能的是国务院政策规划司长或去五角大楼掌管国际安全事务。他表示果真如此的话，希望戴维森也能过去帮忙，戴维森一口答应。

在巴黎的两天里，基辛格还见了理查德·霍尔布鲁克，是美方谈判首席代表哈里曼的助手。"亨利是唯一一个我们被授权在政府以外可与之讨论谈判事务的人，"霍尔布鲁克回忆说，"我们信任他。说尼克松阵营在美国谈判组内部有秘密眼线也并不奇怪。"

哈里曼刚从华盛顿返回巴黎。据威廉·邦迪（麦克乔治·邦迪的兄弟）说，直到9月中仍没有关于停止轰炸谈判的任何进展，因此基辛格没有猛料可抖。基辛格搞到的信息不过就是美国代表团急于在11月大选前停止轰炸这个大概的情况。

从巴黎回来后，基辛格打电话给米切尔，说"有什么大事正在酝酿中"。结果尼克松决定改变策略，给汉弗莱扣上了一顶"玩弄战争政治"的大帽子。几天后，霍德曼呈给尼克松一份从基辛格处得到的更为详细的备忘录。"我们的消息源觉得约翰逊在10月中旬宣布停止轰炸的可能性较大。"

10月9日，巴黎方面取得进展：河内首次表示愿意让步。这一表态迅速传回华盛顿，两天后，谈判出现转机的消息传遍了大街小巷。

正在剑桥的基辛格接到了戴维森的电话，这次越洋通话让基辛格感觉到谈判即将取得重大突破。他抄起电话拨通了艾伦和米切尔，后者把基辛格关于"进展已在眼皮底下"的评估报告给尼克松。就在约翰逊宣布停止轰炸前的几小时，基辛格又打电话给艾伦进行提醒。"我得到重要消息，巴黎的美国代表团已经打开了香槟酒。"

可以肯定的是，这一过程中没有什么惊天动地的泄密问题。尼克松认为基辛格报告"模糊不清、让人难受"，对他的意图产生了怀疑。但尼克松很快消除了对基辛格不忠的怀疑。他后来称："有一件事让我相信了基辛格，那就是他自始至终坚持保守秘密。"其实基辛格并不知道，尼克松对越战谈判的内幕有更好的信息来源，他的助手布赖斯·哈洛在白宫有一位挚友专门负责信息传送工作，其本人和南越驻美大使也有交情，他还曾辗转向南越领导人递话，暗示他们不要急于达成协议。基辛格透露给尼克松阵营的算不上真正的间谍情报，不过是表现了他透露奇闻轶事或小故事的意愿。整个过程揭示的更多的，是他喜欢通过"分享"秘密求宠于人的性格特点，而非巴黎谈判的内容。1972年，尼克松竞选连任时，他和霍德曼都曾担心，基辛格一旦辞职会不会把一些重要的秘密张扬出去，尼克松说："别忘了，他是1968年带着一兜子故事加入我们的。"

与此同时，基辛格给汉弗莱阵营的印象是他愿意加入他们的行列，据其中一位成员特德·范迪克回忆，他曾造访洛克菲勒的办公地，"他们给我拿出来不计其数的有关尼克松的文件，我记得非常清楚"。其中都是些关于尼克松的报道剪辑和演讲内容。基辛格也曾给哈佛同事、汉弗莱的外事顾问萨缪尔·亨廷顿看过这份东西，亨廷顿称他们绝找不到能与之相比的关于尼克松的材料。于是，范迪克和亨廷顿都绞尽脑汁地想从基辛格那里拿到那东西，甚至搬出了布热津斯基，但基辛格总能以各种理由搪塞过去，最终，汉弗莱的人认识到，基辛格是不会投怀送抱了。

范迪克还称他曾见过一封在选战最后阶段基辛格给汉弗莱的信。信中，基辛格对后者表示了崇敬之情，并称如其当选，愿效犬马之劳。基辛格提到此事总是怒不可遏，坚决否认，"那是个该死的谎言"！实际上人们没见过任何信件，汉弗莱的档案里也没有。

有一件事情大概没几个人知情，布热津斯基曾在1977年参议院为汉弗莱举行授奖仪式时好好羞辱了基辛格一番，当时基辛格也在场。布热津斯基对汉弗莱说："我今生最伟大的机遇，就是在1968年大选期间为您效劳过。"然后说："我还想向基辛格博士公开致谢，他在那场大选期间为我们提供了帮助。"但汉弗莱十分钦慕基辛格，他后来表示曾想让基辛格担任国家安全事务助理，"如果当选总统，我愿请基辛格做我的助手。那家伙真是坚不可摧，既职业，又能干，且为人沉稳，不爱激动。而且我喜欢他的幽默感。"这位健谈的参议员兴许是唯一一个说基辛格"不爱激动"的人。

基辛格后来承认，他在1968年选举期间的确很矛盾，可能给两方都留下了他支持己方的印象。"我是说过许多尼克松的坏话，特别是在总统候选人提名期间，这我不能否认。"他说，"但最后我还是勉强站在了他这边，投了他一票。"

尼克松胜出后没多久，女权运动名人格洛丽亚·施泰内姆（Gloria Steinem）在《纽约》杂志上发表了篇文章，称"新尼克松还是那个老尼克松"。让她颇感吃惊的是，基辛格特地打电话来褒奖她写得好。两人开始探讨那些进驻皮埃尔酒店（尼克松选举班子驻地），可能成为新政府高官的人选。基辛格说他若进政府当官只有一个办法，就是洛克菲勒出任高级职位，把他一块捎上。

但同时，基辛格又对施泰内姆表示，他对一个假设的理论问题很感兴趣：如果尼克松主动邀请一个人到他麾下任职，这个人该不该答应？打入敌人内部，从内部改造它是不是更好呢？在施泰内姆的劝说下，基辛格给《纽约》杂志投了篇稿，叫《敌我合作问题》。实际上他在博士论文里已经探讨了这个问题，"妥协而不丧失灵魂、辅佐而不牺牲个性"，他这样描述梅特涅和拿破仑两位敌手的合作："那还有什么道义难题不好解决呢？"

基辛格未来会发现，不牺牲个性要比不丧失灵魂容易得多。但那会他没心思在《纽约》杂志上没完没了地探讨抽象的理论问题。没过几天，施泰内姆接到了基辛格的电话。"你猜怎么了？"基辛格在对面说。

◎任职邀请

基辛格和尼克松在1968年选前只见过一次，是1967年在报业大王亨利·卢斯的遗孀克莱尔·卢斯的一次家庭鸡尾酒会上。新寡的克莱尔·卢斯曾当过剧作家、国会议员和前美驻意大利大使，是位老到而精力充沛的政治掮客，"我知道，如果亨利和尼克松一起待上一小时，两人肯定情投意合。"她回忆说。那次酒会基辛格到得很早，坐立不安，四处闲逛，尼克松来时，他正起身要走。眼尖的卢斯立刻把他们引进了私人图书馆，两人就这样见面了。但气氛很死板，开个玩笑都是走样的，那时的基辛格尚未克服小范围谈话时的笨拙感，而尼克松从来就没克服过。五分钟时间里大部分都是尼克松在夸基辛格的《核武器和外交政策》。基辛格后来回忆说，他发现尼克松比他想象的"更有想法些"。

1968年选举从头到尾，不管基辛格如何台前幕后的折腾，始终没和尼克松见过面。只是当基辛格在幕后向针对巴黎谈判提供个人见解后，尼克松才注意上了他。他后来说："选战最后阶段，基辛格开始向我们提供有关停止轰炸的信息时，我对他的学识和影响才更加重视。"

在一次竞选旅行中，尼克松向专栏作家约瑟夫·克拉夫特透露，他想叫基辛格出任自己的国家安全事务助理。作家接着就把这个消息告诉了基辛格本人。闻听此言，基辛格像只吓呆了的兔子，千叮咛、万嘱咐，求他千万不要泄露出去。一会儿从华盛顿机场，一会儿从纽约，或者波士顿，然后又从剑桥的家里，基辛格不停地打电话给作家，"千万别跟人提，"基辛格反复求他，"保密保密。"

力挺基辛格出山辅佐尼克松的人士中，亨利·卡波特·洛奇出力最多。此君是尼克松1960年的竞选拍档，然后去越南做大使。洛奇在哈佛时便已熟识基辛格，对后者的聪明才智和其对全球战略的把握认识颇深。尼克松甫一当选，洛奇便面见推荐基辛格出任国安助理一职。他发现，尼克松也早有此意。

真是造化弄人。当时基辛格正在和洛克菲勒及其一干贴身助手在曼哈顿共进午餐。星期五，11月22日。大家在一起讨论纳尔逊是否应该接受尼克松可能提供的内阁职位。一些顾问认为洛克菲勒应该继续做州长，不管尼克松给什么位置；基辛格则唱反调，他极想作为洛克菲勒的助手进驻华盛顿，建议洛克菲勒接受邀请，最好是国防部长。

就在这时，电话铃响了。"找基辛格。"话筒对面是尼克松的秘书德怀特·卓平，就打自几个街区之隔的第五大道上的皮埃尔酒店。新科总统尼克松想召见基辛格，见面一叙，时间下周一。放下电话，讨论又继续进行，"好像没事似的，"基辛格回忆说，"饭桌上压根没人会想这个电话是要给我在新政府里提供一个重要职位。"

25日见面时，让基辛格颇感意外的是，尼克松显得非常紧张，虽然刻意表现得兴高采烈，但一看就是装的。基辛格后来描述："他举手投足缺乏目的性，和谈话内容显然毫无关系，好像说话和举止背后有两股不同的劲儿似的。"但新科总统话里有话，语调鬼鬼祟祟的。

尼克松说他决定让白宫制定外交政策。国务院将被晾在一边，外交官们不会有说话的份。这是以其人之道还治其人之身，当初他当艾森豪威尔的副总统时，外交事务上艾总统只能附和国务院拍板的事情，就连杜勒斯当国务卿时，也把国务院叫"他们的"国务院。基辛格表示赞成，他认为应在白宫里建立一个强有力的国家安全事务委员会，把政策选择权从国务院接管过来。后来，基辛格每每向别人讲述当初尼克松是如何如何对国务院嗤之以鼻、准备削夺他们的权限时，都会在最后加上一句"我是同意的"。

关系迅速拉近了。整整三小时的谈话，这个聪明的德国难民和加利福尼亚小镇杂货店主的儿子一块谈论着权力以及如何把政策制定权掌握在自己手里。但谈话接近结束时，尼克松那种私人交谈时固有的笨嘴笨脚的老毛病又犯了，老怕别人拒绝他。他暗示基辛格，想请他到自己的班子里担任职务，但没定下来具体哪个官衔。基辛格含含糊糊地表示了兴趣，说也许可以作为洛克菲勒的助手加入新内阁。会见结束，尼克松告诉霍德曼搭一条通往基辛格哈佛办公室的专线电话。霍德曼草草地记下了首长这个奇怪的指示，但后来什么也没做。基辛格则赶回哈佛去主持下午四点的国防研讨班。

第二天，基辛格在办公室连续接到两个电话。先是洛克菲勒打来，说尼克松已和他联系，表示更愿让他继续担任州长职务，然后是约翰·米切尔，邀请他第二天再去皮埃尔酒店一趟。

一见面，米切尔从嗓子眼挤出一句话："担任国安助理那事你想好了没？"

"我怎不知道有这事？"答道。

"哦天哪，他又乱搞了。"说着米切尔蹒跚地走进大厅，找他老板确认此事。然后，又把基辛格叫去尼克松那里让他当面听到邀请。还有另外三名国安助理的人选简单地接受了尼克松的面试——宾夕法尼亚大学的罗伯特·施特劳斯-休普和威廉·金特纳以及里顿产业集团的总裁罗伊·亚什，但只有基辛格得到了认真的考虑。

他渴望这份工作。但他担心洛克菲勒那边和哈佛的同事们会怎么想。他希望通过向他们请教来消除潜在的怨恨并争得认可，他对尼克松说如果朋友们和哈佛同事在道义上不支持他的话，他形同废人，毫无用处——后来基辛格本人提道，"过后看，这是个错误的判断"。当然，尼克松也很担心此事，他给了基辛格一些哈佛教授的名字，尼克松在杜克读书时就已熟识。

多数哈佛同事都是死硬的尼克松的反对派，基辛格投其所好，说尼克松脑袋空空，缺乏领袖气质，谈话时总是不停地有让人窒息的停顿。一位朋友回忆，基辛格"一遍一遍地说尼克松多么胆小怕事，不像真正的政治家"。如果上任，他保证，首要任务是给新总统注入自信和活力。

麦克乔治·邦迪起先曾建议基辛格去当国务院的政策规划司长，听到他将出任自己的老官衔的消息时颇感吃惊。他建议基辛格拒绝。"你不可能在不信任总统的情况下去干这份工作，"他说，"我看不出你信任尼克松。"弗里茨·克雷默也建议他不要接受："右翼会骂你是丢了东南亚的犹太佬，左派会骂你是叛徒。"但其他朋友和同事，虽然暗藏忌妒，都催他赶快接受这个邀请，基辛格认为这些建议背后是他们"都想在华盛顿有个有权有势的熟人"。在普林斯顿的一次会议上，基辛格恳求各路朋友给他提提建议，祝福他好运。会议组织者卡尔·卡伊森说："他开始讨好我们了。"但随着消息传开去，许多人都上门找基辛格去巴结他，都说他必须接受这项任命。

洛克菲勒班子的成员们则有一种遭到背叛的感觉。鲁布豪森当时正和其他顾问们待在洛克菲勒的办公室里，"闻讯后我们大吃一惊，"他回忆说，"马上感觉基辛格就是个妓女或者变色龙。"洛克菲勒的一些手下模仿一首歌唱着说："我都不知道基辛格现在是谁？"

但纽约州长洛克菲勒却好像很高兴。唯一让他不快的是基辛格竟然傻里傻气地让尼克松等信。"你得马上打电话接受邀请，"他对基辛格说，"你没有权力这样对待一位总统。"洛克菲勒非但没有怨恨之意，还馈赠了基辛格一笔慷慨的遣散费做礼物，作为他抚养孩子的教育经费，缓解进入政府工作后的经济压力。在一张"亲爱的亨利"的便条上，他写道："为表示我的友谊及对你为国民服务表示钦佩，我将安排人送一份礼物，给你5万美元。"（在1990年相当于17万美元）。在向尼克松及白宫顾问办公室确认了合法性后，基辛格接受了这份馈赠，也让他欠下了洛克菲勒一笔事业和友情上的债。

周五下午，11月29日，基辛格打电话给德怀特·卓平接下了新工作。周一一早，这位45岁的哈佛教授跟着当选总统一起登上了皮埃尔酒店会议大厅的讲台。

在那里，尼克松在削夺国务院和其他内阁部门权力的计划上又横生枝节，他准备秘密地干、瞒着人干。他告诉在场的记者："基辛格博士清楚地知道，上任后他不能成为总统和国务院或国防部之间的一堵高墙。"基辛格将从事战略性的政策规划而非具体和操作性的事务，尼克松保证道："我想拥有一位强有力的国务卿。"

没一句真话。

尼克松专挑和自己真实想法相悖的反话说，预示了他今后在执行政策时总是以一种秘密的和小偷小摸的方式进行。而基辛格早早就以实际行动表明他愿意配合尼克松。他在台上讲，尼克松说出了他的心里话。

欺骗在当时见效了。《纽约时报》发表社论盛赞这一任命，表扬基辛格"愿意把操作性事务交给各部门去办……而且不会操纵舆论为自己说话。"12月12日，尼克松召集全班子人马开会，他让基辛格说说对越战的看法。基辛格表示抗议，说他的工作只是给头儿提供各种选择，而不是提具体建议。专栏作家罗兰德·伊文思和罗伯特·诺瓦克对此事赞不绝口，说尼克松打算"把白宫人马严格限定在信息搜集这一工作上，重大政策建议权全部留给了内阁各部门。"

与此同时，基辛格的任命得到广泛好评。《华盛顿邮报》说这是项"受欢迎"的决定，詹姆斯·雷斯敦在《纽约时报》上撰文说此举"让人放心"，还说基辛格是在麦克乔治·邦迪做政府学院院长期间得的博士学位，质量响当当。（这话没夸到点子上，让基辛格很不高兴，也开启了他和媒体的宿怨之门，他对美国记者的愚蠢表现经常大发雷霆）。在国防部当差的哈佛法律教授亚莫林斯基宣称："亨利当国安助理，我们都能睡上安稳觉了。"曾参加过1954年哈佛国际研讨班的威廉·巴克利给基辛格写信说："自从佛罗伦萨·南丁格尔（Florence NightingaJe）以来还没有任何一位公众人物得到过如此一致的好评。"

◎ "古怪二人行"

尼克松喜欢说自己行动大胆而出其不意，总是强调自己和基辛格有多么不同。"这是个不可能的组合，"他回忆说，"威提尔小镇杂货商的儿子和希特勒德国来的难民，政治家和学者。"

但让二人联合在一起的"黑暗的"纽带不是他们外表的差异，而是内在的

第8章　天造地设的搭档

相似性。当他们各取所需获得自己长久向往的权力后，发现彼此都是有深深的不安全感。两人都是实力政治的实践者，结合了冰冷的现实主义和以权力为核心的政治信条，用基辛格写俾斯麦的话说就是："不受道德顾虑的牵绊。"两人都相信："外交政策必须建立在对力量的评估基础上，不能感情用事。"在一次和戈尔达·梅厄的谈话中，尼克松把《圣经》里的为人准则干脆扭曲成了赤裸裸的权力游戏，"我在处理国际事务上的规则就是，'别人怎么对你，你就怎么对他'。"这时基辛格插嘴说："而且是110%地这么干。"对基辛格和尼克松而言，在事后补救过失以及绕开国务院行事方面，道义上的考虑并不非常重要。

基辛格说俾斯麦"不论是国内的还是国外的，他总善于操纵敌对势力间均怨恨，以此对各方加以约束"。无独有偶，尼克松和他都是驾驭和利用怨恨敌对情绪的高手。两人都多疑、诡秘，都把人往最坏处想，喜欢设套让敌手之间"狗咬狗"；都是毁谤中伤的行家，在挑拨离间和对付共同的敌人方面有共同话语。就像基辛格说俾斯麦"从不接受反对者的任何好意"，尼克松和他都认为那些挑战其权威的人背后有着不可告人的肮脏目的。

"基辛格和尼克松都有某种程度的多疑症，"长期担任基辛格贴身助手的劳伦斯·伊戈尔博格（Lawrence Eagleburger）有着敏锐的洞察力，"这让他们彼此怀疑对方，但也使他们能联合起来对付共同的敌人。在外交政策管理上他们有一套玩弄阴谋诡计的路子。"除此之外，两人都是孤家寡人，而且喜欢这种感觉，这就使他们更热衷于偷偷摸摸行事。他们不愿和他人分享信息或功劳，和下属或同僚打交道时总是顾左右而言他，闪烁其词；都喜欢给对手出其不意来个"惊喜"，从越南谈判到军控谈判再到中国问题，全部暗箱操作，不跟国务院商量，然后再戏剧性地公开结果。

基辛格善变的性格让两个人这些共同点更加突出，他们彼此强化着各自的偏见。在一起的时间远远超出了正常的范畴之外，很快，基辛格和尼克松结成了对抗整个政府官僚体系和一个"敌对"世界的阴谋家联盟。

当然，真正把两个人联结在一起的是他们对外交事务的口味、热爱和感觉。两人在一起大部时间都像是在开研讨会，天马行空地把世界大势浏览一遍，讨论他们将要访问的地方。在基辛格的辅佐下，尼克松成为美国历史上第一位访问莫斯科和北京的总统，而且是在同一年。基辛格说过，要想把外交摸透，必须不停地把所有关联的因素放在一起加以考虑，甚至早上刮胡子的时候也要想。尼克松做到了，虽然胡子和政策都弄得不怎么样，但他的确是不多的几个连刮胡子时也在考虑外交政策的人之一。

尽管有如此这般的共性，基辛格和尼克松在个性上仍有显著差异：基辛格对周围世界的一举一动十分敏感，对自身在其中的作用尤其在意。尼克松不然。

这一区别表现在很多方面。基辛格对任何人的批评都觉得寝食难安，尼克松则装听不见、掩耳盗铃，沉浸在自己的白日梦里；基辛格拼命改造他的敌手、非要把不同意见扳过来，尼克松琢磨的是如何打压反对派；基辛格喜欢个人交流，尼克松怕得要死；犹太难民生气时会朝所有有份的人大发雷霆，尼克松遇有不快则退避三舍，思忖着如何报复。面临挑战时，基辛格喜欢着迷般地仔细研究对手，尼克松则躲得老远；基辛格能抓住各种细节，尼克松则信马由缰，连问题最主要的方面也把握不好；基辛格思路清晰，总能直击问题要害，尼克松跟着直觉走，总在互相冲突的几个选项之间一连数小时犹疑不决。

关于尼克松和基辛格，最有说服力的比较来自国务院老牌官员、卡耐基基金会主席托马斯·胡夫斯1973年的一篇演讲：

> 两人办事永远都是偷偷摸摸的，但基辛格做得更招人喜欢；都憎恨官僚体系，但尼克松选择了逃避；都喜欢夸夸其谈，但基辛格说得让人信服；都强烈反对意识形态，但尼克松会在反与不反间摇摆不定；都抱着权力不下放，可基辛格会安抚下属；都是不可救药的权术操纵者，但尼克松透明度更高；都要求别人无条件拥护，唯独基辛格更能博得批评者的好感；都喜欢暗箱操作，但哪个都不会100%执行自己所宣扬的东西，疑心都很重，不过基辛格更加合群；都没有坦诚直率的名声，但基辛格更巧于辞令；都不尊重宪法第一修正案，基辛格却总能让媒体着迷。

在第一任期（1969～1972）的尼克松每年2月都在白宫二层为西奥多·罗斯福总统的女儿埃丽丝·罗斯福·朗沃茨（Alice Roosevelt Longworth）举行生日宴会。埃丽丝是乔治城社交界和华盛顿政治权势组织的元老级人物，虽然尼克松很讨厌这两个圈子，但又不得不讨好。宴会通常只有六个人：尼克松夫妇、朗沃茨夫人、基辛格和专栏作家约瑟夫·阿尔索普夫妇。阿尔索普夫人说："尼克松一般会让亨利尽情表演，他在一旁和大家一块听着，脸上洋溢着得意的神情，就好像亨利是他珍藏的奖品。"不管谈什么话题，尼克松都会凑到客人身旁说："朗沃茨夫人，我想您一定想知道亨利有什么看法。"

这就是尼克松对基辛格最初的态度：引以为傲，还夹杂着几分敬畏。就像一个被冷落的孩子，手里忽然攥着一件让周围人重视他的宝贝东西时，便有一种愤愤不平而又扬眉吐气的兴奋劲。拥有基辛格让他最感快意的事情是，他挖了洛克菲勒的墙角，尼克松一直忌妒他。霍德曼曾说："尼克松总对洛克菲勒手下的人垂涎三尺、视若贤才，原因不外乎是他们的老板是个想买什么就能买什么的主儿。"尼克松没有肯尼迪炫目的身世和光环能吸引大批文人，也没法像财大气粗的洛克菲勒把出色的头脑都买至帐下，但如今凭借他的总统宝座，还是能把洛克菲勒王冠上的钻石撬到自己手里。"他对此颇引以为乐。"演讲稿撰写人威廉·萨菲尔说。

除此之外，基辛格和美国权力阶层之间若即若离的关系也是尼克松所看重的。尽管东海岸的外交政策精英们对他敞开了大门，但因为出身和脾气，他不可能成为真正的圈内人，基辛格对当权阶层这种根深蒂固的看法极为鄙视。和麦克乔治·邦迪不同，他不是名门之后，也不像约翰·麦克罗伊或迪恩·腊斯克那样，能完全被精英阶层吸收进去。在基辛格整个职业生涯中，他一直努力向权力场高贵的台柱子人物——比如麦克罗伊、大卫·布鲁斯还有后来的塞勒斯·万斯——接近示好，但私下里，他又向人们发泄他的不屑之意。

尼克松一直被外交政策精英们嗤之以鼻，即使他在60年代当上了曼哈顿的律师后也是如此。因此对权贵们同样不服气，又能友好相处的基辛格似乎是个理想的辅佐人选。尼克松的一个小小梦想，就是兵出奇招，偏偏不按那些权贵们想象的那样出牌。

但尼克松很快便对基辛格的怪脾气和野心有所警觉。"我不信任亨利，但我能用他。"任期刚一开始他就告诉基辛格的一个对手。他警告副国务卿伊利亚特·理查德森："注意亨利！看着点他！"

尼克松尤其对基辛格个性中的彼此冲突的两个极端感到烦恼：一方面他有不安全感和多疑症，另一方面又极度自大。他喜欢煽动敌手之间较劲，但并不乐意亲自和他们打交道。结果，基辛格和国务卿罗杰斯之间的不和很快就失去了控制。尼克松从幸灾乐祸变成了绝望。

基辛格与乔治城社交界和媒体的密切关系也成为愤恨的来源之一。一些晚上，尼克松会把约翰·康纳利和霍德曼叫来，几个人一块猜基辛格在哪儿，以此为乐。"我猜他肯定和他那帮乔治城的朋友们在一起。"他说，然后自个沉思一会。康纳利回忆说："他总拿这事开玩笑，但这事让他心烦。"尼克松怀疑基辛格在宴会上吹嘘自己的成就，炫耀他如何使一位总统危险的冲动得到抑止。基辛格在外头说的大话被添油加醋地反馈上来，更加重了尼克松的疑心。

尼克松在白宫五年半，对基辛格的钦佩逐渐被忌妒和怀疑取代。没有个人感情基础，这一对爱恨交加的主臣关系最终朝着怨恨方向慢慢地一头栽了下去。随着总统对基辛格的依赖与日俱增，他的怨恨和痛苦也悄悄膨胀起来。

如此相近，又如此的不同，基辛格和尼克松是一对奇妙的组合。是像富兰克林·罗斯福和哈里·霍普金斯？还是像伍德罗·威尔逊和爱德华·豪斯上校？都不像。这两对关系中，助手对总统一直忠心耿耿、俯首帖耳。最佳类比或许出自基辛格的博士论文：梅特涅和奥地利皇帝弗朗西斯一世。1809年梅特涅荣登宰相一职时，奥地利正处在败给拿破仑的阴影中，失去了"干劲和自信，只知道自己的局限而不晓得自己的目标。"1968年的美国和当时的奥地利很像，不仅失去了在越南取胜的意志，连在世界上发挥应有作用的信心也丧失殆尽。

相比于尼克松，弗朗西斯一世更加迂腐、笨拙，抗拒新思想，喜欢指手画脚。但他和尼克松一样都指使间谍警察监视政敌，喜欢读下属监听政敌们的报告。基辛格描写弗朗西斯皇帝的话或可描述他日后对尼克松诡谲阴险秉性的感受："阴沉而多疑，缺乏想象力而又迂腐，惯于见过太多的叛乱行径，因此把一意孤行当成了一种美德。"

在经历了一系列的动荡后，皇帝对自己的臣民的意志和忠诚失去了信心。弗朗西斯一世和梅特涅相信，要执行一项开放和直接的外交政策尚缺乏国内共识，必须诉诸于欺瞒、狡猾的权术手段秘密执行。同样的状况可以适用于尼克松和基辛格。他们对于1969年美国处境的认识和基辛格笔下的奥地利君臣对1809年时势的理解没有太大的不同："既然奥地利的政策没法从人民那里获得鼓励和力量，就必须通过坚定和细腻的外交手段实现目的。"

1970年夏的一个星期六下午，基辛格正和尼克松在圣克莱门特，尼克松提出两人外加好友毕比·雷波佐（Rebozo）驾车到他在约巴林达（Yorba Linda）的老家看看。到达后，触景生情的尼克松赶走了特勤局特工和媒体记者，只留下司机，三个人在镇上漫步。在基辛格看来，那是尼克松最为放松惬意的一次，他给他们指着他年轻时候生活过和到过的一些地点，信马由缰地谈起自己成长为政治家的心路历程。

回忆起那段经历，基辛格说，尼克松说了半天，核心意思就是他当政治家纯属偶然。基辛格从中解读到的还不只这个，他看到的是一个对自己的过去和归属缺乏强烈认同的内心不安全的尼克松。"尼克松给自己设立了一个超越凡人能力的目标：彻头彻尾地改变自己，"基辛格后来写道，"做到这一点要付出可怕的代价。尼克松付出的第一个代价就是他天生的不安全感。最终他明白了古希腊人的真谛：愿望实现得过于圆满是对人最悲惨的惩罚。"

基辛格之前的几位伯乐——克雷默、伊利亚特和洛克菲勒——都是大气之人，举止翩翩，一呼百应，精力充沛。但基辛格在皮埃尔饭店见到的尼克松却不招人喜欢、软弱、缺乏生气。他给基辛格最大的印象是沉迷于自己的幻想世界里，幻想自己是勇敢的英雄，"靠浪漫的想象抵消终日的失望"。基辛格逐渐发现尼克松还很害羞，非常害怕和生人见面或向别人当面告知令人失望的决定。"这人的本质特征就是孤独。"基辛格对朋友们说。总躲在偏僻的办公室里，一个人歪在椅子上记笔记，一连几小时甚至数天不见外人，顶多让几名助手进来听他漫无边际的闲扯。"他是个非常古怪的人，让人不舒服，"基辛格在一次公开的外交晚宴上说漏了嘴，"他不喜欢人，我从来都没搞明白他为什么进入政界。"

毫不奇怪，尼克松让周围的人对他产生了不信任感。基辛格这种极为多疑的人对此尤其敏感。上任没多久，基辛格就让助手和秘书偷听他和总统的谈话（当然也听其他人的），按下"死键"就能神不知鬼不觉地进行窃听。助手回头会把谈话内容记录下来上呈。每当总统来了一个古怪或令人害怕的电话，或者总统听上去醉醺醺的或失去控制，基辛格会从办公室闪出来，问有没有人在做记录。然后他翻翻白眼，嘟囔声"你能相信吗？"或"你听到那疯子说什么了吗？"当尼克松的声音变得特别不清楚的时候，基辛格会发疯似的抓住一名助手监听，与他分担恐惧。

基辛格对尼克松的嘲讽挖苦成了一个被小心保守的秘密。他称尼克松为"我们那位醉鬼朋友"、"肉丸子脑袋"，还对下属低声吼说"如果让总统自行其是，每周都会发生核战争！"他在哈佛和尼克松政府的同事丹尼尔·莫尼汉一次提起基辛格说："他固执地认为好像任何人都不该像他那样和总统接近，同时任何人又不该像他那样对总统如此不屑。"

虽然他老私下贬损尼克松，基辛格会不时甩出几句话赞扬尼克松的勇气。"真的非常勇敢"，这是他常用的一句。"每当危机真正降临时。基辛格都会大赞尼克松的当机立断，甚至对我们下属也是如此，即便他是在抱怨尼克松的古怪个性。"基辛格从前的助手温斯顿·洛德（Winston Lord）回忆说。基辛格坚持认为，尼克松在危机时期总能力撑危局，采取大胆有力的行动。那是"毫无快意、绝望的勇气"，用基辛格的话说，"他有种宿命式的直觉，认为自己接触的事情没一样能成功。"

基辛格对尼克松魄力的溢美之词听上去有些空洞。尼克松的确作出过一些艰难的决定，但其任期内的历次重大危机中，他的表现远称不上"勇敢"。基辛格清楚得很。在紧锣密鼓准备入侵柬埔寨的当口，尼克松和酒友雷波佐跑去了戴维营，他打电话给基辛格时，连话都说不清楚还骂骂咧咧。几天后，他又在波多马克河上醉酒泛舟，上了岸，鬼魂似的出现在了五角大楼里，然后天还没亮带着男秘书又跑去了林肯纪念堂。1972年4月，基辛格正在莫斯科秘密访问，尼克松却和雷波佐一起在戴维营消遣。1972年圣诞节轰炸河内和1973年中东战争后闹核警报期间，尼克松都从人间蒸发了。

◎诌媚者的直觉

基辛格有不安全感和个人野心，但也知道如何讨得权贵的欢欣，他会掌握节奏，懂得诙谐，能让人印象深刻，偶尔还大放异彩。但最重要的，对于尼克松，他知道如何阿谀奉承。

尽管在背后极尽诋毁之能事，基辛格当面必须讨好尼克松。上任一个月后出访欧洲的路上，尼克松"急切地想知道他这一个月干得怎么样"，基辛格回忆说。基辛格满足了他。同月，首次会见苏联大使多勃雷宁，尼克松四次把基辛格召进会议室，听他当面说他觉得总统表现如何，基辛格又一次满足了他。后来尼克松又见过一次多勃雷宁，基辛格脱口而出："简直棒极了！没有任何一位总统曾当面向他们讲过这些。"那是一次招待会，基辛格第一次遇见尼克松夫人帕特，跟她说她丈夫表现如何出色，问题抓得准，领袖气质浑然而出。她皱皱眉头，问道："你还不了解他的底细吗？"

另外一手是给尼克松递小纸条。1971年4月一次关于越南问题的演讲中，基辛格递给总统一张手写的条子："不论结果如何，自由世界的人民会永远感激您。正是您在危急时刻的镇定、在压力下的坚韧，阻止了（北越）狂潮的泛滥。能为您效劳真是令人振奋。永远的亨利。"这些话和其他小条上的词句谄媚的令人生厌。

和总统说话时基辛格能随时见风使舵。据尼克松的国际经济事务助理彼得森说，基辛格去他乔治城的家里时会毫无顾忌地说鄙视尼克松的话，但红机（保密电话）响后，基辛格抄起电话只会不停地说："是，是，总统先生。""他在朋友面前谈论尼克松的言论和他在总统面前的表现简直有天壤之别。"布兰登也说基辛格在他家接总统电话时，"毕恭毕敬，好像换了个人似的。"

基辛格对此也心知肚明，他会适时地自我嘲讽，揭穿自己，幽上一默。他常说的一个故事：一次，在戴维营休假的尼克松从球场回到寓所，说："得分126！"基辛格对道："您的高尔夫又进步了，总统先生。"尼克松低声道："我打的是保龄。"当基辛格办公室的总统直线电话响起，又恰好有记者在场时，基辛格会冷冰冰地来一句："我不想让你误会，不过我接电话时都是跪着的。"

一次去前总统约翰逊的农场看望他，过后伯德夫人开车送他回空军基地，路上问他觉得她丈夫表现得如何。基辛格后来讲起此事说，当时他好像咕哝了句"过着退休后的恬静生活"之类的话，结果伯德夫人差点把车开到沟里去。他自己总结道："看来拍马屁也得靠谱，不管有多暧昧。"

尼克松的白宫录音带一旦公开，将对基辛格的形象造成格外的损害，因为他奉承讨好尼克松的话都在上面，据在场人士说，甚至连尼克松一些最让人毛骨悚然的主意他也照拍不误。1982年，基辛格跑到曾任尼克松国内事务助理的厄尔希曼家里说："那些录音带迟早要公布出去，看着吧，我们俩在里头就像一对十足的傻瓜。"说你自己吧，厄尔希曼心说。"他天生就会拍马屁，"厄尔希曼说，"他添起油加起醋来你连想都想不到。尼克松大发雷霆时，不像我会盯着天花板哼唧几句，他会急切地凑上前去说：'是是，总统先生，您的分析完全正确而且当然非常深刻。'我真是自叹弗如。"

最极端例子是有时尼克松故意刺激基辛格，拿犹太人说事，大吵大嚷地引诱基辛格挑战他。基辛格从不上套。一次，尼克松打来电话开始漫无边际地攻击犹太人和黑人。当时温斯顿·洛德在一旁监听。"为什么你不说点什么？"事后洛德问他。"我麻烦够多的了，"基辛格对助手说，"真正重要的事情可以和他针锋相对；但他对犹太人和黑人的态度我不关心。"

尼克松喜欢恶语攻击犹太人，然后看着一旁的基辛格来回紧张地挪弄双脚，不敢回嘴，这时尼克松脸上一副幸灾乐祸的坏笑。"尼克松谈论犹太叛徒，"厄尔希曼说，"然后故意为难基辛格：'我说的对不对，亨利？你同意不？'亨利回答说：'这个嘛，总统先生，林子大什么鸟都有，有好犹太人也有坏犹太人。'"基辛格有时会刻意让手下的犹太助手行事低调些。以免刺激尼克松。"尼克松有许多加利福尼亚中下草根阶层的偏见。"基辛格后来说。

有时，基辛格的第二任妻子南茜也受不了丈夫一味迁就尼克松。一次尼克松骂开了洛克菲勒。基辛格没有抗议，只是嘟嘟囔囔嘀咕着"哦对"，一边紧张地试图转移话题。南茜十分不快，她为洛克菲勒工作过，对洛克菲勒极为敬重。"我差点就想开口了，"她后来回忆说，"亨利知道后一个劲挤眉弄眼让我保持安静。"

旁人后来问及此事，尼克松则埋怨基辛格一直对洛克菲勒忠心耿耿。"他知道我和洛克菲勒斗了好多年，"尼克松讲，"如果他真想讨好我，早就说洛克菲勒的坏话了。"

基辛格为自己的行为辩护，挑战尼克松毫无用处，"形同自杀。""尼克松只喜欢那些愿意对他的强硬顶礼膜拜的人，"基辛格说，"媒体圈的阴谋，当权派的敌意，乔治城名流的狂妄自大，全都是尼克松谈话中的主题，不服可以，唯一的代价就是被踢出权力核心圈。"而且，在基辛格看来，对于尼克松"不着边际的"奇思妙想，附和比反对更容易，因为那些古怪的念头不会造成任何后果。

尼克松之所以复杂多变，是因为其性格的各个方面相互冲突。霍德曼曾把尼克松比作一块石英水晶："一些面是明亮而闪烁的。一些是黑暗和神秘的……一些面平坦而优雅，其他的则粗鄙而尖锐。"哪些面发出哪种色彩，要看投在上面的光线是什么样的。尼克松的演讲撰稿人、第一任期回忆录的执笔人威廉·萨菲尔把它比作一块多层蛋糕。外面包着的糖衣是他公开的一面，"坚定、高贵而又得体"；上面第一层代表了"进步政治家"的形象，第二层则是"动不动发脾气的好斗之人"，其他几层则包括了"憎恨者"、"现实主义者"、勇敢的"冒险者"和"孤独者"。

同样，基辛格也在尼克松身上看到了几种不同特质的奇妙混合。"他一个人身上有几种相互缠斗、争当主宰的相互冲突的个性，"基辛格后来总结，"一方面是理想主义的、富有思想和慷慨大方的，一方面是记仇的、琐碎而又多愁善感的。既有一个反思的、豁达而恬淡寡欲的尼克松，又有一个冲动好怒、头脑发热、老干错事的尼克松。"基辛格相信，尼克松的阴暗野心是各种秉性"激烈碰撞"的结果。"多数人围绕一种主要特质成熟起来，而尼克松有好几种。这就是为什么他老跟自己过不去的原因。"

正因如此，基辛格后来坚持声称一些暗地里干的好事——比如窃听和贬损国务院——都是尼克松授意干的，他本人充其量只是让总统的意志得到贯彻的执行者。但反过来也可以说，正因尼克松的多重性格，如果基辛格愿意，他本可以诱导尼克松贤明开放的一面发挥更多作用，就像当时白宫其他总统助手所做的那样。如果基辛格选择这条路，外交政策的执行会不会更加透明和诚实？基辛格是不是仅仅迎合并进而强化了尼克松个性中黑暗的一面？

某种程度上是的。但不管有没有基辛格，尼克松终究是尼克松。尼克松周围有很多人才——包括国务卿威廉·罗杰斯——都是正直诚实之士。但他很快把这些人晾在一边，宠信那些更愿意不走正道、欺上瞒下的人。

基辛格很快学会，要想办成事必须迎合尼克松的诸多偏见。"如果你反对尼克松的小偏见和各种古怪的决定，"厄尔希曼说，"他会假装看不见听不到，不见你，把你写的备忘录意见退回来。"那些和尼克松的黑暗想法对着干的人，如顾问克莱恩和芬奇，没多久便淡出了中心舞台。"冲撞尼克松或者逗英雄反对他的偏见绝对是疯了，"当过尼克松新闻事务助理的戴安娜·索耶说，"他干脆就不再见你。如果你想干成什么事情，必须在和他的关系中保持灵活性。"

这样，基辛格便成了尼克松阴暗个性的怂恿者，一个和总统一道诽谤造谣、奉承总统的决定、永不让主人为难的角色。尼克松时常讽刺那些高贵人物胆小怕事、软弱无能。他喜欢的是帕顿、康纳利和科尔森这种敢作敢为的人。喜欢说硬话和支持鲁莽决定是成为尼克松阴谋伙伴的捷径。那么，尼克松的黑暗个性是否影响了基辛格？如果总统是位开明、简单而直率的绅士，有着变色龙个性的基辛格是不是就会改弦更张呢？一年下来，基辛格在法国餐厅里跟助手们欷歔："要在洛克菲勒手下做事肯定非常不同。"

也许有那么一点道理。但事实是，基辛格自身个性中的阴暗面——多疑、不安和诡秘——一直未改。在哈佛国际问题研究中心鲍威手下工作时他就行踪诡秘，即便在开明、友好的洛克菲勒麾下做事，基辛格依然和他认为的对手们斗得乌烟瘴气。再后来，在美国历史上出了名的直率的总统福特帐下，基辛格发现自己还是缠身于毫无意义的官场内耗之中。

尼克松渴望奉承，基辛格极愿提供，各取所需，二人之间的关系很快复杂密切起来，但即便如此，基辛格也没成为雷波佐这样的尼克松密友。事实是，他和尼克松从未有过亲密的私人关系，"亨利当然不是我的私人朋友，"尼克松后来对大卫·福斯特说，还特意强调了一下"当然"。"我们是同事，但没有私交。不是敌人，但不是私人朋友。"

即便如此，基辛格很快成为尼克松的第一宠臣，不离左右。和一个如此复杂多面而内心冲突的总统过从甚密，亲近也就意味着权力。还不到一年。基辛格和尼克松每天要谈上五六次，要么面见要么电话，有时一聊就是数小时。早晨，听完例行简报后，尼克松有时会把基辛格在椭圆形办公室留上两个小时，下午再把他叫到行政大楼的隐蔽办公室里。

尼克松喜欢漫无边际地谈话，有时他会翻过来掉过去地研究一个问题，作些指示；一会翻回来，又作出相互矛盾的决定。这种习惯在"水门事件"期间让他尝到了苦果，录音带显示。他就是在不着边际的尼克松式漫谈中作出过一些有关窃听行动的指示。当然，这也让基辛格在具体执行外交政策时有极为充裕的发挥空间。

每当尼克松作出昏聩的决定时，基辛格不与他理论，只是充耳不闻、不予执行。就像尼克松当时要求往基辛格的办公室安装直线电话时霍德曼的做法一样。"助手的任务之一，就是剔除那些首长作出的但又并非真心想要执行的'决定'，尼克松也期望你这样做，"基辛格后来说，"一条有益的经验，就是总统的认真程度和他下命令的次数成反比。"

◎暗中发力

要想理解1968年12月发生的那场基辛格导演的勇敢"夺权行动"——他的助手罗杰·莫里斯后来称之为"皮埃尔酒店的怦然一击"，必须首先明确一点：那是在尼克松授意下进行的。如前文所述，他公开讲要拥有一位强力的国务卿云云都属假话，后来他也稍微坦白地承认过："我当时计划由白宫直接指挥外交政策。"

要实现这一点，必须改变传统政策制定结构，削夺国务院、国防部等机构的权限，由白宫统一抓权，特别要控制在尼克松和基辛格手中。尼克松认定政府机构是他的"敌人"，决心在自己周围培植一批听话而管用的随从，就像拜占廷帝国的体制——用皇宫卫队釜底抽薪、削平掌握内阁各部门的贵族的权力。霍德曼回忆说，他想"躲开内阁各部机构"。内阁各部门成了可有可无、土里土气的摆设，没有实际权力。尼克松在白宫任命了一批行事果敢、锋芒毕露的学者官员（基辛格、莫伊汉、阿瑟·伯恩斯）和忠诚的德裔随从（如霍德曼、厄尔希曼）。前总统林登·约翰逊和尼克松的自我封闭不同，他喜欢事无巨细地介入，一头扎进各机构内部亲自打探情况。他在任时办公桌上有一大排电话，每个上面有一堆按钮。"如果我想找一个人，按一下按钮就搞定。我是说任何人——就连某个机构里缩在角里的小科员也没跑。"一次约翰逊参观尼克松的椭圆形办公室后对助手讲。他带着难以置信的表情说，可新总统"只有一部小破电话"，就三个钮。他又提高嗓音道："就这些！就三个按钮！又全是找德国佬的。"

尼克松一心建功立业，他总觉得前半生所获不多。他认定，要实现梦想，唯一的方法就是让白宫掌控重要政策。所有这些——就像他在皮埃尔酒店对基辛格倾诉的那样——要求他提升国家安全事务助理这一角色的地位，负责一套更加集中的政策制定体系。

基辛格乐于效劳。他渴望控制权力。在尼克松这个拜占廷式的"朝廷"里，他如鱼得水，飞黄腾达。他早早正确地感觉到，自己将比新任国务卿罗杰斯有更有力的处理外交政策的资本，而且对那些他不尊重的人慈悲为怀向来不是他的性格。还有就是虚荣心，成全别人的好事或听取同事意见获得的个人满足感对基辛格全不适用。同时正像萨菲尔所说的："耍阴谋诡计就是他的第二天性，玩起那套他连想都不想。"尼克松后来曾言："之所以他的作用如此重要，是因为他是个极好的斗士。他热衷权力，也知道如何运用。"

但是，除此而外，还有别的原因。

必须指出的是，削夺官僚机构的特权确有合理合法的缘由，实乃一项紧迫的任务。至60年代末期，美国的国家安全机构已失去了信心和创造力。在越南问题上，它低估了越南民族革命的力量，错解了美国国家利益和国家意志，进而制造美国外交政策史上最为惨痛的错误；对苏联和中国分裂这一当时代最重大的地缘政治事件，它基本视而不见；就连苏联大张旗鼓发展核力量时，它也拿不出一套完整连贯的军控战略，仅时不时地跨部门筹划一番了事。打完了"六天战争"，它仍然没能对美国的中东政策进行根本的检讨。问题症结在于，现有体制鼓励谨小慎微而非大胆创新，导致人们思维狭隘凝滞。挑战正统现状没有任何好处，清晰的思考，甚至简单的陈述明白的话语，也被认为是危险的。任何问题，要想出台一项新政策都必须在国务院、国防部、中情局以及一打以上的各色机构间进行艰苦卓绝的谈判扯皮。最终结果就是蜗牛搬家式的微调、语焉不详的结论，一旦部门间共识达成，人们便不愿再重启话题。

但尼克松——值得赞扬的是——决心反其道而行之，一大堆问题被纳入了重新审视的视野。和基辛格一样，他发觉，要想有所作为，避开官僚机构要比直接冲撞它们更加容易。

他们选择对国家安全事务委员会（National Security Council，简称NSC，下称"国安会"）的人员构成进行调整。战时的罗斯福总统曾在一些机构完全不知情的情况下作出许多重大决定，为改善这一局面，1947年杜鲁门政府时期成立了国安会。主要成员包括总统、副总统、国务卿、国防部长和其他总统任命的高级官员（如中情局局长等）。1953年，波士顿银行家罗伯特·卡特勒（Robert Cutler）建议艾森豪威尔总统指定一位"国家安全事务特别助理"以统领国安会的工作人员，并管理上呈给总统的各项提案。艾森豪威尔接受了建议并任命卡特勒出任该职，同时任命安德鲁·古德帕斯特将军为办公室主任，负责处理国安会日常运作事务。

肯尼迪和约翰逊执政时期。办公室主任和特别助理合二为一。麦克乔治·邦迪、沃尔特·罗斯托都成为总统的强力助手和各国家安全机构的协调人。这一合并给国安会带来了奇怪的变化。国安会这种机构形式本身的重要性退化了，肯尼迪成立了许多专门机构，定期聚首白宫研讨相关议题，约翰逊则有"周二午餐"时间，国安会主要成员非正式聚会研讨。相反，国安会工作班子的重要性却上升了，其首脑就是后来著名的"国家安全事务助理（national security adviser，基辛格是第一个最常使用这一称谓的人）"，整个班子变成了一个可以分析政策、制定策略、执行总统决定（当然是在国安会主要成员不知情的情况下）的小型个人机构。

这正是尼克松和基辛格想要的。在任副总统期间，尼克松常感到泄气，因为艾森豪威尔总是在事情到他那里之前就在国安会成员间讨论并达成一致意见。这次，尼克松要求国安会工作人员确保把各种不同意见直接反馈到白宫。这是个不错的目标。但注定要被尼克松另一项决定干扰：要把国务院和国防部各部门尽可能多的权限转移至国安会。

基辛格着手酝酿这一改革，12月16日，他飞回哈佛去主持最后一讲周一下午的国防政策研讨班。特邀讲座人恰好是曾担任哈佛老师和基辛格助教的莫尔顿·哈尔皮林。哈尔皮林觉得在哈佛得不到终身教职，便改换门庭，在国防部国际安全事务办公室找了份工作。当天，年仅29岁的哈尔皮林讲授题目是"越战后的亚洲安全"。（尼克松曾于1965年在《外交》上发表过一篇相同题目的文章，但不同的是，哈尔皮林并未分析美国和中国解冻的可能性）基辛格擦擦眼镜，啃着指甲，不时提提问题。课结束时，学生们起立鼓掌，向基辛格道别，基辛格感慨地说："这可极大满足我的自我优越感了。"

课后。他请哈尔皮林就系统分析技术如何运用于国家安全委员会写点意见。哈尔皮林建议，莫不如根据基辛格脑海里已有的东西建立一套具体的决策机制。哈尔皮林认为约翰逊"星期二午餐"上的信息交流过于狭窄，应该从那些墨守成规、过度谨慎的官僚机构榨出各种不同的观点用以选择。他建议对国安会体系进行两项不起眼但十分重要的改变。一是取消"高级跨部门小组"这一设置，该小组原有国务院副国务卿牵头掌管，负责审议决定哪些政策选项和操作方案可以提交国安会议讨论。取而代之的将是一个"评估小组"，由国家安全事务助理亲自掌舵，这可给基辛格决定是否将国务院和国防部的文件提交总统考虑的权力，也使他能有效地控制国安会议的议程。另一建议，是赋予国家安全事务助理确定"国家安全研究备忘（NSSM）"选题的权力，国务院、国防部必须根据NSSM上的指示去做某些特定的工作以及何时做。这是基辛格的关键权力工具，他可以决定哪些政策需予重新考虑，借此他可与国务院秘密地就政策事务讨价还价。并塞入一些自己的想法；他也可以就自己正在磋商的某个问题签发一项NSSM，责令国务院等部门进行研究。"这能让各政府部门为我所用，同时我们无须暴露目的。"基辛格后来说。

基辛格把哈尔皮林写的东西给了新助手伊戈尔博格（Lawrence Eagleburger）——一位职业外交官，让他改写成备忘录，以基辛格的名义上呈尼克松。但千万别告诉哈尔皮林，基辛格神情诡秘地警告伊戈尔博格。但他不知道的是，信息永远有传播呼应的本性。伊戈尔博格搞不清楚稿子内容的来龙去脉，无从下笔，遂径直去请教哈尔皮林，他对他讲，稿子在他手上，但事情要保密。哈尔皮林欣然应允，两人一起嘲笑了一通基辛格的秘密把戏。

为了让计划得到批准，基辛格找了位得力帮手——安德鲁·古德帕斯特将军，艾森豪威尔的国安会办公室主任。基辛格从1955年参加洛克菲勒的匡提科研究小组时就曾向他讨好，还请过这位呆板的西点将军去曼哈顿21俱乐部吃过饭，那次经历让古德帕斯特对基辛格另眼看待。他赞同让国家安全事务助理掌管国安会关键部门，这和艾森豪威尔时期的国安会比较相像。"国防部不喜欢买国务院的账，"他给了建议。"我深信——亨利看来也同意——必须让白宫的主人一道控制国安会的议程。"

12月28日，尼克松召见他的国防部长梅尔文·拉尔德（Melvin Laird）和国务卿罗杰斯一起讨论基辛格的改革计划。尼克松已于头一天批准了计划。但没告诉他们。讨论完毕，他又批准了一次。当天晚上，基辛格和一小撮记者在牙买加旅店餐厅共进晚餐，算是首次非正式记者会。他身穿五颜六色的运动短衫，和严肃的神情格格不入。他表示，希望"牢牢控制决策过程"。第二天，《纽约时报》立刻评论，尼克松"明显打算提升和扩充国安会的作用"。

就像尼克松后来作出的大多数决定一样，这个决定也很难说就是板上钉钉的。对官僚机构的明暗操作时常不太敏感的罗杰斯没多想基辛格的计划将如何

第 8 章 天造地设的搭档

影响国务院的权限，还问："这么多委员会究竟是干吗用的？"但很快，从下属们的激烈反应中，罗杰斯回过味来。带头发难的是副国务卿约翰逊，此君坚持捍卫外交官特权，"很明显，一开始基辛格就感到极度不安，他在白宫这些年从头到尾一直认定国务院和外事部门铁了心要搞他。"1月6日，离尼克松批准计划已一周多，约翰逊和罗杰斯找上门来和基辛格理论。

第二天，基辛格给尼克松写了份长长的备忘录，说这个问题是对总统领导地位的考验，请他务必一劳永逸地予以解决。但尼克松不愿用强，担心引发面对面的冲突。"突然，尼克松一连数天不见客了。"基辛格回忆说。

结果，这个问题在尼克松"闭关"潜心琢磨就职演说时得到了解决。霍德曼递出话来：尼克松命令执行基辛格的计划，有谁反对可以辞职。

最终，一个为推行全新大胆、秘密、出人意料而又精于操作的外交方针量身打造的国家安全事务委员会浮出了水面。但另一方面，从官方和民众在重大政策问题上应取得共识这一角度看，新国安会并不符合要求，而要对一位时常冲动行事的狂妄自大的总统进行制度约束，则更去之甚远。

第9章 | 越战风云

秘密抉择，秘密轰炸

不管讽刺"威信"或"特权"这类字眼多么时髦，它们绝非空洞的词汇。只有让其他国家能指望美国会坚持到底，他们才会调转船头，唯我是瞻。

——载于1969年《外交》，基辛格

◎全新的一天

1969年1月20日，就职仪式，理查德·米卢斯·尼克松登上了国会大厦的台阶。基辛格发现，尼克松的早礼服裤子短了一截，一如他平常穿的裤子那样。"他下巴翘得高高的，"基辛格回忆说，"但看上去信心不太足。"宾夕法尼亚大道两旁尽是抗议的人群，高喊"胡、胡、胡志明，越共眼看就要赢"。全城各政府机构按基辛格的要求，在首脑的办公桌上摆上了三份文件——NSDM1（国家安全委员会决议备忘录1号）、NSDM2、NSDM3，这标志着权力已经集中在国安会手中。

下午，基辛格起草了发往美国各驻外使馆的通电，当尼克松和罗杰斯注视着白宫前游行而过的欢迎人群时，基辛格突然意识到需要借用国务院系统的通讯设备，他径直走过南草坪来到观礼台的罗杰斯面前，一向温文尔雅的国务卿微笑着给这位勤奋的总统助手签了字。

基辛格回到办公室，又为尼克松起草发往勃列日涅夫和戴高乐等重要国家领袖的私人信件。哈尔皮林说："尼克松知道，国务院得花四个星期才能写出他想要表达的意思，还会搞得一团糟。也确实没错。"所以国务院甚至连信件这回事都不知道。信件被径直送到了各国驻华盛顿使馆，这是尼克松和基辛格第一次背着罗杰斯搞官方秘密行动。此后，基辛格开始逐步建立自己的幕后沟通渠道。

刚刚上任的尼克松接下了美国外交的烂摊子，面对四大难题：

第一，进退维谷的越南战争。超过31000名美国人在距华盛顿万里之外的丛林里送了命。美国打这场战争是因为认定北越的行动是苏联－中国扩张主义的体现，但到1969年，显而易见的是，这是对越共民族独立精神的误解，也误判了中苏关系。在国内，战争带来的痛苦让美国陷入新一轮的孤立主义，20世纪60年代初肯尼迪信誓旦旦称美国要承担起保护全世界自由义务的承诺，而现在不得不面对美国力量有限的现实。

第二，排斥占世界人口五分之一的中国，认为美国受到顽固共产主义威胁的观点已过时。1960年起，中国开始批判苏联的"修正主义"，苏联则撤回专家、中止援助，两国旧有的边界争端再度激化。美国面临着运筹一场实力均衡游戏的挑战和机遇。但根深蒂固的反华思想让尼克松的前任很难意识到可利用中苏分裂大做文章。

第三，一场愈演愈烈、不符合任何人利益的美苏军备竞赛。纵观历史，扩充武器库一向被认为可以增加一国的国际影响。但核时代却恰恰相反，核武器数量的增加让各方军力的膨胀越发没有意义，一旦开战只能相互毁灭。美苏两国大致相当的核武库也让美国历来尊奉的遏制政策失去了可信度：美国的核威慑优势已不复存在。20年的军备竞赛后，军备控制进程应成为超级大国关系的主旋律。

第四，中东和平进程陷入僵局，美国的无能罪当其首。1967年的"六天战争"后，美国在中东的地位岌岌可危，而苏联的影响日增。特别是埃及和叙利亚成为苏联的马前卒。这一状况不符合美国利益，最终对以色列地区和平也不利。

所有这些难题，尼克松和基辛格有时处理得很出色，有时搞得一团糟。不管功过如何，他们采取了一种处理美国事务的新方法：越来越依靠阴谋诡计、秘密行事和幕后渠道，避免和国会、公众甚至政府内部的反对意见纠缠。

◎越南选项

尼克松和基辛格上任时，驻越美军高达53.6万人，每周战死200人，美国纳税人每年为战争支付300亿美元（相当于1990年的1000亿美元），一条道走到黑，看不见亮。"居然没有任何削减部队数量的计划。"即将成为新国防部长的拉尔德在1968年12月说，当月底，他又放话："不但没减，还在增加。"

在河内共产党看来，根据1954年《日内瓦公约》，越南是一个完整国家，暂时分裂成两个政府纯粹是殖民主义强加的，先是法国，然后是美国。华盛顿则认为战争是北越对南越主权国家的入侵。在冷战背景下，就是美国要阻止共产主义蚕食越南，用国防部文件的话说，即"不让中国人染指南越"。

尽管尼克松后来的言行似乎是践行了上述主张，但他明白军事方法不可行，"这仗肯定打不赢"，1968年他就跟演讲撰稿人理查德·沃伦讲："当然我们不能这么说，而且偏要反着说，以保证讨价还价的本钱。"

联邦调查局长埃德加·胡佛到皮埃尔饭店向尼克松汇报约翰逊总统在椭圆形办公室装的录音设备，尼克松告诉霍德曼："我可不想像LBJ（林登·约翰逊的英文名首字母缩写）那样整天缩在白宫里不敢上街见人。我要结束这场战争。很快。"他命令：拆除白宫的录音设备。直到1971年战火燃至柬埔寨后，他才下令安装窃听设备。

接受国安助理的任命后，基辛格在《外交》杂志上高调阐述了自己对越战的看法。结果好评如潮。《华盛顿邮报》说文章"分析精辟……不受过往那些神乎其神的说法和偏见的束缚。"专栏作家克拉夫特说他"想法锐利，超越细枝末节寻找出路"。文章一上来先痛批美国越南战略，"我们没搞懂游击战的基本道理：游击队没输就算赢，正规军没赢就算输。"越共春季攻势后，形势已判明，取胜已不可能，用基辛格的文词讲就是：美国"已无可能在一段时期内或者在民众能够接受的伤亡水平内实现其目标"。但基辛格称，美国不能就这样收拾残兵立刻撤军，原因在于美国必须要维护其"威信"。这一逻辑成为基辛格处理越南问题上及其此后职业生涯中一切国际事务的核心原则。

文章认为，就算美国一开始卷入越南是个错误，但立即撤出只会削弱美国在世界上的地位：

> 50万美国军人为越南而战的承诺本身就决定了越南问题的重要性。现在的问题是别人对美国承诺的信心问题。不管讽刺"威信"或"特权"这类字眼多么时髦，它们绝非空洞的词汇。只有让其他国家能指望美国会坚持到底，他们才会调转船头、唯我是瞻……世界许多地区——从中东、欧洲、拉美甚至到日本，其稳定仰仗于它们对美国承诺的信心。

威信或信用，是基辛格在其标志性的实力政治哲学中不断摆弄的一个主题。的确有些道理。世界进入核时代，传统的衡量国力的方法——如控制更多领土、结交更多盟友或扩充军力——都不再那么重要。特别对于核大国而言，提升全球影响力的主要途径是提高其承诺的信用。一国权力的大小更多依赖于人们对其国家意志的认知以及对其所受威胁的判断，而非军事能力。

在越战问题上，基辛格的"信用"说建立在一个靠不住的假设基础上，即美国一旦抬腿走人，全世界民众将不再那么尊重它。但实际上，执意在泥潭里打转转只会浪费美国真正的提升全球影响力和信用的资源，比如它的道德权威、有价值的使命观，比如它作为一个讲理的、理智的大国的声誉。

尼克松上任不久后出访欧洲，戴高乐问："干吗不撤出去？"

"突然撤军会给美国造成信用问题。"基辛格回答。

"在哪儿？"戴高乐问。

基辛格说中东。"那就怪了。"这位曾把法国从阿尔及利亚的殖民泥潭中拖出来的将军说，"我恰恰认为是你们的对手才在中东有信用问题。"

基辛格信用论的一个必然推论他并未讲明。如果保持信用是主要目标，那么美国没必要无限期地保护南越政府，只需在撤军和南越政府垮台中间空上一段时间就好了，也就是"体面的过渡期"。支持战争的说法认为，比如约翰逊总统的"多米诺骨牌"理论，美国在印度支那的荒郊野地里有重要的国家安全利益，必须击败共产党。但基辛格的朋友和对手都讲，他并不这么看。1968年，基辛格多次在私人谈话和研讨班上讲过，美国政策的适当目标应是在撤军和共产党彻底"吞并"越南之间谋求两到三年的"体面过渡期"。

为了给美国保全"信用"或面子赢得谈判解决的机会，基辛格在《外交》那篇文章中建议，将政治问题和军事问题脱钩处理。由华盛顿直接和河内解决如撤军和遣返战俘等军事问题；西贡则负责与"国民解放阵线"商谈政治问题，如南越未来的政府组织形式或搞联合政府的可能性等。"如果我们过深卷入南越内部纷争，"他写道，"将把自己置于无尽的麻烦之中。"

可惜问题是，北越共产党不愿在尚未实现其政治目标之前结束军事斗争。基辛格自己后来认识到的："他们流了40年的血可不是为了换得一场妥协。"他们战斗是为了推翻西贡政权；而美国的目标是把解决军事纠纷问题和谁统治南越问题分割开来，这显然没能抓住问题的关键。正如越共党报指出的那样："越南问题的军事和政治两方面不可割裂，因为越南战争的实质问题是美国要把一个傀儡走卒政府强加在南越人民头上。"

◎ "国安研究备忘1号"

上任不久，基辛格打电话给老同事，曾偶尔批评他的亨利·罗文——兰德公司总裁。基辛格参加过多次兰德公司有关越战问题的研讨会，他知道那里的人对政府路线颇感怀疑。基辛格问他，有没有什么好的退路？他跟老朋友说，想召集兰德人马组建一个团队研究解决越战僵局的各种方案。

罗文选了另外两人，似乎看来这一组合有些奇怪：一个是兰德的自身越南问题专家丹尼尔·艾尔斯博格（Ellsberg），此君后因向公众泄露著名的"五角大楼文件"名声大噪，成为左派的英雄；另一位是兰德社科部的负责人弗里德·埃考尔（Ikle），他后来成为里根的顾问，被视为右派英雄。艾尔斯博格50年代末就认识基辛格，曾在他的国防政策研讨班讲过课，基辛格60年代中期访问越南时曾给他出过主意。1968年圣诞节那天，两人和罗文一道飞赴纽约，和基辛格埋头皮埃尔饭店研究了四天。

认真研究后，产生了一份草案（从未公开），其中列举了七项政策选择。

提案一,走了极端:"通过军事行动升级以取得谈判胜利。"包括对柬埔寨采取空中、地面行动,对北越及其首都河内无限制轰炸,"夷平海防市。"目标是"摧毁北越支持叛乱的意志和能力"。提案七,走了另一个极端,即"美国单方面撤军"。讨论这项提案时,几人一致认定"政府内部没有提倡者"。的确,这一提案比民主党大会上否决的鸽派色彩的"和平条款"还更"鸽派"。左派的艾尔斯博格也不赞成。不过还是沿着这个方向进行了探讨,首先一个假设是"仗打不赢","美国应该避免更多伤亡"。至于信用问题,"其他国家会接受我们的选择,因为我们已经为越南投入大量人力物力、并且表现了接受现实的智慧。"

第一天,单方面撤军的选项就被否定了。埃考尔回忆说:"亨利认为那不太可能发生,白费劲,而且会让尼克松不安。"这么一来,最鸽派的方案就是第六项:"大量削减驻越美军的同时寻求达成妥协。"具体计划包括征得西贡的"同意"进行撤军,至1971年年底前减至10万人,加强南越军队并由其接管防务。

两项提案之间还有其他一些方案。但没有一项方案建议把两种极端做法结合起来:在军事打击升级的同时按部就班撤军。在1968年圣诞节那时候,这种想法无疑会被视为是完全荒唐的。艾尔斯博格和埃考尔后来认为,在当时,一方面对河内狂轰滥炸迫其服软,另一方面单方面撤军的政策看上去不合逻辑。

但这恰恰成为美国官方的政策,主要起因于尼克松所称的"疯人理论"。1968年大选期间,尼克松有次和霍德曼在雾蒙蒙的加州海滩上散步,他告诉霍德曼,解决越南问题的关键是让河内害怕美国。"我称之为'疯人理论',鲍勃。我要让越南人相信。我已经到了为制止战争不择手段的地步,要让他们听到这样的信息:'天哪,要知道尼克松对共产主义痛恨得很,他要生气起来我们可拦不住,他手边可有核按钮。'胡志明肯定两天之内就跑去巴黎求和。"

"亨利把疯人理论付诸实践,"霍德曼说,"他急于让苏联人知道,总统随时都会采取强硬行动。"尼克松后来解释说,在他看来这是场黑脸白脸的双簧戏:基辛格(白脸)给人印象是通情达理,他会有意让人知道他很难控制总统(黑脸)的战争冲动。这里面,基辛格外交哲学的基础——或说现实主义政治传统的基础——是:外交必须以武力威胁为支撑。"基辛格笃信武力威胁作为权力工具的合法性和有效性。"艾尔斯博格1973年对《滚石》杂志说。例如,在1970年巴勒斯坦解放组织和约旦的战争中,国务卿罗杰斯认为,为了外交手段奏效，美国应保证不会动武。基辛格恰恰相反，他力主只有武力后盾存在外交手段才能管用。

兰德文件指出，美国政府各部门内部对战争形势基本事实认知存在分歧。艾尔斯博格建议基辛格发放一份问卷给各单位，让他们分别回答，然后比较不同。基辛格很喜欢这个主意，部分原因在于此举可以提升他运筹政策的空间。弗里茨·克雷默的儿子斯文当时是基辛格的助手，他反对艾尔斯博格的设计，基辛格对恩人的儿子说："斯文，你说得都对。但你不明白我所做的事情。我要在一年之内调试好政府的官僚体系，好给新总统打开局面赢得时间。"

六页纸的问卷包括了28个大题目和56个问题，这就是国安研究备忘1号文件（NSSM1），尼克松就职典礼当天发放到了各个部门。两三个月，各部门反馈陆续回到国安会，艾尔斯博格作为秘密助手承担了比较研究工作。调查结果让基辛格对官僚机构内部的混乱有了更深的了解。"认为越南失陷会导致临近国家发生革命的多米诺骨牌理论是否正确？"中央情报局认为不太可能，国防部长办公室也认为可能性不大。但陆军、海军和空军各部门的情报机构支持这一理论。国务院内部，情报局认为该理论已破产，但东亚局还在坚持。"B-52轰炸机的狂轰滥炸是否有效？"军方说是，中情局和国务院认为不是。中情局甚至认为有充分证据表明轰炸反倒方便了河内大规模动员群众去支持共产党战争。在关键性的"越共在柬埔寨的补给线是否极为重要"这一问题上。军方和西贡的美国使馆认为"非常重要"，而中情局强烈反对。大体上，军方和西贡使馆在大多数问题上都很乐观，断言战事进展顺利；中情局、国防部的文职官员和国务院多数部门态度悲观。

基辛格相信他能迅速达成和平协定。"给我们六个月时间，"他对一群抗议者说，"如果到时候战争还没结束，你们可以拆掉白宫的围栏。"年轻的手下们相信他。"我第一次对美国的越南政策感到满意。"哈尔皮林对艾尔斯博格说。另一位助手雷克回忆说："我相信亨利真的确信他能尽快结束战争，而且会很快。"

但基辛格并不同情迅速撤军的呼吁。"这件大事涉及两任政府五个盟国，31 000士兵阵亡，我们不能像看电视换台那样一走了之。"他后来写道。

因此，基辛格开始了长达四年的寻求谈判解决越南问题的历程，最初美国有两个要求：北越军队撤出南越，除自由选举外不能以其他方式推翻西贡政府。河内要求正好相反：美军单方面撤出，南越"傀儡"政府必须垮台。双方角力至1972年年底，美国最终准备在第一个条件上松口，而河内则在第二项条件上让了步，至少在给了美国两年的"体面过渡期"后才进兵拿下西贡。

◎ "连环套"原则

尼克松1968年竞选时就相信，苏联是解决越南问题的"关键"。基辛格表示怀疑，他在《外交》杂志的那篇文章中反对过多指望克里姆林宫帮忙，认为在1969年，美国没有足够的好处能说动莫斯科出面替华盛顿解套。此外，NSSM1问卷反馈结果显示，大多数部门都认为河内越来越独立于莫斯科和北京的支持。

但没多久，基辛格接受了尼克松的想法，由此产生了称之为"连环套"的方案：美国对苏政策的各个方面——贸易、军控、越南问题等——应该结合在一起通盘考虑。这意味着用贸易或军控协议作为诱饵迫使苏联在越南问题上帮忙。当然，连环套原则也的确反映了美苏关系错综复杂的现实，如果美国在越南等地区战争中关系越发紧张，指望在军控等方面取得较大进展是不现实的。

连环套政策与基辛格智力风格相得益彰，他就是一个能把许多不相干的事情联系在一起的人，既是个绝顶聪明的点子大师又是外表有一点点狡诈的家伙，他对事物间的关联高度敏感，就像蜘蛛对自己网上的动静一清二楚一样。基辛格在尼克松就职第一天举行的国安会议上提出来，立刻为总统所采纳。苏联急于和美国恢复限制战略武器谈判（SALT）。尼克松摆明：除非苏联在越南问题上帮美国的忙，否则别指望SALT复谈。

多数美国人没听说过梅特涅，连环套原则是一项让他们不舒服的概念。美国官僚机构习惯于条块分割，自扫门前雪，中东问题是中东问题的管，贸易是贸易，军控是军控，东南亚是东南亚。美国人喜欢务实地解决问题，领导他们的都是遵纪守法的知识精英，喜欢就事论事，没有大局观念。连环套政策迅即被批评为妨碍军控谈判，是美苏关系进一步提升的绊脚石。虽然苏联刚于几个月前入侵了捷克斯洛伐克，但美国媒体智库的领袖们仍迫不及待地要求东西关系解冻。对外关系委员会一个研究小组称尽早达成军控协议"十分急迫"，另一小组喊称贸易是"重中之重"。《纽约时报》社论点名批评连环套政策，说"东西阵营的政治问题一时难以解决，但战略武器谈判取得进展的时机已经成熟"。《华盛顿邮报》呼吁尼克松"别再游手好闲了，赶快开始导弹谈判……军控问题有着和政治议题完全不相干的价值和紧迫性"。

国务院内部也反对声四起。尼克松不愿得罪罗杰斯。罗杰斯一直在推动尽早恢复SALT谈判。于是基辛格写了封信提醒尼克松抓紧执行连环套政策，尼克松予以批准并将要点分发各高级官员，"苏联领导人必须清楚。不要指望一头在某一领域捞取好处，同时从另一头的冲突和紧张中渔利。"

基辛格决定请约翰逊时期的巴黎谈判组成员、说话温和的民主党政治家万斯出面，带着一揽子越南和军控问题的协议秘赴莫斯科游说。国务院全不知情。基辛格这个主意盘算着一箭多雕，最起码可以把越南和军控问题的主导权从国务院硬抢过来；而且可以强化几个问题之间的联系，万斯得到授权，只有苏联同意推动越南加速与美和谈，美国才会开启军控谈判。至关重要的是，万斯之行可以检验基辛格有关战争结束最佳方式的理论——亮出底线同时施以高压威胁。美国提出了一项迄今为止最为慷慨的方案：美军和北越部队立即停火并各自撤军，同时民族解放阵线可参加南越政府。这远远超越了美国现有的在北越开始撤出之前，反对民族解放阵线加入南越政府的立场。但如河内敬酒不吃吃罚酒，紧接着就是凶狠的军事打击，美苏关系也将随之冷却。

万斯之行最后无果而终。基辛格郑重其事地把连环套计划告知苏联驻美大使多勃雷宁，还煞有介事地给他看了尼克松在谈话要点上的亲笔批示，而苏联大使一直杳无音信。

这样，连环套政策逐渐走进了死胡同。1969年一年里，基辛格至少在10个场合找多勃雷宁，让苏联在越南问题上给予合作，多勃雷宁每次都闪烁其词，顾左右而言他。多年后，许多苏联官员包括美国事务专家阿尔巴托夫，坚持认为美国当时高估了莫斯科对河内的影响力。

到1969年6月，美国只得宣布重启SALT谈判，尽管对于越南问题苏联连答复一下的面子都没给。三年后，在莫斯科一片觥筹交错之中美苏签署了SALT协定，恰逢当时北越发起了自那年春节之后最为猛烈的一波攻势。结果，和连环套策略完全相反的情况出现了，华盛顿开始害怕越南战事的升级危及军控谈判。而最大的讽刺在于，美国持之以恒的在越南浴血奋战。最终延续了国际共产主义的联合，把莫斯科、北京、河内三个冤家勉强推到了一起。

◎起舞欧洲

尼克松喜欢外出访问。旅行是总统的额外福利，可以不用待在办公室处理没完没了的纠纷、作各种招人恨的决定，而且所到之处，夹道欢迎、鲜花美酒应接不暇，信可乐也，连最窝囊的领导人也能在这种光环中重振雄风。尼克松在位2026天，国际旅行总行程达147 000多公里，美利坚任何总统皆望尘莫及，恐怕在全世界领导人的历史上也是前无古人。

上任仅一个月，尼克松即摆驾欧洲。公开原因是在和苏联谈判前广泛征求西欧盟友的意见。除此之外，也想让人知道，他并不是掉在越南的烂泥潭里无暇他顾。对于基辛格而言，衣锦还乡，却看到故里往日的辉煌早已逝去，难免为其显赫的高位平添几分酸楚。

行程中最引人注目的是对法国总统戴高乐的"朝拜"，戴将军特立独行，拒绝加入北约。让肯尼迪和约翰逊两届政府大为光火。尼克松在飞机上翻了翻基辛格写过的《麻烦的伙伴关系》，基辛格还在书里为戴高乐辩护过。空军一号降落在巴黎郊外的奥利国际机场，尼克松透过舷窗看到了舷梯口的戴高乐，果然身形高大、气宇轩昂，在巴黎2月的凛冽寒风中还没穿带领的大衣。尼克松也脱掉了自己的大衣，离开飞机。

戴高乐强烈鼓动对中国开放，"不应该把他们孤立在自己的愤怒中。"尼克松闪烁其词，说立刻对中国开放会招致亚洲盟友的不安，不过长远看，朝中国开放确实讲得通。"10年后，如果中国取得重大核进步，我们将别无选择。"戴高乐建议他尽早承认新中国，"最好在你们不得不承认它之前这样做。"就这样，一颗种子埋了下来。

戴高乐谈起越南来俨然一副过来人模样，法国有处理越南和阿尔及利亚问题的两次经验。他建议尼克松干脆决定撤退并制定时间表，还暗示美国可以和北越直接举行秘密谈判，地点可选在巴黎，基辛格对此表露出了兴趣。最让戴高乐感兴趣的还是苏联。他认为苏联对中国越来越敏感，不可能分神集中对付西方，"因此我相信它或许不得不作出着手恢复东西关系的选择。"这时，他用了一个后来成为尼克松–基辛格政策标志的法文词："朝缓和（détente）方向努力是有意义的，你不准备制造战争的话就制造和平。"

对于基辛格来说，欧洲之行的重要性主要在于确立自己的地位。上任一个月，他还未与总统建立私交，主要靠备忘录和装腔作势的会议来沟通。为了从官僚机构手中夺过权力，基辛格旅行的大部分时间花在建立自己的权威上。

他原想让国安会的工作人员负责准备简报稿，但助手哈尔皮林拉住了他，这样搞未免显得欺人太甚，明显是在抢国务院的饭碗，恐有不妥。但不争气的国务院不是弄得太晚就是搞砸，哈尔皮林说："我们只能把他们的东西扔进纸篓，赶紧另起炉灶重新来过。"基辛格毫不留情地把这些事报告了总统。

在谁有幸搭乘空军一号专机的问题上也有不少猫腻，若搭不上专机，就得屈尊乘坐载记者和非要员的备用飞机（被称为"动物园飞机"，大概指人员复杂凌乱之意）。尽管基辛格在空军一号有一席之地，但负责安排座次的霍德曼坏笑着跟他开玩笑，说要把他踢出去，基辛格一脸严肃，没觉得好玩。下飞机时，基辛格又惊恐地发现由于礼宾安排问题，他没法跟在尼克松身旁。这还不算，他和办公厅主任霍德曼是一个级别，但由于字母顺序，他排位在霍德曼之后。"我告诉他我要先行时，他愁得要死，"霍德曼回忆说，"他说，这会对他与外国官员打交道的能力产生可怕的影响。"于是霍德曼微笑着让他先走。

结果基辛格把气撒在了下属，苏联问题专家赫尔莫特·索南菲尔特身上——他在欧洲军队情报学校任教时的同事。索南被基辛格踢出了空军一号，理由是"我看这里没必要留这么多犹太人"。

基辛格如此对待索南是他们一直以来打打和和的结果，但主要是因为基辛格想成为总统身边调度外交事务的唯一官员。在波恩，德国官员突然提出请尼克松在议会发表讲话，基辛格吩咐索南"赶快给那疯子写点谈话要点，否则不知道他又要胡诌什么"。索南草草写了三页便签纸递给基辛格，基辛格又交给尼克松。其间索南一直在想，在伦敦时，尼克松曾把他错当成英国官员，还问他天气如何。因此演讲后，他凑上前去跟尼克松说："希望您能看懂我的字。"基辛格一旁闻听顿时暴怒："他妈的！赫尔，怎么老想往总统身上靠，一边去！"

在比利时，对方官员摆好了四张椅子，供参加会晤的首相、外交大臣以及尼克松和罗杰斯使用。基辛格后来回忆说："礼宾没给总统助理们准备地方。"他就一直待在那儿，没有走的意思，对方只好追加了一把椅子，又拉来一位比利时官员凑数，保持双方对等。

这次访问极大地确立了基辛格的权威。第一天晚上，尼克松打电话给基辛格让他过去。尼克松兴致出奇得高，翻来覆去睡不着。美酒，压力，兴奋，夜深人静，这一切让他语无伦次。"尼克松发疯般地想知道自己表现如何。"基辛格回忆说。这一幕在未来数月里翻来覆去地重演，也成了他们二人古怪关系逐渐拉近的黏合剂。"他一遍又一遍让我描述他在当天的活动中如何风光。"基辛格不胜其烦。那天晚上发生的事情使他们五年多动荡不安的伙伴关系得以维系下去。在尼克松辞职前的那天晚上，他又把基辛格叫到房间里，又让他不停地重复自己在世界事务中的显赫地位，基辛格也再一次轻松地满足了他，帮他在暗夜中平静下来。

◎1969年3月，秘密轰炸柬埔寨

柬埔寨只有越南一半大小，人口只及越南十分之一，多少年来一直遭受邻国欺侮。1941年以来，老谋深算而又喜怒无常的诺罗敦·西哈努克亲王一直统治着这个国家。他极度自我，时常吹嘘曾征服过多少女人，炫耀他那三流的乐队领袖和电影制片人的把戏。他尖声细嗓，气质闪烁不定，不像一国之君，但靠熟练钻营和微妙的平衡技巧保持了国家独立。

他的平衡政策之一就是允许北越在柬埔寨和南越边境地带建立庇护所和补给站，火车从胡志明小道经老挝和柬北，经西哈努克维尔源源不断把物资运抵南方边境。美国轰炸北越和老挝的补给线，柬埔寨境内的北越设施仍保存完好。

尼克松从上台之前就开始重新考虑此事。1969年1月8日，他给基辛格写了张条："我想确切地知道敌人在柬埔寨境内都有什么，我们可以采取何种行动破坏那儿的设施。我想坚决改变对柬政策是当前要务之一。"2月，美国官员对北越通过边境向柬境内的庇护所渗透的频率开始变得警觉起来，尼克松开始四面征求意见。但多数反对恢复对北越的轰炸，认为可能再次招致民众怨怒，"轰炸肯定会挑起国内争端，没人愿意受那罪。"基辛格后来说。

参谋长联席会议主席惠勒将军是轰炸柬埔寨的热心倡导者。2月9日，他从驻越美军指挥官艾布拉姆斯处接到密电，支持他的主张。密电内容是关于南越共产党指挥部的隐蔽地点，"最新图像和线人情报显示，在353号地区藏有南越共产党的指挥部"，就在西贡西北75英里处柬埔寨境内一处称为鱼钩的地方。艾布拉姆斯建议派B–52轰炸机对该地点进行一小时、60架次的精确空中打击，只要目标区域限定准确便不会造成柬埔寨平民伤亡。

艾司令随即接到电报，称他的要求得到了"最高层的考虑"，保密至关重要。"最高层希望此事越保密越好"。代表"最高层"行动的正是基辛格。他和艾布拉姆斯从西贡派来的两位上校共同举行了一次早餐会商定此事，参加者还有国防部长拉尔德和其他军方高层，行动便被命名为"早餐"。

基辛格和拉尔德都认为轰炸柬埔寨在政治上不明智，除非北越有明显挑衅行为。2月22日，动身出访欧洲的前一天，尼克松同意了二人的建议，他长出了一口气。好在不用让一场倒霉的军事行动干扰他的旅行。

说曹操曹操便到。当天，挑衅行动果然来了。北越发起全线攻击，第一周，超过450名美军士兵阵亡，为平时的两倍。基辛格气坏了，越共也不等等看新政府采取什么新姿态就发起进攻。白宫立刻在椭圆形办公室召集新闻发布会。尼克松恨得两眼冒火。"他想要的就是对北越这种讥讽式的行动全力回击。"基辛格回忆说。尼克松把这事个人化了，认为北越摆明就是给他下马威，试探新官上任敢不敢烧把火。但当时他做的第一件事情却是让基辛格召见苏联大使多勃雷宁，朝老毛子发了通脾气，再一次徒劳无益地让苏联帮忙挽救美国的尴尬。

在去布鲁塞尔的飞机上，尼克松突然大胆起来，他命令：必须尽快轰炸鱼钩。基辛格拍紧急电报给华盛顿的军事助手亚历山大·黑格上校，命他赶到布鲁塞尔制订行动计划。黑格找来在国防部供职的战略轰炸司令部军官西顿上校一同前往。他也不吝使用权位的"额外津贴"，改变了原定从纽约乘民航前往的计划，从军方调来一架飞机，轰鸣着飞向布鲁塞尔。三人在布鲁塞尔机场停留的空军一号上碰面，很快拟定了一份行动计划。轰炸将秘密进行，直到柬方抗议再使其自然公开。据西顿回忆，基辛格对行动保密极为在意，告诉他，行动不能通过战略轰炸司令部的日常汇报系统，甚至B–52轰炸机的飞行员也无须知道目标在柬埔寨境内。西顿说服基辛格相信，这根本不可能，但他同意找个办法躲开轰炸司令部的常规报告体系。

尼克松因为顾忌一旦参加"势必惹人注意"没有参加讨论。这项瞒着美国公众，却没瞒着被炸地区民众的行动计划便在没有总统充分参与的情况下执行了。也没人告诉同机的国务卿罗杰斯。直到伦敦，尼克松才神神秘秘地告诉了他，但也没多讲。黑格则径返华盛顿向拉尔德汇报。

拉尔德支持计划，但对死撑着保密感到不解和厌烦。他回了封电报表示反对，说轰炸保密是不可能的而且会适得其反。如果铲除共产党指挥部和庇护所的行动是合理的，公众不会反对。

没一个人对轰炸一个中立国家的道义问题进行探讨。大家普遍认为，既然北越能越境搞渗透，美国何尝不可。尼克松已向阁僚表明了自己不受娇里娇气的道德问题束缚的立场。这样，美国对外政策史无前例地进入了一个陌生的世界：武力行为不再受道德关切和国际法准则的制约。

最后一刻，尼克松感觉有点不是滋味，他在欧洲大摇大摆地旅行访问，还得笨手笨脚、捂着盖着地发动一场大空袭。于是他命令推迟行动，但手法又歪歪拧拧的：通过国务院的公开渠道告诉西贡美国大使班克，暂缓一切有关轰炸柬埔寨的讨论；另一方面，又通过军方的秘密渠道告知艾布拉姆斯将军继续研究轰炸柬埔寨的方案。

3月份前两个礼拜，与尼克松的意见相左的助手们来回拉他。听了基辛格的建议后，他命令轰炸柬境内庇护所；听了罗杰斯的建议后，他又反悔了。然后周六，3月15日。北越自1968年10月美国停止轰炸后第一次炮轰西贡。下午三点半，基辛格的电话响了，是总统。尼克松语气坚决：立即炸平柬埔寨境内鱼钩地区的共产党补给站。

尼克松每次发火时，说起话来都是一个风格：语句不连贯，断断续续，声音高低不平，一边不停地警告说谁要不服就炒了谁。他喊着说出轰炸的决定，挂掉电话，然后又打回来进一步指示："国务院直到他们不反对后再通知他们！""砰"，又挂了电话。没过一会，又打过来："不许抗命。"

第二天下午，拉尔德、罗杰斯和惠勒被召来椭圆形办公室开会。就像12月比斯坎会议一样，与会者并不知道决定已经作出。这是"典型的尼克松"，基辛格后来写道："他觉得有必要装作事情还可以商量。结果一讨论就是数小时，烦得他不行，这使他更加讨厌来来回回的反复。"

在基辛格给尼克松的一个备忘里，他提到，轰炸行动最大的风险就是柬埔寨和苏联强烈抗议、国内公众添乱反对、北越的军事报复一块出现。但基辛格后来写道：复仇女神总是残忍地在惩罚人类之前满足他们的愿望。基辛格并没有考虑一种可能性：柬埔寨和越南人丝毫不作反应、轰炸行动一直保密下去。

事实就是如此。一切都显得格外荒唐，没有抗议，轰炸秘密进行了一年多；担心泄密的尼克松采取了变本加厉的保密措施，给所有助手都安上了窃听器；一年后，南越共党的司令部依然健在，庇护所和补给站照常运转。所有这一切，最终公开爆发，不可收拾。

尼克松的轰炸令经由惠勒将军发出，电报上宣布"执行早餐行动"，17日下午发至关岛安德森空军基地。当晚，60架B-52轰炸机拔地而起，越过那些总在关岛附近游弋的俄国"渔船"，开始了五小时的征程。越南上空晴朗无云，轰炸机进入越境后，美军地勤人员接管了领航任务。倒数结束后，一排炸弹从每架飞机倾盆泻下，砸在一块块两英里长、半英里宽的"盒子"区域里，其中48个"盒子"在柬埔寨境内。

基辛格正在白宫西侧地下室的办公室里和哈尔皮林交谈。这时，黑格拿着一份东西递了过来。基辛格笑着解释说，美军刚刚轰炸了越共在柬埔寨境内的基地。报告显示，除直接轰炸外，另有73处二次爆炸发生，其中一些超过常规强度的五倍，表明轰炸正中目标，越共的燃料和弹药库被端上了天。目瞪口呆的哈尔皮林也被卷进了保密圈。

一些人对轰炸效果并没有那么乐观。从1967年起，美国陆军特种部队（"绿色贝雷帽"）就在柬埔寨境内执行代号为"丹尼尔·伯恩"的秘密打击行动，执行任务时，两名队员身着越南长裤，伪装成平民，和十几个当地商人一起出行。轰炸行动后，3月18日晨，行动指挥官命令：组织队伍奔赴353号地区执行肃敌任务，该区域已被B-52夷平。当时曾参加行动的小组指挥员之一兰道夫·哈里森中尉回忆说，长官告诉他们，任务简单得很，"只要走过去夹着敌人的胳膊带上直升飞机就行了。"

两名美军士兵和11个当地人被空运到了目标区域附近的一处空地。结果，"他们连棵树都没摸着就被砍倒了，"哈里森称，"我估计两三个人活着逃了出来，其余连声都没吭一声就死了。"有关第二次爆炸的报告夸大了事实，共党的指挥部并未被消灭。"从远处看，北越人还在不停地挖篮球大小的洞，"哈里森回忆，"他们都气疯了。"对于B-52轰炸的效果，他回答："我最初的乐观情绪被浇了一盆凉水。"

但基辛格和尼克松杀红了眼。最初的构想是一次轰炸铲除所有鱼钩地区的共产党指挥部。但一次轰炸既没消灭共产党也没激起国内反对，尼克松便授权继续攻击柬埔寨境内其他越共设施。"早餐"接着是"午餐"、"小吃"、"晚餐"和"甜点"，随着一块块大肉相继出现，又有"夜宵"。基辛格后来说这些代号让人"毫无胃口"，整个计划名为"菜单"。西顿上校为轰炸计划制定了一套复杂的保密程序，一系列故意掩人耳目的"错误"报告通过五角大楼的日常渠道上呈，另一套报告才指明柬埔寨境内的真正轰炸目标。"我问他们为什么必须得搞假报告，"战略轰炸司令部的少校奈特在1973年参议院的有关调查中表示，"我被告知是出于政治原因。"

空军司令和其他高级将领根本不知道轰炸这回事，连国务院也蒙在鼓里。第一次轰炸行动只是有选择的知会了几名国会议员。但没有告知他们轰炸会达到何种程度和持续多久，也没有尝试和国会进行协商，基辛格后来承认为此感到后悔。1971年，轰炸已经结束一年多，柬埔寨也被拖进了一场公开地面战争，及至此时，在参院军事委员会的一次闭门听证会上，还有军方人士称"整个1969年B-52没有对柬埔寨进行过任何轰炸"。

秘密轰炸行动持续了14个月，直至1970年5月，其间B-52共出动3 875架次，在柬越边境六处地点投下了10.88万吨炸弹。轰炸时间加长，颠覆了当初做出的一次就能搞定越共营地的判断，轰炸是为了回应越共无缘无故给尼克松下马威的说法也不攻自破，事实上，每年2月开春越共都会发动类似的攻势，直至5月雨季结束。"菜单"计划最终不了了之，不是因为得胜回营，而是因为毫无建树，直到轰炸结束，庇护营和南越共产党司令部仍然威胁不小，以致尼克松最终决定对柬埔寨发动全面地面进攻。

军方倒是满意。轰炸行动执行后，美军伤亡从每周平均450人下降至250人，后又下降了一半。参联会主席惠勒说起轰炸导致"越共把越来越多的人力物力分散到柬埔寨内地"时，好像这是个了不起的成就。

西哈努克则遭了殃。他走钢丝般保持着各方间微妙的平衡，对北越在边境游窜补给睁一只眼闭一只眼，对美国偶尔扔扔炸弹也视而不见，极力避免因战争导致国家分裂。红色高棉在1969年只有几千人；北越在边境的活动虽然破坏了柬埔寨的中立地位，但也未搅扰当地百姓生计。但美国轰炸导致北越向柬深处扩散后，平衡开始被打破。虽说一年后柬国内发生动乱不能直接归咎于美国的轰炸，但西哈努克保持平衡无疑难上加难了。

基辛格等人辩称，轰炸合情合理合法，西哈努克亲王也没反对，而且打心眼里欢迎。没错，他于1969年和美国恢复了外交关系，尽管那边弹如雨下。"如果是西哈努克邀请我们攻击北越人的基地，"基辛格前助理罗德曼说，"那我们就是在捍卫柬埔寨的中立，而不是破坏。"

　　究竟西哈努克当时态度如何，历史学家已很难考证，而且亲王本人的话也不牢靠，他总会根据当时利弊说相应的话，他的回忆录和采访记录也前后矛盾。1968年，他曾对美国外交官切斯特·鲍伊斯表示"不会反对美国全力清剿"柬埔寨境内的越共分子，但他不能公开这样对臣民讲。西哈努克后来又告诉英国记者肖克劳斯——此君对美国对柬政策大加鞭挞，"我跟鲍伊斯顺便提过，美国可以轰炸越南人的庇护所，"但又说，"从来没说过动用B-52进行轰炸的事。"有关西哈努克到底有没有同意美国轰炸行动的辩论恰好表明当时平衡局面的脆弱性。只有保持模糊，才能维护他苦苦维系的颤巍巍的国内和平。事实是，西哈努克和柬埔寨政府从未正式请求美国铲除北越基地。既然没有官方邀请，这位见风使舵的亲王所说的话也就不足为凭，没法证明一场对中立国家野蛮轰炸行径的合法性、也不能成为不商国会就采取行动的理由。

　　基辛格后来辩称，行动保密是为了避免把西哈努克推到前台焦点，否则他将被迫明确表态反对或是支持，那对柬政府无疑是"一记毫无必要的闷棍"，可能被迫要求美国中止行动。这话有一定道理，但实际上，华盛顿也应该担心另一种局面：西哈努克公开同意轰炸。那同样会把尼克松政府推进更艰难的境地——公开将战火燃至另一个东南亚国家，结果只能是出现基辛格和尼克松最害怕的国内的愤怒浪潮。因此基辛格的话并不实在。保密更多的是因为担心美国的国内反应，而非仅仅西哈努克。两套报告书、虚假记录、故意误导国会听证会、绕开国会行事、彻头彻尾的谎言——如果光是因为西哈努克哪还用得着这些？

　　基辛格的回忆录里有一段最言不由衷的话，说如果轰炸行动被公开，"肯定得到美国民众支持。"不是这样。正如一年后美国全面侵入柬埔寨那样，宣布轰炸行动将导致大规模暴力抗议。寻求国会和公众支持当然符合美国制度规范，但肯定不容易。

　　尼克松的回忆录更加诚实些，在谈了西哈努克的微妙处境后，他又说："保密的另一原因是（担心）国内反战抗议问题。"但在民主国家，担心民众抗议不能成为重大军事行动秘而不宣的合法理由。

保密体现了参与者的个性特征。即使是基辛格的亲密同事和忠实辩护者劳伦斯·伊戈尔博格，也认为保密的决定乃是上司的性格使然。"要是有尼克松、基辛格掺和在里面，某种程度上也包括黑格，那事情肯定要秘密地办，"他说，"如果换成洛克菲勒、福特，肯定就不一样了。"

国防部长拉尔德支持轰炸，但认为"试图保密简直他妈的愚蠢透顶"。尼克松不得不顶着拉尔德的反对同意基辛格搞两套报告。"亨利是跟我说了，"拉尔德后来讲，"但我拒绝批准关于轰炸地点的错误报告，拒绝发这种信息。尼克松和基辛格就直接找班克大使，让他转交艾布拉姆斯。"老谋深算的拉尔德倒是从尼克松和基辛格的秘密作风中得到了些好处，他为此颇受国会上的青睐。"我背着白宫告诉了一些国会的朋友，比如福特、马汉、里弗斯和赫伯特等人，"他后来说，"他们很信任我，尼克松和基辛格欺骗他们，我则告诉他们真相。"

讽刺的是，轰炸行动原本设计并不是要一直保密下去。从一开始，计划中就包含了对新闻媒体的答词："新闻发言人将证实B-52的确在例行任务中轰炸了靠近柬埔寨边境的地区，但尚无详细信息，将为其查实。"如果柬埔寨正式抗议："在对柬方抗议给予答复后，华盛顿将告知媒体，美国已经道歉并提供了赔偿。"

但随着事态发展和骗局愈加复杂，保密成了比轰炸本身更重要的事。没过多久，基辛格和尼克松已对轰炸结果漠不关心，保证事情密不透风才是第一要务。

◎ "黑鹰坠落"

尼克松从1968年就指责约翰逊在处理朝鲜人捕获普韦布洛号间谍船事件上软弱无力。"连个军事力量四流的朝鲜也能抓住美国海军舰艇，美国的威信还往哪里摆？该换新领导人了。"他宣布。没想到尼克松刚上任，便也碰上了这种事，考验他魄力的机会来了。1969年4月14日，朝鲜飞机击落了一架载有31名机组成员的、没有武装的EC-121侦察机，就在朝鲜海岸线外90英里的上空。

危机导致尼克松内阁鹰派（尼克松、基辛格）和鸽派（拉尔德、罗杰斯和中情局长赫尔姆斯）陷入分裂。也成为考验基辛格和尼克松所信奉的"实力-信用"哲学的尖峰时刻。一开始，基辛格便赞成报复，哈尔皮林和其他国安会专家也都支持。国务院反对，暗示美国可以让人知道它很不高兴，比如缺席本周晚些时候举行的停战委员会大会。拉尔德和国防部反对采取任何可能导致美国从越南分心的军事手段，同时取消了该地区所有侦察飞行。

直到周三，事情已经过去两天，国安会全体成员才聚首研拟对策。辩论围绕是否应该抓捕一艘朝鲜船只作为报复行动展开。但问题是朝鲜已经有一年多没有船只在公海航行，有情报说一艘在荷兰注册的朝鲜船在某处游荡，尼克松一直问，但始终没人能锁定它的具体位置。

基辛格推动对朝鲜空军基地进行"无害"打击。拉尔德和军方顾问讽刺其计划不切实际，所谓外科手术式或无害空中打击一直以来只是理论家唱的论调，到底行不行只有军方知道。国防部反对，国务院也反对。副国务卿约翰逊反复质问：朝鲜人怎么能判断"无害打击"只是一次报复行动还是全面战争的开始呢？

基辛格甚至在政治立场上也成了反对派。会后，他问霍德曼和厄尔希曼国内对报复行动会有什么反应。"什么样的报复行动？"厄尔希曼问。

"破坏朝鲜空军基地。"基辛格说。

"好，"厄尔希曼答道，"但如果朝鲜人回头又破坏我们的东西呢？"

"那可能就升级了。"

"到什么程度？"

"这个嘛，"基辛格说，"可能走向核战争。"

结果话很快就在白宫传开了，说基辛格正在考虑动用核武器这一选择。

被官僚机构的扯皮弄得筋疲力尽的基辛格指示哈尔皮林起草一份给总统的备忘录。"这不正在写吗？"哈尔皮林问。"不，"基辛格回答，"我是说写个正经的。你现在写的那个是放在档案里的。"结果哈尔皮林写了正式和私下的两份备忘录。他不知道的是，伊戈尔博格也奉命写了一份。

第二天尼克松决定不采取报复行动。他选择了两个相对温和的办法：以后一律派护航飞机保护间谍机执行任务，同时派两艘航空母舰开进日本海转上几圈。直到此时，白宫才发现五角大楼已经取消了该地区所有侦察飞行，国防部告诉基辛格，恢复飞行任务得费点时间，特别是还要派战机护航。基辛格去找拉尔德，"上蹿下跳的。"国防部长的一位秘书说，指责五角大楼中止侦察飞行"侵犯了总统的权力"。基辛格花了四个礼拜不停地给拉尔德去信让他们重启侦察任务，直到5月8日才恢复正常。他没想到自己写的那些关于官僚机构如何抗旨不遵的事竟在他眼前活生生地出现了。

航空母舰大摇大摆地出现在日本海上，还有电视镜头和空中拍摄尾随而至。但政府并没宣布此举究竟想从朝鲜身上得到什么，道歉？赔偿？还是接受谴责？总之这次耀武扬威的游行让人摸不着头脑。

尼克松宣布决定后，基辛格劝他说不予报复将损害美国的威信；作出强硬反应则能加强尼克松的"疯人理论"、威吓共产主义国家。"如果反击，"基辛格主张，"他们会说，'这家伙疯了——还是讲和为妙'。"

但罗杰斯、拉尔德和赫尔姆斯坚持反对军事报复，最后基辛格只得接受了大多数意见。尼克松回忆说："我们发现如果硬干的话会分裂内阁并导致有人辞职，代价太大。"

作出决定后，尼克松向基辛格大倒苦水说拉尔德和罗杰斯两个软柿子真没骨气。发誓早晚把他们除掉，以后再有危机绝不找他们商量。"结果是，"据基辛格回忆，"尼克松从此更坚信独断专行。"善于讨好上级的基辛格趁机把尼克松的火气导向他那些鸽派思想浓厚的助手们。基辛格发现，立场强硬使他和总统的关系越来越近了。

国安会新机制第一仗没有及格。它没有可行的选择或清晰的目标，犹豫不决、行动缓慢，错失了许多机会。实际上，国安会一直未能确定朝鲜的攻击是有意挑衅还是偶然的爆发，截获的情报更倾向于后者，但这些从未被详细讨论过。

因此基辛格强化了对危机管理的控制，成立了一个叫做"华盛顿特别行动组"的机构，他任一把手，国防部、国务院、中情局等各单位的二把手任成员。在未来的历次危机中，这一机构出了不少主意，颇有指挥中心的意思，这一切都在基辛格的掌控之中。

基辛格的强硬路线很大程度上基于他对美国"威信"面临危险的判断。示弱只会鼓励潜在的敌手。回忆录中谈及EC-121事件的部分中，他得出的教训是"犹豫不决会让敌人更坚韧，更敢于放手一搏。"尽管这在理论上站得住脚，但没有证据证明它能解释EC-121事件。美国什么都没做，连脚都没跺一下，而朝鲜也没继续放手一搏。尼克松对朝鲜行径唯一的军事回应是命令对柬埔寨的北越补给站展开新一轮的轰炸，这一奇怪的联系似乎是要证明，秘密攻击越共能起到惩罚和警戒北朝鲜的作用。

第10章 | 基辛格的白宫帝国

"大老板"的权威及其行事风格

越来越专业化和科学化的社会的一个内在矛盾是：人在出名过程中习得的优秀品质很少，而出名后所需要的优秀品质就更少。

——《选择的必要》，基辛格，1960年

◎二把手之争

基辛格获得任命的第二天便跑去哈佛老友小阿瑟·施莱辛格那里去求教。施莱辛格吃惊地问他，你究竟怎么想的，怎么让理查德·艾伦当你的二把手？"阿瑟，"基辛格回答说，"我打算像麦克·邦迪对待我那样对待艾伦，不到一年他就会走的。"

艾伦是个长着娃娃脸的保守派，曾帮助基辛格转移到尼克松阵营里来，前文述及在巴黎谈判期间，一直是他负责和基辛格秘密联系。尼克松任命艾伦为国家安全事务副助理，一开始，基辛格和他打得火热，在皮埃尔饭店宣布基辛格任命的新闻发布会前，艾伦还颇感荣幸地帮他把父母接到现场。但新团队还没进入角色，基辛格就开始试图排挤艾伦。最初，基辛格允诺在白宫西翼自己的办公室旁给他一间办公室，后来又改口说，最好在街对面的行政大楼里给他安排一套舒适的大办公室。接着他就开始在总统各项活动的名单中把艾伦的名字划去。"艾伦哪儿去了？"尼克松有时会问，基辛格嘟嘟囔囔说他这会不在云云，没多久，总统便不再留意了。同时，基辛格给艾伦布置的任务数不胜数，尽是些大得吓人的题目：改写整个美国战略目标计划、重估美军在全世界范围内基地建设，等等。还没到8月，艾伦便辞职了。

基辛格对尼克松给他充分的自主空间选择下属感到骄傲。不问政治倾向，只求业精能干。"要知道我以前也不支持这家伙"，他在拉罗杰·莫里斯出山时试图打消他对尼克松的顾虑，莫里斯曾在约翰逊政府任国安会外事官员。尼克松一些忠心耿耿的老臣曾试图干涉基辛格选才工作，都被基辛格设法挡开。"至少两次，"基辛格回忆说，"霍德曼都以安全原因为借口非议我的人选，事实证明不过是看不惯人选的自由派政治倾向和良好的媒体关系。两次，我都回绝了霍德曼。"

艾伦的替代人选有两位：野心勃勃的莫尔顿·哈尔皮林和赫尔莫特·索南菲尔特。

哈尔皮林后来成为尼克松政府最猛烈的批评者。但在1969年年初，据罗杰·莫里斯回忆说，他是"白宫西侧地下室里出没最为频繁、最贪婪、最精打细算的官僚之一"。他也是最聪明的一个，脑袋里同时转八个圈，两眼如利箭一般总在搜索着什么。他的专长是研究官僚体制，论文写的就是这个，基辛格改组国安会也是找他出的主意，他每天在基辛格在白宫的办公室和行政大楼之间来回穿梭。

基辛格和尼克松一样属于"千面"人，脾气秉性根据身边是谁随时调整。哈尔皮林迎合了基辛格学者气的那一面，就像个明星学员一样，思维敏捷而又热衷于官场政治。

他和索南菲尔特一样有野心，但更敢于表现。一位同事回忆说："莫尔顿想当二把手，给基辛格施加了不少压力，要找基辛格报告都得通过他。这造成不少矛盾。"索南菲尔特回忆说："哈尔皮林想当老二，所以总守在基辛格门口。"实际上他也好不到哪里去，基辛格开玩笑说，他每次出门没有不被索南菲尔特一脚绊倒的。

如果说哈尔皮林是个明星学员，那么索南菲尔特则是迎合了基辛格哲学口味的欧式知识分子。两人是同胞、同事，继承了相同的文化遗产，既有恩怨也有勉强的相互尊敬，许多事情又是秘密共谋者。有人说，两人一见面，空气立刻紧张起来，赫尔莫特太像基辛格了：不愿和人冲突，有野心，虚荣而多疑。

索南菲尔特总是隔着窗子紧盯白宫西翼的大门，约莫是多勃雷宁或者任何欧洲事务官员从那里进去，他会飞也一般地冲下楼去，加入基辛格参加的任何会见。"这让基辛格快疯了，"伊戈尔博格回忆说，"基辛格和别人的关系总是爱恨交织，尤其是赫尔莫特。"

敌对的根源，在于索南菲尔特受不了基辛格仅把他当成下属不让他和总统单独见面。他回忆说："见面第一天亨利就把我当成了对手，特别是在和尼克松接触问题上。"和前任们不一样，基辛格要确保他的下属不能单独面见总统、媒体和外交官。索南认为："这典型反映了他的不安全感。"

一次，尼克松宴请巴黎圣母院院长，基辛格的助手无论如何都没法在他的日程里加入这项活动，于是故意把索南菲尔特安排进去。索南正和基辛格开会，伊戈尔博格恶作剧式地把安排拿给索南，说："赫尔，这是你和总统一场午餐活动的安排。"基辛格看后，当即改变日程，由自己代替索南参加宴会。每当助手想不出办法让基辛格看一眼自己编的日程时，就干脆在文件夹外写上索南菲尔特的名字，放在基辛格能看见的地方，他肯定会打开瞧瞧。

基辛格常以故意小小羞辱索南菲尔特为乐。一次白宫仪式上集体拍照，"不不不，"基辛格说，"赫尔，你不行，你级别不够。"索南回忆说："就这样，小摩擦逐渐积累起来。一旦我意识到他是如此敏感后，我便开始故意逗他，假装在面见总统问题上挑战他的权威。"这时，索南不无悲叹地说："你越是忠心耿耿，他越当你是孬种，就越不拿你当回事。"

但不管私人恩怨如何，基辛格仍十分器重索南菲尔特的分析能力，总把分析苏联意图的任务交给他，或让他提出各种政策选择。而且奇怪的是，索南菲尔特虽然没在基辛格手底下飞黄腾达，却坚持下来，后来被基辛格带进了国务院。一次基辛格和他的发言人麦克洛斯基在安德鲁空军基地迎候德国总理勃兰特的直升机，麦克洛斯基问为什么让索南陪同勃兰特，基辛格反问："那索南干吗？"

当哈尔皮林和索南菲尔特为争当老二碰得头破血流时，还有另一位候选人在静静观望，这就是亚历山大·黑格（Alexander Haig），这个方下巴的家伙忠心耿耿、立场强硬，在尼克松的强硬路线味道愈发浓厚之后，这种品质的重要性逐渐压过了外交才智和创造力。而且也能保护基辛格孱弱的"右翼"。

黑格毕业于西点军校，他的一张照片背后写着他的箴言："强烈的信仰和更强烈的抱负加上对手下的信任就是一辆所向披靡的'勇士战车'，助你直冲云霄。"黑格是典型的爱尔兰工人家庭子弟，父亲死于癌症，母亲立志让他出人头地。1967年黑格任步兵营长，屡立战功。后因在越柬边境率军与敌人激战两天两夜而得到表彰，晋升上校。但此后的晋升，直至四星将军，都有赖于他在白宫办公桌后的勇敢表现。

基辛格物色军事助理时，约瑟夫·卡里法诺和麦克纳马拉向他推荐了黑格，克雷默也催他选择黑格，认为黑格是他的"第二个重大发现"。当时的黑格是西点军校副司令，名声是对军校学员极为苛刻，曾让他们夹着眉毛、绷着手指第二关节行军，许多年轻人恨他恨得要死。

和那些在行政大楼办公的国安会助理不同的是，黑格成为基辛格的贴身助手，另一人是负责文职事务的伊戈尔博格，两人办公桌就在白宫西侧地下室基辛格的办公室门外。没多久，黑格就开始接触大量敏感和机密事务。

黑格既能像普通士兵那样嬉笑怒骂，也能像将军一般守口如瓶，很快赢得了大多数基辛格下属们的好感。不像野心勃勃的哈尔皮林和坐立不安的索南菲尔特，他对任何人都不是威胁，对同事们的报告和点子从不会指手画脚。而且他善于平息基辛格大发雷霆引起的众怒，让办公室正常运转。"我喜欢亚历，"一位同事说，"他是个组织者、推动者、成人之美者，是稳定因素。"基辛格发作时，黑格能够忍受——这是他军事训练中获得的宝贵财富，咽下骄横跋扈的长官的辱骂，保持立正而平和——基辛格拂袖而去后，黑格便开始模仿刚才的场景，先装成基辛格上蹿下跳，再扮成痴傻呆僵的机器人，在地上转着圈走路，同事们见状都开怀而笑。"只有学会忍辱负重的人才会忍受这些。"一位在这里干过日程秘书的同事说。

同事被基辛格大骂后，黑格会过来拍拍他的肩膀以示支持，莫里斯回忆说："黑格会在人面前扮成一个好人，痛斥老板的疯狂和桀骜不驯。"这是一套基辛格再熟谙不过的战术了，他对尼克松就是这样。多年后，基辛格说："这么看，黑格其实是搬起石头砸了我的脚。"

黑格愿意加班，这对他竞选国安助理二把手很有好处。基辛格常常是工作到晚上八点，然后出去参加各色社交宴会和活动，把黑格一个人留在地下室里处理成堆的工作。之后，基辛格再返回办公室，发现工作已经处理完毕，而机密事项安全稳妥。黑格的工作又很杂。他帮基辛格摆平右翼势力。任何认为基辛格作风偏软的人士比如联邦调查局长胡佛，都是黑格拜访的对象。他培养基

基/辛/格 大国博弈的背后

辛格权力"额外津贴"的欲望，例如安排军方飞机送他回纽约度周末。基辛格参加第一次白宫宴会时，黑格甚至帮他租白色领结和燕尾服，到他家里帮他穿戴打理。

黑格为基辛格做的一项重要工作是监督联邦调查局监听国安会其他成员家庭电话。哈尔皮林和索南菲尔特是首当其冲的两位受害者。这一工作后来证明是三人角逐国安会二把手的决定性因素。

黑格的胜利还有另一层原因：基辛格相信黑格不会威胁他与尼克松的关系，认为黑格办事没有花花肠子，不是战略思考家而且笃信权力等级。他对黑格的解读没有错。但基辛格很快发现，自己对黑格的抱负和忠心的削断则是大错特错了。

◎基辛格的管理风格

上任几个月后的一天，基辛格从会议室挪了出来，像往常一样咆哮着找助手。有人指了指接待处那里——基辛格可怜的私人助理劳伦斯·伊戈尔博格因过度劳累和紧张晕死过去，已被送往医院。"可我需要他。"基辛格喊道。他才不管伊戈尔博格生不生病，仍然上蹿下跳、呔三喝四地发布命令，嘟嘟囔囔抱怨下属工作没做完。黑格回去后给没在场的同事津津有味地描述了当时的场景。

伊戈尔博格是个矮胖胖的外交官，有着尖酸刻薄的幽默感，他的工作最为繁重：基辛格的私人助理。这意味着老板的事情从洗衣服到文件流转样样得管。身体恢复后，他找了份轻闲得多的工作：布鲁塞尔北约总部。托厄·雷克接任了他的工作，但不到一年也走了，温斯顿·洛德又接着干。

不只他们，其他在基辛格手下干活的同事离职率也高得惊人。1969年基辛格上任之初有28名助理，9月前便走了10个，包括伊戈尔博格、哈尔皮林、戴维森、基尼、莫斯和施奈德等人。及至1971年夏，原班人马只剩七个，部分原因在于他把下属当成仆人而非外交政策专家。上任第一天开会，基辛格便通知他们不能在白宫食堂用餐，尽管他们工作时间可不止八小时。只有白宫负责国内事务的工作人员才能在白宫食堂吃饭。基辛格指责霍德曼这个决定不合理，霍德曼后来说这根本就是基辛格的主意，后者不想让自己的助理们有机会和白宫人员接触。开会末了，基辛格说："最重要的是你们得切断和媒体的联系。"最后警告："如果这里有谁能泄密，那个人也是我。"

基辛格废除了以往高级助理能与总统直接讨论事情的惯例。连他自己面见总统时带助手的情况也屈指可数。温斯顿·洛德后来评价说："这反映了他的极度自负和不安全感。"大家拼死拼活工作和忍受上级的责骂，若有机会见到总统也就值了，但基辛格弄得手下士气全无。

第一次国安会成员全体会议前，哈尔皮林把例行日程交给了中情局长赫尔姆斯。基辛格发觉后很不安，他对哈尔皮林的解释没有异议，但他担心下属和内阁成员套话。于是通过黑格发布规矩："工作人员不得与国安会成员交谈。"

基辛格就是这样，缺乏管理才能又不愿放权，日程搞得乱七八糟，办公室天天塞车。"头一年，这就像摩洛哥妓院，大家在门口排队，一排就是数小时。"索南菲尔特说。每次开会基辛格必迟到10分钟，连白宫高级官员会议也不例外。和美国军控谈判代表团约好的会议多次被取消，好不容易把基辛格请来了，会没开几分钟又被秘书叫出去接电话，一去就是半小时，再露面时别人鼻子都气歪了。

基辛格管理风格充满诡异色彩，既不开放也不民主，"他不喜欢人多的会议，怕人们拉帮结派，合伙整他，"索南说，"他的名声就是和别人分享秘密然后戳所有人的脊梁。"这并非有意而为，就是基辛格的秉性，伊戈尔博格说："一点点小事他都弄得鬼鬼祟祟的，很多时候分明就是个孩子。"

私下里，基辛格和同事们保持着亲密的关系。他总是设法让每个人相信他们是少数几位他能信任、能领会他意图的人，伊利亚特·理查德森："亨利跟我讲，他认为我是国务院唯一一个有头脑的人。"亨利·布兰登："亨利说我是唯一一个他搞不定的记者。"参联会海军上将祖沃特称："我从未遇到一个比基辛格更会拉拢人的家伙。他不仅有魅力、聪明，而且让我觉得我是他唯一愿意采纳建议、寻求帮助的人。"基辛格想让祖沃特背着拉尔德为他工作，跟他说："您是参联会最知识分子化的一位，唯一具有开阔眼界的人。"祖沃特刚走，话音未落的基辛格转身对下属嘀咕道："要是还有什么让我受不了的，那就是一位知识分子上将。"

政府里头自以为是者比比皆是，基辛格捧人的功夫大有用武之地。艾尔斯博格曾多次领教。1968年大选后在兰德举行的一次研讨会上，他说："我从艾尔斯博格那里学到的有关越南的东西比从任何人那得到的都多。"两年后艾尔斯博格去圣克莱门特看他，基辛格故伎重演："我从艾尔斯博格那里学来的谈判技巧比从任何人那儿学的都好。"同时，他也不吝辞章地猛夸一些鹰派对手，像约翰·康纳利。"他总是跟我讲我有多聪明、总统多么器重我，"康纳利后来说，"他溜须简直一绝，我很清楚，因为我也很在行。"

基辛格的魅力也有副作用，他迎合恭维的人太多太杂，不可避免地落下了两面派的名声。私下和秘密交流时，他总投其所好，挑人家爱听的说。但他不知道的是，从下属到华盛顿全城，所有人都在津津有味、迫不及待地比较基辛格都说了些什么。小施莱辛格是自由派历史学家，威廉·巴克利是保守派记者，两人都定期去华盛顿和基辛格会面。施莱辛格回忆说："和基辛格见面后，我回家和妻子说，感到很受鼓舞，亨利真是尼克松阁僚里最好的一个。一天我听说巴克利讲过同样的话——和亨利共进午餐、回家后跟妻子夸亨利有多棒。我这才觉得有些不对劲。"

巴克利的朋友曾警告他小心基辛格的两面派。美国情报局长弗兰克·莎士比亚说："基辛格能说服同样绝顶聪明、博学、老练、观点截然不同的六个人，让他们相信眼前的基辛格就是最真实的。"副总统阿格纽的办公厅主任大卫·基恩说："他对自由派搞一套，对保守派搞一套，不论何时何地都愿意跟你'分享'机密——'我要告诉你的都是最高机密'——然后跟你说些大粪都不如的东西。"

基辛格这种喜好迎合不同观点的特点在越南问题上表现最明显，尼克松和其下属曾极为恼怒。"我们都知道亨利是椭圆形办公室里的'鹰派之鹰'，"霍德曼回忆说，"可一到晚上，奇妙的变异发生了。据给尼克松的报告说，和自由派朋友们推杯换盏时，白天那个愤怒的基辛格摇身变成了鸽派先锋。"

交换看法和信息是国会上的权力游戏之一。基辛格的两面派做法引起许多纠葛。据他在国会的朋友、后来成为海军部长的约翰·李曼称："基辛格常和观点对立的富布赖特、斯特尼斯两位议员举行前后脚会议，告诉每个人他们想听的话。但国会山上的人们会交流，特别是国会工作人员。一来二去，基辛格对富布赖特说过的话当天就到了斯特尼斯的耳朵里。他们干脆将计就计开始利用基辛格。"

基辛格试图在尽可能广的范围内争得对其政策的认同，但撒网过大导致其信誉受损。李曼认为："对于富布赖特和斯特尼斯、格雷厄姆和赫尔姆斯这种死对头，你不可能长久地让他们同时把你视为秘密交心的伙伴。"

很快，交流基辛格的谎言成了华盛顿晚宴餐桌上的一道主菜。李曼听人说，一次，基辛格电话命令军控谈判代表杰拉德·史密斯把反弹道导弹协议上适用的美国导弹基地由四个改成两个，话音未落，这边抄起国防部电话，又跟拉尔德说"我同意你坚持四个的意见，可那该死的杰拉德总是不停地让步。"

但基辛格和不同派别打交道时并非千篇一律地使用这种伎俩，否则太容易适得其反。因两面派遇到挑战时，他会指出他措辞的细微差别，或者他语焉不详但被别人误读成同意或反对。尼克松的演讲撰稿人普莱斯说："把基辛格的话录下来回来细听，你会发现亨利跟富布赖特和斯特尼斯说的话并没有多大差别，只是他用了不同的包装而已。"

基辛格本能地根据环境变化调整自己的色彩，与保守派一起，他慷慨激昂；和民主派一起，他说着同样的话，但绞着手，一副痛苦无奈的样子。不管跟谁，他都仔细倾听、严肃地点头，问好问题，大骂另一派是"那些白痴"、"疯子"，不停地说他理解他们的关切。每个人走时都觉得基辛格是赞同自己的，而基辛格不会做任何事情去打消他们的幻觉。"过去这么多年了，不论当时谈话人认为我是在赞成他们，还是我用模棱两可的话误导他们，现在已没法说清楚，"基辛格后来写道，"可能都有吧。"

基辛格喜欢发脾气也是出了名的。有些人脾气来得快去得快，发泄完就好；有些人把火窝在心里，怨恨越积越深。基辛格兼而有之。"怎么让我碰上这么个笨蛋！"他吼着把助手写的备忘录摔到地上，跳起来，踩上去。一位助理说："要是一只脚踩上去，还有救。要是双脚同时离地，你就麻烦了。"

基辛格对诚实的错误比较宽容，但对马马虎虎和懒惰造成的错误则不留情面。温斯顿·洛德在一份文件弄错了关于老挝的问题，结果引得舆论哗然。但基辛格坚决顶住压力，在公开场合和私底下维护他。

基辛格对女性也比较温和，助理们都愿意在日程出岔子时找最漂亮的女同事去跟基辛格说。尼克松的新闻秘书黛安娜·索耶负责校订稿件，一次开会，基辛格说的一个军控问题的"谈判已经完成"，索耶校订后的版本错写成"谈判已经失败"，国务院肯定同意她这么改。索耶回忆说："基辛格气哄哄地下来算账时发现我正吓得发抖，我连声认错，他对我怒目而视了一会，总算没对我发火。"这很自然，基辛格后来和索耶约会过，发火就怪了，但换了索南菲尔特或黑格能不能幸免就不好说了。

到后来，基辛格发火时下属们干脆不理他。一次，他站在门口咆哮，没人抬头看他。最后他忍不住问了句："我很生气，没人看见啊？！"一个跟了他很久的秘书转向他说："我们知道您生气了。但只有您安静下来。用正常语调说话后我们才会注意您。"

基辛格弥补他火气和傲慢的一个办法是他有幽默感，天生严肃的他发现，策略性地自嘲是消解嫉恨和软化妄自尊大形象的好办法。大多数场合下，他的幽默都针对自己的狂妄自大开刀。在哈佛就熟识基辛格的记者布兰登说："他搞乐子是故意为之，以缓解他自己引发的怨恨。他很清楚需要幽上一默给自己消消气，但基辛格发挥幽默感时的那种精明劲儿令人吃惊。"

许多时候，基辛格会对自己的傲慢加以自嘲。有一次，他说："人家说我是个不可或缺的神奇工人，我知道这是为什么，因为我自己能一字不落地记起我说过的每句话。"以色列和埃及外交官在华盛顿首次会面时，基辛格的开场白是："除了独自一人在摆满镜子的餐厅里吃饭，我还没面对过这么多显贵的客人呢。"时不时地，基辛格会一边自嘲，一边自吹。官至国务卿后，有一次参加以色列大使迪尼茨儿子的成人礼，有人问他这和自己40年前在德国举行的成人礼有何不同，他回答说："里宾特洛甫（希特勒的外交部长）可没有参加我的成人礼。"

有时候，基辛格也拿自己脾气逗乐。搬进大办公室后，基辛格抱怨自己要走很长的路才能窜到下属的办公室摔门而去。以至于有时到了门口，他已经忘了为何发火了。他还说："英语是我的第二母语，不知道'疯子'和'傻瓜'这个词不能用于表示亲热。"还拿对手开玩笑说："国务院每个人都想从背后把我一刀捅死，除了比尔·邦迪。"他嘟囔道："他是个地道的绅士，想面对面把我捅死。"

有一次，威廉·萨菲尔到基辛格办公室找他商量总统演讲稿。结果发现所有人都在他那里找一份机密文件，翻箱倒柜，弄得鸡飞狗跳。基辛格在一边嘟囔着夸张地警告着，秘书们则来回翻纸篓，黑格带着工作人员们急匆匆地跑来跑去。"我现在没法和你弄，什么也干不了，直到找到它为止，该死的五分钟之前还在我手里，"基辛格对萨菲尔说，"要是找不着那文件，某个多嘴的工作人员肯定第二天就把内容传遍整个狗日的政府。"

"放松，亨利，"萨菲尔说，"会找到的。"

"我刚刚把一份整个政府最敏感、最机密的文件不知道放哪里了！"基辛格用惊异的眼神看着萨菲尔说，"不管怎么说也得着点急吧！总不能四仰八叉倒在沙发上光说句：'会找着的。'"

总算找到了，风波平息后，下属们开始以"疯狂的速度在地窖里来回穿梭工作"。萨菲尔在回忆录里说，基辛格的助手们"迁就亨利，忍受他的脾气和辱骂，加班加点工作，因为他们知道真遇到业务上的大事时他们是可以对基辛格说'不'的，这时基辛格会停下来仔细考虑他们的看法"。的确，在基辛格怒气和独裁中挺过来的助手们认识到，基辛格是华盛顿为数不多的真正赏识独立思考、讨厌溜须拍马的高官之一。基辛格的不安感的确容易发作，学问上也傲慢自大，但他欢迎挑战，欣赏论证有力的看法。这也是为什么在作出重大决定时，他不像尼克松那样自我封闭起来，而是广泛征求助手们的意见，使他们感觉到至少那一刻为他工作是值得的。

基辛格才华横溢的超凡魅力和勇于应对智力上一切挑战的氛围，为他赢得了一批忠心耿耿的助手，也使他在工作时能获得华盛顿最优秀的智力资源。一次，温斯顿·洛德奉命写了一份关于1970年入侵柬埔寨的报告。规定交稿的前一天交给了基辛格，基辛格读后扔出了门，甩了句"狗屁不是"。洛德通宵达旦改了一宿，第二天又交上来，基辛格来了句"非常棒"。洛德后来说，他其实没有改动太多，但基辛格就是以这种方式激励下属做最出色的工作。罗杰·莫里斯记得有一次基辛格半夜打电话给他说，"我读了你的东西。B+，你是唯一一个没达到A−的人"。

一件事在坊间流传颇久：温斯顿·洛德奉命起草一份报告。干了多天后，交给了基辛格。结果退了回来，上面写着"你尽力了吗？"洛德于是精心改写了一遍。上交后又被退，上面还是那句话。第三次改过后——再次退回、又是同一个问题——洛德火了："妈的，对，我只能弄成这样了！"基辛格回答说："好，那我就可以读了。"

不论好坏，政府里没有谁能像基辛格那样严格要求下属和自己，也没有谁能如此尽心尽力地要求每份报告都尽善尽美。

◎国务卿威廉·罗杰斯

在某些场合，基辛格和罗杰斯相处尚可，毕竟基辛格对那些不构成威胁的英裔新教徒精英通常是仰慕巴结的。比如对外关系委员会的同行们，像布鲁斯、万斯等老牌政客也是如此。而哈佛的鲍威、国务院的罗杰斯则被基辛格视为"威胁"。

罗杰斯和尼克松是老朋友，但不亲密。两人40年代就认识，当时身为国会议员的尼克松四处抓捕共产党人，罗杰斯则是参院调查委员会的顾问。1952年尼克松竞选副总统时，罗杰斯曾应邀相助，还把他从竞选经费的丑闻中解救出来。尼克松第一次竞选总统和加州州长失败后来曼哈顿当律师，遭到纽约共和党精英的冷遇和排斥，又是罗杰斯接纳了他。在尼克松夫人帕特看来，罗杰斯夫妇是真正的朋友。但尼克松和罗杰斯并非如此，二人争相同的客户，尼克松还曾试图把罗杰斯旗下的赞助基金拉到自己公司但没能成功。最重要的是，罗杰斯文雅之中带有几分傲慢，他对尼克松总有一种降格结交的味道，他认为尼克松在社交和职业上和他不在一个层次，尼克松也从他的表现中感觉到了这一点，这让他尤其不忿。

国务卿的第一人选本是罗伯特·墨菲——资深外交官、科宁玻璃公司主席，其次是宾州前州长斯科兰顿，但两人不感兴趣。尼克松最后找到了罗杰斯，认为他忠实、不挑刺而且有律师的谈判经验。他缺乏外交经验非但不是缺陷，而且是个优点：尼克松本来就想由白宫控制外交政策。

约翰·厄尔希曼相信尼克松选罗杰斯当国务卿是为了迎合他渴望别人服从的阴暗心理作祟。约翰称，两人从未有过多少友谊，因为"尼克松十分忌妒和怨恨罗杰斯"。罗杰斯相貌堂堂、穿戴入时，有个聪明的老婆。"我预感尼克松刻意把罗杰斯作为下属拉他入阁，甚至想借此羞辱他。"厄尔希曼说。基辛格也意识到这个说法有些道理。他后来写道："任命他当国务卿，至少部分原因，是老朋友想把原来的地位掉个过。"

问题是罗杰斯哪肯就范。"他看不起尼克松，一想到要为尼克松卖命就受不了，这就给了基辛格发挥的空间。"罗杰斯的副国务卿理查德森说。罗杰斯表示，他不同意的事项绝不照办，除非当面和尼克松商议。尼克松签署的信件也不好使，罗杰斯认定那都是基辛格和他手下的杰作（事实的确如此）。尼克松痛恨下属抵牾和当面压人，便开始寻找能绕过罗杰斯执行外交政策的人。基辛格自然求之不得。

罗杰斯失去了外交政策控制权，因为他对外交知之甚少，亲自操刀就更少了。理查德森认为："基辛格取胜是因为罗杰斯干脆不考虑外交战略问题。他有律师的习性：凡事就事论事，一件一件处理，没有战略眼光。"后来的发展也表明，罗杰斯也没心思和基辛格斗。尽管他曾是《华盛顿邮报》的律师，但他不愿和媒体见面，没兴趣和华盛顿媒介精英建立关系。他对副手们保证，他和总统关系非同一般，这才重要，在国安会重组这种事情上纠缠简直愚不可及。"比尔（罗杰斯）是个贪图享乐的家伙，从不会寻衅滋事。"约翰·康纳利说。

罗杰斯的世界观和尼克松、基辛格也不同。接受采访时他说："我不接受非胜即败的棋盘理论，我支持美国自然地发挥作用，与我们的特性和实力相适应的作用。"

基辛格和罗杰斯都想主持国安会常务会，罗杰斯认为基辛格官品上不是对手，基辛格认为罗杰斯才智比不上他。"罗杰斯太官气，我学问上太傲慢，都觉得不安全，没法和平相处，本来我们可以省去许多毫无必要的纠缠。"基辛格后来反思。说得没错，基辛格好事般地和常务副国务卿理查德森走在了一起，两人早上去国务院吃早餐，中午在白宫吃午餐。这是绝配，都是外交精英。二人都傲慢，都有野心，但他们好像哈佛同学似的能接受彼此，而把傲慢和偏见发泄在别人身上，每天哀叹自己身边好像一个傻瓜动物园似的。基辛格对罗杰斯的蔑视很快到了不可收拾的地步，贬损罗杰斯成了每日必修课。尼克松的助手和演讲稿撰写人去戴维营议事，基辛格也在那里，大说一通罗杰斯有多懒惰、无能和不称职，助手们返回的路上都认为基辛格已经鬼迷心窍、无可救药了。

尼克松并不想遏制基辛格的怨怒。他喜欢下属之间有点竞争和不和，只要不用他出面调解就行。1969年3月，尼克松第一次也是最后一次亲临国安会视察，对工作人员讲，对国务院那帮"永无翻身之日的苦工"不要留什么情面。

但尼克松又会请罗杰斯到白宫二楼共进晚餐，像社交朋友那样款待他。不时传来阵阵欢声笑语，使基辛格心烦意乱，尼克松从未这样对待过他。每逢此时，基辛格都在办公室里待到很晚，来回地踱步，絮絮叨叨念叨着罗杰斯又会往尼克松脑袋里塞些什么"蠢念头"。几个小时里，基辛格不停地问特勤局罗杰斯走了没。"罗杰斯每次来白宫吃饭，亨利都如坐针毡，苦思冥想像受难似的，"霍德曼回忆说，"他看上去疑神疑鬼的，咆哮说总统怎么会想见罗杰斯？又在我那儿来回踱步，告诉我罗杰斯肯定跟总统说了某些东西、这样干太无耻了，等等。"

尼克松一次对萨菲尔说："亨利和比尔的不和已经根深蒂固了，真令人遗憾。亨利认为比尔太肤浅，比尔说亨利是个权力狂。"说着，尼克松微笑着点评："某种程度上，两人都对。"

◎国防部长梅尔文·拉尔德

基辛格和国防部长拉尔德的对垒更具喜剧色彩，两人也棋逢对手。拉尔德长着个子弹脑袋，颇像卡通人物。一般公众把拉尔德错误地解读为尼克松政府中的鹰派人物，这不正确。实际上，美国从越南逐渐撤军正由他一手策划，他还反对尼克松作出的几乎所有"轰炸—破坏—入侵"的决定，但都未成功。当然这样做，他也高兴地体现了一名国防部长的价值，成为反对基辛格的斗争中有分量的对手。"亨利是个非常马基雅维里式的人物，"拉尔德说，"但我知道如何在他的把戏里击败他。"

老谋深算的拉尔德有着极为敏锐的政治触角和野心，这得益于16年的国会工作经验。他曾任国会防务预算小组委员会的首席共和党成员，和罗杰斯不同，他有着丰富的业内经验。他和基辛格一样精于算计，而且在国会广交朋友，完全可以从侧翼包围自大的基辛格。

一个例子可以说明他的行事风格。白宫打算把夏威夷一处军方占用的滨海地带划给公园管理局。基辛格警告厄尔希曼（尼克松的国内事务助理），出手前最好先切断拉尔德的后路，把他的嘴堵死。直接给五角大楼下指示肯定没戏，就事论事作用不大。厄尔希曼认为基辛格纯粹一派胡言，直接给拉尔德发了封有总统签字的函，指示立即把地移交公园管理局。结果，"拉尔德像斗牛士用扎枪慢慢折磨公牛一样对付这套烦琐的程序。"基辛格回忆说。他假装答应，说国会相关拨款一批马上就办。背地里却勾结他的老朋友、众议院拨款委员会的主席乔治·马汉使国会通过一项法令：那块地必须由军方建会客所。拉尔德后来说："时不时你就得给点颜色看看，让他们知道摆弄你没那么容易。"

基辛格对拉尔德"肮脏的善意幽默"颇为欣赏，对拉尔德在官僚机构斗争中宠辱不惊、超脱于成败的优雅印象深刻。他也会在背后不留情面地责骂拉尔德，但和拉尔德斗更具挑战性。"虽说拉尔德和尼克松一样有着拜占廷式的权术，"基辛格写道，"但尼克松憋着劲、恨叨叨办成的事情，拉尔德潇潇洒洒就能搞定，而且态度出奇和善。"

拉尔德的态度是，制定国防政策是美国宪法赋予他的神圣职责，决不容一个总统的助手随便侵夺。罗杰斯也抱有同样态度。但拉尔德知道如何摆脱国安会纠缠，而且国会密友们能保护他不受总统侧近人士的报复。他和参联会将军们来白宫参加会议，雄辩地支持参联会方案，然后又把基辛格的助手拉到一旁笑着说，也同意他们的保留意见，随后他又去国会山找马汉和赫伯特，这才透露自己的真实想法。"梅尔是亨利的对手，"詹姆斯·施莱辛格说，"他同样狡猾，但也有西部政客那种玩弄权术的直觉。"

基辛格曾试图用国安会下属的房屋评估委员会控制1971年的国防预算制定，拉尔德假装配合，但他一再拖延上交报告的时间，同时私下准备三份预算草案，一份应付国安会，一份给参联会，一份给他的铁杆马汉和赫伯特。把方案交给国安会时已距规定时间所剩无几。基辛格最终放弃。预算草案还是按拉尔德真正的版本提交了国会，尼克松望着拉尔德走出会议室的背影，朝旁人使了使眼色说："这家伙是政府里最狡猾的人。"据中情局长赫尔姆斯回忆说，"基辛格对拉尔德得到'总统'这一称号颇感忌妒"。

尼克松访问梵蒂冈时，基辛格极力想把拉尔德排除在教皇的宴请之外，但没斗过精明的拉尔德。按照计划，尼克松会见后要乘直升机从圣彼得广场起飞，到地中海后乘美国航空母舰离开。因此宴会当天，聪明的拉尔德亲自驾驶飞机落在圣彼得广场等候，此时距尼克松到来还有一小时，这时教皇有话，请拉尔德进去。教皇如何知道拉尔德在哪儿？"我猜他知道我在那儿，"拉尔德笑着回忆说，"直升机轰然落地他肯定忍不住透过窗子看看是谁。"

基辛格到后，吃惊地发现拉尔德赫然在列，还叼着雪茄烟。问他在这儿干吗，拉尔德咕哝着说负责看管直升飞机。"我不清楚他究竟以为梵蒂冈里这些人都在干吗。"基辛格后来说。拉尔德显然是想混进去参加教皇接待总统的宴会，基辛格拜托他至少掐掉雪茄。就在教皇致欢迎词时，拉尔德的兜里突然冒出缕缕黑烟。他一开始没声张，后来没办法，开始发疯似的用手拍打起来，想把雪茄和闷烧起来的衣兜弄灭。一些观众以为正在避免一场自焚的国防部长先生是在鼓掌，竟也慢慢跟着鼓起掌来。梵蒂冈的官员和瑞士卫兵几千年来古怪的香客见多了，对眼下的小骚动没当回事。

　　和基辛格一样，拉尔德也是个故意泄密的高手。往往泄密之后，还故意给基辛格打电话，假装火冒三丈。如果事情太敏感不便直接泄露，他会告诉五六位要好的国会领袖，几天后，事情就被捅了出来。

　　1970年美军打进柬埔寨后，反对这次战争的拉尔德故意向《纽约时报》表示，他已命令参联会没有国防部长的命令严禁向基辛格提供任何军事选择。每次决定越南撤军，他都事先向媒体吹风，打破白宫利用撤军捞取政治好处的算盘，同时也推动撤军加快步调。"我不得不把撤军的数目公开出去，这样亨利没法搞鬼了。"拉尔德后来解释说。基辛格虽对拉尔德的官僚作风勉强忍耐，但对泄密格外恼火。他极力阻止拉尔德知道各种信息，他的一位助手后来说："我们切断拉尔德的信息是为了活命。"

　　但基辛格从不知道的是，他的努力一败涂地。后来事实证明，拉尔德有如此之大的本事很大程度归功于他对白宫内情了如指掌，尤其是基辛格。拉尔德后来也承认："我有我的情报来源，非常可靠，我清楚高层的一举一动。"

　　拉尔德就任之初，尼克松答应让他任命要职。所谓"要职"还不仅是助理国防部长这种职位，他最关心的是国家安全局（National Security Agency），拉尔德第一件事就是让自己的心腹海军中将盖伊勒出任局长。国安局可以拦截全世界所有卫星和通讯信息。拉尔德告诉盖伊勒如果忠心尽力，保他得到四星职衔。

　　拉尔德得到了他想要的东西。"国安局把基辛格所有通过幕后渠道收发的信息都单独拷贝了一份给我，基辛格一无所知，"拉尔德后来说，"有时候你就得对一些人做这种事，将计就计对付他们。"基辛格最最机密的事项都没逃过拉尔德的法眼，包括美国和北越的巴黎谈判等。基辛格费了九牛二虎之力确保国防部和国务院不知道内情，但绘声绘色的情报飞快地落在了拉尔德的办公桌上。基辛格在与中国接触、斡旋柏林问题等重大外交行动中，为了躲开国务院借用了美国海军通讯体系，因此拉尔德对其每一步进展了如指掌。负责安装白宫保密电话系统的美国军事通讯局也在拉尔德的掌握之中，白宫与海外谈话也没能逃过他的耳朵。当尼克松和基辛格沉溺在自己的秘密游戏中时，拉尔德的能耐远在他们之上，这更暴露尼克松－基辛格式神秘的一个缺点：永远没法确定是不是还有人在黑暗中偷窥着自己的游戏。

虽然中情局有时能在某些方面获得更多情报，但拉德尔有办法掌握中情局所有海外电报通讯。不为中情局特工所知的是，他们在国家安全局的弟兄们在进行窃听时，耳朵可是不长眼睛的。

1972年9月，就在拉尔德离职前几个月，盖伊勒被晋升为四星上将。

拉尔德之所以能如此神通的另一个原因是，基辛格不信任中情局的幕后通道设施。所以，每当基辛格想要绕过美国国务院，他都会使用军方的电报网。比如美国与中国的秘密接触，就是由美国海军在巴基斯坦卡拉奇市的专员设立秘密通道，来协调有关信息。同样的，基辛格秘密就柏林未来进行幕后谈判时，也借助在法兰克福的海军专员建立复杂的联系方式。在这两件事情上，虽然中情局和国务院都被蒙在鼓里，拉尔德和海军部长祖沃特却对每个细节了如指掌。

基辛格那些去北京或是去巴黎讨价还价的秘密飞行也未能逃过拉尔德的火眼。拉尔德后来说："那时候，我命令负责白宫飞机的特别飞行任务（人员）向我报告任务的一切动向。"

除此以外，美国陆军通信兵团还秘密向拉尔德报告白宫大部分海外通话。白宫当时有两套电话系统：一个是由陆军通信兵团管理的白宫通信局；另一个是民用的白宫电话总机。前者远为复杂，也应该更安全，负责尼克松和基辛格与世界各地的通讯联系，接收空军一号打来的电话，每次尼克松出访，还要负责建立通信装备。比如1969年。陆军通信兵团花了307 000美元在比斯坎岛（Key Biscayne）设置通讯设备，又花了161 000美元在尼克松好友罗伯特·阿普拉纳尔普的私人岛屿——巴哈马的Grand Cay装配通讯系统。

基辛格更不知道的是，他让下属监听和转录通话内容的做法竟成为军方监视其行动的另一方式。海军部长祖沃特说："我们有我们的耳目，哪个人在谈论谁的什么事情一览无余。特别是黑格和基辛格——这两个人，一个人在外出差时，另一个肯定要到总统那里给另外一个埋几颗地雷。"

1971年底，一桩丑闻浮出水面，基辛格手下的一名海军军士原来一直是参谋长联席会议派来的间谍。尽管这个军事间谍团伙已经神乎其神，但与能够从对手身上获得信息的拉尔德比起来，还是逊色不少。当尼克松和基辛格沉溺在自己的秘密游戏中时，拉尔德的能耐远在他们之上，这更暴露尼克松——基辛格式神秘的又一个缺点：永远没法确定是不是还有人在黑暗中偷窥着自己的游戏。

◎官运进行时

国家安全委员会全体会议很快让尼克松不胜其烦，每讨论一个问题都要面对罗杰斯和拉尔德的反对，更不用说这两个部门还存在着拖沓的官僚作风和泄密的可能。1969年6月的一个上午，在和霍德曼的例行谈话中尼克松指示，他考虑了五个月，决定牺牲国防和外交两位部长的权威提高基辛格的重要性。从今往后，多数外交政策问题不再提交国安会全会讨论，而是由尼克松和基辛格两人商议决定。

"国安会例行会议改为两周一次——或每月一次。"霍德曼的记录本上写道："更多议题由总统和基辛格私下讨论。"后来再进一步，从现在起，他告诉霍德曼，基辛格直接向总统汇报，各类问题不再放在国安会全会框架下讨论，无须罗杰斯和拉尔德参与。"没商量。"尼克松强调。

这正中基辛格下怀。打一开始他就伺机与尼克松私下制定外交政策。第一次讨论越南问题的国安会上，基辛格让哈尔皮林准备一份两页的备忘录，概述国务院和其他部门提出的解决方案。备忘录上还特意画上小方框，供尼克松签首字母。基辛格看了看，对哈尔皮林说："不错，那么告诉他该怎么办吧。"哈尔皮林着实吃了一惊，因为他老早就听过基辛格断言，国安会的人最多不过把各种选项过一遍，然后传给别人。这份附带了基辛格推荐行动的摘要文件成为了他的又一个秘密，国务院和政府其他部门都被蒙在鼓里。

新闻界起初还真以为像尼克松所说的，要把权力交给内阁，但很快嗅到了这次秘密的权力转移。上台三个星期基辛格就上了《时代》封面，大家都怀疑基辛格很可能会夺走原本属于国务院和国防部的职权。《纽约时报》发表了同样的言论："基辛格正在夺去原本属于国务院的权力——协调尼克松政府的外交政策。"

结果国安会成了摆设。尼克松开个头，就让基辛格把问题摆上来。各部门解决方案会摆在头头们面前，但只有基辛格和尼克松有摘要和建议方案。"国安会开会前总统决定稿就已开始起草了，"工作人员说，"尼克松手里还有基辛格的人马给他写的谈话参考要点，上面预见到拉尔德和罗杰斯会提出哪些问题，事先准备好了应对方案。尼克松总是看得十分仔细。"

基辛格凌驾于各部门之上的权力主要来自于他兼任的国安会高级评估小组主席一职，由他决定哪些问题可以以及何时提交总统。但他不满足，很快在国安会体系下成立了一大堆形形色色的委员会，全部由他当头儿，以便更好地掌握特定的问题，包括：

——华盛顿特别行动小组，成立于北朝鲜击落EC-121侦察机事件后。专司处理突发事件和危机。

——鉴定小组，1969年7月成立，最后成为管理所有军控谈判的机构。

——防务项目评估小组，研究购买武器及其他军事项目的预算。

——越南特别研究小组，1969年9月成立，协调越战问题上军事和外交政策。

——"40"委员会，负责授权中情局和其他机构执行秘密任务。

国安会地位的提高还突出表现在经费上。1968年罗斯托任国安会助理时预算仅70万美元，至1971年，基辛格的预算高达220万美元，工作人员增至助理46名、行政人员105名。

在华盛顿，能直接获得信息才能保证权力。基辛格一直对中情局局长赫尔姆斯不放心，坚持要中情局提供所有原始数据，而不仅仅是他们的评估报告。赫尔姆斯说："他们看不上我们写的东西，尤其是关于苏联问题的。我们只能随同报告一道提供大量数据，基辛格好作出自己的判断。"

基辛格还直接和军队打交道，坚持让海军上将祖沃特向他提供咨询，拉尔德很不高兴，说和军方接洽应该通过他。基辛格回话说，总统助理有权和军方任何人直接接触。祖沃特不得不表示，他支持国防部长的意见，但基辛格固执己见，坚持认为他有权和参联会所有成员直接会面。祖沃特不管这套，每次见面后都全盘向拉尔德汇报。

基辛格控制外交政策的念头并非完全不正当，靠凌驾于官僚机构之上，他一扫多年来笼罩在国务院和国防部的陈腐气息。1969年夏，他下令对化学和生物武器进行研究，但国务院和国防部呈上来的报告混乱不堪，基辛格大叫"连读都读不通"。但他知道机会来了，他让下属修改词句、突出观点。最后出来的报告建议放弃首先使用化学武器同时中止生产生物武器，尼克松非常欣赏这种新颖、出色的政策评估过程。

执政第一年的夏天结束前，尼克松和基辛格已不再用备忘录交换意见了，而是数小时地泡在一起讨论。尼克松每早浏览世界大事，基辛格从大战略思维讲到报道中世界各地领导人的趣事，无所不包，中间夹杂些对国务院的批评和官僚机构的风言风语。他就像个毕恭毕敬的辅导老师一样，表扬着"学生"的洞察力，偶尔插几句真知灼见，然后指出国务院形形色色的欺瞒和愚蠢行为。连霍德曼都开始忌妒基辛格独霸时间，但知道这就是他主子喜欢的讨论方式：隐私而诡秘，中和了高尚和卑鄙。

◎秘密渠道

美国外交的基本原则之一是所有和外国政府的官方交往必须经过国务院，即使是总统特使主持的涉外谈判也不例外。这规矩定得很好，但缺点同样不少：所有沾边的机构都要出来发挥专长和挑三拣四一番，外交提案必须符合现行政策规定，所有情报（即使是高度机密）都会流入官僚体系内的大批专家、部门首长和负责具体领域的低级外交官手中。

显然，这不是尼克松和基辛格喜欢的方式。他们要的外交政策要秘密操作，要有爆炸性，能为白宫（就是指尼克松和基辛格）而非国务院赚来名声。于是基辛格逐渐建起一套复杂的绕过国务院的"幕后渠道"操作体系。

最著名的是为美国和苏联之间的秘密谈判搭建渠道（被简称为"渠道"，the Channel）。

基辛格曾描述这种秘密渠道的建立过程："尼克松越来越多地把敏感谈判移至白宫进行，便于他直接监督，把功劳揽在自己身上，还可以跳出政府机构办事窠臼、躲开它们无休止的争辩。"这话用在尼克松身上千真万确，但用来说基辛格自己更准确。缺少任何一个人，恐怕秘密渠道都搭不起来，但基辛格本人更渴望这么干。"我毫无疑问是支持的，"基辛格后来承认，"和大多数高级官员一样，我也有很多想法，而且不会拒绝将其付诸实践的机会。"

他这种想法在学者时期就有。1968年在加利福尼亚大学举行的一次研讨会上，基辛格探讨了高层在作出重要决定时让官僚机构"浑然不知"的必要性。他说：

> 决定应在小范围内做出，官僚机构过于笨重，内部争论时，往往几语不和便野蛮地将方案捅到媒体或国会各委员会。唯一确保不泄密的方式就是把那些理论上负责政策制定的官僚机构排除在决策过程之外。

其中的潜台词就是：未经公开监督的决策比公开讨论后形成的决策好。但即使人们接受这一假设，也对其中对于民主制度的蔑视感到担心，竟认为让国会和新闻界知道内部讨论的事情是"野蛮的"。

上任不久，基辛格就开始与苏联建立秘密联系渠道。一次苏联使馆举行的招待会上，一名官员告诉基辛格，多勃雷宁大使身体不适在楼上休息，希望请总统助理先生上楼一叙。上楼后，多勃雷宁热情地接待了他，建议此后彼此称呼对方时免去姓氏，两人扼腕叹息了一阵过去错失的种种改善美苏关系的"机会"，然后多勃雷宁提出求见尼克松，当面转交苏联领导人的信件。

基辛格事后说是尼克松要求不让罗杰斯参加此次会见，尼克松说是基辛格的主意，不管是谁，反正没有罗杰斯。这在外交礼仪上属严重不轨之举，通知罗杰斯此项决定的任务落在了倒霉的霍德曼身上。他发现尼克松指责是基辛格出的这馊主意，便在通知罗杰斯时也照本宣科。会晤时，尼克松告诉苏联大使以后讨论敏感事务只找基辛格，别去国务院。他听从基辛格的建议，当场拍板由基辛格和多勃雷宁建立一条正式的秘密外交通道。

此后，多勃雷宁经常是每周来访，从白宫东侧一个不为人知的小门进去，到富兰克林·罗斯福谋划战争方略的地图室和基辛格会面。

国务院的职业外交官们蒙在鼓里好长一段时间。一次，尼克松和基辛格致电驻苏联大使比姆，让他向苏联总理柯西金递交一封信函，行动必须严格保密。比姆信是递了，但旋即非常自然地向罗杰斯报告了此事。结果闹得不可开交：罗杰斯对于被排斥在外极为不爽，基辛格则对比姆大逆不道怒不可遏。

这些幕后渠道就其本身功用而言，的确都属饱含创造力的外交实践，但专门处理外交事务的国务院一直被排斥在外，问题就变了味，除了创造性，显然还有不可告人的目的。秘密外交的后果之一就是外交官失去了反思老套政策和在谈判中谋求妥协的动力。一旦他们怀疑基辛格在背后鼓捣些他自己的东西，自己干脆就固守田园、墨守成规算了。

基辛格有自己的一大套理由。他先把事情推向尼克松。"尼克松既不相信内阁又不愿意直接发号施令，于是觉得搞这些东西很必要，"他后来写道。他还指责罗杰斯和所有官僚体系成员，这些人老是反对总统的政策。基辛格说的不无道理：决策过程如放在常规渠道内进行，一些新鲜的想法肯定难逃被扼杀的命运。

短期看，幕后渠道见效了。方法虽然"奇怪而且耗费，不引人注目"，基辛格写道，"但其取得的重大成就必将载入史册"。通过幕后渠道取得的成功包括：美苏削减战略武器协定（SALT）、中美接触、柏林协定、莫斯科峰会以及姗姗来迟的越南和平协议。但背着国务院秘密谈判并没让SALT的结果更牢固，也未使中国的开放更顺畅，越南的和平也没有提早到来。

不管结果如何正确，幕后渠道让美国的外交更加错综复杂。苏联人抓住机会熟练地、狠狠地利用美方不同的管道，上下其手、挑拨离间；巴基斯坦就因为是与中国沟通的秘密渠道便被荒唐地免去了孟加拉战争的责任；因为美国沉溺于秘密外交，结果北越赢得了一场公共外交的胜利。

此外，秘密外交浪费了基辛格工作人员大量的时间和创造力。温斯顿·洛德每次得为一件事情准备三个版本的文件。"要写一份会议备忘录，我必须同时搞出两个'无害'版本，因为一些内容不能让其他单位知道，这就得花三倍时间，"他说，"感觉就像在同时做三份账本一样。"幕后渠道还使下属们的道德价值观遭到挑战。政府里保有些秘密是必要的，托尼·雷克说："但基辛格越过了红线从保密变成了欺骗。"在与北越的巴黎秘密谈判期间，雷克不得不每天给总统写一份讨厌的备忘录，报告亨利的言行和行踪。这份备忘录在给大卫·布鲁斯前必须删去若干段落，而要其他官员看到则必须准备完全"无害"的版本以确保不会泄密。"就像一出复杂的莫扎特音乐剧，"雷克说，"我辞职的原因之一就是发现自己不停地在写骗人的备忘录。"

尼克松和基辛格依赖秘密渠道不是因为它们切合美国国家安全利益，而是因为符合他们的个性。两人都喜好秘密行事，讨厌和别人分享成就，自视为浪漫的独行侠，都觉得从职业外交官和国会议员那儿没什么好学的，也不相信公众参与和乱哄哄的民主辩论能带来更明智的决定。伊戈尔博格评价说："他们努力不让任何人知道全部故事，哪怕那意味着欺骗。"

资深的苏联美国问题专家阿尔巴托夫认为，秘密渠道的建立很大程度上就是为了满足基辛格的自大心理。"或许也满足了多勃雷宁的。"基辛格遥想过去说。他承认，判断这其中掺杂了多少个人恩怨、虚荣和权力挣扎是件很难的事情，但"完全没有是不可能的"。

◎ "亨利调解委员会"

基辛格对罗杰斯的疯狂劲头让尼克松很不放心。就连尼克松夏天在加利福尼亚海边游泳时，基辛格也在一旁磨叨，不管谁在场。霍德曼一张便条上写道："基辛格又开始抱怨罗杰斯……一天两三遍……""总统很着急，"霍德曼回忆说，"让我们成立一个'亨利调解委员会'解决这件事。"

"委员会"成员有霍德曼、厄尔希曼和司法部长米切尔，第一次会议在米切尔特地租来的一间小屋里举行。尼克松希望放松、非正式的环境能让亨利平静下来，少让他操些心。

基辛格带着一份打印好的宣言来参加会议。第一点：罗杰斯不经白宫（就是基辛格自己）同意不能发表演说；第二点：基辛格有权不经罗杰斯直接和他的副手及助理接触……念完后便开始举例数落罗杰斯的无能（也确实属实）

"这家伙是自由世界的一个活跃危险分子"，他一本正经地摇着头告诉委员会。米切尔点点头，吐了口气，答应找罗杰斯谈谈，但什么都没做。仇恨延续到了火热的夏天。

1971年1月的一天，开会迟到的基辛格冲着霍德曼和厄尔希曼宣布："我可能立刻要辞职回哈佛。"两个人都蒙了。"那个罗杰斯竟给埃及外长写了封信。"基辛格解释道。

国务卿给别国外交部长写信联系再正常不过了，况且中东是尼克松允许罗杰斯自主处理的不多的几个地区之一，基辛格的愤怒大概属于庸人自扰。但霍德曼告诉他写张状纸，几天内就和他谈谈。

基辛格让黑格和他几名手下起草一份"白宫和国务院的关系"，里面让他最生气的是一位德国官员从美国国务院使者那里听来的话："基辛格不会来德国的，他一天都不敢离开总统身边，生怕一走就失去影响。"基辛格指着这句话，气得直哆嗦："你能相信吗？！"

他拿着文件气鼓鼓地去椭圆形办公室告状。尼克松不胜其烦，他让霍德曼再次召集"亨利调解委员会"。这次是在霍德曼办公室，基辛格又拿出宣言书厉声宣读："对基辛格直接或间接地攻击必须停止……所有和政策有关的电报往来——特别是中东方面的——必须（向基辛格）讲明……所有和多勃雷宁的联系必须澄清。"老样子，又是一阵点头和同情的嘟囔声，但委员会很清楚，他们解决不了什么问题，只是尽可能让总统少花点时间听基辛格抱怨。

《纽约时报》一连数天在头版头条报道了白宫和国务院之间的事情，头一天是"国务院决策权减弱"，第二天就是"旋涡中心的基辛格"。罗杰斯找上门来，要求白宫支持，霍德曼让萨菲尔写份声明，否认媒体的胡乱猜测。

"如果罗杰斯不愿屈服，我就辞职！"基辛格板着脸向来讨论声明内容的萨菲尔说。萨菲尔一向觉得基辛格的脾气很好玩，让他消消气。基辛格越想越生气："你和霍德曼以为我随便说说是吧，我可是认真的！"角落里的黑格点点头。基辛格指着《时代》杂志上一篇关于西德（联邦德国）政策之争的文章，又开始骂起那位向德国官员说他坏话的国务院官员。

"感觉好点了没？"萨菲尔问。

"没有，"基辛格说着又发起了脾气。最后他宣布，如果萨菲尔写这篇支持国务院的声明，他就辞官。"如果你做出任何牺牲我支持国务院的事，那我也忍无可忍了。"末了，霍德曼决定最安全的办法就是三缄其口，不发表任何声明。

几天后，萨菲尔回来找他商量一篇演讲稿，基辛格还余怒未息："你们当我是说笑是吧，我还真就不干了。"

"如果你辞职，亨利，"萨菲尔说，"就再也接不到漂亮女人的电话了，你魅力的秘密就在于你接近权力。"

"这话倒有点道理。这可是巨大的牺牲。"发火的基辛格仍不忘解嘲。正像他所说的，权力是绝佳的春药。

基辛格和罗杰斯之间的矛盾并未因"亨利调解委员会"而平息。"就像阿拉伯和以色列，"基辛格抱怨道，"我赢了所有的战役，但他却赢得了战争。他只需打赢我一次就够了。"尼克松1973年终于认识到，让基辛格既继续卖命又尊重国务卿的办法只有一个，就是让他去当国务卿。因此，在赢了所有战役后，基辛格最终也赢得了战争。

第11章 ｜ 耳边的秘密

办公室窃听器，死键，其他装置

> 梅特涅外交哲学的复杂迂回反映了一个基本定律：自由离不开权力，自由源于秩序。
>
> ——《重建的世界》，基辛格，1957年

◎1969年5月，国安窃听

尼克松去佛罗里达看他的老朋友雷波佐时，工作人员一般住在几个街区以外的比斯坎酒店里。上任四个月后的一个星期五的早上（5月9日），总统助手们在游泳池边吃早点、读报纸。只听基辛格嗷的一声蹿了起来，摇着当天的《纽约时报》叫道："岂有此理！"基辛格指着头版下方的一条新闻给霍德曼看，要求立即报告总统。

"随着亨利的愤怒，"霍德曼回忆说，"事情就这么开始了。"

"美国的B-52轰炸了柬埔寨境内的几处越共和北越补给点。"报道称。作者是威廉·毕彻，《纽约时报》驻五角大楼的资深记者。报道引起的反响出奇得小，没有报纸转载，没有议员抗议，没有游行，大家都非常平静。

在比斯坎岛（Key Biscayne），有两个人却无法平静。"亨利气得脸色发青，"尼克松回忆说，"后来我也变得和他一样。"当基辛格一阵风似的冲进总统房间时，这个"非常情绪化"的基辛格（来回来去地踱步，跺脚，上气不接下气）让尼克松吃惊不小。基辛格说："必须采取行动！一定搞死这帮家伙！"

基辛格极力指责国务院和国防部泄露了秘密，甚至给正打高尔夫的拉尔德打电话："你这狗娘养的，我知道是你泄的密，你必须向总统解释清楚!"拉尔德气得挂断了基辛格的电话。

尼克松心里想的可不一样。他告诉基辛格应该对自己的国安会属下"给予严格而客观的审查"。

基辛格吓坏了。刚刚和总统建立起来的亲密关系很可能因为自己家门失火而毁于一旦。他开始采取行动向尼克松和他的普鲁士助手们证明他比任何人都更愿意保密。

基辛格立刻打电话给联邦调查局长胡佛。"毕彻的报道影响极坏。"他说，白宫想查出信息来源。没过11点，基辛格又打电话回来：毕彻近来其他几篇报道也得查，一篇关于军控谈判，一篇关于EC-121被击落一事。刚过两小时，胡佛电话又响了：基辛格要求调查过程保密，不许泄露。胡佛向他保证会照办，表示他已决定不派人直接去问毕彻本人，而是迂回包抄，争取从其他记者那套出来。

正如基辛格知道的，胡佛早就怀疑哈尔皮林，一直反对基辛格起用他。在一份备忘录中，胡佛贬斥哈尔皮林"有典型的哈佛偏见，认为美国领导人在越南问题上的承诺是错误的"。这句话同样适用于基辛格，因此他就没做声。

尼克松一直放手让基辛格按他自己意思招贤纳士，不管在政治上是否忠于尼克松。但听了胡佛的意见后，尼克松开始觉得不对劲了。他告诉基辛格："让哈尔皮林这种人在身边早晚出事。"基辛格辩护说："不会的总统先生，哈尔皮林他们绝对靠得住。"多年后，尼克松回想起这段谈话时脸上闪过一丝无奈的苦笑，摇摇头。他确信，基辛格在国安会养的鸽派和民主党人后来给他制造了无数麻烦，窃听事件、管子工事件、白宫里的多疑气氛等。如果基辛格手下是个保守派团队的话，他相信绝不会种下让自己最后黯然离职的种子。

5月9日毕彻文章见报后，尼克松和胡佛再次提出哈尔皮林问题，基辛格发觉再想保住哈尔皮林已几无可能。没有任何证据表明是他泄的密，他不过对尼克松缺乏好感，连憎恶都谈不上。但鉴于四下的舆论和强硬氛围，基辛格认定，哈尔皮林已变成了自己的负担。

哈尔皮林此时就在比斯坎，他负责协助基辛格起草尼克松第一次关于越南问题的重要演讲。当天下午，基辛格对他说："咱们去散散步。"两位哈佛同事沿着海岸线一边走，一边谈起胡佛和其他人对哈尔皮林的泄密指控问题。哈尔皮林辩解说，这根本不可能，他对轰炸柬埔寨一事的细节完全不清楚。基辛格表示他是相信的，但提了个主意：要不暂时先不让你接触机密材料一段时间如何？这样等下次有人泄密，就能证明你是清白的。基辛格绘声绘色说得很可信，而且语调十分平缓，哈尔皮林根本不知道自己正遭到清洗。两人回到比斯坎酒店，霍德曼和米切尔正在开会，基辛格溜达进去，把他们介绍给哈尔皮林，哈回忆说，那是他第一次见到司法部长。

就在哈尔皮林和基辛格海边漫步时，华盛顿联邦调查局总部探员詹姆斯·加夫尼赶到了切萨匹克和波多马克电话公司，把一张索引卡交给了他的秘密联系人，上面写着电话号码4697818，地址为贝赛斯达市郊石径路8215号——莫尔顿·哈尔皮林、伊娜·哈尔皮林和他们三个儿子的家。加夫尼什么都不需要，没有法院授权，也不用司法部长的信函。他告诉联系人，事情紧急。电话是从调查局资深监听员恩斯特·贝尔特那得到的。贝尔特感到，这个电话肯定不同寻常，由白宫直接下令调查，涉及高度安全问题，因此常规报告途径一切可免。他后来告诉记者"肯定是个超级间谍的电话"。到傍晚之前，哈尔皮林的电话便被连到了贝尔特办公室的接线总机上。

基辛格回到房间后，又给胡佛打了个电话。胡佛称，他的干员已经发现毕彻曾多次光顾五角大楼的新闻发布室（这再正常不过了，毕彻毕竟是《纽约时报》的资深常驻国防部记者。——作者注）。胡表示，所有猜测和怀疑都指向了哈尔皮林。这位精明的局长没有直接提到窃听的事情，反倒是记下了基辛格说的发誓"如果找到这个内鬼绝不轻饶，不管他在哪儿。"基辛格显然在讨好胡佛，这番强硬的言论曝光后让他颇为尴尬。1974年参院的一次听证会上，基辛格辩解说："我觉得胡佛也在怀疑我，所以谈话时自然要表现出对国家安全危险的警觉性。"

哈尔皮林回到房间后也给家里打了个电话。六点半钟，是妻子伊娜接的。贝尔特总机上的红灯亮了，就这样，一位丈夫和妻子之间的谈话就被他们的政府偷偷录了下来。

哈尔皮林被窃听的电话中，有一段让贝尔特和他的同事们非常吃惊。8月，哈尔皮林告诉基辛格他要辞职的打算后，基辛格显然非常不安；周六下午，他打电话给哈尔皮林求他留下来，联邦调查局的窃听记录写道："基辛格诚恳地告诉他，他的'所处的位置的确令人沮丧而且我的一些手下做法也确实不太好。'他的工作'绝对是所有工作人员中最有创造性的'，基辛格不想白白地放弃这么好的人才。"哈尔皮林不为所动，于9月辞职。而对他的窃听又持续了21个月。

5月9日，在计划调查哈尔皮林的同时，另外三人也成为怀疑对象：基辛格的助手索南菲尔特和戴维森、助理国防部长罗伯特·珀斯。第二天，基辛格就让黑格去联邦调查局，要求对上述三人进行窃听。

黑格对胡佛的助理威廉·苏里文说"只需窃听几天"。又说不会有任何书面记录。苏里文对此疑惑重重，决定第二天与胡佛商量后再定。胡佛点头后，苏里文创建了一份文件夹，起名"6月"（JUNE）。

索南菲尔特被窃听出于多种原因。他在国务院任职时就曾被怀疑泄密，但一直未能证实。他的妻子马尔约丽名利兼备，拥有一家华盛顿的百货公司，还是反对尼克松的知名社会人士和民主党活动家。此外，基辛格和索南菲尔特的私人恩怨也使窃听变得合情合理（除了智力比拼之外，基辛格对索南菲尔特因为娶了个好老婆而获得的社会地位也心存忌妒）。而且黑格和索南也是对手回想起此事，索南认为根源在于基辛格的不安全感。索南和基辛格一样，因纳粹迫害而家道中落，被迫颠沛他乡。他对窃听极度恐惧，总是跑到黑格桌前说他肯定自己遭到了窃听，黑格只是笑笑，从未告诉他真相。

对珀斯的窃听表面上也有道理：他的老板拉尔德是个泄密高手。实际上，拉尔德曾向毕彻确认过的确有柬埔寨轰炸一事。但窃听珀斯恐怕还有官场权力斗争的目的他和拉尔德每晚必通电话，有时一晚两三次，讨论战略问题或交换流言蜚语。窃听珀斯使基辛格与政府中唯一斗得过他的人能够并驾齐驱。拉尔德在办公室和家里都有两部电话，定期检测以防被窃听。"但我犯了个严重的错误，"他后来说，"我没检查珀斯家的电话。"直到1974年拉尔德才知道窃听一事，当即就和基辛格翻脸了。"亨利说都赖黑格，"拉尔德回忆，"珀斯才华横溢，比黑格聪明得多，黑格非常不忿。但我不信靠他自己就能搞窃听。"

戴维森如前文所述曾在1968年大选期间给基辛格提供过巴黎谈判的内情。对于同意窃听一事，基辛格的解释是，政府里其他要员都认为搞窃听是正当的。戴维森认为基辛格居然同意这种鬼话着实奇怪。"你能想象有人会跟麦克乔治·邦迪（肯尼迪的国安助理）说'咱们窃听些国安会工作人员吧'？任何值得尊敬的人都会认为这种建议不可思议。"

前后共有17人遭到窃听，其中13人系政府官员，四人为记者。整个事件持续了21个月，直至1971年2月。一些窃听两三个月即中止，其余都超过一年。窃听电话摘要每天从联邦调查局送到基辛格办公室，黑格读给他听，给他看好玩的部分，然后锁进情况室的保险箱里。

一些助手开始怀疑暗中有事发生。窃听刚开始不久，罗杰·莫里斯去医院看望因劳累精神崩溃的伊戈尔博格。伊戈尔博格竟哭了起来。他告诉了老友关于窃听的事。"（打电话时）千万别说任何你不想让亨利和霍德曼知道的东西。"他警告说。另一位天真烂漫的助手雷克偶然发现了一份有关同事的电话窃听记录摘要，告诉了莫里斯。"罗杰和我决定不去惹基辛格，"他回忆说，"我们要对付的事够多了。但时不时我们聊电话时，都不忘祝埃德加·胡佛圣诞快乐。"

尼克松对泄密的憎恨是窃听项目开始和持续的根源。他每早读报或新闻摘要，助手在旁边随时记录他的指示。"这是个什么鸟报道？！"他说，"查查谁泄的密，炒了他！"尼克松在1969年4月25日的一次会议上批准进行国家安全窃听，就在毕彻泄密事件两周前。胡佛认为窃听在查处泄密事件时是很普遍的做法，可以追溯至富兰克林·罗斯福时期。当晚，尼克松召集几人又进一步商讨了实施窃听的问题。基辛格未被包括在内。

胡佛的副手苏立文曾写过一份备忘录，说1971年5月20日——毕彻事件两周后——基辛格亲自携黑格来联邦调查阅原始窃听记录。虽然基辛格每天能读到摘要，但亲自浏览生动活泼的原文显然更过瘾。苏立文在备忘录里写道："基辛格博士和黑格上校今早11点三刻到我办公室。博士读了全部窃听记录。看完后说：'显然我办公室里的没一个人值得信任，除了眼前的黑格上校。'"备忘录继续说道："基辛格要求窃听时间范围再延长一些。"但此后，当事人都不记得曾有过这次会面。1974年参院有关调查委员会问及这份备忘录，苏立文回信说："记不得基辛格曾在我办公室读过窃听日志。根本想不起来他曾经为了什么原因来过我办公室。"基辛格的答复如出一辙："要真想读的话，我就让人给送过来了。"常去联邦调查局的黑格上校小心翼翼地答称："想不起来了。……但如果真有这事也不算什么。"

不管基辛格当时去没去过，5月20日后，国安会窃听名单上多了两个人：理查德·莫里斯和理查德·施奈德。莫里斯曾是民主党鸽派、参院外交委员会主席富布赖特的助手；施奈德是职业外交官，基辛格的亚洲专家。他们分别是5号和6号对象。

黑格提交给联邦调查局的另一人是伦敦《星期天时报》记者——评论尖酸而人脉广泛的亨利·布兰登。此君是基辛格在华盛顿最早结交的朋友之一，善于交际，从肯尼迪到里根和他都有交情。胡佛强烈主张对其实施监听，甚至怀疑布兰登是英国或捷克间谍。基辛格曾否认窃听记录里有风言风语或隐私内容，但对布兰登的窃听记录证明他撒了谎。一份记录讲的是"布兰登对一位离婚女性有浪漫的兴趣"，"想方设法安排在异国他乡和她见了面"（1970年与布兰登结婚）。窃听布兰登持续了21个月。1973年窃听事件公开后，布兰登质询基辛格。"他满脸阴郁，下巴低垂，弓着虾米腰死沉沉地堆在椅子里，"布兰登回忆说。基辛格辩解说。监听针对的目标其实是他自己，不是布兰登，因为他和记者接触太频繁。的确，基辛格许多个周日是在布兰登家过的，常用他的泳池和电话，连总统有时找基辛格都会打电话到布兰登家里，贝尔特和他的同僚都吓了一跳。

到1969年6月4日前。最初七名嫌疑犯里仅珀斯被解除了监听。当天早上，《纽约时报》又爆出猛料：海德力克·史密斯在头版的文章声称尼克松将宣布第一次从越南大规模撤军。不到九点半，尼克松就出现在了胡佛办公室里，要求立即对史密斯进行监听。

那天，黑格也为基辛格准备了一套谈话要点，基辛格当天要和胡佛开会。这份备忘录表明，黑格其实处理了大多数窃听项目的细节工作，而且基辛格和黑格都对胡佛有所求。"对胡佛和苏立文近来的出色支持表示感谢，"黑格写道，"请胡佛先生谈谈对如何处置哈尔皮林的看法，哈尔皮林卷入了近来的事端，他虽属自由派，但还没有铁证表明他和某起安全泄密事件有瓜葛。"

值得赞扬的是，基辛格到那时已对没完没了的监听产生疑虑。黑格的备忘录建议他问问窃听还要持续多久，"向胡佛表明总统希望窃听越快结束越好。"基辛格后来在国会作证时表示，他"的确在与胡佛6月4日的会议中表露了希望大规模窃听应尽快停止的看法"。这个说法在尼克松的档案里得到证明。据霍德曼当时的手记，6月4日与总统会面时："基辛格列举哪些人曾与史密斯交谈；他担心窃听可能走得太远……下一阶段有遭遇反弹的危险。"

但国安窃听又持续了一年半。

讽刺的是，尼克松的大笔杆萨菲尔竟也成了窃听对象，起始时间为8月4日。至此，窃听的初衷——所谓维护国家安全——事实上已被抛弃。联邦调查局说监听萨菲尔是黑格的要求，但实际是他们建议的。该局称"黑格的逻辑是，布兰登的窃听记录表明，布兰登和萨菲尔是好友，萨将总统一次演讲的内容事先透露给了布兰登"。其实演讲的主题是与安全不相干的社会保障问题，萨菲尔回忆说，那次是总统授意让他事先吹风的。基辛格后来称他和萨菲尔被监听一事并无直接关系，事发前数天他就和尼克松出去环游世界了。8月4日那天他正在巴黎和北越进行秘密谈判，听说后大吃一惊。

1973年东窗事发时，萨菲尔已经是《纽约时报》的专栏作家了。他打电话找到黑格，后者正和基辛格在圣克莱门特吃早餐。"你知道我曾被窃听过吗？"萨菲尔问。黑格不予置否。"我们通话时，"萨菲尔后来写道，"一个官更大的人在后面不停地戳他。'告诉他不是我干的，一定让他知道不是我。'"

萨菲尔从不信任基辛格。"黑格上个厕所都得先举手得到亨利·基辛格的批准，"他写道："他会在基辛格不知道的情况下对我搞窃听？显然荒谬至极。"他后来写道："基辛格对整个窃听丑闻的反应完全不像基辛格本人。一看就很紧张，撒起谎来不自然，被人看穿，那时他不是他自己。"因此被窃听使萨菲尔保守倾向更加明显，对基辛格印象大变。"我对他在尼克松时代地位的看法有所改变，不是个人恩怨造成的，而是因为认识到，对我说谎的是些坚信不断撒谎对国家有好处的人。"

1970年5月，国安窃听已过去一年，FBI还在九牛二虎之力地搞窃听记录摘要，但人们的劲头早已不再。自萨菲尔后，基辛格和黑格没有提出新窃听人选。然后就是入侵柬埔寨，像轰炸柬埔寨被揭发一样，这次又有一篇毕彻式的头版文章跳出来捣乱，基辛格又是呼天抢地。黑格提出对毕彻进行监听。但国家安全这个理由仍然是空洞的：毕彻的报道没给敌人送去任何机密情报，敌方百姓当然知道自己正在挨打，毕彻只是通知了蒙在鼓里的美国民众。

黑格还要求恢复对珀斯的监听，同时新加一个理查德·彼得森——国务院顾问，罗杰斯的心腹知己。美驻南越大使、罗杰斯在越南问题上的得力帮手威廉·苏里文也被监听。同样，部分动机是通过窃听副手打探基辛格在国务院和国防部的两个死对头。珀斯和彼得森都没什么危险，他们和记者闲扯的时间比基辛格少得多。监听他们能让基辛格事先知道罗杰斯和拉尔德会在总统会议上提些什么。"退一步讲，这使亨利在官僚斗争中占得先机。"萨菲尔说。基辛格还用窃听记录借机在总统那里诋毁国务院和国防部，一点点小事也要疾风暴雨似的冲进椭圆形办公室告状。

入侵柬埔寨让基辛格的年轻聪明的助手们十分不安，托尼·雷克更是愤而辞职，洛德也差点离去。雷克和洛德都是在白宫工作过的最值得尊敬的人之一，当然在尼克松的白宫更是如此。雷克辞职不到两周，家里就被装了窃听器，洛德也未能逃过。窃听持续了九个月，期间雷克为参议员穆斯基工作，他是尼克松最大的对手之一。

窃听记录从未公开过，仅在国会听证会上被引过只言片语。但雷克设法从FBI弄出了自己和同事的窃听记录，他同意本书在此引用（代号名"6月"，标有"最高机密——不得归档"）。从中可看出，大多数记录，用尼克松自己的话说，都是"流言蜚语和胡说八道"；而且，除堵塞安全泄密漏洞之外，尼克松政府对于刺探政治情报同样感兴趣。

记录也表明，卷入其中的一些FBI探员对于报告中所为何事缺乏认识。1970年5月15日一份记录中，雷克告诉妻子"比尔已经决定辞职了。"他说的是基辛格手下的同事比尔·沃茨。结果FBI的转录人员在比尔后面写了个括号，里面标上"国务卿罗杰斯？"（比尔是罗杰斯的名字。——译者注）从那开始，谈话中所有说比尔·沃茨的地方都被记成了罗杰斯，仿佛是国务卿不想干了，想和雷克去做买卖。另一个例子，10月27日，谈话人雷克和罗杰·莫里斯，当时两人已双双离开国安会。记录称"罗杰告诉托尼，他有件小事想设法请蒙代尔给予帮助……他想说的是，所有的钱都花在了战争上，国内需求未被考虑"。谈话中丝毫没有涉及越战的机密事项，但FBI负责地把全部记录送到白宫，还好心地加了句："'蒙代尔'很可能就是参议员沃尔特·F.蒙代尔（明尼苏达民主党）。"并且警告说，在谈话末尾，雷克告诉莫里斯他在西弗吉尼亚买了个农场，莫里斯答了句："如果那狗娘养的尼克松赢了1972年大选，我就去给你种地。"

FBI的监听记录可能帮助白宫掌握了穆斯基的政治考虑。12月的一份记录是关于雷克的妻子和友人之间的谈话，她告诉朋友，穆斯基正打算12月27日出访耶路撒冷、开罗和莫斯科，在外交政策方面积累政治资本。

窃听曝光后，雷克写信给基辛格，要他公开讲自己在整个事件中没有过失行为、窃听是错误的，还他清白。基辛格没敢答应。1989年，他给雷克写了封信，还是没有道歉。信中说"当时司法部长米切尔坚持认为窃听这种技术问题属于总统职权范围，"但后来明确了，"对你进行监听确实是违宪的。"基辛格又表示"和你一道工作期间，所有人都承认你的忠心和诚实"。这并不是雷克所期望的道歉，但他还是把信裱了起来。

洛德则没那么幸运，他一向忠心不移，却从未得到过什么信。窃听曝光的前一天，基辛格把他叫进来，也不道歉，说那是尼克松和米切尔的主意，他是新政府里的圈外人，法力不够，也没办法。洛德觉得这理由也太牵强了，对他开始窃听时，基辛格在位一年多，早坐热了。但洛德隐忍留了下来。洛德的妻子贝蒂·包·洛德生在中国，习惯每早用中国方言和母亲通话，又做得一手好菜，因此母女常在电话里交流复杂的菜方。FBI不得不请来语言专家翻译方言，还召密码专家来看所有电话中提到的菜料有没有隐藏的含义。窃听持续了九个月，结果浪费了纳税人的钱，倒是翻译专家赚了钱还练了手。贝蒂·包认定是黑格干的好事，"黑格嫉恨洛德，就用这种手段陷害他。"

从窃听对准雷克和洛德的那天起，尼克松断然撤去了基辛格对窃听的管理权，所有关于窃听的新申请和报告审阅一律由霍德曼把关。当晚，决定通知了基辛格。

这一权限转移的原因很多。胡佛一直怀疑是基辛格和他手下泄的密，早就想把权力从基辛格手中解除掉。此外，他和霍德曼都担心，遭到监听的洛德刚刚擢升为基辛格的贴身助理，窃听记录易被他发现。但主要原因还是基辛格当时正因入侵柬埔寨一事和尼克松闹矛盾，开战后，尼克松跑到戴维营，也不接基辛格电话。霍德曼手记表明，尼克松对基辛格的忠心有所怀疑，对他无法制伏罗杰斯和拉尔德感到不满。这段时间基辛格情绪格外不稳，黑格背着他找到尼克松，说他对基辛格博士因柬埔寨行动产生的狂乱反应深表关切。

尼克松于是决定把窃听管理权转给霍德曼。"亨利在这上头花的时间太多了，"尼克松接受作者采访时说，"我了解鲍勃，他不会浪费时间，很快就能把那些东西扔进档案夹。"霍德曼说得更露骨："尼克松讨厌基辛格冲进他办公室对每个窃听报告都撒泼耍浑。只要他发觉或想象有什么对他表示不同意，亨利肯定发作，特别是国务院方面的。"

由霍德曼负责安装的窃听器只有一个，窃听对象是厄尔希曼国内事务部门的一名普通助理，名叫詹姆斯·麦克莱恩。但原先安装的窃听器依然在霍德曼掌控下继续发挥政治作用。比如，虽然哈尔皮林已于1969年9月辞职，对他的窃听却并未因此结束，反而还产生了一则颇为刺激的小花絮：克拉克·克里福德（胡佛在备忘录中推测说"也许和前国防部长是同一个人"）正计划给《生活》杂志写文章，抨击尼克松对越南问题的处理。政治间谍马上展开行动，让斯图尔特·马格鲁德向媒体透露反克里福德的消息，试图摆平这件事。厄尔希曼后来给霍德曼送去一个亲笔书写的小纸条："这就是我们更急需的预警。"霍德曼在纸条底部潦草地写了几个字："我同意"，然后又传给马格鲁德。后来，在尼克松总统竞选团队中，正是马格鲁德促成了在民主党全国委员会水门大楼安装窃听器的计划。

国安窃听一直持续到1971年2月，但有九人仍处在监视之下，包括哈尔皮林、布兰登、雷克、洛德、索南菲尔特、苏里文大使、毕彻、理查德·彼得森和珀斯。和轰炸柬埔寨一样，窃听事件成为尼克松和基辛格另一个黑暗的秘密。国安窃听只是滑向深渊的第一步，有了窃听白宫工作人员和记者的先例，距离窃听政治对手仅一步之遥。

1973年国安窃听事件曝光后，尼克松承担了全部领导责任。他对国会委员会说："我必须指出，国务卿基辛格（1973年尼克松第二任时基辛格任国务卿，译者注）和其他所有参与这起调查的人都是在我授权之下行事的，都是在执行我明确无误的命令。"但私下里，尼克松常不无道理地说，是因泄密生气的基辛格刺激他，他才作出窃听的决定。1973年和约翰·迪恩的一次秘密录音谈话中，尼克松抱怨道："那些窃听记录屁用没有。一坨一坨的材料，全是风言风语和胡说八道。"然后，补上基辛格："是他让我那么干的。"

基辛格在其中的主要作用就是满足了尼克松对泄密的天生愤恨。由于刚进华盛顿，天生行事诡秘，加之一长串需要保护的秘密，基辛格对每次泄密都过分敏感。毕彻那篇让他在泳池边气得抽搐的报道也无甚寥寥，基辛格的反应带来的危害远远大于报道本身。

基辛格后来辩称，一旦窃听进入程序后，他的作用基本是被动的，只是遵从总统指示，把接触过遭泄机密事项的官员名单交给FBI，由FBI决定对谁实施窃听。1974年的国会听证会上，他被反复问到的问题是：你是否曾经"发起"过某次窃听？他回答说："如果说命令'窃听这个人'算是发起一次窃听的话，那我没干过。我只是按照上一次所作决定的标准行事。"他顶多会承认，在上交一个名单时，他心里知道"窃听将会是此次调查的一部分，还很可能成为最终结局。"

如同基辛格的大多其他优秀特质，在这一点上，他的辩解是有一定道理的。尼克松在辞职后的一次作证中说："基辛格的责任就是不要控制窃听计划，仅仅向FBI提供信息。"FBI情报部门的负责人也向参议院作证说："我们找不到任何证据。表明除提供需要被窃听的人的姓名以外，基辛格博士还发挥过任何其他作用。"

但也正如基辛格的大多其他优秀特质，这一点也并不像他口口声声说得那么绝对。他的辩解故意隐瞒了一点，窃听计划在实际中到底是怎样运作的：基辛格或黑格提供名字，然后由FBI窃听此人，最终窃听到的通话报告都流向了基辛格办公室。FBI将基辛格提供的名字称为"请求"，除了极个别的情况，FBI都会立马开始窃听行动。

基辛格创造了一种循环排列理由法。每次谈论到自己难以自圆其说的某个行动时，他都会运用这种方法来辩解。他对自己的一些助手说，对他们进行窃听其实是件好事，因为窃听器之所以被发明，其目的就是为了证明被窃听者的正直，当消息泄露事件发生后，他们（以被窃听为前提）将会被排除嫌疑。这简直太滑稽了，就像萨勒姆的老处女们一样，不得不被沉到水里淹死才能证明她们不是巫婆。他还认为窃听对于"防止美国和南越人民因军事秘密遭到泄露，生命遭受威胁"很有必要。当然，威胁美军士兵生命的泄密事件是令人憎恶的，但曝光轰炸柬埔寨以及所有那些让尼克松和基辛格热血沸腾的泄密事件都不属此类。通常涉及的信息都是敌人知道的，美国人民不知道的。

基辛格还以"别人也干过"为自己开脱。他会把部分责任推给黑格，说对一些人的监听是他策动的。这有点道理，黑格的确用这个办法打压异己。但基辛格同样认为符合他的利益，可以提高他在尼克松、霍德曼和胡佛那里的可信度，所以才放手让黑格去做的。而且窃听在富兰克林·罗斯福时期就有过。FBI情报司长詹姆斯·亚当斯说："我认为尼克松时期的窃听行为和之前的历届政府相比没有什么数量差别，但不同之处在于，尼克松政府是对国安会——白宫家庭内部成员进行窃听。"历史上的窃听都是搜寻间谍或者监视潜在的反动劳工领袖。有计划地窃听自己的助手，据托马斯·史密斯讲，是史无前例的。

窃听开始实施时被认为是合法的。1968年最高法院的一起案例判决中规定警察在安窃听器之前需由法院授权，但由总统职权范围内的国家安全窃听则不受此限。因此司法部长米切尔告诉尼克松不需法院授权令。曝光后，最高法院驳斥了这一说法，理由是该做法不能加之于美国公民身上。

窃听反映了尼克松和基辛格希望知道助手们在背地里都干些什么，对于他们这种好疑多虑的领导人而言实乃一自然的诱惑。萨菲尔说基辛格"那些工作上最亲密的人正是他窃听最多的对象，他从中获得特殊的快感。"窃听最终导致引发"管子工事件"，并揭出"水门事件"。"这是政府生涯中我内心最感矛盾的部分，"基辛格后来说，这几乎是在说他对于当年做过某些事情——感到抱歉。

◎各色阴谋

基辛格不知道的是，在一些泄密事件中。他也是被间接怀疑的对象。尼克松和霍德曼正确地认为基辛格是最糟糕的泄密者。就在尼克松撤销基辛格窃听管理权后，霍德曼手记上记录尼克松的指示："让基辛格离媒体远点，他话太多。"基辛格的"话友"之一是哥伦比亚广播公司的外交记者马尔文·卡布，他和他哥哥伯纳德正准备写一本关于基辛格的书。1969年9月，米切尔给FBI打电话，让他们监听卡布，理由是"总统认为卡布可能正在接收情报"。他强调，所有监听记录及摘要直接上交他本人和厄尔希曼，不走基辛格办公室。窃听持续了两个月，基辛格并不知情。

卡布一度被风传是罗马尼亚间谍，胡佛说的，总统接受了，基辛格也跟着附和。1969年年末的一天，尼克松对卡布写的一篇有关他昨晚越南问题演讲的"即时分析"大发雷霆。与会者回忆说，基辛格插嘴道："总统先生，那主儿是个罗马尼亚政府的特工。""没错，"尼克松答道，"这家伙是共产党分子。"第二年，基辛格接受卡布兄弟做的大量采访，后者要给他写书，尼克松给霍德曼写了张条："霍——基辛格不得再接受卡布采访。"

最有趣的是1969年5月对基辛格好友、《华盛顿邮报》专栏作家约瑟夫·克拉夫特的窃听。总统下的指示，厄尔希曼执行。FBI一开始没参与，克拉夫特也不在基辛格和黑格掌控的17人国安窃听名单上。厄尔希曼告诉一位下属，尼克松要他们去窃听克拉夫特，下属抗议说：上帝啊，这不是FBI的活吗？！厄尔希曼回答说FBI就是个筛子，不值得信任。两人找到一位前FBI特工，在克拉失特家后面的电话杆上装了一个发报器，克拉夫特家的电话录音便被传送到临近一辆车内的录音设备里。但碰巧克拉夫特夫妇在欧洲，录了半天，尽是他家西班牙女仆的谈话记录。与此同时，厄尔希曼也改了主意，还是决定请"筛子"FBI相助。他要求FBI和法国同行联系，窃听克拉夫特下榻的酒店房间。副局长苏立文亲自跑到法国，法国同行乐颠颠地帮了忙，在乔治五世酒店装了窃听器。最后到厄尔希曼手里的是19页的窃听记录。

与其说记录显示克拉夫特知道多少东西，不如说更好地揭示了FBI的弱智。记录说克拉夫特打电话"找约翰·摩拿（John Monay）"，实际上有公共人物常识的人都知道应该是让·莫内（Jean Monnet）——欧洲经济共同体的倡导人。另一处提到克拉夫特联系了一位叫"凯·格雷厄姆"的人、"身份不详"——对异己分子高度敏感的FBI竟还不知道这就是《华盛顿邮报》的老板。

克拉夫特的律师最终要出了窃听记录，司法部免除了克拉夫特的嫌疑，律师说克拉夫特认定窃听行为"实际针对的是基辛格"。据厄尔希曼回忆，1969年时尼克松"就对亨利格外担心，他知道基辛格向克拉夫特提供消息。"但讽刺的是，每隔几个礼拜，当尼克松要对外推动某件事情时，就会给基辛格一份备忘录，让他向克拉夫特透透底。1970年年初，克拉夫特写了一篇褒奖尼克松政府的专栏，尼克松在新闻摘要空白处写了句话批给基辛格看："基——见到回报了吧？"

◎ "死键"

基辛格还觉得有必要监听自己。刚进白宫，他就让秘书监听自己的电话，做记录，准备通话备忘录。整个体系逐渐发展后，秘书和助理们的座机上都安了一个"死键"，以便他们不需惊动呼叫者便可进行窃听。1970年基辛格从西侧地下室搬到椭圆形办公室旁边后，黑格又请白宫通讯局给基辛格的接待台后安装了电话录音装置。第一年，电话记录都比较粗糙，寥寥数语，甚至连和总统的重要通话也是经过删节的。录音体系运转步入正轨后，黑格和基辛格便组织一批记录员专司此事，连夜赶制质量上乘、几乎一字不差的电话记录。

"死键"在国安会里不是什么秘密，每当尼克松大吼大叫着打进电话或者谈吐不清时，基辛格就挥挥手，让各位助理从分机上欣赏总统的表演，基辛格和拉尔德、罗杰斯或任何其他官场对手通话时也是如此，他喜欢一边通话，一边翻白眼或做鬼脸取悦"偷听"的助理们。

基辛格用电话记录证明自己的忠心。而如果罗杰斯或拉尔德又说了什么让总统不爽的话，或者谁说了支持基辛格论断的话，他会把记录交给霍德曼或者干脆直接面呈总统本人。萨菲尔把这些电话记录称为"死键卷轴"，说基辛格每当想向总统突出其中某一点时，会人为地添油加醋。

基辛格让黑格监听自己的通话，这给了黑格莫大的权力。没过多久，他就对基辛格所有的秘密了如指掌，有时在同事们看来，黑格监听一些电话纯粹出于好奇而非有用。黑格的野心膨胀起来后，开始背着基辛格把一些窃听记录拿到霍德曼和厄尔希曼那里去邀功请赏。

基辛格后来声称，监听和转录电话是华盛顿的一贯做法，有一定道理。这对基辛格工作有所帮助，他总是忙忙叨叨而且混乱不堪，清楚的电话记录有助于尼克松的一些电话指示随时分配到人，按部就班执行，并且也可为尼克松和基辛格作出的各种决定留一份记录。

但随着事情发展，特别是秘密轰炸柬埔寨和国安窃听事件发生后，内部监听便开始走样。常常是基辛格的每个电话，除了最最私密的，都被记录下来。繁忙的工作后，秘书们不得不加班加点打印原始电话记录，大多数都是些私人谈话。

基辛格心里明白，未经允许就窃听别人电话是有问题的，因此一直费力地秘密行事。1971年，《华盛顿邮报》披露了一些基辛格自己的电话监听记录，问他会不会把这些材料用于未来撰写回忆录。他说："严格来讲，这些记录都是总统文件，我无意用它们写书。"但结果是他的《白宫岁月》里大量引用了这些电话记录，也没有注明是"总统文件"。1973年年初他打算辞职时，曾把包括电话记录在内的30箱文件秘密运到洛克菲勒一处波坎提科山房产的防空洞里。后来决定继续任职时，又辗转运了回来，因为私藏政府记录是非法行为。黑格托白宫的军方联系人派了一架没有序列编号的飞机把文件运到了安德鲁空军基地，然后用一辆没有标志的卡车再拉回白宫，藏在东翼的防空洞里。成为国务卿后，基辛格又把它们带到了国务院，和此后的电话监听记录一并交由劳伦斯·伊戈尔博格保管。但是，最最敏感的电话记录仍被他封存在波坎提科，他说那都是他的私人文件，不是政府文件。

1976年他准备引退时，还打算把电话记录占为己有，后遭一个记者组织的控诉威胁，只得把这些记录和其他私人文件混在一起捐给了国会图书馆，但要求他去世五年后才能启封。指控基辛格此举违法的官司一直打到最高法院，最后判基辛格胜诉。

这就是尼克松白宫的部分运作模式，电话窃听和记录。到处都是打听窥探的人和窃听器。厄尔希曼自己办公桌下也装有记录自己电话的监听录音装置，连尼克松也在1971年下令给自己的电话安上了声音激活秘密录音系统。

基辛格认定，自己也是被窃听的目标。霍德曼回忆说："每次他在走廊里遇见我都问，'霍德曼，今天你的窃听器又说我什么了？'"

1973年黑格接替霍德曼后，让白宫的秘密窃听系统继续运转下去，"水门事件"调查过程中，他也没有告诉调查人员有关这方面的事情。他倒是告诉了吓得神魂颠倒的基辛格，基辛格顿时五雷轰顶，这绝对是灭顶之灾，录音记录了他如何奉承总统的各种古怪念头和偏见。他觉得受到了侵犯，对恐怖的秘密录音系统一事火冒三丈，但也不知道他有没有考虑过那些被他秘密监听和录音的人的感受。

黑格还使基辛格相信，基辛格的电话上也有一条死键连线通到霍德曼那里，他也可以随时监听基辛格的通话。尼克松的死党之一查尔斯·科尔松说他"一直相信基辛格的电话上有窃听器"。但霍德曼和他的助手对此坚决否认。

霍德曼和助手黑格比二人后来都坚决否认自己能够直接监听基辛格的通话。现在已经是《洛杉矶时报》发行主管的黑格比说："我和霍德曼都没有基辛格电话的死键。我当时负责准备窃听工作，我知道这些事，我可以听到霍德曼的通话，但是我们俩都没法听基辛格的。"

相反，尼克松有其他办法知道基辛格和谁通话——白宫总机，总机上有进出白宫全部电话内容的书面记录，其中表明基辛格确实是一篇媒体报道的信息源。

此外，尼克松的助手们也有各种得到基辛格谈话内容的歪门邪道。有时黑格为了邀功会选一两份有代表性的电话记录报告上去，一些低级助理也会给白宫其他部门的朋友们透露些花边内幕。基辛格喜欢背后谈论别人，他从不知道几乎所有的人都做过同样的事情，特别是针对他。

第12章 | 死路一条

深陷越南泥沼

> 我们没搞懂游击战的基本道理：游击队没输就算赢，正规军没赢就算输。
>
> ——《外交》季刊，基辛格，1969年

◎1969年6月，"越南化"政策

美国陷入越战泥潭的原因很简单：南越军队是扶不起的阿斗，没法自食其力抵抗北越进攻。美军一旦撤离，西贡肯定陷落。一条铁律是：战场上拿不下的东西，外交谈判桌上你也休想拿到。时不时的轰炸也许可以拖慢一些进程，但基本事实没法改变。除非美国愿意永远在越南待下去，否则只能让南越军队成长起来，接管50万美军的战斗任务。这就是尼克松的逻辑，他说："基辛格是不同意，但除非南越武装力量足够强大，否则单单一项和平协定没法让南越政府活命。"增强西贡武装力量可使美国减少自己的武力投入。新政府意识到，必须在大规模反战情绪爆发之前，通过阶段性的撤军堵住公众的嘴。所有这些加在一起，最初被称为"非美国化"，拉尔德称之为"越南化"，听上去体面但实际上冷酷无情的政策。这是一项拉尔德力推，尼克松同意，基辛格嗤之以鼻的政策。

这个想法最初由尼克松在1968年竞选时提出。"我们需要大规模的训练计划，"尼克松对南方共和党代表说："这样南越军队就可以接管战事，他们逐步进入角色，我们逐步退出角色。"当年10月，拉尔德在随基辛格飞行竞选

时，对记者表示，一年内可以撤出九万美军。

虽然拉尔德极力鼓吹，但美国军方对这个主意感到震惊，认为是慢性投降。6月7日，尼克松在夏威夷召见驻越美军司领艾布拉姆斯。艾将军带着鄙夷不屑的神情听着总统讲他的计划，这位口风很严的将军意识到，不管说得多么天花乱坠，撤军建议等于剥夺了美军取胜的可能性，将是美军打理后事卷铺盖卷的开始。基辛格后来回忆说当时艾布拉姆斯的失望之情溢于言表。

在成千上万只信天翁的注视下，尼克松和他的庞大代表团降落在了中途岛两平方英里见方的一块岛礁上。第二天，6月8日，尼克松将在这里与南越总统阮文绍会谈。

阮文绍这位排长出身的总统，竭力要求美国人平等相待，当他是盟国领袖，而不是傀儡或下属。基辛格请他会见时先到场，免得尼克松等他；阮文绍坚持说美国是东道主，应该先到中途岛等他。基辛格只好勉强同意。但空军一号还是比阮文绍的飞机晚到了15分钟。

阮文绍要求单独面见尼克松，但尼克松坚持让基辛格参加。阮便带了一位随从。他抵达会见室时，发现里面摆了一张大椅子，显然是为尼克松准备的，三把小椅子散在四周。他转身溜进食堂，找到一把和尼克松座椅一样大的椅子，搬到会议室，摆在尼克松椅子的正对面。

由于消息事先被美方巧妙地透露出来，阮文绍已经知道撤军数目是25 000人。为了维护一个习惯于外国人背信弃义的民族的尊严，阮文绍坚持这项撤军计划应被称为"重新部署"。于是，两位领导人走出会议室，宣布双方已同意将25 000名美军士兵撤回美国本土"重新部署"。

尼克松回忆说，两位总统心知肚明，一旦开始撤军，便没有回头路。这次"突然发力"的行动是尼克松历史上的得意之作之一。自从1965年美国海军陆战队第九远征旅登上越南海岸的"二号红滩"以来，美军终于开始了撤军的历程。尼克松脸上洋溢着兴奋的神情。但惯于欺骗的他对新闻界讲：这次撤军是"在阮文绍总统的建议下和战地指挥官的评估基础上作出的"决定。实际上这两个人都不同意撤军。这是个小小的谎言——尼克松后来回顾时称之为"外交性夸张"。他和基辛格都认为欺骗美国民众比培养公众理解更容易。

在这件事情上，基辛格更诚实些，也许是因为对政策不太满意。在去中途岛的路上对记者讲，如果"越南化"政策能给河内造成它将面临一个更强大对手的错觉，也许会有作用。"但如果撤军的速度让河内觉得美国不过是为脱身寻找借口，就会妨碍谈判的成功，因为他们只需坐等其变就行。"要是那样的话，越南化无异于"开一次体面的小差。"事实证明，撤军的速度的确折磨人，其速度之慢，又把美国在越战里拖了三年，国内反战情绪居高不下；其速度之快，又的确鼓励了河内坐等其变。

对基辛格来说，"越南化"违背了现实主义的核心原则：武力和外交应紧密配合。在《核武器和外交政策》一书中，他对美国在朝鲜战场谈判进行中停止攻击行动大加鞭笞："停止军事行动使中国丧失了唯一的谈判动力；结果是我们进行了两年可有可无、令人沮丧的外交谈判。一句话，坚持把武力后盾从外交实践中剥离，使我们的力量失去了目标，而谈判失去了力量。"现在，就在他努力和北越媾和时，倒霉事落在了他自己头上。他后来写道。一边在谈判桌上谋求双边撤军的同时坚持单方面撤军是不切实际的，"我们的撤军越机械化，就越不能作为谈判武器。随着单方面撤军一再升级，双边撤军的要求成了空话"。

拉尔德仍竭力提倡越南化，"时不我待，公众对战争已不再支持。"他后来说，"亨利不明白这一点，因为他不是政治家。他只担心越南化会妨碍他搞外交。"每当要宣布一项撤军计划前，拉尔德都会请来一帮记者和支持撤军的国会议员，"必须快马加鞭，对亨利保持压力，以防他进谗让尼克松改主意。"哥伦比亚广播公司一篇报道说"拉尔德早就认定，我们应该更快地撤出越南。"尼克松读早报时把这句话圈给基辛格看："看他的狡猾游戏！"

还不止这个，拉尔德多线包抄。为贯彻"越南化"政策，从中途岛回来没几周，他就设法改变了美军作战的指导原则，命令美军转攻为守，主要任务变为协助南越军队做好防御。拉尔德先斩后奏，命令下达后才向尼克松汇报。"我告诉基辛格和总统我已下达命令，"他回忆说。基辛格极力劝说总统否决这一决定，但拉尔德的命令已经生效，无法收回。"基辛格老大不高兴，说我欺诈，"拉尔德说，"但你就得时不时陪他们斗斗法。"

那年8月下旬，尼克松在圣克莱门特度长假期间，托尼·雷克正在与基辛格讨论越南问题。"我说，越南化的问题是，它就像盐花生：一旦让大众尝到一两颗，就别想让他们停下来。"雷克说，所以现在非常紧要的是，必须在美国立场最为坚定的时候达成最好最可行的协议。

基辛格叫雷克把他的想法写下来，于是雷克写了一份三页长的备忘录。基辛格拿了过去，对文中关于越南化如何削弱了美国谈判筹码的部分大加赞赏，却把雷克的结论整个扔了：雷克认为应当立即促成协议。基辛格自己写了一份冗长、悲观的备忘录，递交给尼克松："撤军越多，北越胆子越大。"

那个星期基辛格获得了反对越南化的第一次，也是最后一次胜利。尼克松于是发布命令，撤军建立在三项原则之上：北越减少敌对行动；谈判有所进展；南越武装力量能力的提升。8月中旬，在战事沉寂了八个星期后，北越向南越境内超过百个目标发动突然袭击。在基辛格苦谏下，尼克松推迟了下阶段撤军计划，拉尔德已部署完毕的8月底撤军方案被搁置。这是基辛格在"越南化"政策角力中取得的第一次也是最后一次胜利。基辛格告诉记者，暂缓撤军表明美国并不是一窝蜂撤军"花车"的奴隶，"我们必须向越共展示我们坚守作战的能力，否则我们谈判的转圜余地太小，"他说，"重要的是让河内明白——也让美国人民理解——三项原则是适用的，撤军不是一个不可逆转的机械进程。"

但三项原则很快被抛到脑后，撤军也真就变成了机械进程。没过两周，尼克松签署命令再次撤军40 500人。众人在椭圆形办公室开会，据厄尔希曼手记显示（手记上还有他画的惟妙惟肖的尼克松的鼻子），基辛格遭到彻底失败。尼克松说越南化进展顺利，基辛格问："一旦形势需要如何停下来呢？"尼克松竟道，真正的问题是撤军速度"还不够快"。这以后，不管战场形势多么糟糕，谈判桌上的消息有多可怕，尼克松再也没停止过撤军步伐。

◎1969年7月，"尼克松主义"

从冷战开始的20多年来，美国外交政策一直"愿意背负任何保卫自由世界"的负担。随着越战和由此引发的美国的自我怀疑，这一时代走向了终结。取而代之的是一个讲究力量限度的时代，美国意识到它不能对苏联所有的扩张主义都义无反顾地抵抗。

美国的干涉主义始自1947年2月24日，杜鲁门宣布将从英国手中接过保卫希腊和土耳其免受共产主义蚕食的重任，至1969年7月25日美军第九步兵师从湄公河三角洲带着没有完成的任务返回美国正式终结。美国长达20年的有限力量时代开始了。同一天，美国总统尼克松恰好正在关岛军官俱乐部与一帮记者谈话。

对基辛格而言，除了结束越战，最艰巨的任务是为战后勾画蓝图。历来在过度保守主义和过度干涉主义之间摇摆的美国需要走一条折中的道路。为完成这一任务，基辛格感到美国必须通过在美、苏、中之间构筑战略大三角，建立一个全新的全球秩序。美国必须把遏制共产主义蚕食的人力负担交由地区盟友承担。这些概念很快被称为"尼克松主义"。

和所有历史上美国伟大的外交理论一样，尼克松主义一定意义上是个概念或政策包装的问题。尼克松不想让美国撤军看上去像是对一种糟糕局势的无助反应。相反，他想把"越南化"包装成一种连贯的、有目的性的政策哲学，可以避免美国再次被卷入一场地区战争中去。

多年来，基辛格一直在探寻美国应在后越战时代发挥何种作用的问题。他对"力量的有限性"的思考可以追溯到他的本科毕业论文《论历史的意义》，在分析康德时，他提到所谓的历史必然性包括"对限度的认知……人们必须懂得给自己的努力施以限制。"同样，在对梅特涅和俾斯麦的研究里，现实主义传统中对于"机会和限度"的拿捏也得到探讨。在1968年的一篇文章里，基辛格最先列出了后来成为尼克松主义的一些基本原则：

> 五六十年代，我们治病救人；20世纪60年代后期和70年代，我们的作用在于培养别人的创造性……必须鼓励他们而不是压制他们肩负起地区责任。

基辛格和尼克松经常就这一话题交换意见，直至1969年7月尼克松的关岛、亚洲和全球之行。两人都认为，美国应该对亚洲盟国未来面临的三种不同类型的安全威胁加以区别：国内叛乱、邻国攻击、苏联或中国的入侵。但这类讨论多属闲谈，并未正式成文。

结果，尼克松主义就在他本人和记者们在关岛东拉西扯时被勾勒了出来。出奇的低调和谨慎。也许因为尼克松刚刚从阿波罗11号成功登月后从媒体那里满足了表现欲，或者因为他正仔细玩味他的大政敌爱德华·肯尼迪坠桥殒命带来的意义。

在回答一个问题时，尼克松说："就亚洲盟国面临的自身国内问题而言，美国将鼓励，也有权利期望他们能越来越多地自行处理。"只有苏联或中国人侵，美国才会介入。后来他解释说，"如果仍然像以前那样国内国外一出问题就依赖美国保护他们，这些国家将永远没法自立。"

这一言论很快成为重大新闻，媒体立刻称之为"关岛主义"，尼克松指示基辛格：确保媒体搞个更好听的名字，多让作者本人露露脸，别被一个什么海岛抢了风头。多年后，尼克松称他们当时并没有特意要搞什么"主义"，但那的确是他和基辛格在越南问题上的思考。"我相信没完没了地送枪送炮送人、给予经济援助是个错误，"他说，"不管哪个当事国家，都应该提供人力。越南化就是个典型例子。"

尼克松主义很快成为美国全球战略的指导思想。美国开始寻求扶植地区性强国，分担美国的安全承诺。如波斯湾地区的伊朗和中东的沙特。

对于国内的反战运动和日益高涨的孤立主义，尼克松和基辛格采取了两种截然不同的应对方式：一种可能会引起公众抗议的如轰炸柬埔寨，以秘密方式进行；一种则旨在逐步收回美国在全球伸得过长的触角，认清并遵守美国能力和意志的限度。

如果基辛格拿出从事第一种方式一半的精力去做第二种事，他所勾画的和平蓝图肯定会得到更多公众支持。基辛格密谋玩弄权术的天分在尼克松政府被过度地滥用，而他作为一位能启迪思想、开拓人们思维的教师的天分则大部分被闲置。

若说为使"越南化"政策看上去更不像"开小差"，尼克松主义算是发挥了作用，至少给美国撤出越南添上了一丝优雅气息。但作为全球战略，着实作用不大。唯一争气的、挺起腰杆的地区盟友是伊朗，但扶植伊朗崛起恰恰不是一项明智的战略投资（1979年伊朗发生伊斯兰革命，亲美王权被推翻）。

◎1969年8月，秘密谈判

离开关岛后，尼克松开始了任内第一次环球旅行。临近结束前，基辛格和安东尼·雷克悄悄登上了一架美国军机飞往巴黎。美国使馆的武官沃尔特接上他们，径赴基辛格老友让·桑特尼的公寓。刚到没一会，以春水为代表的两名北越谈判代表出现了，脸上带着尴尬的笑容，握了握基辛格主动伸出的手。

就这样，基辛格和北越为期三年断断续续的秘密谈判拉开了序幕。此前，基辛格只为尼克松扮演了两种角色：私人助理和国安会的头头。现在，他有了第三种身份，也是最令人兴奋的角色——谈判代表。他不用再生活在总统的阴影下，开始了他无拘无束、天马行空式的超级外交，先是在巴黎，然后在北京、莫斯科和中东，充分展现了他大开大合的外交才能和富有创造性的操纵技巧，使他一跃成为当代世界最著名的政治家之一。

1969年8月初，基辛格同时处理了几件他认为和越南问题有关的事情。一周前，中国释放了几名误入其水域的游客，基辛格断定这绝非仅仅是释放了善意。基辛格赴巴黎前，尼克松请罗马尼亚总统齐奥塞斯库向中国传话，美国有兴趣开辟一条沟通渠道。他还告诉齐总统，如果11月1日之前，越南形势没有改善，美国将被迫采取严厉措施。齐总统旋即把上述消息通知了苏联，但这正是美国的意图，让苏联人不舒服总没什么不好。

在越南问题上，基辛格和尼克松直到最近才放弃了约翰逊政府坚持的越共在美军撤军六个月前先开始撤出的"马尼拉模式"。谈判中，基辛格释放了善意：如果河内同意同时撤军，美方答应不在南越保留常驻部队。

为了解释美方的立场，基辛格索性让雷克立刻起草一份全面的双边撤军时间表。事出突然，雷克只能在没有帮助的情况下独立完成任务。"亨利生怕别人知道他的秘密谈判，连手下的越南问题专家都没告诉，"雷克回忆说。他不得不打电话给国防部先问清驻越美军的数目，然后问中情局北越军队的数目，"总数除以12，然后画出图示，说明双方每月需要撤走的数量。"在回去的飞机上，雷克惊恐地发现，他算错了数字，美军每月撤出的人数加在一起后和总数不符。"算术从不是我的强项，"他后来回忆说，"真想找个大点的舷窗直接跳出去。但当我告诉亨利时，他笑了起来。在这种事情上他对下属蛮好的。"

雷克不仅是基辛格的特别助理，他是一个理想化的、有着基辛格所欣赏的头脑和教养的外交官。雷克的祖父是哈佛神学教授，外祖父是大名鼎鼎的《新共和》杂志记者威廉·哈德，在获得普林斯顿大学博士学位之前曾在米德尔塞克斯、哈佛和剑桥大学读过书。像早期那些年轻绅士一样，雷克把外交工作看做一项神圣的事业，对外国文化高度灵敏。他的妻子安东尼娅反对越战，在雷克为基辛格工作后，她还时不时参加反战游行。

雷克和基辛格的关系很紧张。他努力争取老板的赏识，却总被基辛格气得发疯。一次，基辛格让他给尼克松起草一封信，向乔治城的一名学生解释美国的越南政策。基辛格不停地让他返工。最后他忍无可忍地向雷克吼道："写得有点男人味！"雷克火冒三丈，一个坐直升飞机都吓得要死的矮胖教授居然说他不够男人味，他扬长而去，砰地把门摔上，又一拳砸在了白宫地下室的可乐机上。在黑格的安慰下，他冷静下来。"天哪，"雷克说，"我不过是这里的一个低级外交官，竟然朝总统国家安全事务助理大喊大叫。"他回到办公室，重写了信函。

雷克在巴黎谈判时算错的算术题并没有捅什么娄子，北越人根本没注意到。他们也没兴趣考虑美国人的方案和算术，春水义正词严地讲了45分钟，历数越南数个世纪以来抵御外来侵略者的丰功伟绩，所有外国强盗全部被赶出了国门，美国也不例外，只能无条件、单方面撤军。美越之间的一个根本分歧是：河内不认为自己是"外来者"，从不正式承认自己的部队是在"南越"，更毋庸讨论他们在那是否正当。因此北越对"双边"撤军没兴趣，那是美国人自己的事。直到最后河内也没有松口。

这次谈判，春水唯一能提供的是河内愿意考虑和基辛格继续秘密谈判。但下次谈判得到次年2月。让基辛格真正恼火的是，越南人在秘密场合和公开场合讲的东西完全一致，顽固地奉行着表里如一的原则。基辛格在回忆录里称北越人"拐弯抹角，在美国人看来莫名其妙"，这个评价未免太不管不顾，北越人肯定也认为基辛格的超级秘密外交和含糊不清的好意拐弯抹角，在越南人看来也莫名其妙。

基辛格告诉沃尔特武官务必对任何人保密，包括大使先生，并解释说总统会证实这一行动。沃尔特忐忑不安，亲自去华盛顿核实了一趟。之后，白宫派人给他送去特殊的密码和设备，方便他不经使馆渠道直接联络基辛格。

秘密谈判没有什么道理可言，唯一的作用就是蒙蔽了美国民众和官僚机构。河内占了便宜，美国人早早把底线透给他们又不敢声张，而他们则可以热热闹闹地大肆宣传自己的立场。如果把谈判公开，恐怕更符合美国利益，至少可以向公众解释清楚立场，平息国内反战运动的怒气。基辛格后来的中东穿梭外交就是公开进行的，他发现，世界舆论的关注对于最后达成协议起到了推动作用，而不是绊脚石。

◎1969年11月，鸭钩计划（DUCK HOOK）

基辛格8月和春水秘密谈判时曾发出威胁，如果11月之前谈判仍无进展，美国将被迫考虑采取措施，后果很严重。11月1日是约翰逊宣布停止轰炸一周年，尼克松已经满世界放出话去：那天就是外交取得成果的最后期限。"本届政府的政策是只警告一次。"尼克松不止一次地说。

对多勃雷宁那次算是最露骨的。9月底，基辛格召见多勃雷宁，说莫斯科在越南问题上不给面子已经让军控谈判举步维艰了。这时根据预先安排尼克松打进电话找基辛格。"总统先生刚才在电话里说了，"基辛格对多勃雷宁讲，"在越南问题上，火车已经驶出了站台。"

"我希望是飞机，"多勃雷宁显然不拿它当回事，"飞机还能调头。"

"总统措辞很慎重，他说的是'火车'。"基辛格说。

基辛格笃信外交和武力缺一不可，因此支持对越南施加军事威胁压力。否则，谈判铁定完蛋。没有威胁，美国的撤军政策使得北越没有任何妥协压力。他立即召集一批助手商讨采取什么军事手段能把尼克松的"警告"变成现实而不仅是干吼。参加者有黑格、索南菲尔特、洛德、劳伦斯·林、雷克、莫里斯和威廉·华茨。任务是研究一项"野蛮、惩罚性的暴打"方案，像他在会上说的："我就不信像越南这种四流小国没有弱点。"计划代号为"鸭钩"。

计划得到参联会支持，包括攻击海防和北越港口城市，对河内和其他工业城市狂轰滥炸。雷克和莫里斯甚至拟好了一份总统声明，其中开头那句"今天，根据本人的命令……"成了后来办公室里插科打诨的口头禅。

这段时期并不太平。10月15日爆发了全国反越战大游行，25万抗议者在华盛顿游行。当晚，尼克松在自己的小本上给自己写道："不发火——不挥手——别回应。"

另一方面，威廉·华茨正在写一份反对"鸭钩"计划的备忘录，他认为"战争升级将引发国内无法控制的暴力事件"。一天晚上，他工作之余出来在白宫草坪上透气，隔着铁栅栏外面，他妻子和孩子正手持蜡烛走在游行队伍里。雷克和莫里斯也写了一份反对战争升级的备忘录。他们认为越南化不可行：南越政府肯定没法存活，持续撤军将使北越的立场愈发顽固，趁现在达成协议肯定比以后有利。二人提出了一个三年后才被采纳的建议：首先达成停火，承认北越现有控制区。如南越政府反对，立即推翻阮文绍政府，另立新总统。基辛格看后二话没说便交给尼克松"供其参考"。最重要的一篇反对战争升级的备忘录出自林之手。林头脑冷静，他仔细分析后认为，封锁不会见效，长期打击不见得会让北越屈服，用B-52轰炸给美国造成的损失远大于越南。

基辛格虽然下令研究"鸭钩计划"，但他思想持开放态度，对计划最后是个什么样子心里也七上八下，但他鼓励林放手写出最有力的反驳备忘录。"我有一个印象，基辛格是反对鸭钩计划的，他的目的是想让尼克松罢手，"林说道，"他告诉我。'如果写篇好备忘录，我们就能把总统从参联会那里拉回来。否则他就听之任之了。'"

雷克的印象正好相反。他认为基辛格支持采取军事行动，对尼克松不够强硬，"他不停叨咕，'要是纳尔逊肯定打垮他们'。"雷克后来说。尼克松的印象是，基辛格想最大限度地利用威胁。"亨利当时非常强硬，"尼克松后来回忆说，"他认为我们必须告诉共产党，美国不会被推来搡去。"

最后基辛格还是上交了一份不支持军事打击的备忘录。"当时我认为很难采取迅速和决定性的军事行动，"他回忆说，"而且采取这么大胆和冒险的步骤，政府里意见也不够一致。"尼克松同意了，至于最后通牒一事也就罢了，"全国抗议使得最后通牒的意义不大了。"

多年以后，尼克松认为那是他一生中最大的错误决定之一。"现在看，当时真应该放手一搏，"他说，"我担心的是采取行动会影响我们改善和中苏的关系。而且政府内部的分歧太大。"他担心拉尔德和罗杰斯可能为此辞职，而"我对此并未做好准备"。基辛格日后也悔恨不已，"真应该从我们上台那会就把他们统统炸烂，"他说，"如果1969年就做了1972年才做的那些事，越战早就结束了。"

令人吃惊的是，刚刚同意不实施"鸭钩"计划，尼克松就在会见多勃雷宁时大放厥词，又发出了一遍威胁。除非尽快见到进展，否则美国只能"采取自己的办法结束战争"，总统当着基辛格的面厉声警告说："我们不会无动于衷，被他们拖死在越南。"多勃雷宁就当尼克松在吹牛，他说莫斯科的领导人在越南问题上帮不了什么忙，但倒是为恢复军控谈判做好了准备。尽管有所谓"连环套"政策，但尼克松竟一口答应了。

会后，尼克松后来回忆说，基辛格大拍了一顿马屁，"我打赌那家伙一辈子都没见过这阵势！简直太棒了！从没有一位总统那样跟他们来真的！"可基辛格清楚得很，美国这回上了大当了。"苏联，一句话，对我们实施了'反连环套'策略，"基辛格后来承认。多勃雷宁，毫无疑问，再也不会把尼克松的威胁当回事了。

11月3日，尼克松发表演讲，没有宣布什么军事行动，而是呼吁"伟大的沉默的大多数"美国人支持他。听上去好像是决心坚定，但实际上是从军事威胁的立场后退。那天晚上，尼克松兴奋得睡不着觉。"RN（理查德·尼克松）的政策就是手里拎着大棒，轻声地说话，"他在日记里这样写道，做的却是完全相反的一套。但"沉默的大多数"演讲收到了奇效，民众纷纷对尼克松表示支持，这使越南化政策以及坚持逐步撤军的立场得以延续。同时表明，向人民实话实说得到的东西远比偷着干和欺骗多得多。

阮文绍曾批评："你们美国人浪费了许多扭转战局的机会，那次（鸭钩计划）就是个例子。"这话不对。尼克松的决定是正确的。一次单独的军事突击既不会打垮北越的意志也不会扭转整个战局。不停地发出军事威胁才是最明智的。对于一个整日连蒙带唬的政府而言，维护信誉才是当务之急。

◎1969年，盘点

1969年就要过去了，基辛格请他最感亲密的两位助手雷克和华茨共进晚餐，各带夫人，基辛格把南茜·马金尼斯也从纽约请了来。在一处优雅的法国餐厅，基辛格表现出身居高位一年多的惬意和兴奋。"那是我第一次听他说'权力是绝佳的春药'。"华茨回忆说。但他的兴致被与新老板的奇怪关系冲淡了好多，"如果是洛克菲勒该有多么不同啊。"他憧憬道，"那会自然得多。"

这是令人激动的一年，但不是个好年头。大多时候充斥着五花八门的秘密：正在上演的柬埔寨轰炸，国安窃听事件，和多勃雷宁大使的幕后谈判，和北越代表的秘密和谈，等等。继续战争的决定在1969年夺走了9 414名美国人的生命——阵亡将士总人数达到40 122人——但少于1968年的14 592人。

除了中东问题而外，基辛格从国务卿那里抢得了全部的外交政策控制权。

罗杰斯唯一的亮点就是重启了与苏联的削减战略武器谈判进程，尽管苏联在越南问题上没帮美国的忙。但基辛格同时也抓到了出台整体军控政策的权限，他还让各种官僚机构马不停蹄地为他工作，提供大量不同的意见和素材，供他整合出最好的政策。

1969年结束前，随着SALT重新上路，基辛格最终抛弃了连环套政策。圣诞节前，多勃雷宁作年终拜访，建议通过幕后渠道开始些新的话题，不要把所有问题都和越南形势挂钩，基辛格同意了。很快，从SALT到柏林地位问题都进入了这一渠道的谈判进程。

最重要的是，基辛格开始勾画后越战时代美国的战略蓝图，中心目标是防止美国一头栽进孤立主义，这反映在他和助手们写的《世界形势》报告里面。基辛格把一干助手拉到比斯坎的别墅里封闭创作，由雷克和莫里斯带队，期间基辛格像个苛刻的教授和爱发脾气的包工头，带领众人在一周之内完成了这份报告。莫里斯和雷克有一句话是："我们应该把问题隔离出来，但不要隔离我们自己。"基辛格以罕有的简洁把它改成："美国不能生活在孤立之中。"萨菲尔则以其优雅的文笔功夫和清晰的逻辑又加了一句："如果美国希望生活在和平中的话。"

这份文件反映了尼克松对现实主义政治传统根深蒂固的信仰。文件称，美国的政策应该"建立在对自身和他人利益进行现实评估的基础上"，而不是以冲动的道德理想为基础。"美国之所以成就其历史上的伟大地位，根源在于它具有发现须做之事并将其完成的能力。"

但是。基辛格和他的报告贬低了美国伟大历史成就的另一更重要"根源"，即它依据道德原则和理想行事的秉性。20世纪美国影响巨大的原因之一在于，当更高的原则理想受到威胁时，它从不做现实主义的奴隶，而是把自己看做自由和个人权力的灯塔。

这种正义感也许很危险——它正是美国卷入一场不切实际的越南战争的主要原因之一。但它也是信誉和权力的来源。把外交政策建立在这些理想基础上无疑是危险的，但无视这些原则的美国决策者们同样会发现，他们构筑的东西同样建立在孱弱的根基之上。

◎1970年2月～4月，基辛格 VS 黎德寿

新的一年开始后，基辛格感到开始新一轮谈判的时机成熟了。这时美国处在一个强有力的位置：尼克松"沉默的大多数"演说暂时赢得了公众支持，随着撤军的推进，反战情绪有所回落。《新闻周刊》评称："真是令人瞠目结舌的一年，尼克松让越战不再成为报纸头条，他把战争塞到了人们脑后去了。"更令人吃惊的是，越南化进展得顺利，大大超过人们预期，南越军队人数超过100万，完全控制了55%的农村。

基辛格知道，一切都是暂时的，必须尽快恢复谈判。他还有另外一个无可厚非的个人目的，争取在秘密谈判中搞出个名堂，给世界一个惊喜，冲击诺贝尔和平奖。基辛格说服了信心不足的尼克松，授权开始新一轮谈判。2月16日，沃尔特得到越方答复，五天后面见基辛格，虽觉越方此举颇为粗鲁，但他一口应允。

基辛格急于复谈的另一个原因是越方将派来一名特殊的顾问——黎德寿，越共中央政治局的重要成员。基辛格和下属都清楚，春水级别不够，根本谈不出东西。

从2月21日到4月，基辛格和黎德寿共斗法三次。

为准备21日第一次谈判，基辛格不停地在他的小办公室里来回踱步，揣摩他要说的话。"我们都是学者，都对历史有敏锐的把握。"他吟唱道，一旁的雷克和新加入的外交官理查德·史米瑟（Richard Smyser）一边听基辛格彩排一边帮他整理成谈话要点。几天后，一架隶属白宫飞行大队的波音707执行赴法兰克福的例行飞行训练，中途在法国博格斯机场附近空军基地稍作停留，放下了基辛格一行。与雷克和史米瑟一道，基辛格住进了沃尔特将军的两居室单身公寓，将军只能睡沙发。

黎德寿身材矮小，一头灰发，一成不变地穿着一件肃穆的毛式中山装。他两眼有神，但不动声色，你看不出来这位15岁加入丛林游击队的老人双目中的革命激情。抗法期间，他坐了10年各种各样的监狱，虽然朗朗上口地说着和平，但那对他只是个抽象的概念。基辛格偶尔用"傲慢"来评价黎德寿，毫无疑问黎德寿也是这么看待他的，在黎看来，基辛格不过是一大串自以为可以随便干涉越南的外国人里最新出现的一个。几年以后，美越签署了和平协定，那

第12章 死路一条

时的基辛格已经在背后用"宝贝（Ducky）"来称呼黎德寿了，黎带着他看了一家越南历史博物馆，但没对他灌输越南古代文化，而是绘声绘色地讲起他如何在监狱死里求生、如何化装执行行动。基辛格说："要是有一天我决定去印度支那丛林领导游击战的话，这些技巧肯定都是无价之宝。"

谈判一开始，基辛格试图用他拿手的开玩笑、拍马屁、自嘲和卖弄历史典故和黎建立个人交情。黎德寿礼貌地听着，甚至会开怀大笑。但基辛格承认自己并不是傻瓜："一个在监狱受了10年罪、打了20年仗的人怎么可能被一个资产阶级所谓的魅力所打动呢？"

基辛格常说他的谈判策略是大步挺进而非零敲碎打地让步。"我总是确定最合理的结果是什么，然后以一两个回合搞定，"他写道，尤其指越南问题，"一点一点后退只会吊起对方胃口，让他们待价而沽。"但实际上，基辛格一直在一点一滴地软化美国的立场。

他在和春水谈判时已明确美国的新立场，这次他又给黎德寿送了份见面礼：北越从南方撤退不必放在和美军撤退相同的法律基础上谈论，也不用正式宣布。他还极力告诉黎，美方能做不能做哪些事情主要不是依据原则，而是看政治上可不可行。关于推翻阮文绍一事，他回答说"由于国内原因，总统没法这么干……我对您的关切充分理解，您也得明白我的关切和处境。"

为了说服黎德寿相信形势对越南不利，他暗示美国可能要打中苏分裂的牌，"国际形势很复杂，"他说，这"意味着越南现在得到一些国家的共同支持，但他们不会老是一条心。"基辛格还指出，尼克松的国内支持率正在上升。但黎德寿随即引用盖洛普民意测验和富布赖特参议员的反战电视声明予以驳斥，基辛格恼火地回答说，他"不想再听河内分析什么美国民意"。

让基辛格格外痛苦的是黎德寿和他的看法一致，都认为"越南化"撤军削弱了美国的谈判地位。美国50万大军都打不赢的仗，"如何能指望傀儡军队取胜呢？"黎德寿问道。基辛格后来承认，这也是个折磨他的问题。

第二回合在3月16日，但有意思的不是谈判内容，而是路上的插曲。波音707油料出了问题，飞行员告诉基辛格，在博格斯降落会有危险。在脸红脖粗地秘密沟通了半天后，沃尔特将军接到了黑格的电话，说飞机已经决定直接飞往法兰克福，基辛格只能跳伞了。情急之下，沃尔特只得去艾丽舍宫找知晓秘密谈判一事的蓬皮杜总统求救，蓬皮杜慷慨地把自己的私人飞机借给了他，去法兰克福把基辛格接回来。回巴黎的路上，飞行员请示沃尔特，德国地勤对这架来历不明、突然空降的飞机提出疑问，并问为什么波音707上突然少了个人，沃尔特稍加思索说："告诉他们，离开的是个女人。"

"如果蓬皮杜夫人知道了怎么办？"飞行员问。

"如果她知道了，"沃尔特说，"我以美国军官的名义保证，我会告诉她真相的。"基辛格对沃尔特的整个救火行动印象十分深刻，但他后来说："我老纳闷，怎么他就知道德国地勤一定会搞不清楚这位乘客的性别呢？"

平安回到谈判桌前，基辛格提供了一份精确的美军撤军时间表。但黎德寿拒绝讨论任何双边撤军的计划。4月4日的谈判又是这样。他告诉基辛格，如果美国不改变立场，就没有必要谈下去了。谈判就此中断。

围绕这次谈判的秘密让人感到比夜里难以捉摸的飞机还要可疑。基辛格后来声称："每次谈判结束，我都通过幕后通道把完整报告发给西贡的班克大使，再由他向南越总统阮文绍汇报。"但据另一些局内人称，阮文绍看到的版本早就经过"消毒"，因为基辛格总是亲自检查备忘录，整段整段地删除。

实际上，基辛格向尼克松发了一份秘密备忘录，从中可以看出基辛格确实有意在某些方面不与西贡合作。他写道："由于（南）越政府与我们意见相左，您必须站在我们的立场上作出一些决定，如果这些决定泄露，会给我们和西贡的关系造成麻烦。这很冒险，但是如果我们想要谈判继续下去，并且保密的话，这是唯一的办法。"

后来，史米瑟为这件事辩护："基辛格的一个原则是，你不可能又要解决所有问题，又要所有人都知道——在这一点上他绝对正确。谈判中的谈判可不是基辛格的专利，越南人也是这样干的。"

基辛格一直坚持，不能把什么东西都公开化。但当时美国国内一些报道和参院听证会都声称河内提出了一系列合理的和平建议，尼克松政府顽固不化，没抓住机会。如果基辛格和尼克松政府在巴黎密谈的事情上更加透明，让公众知道谈判中北越的真实立场的话，虽可能会激怒北越，但至少美国政府可以不必单独背上这口立场僵硬的黑锅。

谈判破裂后，基辛格仍积极维护这一秘密渠道。他给尼克松的总结报告要远比实际情况乐观得多，但尼克松表示怀疑。直到9月，北越才重新激活了这一渠道，在那之前，战事已急剧扩大，情况又不一样了。

第13章｜入侵柬埔寨

扩大战争，辞职，狂暴

> 一般国家很少从历史中吸取教训，更别说从中得出正确结论了。
>
> ——《重建的世界》，基辛格，1957年

◎1970年4月，打还是不打？

人类历史上，柬埔寨20世纪70年代遭受的屠戮大概未有甚者。头等罪名可以落在灭绝人性的红色高棉身上，但通向地狱的道路有几条，很多人的手都沾上了柬埔寨人的血。美国有责任，基辛格也是，目的虽不能说邪恶，但道义上的冷血绝对是原因之一，美国把自己从越南脱身的需求凌驾于一个弱小邻国的利益之上。

对柬埔寨采取直接行动始自1969年3月的秘密轰炸（前文已述）。至1970年春，眼见一万多吨炸弹砸在了丛林里，越共的庇护所依然健在而南越共产党指挥部还是活蹦乱跳，美国军方又出了一个主意：美军和南越地面军队入侵柬埔寨。当时，西哈努克的屠弱平衡眼看不保，从法国就医后顺访苏联和北京，求他们说服越南减少在柬越边境的据点。临行前，他把国内事务暂交总理朗诺全权负责——一个在美国看来无甚了了的右翼军人。但朗诺随即在国内发起反对北越渗透柬埔寨的大游行，起初美国认为只不过是西哈努克增加谈判砝码之举，但3月18日，柬国会竟宣布剥夺了国王权力，西哈努克在从莫斯科机场起飞前从苏联总理柯西金嘴里知道了后院起火、自己已被推翻的消息。

金边一片喜气，但崇拜国王的农村地区并不支持政变，愤怒的农民杀了朗

诺的弟弟，把他的肝挖出来炒着下酒。立即有人怀疑是中情局策划的政变，但中情局在柬埔寨连个情报站都没有，它也被搞糊涂了。认为自己蒙在鼓里的尼克松不管："这帮小丑在干什么？"最后情报显示，政变前一天基辛格曾交给总统一份关于柬埔寨国内游行的备忘录，"这很可能是西哈努克的精妙策划，旨在推动中、苏敦促越共离开柬埔寨。"他猜错了。

美国和政变唯一的、间接的干系是，一些驻越美军官员可能使朗诺相信美国是支持他上台的。美军特种部队的指挥官们对西哈努克评价不高。黎德寿在4月4日的秘密谈判中指责美国情报机关阴谋推翻西哈努克，基辛格说"虽然为他们对我们情报工作能力的评价如此之高深感荣幸"，但还想极力说服越方金边事件绝非美国所为。但接下来的几个星期美国的所作所为，让其他各方都确信就是美国干的。

尼克松和基辛格后来都坚持说美国起初对朗诺的支持非常谨慎，它不想误判形势或损害柬埔寨的中立地位。但毫无疑问，尼克松把宝押在了这位新的军事独裁者身上。政变第二天，尼克松和基辛格秘密指示："中情局应制订并执行计划，对柬埔寨国内亲美力量给予最大支持。"和往常一样，尼克松想保密，连负责协调部门间秘密行动的"40委员会"都不知情。时任国务院东亚局长的格林说："从第一天起，尼克松就决心力挺朗诺。"

此时，丧失平衡的西哈努克感到投靠左翼更加保险。于是他赶紧飞往北京，与周恩来热情拥抱，没多久就发誓要加入"反美帝国主义"的阵线。而苏联一直觉得西哈努克古古怪怪，决定与他保持距离，承认了朗诺政府。但中国和北越，以及乳臭未干的红色高棉则全都认可西哈努克。

朗诺是个有魅力但缺乏谋略的人，他命令北越立刻离开柬埔寨。北越气急败坏地发起进攻，想推翻新政府，柬军装备奇差，士兵们只能在高尔夫球场随便练练，然后坐着可口可乐公司的卡车就奔赴前线。

形势危急，1970年4月，柬埔寨人向美国请求紧急援助。驻越美军指挥官们建议立即进行地面干预，尼克松面临着他总统生涯中的最决定命运的军事决策。

事情来得真不是时候。这个4月是尼克松总统任期内最残酷的月份。和北越的巴黎秘密和谈破裂，停战突然变得遥遥无期；苏联大批军事顾问拥入埃及，尼克松指示基辛格看能否在莫斯科安排一次美苏峰会，但勃列日涅夫却把有求而来的基辛格领去看了场西伯利亚猎虎的电影了事；参院否决了尼克松最高法院大法官的提名；阿波罗13号出现重大故障，宇航员在登月舱里眼看没命，抗议者的威胁迫使尼克松取消了参加女儿大学毕业典礼的计划，为此他不得不忍受女儿的哭闹。

麻烦够多了。向来不太冷静的尼克松那个月更是如坐针毡。基辛格在回忆录里礼貌地说他"长期压力积聚导致过分紧张和易于激动"。私下里，他则露骨地说老板是个"残废"、"醉鬼"。

此外，有些尴尬的是，尼克松越来越喜欢猫在屋里一遍又一遍看电影《巴顿将军》，这位在阿登战役中神勇无敌的将军，把反抗权威升华成一种英雄主义。影片一开始就是一幕震人心魄的场景。巴顿的扮演者乔治·斯科特站在一面巨大的美国国旗前，向他的军队大声致词："美国人从来没有、将来也决不会输掉任何一场战争，因为光是'输'这个字眼就令美国人深恶痛绝。"

太空船阿波罗13号的宇航员终于安全着陆后，尼克松飞临太平洋乘硫磺岛号军舰接见。4月18日，美国太平洋指挥官约翰·麦肯恩上将向他作了汇报。这位上将勇武好斗、直来直去的风格让基辛格忍不住想起大力水手。当时麦肯恩上将的儿子还是一名战俘，后来当了参议员。上将的汇报地图布满又大又红的箭头和爪子，柬埔寨到处涂成红色，一只大爪子紧紧抓住金边，向西北伸向泰国。尼克松看了之后大为赞赏，要求上将与他一同飞回圣克莱门特，让其他官员也欣赏欣赏他的汇报。

回到圣克莱门特后，尼克松做了又一轮撤军的决定。此时，秘密的巴黎谈判中断，北越正在加大攻势，西贡军队依然孱弱，这说明尼克松提出的越南化的三个标准一个也没有达到。不过也没有人再把这三个标准当回事。拉尔德写了一份备忘录，敦促赶紧确定每月撤军率。罗杰斯则跟多数人一样，大谈真正需要的是"外交而非军事手段"，弄得好像外交和军事势不两立似的。

而另一方面，基辛格则认为军事手段不仅可以与外交努力同时存在，也必须如此。黎德寿显然也持此种观点。每次会前他都滔滔不绝地讲述美国地面的弱势及其整体与军队的相互关系。基辛格后来说道："黎德寿总是对我们大谈特谈，我们也就终于明白，如果军事战略行不通，任何外交策略都不会奏效。"

但基辛格同时清楚，如果明目张胆地反对新一轮撤军肯定是白费力气。于是他琢磨出一个诡计：先宣布大规模撤军，但花上一年时间来实现。基辛格先是与参谋长联席会议主席商量（警告他千万不可向拉尔德透露半个字），然后决定用一年时间撤出15万士兵，其中大部分定在1971年开始后进行。尼克松批准了这个方案，但打算先骗骗拉尔德和罗杰斯。

拉尔德和罗杰斯回到华盛顿后赶紧给圣克莱门特打电话，想知道尼克松到底作了怎样的决定。但尼克松故意不接电话。没办法，拉尔德和罗杰斯只好问基辛格，基辛格则回答，根据总统指示，计划宣布一个每月撤军率，但没有确定总的撤军数——与实际计划正好相反。这个骗局让尼克松和基辛格如愿以偿：当他们最后宣布真正的计划是用一年时间撤出15万人时，所有人都瞠目结舌。

从圣克莱门特回到华盛顿，尼克松的脑子还处于难以控制的狂热之中，开始计划1970年入侵柬埔寨的行动。此时，已经再没有借口与推翻西哈努克的朗诺右翼政府保持距离。4月22日，尼克松起了个大早，给基辛格发去一份备忘录："我想我们需要在柬埔寨问题上采取大胆行动以示对朗诺的支持。北越人正在柬埔寨耀武扬威，而25年来第一个有勇气亲美的政府却危在旦夕。"随后，又有三份备忘录相继发出，其中一份要求基辛格警告苏联：如果共产党进攻金边，总统将作出"军事决定"。尼克松还让基辛格解除美国驻柬埔寨临时代办来福斯的职务，基辛格知道这又是他随口一说，听听算了。

当天下午，国安会全会随即在内阁会议室召开，罗杰斯、拉尔德、赫尔姆斯和基辛格等悉数到场。三个选项：观望、等待，拉尔德和罗杰斯主张；南越部队进入柬境攻击北越庇护所，美军空中支援，基辛格赞同；最后，美军地面部队进入。

讨论中的主要袭击目标是鱼钩地区，也就是一年前第一次秘密轰炸的边境地区。军方又一次发誓越共总部——越南南方中共中央办公室（COSVN）就藏匿此处，这次肯定能揪出来一网打尽。另一个可能的目标叫做鹦鹉嘴，位于鱼钩以南，距西贡只有33英里。

尼克松当场拍板：选择第二种办法，派南越部队深入距西贡33英里的鹦鹉嘴地带，配合以小规模美军空中支持。

没想到副总统阿格纽突然表示反对，认为第二种方案太"娘娘腔"，要根除北越庇护所，应该派美军进入一劳永逸地解决问题，鱼钩和鹦鹉嘴都应当成为袭击的目标。尼克松大吃一惊，这下刺到了他的痛处，他最不愿在副手面前显得不够强硬。上回阿格纽说他"真他妈该去史密斯女子学院看女儿朱莉娅毕业",已经令他备受煎熬。

第二天晚上,基辛格正在阿肯色鸽派议员威廉·富布赖特家里和一帮子参院外交委员会的成员讨论越南问题。尼克松数次打来电话,据基辛格回忆说,总统"极端愤怒",三周前下令在柬埔寨建立中情局的情报站到现在也没有动静。基辛格回到白宫地下室时,电话还不停地打进来。尼克松在林肯起居室里坐立不安直到深夜。基辛格又接了七次电话,每次都听尼克松咆哮着什么东西,然后砰地挂上电话。直到半夜最后一次电话,基辛格明白了,尼克松——还在为阿格纽"娘娘腔"那话闹心——想动用美军地面部队。他让基辛格第二天早七点一刻时和支持美军发兵的赫尔姆斯及参联会执行主席托马斯·摩尔碰头研究。基辛格把助手威廉·华茨拉回白宫,准备第二天全天会议的材料。"我们举世无双的领袖,"基辛格说,"疯了。"

星期五,4月24日,这一天告诉人们,古怪的个人情绪是如何左右重大的历史性决定。尼克松背着国防部长给军方发布了一系列指示,然后和酒友雷波佐醉倒在戴维营。在早上7:15的会议上,尼克松让赫尔姆斯和摩尔制订一份计划,由美越联军共同进入鱼钩地区,原计划越南军队单独进军鹦鹉嘴照旧进行。拉尔德和罗杰斯未被邀请,他们正在办公室里绞尽脑汁想办法把美军在南越入侵鹦鹉嘴行动中的负担减至最低限度。基辛格感到背着国防部长颁布军事命令终究不是办法,于是,他打电话告诉拉尔德,总统已决定美军入侵柬埔寨。拉尔德很不高兴。

拉尔德和罗杰斯有发言权的国安会全会一拖再拖,尼克松却拉上好友雷波佐(一位迈阿密商人)在戴维营酗酒逍遥。晚上他打电话给基辛格,骂骂咧咧地说着派兵的事,这时尼克松让雷波佐跟基辛格通话,"总统想让你知道,"雷波佐醉醺醺地说,"如果还无济于事,你就等着屁股挨板子吧。"

尼克松的酗酒问题让很多人头疼。白天他当然不喝,但到了晚上,他豪饮起来比他的同僚们有过之而无不及。当年,尼克松邀请厄尔希曼加入他的1968年总统大选团队,这位最多不过尝一点姜汁汽水的基督徒提出的条件是,尼克松必须保证能够控制饮酒。尼克松回答说:"我现在就可以向你保证,酒绝对不是问题。"之后的一段时间尼克松的确信守诺言。厄尔希曼说,尼克松只在晚上和朋友们聚会时才会大喝特喝,尤其是和雷波佐在比斯坎的时候:"雷波佐酒量很好，而尼克松却酒力不胜。用不了几杯他就烂醉如泥。"

于是，基辛格常常以此为借口，为尼克松开脱，他说：每次身心疲惫不堪重负之时，哪怕刚喝了一两杯，还没真醉，尼克松说话也会开始含含糊糊。不管怎样，尼克松的醉酒问题令基辛格深感不安，要知道他可是几乎从来滴酒不沾的人。他时常取笑"我醉醺醺的朋友"，让人想起人们偶尔拿自己害怕的事物开玩笑的样子。

尼克松醉酒也令下属们非常痛苦，因为他们总是要监听他夜间那些含糊不清的谈话。基辛格倒是从中捞到了好处，因为他需要这些人的支持，他告诉助手们，也只有他们知道，只有基辛格，才能阻止"那个烂醉的疯子"做出"炸毁全世界"的疯狂行为。莫里斯说："这就让基辛格名正言顺地操纵着一切。"

那个周五晚上，尼克松和雷波佐在戴维营大肆发泄，基辛格召集班子里的鸽派助手集体研究对策。他喜欢在智力上接受同事的挑战，但出于权力，他又渴望他们认同自己的想法。参加的有雷克、莫里斯、林、洛德和华茨。他们进来时，基辛格骄傲地说："这些都是我流着血的心啊。"雷克回忆起那次会议说："显然，基辛格找去的都是可能反对入侵柬埔寨的人。"会议有些光怪陆离，基辛格私下单独告诉每个人美国将派地面部队进入的消息，但大家又不清楚别人是否知道。不敢泄密，因此发言时都围绕这则关键信息拐弯抹角地绕来绕去。"当时我说美国地面部队肯定会被拖进柬埔寨，想把这个问题提出来挑明，"雷克回忆说，"但他（基辛格）说，'不，不，我们会按兵不动的'。"

雷克、莫里斯和洛德认为目标应是恢复柬埔寨的中立地位，应该鼓励朗诺和北越达成"私下默契"——北越可像以前那样使用柬埔寨的边境地带，而另一方面，柬埔寨将默许"跨边界"小规模冲突和美军轰炸——一句话，回到西哈努克时期的老样子。这一看法是有道理的，维持边界小规模冲突可以不把柬埔寨拖进战争，但大规模入侵的结果将完全相反。洛德认为，入侵柬埔寨不仅会引发美国国内激烈反对，还将削弱公众对越南化政策的支持；华茨认为，今年打柬埔寨，明年就会打老挝，战火将越烧越大；林认为，入侵柬埔寨会造成巨大的人员损失。

会越开越热闹，不过应当没有某些与会者日后回顾时形容的那么激烈。莫里斯承认说："好多次，一个关于印度支那令人难以置信的政策，我们却只是作出了温和的反对。"

雷克警告说，入侵柬埔寨恐怕会让美国"陷入范围更大的战争"。基辛格的回答是："嗯，托尼，我早料到你想这么说。"一向平和的雷克也感到怒气上蹿，不过还是努力按捺住怒火——雷克想，要是我的想法那么容易被你看穿，那我不如趁早走人算了。

洛德主要关注的是国内局势：入侵柬埔寨不仅会招致国内的激烈反对，还会丧失民众对越南化计划的支持。华茨最为深谋远虑，他也认为入侵柬埔寨会招致国内的大规模反对，但如果今年入侵柬埔寨，那么明年恐怕就要轮到老挝，后年就要封锁海防。

和鸭钩计划时一样，基辛格最欣赏的是林的分析：系统化强，没有那么强的感情色彩。林用成本效益分析来反对任何入侵计划。后来林回忆说："我的任务是保证花出去的资源要取得最大的回报。我认为同样的资源在南越发挥的作用最大。"不过，林绝对不是仅仅呈现冷冰冰的数字。他说："托尼·雷克之所以反对是认为不能入侵主权国家，但对我来说主要原因在于地面的损失，尤其是人员损失太大了。我觉得我们似乎都忘了还有平民百姓。"

全是反对意见。但反对越多，基辛格越有种预感：美国非派地面部队不可，否则问题无法解决。反对者有一个问题没法回答：越共老是以柬埔寨境内的补给站和指挥所作为后方侵扰和渗透南越，长此以往，"越南化"如何为继？他还推翻了自己先前的看法，认识到只派南越部队无异于杯水车薪，既招致国内反对，实际军事效果也差，把所有方案的消极因素都集中在了一起，最不可取。

周六一早，基辛格被召到戴维营再议。尼克松围着泳池转，基辛格在一侧边来回踱步。尼克松已经不再怀疑派美军直接干的想法。他现在想得更远，反正公众都会歇斯底里，为何不一反到底，为什么不能实施鸭钩计划，又为何不连河内和海防都一块炸他个稀巴烂？基辛格搞不清楚尼克松是认真的还是为了显示强硬过嘴瘾。他回答说，前线将士们"盘子里的菜已经够多了"。

尼克松、基辛格和雷波佐登上直升飞机返回华盛顿，又坐上总统的快艇，沐浴着下午阳光在波多马克河泛舟。决定既已作出，后果也索性认了，主臣如释重负，加上酒精的刺激，反而兴致渐高。经过华盛顿老家弗农山上飘扬的星条旗时，总统建议大家立正行注目礼。回到白宫，兴致未减的尼克松邀各位再次共赏爱国电影《巴顿将军》，基辛格是第二遍。"片子是挺好，"他回忆说，"但我还是逃了一小时，为第二天的国安会议作准备。"

第二天，6月26日，国安会全会再次召开。基辛格事先说服尼克松，他不可能不征求国防部长和国务卿的意见就入侵一个国家。基辛格告诉尼克松，拉尔德和罗杰斯知道的仍是原方案，即出动南越军队，两人很可能会反对派出美军地面部队。

和过去一样，尼克松和基辛格是带着决定去参加会议的。这一次他们假装会议只是一个讨论备选方案的情况介绍，并非是作决定的会议。副总统阿格纽干脆没被邀请。拉尔德和罗杰斯几乎一言不发。会议刚一结束，尼克松就迫不及待地在军事命令上签了字，为表决心，他用的是全名而不是缩写。

尼克松和基辛格又一次带着已经做好的决定去参加国安会，暗中操纵他们自己挑选出来的众位官员。这次，他们俩假装会议只是就可能的选项进行军事汇报（这样过星期天的晚上也够奇怪的），不需要拍板。拉尔德和罗杰斯都相当沉默（虽然按理阿格纽也是国安会成员，这次却未被邀请）。一散会，尼克松就叫基辛格到白宫的总统居住区，大笔一挥，在军事命令上签上自己名字的首字母。然后，似乎为了显示他的决定是多么坚定，还不辞辛苦把全名署在了下面。

尼克松、基辛格架空国安会的做法开启了一个最终自食其果的进程。学乖的拉尔德和罗杰斯当面不再实实在在地提出反对意见，而是阳奉阴违，背地里制造障碍，削弱决策效果。在柬埔寨问题上，这一过程开始于27日周一早上。

罗杰斯打电话给基辛格，问刚刚收到的总统令是否意味着总统已决定派出美军地面部队进入鱼钩地区。"完全正确"，基辛格回答说。罗杰斯当下打电话给尼克松要求开会。拉尔德也有一大堆反对意见，也要求面见总统。上午11点前，霍德曼给基辛格打来电话，最好赶紧到总统这里来，罗杰斯和拉尔德已经在路上了。

基辛格指责罗杰斯反对这一决定，因为担心的只是第二天在参院委员会上没法向议员们交代。但罗杰斯反对是正当的，他甚至不知道这一决定居然在前一晚国安全体会议的日程上。拉尔德东拉西扯地狠发了一通怨气，把所有问题点了一遍。他说，驻越美军司令艾布拉姆斯并不支持这一决定。而且把行动目标限定在铲除南越共产党指挥部这一目标上是错误的，他后来回忆说："看在上帝的分上，这太愚蠢了，对付那些指挥部浪费了大部分时间，我们根本没法找着它们。"两人走后，尼克松朝基辛格发泄了不满，他宣布将这一命令推迟24小时。同时，基辛格得秘密给在西贡的艾布拉姆斯发一份电报（不能用五角大楼的通道）看看拉尔德的反对是否有道理。基辛格走后，尼克松对霍德曼说："罗杰斯反对一切动议、讨好参院；拉尔德揣摩总统立场随大溜，但力保自己的特权；基辛格逼得太狠，什么都想控制。"

基辛格通过秘密渠道给艾布拉姆斯发电报向他确认是否支持美军地面进入柬埔寨。但艾将军右手收电，左手立刻拨通拉尔德的电话汇报。拉尔德对基辛格背着他耍花招十分不满，但他也习惯了。最让他生气的是基辛格对艾布的问法："你能保证只用南越部队就能搞定吗？"回答这个问题的答案肯定是尼克松想听的。不过事已至此，拉尔德无法挽回，他电话里说："艾布，我知道你会怎么回答，别担心，我会理解的。"

4月28日，星期二，24小时过后，尼克松正式再次召见罗杰斯和拉尔德，他心意已决。授权对柬埔寨发动地面进攻。尼克松仍担心基辛格在场把事情搞砸，在两人到达之前，让基辛格从侧门溜了出去。

当时在场记录的司法部长米切尔的手记显示，尼克松极力突出这是他一个人的英雄决定，两位部长都反对，"基辛格博士也不赞成"。实际上基辛格支持出动美军地面部队，尼克松只是热衷于把自己塑造成巴顿将军式的高大果敢形象，旁边是一群猥琐赢弱的小家臣围在左右。任务性质仍被尼克松描述成消灭共产党指挥中心。米切尔写道："总统认为，消灭共产党指挥部是为了继续推进'越南化进程'。"

◎1970年5月，"进入"柬埔寨

所有军事行动都有个如何理解的问题，尼克松和他的批评者们都认为，发兵柬埔寨是美国战争努力大胆而厚脸皮的延伸，那么人们也就这么理解。如果尼克松愿意的话，这场战争本可有更低调的解释：根本不用发一纸狠叨叨的总统令，只消艾布拉姆斯将军的新闻办公室宣布一下，说是一次跨境打击越共巢穴的打击行动就万事大吉了。会有抗议，但肯定不会像尼克松4月30日的演说那样引爆一场灾难。

尼克松看《巴顿将军》看得太多了，一心想让人们领教他的孤胆英雄主义。他猫在行政大楼自己的办公室里，听着轰鸣的柴可夫斯基音乐，把郁积在心中的愤恨和压抑一股脑倾泻在一篇草草写就的演讲稿里，又把他风格尖刺强硬的笔杆子帕特里克·布坎南召来，润色一番。这篇稿子里，尼克松不顾罗杰斯和拉尔德的劝谏，坚称此番行动目标是"打烂所有骚扰南越的共产党指挥部"。但美越联军连个共产党司令部的影子都没找着，尼克松的大话最终把自己的信誉砸了进去。他宣称，美国将像一个"忍辱、无助的巨人"一样行动，就像萨菲尔后来说的，"尼克松做了只有尼克松才能干出的事——作出勇敢的决定，然后塞进一场全情投入而又能分裂公众的演说当中"。

的确，尼克松连夸张都算不上，演说中他撒了一个弥天大谎："五年来，美国和南越一直没有对敌军的庇护所采取行动，因为我们不想侵犯一个中立国家的领土。"实际上，"菜单"轰炸至此已持续了13个月。基辛格后来在回忆录里说这句话"既和他的演说主题毫无关系，又是一句彻底的谎言"。但基辛格当晚和媒体说的也是这一套（多年后，在全国广播公司——NBC——一档节目里，主持人弗罗斯特提醒基辛格，他当年也说过美国入侵柬埔寨前并没有攻击过共产党庇护所。基辛格恼羞成怒，说因为轰炸庇护所是美军全盘计划和行动的一部分，因此没有特别当它是个单独行动，云云。过后，他要求NBC把这段内容删掉，这直接导致弗罗斯特辞职，最后还是播了）。

第二天——1970年5月1日，31 000名美国大兵和43 000人的南越部队越过边界，扑向鱼钩和鹦鹉嘴地带。一夜没睡的尼克松带上基辛格临时决定视察五角大楼。他问将军们："我们能消灭所有的共产党据点吗？"一阵可怕的死寂。"我要它们统统被铲掉！"他接着说，"全都弄死。"他越说越激动，打断汇报官员，开始了夹杂污言秽语的长篇大论。"你必须用大胆的决策激励大家。大胆决策创造历史，就像泰迪·罗斯福当年固守圣胡安山一样，不起眼的决定但意义重大，人们就会注意到。"基辛格和拉尔德只得尴尬地面面相觑。"让我们打他个屁滚尿流！"尼克松喊道。

靠撤军换来的国内和平很快被打破了。5月4日，年轻的国民警卫队员们在俄亥俄肯特州立大学朝手无寸铁的游行学生开枪，打死两男两女，一个跪在倒下的同伴身旁号哭的年轻女孩的照片成为整个国家陷入恐怖的象征；举国震撼，当权者的国家机器也濒临崩溃边缘。被示威者吵得睡不着觉的基辛格无奈搬进了白宫地下室。

5月8日，近10万名示威者包围了白宫，警察用60辆大客车把总统之家紧紧护住，地下室里驻满了军队。尼克松晚上九点二十分时打电话给基辛格，胡乱谈起了战争和这次抗议的原因。总统无法入睡，在林肯起居室里思前想后，不停地打电话，直到天亮。

白宫当晚电话记录显示，他给基辛格打电话共八次，有时两分钟，有时一说就是20分钟，最后一次在凌晨三点半。国务院副国务卿约翰逊回忆曾被尼克松的电话吵醒，总统向他抱怨说居然有50名初级外交官联名上书反对侵略柬埔寨，简直反了，"我是美国总统，"他朝睡眼惺忪的约翰逊吼道，"一早就给我把这帮狗崽子解雇了！"砰！挂了。总共持续20秒钟。几分钟后，尼克松打电话给基辛格，下达了同样的命令，"他一激动起来就发疯似的拨电话，"基辛格回忆说。其他被尼克松弄起来的还有：霍德曼（七次），比利·格雷厄姆、罗兹·伍兹（四次）、雷波佐（两次）、洛克菲勒（凌晨一点）、托马斯·杜威（凌晨一点半）等。最后一个电话是打给男仆马诺罗·桑切斯的，凌晨四点二十二分。在一个惊慌失措的特工的护送下，总统和男仆去了林肯纪念堂，在那儿，尼克松主动向几个目瞪口呆的抗议者套起了话，硬着头皮聊起了他们的大学球队，说了说趁年轻旅行的重要性以及他在越南的目标。

尼克松的"疯人理论"搬起石头砸了自己的脚。国人都认为他已经精神错乱了。入侵柬埔寨最后成了河内自1968年春季攻势失利后的一次重大胜利，河内战场失利，但赢得了美国后院起居室的战争。美军在柬埔寨战场有所斩获，也加深了国内分裂。尼克松的民意支持率仍稍稍过半，但却丧失了履行对越南义务所必需的国内共识。参院已发起行动要求限期撤军完毕。

心力交瘁的尼克松一头躲进了戴维营，他讨厌任何人，包括基辛格，一连数天不接他的电话。基辛格召集支持者不停地打电话试图鼓励尼克松。但在尼克松看来，丧心病狂、被压垮的反倒是基辛格，基辛格甚至流露出后悔之意。尼克松对他很不满，劝诫他："要吸取罗德妻子的教训（罗德，《圣经》旧约中的人物，亚伯拉罕的侄子。传说当他们逃离罪恶之地所多玛时，他的妻子因回头看而被化作盐柱。——编者注），千万别后悔。"尼克松很喜欢用这个典故来对比自己的坚韧和基辛格的虚弱，偶尔还火上浇油地说："我不知道亨利读不读《旧约全书》，反正我是读的。"

就是在这段时期，尼克松剥夺了基辛格管理国安窃听的权力，并指示霍德曼让基辛格离媒体远点。基辛格和尼克松其他助手之间的关系也疏远起来，他开始拒绝出席霍德曼主持的办公会议。一次，霍德曼给他打电话强令他出席，他到时，大家正在讨论柬埔寨问题，问他：该如何回答迟迟找不到越共指挥部的问题？"基辛格感觉非常屈辱，"厄尔希曼回忆说，"他几乎是一边抱怨一边吐沫飞溅地答道：'我不负责处理公共关系问题'，说完，起身扬长而去。"

《华盛顿邮报》发行人凯瑟琳·格雷厄姆女士出于友谊邀请基辛格晚上看电影，虽然《邮报》正在大肆讨伐入侵柬埔寨计划。格雷厄姆带他去看的电影叫《歌厅》（Cabaret），戏演到一半她突然意识到自己选了个最不适宜的片子——故事有关魏玛德国时期令人眩晕的快乐主义最终促使纳粹泛起的历史。后来回忆时，格雷厄姆说："我当时吓坏了。"她转过头轻轻问他："你还想看吗？"结果基辛格坐到电影散场。之后他们俩一起去喝东西，格雷厄姆问他怎么能忍受这样的电影。基辛格回答说他早就习惯了目睹社会秩序消失无存："在我成长过程中，我觉得，如果你在街上看见某些人走过来，你就很自然地要让到一边。"

一个月后，尼克松又发表了一次演讲，吹嘘出兵柬埔寨"是这场旷日持久的艰苦战争中采取的最成功的行动"。但寻找越共指挥部的事他一个字都没提。晚上他把基辛格叫来，让他了解一下乔治城圈子是怎么评价演讲的，此时正值半夜。基辛格不得不打电话给专栏作家乔·阿尔索普，此君刚刚和一帮自由派头面人物吃过晚饭。阿尔索普夫人接电话后拒绝把丈夫叫醒，基辛格便解释了一下，让她给介绍一下晚饭时大家对总统演讲的评价。"糟透了"，妇人直率地说，"每个人都怒不可遏。"于是，她开始教训起基辛格来。基辛格最后不得不挂掉电话，跟尼克松说："不是太好。"

尼克松和基辛格都不后悔侵略柬埔寨，只恨没能走得更远。尼克松后来讲，他本希望贯彻和基辛格在戴维营泳池边谈过的想法——轰炸北越。"我们把火力用在了柬埔寨，"他说，"如果及早对北越下手，我们后来也不用费那么多劲。"基辛格也感到后悔没有认真考虑轰炸北越的选项，"我们在越南军事行动的致命伤就是迟疑不决"。共产党在鱼钩地区确实有指挥部，但居无定所，韦斯特摩兰将军回忆说："越共指挥部神出鬼没，不幸的是总统把它们当成了靶桩。"媒体的描述更加尖酸刻薄，基辛格说，结果就是"自作自受"的信誉危机。

尽管如此，基辛格认为从军事观点看，侵柬行动是成功的，40%的越共武器库被占领，柬埔寨边境的冲突两年里大幅下降，美军每周阵亡人数从1969年的300人降至100以下，到1971年3月，更不到35人。这些数字具有误导性。国防部研究估计"随着越共开辟其他补给线，丧失的装备能在75天之内补充上来"。美军伤亡人数总量下降和美军作战部队逐渐撤走有直接关系，甚至从比例来看，两年内越共杀伤数量比以前大大增加了，唯一不同之处在于，这回轮到南越军队倒霉了。

柬埔寨行动对美国在越南的战局有没有帮助这个问题，在凭什么要入侵一个主权国家的问题面前显得苍白无力。柬埔寨的地狱之路被打开了。开战前所有人的悲观估计都变成了现实，甚至更糟。战争被扩大了，挣扎着躲避越战的柬埔寨最终惨叫着被卷了进去。起先小心翼翼履行承诺的美国此刻变成了一个笨重而上瘾的大恩人，搀扶着一帮呆头呆脑的柬埔寨军人和一个腐败不堪的政府。

侵柬行动打响时，北越势力已拓展到四分之一的柬埔寨农村地区；至行动结束，赤化分子充斥了一半国土。河内的部队同时开始制造一个恐怖的怪物——红色高棉。随着美军侵入，起先破衣烂衫，只有5 000人的叛乱队伍，迅速扩充了数量，提高了能力，也愈发残忍。到1973年，羽翼丰满的红色高棉甚至顶住北越压力，拒绝与西方媾和。至1975年，红色高棉已发展成为一支75 000人、一心想虐待人民、创立纯粹共产主义梦魇的凶残势力。

"只有两个人应对柬埔寨的悲剧负责，"西哈努克说，"尼克松先生和基辛格博士。没有他们朗诺什么都不是，而没有朗诺，红色高棉也是乌合之众。是他们让美国低迷不振，把整个印度支那丢给了共产党，他们造就了红色高棉。"

1979年，基辛格以个人身份访问北京，第一次见到了流亡中的西哈努克。两人有些共同点：都很有魅力，都狡猾奸诈，也都渴望赢得对手。据西哈努克说，基辛格坚持说美国和朗诺政变没有关系。"但为什么你们立刻承认了他呢？"西哈努克问。

"是的，但我们希望您能尽快重获权力。"基辛格回答说。

"那为什么一直不告诉我？相反，你们从头到尾支持朗诺反对我回去。"

"不不不，您必须相信我，我们是支持您亲政的，而且我们不喜欢朗诺。我们喜欢您。"

"那多谢了。"西哈努克说。

"我希望您相信我。"基辛格说。

"阁下，过去的就让它过去吧。"

"不不不，我想听您说您相信我。"

"我很抱歉，"西哈努克说，"我不能说我相信您。"

英国记者肖克劳斯的《花絮》一书，对尼克松和基辛格应对红色高棉兴起负责作了有力阐述。他认为，美国五年军事干涉是红色高棉成长的唯一土壤，破坏了西哈努克创造的均衡局面，把越南共产势力从柬越边境推向了柬埔寨腹地。在越共支持下，红色高棉靠各省反美情绪繁衍起来。红色高棉遭到美军野蛮轰炸，自身也变得更加凶残。柬埔寨社会机体被无情的轰炸和军事斗争撕扯得千疮百孔。基辛格认为这一指责"莫名其妙"，"除了红色高棉的支持者外，没人会认为这是个合理的解释。"红色高棉的意识形态早已根深蒂固，他们占领金边时，美军早已停止轰炸，但金边仍惨遭屠城。基辛格的辩护有一定道理。对于红色高棉的屠杀，不应由美国或基辛格负直接道义责任。基辛格反对红色高棉及其越共赞助人的意图正是为了防止此后悲剧的发生。

尽管如此，评价政治家不仅要看意图，还要看政策结果。美国和越南一道强加的战争，让一个美丽的、挣扎在和平边缘的国度陷入了万丈深渊。基辛格的论调是美国不该被指责为侵犯了柬埔寨的主权，因为它的主权"已被越南侵犯过"，这好比在说，她已不是处女，因此不能算被强奸。一系列的战争升级行动都把柬埔寨推进了猛烈的旋涡。

至少，美国应该为把柬埔寨视为"花絮"而受到谴责，为了挽救在越南的黑暗使命而无情地牺牲了一个国家的和平和稳定。1975年，红色高棉吞没柬埔寨时，在国会听证会上，基辛格承认道："我们有罪、我们有责任，不管你对柬埔寨人怎么说，我们在柬埔寨的行动首先是为了实现美国在越南的目标，而柬埔寨现在则被置于非常困难的境地。"

柬埔寨行动，尼克松政府一直使用"进入（incursion）"一词而不是"侵略（invasion）"。"如果我们不进入柬埔寨，"基辛格后来回忆说，"共产党夺权会更早。"也许吧。但五年战争、50万人丧命的代价，不能因为声称延迟了共产党上台就合理合法了。

◎团队危机

"流血的心"一族对柬埔寨战争决不赞同，4月24日会议的第二天晚上，基辛格打电话给比尔·华茨，说尼克松总统决定让他担任周日国安会全体会议的助理协调员。华茨翻来覆去一晚上没睡觉，第二天开会前一个小时，他下决定不参加会议。华茨走进基辛格办公室，看着吃惊的国家安全助理说："我反对柬埔寨计划，我辞职了。"

基辛格暴跳如雷，书扔得满屋都是："你的观点只能代表东部集团胆小鬼们的那点墨水！"华茨的动作也大了起来，恨不得上去给总统国家安全助理的面门一记老拳。他旋风般地冲进了情况室。

"你到底和亨利说什么了？"黑格问，"他把东西扔得到处都是。"

"柬埔寨那事我不干了。"华茨说。

"你不能拒绝他，那是你上司的命令。"

"我操，艾力，"华茨道，"我就能，我辞职了。"

回到家里，妻子说她一看就知道他辞职了。"怎么看出来的？"华茨问。"因为六个月来你第一次笑了。"

华茨的离去让基辛格十分不安，两人从洛克菲勒时期就一起工作，都是洛克菲勒的摇旗呐喊者。但华茨没有得到基辛格对雷克和莫里斯抱有的那种欣赏。雷克和莫里斯在办公室里被称为"金灰双胞胎"，是基辛格最喜爱的金发宠儿，他带他们出去吃饭、重视他们的想法，也对他们发脾气。所以，当这两个人也决定辞职时，没敢直接告诉基辛格。就在侵柬行动开始前，他们把一封联合辞职信交给了黑格。"我们认为这种行动造成的损失和后果远远超过可预期的任何好处。"信中说。二人本计划召开新闻发布会公开辞职原因：越南政策背后的骗局、尼克松的醉酒、对窃听行为的怀疑。莫里斯后来回忆说："最后没有开，这是我今生最大的错误之一。"他和雷克"不想做任何伤害基辛格的事，我们仍认为他是这届危险的政府中一位孤独的智者"。

雷克的辞职对基辛格是个沉重打击，他让黑格把雷克劝回来。黑格历来忌妒雷克的才华和基辛格对他的恩宠。共进午餐时，黑格把为基辛格工作描绘得极为恐怖。"他对我决心离去和余恨未消的一面暗暗加火。"雷克回忆说。黑格还表示愿意设法给雷克在和平队安排一份闲差。但雷克毅然投到了参议员穆斯基门下。

另一位助手拉里·林也待不下去了，侵柬行动后，他痛苦了整整一周。这次行动对他来说是如此荒谬。"我们通过地下室的电视看到尼克松在演讲，就像一把刀子扎在我胸口。这是尼克松的黑暗面，不是他政治家的那一面。"

基辛格花大力气想留住林，在他安排下，尼克松在椭圆性办公室接见了林。林还特意剪了头发。"今年多大了？"尼克松问。林回答说33岁。接着尼克松一口气讲了10分钟，说他那个岁数时都干了些什么。突然，好像会见结束了，尼克松从抽屉里拿出个领带夹和高尔夫球作为纪念品，塞到了林手中。

对于黑格的挽留，林的感受和雷克相同。"说是要留住我，艾力做得却完全相反，故意地。确保我离开。他讲得过于露骨，太明显了。"

大多数年轻、聪明的知识分子都离开了基辛格：哈尔皮林、戴维森、华茨、雷克、莫里斯和林。他们的理想主义和才华已经深深感染了基辛格，即使他和黑格给他们安窃听器。剩下的是黑格，实用主义远大于理想成分，尽职尽责但不够有才，有的是和基辛格相同的保守主义、野心和取悦总统的意愿。基辛格从未欣赏过黑格。经常对他粗鲁相待，就像对多数下属那样，但从未像对"流血的心"一族那样对黑格的才智表现任何尊重和好感。黑格升为基辛格的副手后，更多承担了案牍事务和偶尔的密谋者角色，从未成为基辛格思想上的同事。

自此，基辛格更加倚重流血之心俱乐部最后一位成员温斯顿·洛德。

洛德并没和雷克-莫里斯轴心的办公室帮派搅在一起，他在越南问题上只是温和鸽派，内心矛盾。入侵柬埔寨也差点让他挂职而去。但妻子说服了他：可以做更多工作从内部改变那个世界，特别是和基辛格这种非凡的人物在一起。32岁的洛德于是成了基辛格的特别助理，继承了雷克的衣钵。这位耶鲁大学和塔伏茨大学弗莱彻外交学院的高才生最后成为对外关系委员会主席和美国驻华大使。

洛德和华茨一样，正宗英格兰清教后裔，支持洛克菲勒，他的母亲是美国面粉大王的孙女、富庶的共和党捐助人，还曾在美国常驻联合国代表团工作过。基辛格对有着显赫社会背景的人历来尊敬有加，洛德和华茨明显感觉到，虽然基辛格不惮让他们看到他牛气冲天的一面，但从不对他俩发泄个人脾气。基辛格最不想让显贵人物的后裔认为他的行为过于冲动和古怪。"亨利的怪脾气很少直接针对温，因为他知道温不会这样做，也不会忍受这样的事情，"贝蒂·包说："这就像一个人在晚餐上厉声咒骂，却发现旁边没人这么干。"

洛德是个又快又好的笔杆子，能忍受基辛格反复修改的要求，因此其主要工作就是起草演说稿和文件。他成了基辛格形影不离的伙伴，主要会议无一缺席，做记录，然后当传声筒。黑格是基辛格对付鹰派的代表，而鸽派色彩的洛德负责安排基辛格和反战代表秘密会面。1970年圣诞节，基辛格送给他一本安德鲁·韦思的画集，里面有张条，上书："赠温斯顿，代表我良心工作的人。"

◎讨好布赖恩和其他抗议者

入侵柬埔寨期间，基辛格不断与学生、抗议者、反战活动家举行会晤。5月一个月就有10场这样的活动，多数在白宫，有些在私下场合或餐厅。到1971年年初，他共和学生团体会见19次，和知识分子及学者会见29次，和社会名流会见达30次之多。

努力是真诚的。这位倔强的教授相信，不管尼克松怎么想，政府有义务接触它的批评者，特别是学生。他甚至认为，如果有机会，他能说服、哄骗，用自己的魅力迷倒大部分反对者。而且，他喜欢在智力上受到挑战，尽管他精于向主子溜须拍马，但他讨厌别人这样对他，宁可来一场精彩的辩论。这就像飞蛾扑火，基辛格渴望反对者的认可，像患了强迫症似的想争取和迷住他们。这也反映在他的外交胜利中，对付敌手远比和盟友纠缠要顺当。在中东，他成功地赢得了萨达特，软化了两位极端反犹分子哈菲兹·阿萨德和沙特的费萨尔国王，但和以色列人却搞得一团糟。他对勃列日涅夫、多勃雷宁、毛泽东、周恩来都倾注巨大热情，对南越的阮文绍却眼皮都不抬。

基辛格曾经说以色列国防部长达扬"操纵他人技术一流，感情上却离不开这些人"。这句话对基辛格自己同样适用。他对反对者的热衷堪比飞蛾对火的热情。他渴望反对者的认可，像患了强迫症一样，拼命想要争取和迷住他们。

在比斯坎期间的一个星期天，尼克松的职员都去观看迈阿密海豚队比赛，突然有人要基辛格为四分卫鲍勃·格瑞斯参谋参谋。基辛格回答说，既然他还没有达成首攻，他将可以扰乱对方防守。格瑞斯的确达成首攻，却被截住了。大家都等着看基辛格还有什么话说，他开口道："看看，刚才我们学到一个绝妙的教训：永远别听信旁观席上专家的厥词。"不过，话虽这样说，基辛格可从没学到这个教训。他自己就特别把局外专家和批评者的话当回事，有时甚至到了走火入魔的地步。

接触反战分子的原因之一在于，他担心激进的反战运动会导致右翼势力反弹，让排犹主义死灰复燃。"和我的同代人不同，"他后来说，"我了解现代社会的脆弱性。"他对年轻的鸽派下属们说："我们正把你们从右派的手中解放出来。"雷克说："你就是右派。"但基辛格对右翼的野蛮性比来自康州的托尼·雷克有更深的体会。他担心美国出现魏玛共和国的幽灵，让犹太人做政府里的替罪羊。

一次基辛格与他正竭力讨好的作家诺曼·梅勒在德国无忧宫共进午餐，谈到自己担心右翼排犹主义可能卷土重来。他说："就像当年在魏玛共和国——那种不加区分地泄密最终催生极权主义。我不知道人们是否意识到，尼克松在多大程度上是对抗这种极权主义的堡垒。"梅勒是个有些偏左且好战的知识分子，从他1972年出版的《圣人乔治与教父》一书书名就可看出，这本书把民主党反战候选人乔治·麦戈文封为圣人。但梅勒也和大多数拜倒于基辛格人格魅力攻势下的人一样，他也不由自主地认为，从心底深处而言，基辛格的确堪称知己，其对战争和总统的看法与自己心心相印。梅勒后来写道："如果对这位博士的感情没有那么深，我的作品也许会简单平易许多。"

最痛苦的一次会见是在入侵柬埔寨行动刚刚开始后和哈佛教授的对话。5月8日星期五，警察的大卡车队仍把白宫裹得严严实实，13位知名哈佛教授鱼贯而入，和他们骄傲地称之为亨利的总统国家安全助理共进午餐。其中有保罗·多蒂，基辛格在SALT谈判上的顾问；亚莫林斯基，在肯尼迪和约翰逊政府效劳过；乔治·基斯迪雅可夫斯基，艾森豪威尔的科学事务顾问；托马斯·谢林，哈佛军控战略研究小组的成员；社会关系学教授李普赛特；法治教授麦克尔·瓦尔泽，讲授正义与非正义战争；讲授总统权力的理查德·诺伊施塔特；以及个人历史教授恩斯特·梅，同时也不幸担任院长，饱受反战者的奚落："恩斯特·梅，恩斯特·梅，你今天杀了多少孩子，你数过没？"

梅一上来就说："你们真把个国家搞得分崩离析。影响很深远，因为明天的外交政策建立在今天的国内局势基础上。"其他人轮流质疑尼克松政府的政策。最高潮是慢条斯理的谢林的发言，"正如我们看到的，"基辛格的老友说，"这里有两种可能性：一是总统不知道他侵略的是一个主权国家，二是他知道。我们只是不晓得哪一种更可怕。"谢林认为侵柬是个道义问题。即使能实现美国的一些目标，但把战争强加在一个独立、无辜的国家身上是错误的。基辛格则认为没有道德问题牵涉其中，关键问题是美国从容从越南撤军能否得到保障。两人的看法没有相交的可能性。他问老伙伴们，能否不做记录地回答他们的问题。不行，谢林说，这是对抗，不是讨论。要这样的话，基辛格说，那他没法谈论政府决策的细节。他能说的只是，"总统没有失去原来的既定目标，也没有偏离撤军时间表。"

老朋友们愤愤而去。基辛格说："这次会面彻底完成了我从学术界脱胎而出的转变。"让他头疼的不是反对意见，而是他们"缺乏热情，死心眼的正义感和拒绝给出替代方案"。这一伤痛直到战争结束前都未能愈合。

基辛格和一位蓬头垢面的27岁和平主义者布赖恩·麦克多纳尔的对话反倒更让他满意。布赖恩是位出身于爱尔兰裔中产家庭的社会工作者。美军入侵柬埔寨后，他来到白宫对面开始了37天的绝食。基辛格起先并没有注意他，是演员谢丽·麦克雷恩的介绍让他知道了这位善良的小伙子。他没告诉白宫或其他任何人，造访了布赖恩在华盛顿的简易住处。布赖恩纯真的微笑、纯粹的和平主义信仰和完全美国式的和蔼性格深深打动了基辛格，这是他此前很少接触到的。基辛格向他保证，已经作出了从柬埔寨撤军的决定，说服布赖恩结束绝食。那天，他还邀请布赖恩夫妇在一家纯正法国餐厅共进晚餐，温斯顿夫妇也应邀参加。大伙谈起了书籍、哲学、战争和裁军。"布赖恩，你太天真了！"基辛格一边说一边摇头。麦克多纳尔承认基辛格真心实意地想把美国弄出越南，但两人在多"诚实"和多"快"的问题上并不一致。多年后他回忆说："我没法让亨利接受非暴力哲学。"

此后，基辛格定期和布赖恩碰面争论战争问题，偶尔也扯一扯黑格尔和康德。后来，布赖恩的黑人妻子在费城的犹太社区不幸遇害，基辛格还出席了葬礼。"布赖恩的例子充分说明基辛格多想赢得批评者的理解，"贝蒂·包说，"那股劲头让人吃惊，我想这和他移民和难民的经历有关，渴望赢得人们的认同。"

认识麦克多纳尔一年后，基辛格成为一起策划绑架案的"目标人物"。遭到指控的13人中，有著名的反战牧师菲利普·贝里根、丹尼尔·贝里根，四位天主教神父，还有四个修女。基辛格开玩笑地说绑架企图是一帮"性饥渴的尼姑"的作品（后来不得不为此打电话道歉）。但私下里，基辛格没告诉白宫特勤局或司法部，通过麦克多纳尔的安排，在白宫地下室的情况室里接见了三位犯罪嫌疑人。靠着一张铺满世界地图的墙壁，基辛格说美国将在1972年年中前撤出所有驻在越南的部队，客人敦促政府将其公开，基辛格回答说那样只会让北越失去谈判的兴趣。他还反对南越成立联合政府，说将使南越沦于共产党之手。几位客人对基辛格的强硬颇感吃惊，参加者之一汤姆·戴维森说："我一直认为基辛格是个自由派。"看来这是个普遍的误解。这些客人远比哈佛教授来得友好，临走前，基辛格还接受了他们印有"绑架基辛格"字样的小礼物，开玩笑说要摆摊卖给白宫的同事。"可怕的是，基辛格又是个很好的人。"戴维森说。

基辛格还曾和老朋友、激烈批评尼克松越南政策的艾尔斯博格（兰德公司）交过手。在圣克莱门特，两人共进午餐，但谈了不到半小时。艾尔斯博格用十分露骨难听的词汇概括尼克松的越南政策：缓慢的撤退、威胁，发疯的用兵比如对柬埔寨，未来可能再度侵略或战火升级，欺骗民众等。"我不想讨论政策问题。"基辛格回应道。

艾尔斯博格不依不饶。他提到了五角大楼文件——研究美国如何卷入越南的秘密文件，"看过吗？"

"没有，"基辛格道，"应该看吗？"

"说了20年的事情，能从里面知道很多东西。"

"但是，"基辛格说，"我们现在的决策已大不相同。"

"柬埔寨这事我看没什么不同。"艾尔斯博格对道。

"你必须知道，"基辛格说，"柬埔寨决策背后有很复杂的原因。"

"亨利，20年来在这种事情上作出的决定没有哪个没有复杂的原因。"谈话结束后，两人相约回华盛顿后相机再谈。但一拖再拖，最终再未相见。

基辛格也和民主党批评者中的旗帜性人物如乔治·麦克戈文、尤金·麦卡锡等会见。麦克戈文是少有的几个对基辛格的魅力不感冒的人之一。"看不出来这种会见有多大意思。"会后他告诉媒体。基辛格甚至邀请好莱坞影星简·方达来白宫。邀请附带的一个条件是，会谈决不能公开。简·方达回绝了这个要求，两人最终没见成。

基辛格对三教九流的批评者全都表现出同情感，一味取悦对方和施展自己的魅力，很难判断内心深处的他到底是一个竭力遏制尼克松战争冲动的鸽派，还是真正相信当逃兵会损害美国威信的鹰派。在当时，多数鸽派人士认为基辛格是个从心到皮的地道鸽派，而所有的鹰派人士也当他是自己人。

鹰派的观点更接近真相。"他骨子里是保守的。"他的老伯乐弗里茨·克雷默说。"亨利·基辛格是我遇到过的最保守的人。"他的首任贴身助理伊戈尔博格这样评价道。"真正的亨利是个鹰派。"曾任基辛格立法事务助理的约翰·李曼说。霍德曼认为："他处在鹰派本能和渴望安抚自由派的夹缝之中。"

基辛格坚决主张以武力维护国家利益，相信有武力威胁做后盾，战争是管用的解决问题的途径。尽管有时迫于实际原因从嗜武立场后退，但每逢危机他的第一感都是预备重拳回击。他支持秘密轰炸柬埔寨，对朝鲜击落EC-121主张用强，他起初支持使用南越部队入侵柬埔寨，随后迅速调整立场同意美军代劳。是年9月，在与苏联有关的三起危机爆发后，基辛格又成为尼克松内阁中最强硬的铁腕人士。

第14章 | 危机杂耍术

9月份的两周随记

> 堵死苏联的机会是（冷战中）西方履行责任的关键所在。
>
> ——《白宫岁月》，基辛格，1979年

◎1970年的黑色9月

历史学家喜欢挑重大事件进行就事论事地分析，从一个跳到下一个，但实际上大事件之间是错综复杂、乱成一团的。比如基辛格在回忆录里提到的几件事：叙利亚入侵约旦、苏联在古巴驻扎核潜艇、以色列总理戈尔达·梅厄访问白宫、中情局决定推翻智利当选总统阿连德、北越搁置新的和平提案，这五件事情在基辛格的书里洋洋洒洒散在五个章节中，跨度达350页，实际上它们都发生在1970年9月份的两周时间里。

在这里，孤立地分析单个历史事件对于基辛格研究格外不适用。他习惯把毫不相干的事情扯在一起，这是他战略家的高明之处，偶尔也成为弱点。在他看来，1970年9月份的几个主角——智力、古巴、约旦、越南——都统一在一个模式下，即苏联想通过它们试探美国的决心。

本章将集中看看基辛格在两周时间里是如何应对这一系列难题的。起始时间是9月14日周一，落幕于9月27日星期天。这得感谢基辛格博士和前中情局局长赫尔姆斯先生，他们提供了当时的日程清单和工作日记，其他人提供了会议记录、谈话备忘录、电话记录等，下面就让我们一道还原这段有趣的历史。

这俩礼拜的背景先交代如下：

——古巴。1970年9月初，U-2侦察机发现古巴南海岸某港口大兴土木，同时，苏联一小型船队于9日抵达该地区，其中包括一艘核潜艇专用的补给船。基辛格下令U-2侦察机在9月14日那一周每天侦察，看看苏联人想干什么。

——智利。1962年起，中情局就秘密支持左翼总统候选人阿连德的反对派。1970年，由于国务院不愿支持智利保守派候选人，阿连德以微弱多数赢得了9月14日的大选（36.2%）。尼克松政府开始琢磨如何阻止阿连德上台，办法有二，一是贿赂国会否决阿连德胜选。二是直接下黑手。

——中东。尼克松不让基辛格插手中东，因为他是犹太人。基辛格唠叨了一年多，明里暗里在埃以停火问题上拆罗杰斯的台。至9月，双方的停火已经像基辛格和罗杰斯的关系一样弱不禁风。

——约旦和巴勒斯坦解放组织。约旦国王和赖在本国的巴勒斯坦游击队斗了很久。9月份，巴解下属一激进组织劫持了四架西方飞机，就在安曼机场的跑道上，意图逼迫约旦和巴勒斯坦决裂，并破坏脆弱的和平进程。如果支持巴勒斯坦的叙利亚或伊拉克入侵约旦，基辛格支持以色列采取军事行动帮助约旦。

——越南。9月7日，双方恢复巴黎密谈，但仍无结果。美国死板地坚持共同撤军，同时又不断单方面撤军，美国还试图说服越南放弃革命斗争，接受西方民主制。会谈气氛很友好，同意下个月接着谈。

1970年9月14日的那一周，尼克松上台20个月以来，支持率首次跌破50%，但国内风平浪静，学生们回到校园，没有任何大规模抗议发生。浪漫爱情和性话题成为人们关注的焦点：埃里克·西戈尔的《爱情故事》成了畅销小说，《你想知道的一切有关性的东西》取代《美丽女人》成为最畅销的非科幻类作品，玛丽·泰勒·摩尔的处女秀上演，被《时代》斥为"灾难"。耗资2500万美元的史诗电影《偷袭珍珠港》隆重上映；《威尔比医生》摘得艾美奖；菲利斯·乔治当选美国小姐；而吉他手吉米·亨德里克斯死于吸毒过量。

◎9月14日，星期一

U-2侦察机按基辛格的命令于周一一早围着古巴南海岸的西恩富戈斯港飞了一圈，对海军设施拍了照，最后被古巴的米格战机赶走。基辛格命令，一旦天气好转，继续侦察。

这段时间格外忙，再有两周，尼克松就要访问欧洲。基辛格这次从国务院抢到了演讲稿、声明和简报稿的撰写权。"这周可别闹危机。"他开玩笑说，"我日程满了。"

早上，基辛格见了南斯拉夫大使，讨论尼克松会见铁托的行程。尼克松去年在另一个共产主义国家罗马尼亚受到热烈欢迎，苏联颇为不悦，这让他很得意，于是决定光临另一个苏联的叛逆兄弟南斯拉夫。基辛格还和西班牙大使谈了谈尼克松会见佛朗哥的安排。从一个年迈的共产主义独裁者那里直接飞到另一位老迈的法西斯分子那里，这种安排让基辛格好不难受，但他决定还是别改了。

中饭时司法部长米切尔聊起了智利。米切尔做律师时，曾和智利许多客户做过生意，持保守立场的他对马克思主义通过民主选举上台感到万分恐惧。下午四点半，基辛格和"40委员会"讨论了智利问题。焦点在于什么行动是阻止阿连德上台的最佳手段。基辛格让美国驻圣地亚哥使馆对军事政变的可能性作一"残酷无情的评估"，美国大使爱德华·克里回电说："美国政府继续和智利军方合作的可能性不存在。"智利军队"正处在习惯性的犹豫不决中"。

但在基辛格和赫尔姆斯坚持下，"40委员会"还是通过了一项称做"鲁宾·歌德堡"的计划。智利国会将于10月24日投票通过新当选总统，依惯例都是挑选投票中的领先者，这次就是阿连德。依照此计，要说服智利国会选择第二名，前提是他上台后必须立即辞职举行新大选。这样，现任总统、基督教民主派的埃杜尔多·弗雷便可不受宪法束缚竞选连任。委员会授权克里大使花25万美金进行秘密运作——换句话说，在国会买选票。

整个计划可能没有苏联人干过的类似事情更大胆，但同样无耻。你可以想象一下，如果一个共产主义国家花钱反过来在美国收买选举人团或国会，以阻止一位微弱优势胜选的保守派总统候选人当选，美国人发现后会怎么想。

（1968年大选尼克松得票率仅42%，略高于汉弗莱和华莱士）"40委员会"还决定发起猛烈宣传攻势，让智利人相信如果阿连德当选，智利经济将全面崩溃。全球20多位中情局资助的记者飞到智利，编织各类诽谤阿连德的新闻，鼓噪声势。

"40委员会"会议刚一结束，基辛格便找到参联会新任主席托马斯·摩尔，吩咐第六舰队随时待命，巴勒斯坦游击队仍然劫持着四架飞机。随后，他又和尼克松的日程协调员卓平讨论了一小时总统在欧洲的行程。至晚八点，他来到椭圆形办公室和尼克松进行最后一次例行会面。这一天基辛格和尼克松的会面形式颇具代表性：早上半小时的私人汇报，中午半小时和尼克松、霍德曼的会面，午饭过后未经安排地通了四次电话，最后晚上进行一次非正式会见。

直到10点半，基辛格才赶去乔治城见专栏作家克拉夫特，克拉夫特夫妇喜欢在夜间请人吃饭。不过连他都对基辛格惯常性的迟到感到头疼，不过能和对手共叙足以弥补这一点。

◎9月15日，星期二

此时，智利报业巨头奥古斯丁·爱德华兹正在华盛顿对阿连德当选大发警报。他住在百事可乐总裁唐纳德·肯德尔家里，就是这位肯德尔早年曾给濒临破产、在纽约发展的尼克松提供了第一笔国际法官司的买卖，并助其加入约翰·米切尔的律师事务所。在米切尔安排下，爱德华兹、肯德尔和基辛格共进早餐，谈了一个多小时。饭后，基辛格又单独和爱德华兹谈了半天；随即，又见了老东家洛克菲勒，后者的银行对智利非常感兴趣，兴趣远超过百事可乐公司。基辛格相信，应该下更大力度阻止阿连德上台。他打电话给赫尔姆斯，请他在希尔顿酒店见见爱德华兹和肯德尔。两人在那里有间办公室，专供搞秘密会议。"他们想这个办法确保阿连德不会上台。"赫尔姆斯说。

即便没有即将发生的三起危机，基辛格的日程也是满满的。当天，他就援外法案向新闻界做了一小时吹风；再次约见南斯拉夫和西班牙大使，和萨缪尔·亨廷顿交谈少顷，亨廷顿是所剩不多的几个支持尼克松的哈佛教授之一；同前国防部长麦克纳马拉共进午餐，然后见了两次总统。

此外，他还向威廉·巴克利和《国家评论》杂志主编詹姆斯·伯恩汉姆介绍了智利问题。会见后，巴克利立刻写文章称，阿连德仅得到36%选票，不应成为智利总统。而伯恩汉姆对基辛格印象极为糟糕，认为此人玩弄权术，不实在，这次见后再没回来过。

下午三点，基辛格、米切尔、赫尔姆斯三人来到椭圆形办公室。这次决定智利命运的会议前后仅持续13分钟。尼克松堆在椅子里咆哮着发布命令，他要让阿连德当不成总统。赫尔姆斯做了一页纸的记录，简短而生动："不惜代价；不让使馆掺和；1 000万美元经费，不够还有；全职工作——挑最好人员干……48小时内搞定。"赫尔姆斯后来回忆说："如果说我真有哪一次从椭圆形办公室拿回了上方宝剑，就是那天那次。"

这就是后来为人所知的"二轨"计划，由中情局执行，高度机密，和此前确定的收买智利国会的"一轨"计划同时操作。克里大使、国务院和"40委员会"从不知道还有个"二轨"计划。

基辛格对于插手智利国内事务没什么顾虑。在"40委员会"会议上他还半开玩笑地说："我不明白为什么仅仅因为它的人民不负责任就要让一个国家变成马克思主义的。"他的实力政治观把美国利益视为最高原则，对其他国家主权的道义关切只是次要的。在基辛格看来，智利的形势和一张对美国地缘意志构成考验的网络联系在一起，苏联人极力从约旦、越南和古巴各个地带捞取好处。"对智利的解读必须放在这个大背景下。"他后来强调说。但是，13分钟的椭圆形办公室会议对他而言，只是尼克松又一次装腔作势，哑弹一颗。他从来没把1 000万美元准备出来，还对赫尔姆斯说："别把尼克松的话这么当回事。"但赫尔姆斯对尼克松的即兴发挥的小脾气没什么认识，"我从没见过哪位总统像他那天那样认真过。"他回忆说。

椭圆形办公室会议甫一结束，基辛格和赫尔姆斯立刻把焦点又投向了半个地球外的地方。基辛格四点钟和国安会高级评估小组成员讨论越南问题。一项重大政策改变被提了出来：向河内提供某种形式"停火"或"就地停火"。

实际上，就地停火等于默认北越可以在南越保留部队。这是朝最终"美军单方面撤军、保留南越政府、双方维持实际控制领土"这一最终为北越接受的方向迈出了一大步。1970年9月前，就地停火的主意逐渐赢得了公众支持。高级评估小组会议决定建议总统于10月正式打出这一方案。

刚过五点，基辛格便走去椭圆形办公室向尼克松提交这一计划，同时一并商讨智利、约旦问题。此刻，赫尔姆斯正和他秘密行动部门的负责人卡拉米希尼斯、拉美司负责人威廉·布洛碰头，商讨建立智利行动小组一事。

当晚有一个给国防部长颁奖的晚宴。基辛格和赫尔姆斯及其他高级官员从五角大楼乘直升机飞赴晚宴地点。

与此同时，一封来自美国驻约旦使馆的电报正穿越漆黑的大洋飞赴国内。侯赛因国王刚刚决定成立军政府，动员全国部队，与巴勒斯坦解放组织决一死战，如果伊拉克或叙利亚出兵支持巴解，约旦将可能要求美国帮助。黑格忙打电话给基辛格，把电报给他读了一遍。基辛格立刻叫上赫尔姆斯、海军上将摩尔和其他人乘直升机赶回，紧急召集华盛顿特别行动小组（WSAG）商讨对策。基辛格说服仍然身着燕尾服的成员们同意，最佳方式是鼓励以色列出面支持侯赛因国王，同时，美军应向侯赛因送枪送炮。基辛格主张，力挺约旦这种冒险采取温和、亲美路线的国家十分重要，否则，苏联在中东的影响会直线上升。这是对美国决心的另一次考验，必须和古巴、智利及越南联系起来统筹考虑。一如往常，基辛格认为美国的威信面临危险。

已是午夜时分，基辛格离开办公室回家，此时距他和肯德尔共进早餐已经是16小时之前的事。

◎9月16日，星期三

这是表现出基辛格对媒体高度重视的一天。

按日程，尼克松这天要去芝加哥向一大群中西部新闻编辑发表演讲。早上，基辛格在白宫和《纽约时报》驻巴黎的外事记者舒尔茨博格共进早餐，他向舒尔茨博格透露"苏联这阵子正在古巴鼓捣什么"，暗示美国怀疑苏联正在西恩富戈斯部署核潜艇。这是故意透露消息向莫斯科施加压力，部分原因出于基辛格想讲话的天生冲动。九天后，舒尔茨博格的文章发表，立刻成为头条新闻。

出发前，尼克松和基辛格快速地商量了一下WSAG关于约旦问题的方案。让他吃惊的是，总统对支持约旦反对巴解组织的提议强烈反对，更糟的是，他还反对鼓动以色列出兵相助。他在基辛格的备忘录上批注：要避免冲突。如果非打不可，也只能是美国单方面出兵。

在去芝加哥的路上，尼克松在堪萨斯州立大学简短接触了热烈欢迎的人群。他说："那些对民主制度的判决结果不满的人说，民主本身出问题了，如果他们的要求得不到满足，答案就是焚烧巴士或炸掉一座大楼。"讽刺的是，此时此刻，赫尔姆斯正在中情局总部和副手们开会，商量"二轨"行动小组如何发动军事政变推翻民主上台的阿连德。

尼克松演讲后，基辛格对蜂拥而来的媒体把所有三个危机点了个遍，尽管是背景介绍，但编辑们获准可以根据他们得到的"政府想法"随便写新闻稿。西恩富戈斯的局势尚未公开，但基辛格通过发布会向苏联递信说，"如果俄国人在古巴部署战略力量的话，比如核潜艇，美国将非常仔细地加以研究。"对于美国媒体对智利的选举结果表示满意，基辛格表达了不满。基辛格在抱怨时最喜欢用双重否定句，好像这样的辩驳显得更理智，他说："我不认为阿连德这种人在智利上台不会给美国带来重大问题。"在中东问题上，基辛格试图把危机责任推给苏联。"埃及人和苏联人违反了停火协议，实际上从协议执行第一天起就开始了。"他告诉编辑们。他把所有这些问题和有关美国对越南义务的争论联系在一起，总结说："世界上许多地区的和平和稳定都有赖于各国对美国信用所抱有的信心。"

最后他暗示，美国对中国的态度可能有所变化："当今世界，最深刻的对立发生在苏联和中国之间。"

◎9月17日，星期四

刚进凌晨，约旦国王侯赛因密令军队保卫首都，驱逐巴勒斯坦游击队人员。大规模交火随即在靠近叙利亚边境的约旦北部爆发。叙利亚出动坦克部队开至叙约边境。第二天早上七点半WSAG开会时，一个新问题摆在了桌面上：如果叙利亚坦克冲进约旦该怎么办？

90分钟会议过去了，没有结果，下午再开，30分钟。基辛格提出增加美军在该地区的数量，除已在东地中海部署的两艘航空母舰外，加勒比海的约翰·肯尼迪号航母也奉命赶去。基辛格给还在芝加哥的尼克松打电话请示，尼克松火了。"没有什么比时不时来上点小对抗更好了，一点小小的刺激，"他告诉吃惊的基辛格。尼克松下令，立即公布美军部署调整。基辛格认为这样不明智，没有照办。

另一方面，尼克松对《芝加哥星期天时报》谈了自己的看法，但要求不要报道。如果叙利亚坦克碾进约旦，他说，只有两个国家可以阻止，以色列和美国。不顾基辛格的反复劝谏，尼克松表示他更倾向于美国单独出兵干涉。他不在乎苏联人怎么想，如果苏联人认为尼克松"真是能干出不理智和鬼神莫测的事"那更好，他说，一边滔滔不绝地讲起他的"疯人理论"。《星期天时报》如何能让这么大块肥肉烂在腹中？立刻在下午版中刊载出来。白宫发言人朗·齐格勒立刻反驳，但尼克松第二天特地打电话给记者彼得·利萨格尔，表扬他干得好。

尽管中东战火又起，但约旦并不在基辛格周四的议事日程上，大部分时间花在了越南问题上。他和1969年"宾夕法尼亚"谈判期间合作过的法国人马尔科维奇和奥布里奇谈了整整一下午，温斯顿也在场。基辛格想知道法国人认为河内会对一项停火协议作出何种反应。法国人告诉他，就在他们飞机落地四小时前，越共已在巴黎公布了一项新的八点和平协议。基辛格嗤之以鼻，说那不过是让美国投降的翻版。的确，协议还是要求推翻阮文绍、成立共产党主攻的联合政府。但有一个新因素：如果华盛顿同意九个月撤走美军的话，越共将同意就释放所有美国战俘问题举行会谈。基辛格回忆说，当时，连美军单方面撤军河内都没有显示出兴趣，就认准了要推翻阮文绍，除非南越垮台，否则战俘问题没商量。1969年的"10点计划"中本已就战俘问题作出过规定。但这次"八点计划"等于又在这一问题上出现了反复。

在和马尔科维奇和奥布里奇的谈话中，基辛格更感兴趣的是探讨"就地停火"的可能性。大伙都认为河内不会接受，但这更让基辛格更加相信这一计划。鸽派们一天到晚嚷着要政府提出停火协议。签署一项停火协议无疑是一个低风险、出其不意的宣传胜利。傍晚，基辛格去国家艺术展览馆出席一场招待会，然后返回地下室和温斯顿、史米瑟在停火协议问题上一直研究到10点钟。

◎9月18日，星期五

早八点半WSAG开会，但基辛格和赫尔姆斯猫在后排商量古巴的事。U-2侦察机拍到了清晰图像，结论很明确：西恩富戈斯港已经建起了巨大的防御工事，还有一个足球场，中情局专家说古巴人从不踢足球，肯定是给苏联海员盖的。这不完全符合事实，基辛格也开玩笑说"作为一个老牌球迷，我知道古巴人很少踢足球。"但实际上古巴人踢得不错，还打进了1938年世界杯决赛圈。但在这件事情上分析是有道理的，那些设施最终证明的确是苏联人的。基辛格拿起中情局专家的分析报告，三步并作两步跑了出去。

霍德曼回忆说，基辛格旋风般地冲了进来，把文件摔在桌子上。"鲍勃，看看这个！"他大叫道。

霍德曼不太会看侦察图像，有点丈二和尚摸不着头脑。"这是个古巴港口，"基辛格解释说，"这些图像显示古巴人正在建足球场。我必须立即去见总统先生。"霍德曼嘲笑地问他是不是昨晚宴会出席得太多晕头了。"这些足球场可能意味着战争，鲍勃，"基辛格说，"古巴人打棒球，但苏联人踢足球。"霍德曼转身到椭圆形办公室，把厄尔希曼踢走，让基辛格进去了。

苏联人在1962年古巴导弹危机后，聪明地玩起了擦边球游戏。莫斯科在古巴港口兴建的并不是严格意义上的、五脏俱全的潜艇基地，而是个半永久性的后勤设施，可供舰艇短暂停留、加油和海员休假。有了这个地方，苏联潜艇的手便可伸到古巴，并可在附近部署核潜艇。

基辛格不会低估一项挑战的性质。一早他就给椭圆形办公室写了份备忘录："航空图像确认，该港口可能正在修建潜艇基地。"尼克松在报告旁边做了批注，要求CIA采取措施戳一戳古巴，并设法在土耳其境内装备美国导弹，这个当口，搞不好得取消他向往已久的欧洲之行，还不得不从约旦危机中分出精力处理此事。同样，罗杰斯也这样想，他打电话给基辛格，建议避免"高层紧张"。但基辛格不同意。他认为，兴建中的"维护设施"将使苏联潜艇在美国近海出没的时间增加33%。基辛格决定，把此事列入明早WSAG议程，并于下周三召开总统主持的国安会全会商讨此事。基辛格再一次发现自己处在比罗

第14章 危机杂要术

.233.

杰斯和尼克松还鹰派的立场上，他感到目前显示美国的军事决心刻不容缓。

听完中情局古巴事务官员的陈述后，赫尔姆斯向他汇报了除掉阿连德"二轨"秘密计划的进展情况。报告是悲观的。智利军方混乱无序而且不愿行动，尽管美国将支持政变的话已经递到。中情局甚至一度悬赏五万美金，找人绑架反对军事干预选举的武装部队司令施奈德将军，也未奏效。成功的可能性很小，赫尔姆斯说。基辛格鼓励他们继续努力。

虽然忙得发疯，基辛格还是能脱身出来参加了索尼公司的招待会，又去骑师俱乐部出席晚宴。华盛顿坊间流传着司法部长米切尔早上接受《每日女性衣着》杂志采访时的一句话，说基辛格"是个自我感觉良好的疯子"。基辛格淡然对道，"在哈佛，我花了20年时间才建立一个充满敌意的环境，而在白宫才用了20个月。"

◎9月19日，星期六

不到八点，基辛格就来办公室准备WSAG会议，一般他周六到办公室会晚些。第一项日程是约旦问题。报告显示，叙利亚人似乎已经开始越过边境，但还很难说。美国在该地区的情报能力很弱，大多依靠以色列人，但以色列有自己的利益。标有巴解组织标志的坦克车轰鸣着开进约旦境内，但标志显然画得太仓促，一看就知道是叙利亚人的。

关于智利，赫尔姆斯的报告说，似乎选举第三名有意支持阿连德，看来基辛格认为大多数人反对阿连德上台的观点并不正确。WSAG会议上没有提及"二轨"刺杀计划和政变事宜，因为其成员并不知情。

古巴问题在最后一分钟被提交讨论。WSAG的成员们（多为有关部门的二把手）并未预先准备各自部门的口径，因此七嘴八舌乱成一锅粥。讨论内容之一是苏联人这么干是否违反了1962年导弹危机后美苏达成的谅解。跟那没关系，基辛格说，他对美国人老愿意采取合法不合法的分析思路看问题很不感冒。他提醒诸位，1962年导弹危机之所以发生，不是因为苏联人干得不合法，而是因为它们侵犯了美国国家利益，这回也一样。

这场辩论表明，美国的决策者们在处理模棱两可的灰色地带问题时总是被难倒。他们更愿意看到问题自行消失。此次古巴问题并不难，因为苏联人的行动并没有带来多大威胁。但基辛格感到，必须防微杜渐、坚决打掉，否则挑战一点点进逼，得寸进尺，未来将更难对付。

当晚，基辛格给在戴维营的总统打电话。在古巴问题上，尼克松敦促基辛格低调处理，他不想某个"小丑参议员"跳出来吆喝对苏联的贸易封锁。在约旦问题上，基辛格表达了乐观情绪，称据苏联方面消息，巴勒斯坦人已经被打败，叙利亚也准备收摊了。尼克松表示怀疑。他告诉基辛格，苏联人要是主动报喜，坏事肯定不远了。尼克松说得没错。就在他们晚间通话时，叙利亚人的坦克已在中东的晨光中开进了约旦。

截至周六半夜，美军这一周在越南折损了52人，是1966年12月以来最低的，而从1961年开始，已有43 674个美国人在战争中丧命。这一周，3 200名美国军人收兵回国，39.63万人仍在越南。

也是这一周，基辛格的工作人员发生了一个小小的变动，可能连他自己也没注意到：五角大楼派来一位文书军士查尔斯·拉德福德，负责搞速记和文件流转。他还有一项基辛格一年多没有发现的任务：复印文件并秘密传回至参谋长联席会议。

◎9月20日，星期天

这个星期天基辛格基本上在休息。但考虑到整个世界都还在忙碌，晚上七点他又回到了办公室。其他WSAG成员以及各种各样的危机处理人员已经在地下密不透风的形势室济济一堂。到差不多凌晨两点，基辛格要主持一个WSAG会议，讨论叙利亚入侵黎巴嫩问题，在此之前他要先去见见总统。

再次从苏联得到的情报让基辛格意识到自己被骗了。在他看来，战争显然已经成为美苏在中东扩张影响的较量。因此，在古巴和智利显示美国的决心都更加重要。

尼克松仍坚持，如约旦需要外力帮助，美国应单方面出兵而不是靠以色列。基辛格坚持相反观点。他准备了备忘录分析两者利害，送到了戴维营。

WSAG会议很快决定支持基辛格的观点：鼓励以色列采取行动，以色列能够胜任这一任务而且不会导致苏联直接卷入。而且易于获得拉尔德和罗杰斯的支持：美军不必亲自介入。侯赛因国王一直希望美国军事支援，尤其是空中支援，这比让"敌人们"以色列出手相助显得不那么丢脸。但到了华盛顿时间周日晚些时候，国王招架不住，向美国使馆表示，他渴望任何方面的支援。

现在基辛格面临两个问题：争得尼克松和以色列两方的同意。

尼克松简单。基辛格在电话里就说服了他。总统从戴维营回来亲自接见了WSAP成员们，鼓励了一番，但在基辛格建议下没有宣布自己支持以色列出兵的决定，而是让大家畅所欲言，充分讨论，以免受总统意见的左右。

WSAG最终建议于九点半完成：鼓励以色列对叙利亚坦克予以空中打击。同时附加一系列基辛格风格的象征性动作，如增加驻德美军一个旅的警戒级别，大张旗鼓地命令第82空降师做好警戒准备，派美国航母舰载侦察飞机去特拉维夫，确保苏联雷达捕获这一信息。

基辛格后来把这次行动描述成"美国能在必要时迅速而无情地将事态升级"。这太奇怪了，当晚作出的决定不过是美国靠边站，让以色列出面干脏活。美国的行动大多不过是空洞的姿态，没有任何勇气和胆量可言，压根没打算动用驻德国美军或第82空降师。

基辛格带上国务院助理国务卿、WSAG成员约瑟夫·希斯科一起去向尼克松汇报。可这会尼克松却打保龄球去了。在特勤局特工的帮助下，他们在行政大楼地下室的一处偏僻角落里找到了总统。基辛格称："尼克松手里拿着个大保龄球批准了建议。"

现在轮到以色列了。戈尔达·梅厄总理正好这礼拜六来纽约，当晚正在希尔顿酒店参加一场大型犹太人晚宴。刚过10点，侍者递给以色列大使伊萨克·拉宾一张条："赶紧给白宫的基辛格打电话。"

侯赛因国王并没有明示向以色列请求军事支援。据基辛格讲，是拉宾首先提出这个想法的，说以色列能够给予空中支援。他说："拉宾问，如果情报显示叙利亚大规模进兵，美国是否支持以色列对其进行空中打击？"基辛格后来写道。但拉宾记得的可不是这样。他回忆说当晚第一次电话时，基辛格告诉他说约旦请求以方的空中援助。他道："侯赛因国王跟我们讲了他部队的状况，请我们代为转达他的请求，希望你们出手相助、打击北部地区的叙利亚人。"

拉宾对道："不敢相信美国在这种事情上竟甘当邮差。在知道贵政府如何考虑之前，我是不会把此事报告给总理的。"

一小时后，基辛格答复："美国同意和支持这一请求。"拉宾说："你们也建议以色列这么干吗？"基辛格："是的，由你们自己拿主意。"

不管谁的版本，相同之处是，基辛格承诺美国对以色列的装备损失给予赔偿，并保护以色列不受苏联的干涉。

◎9月21日，星期一

拉宾的电话早上五点半叫醒了基辛格，以色列正考虑空中打击的同时出动地面部队进攻黎巴嫩境内的叙军。因为以军使用的都是美式武器，全世界都知道这是美国的代理战争，因此以方必须有美国的同意才会行动。基辛格立刻打电话给睡梦中的尼克松。尼克松让基辛格先和希斯科商量一下（而不是罗杰斯），一小时后，他打电话来命令道："我决定了。不用问任何人的意见。告诉他（拉宾）干吧。"只是勉强答应，在早八点半的国安会议上和高级阁员们商量一下。

和其他危机一样，基辛格相信迅速表露决心能够结束对抗，避免过多的战斗。他希望以色列开始准备地面进攻，用两天时间动员部队，让外界看个仔细。"以色列军事动员，加上我们的装备，能吓倒任何敌手，赢得时间以达成不用战争的解决方案。"他说。叙利亚现在约旦北部有300辆坦克，已经占领边境以南15公里的伊尔比德城。

罗杰斯不同意，约旦并未要求以色列出动地面部队，这很难办。约以在法律上还处于战争状态。任何升级之举都应慢慢来，小心谨慎，避免冲突。基辛格反对，避免真正冲突的最佳方法就是迅速把事情搞大，甚至表面上要显得鲁莽冲动。"尼克松和我都主张，要想避免和苏联对抗，必须迅速出一道大是大非的算术题，让他们看到其中的风险、望而却步，小打小闹只会让他们心存幻想、寻机拉平。"基辛格回忆说。他后来认为，他在尼克松身上学到的主要教训就是领袖人物"必须准备好迅速而大胆地将事态升级到对手无法承受的水平上去。"对于他和尼克松而言，这也是美国在越南失败的教训之一。

第14章 危机杂要术

听完罗杰斯和其他国安会成员的意见后，尼克松又照例宣布了他早就和基辛格私下作出的决定：鼓励以色列准备发动空中和地面进攻，如其遭到苏联或埃及或任何其他国家报复，美国保证出手相助。但有一点让基辛格很不高兴：尼克松决定让国务院出面征求侯赛因的意见，看他是否愿意接受以色列的地面支援或空中支援。在这一点上，总统推翻了基辛格的意见，基辛格认为："我们不应把宝押在地位岌岌可危的国王身上，这种问题他根本没能力回答。"

与此同时，各方对西恩富戈斯问题的反馈意见也回来了。国务院认为不必大惊小怪，苏联人的行动是象征性的，罗杰斯会在一个月后的联合国大会上向苏联外长葛罗米柯提出这个问题。五角大楼完全相反，警告说在古巴建立中转站将极大提升苏联在墨西哥湾的战略能力。国防部报告的狂热程度丝毫不亚于国务院报告的慵懒程度。

基辛格知道尼克松想低调处理此事，待到他从欧洲回来再说。但基辛格感到，形势不等人。他决定将其提上日程，周三召开总统参加的国安会全会商讨此事。

◎9月22日，星期二

以色列坦克轰鸣着驶过约旦河，集结在戈兰高地上，威胁着向南进发的叙利亚军队的侧翼。善于造势的基辛格又派出一架侦察机飞赴特拉维夫。以色列军机的炸弹仓在光天化日之下大张旗鼓地填弹装药。

还有一个问题。侯赛因国王来信说了，他对以色列人空中支援有点犹豫，但绝不接受地面援助。据当时卡布兄弟写的基辛格传记以及所有经基辛格提供材料的记述，以色列所有行动都是应约旦之请的。的确，基辛格让以色列人相信，是侯赛因国王邀请他们进入。但事实并非如此。不过基辛格并不担心侯赛因的沉默和两难处境。他知道以色列并没真的准备进入约旦，希望这一系列军事运作可以尽快地导向外交解决。

此时，赫尔姆斯和卡拉米赛尼斯汇报了智利最新进展。现任总统、基督教民主党人弗雷不愿帮美国人的忙。实际上，相对于阿连德上台，基督教民主党人更怕美国把选举搞乱套。他们明确表示：将在国会投票时支持阿连德。在"二轨"秘密计划方面，智利武装力量总司令施奈德仍是个障碍，这位正直的将军认为，民主制度要求军人绝不干政。也许在一个更好的国家，施奈德应该是美国希望提拔的人选，而非障碍，但中情局却正秘密策划绑架并杀害他。在智利问题上下一步怎么走将成为周四"40委员会"的议题。

为显示美国并不仇视阿拉伯世界，基辛格特意出席了埃及使馆当晚的一次宴会。在那里他碰上了苏联驻美使馆临时代办沃隆索夫。众目睽睽之一，沃隆索夫抓住基辛格，开始没完没了地重复苏联方面的保证，说苏方正努力拉住叙利亚。"我们认为不应该施加任何形式的外部干涉。"他说。沃隆索夫坦言他很担心美国方面的动作。美国如果介入，会成为整个阿拉伯世界仇恨的目标。"要是那样的话，"基辛格巧妙地回答说，"你们应该感到放松，左右都是你们赢。"

◎9月23日，星期三

基辛格早上接到报告，约旦危机似乎已经开始缓解了。苏联人到处放话要求叙利亚撤退。但基辛格认为有必要继续保持压力。四艘驱逐舰被派往地中海。早上的WSAG会议仍旧讨论的是如何应对苏联可能发动的对以色列的进攻。没过一会，报告陆续发来：叙利亚的坦克确实已经开始从约旦撤军了。基辛格兴奋不已，显示强硬终于见效了。他给每一位WSAG成员打电话表示祝贺。

其中一位让基辛格印象格外深刻——傲慢无礼而又头脑敏锐的国务院负责中东事务的助理国务卿乔·希斯科。基辛格喜爱这位快人快语的职业外交官，他总是既能硬着头皮反对基辛格又迎合他的直觉，两人很快脾气相投了。直到那时，希斯科对基辛格而言一直是个官僚机构里的对手，但从此开始成为基辛格在国务院的秘密帮手。

基辛格和罗杰斯的关系仍然很糟。在古巴问题上，国务卿强烈反对再掀起另一场危机，应该严格低调应对，直到11月国会中期选举之后。这次他赢了。尼克松命令所有人暂时不许对此事发表任何意见。基辛格回忆说他当时对此决定"极为不安"。

当天下午，基辛格和专栏作家阿尔索普交谈了半晌，阿尔索普同样相信军事力量在解决外交难题上的效用。他的读者们很快知道，基辛格发动以色列作军事准备这个主意是叙利亚从约旦撤军的主要原因。

◎9月24日，星期四

这一天早上基辛格刚到办公室，反战分子布赖恩·麦克唐纳笑意盈盈地向他问好。给他们安排早餐的温斯顿·洛德说，基辛格最近烦恼缠身，跟这样一个天真无邪心无城府的年轻人共进早餐可以帮他透透气，布赖恩绝对是个理想主义的热血青年，入侵柬埔寨期间他曾在白宫门前绝食示威。

约旦危机退去了，西恩富戈斯问题在总统的坚持下也被搁置起来，唯一在日程上的问题就是智利问题。下午，基辛格主持"40委员会"开了两个多小时的会讨论秘密计划问题。公开的"一轨"计划和秘密的"二轨"计划开始合二为一。原因不是"二轨"计划强调的军事政变计划被废弃。而是"一轨"收买国会的花招被中止了。

智利军队司令施奈德将军不是唯一一个反对政变的人。其他将领也担心政变会导致美国中止军事援助。"40委员会"决定指示克里大使"接近选定的军事领导人"，告知他们"卷入政变不会导致美国中止军援"。

基辛格还确保约旦危机的处理得到媒体的正确报道。一般和他共进午餐不会超过45分钟，但今天中午他花了整整两个小时和《时代生活》杂志的专栏作家胡夫·西迪以及另两位《时代》华盛顿分部的成员泡在一起。他们明天要采访尼克松总统，所以请基辛格给作个指导。问问中国问题，基辛格建议道。

在这个礼拜危机迸出的乱哄哄的气氛中提问中国问题的确非同寻常，但总统的确在考虑这个问题。他会随便抓住国务院或其他部里的头头说："这辈子要是我还有什么死前想做的事情。那就是去中国。"

西迪在次周的《生活》杂志上发表了专栏文章《让人刺激的危机》，根据基辛格的汇报细述了约旦危机处理得如何漂亮。《时代》称，引述"一位白宫高级官员"的话说"干涉威胁稳定了局势"。但杂志表达了自己的怀疑："可能是这样。但所有这一切耀武扬威背后虚张声势的东西更多，而且非常冒险。顶多管用一次。"

当晚早些时候，就在基辛格和专栏作家克拉夫特谈话时，苏联大使多勃雷宁的电话来了。带着一股子兴奋劲，多勃雷宁开玩笑式地责备基辛格，怎么能趁他不在华盛顿期间违反承诺搞一场危机呢？基辛格一点没觉得好玩。多勃雷宁表示，他请求面见尼克松总统，美苏元首会议的事情有戏了。基辛格说第二天答复他。

尼克松早就巴望1970年能在莫斯科开一次元首峰会了，最好是10月，赶在国会中期选举之前。基辛格很清楚。在苏联人对越南问题不帮忙的情况下急着撮合一次峰会，无疑意味着彻底放弃了连环套政策，但他还是在8月份向多勃雷宁提出了搞峰会的建议。苏联人发现自己手里又多了张牌，摆起了架子，扭扭捏捏迟迟不答复。

基辛格打电话向尼克松汇报了他和多勃雷宁的谈话。尼克松闻言让他赶紧来林肯起居室。当时已经是晚上九点，尼克松处于不可抑止的狂喜之中。他们决定，尼克松不见多勃雷宁，要他把口信交给基辛格上报，算是作为拖了六个礼拜迟迟不复的小小惩罚。

对于基辛格来说，在1970年那会，能在晚间被总统请到白宫生活区乃是一种罕见的待遇，偶尔也会是审讯。这就是尼克松表达恩宠的方式，就像他不高兴时切断联系以示惩戒一样。处理完多勃雷宁的事后，尼克松又谈起了约旦危机。他急于细细回味这场大胜利的每一步，想听基辛格一遍一遍分析总统作出的每项决定是多么英明。基辛格回家时已是11点钟。

◎9月25日，星期五

尼克松本希望西恩富戈斯问题暂时搁置一段时间，但周五的《纽约时报》上舒尔茨博格的一篇专栏坏了好事，题目是《南方上空的丑陋阴云》。早先，为了应付此事泄露，基辛格向国务院、国防部、白宫新闻办公室发去新闻稿，告诉各家都该说些什么。但五角大楼对基辛格式的诡诈作风既没意愿也没能力配合，媒体问起后，便和盘托出。美联社迅即发出一篇紧急报道："五角大楼今天表示已掌握铁证，苏联人正在古巴兴建永久性的潜艇基地。"

就在五角大楼开新闻发布会这会儿，多勃雷宁正在白宫向基辛格反馈苏联方面对美方峰会要求的答复。他说是的，苏联很高兴开峰会——但最早得明年夏天。多勃雷宁像个老顽童，拿着块骨头笑眯眯地吊在一岁小狗狗面前来回晃荡，他问尼克松是否希望选在莫斯科召开峰会。基辛格后来回忆说："我跟他说过100遍，这个想法总统确实有。"多勃雷宁则未予承诺。他还没打算放弃这块骨头。

两人谁都没提苏联人在西恩富戈斯在干些什么。基辛格说，今天晚些时候可能还会给他打电话。

五角大楼的说法立时激起轩然大波。基辛格说服尼克松，事已至此，只能采取措施向苏联方面提出这个问题了，别无选择。两人决定，立即派驱逐舰开往西恩富戈斯地区。

与此同时，基辛格还得抽时间处理约旦危机的残余问题。他打电话给拉宾大使，正式通知他，在此事件中美国保护以色列不受苏联侵犯的承诺自动终结。拉宾对这些话没什么印象，或许他认为这很正常。他认为基辛格电话中说过的最重要的话是："美国对于在中东地区有以色列这样的盟友感到非常幸运。这些事在两国关系未来发展中会被考虑进去。"拉宾后来认为这一信息"可能是美国总统在两国盟友关系问题上所作过的影响最深远的声明"。

美国对以色列的承诺向来是道义上的。现在，在尼克松和基辛格的实力政治时代，以色列被看做美国在中东地区的军事和战略盟友。通过武装和援助以色列，一旦美国地区利益遭受威胁，美国大兵便可不必出场。

这是个危险的游戏，美国和以色列安全利益不尽相同，并非随时吻合。一旦苏联的威胁下降（就像1990年那样），以色列对美国将不再有战略价值。以战略价值而非道义尺度衡量美以关系，意味着在道义问题上美国对以色列的支持将相对减少。

基辛格还安排了记者会向新闻界吹捧政府在约旦危机问题上的表现，谈了谈总统即将展开的欧洲之行。他预计肯定有机会在古巴问题上向苏联发出警告，果然，有人提问了。"毫无疑问，"他说："美国以最严肃的态度关注苏联在加勒比地区兴建战略基地的行动。"他没有直接宣布苏联人正在建基地，好给他们一个台阶下。

会见多勃雷宁时，基辛格再次作了同一表态。美国认为西恩富戈斯的工地绝对是个潜艇基地，基辛格告诉他，但美国愿意给苏联一个"体面的机会，在没有公开对抗的情况下撤走"。基辛格还抛出了他在这种场合最常用的表述："极度严重。"多勃雷宁说他会把此事报回莫斯科。

会谈持续到晚上七点。然后，基辛格马不停蹄地又和卡拉米赛尼斯碰头，这位秘密行动头头告诉他，智利方面的情况仍不乐观，没有军方人士愿意采取行动。基辛格表示感谢，但没有取消"二轨"军事政变计划。他在密切关注着局势的发展。

刚过九点半，基辛格就回了家。但没上床睡觉，而是收拾行李箱子，赶赴安德鲁空军基地。一辆波音707将把他送到巴黎，和北越人重开秘密谈判；而后，他将赶赴意大利，在一场宴会上和尼克松访欧大部队会合。

◎9月26日，星期六

在会见北越人之前，基辛格得先搞定南越人。西贡的副总统阮高祺（Nguyen Cao Ky）正好人在巴黎，他向华盛顿暗示说可能回程时顺便去美国看看。此时，美军每星期在越南丛林仍有几十人的伤亡，但美越秘密谈判在即，此时邀请一位南越副总统访美在政治上无疑是不可行的，而且阮文绍总统最多也不过访问过鸟巢般的中途岛——尽管他的想法是至少看一眼夏威夷。基辛格在巴黎的首要工作，是先安抚阮高祺，确保他不会去华盛顿。

◎9月27日，星期天

黎德寿并没有出现在巴黎，基辛格只得同春水谈，他说的和越南最新出台的新版本提议没什么不同。基辛格提出了几个新想法——多边"选举委员会"、可能的停火安排等，但春水看上去没什么兴趣。

基辛格抱怨说春水显然没有拍板的权力。让他最生气的是北越人显然拿他搞秘密外交、幕后渠道、表里两套话的狂热情怀不以为然，"河内的'私下'观点和公开观点完全一致，"基辛格后来不无鄙夷地写道。

基辛格准时来到罗马出席了总统的招待会，第二天还要参加教皇的会见，此时恰逢埃及总统纳赛尔遇刺，还要准备声明。而意大利正陷入一场政府危机，也没什么心思谈外交问题。不管好赖，基辛格同时面临的几个危机——约旦、智利、西恩富戈斯和越南问题——至少暂时归于沉寂了。

◎结果

基辛格返回美国后，西恩富戈斯问题静悄悄地解决了。多勃雷宁提供了一份声明，解释说苏联并不是在建基地，基辛格则回复了一份尼克松的便笺，解释了一下美国如何定义"基地"。最后，西恩富戈斯的设施停工了，高射机枪也被撤走，苏联舰队仅能进港小憩，不能做维修保养活动。但足球场从未变成棒球场。

即使取得外交胜利时，基辛格也千方百计地把官僚机构排除在外。尼克松回复苏联人的便笺是基辛格找他在参联会的联系人罗宾逊海军上将起草的，罗宾逊被规定不能和国务院商量此事。海军部长祖沃特上将问他为什么，罗宾逊答道："亨利不喜欢让罗杰斯国务卿掺和敏感的外交政策问题。"祖沃特说，总统的便笺写得"粗心大意"，一个重要问题是，在双方讨价还价中并没有包括"能够携带核武器的非核潜艇"问题，而这在专家看来至关重要。祖沃特找黑格理论，黑格翻着白眼无奈地说："亨利办事就这样。"

基辛格的言行甚至让熟谙官道的苏联外长葛罗米柯大惑不解。葛罗米柯秋天访美时，曾准备和尼克松交换看法，重申1962年两国在古巴导弹危机后达成的谅解。但尼克松一直没有提及此事。"在复杂多疑的苏联人看来，"同样复杂多疑的基辛格后来写道，"尼克松总统忽略这一问题肯定有极为险恶的意图。"基辛格不得不对葛罗米柯解释说，总统不得不回避这一问题是因为罗杰斯当时在场，他已被排除在决策层之外。

无论如何，西恩富戈斯问题得到了良好解决。如果没有基辛格力推，苏联人很可能会继续建造他们的海港设施。

但智利的事情处理得并不利落。"一轨"和"二轨"双管齐下推动策划政变的努力都在进行当中。一项方案是起用智利军方右翼领导人维奥克斯将军，他们打算绑架施奈德将军。基辛格认为成功的可能性不大，否决了这项方案，"没有什么比一起失败的政变更糟了"。基辛格后在国会作证时表示，从那时起，他认为"二轨"计划或任何政变努力就已正式终结了。但中情局不这样想，赫尔姆斯给前方发报：政变推翻阿连德的政策仍是坚定和继续有效的。中情局向一帮更毛手毛脚的政变组织提供了轻机枪等装备，但后者绑架计划没有成功。维奥克斯将军的人自行动手，绑架了施奈德，但也功败垂成，结果施奈德被杀。两天后，10月24日，智利国会把阿连德选上了总统宝座。

尽管这番努力显得有些业余和失败，基辛格后来坚持认为推翻阿连德"在当时和现在对我而言都是正确的"。在智利出现一个亲马克思主义的政府对美国和西半球都是威胁，因此华盛顿寻求在民主政府和集权政府之间推动人们作出一项好坏截然的选择。苏联人总这么干，所以美国必须如法炮制，"我不能接受那种认为美国在外交和军事干涉之间的灰色地带不能有所作为的假设。"

即使基辛格接受了阿连德上台的事实后，他也鼓动尼克松拒绝克里大使有关与智利新领导人发展关系的建议。发展关系不会改变智利的反美立场。尼克松采纳了他的建议，美国将对智利新政府采取"冷静而正确的"姿态：经济封锁加强，不鼓励对智投资，银行关系全部切断。此外，中情局在未来两年中可支配800万美元专款用于跟踪和支持反阿连德的组织及行动。

有些做法堪称卑劣。祖沃特2月份访问拉美时，曾暂停智利并顺访军方领导人。让他吃惊的是，他收到了阿连德"小叙15分钟"的邀请。但一谈就是一个多小时，阿连德提出邀请美军企业号核航空母舰访问智利港口瓦尔咱莱索。这是个了不起的姿态。智利海军上将蒙特罗力劝他接受邀请，这是个加强智利不受共产主义控制军方地位的好机会。

国防部长拉尔德和参联会都同意了，克里大使开始给亲美的智利政府阁员和军方领袖发函，邀请他们到航母上参加午宴。阿连德在公开演讲中已经开始给自己歌功颂德了，说他本人也将亲自访问企业号。但基辛格和尼克松闻讯后勃然大怒，推翻计划，命令企业号不得访问智利，

这一强硬决定立刻把美智提升关系的机会击得粉碎，一时间媒体哗然，因为邀请信已经发到智利权贵手中。"邀请信不得不丢脸地再要回来，"《纽约时报》在头版报道说，"一封华盛顿的电报打过去说，企业号因为操作问题没法访问智利了。"

当然，把智利方面的问题全部归罪于美国的刁难也是错误的。阿连德不是民主派。上台后他开始在军队之外建立私人军事组织并资助左翼游击队，他还通过将私有经济大规模国有化破坏了国家经济。1973年阿连德被推翻，美国在

其中并未发挥直接的作用，阿连德的政策和美国在外围的经济高压，为智利国内发生政变准备了条件。

约旦危机的解决是华盛顿取得的一大胜利，阿拉伯温和派的地位加强，得到苏联支持的极端派遭到削弱，巴解组织陷入混乱，人质悉数释放，美国的地区影响力得到了巩固。但这一切真像基辛格所想的那样是美苏两霸之间的直接较量吗？很可能不是。叙利亚决定入侵约旦并未受到苏联怂恿，其撤退也不是因为美国向苏联施压。"就我所知，苏联人并没有卷入或策动危机，"时任国务院北部阿拉伯事务的处长塔尔科特·史蒂莱认为，"白宫硬说我们扳倒了苏联人纯粹是胡说。"

不过，如果美国或以色列没有出手的话，说苏联想在约旦局势问题上渔利是没有问题的。叙利亚或巴解获胜将极大地加强苏联在中东的地位。就算没有挑起事端，它也能坐收其利。对基辛格而言，所有东西都要放在全球背景下审视，从古巴到约旦再到智利，出了问题肯定要在东—西对抗的框架内处理。他和尼克松都认定，苏联人摆明了在各个地区寻找易于得利的机会，这有一定道理。"我担心我们处理EC-121事件的方式让共产党觉得我们是软骨头，"尼克松后来写道，"虽然在推翻阿连德的事情上失败了，但在约旦和古巴问题上他们感受到了美国明白无误的铁腕。"

"就地停火"的主意没能打动北越人，尼克松在10月8日的演说中刚一提出来，北越就立刻拒绝了，基辛格早就料到了。"就地停火"实际上表明美国已从双边撤军的立场开始后退了，实质上就是北越军队可以就地站住，美军单独撤走，距单方面撤军仅一步之遥。

基辛格对新闻界故意说美国没有放弃双边撤军的要求，但事实证明，没过几个月，美国真就这么干了。

基辛格所做的都是在为美国撤军和南越倒台之间的"体面中间期"作铺垫。"等我们把南越政府塑造到最佳状态后，"他偷偷告诉一小撮媒体说，"而且等我们能拍着胸脯说我们不是在'撂挑子走人'后，那么，过上个五年，如果南越政府真的坚持不住了，美国面临的局面肯定至少和一下子撤出后面对的局面是大不一样的。"

◎危机之年

1970年年末那段时间是基辛格和尼克松关系最亲密的时期。他还不算是名流，不会威胁或挑战到总统的权威，但他肯定已经是制定和执行外交政策的头儿了。

很快，他不用再蜷缩在地下室拥挤的办公室里，搬到了白宫西侧一楼角落的一个套间里。当基辛格一脸严肃地在新办公室里踱步、揣摩、欣赏时。霍德曼和助手把鼻子挤在他办公室的透明落地窗上朝他挤眉弄眼做鬼脸。"我得搞些窗帘来。"他抱怨道。哈佛老友戈德曼来"检查"，说："以你的地位，完全可以弄一个私人洗手间吧。"结果没过多久，布赖斯·哈洛发现附在自己办公室中的抽水马桶不见了。他赶紧找木匠来，把办公室门道改了。

由于遭到绑架威胁，那年秋天基辛格还享受了白宫特勤局的特殊保护。"如果这帮家伙得手了，"基辛格给尼克松写了张义正词严的条子说，"我请求您千万不要答应绑架者任何要求，再小的要求也不行。"

行事诡秘的特工们给他起了个代号，叫"伐木人（woodcutter）"，对于一位习惯在办公室久坐的知识分子来说多少不那么贴切。基辛格老是搞混，把自己叫成"樵夫（woodchopper）"。没多久，同事们开始拿他开涮。萨菲尔叫他"啄木鸟（woodpecker）"，厄尔希曼决定喊他"维也纳炸肉片（Wiener schnitzel）。总统摩托车队出发前，基辛格会转到厄尔希曼那里，对着特勤局无线电说："能麻烦你们弄个管用的外号好让他们知道我在哪里吗？"

年末将至，基辛格又开始搞他的《世界形势报告》，这本应是对美国外交政策的直观介绍，但这年的报告里欺瞒公众的成分更加明显。在智利问题上，报告说美国尊奉不干涉主权国家内政的原则，承诺美国准备和智利政府发展正常双边关系。但基辛格不知道的是，尼克松对这份报告毫无兴趣。"亨利的《世界形势报告》里没什么宏大的战略，"尼克松私下跟厄尔希曼说，"就像个洗衣清单，让人哈欠连天却又不得不看。"

根据哈佛规矩，教授离开教职一般不能超过两年。现在，基辛格必须在返回哈佛和放弃终身教职之间作出选择，这对他而言并不是最艰难的时刻：他对权力的渴望丝毫不亚于他对学术圈同僚们的鄙视。不过，切断这一重要联系毕竟是困难的，从他退伍读书到今天，他和哈佛的缘分已经持续了25年。

12月底，他回剑桥参加卡尔·弗里德里希教授的宴会，和政府学院的人谈起了自己终身教职一事。他私下被告知，他无须立刻回来或主动做些什么，职位会得到保留。心里有了底的基辛格回到华盛顿后立刻摆出了一副大义凛然辞去教职的模样。总统在一次小范围会议上戏谑地对厄尔希曼说：看着吧，亨利又想靠这事卖弄一番了。果然，基辛格给尼克松写了封信正式通知他自己的决定，总统大方而又语义模糊地回复道："坦率地讲，我真没法想象这政府要是没了你会是个什么样。"

第15章 | 限制战略武器谈判

幕后渠道的武器控制

我们这代人成功地从上帝那里偷出了火种，就注定要和这一恐怖的成就相伴而行。

——《核武器和外交政策》，基辛格，1957年

◎个案："MIRVs"问题

对外行人来说，MIRVs（Multiple Independently Targetable Reentry Vehicles，多弹头分导弹道导弹）是个炫目的神秘概念。实际上，它本身是个很简单的东西，但非常重要，有关它的故事是军控历史上最致命的失败之一。MIRVs属进攻性导弹（offensive missile），是个能同时装载两枚或多枚核弹头的九头怪兽，每一枚导弹能打击不同的目标。这是个增强核武库火力的捷径，不用制造过多的火箭助推器，美国从1968年就开始试验MIRVs。

尼克松第一任期内，美国和苏联都错过了在MIRVs大规模启用前打掉这个怪兽的机会。结果是全世界核弹头数目大为增加，美国的核武库在苏联进攻面前显得更加脆弱。核平衡也被打破，因为如此一来，先进攻者势必占便宜。基辛格的老助手威廉·希兰德说："拒绝禁止MIRVs是整个战略武器谈判史上最关键、最要命的决定，它改变了战略关系，极大威胁了美国国家安全。"

整个1969年，各方都在劝尼克松政府相信MIRVs的危险性。40名参议员联名提出反MIRVs决议，众议院国际关系委员会发表报告，呼吁通过谈判冻结这

种武器。

劝基辛格接受建议的还有一帮核战略专家，都是他以前一块讨论军控问题的同事。基辛格每周六请他们到华盛顿来搞早餐茶话，讨论军控问题。里面有他的哈佛老友多蒂，还有卡伊森、舒尔曼等人。既然是学术同行，他们对基辛格也就不那么拘礼（古德博格坚持称基辛格为齐格弗里德，德国民间史诗《尼伯龙根之歌》里的英雄人物），但对被邀来参加如此高级别的对话都还颇感荣幸，而且基辛格乐于倾听让他们更加受用。但没过多久，事情明了了，基辛格反对他们禁止MIRVs的建议，许多成员感到自己被利用了。"这是亨利在拉拢学术圈的朋友，又想邀宠了。"卡伊森回忆说，"一天晚上，从普林斯顿来的火车坏掉了，凌晨两点我被扔在了费城。我问自己，'到底图个什么？'租了辆车一溜烟开回了家里。没有什么能比凌晨两点空旷的费城火车站广场更让人洞彻心灵了。"

许多军控界的元老也反对MIRVs项目，为首的是约翰·麦克罗伊，这位前盟军驻德国行政长官和华尔街银行家现在是总统军控咨询委员会的主席，该委员会为跨党机构，建于1961年，里面有斯科兰顿（曾拒绝尼克松出任国务卿的邀请）、威廉·凯西（里根竞选经理和俟后的中情局局长）、迪恩·腊斯克、哈罗德·布朗和万斯等人，都是主张裁军的死硬派。经过一年研究后，他们正式建议总统，中止MIRVs试验。

MIRVs反对者们在尼克松政府内部也找到了知音——美国的限制战略武器谈判代表杰拉德·史密斯，也是位乔治城律师和共和党募捐人杰拉德·史密斯。史密斯认为MIRvs是弹道导弹面世以来最重大的武器进化事件，1969年5月，他上书总统力陈在事情弄得不可收拾之前中止试验。

但参联会不同意，认准搞MIRVs是笔增强美国打击能力的划算买卖，不肯牺牲任何技术上的优势。还有国防部长拉尔德，而他好像从来就没搞清楚过MIRVs技术到底是什么东西。

基辛格对MIRVs技术的破坏性和由此带来的不稳定因素非常清楚，也感到不安，但他认为，禁止MIRVs在政治上已经很困难，毕竟项目已经试验过了。他转而支持对反弹道导弹进行限制（反弹道导弹是为了击落敌方来犯导弹设计的。反弹道导弹，被称为ABM）。在基辛格看来，如果两个一起反对，国防部阻力势必很大，很难成功。基辛格的下属们对限制MIRVs也不是很热心，就连哈尔皮林都感到矛盾，担心限制MIRVs的时机已过。支持军控对哈尔皮林别有意义：约翰逊执政时期他供职五角大楼，几乎单枪匹马达成了一项复杂的军控计划，令人刮目相看。但其中不包括限制MIRVs。

尼克松本人更是从来不碰这种问题，每次不得不讨论军控问题时，他就两眼发直老走神。在基辛格和国防部的建议下，1969年5月他决定继续进行MIRVs项目。

当月下旬，哈尔皮林和布鲁金斯研究院的学者朋友莱斯利·戈尔比打电话，FBI偷偷记录下他们的交谈内容。跟基辛格以及大多数人一样，哈尔皮林谈话时也或多或少受到交谈对象的影响，他说他对MIRVs的决定感到担忧，戈尔比就问："军备谈判进展怎样了？"

"我们在等待适宜的国际环境。"哈尔皮林说，故意模仿基辛格的口气。

"国际环境什么时候适宜过？"戈尔比问道。

"从来没有……我跟索南菲尔特和林讨论过，这些家伙都认为军控完全没有战略上的理由，而且还让亨利（基辛格）买了他们的账。"

戈尔比："难以置信。"

哈尔皮林："也就是说，我们宁愿双方都拥有MIRVs……"

戈尔比："这可真是疯了。"

◎1970年4月，第一个限制战略武器方案

1970年4月在维也纳召开的限制战略武器谈判会议是及时禁止多弹头分导弹道导弹（MIRVs）的最后机会（美国已经试验，苏联尚未试验，一旦其试验成功，竞赛不可避免），争论再起。

基辛格此时已从史密斯手中抢过了军控问题的主导权，他用"搭积木"的方式搞一份美方的谈判方案。他命令各机构在所有重大问题上分别提出自己能够接受的结果，然后汇总到一起，由他搭配组合选出最佳方案。但发现组合方式太过繁复，于是任务落在了史密斯的副手佳尔索夫身上，最后出台了四套方案。

4月8日的国安会全会是一次决定MIRVs命运的会议。在基辛格的导演下。

尼克松假装认真考虑四套方案。"他那呆滞的眼神，"基辛格后来写道，"能看出来，他认为所有这些争论都是些垃圾。"四个选项如下：

A 每个国家各建12座反弹道导弹防御基地（ABM），对MIRVs不设限制；抬高进攻性导弹（MIRVs即属于进攻型导弹）数量的上限，这样美国实际上无须作任何削减。（五角大楼支持此方案）

B 同上，但各国只能建一座ABM基地，只保护各自首都。

C 同B，但限制进攻性导弹MIRVs。

D 各方只建一座ABM基地，大规模削减进攻性导弹，但对MIRVs不限。

基辛格支持B选项。但他后来认为，如果真在维也纳通过这一方案的话，无疑会引发各方诘难，等于ABM和MIRVs哪个都没约束。因此他劝说尼克松先选择C和D，"如果苏联人拒绝，准保到时候再推出B项肯定会获得更多国内和政府内部的支持。"基辛格后来说。

选项C主要是禁止MIRVs，为了达到上述效果，基辛格添了两项苏联人肯定会拒绝的附加条款。一个是要求实地核查。果然，史密斯大使在维也纳会议上陈述美方方案时，苏联同行不停地做着笔记，但当他念到实地核查这一附加条款时，苏联人立时就把笔放下了。对美方说："我们一直以为你们会拿出份严肃的MIRVs方案。"

第二项附加条款——允许各方生产MIRVs。通常一项武器计划分三个阶段进行：首先是试验，然后生产，最后使用。C选项和这一附加条款等于是禁止试验和使用这两个环节，但允许继续生产。这无疑对美方有利，因为美国早在MIRVs的试验上取得成功，进入大踏步生产阶段，而苏联还没有试验过一枚MIRVs，不让试验只让生产无异于断了苏联的路。而且，试验和使用武器可以通过卫星监测得一清二楚，而禁止武器生产则难得多。因此莫斯科在维也纳会议上也提出一份一边倒的方案：允许试验，禁止生产和使用。

太乱了。史密斯和他的维也纳代表团干脆提出禁止一切和MIRVs有关的东西，试验、生产和使用以及所有涉及MIRVs者全部禁绝。基辛格否决了这个主意。

正如基辛格预料的，C计划遭苏联人拒绝后，美方代表团退而提出B计划：

抬高进攻性导弹上限，将ABM基地减至一座，只保护首都。这一计划的致命漏洞在于，它只限制导弹数量而不限制核弹头数，这样便大大刺激了MIRVs的使用：导弹数量既然被限制在固定水平，那么干脆都换成MIRVs多弹头导弹，一枚导弹可以同时承载多个弹头，何乐而不为。

就像棋手突然轻松地吃掉对方失去保护的王后一样，苏联人以史无前例的闪电般的速度接受了美方方案。基辛格马上意识到，铸下了大错。一年前，国会已经通过了一项温和的AMB计划——保留两座反弹道导弹防御基地。现在让公众接受一个代价更大的AMB方案是绝无可能的，光保护满是政客和官僚的首都，谁都不会同意。

但事实如此，这就是1970年4月维也纳会议通过的美苏限制战略武器谈判（SALT）协议。"现在想想，"基辛格后来说，"真的很难解释当时怎么会考虑那样一个方案，更别说采纳了。"他在回忆录里心虚地指责别人，但佳尔索夫说，当时这个问题在4月8日的国安会上连讨论都没讨论，基辛格直接拍了板。基辛格后来承认，"这是个超一流的错误。"为此他不得不花一年时间把美国从这个立场上拖回来。

基辛格还犯过另外一个错误，也让他费了一年工夫纠正。1970年3月，就在维也纳会议前一个月，多勃雷宁问基辛格，美方倾向于达成一项"有限的"协议，还是"全面的"协议。所谓"有限"即只限定ABM防御系统——只规定防御措施，"全面"则包括ABM防御系统和进攻性导弹——防御和进攻两方面。基辛格不晓得其中的区别，也没有问，竟表示悉听尊便。

在当时，苏联人最急切的就是限制ABM防御系统，美国谈判代表们都指望用ABM方面的妥协作为诱饵，迫使苏联对进攻性导弹数量加以限制。多勃雷宁6月提出双方只谈限制ABM问题后，基辛格表示会和尼克松予以考虑。随后，他让维也纳的史密斯提提看法，但不要告知代表团其他成员。史密斯得信大吃一惊，连忙起草回电，"任何限制美国ABM防御体系的计划，"他指出，"必须伴随着对苏联进攻性导弹武器系统的限制。ABM是我们最有力的谈判筹码。"

基辛格意识到，史密斯是正确的。但苏联认为美国已经接受了他们的建议，同意把限制ABM问题和进攻性武器问题脱钩处理。哑巴吃黄连的基辛格只得再花一年时间收拾烂摊子。

就算美国在20世纪70年代推动禁止MIRVs，苏联也可能不会配合。导致此后15年军控动荡和不稳定的罪责落在了两个超级大国的首脑头上。"就算当时失去了一个机会，"史密斯大使回顾说，"也是个模糊不清的机遇。"多年后，多勃雷宁也试图在归咎责任时各打50大板："（1970年4月谈判后）华盛顿力图继续扩大自己的技术优势，而苏联人则没能持之以恒地完成MIRVs计划。"

基辛格认识到在MIRVs问题上的决定是个错误，他对此也深深自责，"反思过去，我得说，真希望当时对MIRVs的后果能作出更周全的考虑。"

这一过失也导致尼克松任内彪炳史册的成就之一——1972年签署的第一阶段削减战略武器协定——留下了先天的致命伤。由于缺乏对MIRVs的限制——事实上双方都鼓励部署这种超级怪物，整个世界不得不提心吊胆地忍受新一轮的武器竞赛。

◎1971年5月，"重大突破"

1971年年初，美国仍然陷在军控问题的烂泥塘里，自己没有新的进攻性武器项目上马，而苏联却在来劲地发展地基和潜艇导弹。对于何种ABM系统适合美国的争论愈演愈烈，是保护导弹基地？还是保护首都？还是干脆什么都不要？乱局之下，尼克松和基辛格突然又颁布命令，向苏方提议增加四座保护导弹基地的ABM导防系统，这让史密斯和他的谈判队伍惊恐不已。

苏联人反对，多勃雷宁厉声提醒基辛格，苏方已经接受了美方提出的只设一座AMB保护首都的方案。基辛格颇为尴尬。为了收拾掉这个烂摊子，基辛格向多勃雷宁提出进行一项交易：只有两人参与，通过秘密渠道解决军控问题和柏林问题。苏联人急于解决柏林问题，因此同意了。

这样，基辛格又搭起了更为复杂的连环套。要想得到他们希望的ABM限制方案，苏联人必须在美国关切的限制进攻性导弹问题上作出让步，这一进程同时和柏林地位问题的谈判联系在一起，而这两个问题的解决又和其他如谷物协定、增加贸易、科学交流等方面交织缠绕在一起，形成一张网络，来限制苏联冒险主义，引诱其在越南问题上发挥积极作用，最终导向持久的缓和。基辛格1971年织成的这张网络脱胎于1969年军控-越南问题的连环套，更精密，也更成功。

为了织成这张网，基辛格再次粗鲁地把国务院和军控代表们排除在了进程之外。

在柏林问题上，基辛格找到伯恩的四国会谈美方代表拉什大使和西德总理的国家安全助理埃根·巴尔，邀请两人赴美密商。基辛格清楚，国务院如果知道他背地和巴尔联系，肯定会发作，因此他故意安排巴尔去卡纳维拉尔角参观阿波罗14号登月发射，两人坐着军方直升飞机飞来飞去，就在飞机里偷偷谈事。为掩人耳目，基辛格甚至请来电影明星科克·道格拉斯陪绑，这位演员只得蜷在飞机后舱睡大觉打发时间。

按照基辛格的计划，巴尔和拉什负责出主意，基辛格负责和多勃雷宁谈判，然后再由拉什和巴尔把基辛格同多勃雷宁商妥的事项加入官方立场中。巴尔和拉什同意对国务院和西德（联邦德国）外交部保密。

基辛格把游戏规则告诉了多勃雷宁，就是瞒着罗杰斯。为了让国务院永远不知道发生了什么，基辛格决定，和拉什大使联系时，不用常规外交通讯渠道，也不用中情局的秘密通讯设备，因为中情局波恩情报站的人和外交官们关系太好，容易走漏风声。他让罗宾逊海军上将帮他搭了一条超级保密的电报线路直通法兰克福一位海军官员，由他作为信使。

基辛格偷偷摸摸忙活了半天，都在参联会眼皮底下，他的秘密活动都被参联会安插到国安会的书记员拉德福德如数反馈上去。拉尔德也通过国家安全局了解基辛格的一举一动，好在两家单位对掺和柏林谈判都没有兴趣。

至1971年5月初，基辛格和多勃雷宁在重新将ABM谈判和限制进攻性武器挂钩问题上已接近达成一致。在这节骨眼上。苏联人做了一件让基辛格认为是彻底背信弃义的事：他们在公开渠道里把秘密渠道里商议的问题向美国代表团挑明了。在史密斯57岁的生日宴会上，苏方代表希米诺夫向他通报：在进行ABM谈判的同时，苏方将暂时中止进攻性武器项目运作。不敢相信自己耳朵的史密斯让翻译又确认了一遍，兴高采烈地发电报回华盛顿，被他称为"最重要的生日礼物"。

这份苏联人的大礼并没有基辛格在秘密渠道和多勃雷宁商定的那么有利。但史密斯不可能知道，显然，苏联谈判代表比他更有优势，他知道自己人在华盛顿做些什么。

第15章 限制战略武器谈判

基辛格火冒三丈地找到多勃雷宁。谴责苏联人利用美方两个谈判途径渔利，警告他说，迟早是白宫途径说了算，等到那时候，总统只会发现是苏方蓄意跟他过不去，肯定暴跳如雷。没过几天，多勃雷宁带回来了基辛格能够接受的条款。尼克松和勃列日涅夫在5月20日联合宣布了这项协议。虽然基辛格吹嘘是"重大突破"，但实际上不过是回到了一年前的起点。两国同意在达成ABM协议的基础上一并采取措施限制进攻性武器。

撒谎和善后工作又落到了霍德曼头上，他告诉国务卿罗杰斯说，事出突然，都是因为尼克松收到的一封勃列日涅夫的信。其实罗杰斯完全可以查阅这封根本不存在的信。

基辛格在协议宣布前夕把实情告诉了史密斯。谈判专家很大度，但并不欣赏这种做法，认为协议模式听上去很愚蠢，措辞也很烂，一听就是俄国人翻译过来的。他对基辛格背着他做事感到气恼，抱怨说如果通过正常渠道完全可以取得好得多的结果。"有必要搞这种表里不一的外交吗？"史密斯后来写道。

让史密斯强烈不满的是，秘密谈判记录显示，基辛格犯下了另一个严重错误：他告诉多勃雷宁美国不坚持把潜艇导弹纳入协议范围。"没有证据显示在基辛格之前有谁在SALT谈判中作出过这种改变，"史密斯说，"甚至基辛格自己都没意识到，这可能就是一个被长期谈判搞得头昏脑涨的家伙脱口而出的东西，没过大脑，根本不知道自己的话有多么重大的意义。"

1971年的5月间基辛格的确是头昏脑涨，他和多勃雷宁的会谈恰逢南越军队向老挝境内的共产党补给线发动进攻，但搞得一团糟，惊慌失措的南越士兵攀住美军直升机狼狈逃窜的样子在电视画面上一览无余。巴基斯坦和印度大打出手，基辛格不得不抵制国务院内的亲印派，他还得靠巴基斯坦和中国秘密沟通。中国计划开始付出代价了，就在史密斯和希米诺夫交换信息时，基辛格正在棕榈泉"度假"，悄悄地制订秘密访华的计划。

依靠国务院中官僚机构的一个好处是，你可以有一大队人马专门扑在SALT事务上，而另外几组专搞越南、柏林或者中国问题，两不相干。但如此一来，连环套发挥作用就更难了，戏剧性的外交几无可能，当然也可避免分身乏术的窘境。基辛格深谙此道，他常常指使国务院等机构研究特定的问题却不告诉他们事情已经被纳入谈判轨道。但在潜水艇导弹问题上却不是这样。

基辛格实际上考虑过这个问题，但最终决定推迟将其纳入SALI进程。一个原因——据研究SALT的著名记者纽豪斯称，是因为"他担心把潜艇弹道导弹列入议程将导致谈判再次陷入僵局"，苏联人正急于在这一领域迎头赶上。另一个原因从未公布过，当时美国自己正在考虑是否重振其日趋衰退的潜艇计划，基辛格正等待拉尔德下定决心。希兰德回忆说："没把这个问题纳入谈判并不是说基辛格谈判地位趋弱，而是美国尚未作出一项重大战略决定：还要不要继续发展潜艇项目，把导弹架在老式潜艇的改造版上？国防部迟疑不决，直到1971年下半年，拉尔德才报告总统，1977年之前不可能启动新的潜艇导弹计划。"

5月20日美苏宣布军控协定后，苏联人在柏林问题上也得到了他们想要的协议。官僚机构不得不再次接受被突然告知重大决定的命运。国务院还在不停地和拉扒大使在条约内容上咬文嚼字，殊不知基辛格和多勃雷宁早就搞定了一切。霍德曼和米切尔不得不介入，告诉罗杰斯别再弄了。

基辛格后来承认，通过秘密渠道运作SALT和柏林问题需要付出重大代价。从长远看，这对民主决策体系会造成严重伤害，民主决策有其缺陷，但也有优点。基辛格后来写道："秘密渠道对主管部门的士气当然有破坏性。对于史密斯这样的个人而言，这既不公平也不适当，而且对国安会工作人员也造成巨大压力……许多能量被耗在了明暗两套工作上。"但尼克松的多疑个性和官僚机构对总统的不屑，使得秘密行事不可避免，基辛格认为。

克里姆林宫的美国专家阿尔巴托夫对基辛格的背后渠道方式赞赏有加，但听上去像是绝妙的批评："该渠道让基辛格能排除国会和公众压力更容易地操纵事情。"权力集中虽然使管理更加容易，但这正是美国宪法规定的权力分配原则着意阻止的。"至少在苏联，全体政治局都要过问，"史密斯说，"而整个美国国家安全领导层从来没机会商量。"

尽管有诸多不如意之处，但幕后渠道的确产生了许多可圈可点的成就。柏林和SALT协定并不完美，但绝对是国务院无法企及的。"这对官僚机构不太合理，"基辛格辩称，"但它管用……评判结果应该看成绩本身。"

对于基辛格个人而言，幕后渠道不仅让他成为国家最高战略策划人，也成了名副其实的首席外交官。"最初两年，白宫主要管政策规划，"他说，"现在延伸到了政策执行。"

◎1971年6月，《五角大楼文件》

总统行政助理查尔斯·科尔森举起苏格兰威士忌和苏打水："为亨利·基辛格干杯。"尼克松也举起了酒杯，还有霍德曼和厄尔希曼，基辛格报以致谢的微笑。这一行人是在为1971年5月基辛格刚刚搞定的SALT谈判成功小小庆功。微醺后，几人乘兴踏上红杉号游艇，在月色下的波多马克河上泛舟而行，路过弗农山的国旗时，又一次直挺挺地行起了注目礼，红杉号鸣笛致敬。"正是享受的好时候。"科尔森回忆说。

晚餐是鲜美的牛排和玉米，尼克松把领带窝到衬衫里，一边吃一边长篇大论地讲起美苏缓和以及越南的和平前景。这时候的尼克松处在最佳状态：品着勃艮第红酒，滔滔不绝地就外交事务发表真知灼见。突然，他转头对科尔森说："查尔斯，能帮我搞到一架超音速运输机去中国吗？"

基辛格吓得脸色煞白，这可是绝密中的绝密事项。"放松，放松，"尼克松说，"如果你手下那些自由派还没完没了地把所有事情都告诉《纽约时报》，我哪里也不去。"尼克松招牌式的神经质微笑从脸上一闪而过，然后开始兴奋起来，老练的战略家又变成了阴鸷的政客。"这才是我们不惜代价必须阻止的，听到我的话了没有，亨利？"

说到这尼克松开始谩骂起他的敌人，手指不停地在酒杯沿上画起了圈圈。"总有一天让我抓住——抓住就把他摁在地板上，狠狠地踹，踩在脚下，碾死他们。你说是不，查尔斯，对吧？"说着一双紧张的眼睛又盯向了基辛格，"亨利明白我的意思。就像你在谈判中做的那样，亨利。把他们摁到地板上，踹在脚下，踩个稀烂，绝不留情。"

基辛格点着头，挤出一丝微笑。

这就是弥漫在白宫内部的对待泄密者和敌人的态度，即使在光景最好的时候也是如此。紧接着就来了一桩爆炸性泄密事件：国防部研究美国卷八越南问题的47卷本《五角大楼文件》被曝光。曾为基辛格做过咨询的艾尔斯博格把文件交给了《纽约时报》，从6月13日起开始连载。

基辛格曾参考过这些杂乱无章但内容详尽的研究报告，大多是从肯尼迪到约翰逊时期有关越南问题的往来密电，实际上根本不会造成什么政治后果，而且对尼克松说不定还是件好事。但基辛格认为这起泄密事件对美国的秘密外交的努力是个摧毁性打击。他狂怒不已，连早已习惯他坏脾气的人都感到震惊。

"没有亨利刺激，"厄尔希曼说，"总统和我们本来认为这些文件反映的只是约翰逊的问题，不是我们的。"

见过周一早上基辛格发火的国安会工作人员大概都刻骨铭心地记得当时的场面，回忆起来都像挺过暴风雨的老水手一般。"这会把美国的威信糟蹋得一干二净，"基辛格一边踱步一边挥着胳膊吼道，"这会把我们秘密执行外交政策的能力给毁了！"他把手掌吭的一声拍在桌上，"外国政府再也不会信任我们。"他号叫着，"还不如把文件都送给苏联人一了百了算了！"

基辛格的担心有些道理，当然他如此生气，主要因为泄密者是艾尔斯博格。他知道事情会牵连到他。研究越南问题的NSSM1号文件就是艾尔斯博格提供的咨询，他请艾到圣克莱门特休假地去吃饭也尽人皆知。尼克松把艾尔斯博格和基辛格看成朋友，还把艾和哈尔皮林等他手下的自由派叛徒看成一气，这让基辛格深感芒刺在背，不胜愤怒。多年后，尼克松摇着头，苦笑着说："我不知道人们有没有意识到基辛格和艾尔斯博格的友情有多深。"

事实并非如此，友情这个词并不适合描述两人的关系。两人最后一次会面是在麻省理工学院一次会议上，已经演变成无声的对抗。艾尔斯博格从听众席里起身质问："请你保守估计一下，在接下来的12个月里因为你的政策而丧命的越南人数字会是多少？"基辛格说这个问题"措辞还挺聪明"，话没说完，艾尔斯博格插嘴说他并非故意如此，只是个基本问题。基辛格使出遇到类似挑战时的管用招数，反问还有什么其他政策选择？"基辛格博士，我知道你玩的'选项'把戏，"艾尔斯博格冷冷地回了一句，"你能不能给个干脆的答案？"基辛格虚与委蛇避而不谈，会议最后不得不提前结束。

那周晚些时候，众人在椭圆形办公室开会，基辛格向总统、霍德曼和厄尔希曼猛批艾尔斯博格。"基辛格仍然气得要死，"厄尔希曼回忆说，"他说他知道艾尔斯博格除了和老婆睡觉还在外头包了个二奶。"基辛格还绘声绘色地描述艾尔斯博格其他的风流韵事，说地球人都知道艾尔斯博格还是个瘾君子。"尼克松听得津津有味。"据霍德曼回忆，基辛格还指称艾尔斯博格曾坐着直升飞机朝越南农民胡乱开枪（大多指控都没有证据）。

后来的事实证明，《五角大楼文件》曝光带来的危害远小于尼克松班子的反应本身造成的麻烦。科尔森对"水门事件"的检举人说，基辛格搞得总统对泄密疑神疑鬼，几近歇斯底里。厄尔希曼的评价也差不多："《五角大楼文件》问题根本不成其为问题，直到亨利捅到总统那里去，他总把事情炒得发烫，结果尼克松来来回回地下令干这干那，只是惹得一身骚。"

事情的结果是白宫"管子工"小组的成立——顾名思义，为了把漏洞堵上。"毫无疑问的是，基辛格对《五角大楼文件》泄露一事小题大做是管子工小组成立的首要促发因素，"科尔森认为，"多次会议中亨利都劝总统，要不惜代价杜绝这种事情。没过几周，'管子工'便成立了。"霍德曼也把此事归咎于基辛格："亨利把尼克松搅和起来，然后两人互相把对方搅和起来，直到一起发疯。"

厄尔希曼让助理伊戈尔·克罗夫主持管子工小组，还征用了基辛格一名助手、32岁的牛津大学出身的律师大卫·扬。扬自洛克菲勒竞选时就和基辛格一起工作，后随基辛格加入国安会，但很快和黑格搞僵。于是扬直接打电话给厄尔希曼要求调离，很快便接到了新的任职通知。基辛格得知后立即本能地发出抗议，没经过他不得私自挖他墙角。但对于扬的新工作，基辛格毫不关心，此后也再未联系。管子工小组里还有中情局、联邦调查局的一些前干员。在科尔森唆使下，他们私自闯入艾尔斯博格的精神病医生的办公室东翻西搜。霍德曼后来指责这次行动就是听信了基辛格对艾尔斯博格一些怪癖的生动描述才发起的。

科尔森、霍德曼和厄尔希曼三人都是"水门事件"的责任人，他们在这件事上指责他人是想为自己开脱。或许基辛格在管子工小组的建立上负有一些责任，但他和尼克松及其高级政治助手们有本质的不同，基辛格从未签署过任何非法入室搜查的命令，也从未试图掩盖这些非法行动。

当然，此事证明了一点：保密上瘾的代价可能很高，对泄密的恐惧往往比泄密本身更加危险。

◎单方面撤军计划

基辛格反应如此之大，一个原因是他担心文件公之于众会破坏北京对美国操作秘密外交能力的信任，从而危及他的中国计划。这完全是多虑。中国对西方人搞的秘密把戏毫无兴趣。

此外，他也担心此事冲击正处于关键时刻的美越秘密谈判。5月31日，基辛格在巴黎终于向越方打出了美国单方面撤军的提议。"方案是想让我们别再软磨硬泡做无用功，一方面似要双边撤军，同时又在单方面撤军。"基辛格回忆说。相应的，美国要求北越同意停止在印度支那半岛的一切军事行动，放弃其要求阮文绍政府倒台的立场。

美国作出了重大让步，连尼克松政府的背叛者也这样认为。但这一让步是正确的吗？如果放弃对阮文绍政府的支持是不是更明智？一方面在军事上让步，另一方面仍坚决反对成立联合政府，实际上把美国和一个注定失败的政权绑在了一起。资深外交官乔治·鲍尔认为，美国变成了"阮文绍——这个美国自己造出来的专制、三流独裁者的囚徒"。

更为保守的批评是，承认北越军队留驻南越的权力注定会把越南推入内战。基辛格的越南问题专家理查德·史米瑟在基辛格飞往巴黎的飞机上做了最后的劝谏："如果北越不撤军，永远不会有和平。美国单方面撤军，战争会一直打下去。"基辛格承认他说得对，但让步是必要的，"我们需要达成一项协议。"他说。

一如他历来的风格，基辛格用含糊其辞的表述把美国的让步掩饰起来，让南越支持者们觉得香甜可口。里面说"所有外方军队都应撤出"，而实际上河内并不认为自己属于"外方"。基辛格当时未作任何公开解释，连背景也不交代，美方实际已放弃要求北越军队同时撤出南越。1972年10月美越最终达成协议草案时，阮文绍称感到震惊和愤怒，因为北越军队并未同时撤出。实际上，他对1971年的提案一清二楚，他是勉强同意的，在撤军问题上他也心知肚明。但没想到居然白纸黑字写在了协议上。

北越人是否领会了美方的让步？"他们两秒钟都不用就明白了，美方在军事问题上让了步并要求他们在政治问题上作出让步，"史米瑟说，"如果你是歌剧迷，听到男高音唱过几百遍的旋律中突然丢掉一个音符，你会立刻发现。他们也是。"春水忙不迭地捡起了掉下的音符。一时间希望突然大了起来。黎德寿离开河内，飞到巴黎。

事实证明，北越人并未决定接受美方提案。战斗了20年，没有消灭南越政府，他们不会接受一项停火协议，至少在一年后，北越人的让步才姗姗而至。

第16章｜接近巨龙

"三角"鼎立

既然奥地利的政策没法从人民那里获得灵感和力量，就必须通过坚定和细腻的外交手段实现其目标。

——《重建的世界》，基辛格，1957年

◎通向北京之路

基辛格没有尼克松那种夸海口的习惯，谈论事物要点时总是举重若轻。但1971年，他收到企盼已久的一封从中国飞来的、邀请他访问北京为美国总统访华铺路的密信时，基辛格手舞足蹈地跑到尼克松那里去汇报。"这个，"他说，"是'二战'以来美国总统接到的最重要的信息。"

虽然这话说得有些夸张，但绝对是真知灼见，和共产主义中国建立战略联系是美国自马歇尔计划和创立北约以来最重大、最精明的外交政策。对基辛格和尼克松而言，这在很多方面都是大胆和绝妙的惊人之举，一招惊世骇俗的大手笔，用基辛格后来更为审慎的一句评价："改造了国际政治舞台的格局。"连最精明的政治家周恩来都说，世界为之一震。

维系世界秩序二十五年之久的东西两极格局以令人震惊的突然性让位于一个大三角体系，为国际政治的舞者们提供了无限的创造性外交和施展精妙手腕的空间。仿佛在一瞬间，美国人对占世界四分之一人口的神秘地域的看法来了个180度的大转变。长达一代人的时间里，美国公众和政策精英们都认为中国是个狂热的革命王国，一片古代探险家们称之为"龙之国度"的未知世界。美国决策者们错误地认为，是红色中国的扩张主义导致了越南战争。而现在，尼克松和基辛格准备编制更加精密的连环套：通过向中国开放，让越南感到更加孤立和脆弱。

基辛格在开启中国大门过程中的运筹帷幄——和毛泽东、周恩来的秘密交往，联合北京对付莫斯科——是他个人色彩和外交实践紧密结合的一个最佳例子。他通过操纵别人的怨恨网罗盟友、编织秘密联系，靠奉承、哄骗和离间分化赢得对手的认同。基辛格尤其善于同智力水平相当的强力政治家打交道。作为一场大屠杀的幸存者和研究拿破仑时代权术政治的学者，他相信强力人物和强势力量是世界的塑造者，个性和政策不可能截然分开。秘密行事对他而言是个再自然不过的控制工具，他对权力关系和平衡有着天生的感觉，不管在心理上还是地缘战略的把握上。

中美两国都面临苏联的威胁，这就有可能形成一种战略关系。挑战在于，双方要从地缘战略而非意识形态视角看待对方。这对基辛格和尼克松毫无困难，尼克松虽然是坚定的反共分子，但更是个无情的现实主义者，基辛格也一样，而对中国领导人——这些来自世界最古老的政治实体的人——来说，现实主义原则绝不陌生。

基辛格早在1968年给洛克菲勒写的演讲稿里就阐述过这一思想。"我将开启和共产主义中国的对话，"演讲稿写道，"在美国和中国、苏联的微妙三角关系里，我们最终能够一面考验二者渴望和平的意愿，同时提升和他们的关系。"尼克松最初相信越南战争是中国扩张主义的象征，在1965年的演说中他表示，越战"本质上不是越共和越南之间的战争，而是美国和共产主义中国的斗争"。但即便在当时，尼克松对于访问中国仍然十分神往，而且差点成功：一个加拿大访华商团邀他一同前往，但国务院没给他发签证。

1967年，尼克松释放出更多的和中国改善关系的信号。他自己引用得最多的是当年在《外交》季刊上发表的文章《越南之后的亚洲》。文章称："从长远看，我们不可能一直把中国甩在国际社会之外。"但整篇文章并没有建议立刻和中国接近，而是建议施加压力迫使中国放弃敌对政策。"中国不改弦更张，世界永远不会太平，"他说，"短期看，美国要对中国实行限制政策、无奖赏的政策，要对其施加创造性的压力。"而当时中国正处在"文化大革命"的阵痛之中，"北京的疯狂行为恰恰说明了中国人操弄权术的技巧和危险的幻觉"。

20世纪60年代末，主要有三种主张接近中国的论调。一种是自由派，认为发展友好关系本身就是有价值的，持这种观点的主要是些教授，如杰洛姆·科恩和巴奈特等，尼克松刚刚当选，这些人就劝他在台湾问题上对中国让步以减少中美间的敌意。第二是尼克松所信奉的实用派，认为中国可以成为美国向苏联施压的工具。刚刚上任，尼克松就授意基辛格秘密研究一项改变对华政策以刺激莫斯科的策略。1969年，苏联外长葛罗米柯访问联合国，尼克松秘密指示基辛格："既然葛罗米柯正在美国，我看现在是在中国问题上做做文章的时机了。"基辛格赞同这种观点，但他还从第三种视角看待中国问题，发展美中关系不光是威胁莫斯科的大棒，更重要的是营造大三角关系，建立稳定平衡的世界体系。"我们接近中国，"他后来写道，"是为了塑造全球平衡。这不是针对苏联的阴谋，而是赋予美国一种平衡者的角色，以求得建设性的结局——让两国都看到和美国发展更好的关系和他们是利益攸关的。"

基辛格起先对迅速打开通往中国的大门持怀疑态度，是尼克松不遗余力的推动催生了一些主意。1969年年初，在飞机上，霍德曼和尼克松交谈半晌，然后蹲到基辛格身旁说："你知道，总统实际上非常希望在第二任期结束前访问中国。"基辛格摘下眼镜，慢悠悠地擦着，微笑着说："机会很大。"

中苏敌对情绪愈演愈烈，1969年春，双方爆发边界争端，尼克松和基辛格意识到新的机会越来越近了。苏联大使多勃雷宁未经邀请就向基辛格激动地抱怨了一番，强调中国是个巨大威胁，美苏两国必须联手遏制。当晚，基辛格把多勃雷宁的言论和激动情绪汇报给尼克松，尼克松听得津津有味。几周后，《生活》杂志就中苏反目发表了一篇社论，敦促美国政府"拒绝按苏联的意图对待世事，应该寻机改善对华关系"。尼克松在每早读报摘的空白处做了批示："完全同意。我近来出访欧洲时也顺便劝欧洲领导人接受这一看法。"批示被转给了《生活》的编辑。

国务院的官僚们对突然改变政策总是提心吊胆，缩手缩脚，但国务卿罗杰斯这回站在了总统一边。"共产主义中国显然已被隔绝在世界事务之外太久了。"他说。尽管如此，基辛格还是力图把罗杰斯排除在行动之外。只是把中国事务的主导权抢过来一开始并非易事，中美自1954年起就通过各自在华沙的使馆展开大使级对话。但是，连续134次对话没有产生任何实质性进展，每次对话不过是僵局的重演和过往声明的简单重复。

1969年下半年，中美大使级谈判中断一年多后，美国驻华沙大使按照基辛格的建议在一次招待会上拦住了一位中国使馆官员，向中方提出恢复会谈的要求。中方同意了，国务院随即大张旗鼓地根据标准程序向各地使馆、办公室官员和庞大外交机器的每个角落散发了报告，唯恐天下不知。基辛格被这种毫不保密的做法吓坏了，报告了总统，尼克松同意他的意见，担心"孩子怕还没出生就毁在摇篮中了"。

从国务院夺走中国事务主导权的另一个更有力的理由是，官僚机构办事墨守成规，缺乏灵活性。基辛格建议，在1970年1月将要举行的新一轮大使级会谈上，向中方表明，美方希望派一名总统特使来北京直接会谈。建议刚一出口，国务院各级官员立刻怨声载道，一致反对。除了对派特使这个主意感到恐惧外（总统特使有时不受国务院调遣），他们还认为，要想取得进展，必须解决一系列长期性问题，比如中国加入军控谈判、保证不对台湾使用武力等。最后达成妥协：国务院将重申所有他们觉得需要提的老问题，但也必须加一句基辛格想说的话：美国"将考虑派遣一名代表赴北京进行直接会谈"。

或许是历史的巧合，也或许北京也发生了类似的官僚机构间的激烈血拼，中方代表在华沙也表达了类似意思：这些会谈或者可以在大使这一级别上进行，也可以通过其他渠道在更高层次上进行。现在的问题，至少对基辛格而言，是如何绕开国务院建立会谈的秘密渠道。

无心插柳柳成荫，中国于1970年因美国入侵柬埔寨取消了华沙会谈，双方也没有约定新的会谈时间。基辛格后来说这次会谈破裂简直是"天意"，标志着国务院参与的结束。"等我们那年晚些时候重新取得联系时，那已经是一条目标更加明确的完全不同的渠道了。"

基辛格尝试各种不同方法试图建立秘密渠道，他让法国使馆武官沃尔特和中方联系，但中方没有反应，"或许我们的秘密外交苏联人蛮有兴趣，但吸引不了中国人，"基辛格回忆说，"大概他们不明白为什么一个严肃的政府要搞这种事情。"另一个错误在于他想通过中国军方建立联系，而当时中国的国防部长林彪是个强硬的反美派。

这期间，双方利用各种公共场合眉目传情。1970年9月尼克松向《生活》表示，希望有朝一日到中国访问。毛泽东随即请埃德加·斯诺给《生活》传话：

他很乐意和尼克松谈谈，"不管他作为游客还是总统来中国。"

在华盛顿频频释放善意、表达热望的情况下，中国最终选择了巴基斯坦作为沟通媒介。而尼克松在1969年的首次环球访问中便和巴基斯坦接上了头，私下请巴基斯坦总统叶海亚·汗向北京表达美国希望和中国建立新型关系的口信。10月，叶海亚·汗访美，尼克松在椭圆形办公室再次请他递话。从美国，叶海亚·汗直飞北京，带回中方的信息，他托人把这条信息送到了巴基斯坦驻美大使那里。12月8日，大使来到白宫，向基辛格大声宣读了中方的反馈。在一个通讯如此发达的时代，信使们花六个礼拜来回奔波，绕过整个地球传送领导人们手写的便条，然后高声宣读出来。

便条是中国总理周恩来的，上面写道："为讨论中国领土台湾的归还问题，中方非常欢迎美国总统尼克松的特使来到北京。"基辛格相信，抛出台湾问题这块难啃的骨头仅仅是个幌子，万一会谈适得其反中方领导人也好有个台阶下。重要的是，派特使访问北京的建议被中方接受了。

基辛格用没有政府水印的打印纸做了回复，请巴基斯坦大使带回。上书：美国特使愿意赴北京就两国关系中"广泛领域里的问题"进行会谈。基辛格在回复中还就台湾问题写下了一句后来成为中美有关协议基础的话："关于美国在台湾的驻军问题，美国政府的政策是，一旦东亚太平洋地区的紧张局势有所缓和，美国就将减少其军事存在。"这样，基辛格又设下了一个微妙的连环套：如果越南问题得到解决，美国会从台湾尽快撤军。

国务院和罗杰斯谁都不知道这回事，但基辛格却把事情告诉了罗马尼亚政府——尼克松和基辛格与中国的另外一条沟通渠道。莫斯科随后便从罗方知道了此事。一个奇特有趣的情形出现了：中国、巴基斯坦、罗马尼亚和苏联外交部都是知情人，唯独美国国务院被蒙在鼓里。

◎小球转动世界

整个1971年春天，双方都没有什么通信。然后，在日本举行的世界乒乓球锦标赛上，格伦·科恩（Glenn Cowan），美国队队员、来自圣莫尼卡的19岁小伙子突然闯进了历史舞台。比赛过后，他主动和中国队员庄则栋打招呼，还搭上中国队的便车去附近的珍珠市场游玩了一趟。科恩送给庄则栋一件T恤衫，对方回赠了一条围巾。

中国错误地认为，科恩的热情接触很可能是华盛顿精心策划后发出的政策信号。结果，美国乒乓球队吃惊地收到了访问北京的邀请，整个世界在这种出其不意的乒乓外交面前呆若木鸡。"你们已在中美两国人民关系史上掀开了崭新的一页。"周恩来在人民大会堂为运动员举行的招待会上说。

一周后，4月21日，中国通过巴基斯坦渠道再次向美国传话："中国政府重申，愿公开在北京接待美国总统的特使（如基辛格先生）或美国国务卿，甚至总统先生本人亲自前来会谈也欢迎。"

关键时刻到了：到底该派谁去？

基辛格后来说，"最初并没想过让我去。"但可以肯定地说，他脑袋里绝对闪现过这个念头。尼克松在这个问题上折磨基辛格时可谓残酷无情。平生第一次，总统对自己的助手表现出某种竞争心理，甚至是愤恨和忌妒。

因此尼克松开始反复琢磨和念叨着干脆自己先去，不用特使之前先开路。这绝对是可能的。后勤问题得先解决，这个不难，可以在宣布即将出访前派匿名先遣组先行过去筹备。基辛格极力劝总统打消这个念头，他说："总统仓促出访中国太过危险。"

尼克松默许了，接着他便开始考虑一长串的人名。基辛格一开始提了戴维·布鲁斯，此君是驻维也纳的美国和越南的谈判代表，提出他大概是基辛格一个笨手笨脚的小花招，因为很容易在合适的时候将其一脚踢开。尼克松提出了几个别的名字。卡波特·洛奇？有问题，这家伙以前当过驻南越大使。前得克萨斯国会议员，即将出任美国常驻联合国代表的乔治·布什？也不行，他对于美国对中国政策的新思维了解不够。纳尔逊·洛克菲勒？这可让基辛格难受了好一阵子，直到尼克松认为他太过惹眼，基辛格才松了口气。

基辛格后来称，罗杰斯的名字从未被提起过。尼克松说的恰好相反。"好吧，"他回忆当时说，"比尔怎么样？"如果国务卿去，尼克松认为，中国人"肯定就知道我们是动真格的了。"尼克松颇带几分戏谑地回忆说，说这话时他发现基辛格正紧张地翻白眼，"就这么说吧，亨利对这主意不是太感冒。"后来，当着霍德曼的面，尼克松和基辛格又讨论了一番特使人选的问题。最后，觉得已经把基辛格折磨得差不多了，尼克松才宣布："亨利，看样子你不得不亲自跑一趟了。"

　　基辛格一颗悬着的心终于放了下来，长出了一口气，他太想亲自把这件策划已久的事情办成了。基辛格琢磨，选他是因为尼克松想把这事的功劳牢牢地按在自己的手里，而不是冒险让一个咋咋呼呼、地位太高的特使抢了风头。基辛格此时还是个相对不太出名的助理，从来没举行过公开的新闻发布会。"不通过白宫新闻办公室我是不可能公开任何消息的，"基辛格后来写道，这话说得有点假。

　　用巴基斯坦信使传信此刻已显得过于啰唆，基辛格干脆让海军通过卡拉奇的美国武官开通一个无线电频道，但他不知道的是，就像柏林秘密谈判一样，五角大楼通过这一渠道系数掌握了基辛格秘密外交的动向。

　　5月9日，基辛格通过新建渠道向中方表示，他本人将担任总统特使访问中国，并提出此行的目的之一是为其后的美国总统本人访华作准备。6月2日。中方的回复让期待已久的基辛格激动不已——被他称为"'二战'结束以来最重大的"消息：周恩来同意他来访，并表示，毛泽东主席"乐于"尽快接待尼克松总统访华。

　　周恩来的答复抵达时，尼克松正举行国宴款待尼加拉瓜总统，基辛格让人把消息捎了进去。没过一会儿，两人就乐颠颠地聚在林肯起居室里欢庆这一秘密胜利了。尼克松翻出一瓶别人送他的法国陈年老酒，从壁橱拿出两个酒杯，"为那些因我们的工作而有机会生活在一个和平世界的下一代人干杯！"

　　但是，总统看上去有种古怪的忧虑，就像他在获胜的一刻常会有的感觉一样，总是担心到手的胜利会变味。现在，他尤其担心基辛格会盖过他的光芒，两人关系中的一段新时期开始了。尼克松私下敦促基辛格找一个北京之外的地方和中国官员会谈，比如中国南方或在巴基斯坦，这样基辛格这趟亚洲之行对其后尼克松中国之行的戏剧性造成的冲击将会小之又小。基辛格在回忆录里说他"拖延"了尼克松这一命令，因为"我不知道怎么向巴基斯坦人或中国人提出这个要求"。事实并非如此，5月和6月的两次通信清楚地表明，中国方面完全愿意在北京以外的地方举行会谈。而且在4月份选定基辛格担任特使时就已确定，基辛格在中国南部或巴基斯坦境内和中国领导人会面；5月的通信中，基辛格提议"在中国领土上，特别是在巴基斯坦飞行距离以内的某地"举行会晤；6月2日周恩来的回复中明确表示这一安排对中方完全合适，基辛格"可以从伊斯兰堡直接飞赴中国某个尚未公开的机场"。

白兰地下了肚,干杯完毕后,基辛格才坐下来和温斯顿·洛德细细琢磨如何回复周恩来的口信。什么"巴基斯坦飞行距离以内的某地"的含糊其辞的表述,或者"尚未公开的机场",全部被抛在脑后,基辛格在回信中建议,他将于5月9日"乘巴基斯坦的波音飞机从伊斯兰堡飞赴北京"。这下,可怜的尼克松注定要在美国公众听完基辛格绘声绘色介绍北京的奇光异彩之后才能访问这座神秘的城市了。

尼克松也留了一手:他命令基辛格不得把自己的名字写在俟后发表的声明上。就连基辛格上路后,尼克松还不停地纠缠着打电话提醒他。"我没完没了地接到指示,"基辛格回忆道,"重复我走前已经听了无数遍的话:公报上不得出现名字。"基辛格认为这简直荒唐。"他可没跟我解释过,如何能宣布美国特使访华又不告诉人们这位特使的名字,除非这人想在中国落下个不可思议的名声。"时候一到,基辛格全然没有顾及尼克松的命令。

基辛格中国之行前的重重保密,既是为了确保宣布消息那一刻的戏剧性。也是为了绕过国务院顽固的官僚机构,同时可以躲避一场总是坏事的公众和国会辩论。尼克松后来说,保密也是中方坚持的。这不是真的。早在中美华沙大使级会谈时,美方大使表示可以从后门偷偷进入中国使馆,但中方坚持让他走正门。4月21日中方的口信明确表示愿意公开接待美国特使,恰恰是基辛格在5月9日的复信中一连三次而且加下画线地强调,此行准备工作必须"严格保密"。"我们后来才知道,中国人对于我们保密的请求极端怀疑。"基辛格说。中国人仍为1954年日内瓦会议上杜勒斯拒绝和周恩来握手耿耿于怀。

一如既往的,尼克松和基辛格为偷偷摸摸付出了代价。罗杰斯国务卿不明就里,4月在伦敦开会时公开说中国人的政策"十分偏执多疑"。基辛格赶紧救火,想法子给中方传话说美国的国务卿对于双方秘密沟通并不知情也不会知情。这无疑又加深了中国人认为西方人故弄玄虚、不可思议的印象。

尼克松不顾基辛格反对,决定在他启程后就告诉罗杰斯基辛格的秘密行程。"但国务院是个漏勺。"基辛格抗议道。"你的人也是。"尼克松答道。但直到最后一刻,尼克松才告知罗杰斯,说得好像事出突然,中国人的邀请不经预期地就来了,行程被迫立即启动一样。

计划本来也应该瞒着拉尔德。但拉尔德从海军那里知道基辛格偷偷摸摸都在传递些什么东西，国家安全局也把其他情况悉数报上。国防部长童心大起，忍不住搞场恶作剧掺和一下。他通知白宫说，计划在7月第一周巡访台湾——也就是基辛格打算访问北京的日子。基辛格没有解释为什么，也不知道拉尔德知情，基辛格要求拉尔德更改日程。

但是，围绕中国计划展开的秘密行动比尼克松和基辛格搞的其他秘密行动确有更合理的原因。国务院一大帮形形色色跟中国事务沾边的官员如果知情，定会在每个环节提出一大堆拖后腿的要求，在一些无关大局的细枝末节上纠缠中国作出妥协。美国的盟友、伙伴们会吵嚷着要求把事情说清楚、让美国重申各式各样的承诺，计划也就彻底暴露了。要是那样，正如尼克松所言，保守派的反对意见会掀起巨浪，"让全部努力沉入海底"。不管尼克松和基辛格怎么想，大多数外交决策如果公开制定，都能从公众关注中汲取营养而且获得持久支持。但中国问题的酝酿正值越南谈判、美苏谈判等热点问题如火如荼之时，如果通过官方渠道，在公开辩论的压力下运作，可能根本什么都不会发生。"简单讲，"尼克松认为，"要不是秘密行动，我们大概永远都干不成那件事。"

1971年7月1日，基辛格开始了公开名号为"实地调查"的亚洲之行。尼克松坐空军一号外加一架备用飞机去了圣克莱门特，总统机队里的另两架私人飞机又被副总统阿格纽和拉尔德霸占，基辛格无奈只得和几个随从从战术空军司令部搞了架没窗户的通讯飞机勉强一用。

没有记者随行，没有任何想法透露给媒体。《纽约时报》把基辛格出访的报道放在了第二档的"人物情况"栏目里，写道："总统国家安全助理基辛格从拉瓦尔品第平原湿热的空气中逃离出来，在巴基斯坦北部凉爽的山中度过了一天，据说因为他偶感风寒，'有点不舒服'。"

◎1971年7月，两天零一小时的梦幻中国行

基辛格并没有去巴基斯坦北部山区，他的车队倒是悬挂着美国国旗呼啸着向深山老林驶去——只是个幌子。基辛格悄悄从大队人马中溜出来，直奔伊斯兰堡机场的军用区，在那里，一架巴基斯坦波音707飞机和中国导航员正等着他。三名助手随行：温斯顿·洛德、理查德·史米瑟和约翰·霍德里奇。

同行的还有执行警卫任务的白宫特勤局的两名特工约翰·雷迪和加里·麦柯里奥德，尽心尽职的保镖还在为没能提前去山区住宅做安全检查担心不已，谁知竟糊里糊涂地上了一架外国飞机，机上还有一名敌国的导航员！目的地不是山区，而是有着八亿多共产党同情者的地盘，其中许多人都是荷枪实弹的军人。

伦敦《电讯报》的特约记者贝格当时恰好在机场，那不是基辛格吗？是啊，一名不知道此事需要保密的机场官员回答道。他这是去哪儿？中国，官员说。不敢相信自己耳朵的贝格屏住呼吸，拨通了伦敦编辑部的电话，而他的编辑以为他喝醉了，礼貌地听完，然后就抛到了脑后。

在飞机上，一位中国官员问基辛格为什么要保密，和中国领导人见面他是否感到害臊？不，基辛格回答说，然后竭尽全力给他解释严格保密的必要性。飞机接近中国时，洛德走到驾驶员座舱，开玩笑说，他要当第一个进入中国领空的美国官员。

1971年7月9日，星期五下午，基辛格一行降落在北京机场。他们被带到了一处维多利亚风格的国宾馆里，高墙深院，小桥流水，曲径通幽。在那里，基辛格见到了中国总理周恩来，一位憔悴而优雅的长征老兵、73年的生涯中有50年奉献给了中国的共产主义运动。一见面，基辛格想起了杜勒斯曾怠慢周总理，于是连忙夸张地先伸出了自己的手，"这是抛弃过去的第一步。"他回忆说。

在基辛格给尼克松的汇报中，对周恩来有一番生动的描述："哲学探寻，历史分析，策略性试探，敏捷的应答，他样样得心应手。"周恩来主导会谈气氛的能力不是来自外表，而是他那收放自如、大开大合的气质。这使他看上去像一根"卷曲的弹簧"。他表情丰富，一双洞彻心灵的眼睛交织着热烈、谨慎和自信；穿着优雅，透露出发自内心的宁静和自律的热情，他是共产党控制中国22年来毛泽东唯一的总理，看得出，身上担子很重。

两天里，基辛格和周恩来进行了17小时的会谈，两人一口气能谈上七小时。但周恩来身上有一种真正的伟人才具有的气质，这显然是基辛格所不具备的，尽管治理着世界上最大的国家，但周恩来看上去永远都是从容不迫，从不受人干扰，从不给人一种还有更重要的事情要办的印象，也无须去接电话。"我真不知道他是怎么做到的。"基辛格后来唏嘘道。

基辛格此行只有一件大事要做：接受中方邀请尼克松来北京开峰会。除了这个，他和周恩来竟也能摆脱凡事的搅扰，一起享受思想交流的乐趣。身边的两位特工警惕地注视着周恩来，基辛格坐在成堆的材料面前滔滔不绝地讲起了两国有哪些共同利益，而周恩来面前只有一张纸。基辛格后来说，这种程式化而又轻松惬意的漫谈，真像是"两个政治哲学教授间的对话"。双方讨论的共同利益主要是对苏联的不信任。基辛格采取了一个非同寻常的步骤，他向中方提供了许多有关苏联军事活动的极为机密的情报，还把苏联的通讯情报和苏军在中苏边境设施的卫星截图交给了周恩来。

会谈间隙，基辛格充分享受了中国美食。宴请极尽铺张之能事，基辛格开玩笑说，3000年前肯定有访问中国的人给饿死了，所以从那时起，中国人决心改过自新，补偿自己的过失。访问情况曝光后，《时代》杂志评称"凡是眼睛管用点的人都能看出来，基辛格从中国回来胖了五磅"。美国代表团甚至抓空看了看北京城的风景，故宫特意安排一个下午不对中国老百姓开放，基辛格和助手们得以一观这座15世纪的古老帝宫。

周恩来最后用一种让人不安的方式提出了尼克松访华问题。他开始有力地朗诵起毛主席诗词、名言，譬如脍炙人口的"There is much hurmoil under the heavens"（天下大乱）。他最后问，中美之间鸿沟如此之深，尼克松访华能有多大意义？基辛格先表示是否邀请尼克松由中方自己决定，然后开始直率地反驳起周的疑问。周恩来显然并不感冒，基辛格刚说了第一点就被他打断，建议还是休息一下，共进午餐，不然鸭子就凉了。用餐结束时，周恩来态度转暖，开始给他讲起了中国的"文化大革命"。基辛格表示异议，说这是中国内部事务；不，周说，如果美国想认识中国，就必须了解"文化大革命"。周恩来分析完"文化大革命"，基辛格又开始像上午那样言辞尖锐地反驳，没过几分钟，周又打断了他，说中方欢迎尼克松明年早些时候访华。中国外长黄华将负责和基辛格先生商谈联合声明事宜。

基辛格非常高兴，但没持续多长时间。黄华提供的公报版本宣称，尼克松希望获得邀请，峰会主题是台湾问题。这可不行，基辛格表示绝不能接受。黄华于是建议：双方不再一点一点地抠，而是把自己的基本需求全部列出来，然后再达成一个囊括各自要求的草案。

这是典型的中国式谈判方法，和基辛格一贯使用的一点点妥协的意大利腊肠式谈判刚好相反。中国人喜欢一上来就把双方肯定没法妥协基本原则摆在台面上，然后大步前进，迅速实现一个保留各自基本立场的共同目标。基辛格经常说这一方式很受用，但在他和苏联、越南和阿拉伯的谈判中没看出来这一点。

在认真考虑美国人的愿望和需求后，中方第二天带来了一份新版本。只改了一个词，但正是基辛格求之不得的。里面丝毫没提台湾问题。上面写道，"在获悉尼克松总统明白表示希望访问中华人民共和国后"，中方邀请他于1972年年初来华举行中美峰会。目的是"寻求两国关系的正常化"并就"双方关心的问题交换看法"。最后，尽管尼克松一再告诫基辛格决不可在公报上落款，文件上还是白纸黑字地写下了"周恩来总理和亨利·基辛格博士"。

基辛格把事先拟定的代码立刻发报回白宫——"尤丽卡（成功了）"。访华结束后，基辛格先去巴黎和黎德寿进行了一轮秘密磋商，然后飞奔回圣克莱门特，向尼克松递交了一份长达40页、密密麻麻的报告，汇报49小时的梦幻中国行。"我们已经把准备工作搞定，"报告总结说，"就等您和毛泽东翻开历史新的一页。"

◎举国沸腾

7月15日，星期四。尼克松清清嗓子，在电视上宣读了基辛格访华一事和这份公报。由于事先未就讲话内容作任何预告，听完后，至少使一个电视台的某位节目评论员哑口无言长达10秒钟。尼克松的当头棒喝，把他的敌人们——苏联人、北越、新闻界和自由派民主党人士打得晕头转向。

尼克松立刻掉进了蜜糖堆里。一时好评如潮。专栏作家马克斯·伦纳赞称："'意外'政治艺术把人们领过惊愕的重门、引向希望的王国。"巴黎的《法兰西晚报》头版头条是《尼克松的突然一击》，说他把整个国际形势搅了个天翻地覆。参议员民主党领袖麦克·曼斯菲尔德宣称"既惊讶又高兴"，乔治·麦戈文表示"为总统的想象力和判断喝彩"。

晚上，心情愉快的尼克松对下属们格外亲切，带上基辛格、霍德曼、齐格勒和厄尔希曼一行人乘直升机来到了洛杉矶的佩里诺酒店欢庆胜利。尼克松和基辛格还正经八百地斟酌了一番哪种波尔多葡萄酒才配得上今天的气氛，在酒保的推荐下，一瓶1961年藏的乡间拉菲特—洛特希尔德大瓶装葡萄酒很快闪亮登场。厄尔希曼回忆说："我不会品酒，好像味道有点冲。但我们那两位'专家'尼克松和基辛格说的确是绝色美酒。"

晚饭洋溢着欢乐的气氛，但也有些严肃。大家庆祝整个计划得以秘密实施，尼克松格外强调，对未来中美关系尽量少公开谈。"不要再向媒体谈论亨利这次中国之行了。"他说。基辛格心领神会，马上顺竿爬："您说得太对了，总统先生。如果我们谈得太多，中国人会认为我们不够严肃。"几人都同意，绝不再给媒体介绍任何有关的情况。

酒足饭饱后，尼克松带着基辛格在大厅里四处转悠，向那些没有来得及看当天电视新闻的客人们介绍说，这就是秘密访问北京的那个人。基辛格后来回忆说："胜利时刻的尼克松表现出一种古怪的脆弱性，渴望别人的承认，但又没法填补自己和下属之间的鸿沟。从这一意义上讲，佩里诺酒店的那一幕既是尼克松的胜利也是他的悲剧。"

厄尔希曼对这顿饭可没有同样的欣喜感。饭后，"总统和亨利屁股一抬起来就跑去和四下的客人们握手"，而负责后勤的海军助理把厄尔希曼拉到一旁悄悄说，"那个老滑头，"他用手指了指佩里诺，"一瓶酒要收我们600美元。"厄尔希曼告诉他只300现金，不要就走人。佩里诺接受了。齐格勒后来告诉记者说，那瓶酒花了40美元。

美中不足的是，尼克松政府在打开中国大门时没有处理好一个最敏感因素：日本。华盛顿曾向东京庄严承诺，不经两国密切协商，美国不会单独和北京改善关系。但出于对秘密外交的狂热，急于抛开国务院的基辛格对日方关切不屑一顾，最终悲惨野蛮地践踏了这一承诺。前美国驻日本大使、时任国务院副国务卿的约翰逊回忆说："多年来，没有几样事像美国突然改变对华政策那样能让日本吓破胆。"现在看来，美国政府完全有可能以不那么粗暴的方式对待如此重要的盟友，同时保证此事绝对保密。实际上，罗杰斯本计划在尼克松宣布消息的前一天安排约翰逊去东京做解释工作。但基辛格不同意，跟约翰逊说总统极度担心此举可能泄密。这个理由未免太过奇怪，事已至此，即使泄密亦不会造成更严重的外交后果。基辛格也可以在北京之行结束后派史米瑟或霍德里奇立即赴东京，日本也会感到不安，但至少不用遭到公开羞辱。基辛格后来也认为这是败笔之一，"本可以干得更周到和礼貌些，"他说，"这可以把秘密外交和对知心朋友的体谅结合在一起。这是个严重的礼貌问题。"

这里还有个奇怪的小插曲，日本人并不是全然蒙在鼓里。国防部长拉尔德知道基辛格的行踪和活动内容，就在尼克松宣布消息前的六小时，他已将基辛格的中国之行和中美将举行峰会的消息提前泄露给了日本防卫厅长官。

另一方面，一直在举行美苏峰会问题上对基辛格用拖延战术的苏联人被北京方面宣布的消息打蒙了。周一，多勃雷宁跑来白宫，浑身是劲地问有没有可能把美苏峰会安排在尼克松访华之前。基辛格后来讲："两个共产主义国家争着和美国发展友好关系只会促进和平事业，这就是三角战略的精髓。"他跟多勃雷宁说，峰会就按已经商定的顺序举行。莫斯科峰会是1972年5月，在中美北京峰会三个月后。苏联人为自己的扭捏付出了代价。

秘访中国的消息宣布后，基辛格一跃成为国际知名人士，肖像上了各大杂志的封面，成了各大电视台节目津津乐道的焦点人物，全国上下大小报纸都在头版报道这位总统国家安全事务助理。《纽约时报》一篇《不可思议的西方佬》文章评价基辛格："48岁的外事专家运筹的是总统级的外交手腕，同时又给人一种每天出入各色鸡尾酒会的名流嘉宾的假象。"《时代》称："基辛格正处在事业的顶峰，大多数教授们只能在图书馆里才能感受到自己的影响，而他已经拥有全世界的关注和世界级的影响力。"

尼克松的美梦枯萎成了可怕的梦魇，现在，亨利·基辛格——这位乔治城社交区和新闻界的宠儿——正把总统在其任期内最漂亮、最大胆的一票外交冲击波的功劳越来越多地揽进自己怀里。尼克松气疯了，霍德曼笔记上写着，"听有背景情况介绍会一律取消，"总统命令，"他必须谢绝见所有《纽约时报》《华盛顿邮报》的人，包括专栏作家——除了乔·阿尔索普。"（讽刺的是，基辛格正准备给身为考古学家的阿尔索普提供一条有关中国考古发现的线索，阿用这条线索写出的专栏自然而然地提到了基辛格的卓越才华）几天后，尼克松更加强硬，基辛格必须"在自己周围盖起一座高墙——不得以任何理由接触《纽约时报》《华盛顿邮报》、哥伦比亚广播公司或全国广播公司"。

而基辛格却成了"通报狂"，一定要确保一周内西方世界所有出版物都绘声绘色地刊登他如何从巴基斯坦巧妙溜走，和周恩来谈了多少小时，中国人如何聪明优雅的故事——还有他吃了多少。"这一段我在说英文时比往常更加注意动词的措辞。"基辛格在一次新闻杂志记者会上说。

为了把风头抢过来，尼克松特意雇了美国广播公司的外交记者约翰·斯加利担任外交政策和公共关系顾问，而这成为尼克松和基辛格关系迅速由爱转恨的原因。斯加利对记者说："我可没必要说亨利的好话。"

基辛格从北京回来几周后，一次，尼克松把斯加利叫进椭圆形办公室，桌上摆着四篇关于基辛格在中国情况的文章。总统怒气冲冲地问："看了这些了吗？"

"是的。"斯加利琢磨着接下来会发生的事情。

"你觉着这些故事都是从哪里来的呢？"总统又问，他心知肚明是基辛格干的。

"这个嘛，先生，只能是亨利了。"

"可是他不是保证过，"尼克松一脸无辜、几乎含着眼泪地问道，"不再对记者开口了吗？"说完停了下来，脚尖拍着地。"你能找到基辛格曾和这些记者谈过话的证据吗？"

"我试试。"斯加利回答说。

那段日子，所有进入白宫西翼办公区的记者必须持有预约条，所有通过总机转接的电话内容都被记录下来。斯加利跑到特勤局那里搞了个小把戏，他说，最近许多媒体批评政府政策对新闻界不够开放，为反驳不实之词，以正视听，他要求特勤局提供过去几周内所有和白宫总统助理有过谈话的记者名单。据斯加利上呈总统的报告显示，这段时间内，基辛格在自己的办公室里共与媒体人士接触过24次，除两人外，其余所有记者都写了有关他访问中国的报道。

但是，尼克松在这件事情上有一种态度分裂的倾向。在抱怨基辛格和媒体关系过于紧密的同时，他也让记者去采访基辛格。一份埋在霍德曼文件堆里的备忘录写于7月19日，就是尼克松要求基辛格切断所有媒体联系的那一天。备忘录内容如下：

　　1971年7月19日

　　致：亨利·基辛格

　　自：总统

　　下次见媒体时，这么一条主线或许有用：说说R.N（理查德·尼克松的英文首字母缩写，尼克松习惯于此——译者注）在准备你和周恩来的会谈过程中发挥了何种独特作用，还有R.N与周恩来的性格特征和背景多么戏剧性的相似，这里我列出几个可供着重强调的要点。

1.强烈的信念。

2.历尽艰难险阻。

3.越是危机发挥越好，冷静，镇定。

4.强硬、大胆和有力的领袖。

5.眼光长远。

6.明智灵活。

7.会见时不用谈话要点——和73个国家领导人谈话时，一连几个小时不用稿……

8.了解亚洲事务。

9.内心敏锐，但外表洒脱。通常是立场越强硬，声音放得越低。

你也可以指出从周恩来身上也看到了这里头大部分特质。

尽管他没法背离事实太远，扯什么"敏锐而外表洒脱"，基辛格还是在第二天胡夫·西迪的采访中按总统的指示如实"转达"了上述信息。西迪随后在《生活》杂志的专栏上刊载了一篇描述基辛格和尼克松以及媒体关系的文章，写道：

> 基辛格在中国总理和美国总统身上发现了很多共同点。周恩来说话像尼克松一样轻声细语。他从不吹毛求疵，尼克松也很鄙视这种外交伎俩；周谈起自己的信仰时壮怀激烈，但从不会压过理智，和尼克松完全一致。周连续谈话20个小时不用稿，尼克松讲话也这样。

基辛格10月份又去了一次中国，这回是公开的。他有幸看了一回中国京剧。在他印象里，剧目非常乏味，"是个让人麻木不仁的剧种，坏蛋黑衣黑面，是邪恶的化身，好人则身穿红衣，我就看懂了一个女孩爱上了一位拖拉机手。"第二天，基辛格被隆重邀请去参观万里长城，他站在长城顶上的照片瞬间出现在各大报纸的头条上，尼克松再次暴跳如雷。

这次访问的主要目的是起草尼克松访华时双方将要签署的联合公报——还是背着国务院的。基辛格依照老样子搬出了一个措辞模棱两可、谁也挑不出毛病的草案版本，让他吃惊的是，周恩来尖锐地批评说他的草案掩盖了双方的主要分歧，讽刺说只有苏联人才愿意搞这种东西。周提出了一个新颖的形式：公报列出两国共同利益——首要的即抵抗苏联霸权，然后单列一部分陈述各自在一些分歧问题上的立场。基辛格起先对于制造一份关于分歧的协议感到十分恐惧，"但是，"他后来写道，"三思之后，我开始觉得，这种新颖的形式或许能厘清我们的困惑不明之处。"经过一番咬文嚼字的反复后，双方去掉了一些可能太过刺激的表述，达成了协议。

中方建议他10月中旬来，基辛格也同意了，但他没意识到，这刚好和联合国大会就中国大陆和台湾两方的代表权问题进行投票的日期相吻合。中方则认为基辛格同意此刻来访，应该是美方在代表权问题上作出的微妙让步。实际上，美国常驻联合国代表乔治·布什得到的指示是死命保住台湾。但基辛格这边对北京哥俩好得不可开交，挽救台湾已不可能。联大以75票支持对35票反对，将台湾踢出了联合国。

布什很少待人尖刻，但基辛格这回是大大地得罪了他。事情过后，基辛格居然告诉布什他对投票结果感到很失望。"我也很失望。但我们在纽约说的是一回事，在华盛顿做的却是另外一套，焉有不败之理。"基辛格在这件事上缺乏远见，他不知道此事对他未来的政治前程有何不利影响。

另一方面，尼克松仍然对他在公众当中受到的瞩目坐立不安。此时，新一届联合国大会马上要点名，中国堂而皇之登堂入室，基辛格也正从北京返回，为了避免戏剧性效果和炒作，基辛格得到命令先到阿拉斯加暂避风头。而后在白宫的安排下，基辛格的飞机降落时滑行到安德鲁空军基地一处偏远的跑道，直到逃出记者和相机的范围后，才下了飞机。他后来说："那次可算不得什么衣锦还乡。"

不论谁当总统，中美都可能在70年代的某一时间相互接近，中苏分裂进一步恶化，美国从越南逐步撤军也消除了中国对遭受美国侵略的担心。但还是应该给尼克松和基辛格记上一功，还有周恩来，是他们让转变来得如此之快。尼克松的预见性和坚持不懈使问题提上了快车日程，而基辛格把计划变成现实，将美中接近置于一个全球三角平衡关系的框架中，并确保美国发挥了支点作用。基辛格的学识深度和老练的权术哲学使他（相比于罗杰斯）成为和周恩来打交道的合适人物。他的前任助手和主要的批评者之一莫里斯评价说："没有尼克松的视野，朝中国开放不可能开始和持续下去。同样，没有基辛格，事情也决不会完成得如此干净利落。"

就在整个美国对越战怨气冲天并因此日益堕入孤立主义的深渊时，尼克松和基辛格——至少在一段时间里——抓住了美国公众的想象力。戏剧性地打开一片遥远国土的大门显得如此令人兴奋、激动和鼓舞人心，也是那样的明智。对美国无力开展创造性的外交以及没法成为世界上的积极力量的悲观论调顿时烟消云散了。

随着湖面上的冰层突然裂开，打通中国之路让越南战争看上去像一个时代错误。对于北京、华盛顿以及莫斯科而言，东南亚丛林里那场硝烟未散的战争眨眼间变成了一个棘手的历史遗留问题。现在，苏联才是头号敌人，中国不再为与苏联结盟的北越的胜利而兴奋不已；同样，苏联则对缓和比对延长美国在越南的痛苦更感兴趣；而在美国，阻止中国共产主义势力的扩张——一度曾是发动战争的合法理由——也不再显得那么迫切了。

基辛格刚走没多久，周恩来便南下河内，向北越领导人保证中国不会出卖他们。但他很快开始出手施压，劝河内和美国达成妥协，允许西贡政府苟延残喘，甚至拿出一份美方的和平协议草案、暗中替美国说话，劝北越相信"推翻西贡傀儡政府是个长期问题"，不必急于下手。1979年越南向中国翻脸时，曾公开当时双方一些交谈的细节，以证明自己如何遭到了中国的背叛。

南北越非军事区的另一侧也感到不安。阮文绍总统开始怀疑，基辛格是不是认为南越政府的重要性还不足以阻止美国向中国亲近，"美国在寻找更漂亮的情人，而尼克松发现了中国，"阮文绍对助手们说，"他们不想让老情人在身边碍事了。越南变得又老又丑。"

打开通往中国之路最有趣的影响大概是，他改变了美国公众对外交政策的认识。直到那时，需要美国参与的世界事务都被描绘成善恶之争。美国就像西部片中不情愿的警长一样，每当正义需要力量捍卫，或大多数美国公众愿意这样认为时，就会挺身而出。而现在，突然地，外交政策里有了些非常不同的东西，不再是好人和坏蛋之间的冷战冲突，而是一张模糊不清、善恶相交的复杂关系网，美国必须尽力平衡各种关系以维护世界的稳定。这一作用不似以往单纯，也不那么清晰可辨，对于一个历史上不习惯搞势力均衡的国家来说，更没以前那么舒服。

第17章 | 权力和欲望

世界头号非性感名人的私生活

> 权力是绝佳的春药。
>
> ——基辛格

◎秘密放浪子

1969年10月,芭芭拉·霍华为女权主义作家施泰内姆举办了一次晚会,和大多数喜欢社交的电视明星们搞的活动一样,这只是一次非正式的聚会。但在华盛顿,这次晚会却是最高档次的:聚集了一大帮乔治城媒体精英和一小撮纽约时髦客,还有好莱坞名流、华盛顿各团体的老前辈,以及几名被认为时尚或位高权重的政府官员。基辛格到时,手里拿着个褐色信封。"机密文件?"霍华问。"不是,"基辛格回答说,"我提前搞到的新一期《花花公子》。"

"哦,看来你还真是个放浪子啊。"《华盛顿邮报》记者、乔治城新星莎丽·奎因说。

"这个吗,干我这行的还是别叫我放浪子了吧,"他说,"要不就'秘密放浪子'吧?"

第二天,"秘密放浪子"的头衔便出现在了奎因的报道中,配着一幅基辛格向施泰内姆搭讪的照片。这位矮胖、呆板的教授就这样开始走上一条看上去不可能的造星之路:一位名流,甚至是性感名人。

基辛格巴不得人们关注他。施泰内姆后来公开出来辟谣说:"我现在不是，也从来不是基辛格的女朋友。"基辛格对着一帮白宫新闻记者团成员回应说："我不觉得沮丧。至少她没说：'如果选我当女朋友，我不会同意。'"后来，他把萨菲尔拉到一边，关心地问自己日益提升的社会形象："人们不会认为总统的国家安全事务助理有点老糊涂吧？"

在位头两年，基辛格的名气多局限在圈内人中间。让他成为世界名人的是1971年7月的秘密中国之行和六个月后曝光的美越谈判，《新闻周刊》为此给他扣了个"超级老K"的头衔，评价说："亨利·基辛格是个大众明星，公众对他的好奇心远远超过他的主要对手玛莎·米切尔。"玛莎·米切尔是司法部长米切尔的大嘴老婆。

基辛格戴着厚厚的眼镜，操着浓重的口音，看上去很难和超级明星联系起来，反而像是布鲁克林平民区的熟食店老板，更别提什么性感偶像。他是有魅力，但太粗糙，喜欢吃垃圾食品，总是在和别人交谈时一边大口往嘴里塞薯片。他最高强度的运动是按摩，按摩师说："他身上一块肌肉也没有。"

然而，基辛格具备了20世纪70年代一位政治名人的所有要素：权力、天赋、善于出风头，而且善于突出自己。基辛格评价毛泽东说："他走到哪里都是大家关注的中心。"他在戴高乐、林登·约翰逊、安瓦尔·萨达特（埃及总统）、约翰·肯尼迪和约翰·康纳利身上都看到了这种资质，便也极力培养自己这方面的禀赋。胡夫·西迪曾有机会观摩尼克松的内阁会议，他说，基辛格一到，所有目光都投向他，"基辛格不动声色就能统治整个会场"。这种被拔高的魅力和能量使基辛格看上去更富传奇色彩，不管作为政治家还是名人。

媒体时代的美国有一绝佳真理：名气等于权力。有名气便可积聚公共影响力，那种信奉沉默是金、不言自威的时代已经过去了。基辛格深谙这一点。"亨利做任何事情都有自己的目的，"贝蒂·包说，"他知道名声能让他变得有权势。"

但渴望成为名人对他来说并不仅仅是为了获得权力。基辛格渴望得到认可。1969年，儿子大卫来看爸爸，基辛格带他去一家比萨店吃饭，店主惊喜地认出了刚上任的总统国家安全事务助理，不仅给了他一个拥抱，而且比萨免费供应。大卫后来回忆说，父亲当时既吃惊又自豪，在他走向名人之路的几年里，自信与日俱增。

◎乔治城名利场

和其他所有老工业城市一样，在华盛顿，社会地位更像是一种职业位置，而非家族遗产，当地居民能够宽恕一切社会过失，唯独不能忍受权力上的失势。一位外交政策专家，不管家世多么显赫，不论名字后面有什么罗马数字（如弗朗西斯一世、麦克莱伦三世等），如果他猫在布鲁金斯学会这种地方，也只能交上几个朋友，只有在成为某某助理国务卿或大牌记者后，他才能过上一流的社会生活。

既然社会地位如此仰仗于权势，那么反作用也不可避免：社交上镜率越高，就越显得有权有势。这很重要，因为在华盛顿，权力的高下很大程度上有赖于人们如何解读，外表显得有权势往往成为实际权力大小的重要组成部分。

处在基辛格的社交金字塔的顶端的，是一小帮声名显赫的专栏作家和编辑、几位高音大嘴但颇幽默的参议员、一群换来换去的白宫助理以及一些优雅但尖酸刻薄的名人遗孀。地理上的中心即30个街区大小的乔治城，这里以每晚10点钟结束的晚宴和殖民时代风格的豪宅著称。就是在这灯火辉煌的小天地里，政府机器暗地里加满机油，形形色色的联盟悄悄聚拢，潜在的敌手们互相拉拢，五花八门的新闻满地游走，各种明暗交易此起彼伏，人们抓住一切微妙的情感和气息，权势高下一刻不停地被衡量着。

肯尼迪时期，乔治城的社会生活一度变得停滞、乏味，随着尼克松上台，小城的女房东和店老板们迫不及待地开始搜寻崭新的面孔。基辛格——这位白宫高官里最多姿多彩又向往社会生活的巴伐利亚移民，很快被接纳了。他聪明，富有魅力，喜欢讨好逢迎，善于在各色沙龙里向别人抖搂各种秘密。"亨利是白宫新班子里最有意思的一个，"芭芭拉·霍华说，"而且他极善于利用这一切，所以这个圆滚、矮胖、其貌不扬、自称是秘密浪荡子的教授很快成了乔治城社区的新宠。"

基辛格的社会生活被那些为尼克松不齿的新闻界精英们占据着。其中有专栏作家约瑟夫·阿尔索普和他那尖酸老练的妻子苏珊·玛丽。南茜·马金尼斯只要来华盛顿肯定会和他们一起喝下午茶。礼拜天，阿尔索普夫妇会请基辛格过来共进晚餐，一同受邀的还有汤姆·布雷顿夫妇。约瑟夫·克拉夫特和著名的艺术家妻子柏丽也是圈内人士之一。其他还有布林克里、埃文斯、《华盛顿邮报》的女老板凯瑟琳·格雷厄姆等人。工会领袖科克兰德也是成员之一，有本事到这种阵容里搅和一下的白宫官员只有总统经济顾问彼得·彼得森一人。

　　基辛格从不在家招待人。事实上，他甚至从不自己做饭。"宁可饿着也不进厨房。"马金尼斯对朋友们说。基辛格租住在一套狭促的两居室公寓内，里面堆的是秘书从折扣店买来的廉价家具。屋里连把像样的舒适的椅子都没有，也没有方便的灯具，倒有点像早期丽都饭店的房间风格。唯一算得上装饰的是他形形色色的外国官员的合影。虽然绯闻不少，但他卧室实在算不得浪漫小窝，光秃秃的房间就两张大双人床，一张还堆满了换洗衣服。某位女士曾偷瞥过一眼，袜子和内裤扔得满地都是，"简直恶心，很难想象会有人住在那里。"

　　基辛格唯一的个人癖好是玩弄那辆奶白色的奔驰车，他常戴着白皮毛手套，一副漫不经心的表情，在街上横冲直撞，突然七拐八拐。白宫后来给他配了位特勤局的司机，这才让基辛格免于车祸，也保护了本地的驾车者。

　　招待人时，基辛格通常选择最喜欢的中餐馆"皇后餐厅"，选个大包间，贝蒂·包负责前后打理和选菜。她和温斯顿算是基辛格在下属里不多的社交友人之一。有时索南菲尔特也在受邀请之列，雷克和莫里斯辞职前也是。更为正式的宴请，基辛格一般安排在布雷顿的寓所。1970年一次晚会，受邀客人有32人，包括厄尔希曼和霍德曼夫妇。但基辛格从没能让白宫同事和乔治城社交圈结下好缘分。

　　基辛格喜欢抛头露面。一次，他请电影明星科克·道格拉斯夫妇和布雷顿夫妇在华盛顿一间时尚餐厅吃饭。马金尼斯也从纽约专程赶来。基辛格由于迟到，道格拉斯便先挑了后面一处僻静的座位。基辛格到后，立即反对这一安排，要求到前面"更好"的座位去。结果在前面，他们一边吃饭一边不断有人要求合影或握手。道格拉斯不胜其烦，基辛格则沐浴在光环里得意得很，他比大多数电影明星还喜欢享受被认做名人的感觉。

◎猎艳好莱坞

1969年前基辛格常去兰德公司，但很少光顾附近的好莱坞。现在他扬名立万，满是小明星的世界突然向他敞开了。或许是青春期的本能需求从未痛快地发挥过，或许因为他对美国流行文化一直着迷，更可能的原因是他单单就喜欢和大小明星们出双入对，不管为什么，基辛格一头扎进好莱坞社交圈，那劲头绝不亚于搞幕后谈判。

所以，尽管基辛格本质上还是那个内敛的他，从未向他人敞开心扉，他还是大张旗鼓地开始了社交生活，到处抛头露面。据他在西海岸的一个约会对象凯伦·勒纳回忆，有一天晚上，基辛格约她出来，提议去观看歌舞剧《琪琪》在洛杉矶的首场演出。凯伦说这太可笑了，提醒基辛格这部剧的作者阿兰·杰·勒纳正是她的前夫，她可不想挽着基辛格隆重到场，令前夫颜面扫地。于是她提议找个地方吃饭，结果，基辛格干脆取消跟她的约会，转而邀请女演员吉尔·圣·约翰与他同去。《女装日报》杂志第一页就是他俩出席首演的大幅合照，并且写道："亨利和吉尔比台上演员更像恩爱情侣。"

第一个对象是女影星吉尔·圣·约翰（Jill St.John）。即便在好莱坞这种友谊关系来去飞快的地方，吉尔以及制片人罗伯特·埃文斯都声称基辛格是自己最好的朋友也让人颇为吃惊。第一次见面是在1970年科克·道格拉斯的一次晚会上。他开始深夜给她打电话，就是为了聊天。"聊天能让他放松，"她回忆说，"我们经常长谈。"双方都觉得这办法管用，"不管我什么时候情绪低落，都可以给他打电话，哪怕凌晨三点，他也忠心耿耿地跟我聊上几个小时。"

基辛格和吉尔约会大大超过了他和其他女星见面的次数，父亲认真起来。他觉得吉尔的名字不像犹太人的，打电话让基辛格核实吉尔的信仰。还好，多亏父亲的敏感度，他才搞清楚她的真名是吉尔·奥本海姆，是犹太人。不过两人从未发展出浪漫的恋情，"就是伟大的友谊。"她说。

他告诉吉尔自己学术圈的老朋友们如何不忠不义，就因为不同意他的政策就和他一刀两断。吉尔告诉他，好莱坞的朋友更率真、更有同情心，"演员们成天演戏，晓得如何区别一个人的真实面貌和他的公开表态。而且我们都栽过跟头，知道那是什么感觉"。

在洛杉矶，他们常去那些易于抛头露面、被人发现的地方。每当聚光灯闪耀时，基辛格总是色迷迷地盯着她看，脸上露出男孩般的幸福微笑，他还喜欢用手指穿过吉尔的红色卷发，许多宴会场合都觉得颇为不雅。基辛格拒绝和女演员们发展真正的亲密关系，他更享受的是外在形式。他告诉吉尔，同她以及其他好莱坞朋友们一起时会觉得轻松惬意，因为他们开朗、诚实又自然。吉尔的朋友们说，她最初感到有点困惑，因为基辛格总是把她送到家门口却从不进去，最后她得出结论，基辛格喜欢她仅仅是因为和她谈得来。

和基辛格许多社会朋友一样，吉尔是个激烈的反战分子。晚餐时她有时和基辛格唇枪舌剑一番，"我说不过他，他总能在我的论证里找到漏洞，但他从来没法说服我"。虽然如此，吉尔却是支持基辛格的最佳女演员，甚至帮助尼克松在1972年竞选连任时拉票。

虽然如此，在公开场合吉尔却最支持他。1972年总统大选期间，在一个为尼克松准备的好莱坞聚会上，吉尔对记者说："亨利已经跟我死缠烂打三年，终于说服我站到总统这边。"基辛格随即说道："而你们这些家伙还以为我在好莱坞不务正业，虚度光阴。"聚会在尼克松圣克莱门特的别墅举行，汇集了一班好莱坞名流：查尔顿·海斯顿，支持尼克松的民主党领袖；乔治·汉密尔顿，这个棕褐色的家伙，曾经追求过约翰逊总统的女儿林达·伯德·约翰逊；弗兰克·辛纳屈，挂名的民主党人，和副总统阿格纽一同在场；吉姆·布朗，变身演员之前是克利夫兰布朗球队的后卫；吉米·杜兰特，以及杰克·本尼。不过《纽约时报》却只是干巴巴地写道："当然，最引人注目的还是总统的国家安全顾问，亨利·基辛格，陪同他的是女演员吉尔·圣·约翰。"

除吉尔外，基辛格还和一长串的女明星们约会，包括萨曼莎·埃加、雪莉·麦克莱恩、马洛·托马斯、坎迪丝·伯根，以及莉芙·厄尔曼。他经常被拍到和拉奎尔·韦尔奇、伊丽莎白·泰勒和丽莎·明妮莉等人在一起。他尤其喜欢和出道不久、年轻漂亮的小明星们来往，从抽象意义上看，这给他一种偷吃禁果的刺激感。

动作片女星拉达·埃德蒙就是一个。一天下午她去拜访吉尔，恰好基辛格也在。她吃惊地发现基辛格竟对她有意思。"我觉得怪怪的，因为吉尔也在场，"她后来说，"但他和吉尔有种奇特的关系，他们好像乐于看到对方交上桃花运。"在吉尔的鼓励下，两人第二天晚上果真约会了，但事情发展可不像拉达期望的那样，看完一场明星义演后，基辛格和他的特勤局司机把她顺路扔在了家门口，跟她讲他不能进屋，因为他的特工认为这里道路过于狭窄，很容易被堵在里头。"我和基辛格的故事就这么结束了。"

另一位是朱迪·布朗，拍过丹麦色情电影《三人行》，她和基辛格的关系持续时间稍长些，但有点火暴。两人在棕榈滩一起晒太阳、游泳、读书看报，后面跟着特勤局干员。最后收场是在一家小酒馆里，女主角的新闻助理把行踪透露给媒体，结果摄影记者蜂拥而至，基辛格虽然喜欢聚光灯，但对于这种情况下的抛头露脸有点发怵，于是狼狈地领着布朗从厨房落荒而逃。"要是你这么怕被认出来，"她问道，"干吗不和女秘书约会？"

"我不喜欢女秘书，"他说，"我喜欢女演员。"

"好，那就别想吃蛋糕了。"她前言不搭后语地反驳道。

"那我就不用蛋糕好了。"他回答。

布朗后来在杂志上披露了整件事情，"我忘了这帮人都是女演员了，"基辛格后来说，"我是不是天真过头了？"

好莱坞各大摄影棚的权贵们——像派拉蒙公司的罗伯特·埃文斯，都争先恐后、迫不及待地给基辛格提供女星的名字，介绍他认识，帮他打电话联系。他们晓得，让旗下某位女影星傍上这位大爷，对谁都有好处。许多女星都记得曾接到过摄影棚老板的电话，给她们提供和基辛格一起共赴某次出镜率极高的活动的机会，几乎没人拒绝过。

为什么喜欢结交小女明星？著名的谣言专栏作家朱伊斯·哈勃问基辛格，他答道："我和女影星们约会是因为我不想和人结婚。"这话说得让人浮想联翩。1972年意大利著名记者法拉齐问了同样的问题，基辛格此番回答可没那么好玩了："花花公子这个名声一向很有用，可以让人们确信我不是个老古董……对我来说，女人就是个消遣，一项爱好。没人会在爱好上面花太多时间。"

基辛格在好莱坞的男性友人包括科克·道格拉斯、格里高利·派克，媒体大亨、NBC的赫伯特·施劳泽，但对基辛格最下工夫的要算派拉蒙的埃文斯。埃文斯邀请基辛格的一对儿女大卫和伊丽莎白在派拉蒙摄影棚后台转了一圈，两人的交情开始了。大卫回忆说："我们只不过是幌子。想去参观的是爸爸。"埃文斯帮基辛格吊那些被他看中的女明星。而基辛格也投桃报李。1972

年3月，《教父》在曼哈顿高调首映，临放映前，压轴大腕马龙·白兰度突然宣布无法出席首映式，埃文斯急得抓耳挠腮，必须得有重量级人物出场才能保证首映式成功。他拨通了基辛格的电话。这会儿时机并不好，北越刚刚发动一场猛攻，巴黎和谈也中断了，而基辛格也正忙着准备秘密访问莫斯科，还琢磨着在海防市布雷的事。因此他婉言谢绝了邀请。"可我需要你在这里。"埃文斯央求道。基辛格无奈，只得赶了夜班飞机飞到纽约。首映式上出席的嘉宾有阿里·麦克格劳、雷琼·韦尔奇、杰克·尼科尔森和波丽·波尔根等人，"但超级明星是基辛格，"《时代》杂志的人物专栏写道，"太多的人都想和这位总统国家安全事务助理攀谈，以至于电影推迟了15分钟才开演。"

到好莱坞转转是基辛格逃避圣克莱门特那位怪老板的好办法，尼克松有时在圣克莱门特一待就是几个礼拜。基辛格会坐着直升机飞到棕榈滩和权贵朋友们聚会。1972年，基辛格性感偶像的名号已经成了国际笑话。一份杂志刊载了一幅基辛格赤身裸体歪躺在一张中国大熊猫皮上的图片，上面写着"行政部门的禁果"。（实际上，身体部分是一位波士顿出租车司机的，基辛格的头像被接在上面）杂志一口气卖出110万份。西贡最大日报在基辛格拿着巴黎协议抵达南越的当天刊出了一张基辛格的裸照，阮文绍以为是基辛格亲自拍摄的，大为惊骇。阿尔巴托夫把照片复印件拿给勃列日涅夫看，后者把它钉在了自己的墙上。

尼克松和手下们也开始拿基辛格的社会生活开涮。厄尔希曼甚至弄了一张放大的吉尔照片，寒酸地框了起来，挂在空军一号上。一次，基辛格获邀参加全国女性政治组织年会晚宴，并被告知可携带七名女伴单独占一桌，他装模作样地问白宫政治主任查尔斯·科尔森自己该不该去。科尔森作如下回答：

这简直像天主教皇向地方小新教牧师寻求宗教指导一样。在女人的事情上哪轮到我指点你啊？全国女性政治组织里都是群找麻烦的主儿——无处不在的施泰内姆，还有你那帮女朋友们。反正换了我是不想死在那里——但话说回来，咱又不是白宫的"浪荡子"。眼下，我看不出来你有不去的可能性……你就去吧，但小心点别被人打了。

尼克松知道"浪荡子"的形象是刻意塑造的。"我觉得还蛮有用的，"他后来说道，"那些日子里一直没多少让人高兴的事。"而且各色女明星的身材也成为尼克松和老友雷波佐以及下属拿基辛格开玩笑的噱头，反倒有助于促进内部团结。"简直太有意思了，"尼克松回忆道，"我们总是能不停地讨论那些美貌女人。"一天下午，在圣克莱门特直升机起落地，尼克松拍着赶去好莱坞过夜生活的基辛格的后背，故意大声说道——足以让记者们听个一清二楚："我今晚不做的事情，你可别干啊，亨利。"

但尼克松也有几分忌妒，尤其是他用一种居高临下的口气谈论基辛格的私生活："他喜欢晚会，"尼克松曾说，"我受不了晚会是因为我参加的太多了。我以前也爱去，亨利经历几次后就明白了，他也吃不消的。"

最终，忌妒和鄙视战胜了戏谑和看热闹，他朝霍德曼嚷道："亨利老是没完没了地和电影明星厮混。"霍德曼表示同意，说因为基辛格渴望人家把他看成名人。"他把自己弄成小丑了，"尼克松说，"过来人知道啥好啥坏。亨利不能再这么干了。做点什么，采取点措施。"

霍德曼除了在黄本上草草记上几笔外也无能为力。他唯一能做点手脚的就是国宴。基辛格曾和白宫社交主管路茜·温彻斯特有约：正式场合一定让他坐在最漂亮的女士旁边。结果这回让他失望了，基辛格第二天埋怨道："路茜！你怎么能让我坐在一个95岁的干瘪老太太身边？"

1971年，霍德曼发布过一份和总统谈话后的行动指南：

> 在国宴座位安排问题上，总统认为亨利不应该总挨着最惹眼的女宾。他应被安排在一位聪明有趣的宾客旁边，我们要改变把他放在美女身边的做法。此事已经招致一些风言风语，没有任何好处。

◎绝佳春药

一天晚上，舞蹈家安妮·米勒在希尔顿饭店发现基辛格正在和吉尔·圣·约翰公开地拉手调情。第二天晚上，米勒成了基辛格在好莱坞晚宴上的女伴。她友好地对基辛格光天化日之下的轻薄行为提出批评，"尤其是我们的年轻人正在越南被射穿脑袋的时候。"

基辛格顿时脸色一沉，"米勒小姐，"不再称她安妮，"你一点都不了解我。我一生中大部分时间都在一桩不幸的婚姻中度过，毫无乐趣可言，现在正是我享乐的时候。等这任政府结束，我又得回去当教授了。权力不用，过期作废。既然我在位子上，就一定得让它物有所值。"

带着老男孩般的坏笑和中年色鬼似的眼神，基辛格在女人的关注中纵情狂欢。他喜欢她们围着他，喜欢让人看见他身处美女丛中。连星期六午餐，他都会带上个金发碧眼的女郎一起去白宫食堂吃饭，坐在彼得·彼得森身旁，吹着口哨说："伤心欲绝吧，彼得。"

对女人的钟爱甚至让基辛格的臭脾气好了不少。属下如果日程搞乱了，就找个大美女去找基辛格摆平，白宫新闻官员也让黛安娜·索耶承担同样的任务。屡试不爽。

反之亦然，女人们也愿意接近基辛格。1972年花花公子俱乐部搞民意调查："我最愿意与之约会的男人"，基辛格名列榜首。对此，他的解释是，吸引女人的是他的权力，用他的不朽名言——"权力是绝佳的春药"。

基辛格同女人的秘密和他与那些希望讨好的男人间的秘密没什么太大的不同，他巴结他们，倾听他们，不停点头，用眼神交流。但基辛格对那些愿意向他倾诉的女人更耐心。"70年代没几个男人真正愿意听女人倾诉，"贝蒂·洛德说，"亨利会认真地和你讲话，探询你要说的和你想的。"他能让吉尔·圣·约翰觉得自己很聪明，能让谢丽·麦克雷恩这样的女人觉得自己颇有政治头脑。在多少个漫长的晚宴里，基辛格都在同情地听着女人讲述她们自己、她们的生活、希望，甚至一些傻里傻气的古怪念头。他会在深夜给她们打电话，聊上个把小时甚至更长时间。"他是个了不起的朋友，尤其是电话朋友，只要你需要，他总在那里。"吉尔·圣·约翰说。

基辛格和女人们的小秘密恰恰在于，他和女人们如此亲密竟没有任何丑闻。他喜欢和她们厮混在一起，但不往家里领。他对风流韵事的迷恋更多是外在和表面上的。"亨利对浪漫的认识就是，和你约会后，放慢车速，让你下车。"霍华说。基辛格也许是华盛顿全城里最讲究禁欲的色情狂。好友彼得·彼得森评价说："没错，人们都说，亨利和那些女孩们啥都不干。但这没抓住重点。没人关心亚当斯是否穿骆马绒大衣（亚当斯是艾森豪威尔的办公厅主任，因受贿骆马绒大衣而离职）。"

最典型的莫过于他和简·戈尔丁的关系。戈尔丁是个聪明、漂亮、好交际的纽约姑娘，在1970年到1971年间和基辛格约会。当时她只有22岁，只身住在曼哈顿。科克·道格拉斯把她的名字给了基辛格，后者一个下午冒冒失失地打过电话去，邀请她来华盛顿共进晚餐。

一下飞机，基辛格的军事助理便把她接到了骑士俱乐部，但晚餐过程中基辛格接了通电话，一去竟是40分钟，回来时嘟嘟囔囔说了几句对不起，说是国务卿有外交问题非要请教他。吃饭时，基辛格热切地问起了姑娘未来的打算和她对五花八门的问题的看法，"性子太急。"她回忆说。

两人的约会持续了几个月，但只在华盛顿，因为基辛格答应过马金尼斯在纽约市不去见别的女人。可惜两人都是单身，戈尔丁又十分愿意，竟终没能结出一段好姻缘。基辛格只有一次把女孩领回了公寓，但刚进屋助理们就开始了电话轰炸。据简回忆，电话竟响起了40次之多，"这种环境下就算你想得要死，也不可能发生任何浪漫之事。"后来，两人又笨笨拙拙地努力试图进一步发展关系——多半是因为两人都以为对方有这个意思。"我们都觉得应该更浪漫些，但最终只是成了好朋友，"简说，"我认为亨利对性根本不感兴趣。每到时机成熟时，他总是心不在焉，他没时间干那事。权力对他来说不仅是春药，也是高潮。"

这段情缘在电话上持续了一段时间后，最终友好地结束了。戈尔丁最后嫁给了弗里德·柯金，投资银行家、纽波特的社交常客，夫妻搬到了巴黎。她告诉基辛格，到巴黎一定打电话给她。1972年巴黎和谈期间，基辛格果真打了电话，邀她吃饭。"带上弗里德吗？""不，"基辛格回答，"那会毁了会面的乐趣。"她在美国使馆附近一家饭店订了位子，老情人见面了。巴黎和谈此时已不是秘密，记者尾随基辛格蜂拥而至。酒足饭饱后，饭店领班提醒他说新闻媒体已把正门口堵了个水泄不通，建议走后门。不，基辛格说，他领着老情人昂首阔步从正门走出，不是径直朝着右手已在等候的车辆走去，而是陪着她走过一个街区，直到记者们拍够为止。第二天，世界各地报纸的头版都登了他和"一个身份不明的金发女郎"在一起的照片。

那年秋天，简·柯金还和丈夫一道以基辛格的名义在巴黎搞了许多晚会。她问基辛格该请谁，他说想会会好玩的社会名流和开私人飞机的超级富豪。结果到场的从欧洲小公国的王公到工业巨头应有尽有，诸如沙特阿拉伯军火巨贾阿德南·哈肖吉（一次中东讨论中，他还搂着基辛格说："咱们可都是闪米特人")。基辛格对这种排场深以为乐。而贵族巨头们则对他抖搂的各种内幕和奇闻轶事乐此不疲，尽管弗里德·柯金总是时不时地把话题从政治转移到更合时宜的方面，给得意忘形的基辛格泼泼冷水。

基辛格和玛莎·梅特林柯的恋情也颇类似。梅特林柯是个大美人，参加过许多选美比赛。两人虽然在华盛顿和洛杉矶出双入对好多次，但据她讲，"大多是吃饭。我一般半夜才到家，而他通常还有工作要处理。"即使外出吃饭，基辛格也不停地接电话。"好像总有危机爆发似的。"梅特林柯说。但只要在一起，基辛格都极为专注。"他是个非常感性的人，摸我的头发，在桌下握住我的手，会注意我有没有涂指甲油。"基辛格和梅特林柯之间也是电话恋情，梅特林柯一边和他聊电话，一边在枕头上绣世界地图，最后送给基辛格做了生日礼物。

一位求爱"未遂"的法国仰慕者和基辛格的故事也被公之于众。丹尼尔·亨柏利是巴黎有名的自由撰稿人。在对基辛格电视采访的过程中，她对采访对象产生的兴趣远远超过了制作节目的基本需求，爱上了他。让她尤感难受的是，基辛格在公开场合和她调情，电话里甜声细语，但每当她试图更近一步时又被拒之门外。亨柏利有他的家庭电话，经常一早就打。他很和蔼，安慰她，满口答应很快和她一起吃午饭。一次，她在基辛格的门口留了张字条，基辛格凌晨两点钟回了电话，据她回忆，他的声音"温暖、缓慢、饱含感情，搞得她饥渴难耐"。

但在两人为数不多的共进午餐的场合上，基辛格又变得冷冰冰的。后来他告诉她，他的第一个妻子对他进行过多年的感情胁迫，"我没法忍受压力，"他说，"尤其是从另一个女人那里。"

据亨柏利描述，基辛格大部分时间里都试图尽快甩了她。对于激情缠绵的信他从不回复，而且让助理打电话取消约会。最后几次见面在1970年，9月前后，正值约旦、智利和古巴几起危机并发。亨柏利向哥伦比亚广播公司兜售她制作的一部关于基辛格的黑白纪录片，但人家决定自己拍一部。为了表示安慰，基辛格带着她去吃午饭。这次午饭上的一些动感情的场景成了许多人的笑料。

亨柏利批评他不该和这么多女明星约会。"那些演员，"他回答道，"她们通过我得到了免费的公共宣传，对我来说她们一点都不重要。"

她情绪更加激动，向基辛格要公寓的钥匙。如果她拿到钥匙，她说，会把公寓搞得漂漂亮亮，满屋子鲜花，浪漫极了。他却答道："有什么用啊？我就在那里睡个觉。"

"亨利，有时候你给我的印象是你把和前妻的不幸报复在了我身上。"

"丹尼尔，这太悲惨了。我很喜欢你。但在我这里，你得避免感情用事，我不会让自己软弱下去的。"

"你有时会撒谎吗？"

"当然，"他说，"当我不得不自卫的时候。"

这样，基辛格终于逃过了一位痴狂的女性崇拜者，回去专心处理巴解组织劫机问题和约旦危机。

和亨柏利吃饭的同一天，基辛格还接受了哥伦比亚公司的王牌主持人麦克·华莱士的专访。亨柏利到白宫时，气愤地发现哥伦比亚公司剧组正在拍摄他们自己的基辛格专题片，其中的制片人玛格丽特·奥斯莫曾经在巴黎当面嘲讽过她和基辛格的事。职业记者奥斯莫也和基辛格约会过，但她头脑清醒得多。

奥斯莫在基辛格喜欢的新闻界和外交界两面都很精通。基辛格喜欢她陪伴左右。一次会面是在1971年，巴黎，基辛格刚刚结束北京的秘密之行和美越秘密谈判，被一帮记者发现了。《新闻周刊》的梅尔·艾尔芬说，基辛格是唯一一位拿私生活做掩护从事职业活动的人。

尽管基辛格有和小明星调情的名声，但他还是更喜欢聪慧、练达的职业女性，比如黛安娜·索耶、玛格丽特·奥斯莫和芭芭拉·霍华。他在1969年的一次聚会上认识了霍华，"咱们在这张长椅上坐会儿吧，膝盖对膝盖。"霍华操着浓重的卡罗来纳口音说。他告诉她，明天就要和尼克松去中途岛见阮文绍商量撤军的事，过后希望能约她吃饭。

"如果你能让美军撤回来，"她说，"你可以打电话给我，做你任何想和我做的事。"

"吃饭就够了。"他答道。两人从此成了好朋友。

两人开始约会不久，霍华便知道了，基辛格只对一个女人是认真的，那就是南茜·马金尼斯，洛克菲勒的坚定支持者，一位瘦高、有教养的女性。"她很冷淡，"霍华回忆说，"的确是唯一配得上亨利的人。"除了基辛格的密友，没人知道的是，马金尼斯几乎每周末都来华盛顿，但很少抛头露面。她甚至对基辛格公寓内部一清二楚，不过多年后提起来那股邋遢劲她还是忍不住反胃。一次，她扣子掉了，在基辛格房里找剪刀，翻箱倒柜后才发现这房里连把剪刀也没有。

和基辛格生活中的其他女性不同，马金尼斯有着教养有方的白人女性对公开出风头的厌恶。在做洛克菲勒外交政策研究助理时，没有洛克菲勒的允许，她绝不出席公共活动；她还是纽约侨民俱乐部成员，外出活动她肯定也把俱乐部徽章戴在身上。基辛格从1964年参加完共和党大会后就开始向她求婚。

第18章 ┃ 黑云压城

失手印巴之战，基辛格跌落低谷

每次外交谈判，卡索里都被迫和自己的内阁同事们掐得死去活来，其惨烈程度远超过他和外国同行间的斗争。

———《重建的世界》，基辛格，1957年

◎失手印巴

英国佬曾经是热心的殖民者，却从未学会非殖民化的艺术。1947年，还给印度自由身后，英国又将其北部穆斯林地区划出，创立巴基斯坦。巴基斯坦又分两部分——西巴基斯坦和东巴基斯坦，隔在中间的是1 000余英里的印度国土。西部大多为旁遮普人，而东部主要是孟加拉人。西部在政治上统治着东部，双方唯一的纽带就是共同的伊斯兰信仰，但这并不能掩盖彼此的经济和种族差异。

东部的分离主义者自称为孟加拉。1970年11月的一场夺走20万人性命的超级飓风激化了东西矛盾，东部分离党派在国会选举中一举夺得多数，一场分裂已不可避免。总统叶海亚·汗紧急收回将政权交给文官政府的计划，逮捕反对派领袖，决定铁腕镇压叛乱。1971年巴基斯坦军队跟在美制M-24坦克后面蜂拥开进东部首府达卡，开始了对手足同胞的系统屠杀。

就算20世纪是个种族屠杀司空见惯的疯狂世纪，但巴基斯坦军队的血腥肃反绝对算得上令人毛骨悚然。大学女学生的宿舍被付之一炬，浓烟中逃出来的

学生被机关枪就地射倒。报纸报称，士兵们徒手挖出成百上千名儿童的眼睛，砍掉四肢，再把其父母弄死。不出三天，近万人被杀；至年底前，死亡人数竟超过50万。1 000万难民拥入印度，可能是当代史上最大的难民潮。印度总理英吉拉·甘地夫人公开呼吁给予东巴自治地位。这么一来，巴基斯坦血腥内战最终转成印巴这对宿敌的大摊牌。

这回，国务院内部意见空前一致，从上到下要求谴责巴基斯坦的暴行。驻印度大使肯尼斯·基廷发电称"这是道义原则和外交政策完全一致的时刻"。随着屠杀的继续和华盛顿保持沉默，驻东巴地区的美国领事传回来一份19位美国外交官联署的请愿书，对镇压民主的行为不予谴责"从广义上看不符合美国的道德原则，狭义上讲也不符合美国国家利益"。国务院、国防部、中情局，包括基辛格自己的国安会手下组成的跨部门小组得出结论，鉴于巴基斯坦的屠杀行为，现在靠向印度符合美国利益。

但此时的基辛格打着不同的算盘。巴基斯坦及其总统是美国沟通中国的秘密渠道。4月——正值巴基斯坦大肆镇压叛乱时，美国乒乓球队访问了中国，中国还托巴方向美国转交了邀请尼克松访华的信件。基辛格还回信对叶海亚总统的"精细和技巧"表示感谢，这对一位当时正被世界各大报纸描绘成血腥镇压反对派的刽子手统治者而言，着实显得奇怪。

基辛格生怕这条秘密渠道受到干扰，不愿给叶海亚留下他忘恩负义的印象，直接导致了美国的政策扭曲，这是基辛格痴迷于秘密外交付出的另一个代价。他认为更大的战略问题——如何和中国建立三角关系——应该超过道义问题，同时他把印巴之争看成是美国和苏联之间的代理人战争，这反映了基辛格外交理念的两个基本思路。

尼克松对英吉拉·甘地夫人的鄙视也加强了基辛格的亲巴基斯坦立场。私下里尼克松称甘地夫人为"那条母狗"。甘地夫人和他会面时总流露出一股道义优越感，并且保持一种居高临下的沉默姿态，基辛格写道，"这些都勾起了尼克松的不安全感"。

1971年7月从中国返回后，基辛格在圣克莱门特向总统及其高级助手们作了一通地缘战略分析：印度很可能以孟加拉危机为借口肢解巴基斯坦；苏联支持印度，好比着大火时偏往里填柴火的人。如果印度出兵，中国肯定支持巴基斯坦，这时苏联就会站在印度一边。因此美国应该坚定支持巴基斯坦以挫败印度的进攻和苏联的干涉。

这通分析很精彩,唯一的缺点是:与事实不符。印度自始至终宣称它不图巴基斯坦一寸土地,也确实遵守了承诺。苏联说他只是劝架,也这么干了。中国也没有支持巴基斯坦。反倒是巴基斯坦率先发起了对印度的进攻。

国务院不同意基辛格的意见,认为印度并未打算攻击西巴基斯坦,苏联人也没让他们这么干,在印巴打起来之前,华盛顿应该做苏联和印度的工作,共同防止中国卷进来。中情局也支持国务院的看法。基辛格火冒三丈:"总统一直在说向巴基斯坦倾斜,怎么我拿到的每个计划都要对着干!"他说,"有时真觉得自己是在疯人院里。"这是他第一次使用"倾斜"一词,这词后来成了尼克松政府外交政策的招牌。

8月,苏联和印度签署了友好协定,基辛格更火了。国务院倒坐得住:协定里并没有互相承担防卫义务的条款,不像莫斯科和他的盟友们的关系那样。一份分析报告认为这反倒有助于借苏联之手约束新德里,基辛格认为协定就是个"炸弹",至于那份报告,纯粹"糊涂蛋"。

事实上,苏印协定某种意义上是基辛格中国之行的必然结果。虽然两年前开始筹备,但基辛格走了一趟北京无疑让印度更加确信了协定的正确性。而且新德里发现基辛格访问印度不过是其中国之行的掩护行动,便愈加气愤。美国和巴基斯坦的盟友中国建立关系,无疑把印度推向了苏联。

这一切使英吉拉·甘地11月对美国的国事访问显得很不愉快。基辛格后来称那次白宫会面是"尼克松和外国领导人里最不幸的会见"。英吉拉虽也称赞尼克松打开通向中国的大门,但基辛格注意到那口气像是老师在表扬差生。尼克松认为有必要在巴基斯坦问题上保持克制,英吉拉不屑一顾,开始在印巴问题上给尼克松上起了历史课。尼克松的报复是下一场会见时让她等了45分钟。

甘地对基辛格在会谈中的主导地位尤感吃惊,"尼克松会说上几分钟,然后问,'对吧,亨利?'接着基辛格便滔滔不绝地讲上半天,"她后来回忆说,"然后尼克松蹦出几个词,又问:'你认为呢,亨利?'我分明是在和基辛格而不是尼克松会晤。"

会后,基辛格确信,甘地的目标就是毁掉巴基斯坦。11月22日,印度人越过边界发起支持东巴基斯坦分裂分子的行动,基辛格认为这是全面战争的开始。"毫无疑问我们正看到了印巴战争开始。是印度挑起来的。"他后来也这样认为。国务院则极力淡化事件的严重性，连叶海亚·汗第二天也发电说他仍希望避免战争。

多数客观的历史学家都认为，1971年12月3日才是印巴战争的开始，巴基斯坦从西边对印度发动偷袭，而那一地区从来都是和平的。这就使印度既能保持其爱好和平的借口，同时发动全面报复。

在WSAG会议上，基辛格要求国务院接受尼克松的亲巴"倾斜"政策，"我每半小时挨总统一顿臭骂，嫌我们对印度不够强硬，"基辛格告诉在场的各部门二把手，"我刚撂下电话。他认为我们没有执行他的意图，他要求倾斜，要求支持巴基斯坦。"

最有意思的是会上的基辛格俨然成了政府无可辩驳的领导。会议记录每段开头都是"基辛格博士命令"、"基辛格博士指示"，或"基辛格博士问道"。而其他人都是"建议道"。不在场的总统则像个远方的幽灵一般，偶尔被基辛格借用过来镇镇场面。

但基辛格不光是总统的传话者，他还按自己的理解怂恿总统采纳自己的主张。"如果我们现在软下来，"他告诉尼克松，"苏联人不会领情，中国人则会鄙视我们。"加上现在美军正无可逆转地从越南撤出，结果将是苏联人信心大增，又开始到处冒险了。另一次谈话中，基辛格说得更露骨："不能让我们的朋友而且也是中国的朋友在和俄国人同伙的冲突中被揍扁。"

第二天，尼克松导演了一出好戏。他召集了两场国安会全会，第一场是给全国广播公司电视向公众作转播的，"要搞清楚我们都给巴基斯坦难民提供了哪些援助"，他当着摄像机对手下官员们命令道；第二场动真格的内部会议则面目全非，基辛格和罗杰斯几乎撕咬起来。罗杰斯批评基辛格根本就是替中国人说话，基辛格抱怨罗杰斯根本没领会地缘政治的精髓。尼克松，一如既往地，不愿和罗杰斯发生直接对抗，因此国务卿相信，"倾斜"政策只不过是基辛格谗言惑主的个人作品。

由于亲巴基斯坦的倾斜政策在国会和公众里没有市场，基辛格极力保密。12月7日，他策划了一场非公开白宫记者会，表示所谓政府持"反印"立场的有关指控"完全不准确"。没承想弄巧成拙，一位好心的参议员古德沃尔特把记者会内容公之于众，初衷是帮政府缓解困境。而另一位杰克·安德森则把基辛格的"倾斜"言论也捅了出来，摆明是要戳穿其中的骗局，这么一来，更加深了尼克松—基辛格言行不一的形象。基廷大使当天也从印度发回一份密级极低的电报，故意造成泄露，逐条反驳了基辛格的说法。

让基辛格反印狂热更加坚定的是当天发过来的一份中情局报告，称甘地夫人告诉阁僚，她不会接受停火，直到印度夺回克什米尔地区的土地，并消灭巴军的装甲部队（armor）和空中力量。基辛格后来在其回忆录里不知是笔误还是故意为之，援引这份报告时称甘地想消灭巴基斯坦"陆军"（army），不仅是"装甲部队"。而当时的基辛格甚至比赫尔姆斯等人还笃信这份报告，坚持认为印度就是想"肢解"和"毁灭"西巴基斯坦。

基辛格另一个想法是，印度应被视为苏联的代理人——这是个让世界上人口最多的民主国家大感惊骇的观点。结果和处理越南、约旦等危机一样，基辛格开始考虑对苏联施压。

此时主持苏联驻美使馆事务的又是二把手沃隆佐夫，多勃雷宁恰好又不在。可怜的二把手反复被召到白宫——和上次约旦危机期间的待遇一样，听美国人不停地宣读严厉的警告。而他能力有限，什么也做不了，唯一的结果就是表明美国的恫吓不过纸老虎一个，无济于事。

于是最愚蠢的一幕出现了。当时，苏联农业部长弗拉迪米尔·马茨科维奇正在美国访问，这位人高马大、憨态可掬的苏联人十分友好，总是洋溢着笑容，没多少心眼。在吃惊地接到了白宫邀请函后，他还以为尼克松还记得1959年访问莫斯科时曾和他一起吃过午餐，一进椭圆形办公室立刻热情地转达总书记的问候，没想到尼克松吹胡子瞪眼地向他介绍了一通南亚次大陆的局势，"苏联和印度有协议，"尼克松说，"美国和巴基斯坦也有约定。"如果印度进攻巴基斯坦，美国不会袖手旁观。马茨科维奇真诚地回答说，这些问题确实不归我管。

和处理其他危机一样，基辛格喜欢发送信号。上次在约旦危机时是向东地中海派遣航母，这回他又绕开拉尔德命令祖沃特上将把企业号航母从越南调去孟加拉湾。基辛格的命令发出后又要修改，搞得祖沃特心灰意懒。他对征用军方资源发"信号"而不承担具体任务的方式十分不满，特别是企业号不得不光天化日之下穿过马六甲海峡。祖沃特不停地问到底是什么任务，"不明确任务，就让部队糊里糊涂地开赴一个极有可能发生事故的区域，没必要冒这种险"。

基辛格传递"信号"的问题在于，孟加拉湾有英国、苏联等各种各样的船只往来穿梭，没人知道美国军舰跑去具体是传递什么信息。1989年，祖沃特访问印度时曾当拜访退休的印度海军司令。祖沃特对当年"基辛格不理智的敌意"表示道歉，问印度海军对这种不讲理的行动是否感到威胁。没有，印度将军答道。实际上他当时给舰队下的命令是："如果碰上美国军舰，把他们的军官请过来喝上一杯。"

到礼拜天，12月12日，不到一周，形势已经表明，印度人正在取胜。这时一条信息传到了尼克松和基辛格那里：中国常驻联合国大使希望向美方通报中方想法。

这是北京第一次在危机中采取类似行动。基辛格回忆说，他当时猜想中方可能是想说将援助巴基斯坦。于是他和尼克松作出一个大胆的决定：如果中国卷入，美国将力争阻止苏联发起报复行动，换言之，美国鼓励中国将印巴战争扩大化。这一决定又没和国防部以及国务院商量，两家肯定反对。"这不是一个化解危机的理想途径。"基辛格后来承认。黑格奉命前去纽约了解中方意图，同时如果确如基辛格所料，一并向中方申明美国的保证。

事实证明基辛格猜错了，中方并没打算干涉印巴战争，只是说如果联合国呼吁印巴停火，中国愿意支持。

虽然苏联人支持停火，但基辛格还是觉得不解恨，认为苏联在约束印度人方面做得不够。一次匿名记者会上，他威胁说，如果苏联不改变方针，总统将不得不考虑取消明年的莫斯科峰会。此言一出立即引起轩然大波，《华盛顿邮报》觉得新闻太具爆炸性，冒着坏规矩的代价捅出了基辛格的名字。白宫上下一片哗然。尼克松不过是对基辛格抱怨过几句，说可能取消峰会，但根本不是认真的，他巴不得尽快对莫斯科进行历史性的访问。新闻发言人齐格勒三步并作两步赶快蹿出来辟谣，基辛格所说的是错误的，美国不会考虑取消峰会。其他助理则开始迫不及待地四处散布小话，说基辛格越权行事无法无天了。基辛格搬起石头砸了自己的脚，这回发出的信号和上次四处闲逛的海军一样，搞得没法收拾。

12月16日，印度提出停火，巴基斯坦马上接受。甘地既没有肢解西巴基斯坦，也没有从有争议的克什米尔抢去一块土地。"在我看来，毫无疑问，"基辛格说，"这是苏联人施加压力后印方作出的不情愿决定，而这都有赖于美国的坚持，包括派舰队的行动和威胁取消峰会等。"

很难说这一评价不对，但肯定可以说这一评价是过头的。美国舰队大摇大摆地开进孟加拉湾和发出取消峰会的警告之前，苏联和印度就已宣布，他们所求的只是孟加拉的独立，以及让西巴基斯坦恢复原状。他们也是这么做的。"毫无疑问，印度和苏联在危机前后始终持这一立场，即使我们那位地缘政治大师不表演什么三角外交的杂技，也是这个结果。"前国务院官员雷蒙·加尔托夫说。

不过，基辛格正确地认识到，美国对巴基斯坦的倾斜政策不会永远把印度推向苏联。后来，关于印度对莫斯科的不忠，基辛格和多勃雷宁开玩笑，援引了奥地利前首相腓力·施瓦岑伯格在俄国帮奥地利镇压了1848年匈牙利叛乱后说的话："总有一天全世界都会为奥地利蒙恩后不知感激感到无比震惊。"

同样的话对巴基斯坦也适用。巴基斯坦的布托搞核试验，美国仍不离不弃地保持了同盟关系，但布托被推翻后竟反咬是基辛格导致了他的下台。布托的女儿就任巴基斯坦总理后仍保持了适度的亲美倾向，但一直仇视基辛格。

最后结果表明，印巴战争并非简单的就是一场美苏全球争霸背景下的地区冲突。从许多方面看，基辛格的处理方式都付出了很高的代价：美国支持了内战中毫无道义可言的一方，西巴基斯坦杀害了无数无辜的民众却没有受到谴责；美国在印巴战争中无视道义原则、采取实用主义立场，但最终成为次大陆霸主的却是印度；有关基辛格的外交政策无视人权的认识越来越普遍，这在美国站不住脚，1976年里根和卡特都攻击尼克松—福特时期的外交政策缺乏道德基础。

基辛格从印巴战争中学来的道理是，必须靠显示力量和决心阻吓苏联从地区战争中牟利。"这在四个月后的越南给我们带来了好处。"基辛格后来回忆说。

但从长远看，那种认为靠吓唬或威胁就能让苏联不再四处伸手，或者压迫莫斯科就能让美国的地区敌手们老老实实的看法很大程度上只是一种幻觉。而等到幻觉无法支撑起眼前的事实时，随之而来的就是有力的觉醒。

◎内鬼之祸

"Tartar Sam"，这两个词对大多数阅读杰克·安德森12月14日专栏文章的人而言都没什么意义，显然对安德森本人也没什么意义，但正在吃早餐的海军上将罗伯特·威兰德看到后好像突然被针扎了一下。紧接着第二天，安德森的专栏转到了《华盛顿邮报》头版，披露了一些证实美国偏袒巴基斯坦的秘密文件内容，其中列举了陪同企业号航空母舰开赴孟加拉湾的其他军舰的名字，又出现了Tartar Sam的字样。里面说的东西都对，除了一样东西：Tartar Sam，准确讲应该是Tartar SAM，不是军舰的名字，而是一种装备在驱逐舰上的地对空导弹（Tartar Surface-to-Air-Missle，取首字母缩写便是Tartar SAM，意味"'鞑靼'地对空导弹"）。

威兰德上将曾任基辛格和参联会的联系人。几天前，他向国安会递交了一份列举有关舰船名字的备忘录。在驱逐舰后面，他加上了"配备Tartar SAM"几个字，好让基辛格可能知道船上配备的是什么武器。这种写法并不严密，外人看见还以为"Tartar SAM"就是下一艘船的名字。这正是安德森犯的错误。真正的问题在于，没有其他备忘录提过导弹的名字，唯有这一份，显然，发生了泄密事故。

备忘录只经手两个人，威兰德拟好后交给秘书、海军书记员拉德福德复印两份，他走过街到白宫，交给基辛格和黑格。如果基辛格和黑格没泄密的话，那就是拉德福德了。威兰德开始点点滴滴地把事情拼凑起来：这个书记员曾在德里常驻过几年，对印度有感情，希望美印接近，一个印度学生还到他家和他们夫妻共度暑假，一周前听说要派军舰去孟加拉湾后，拉德福德还觉得颇沮丧。安德森专栏中提到的所有文件，拉德福德都能接触到。威兰德当时不知道的是，拉德福德和安德森一年前就认识，四天前两人还在基辛格常常光顾的餐馆一起吃晚饭。

威兰德编辑好起诉材料，立即交给了黑格。黑格又请他向基辛格前助理、负责"管子工小组"的大卫·扬汇报了此事。

第二天，扬和五角大楼的调查人员对拉德福德进行了粗鲁的审讯。"浑蛋"，"叛徒"，他们这样称呼他，说他是一个可能导致自己的弟兄在越南送命的家伙。拉德福德一度崩溃，痛哭失声。他承认和安德森是朋友，但否认是泄密者。

几个小时的审讯后，拉德福德没认罪，倒是招出了另一桩事情，把调查人员搞懵了。书记员告诉他们，他奉命从基辛格处偷印多数机密文件，交给参联会主席托马斯·摩尔上将，威兰德将军知道此事，也鼓励他这么干。

拉德福德的工作之一是每日往返于白宫和行政大楼之间递送机密文件。他温文尔雅，不事张扬，看上去天真无邪，虽然喜欢四处打听，但没什么控制欲，只是急于讨好别人，"常常费吃奶的劲以博得赞许"。他是摩门教徒，从不喝咖啡，但办公室里所有人的咖啡都由他一人负责供应。只要有文件需要复印，他随叫随到。其他秘书休息时，他都很乐意加入和大伙一起谈笑。

拉德福德很喜欢威兰德的前任海军上将罗宾逊，这位将军总是非常耐心地给他讲解办公室的游戏规则。他给了年轻的书记员一串名字——包括索南菲尔特、内格罗彭特和黑格，告诉他说，这几个人来访时，谁也不要告诉。"如果不应该知道的人听说这几个人来过，"拉德福德回忆说，"就会怀疑是不是有什么针对谁的事情发生了。"

一天，在办公室门口等车时，罗宾逊漫不经心地跟拉德福德讲，他工作时经手过许多参联会没见过的材料。如果可能，就弄些复印件过来，眼睛睁得大点，很快就会摸透上头想看哪些东西。这算不得直接命令，但对一个渴望给上级留下好印象、急于完成一项使命的书记员来说，点到这已经足够了。

拉德福德开始晚上溜进白宫，翻查准备销毁的麻袋，寻找那些基辛格废弃的准备交给尼克松的私人备忘录。白天，他给其他人复印材料时就多印一份。1970年黑格访问越南时，罗宾逊设法让拉德福德同行。"眼睛睁大点，看看有没有参联会可能用得着的信息。"罗宾逊嘱咐道。拉德福德受命需要关注的题目有：有关撤军的讨论、柬埔寨问题的情报，或者那些基辛格用"眼神"指示给黑格的事情。

1971年罗宾逊离开了国安会（第二年在越南北部东京湾的直升机坠毁事故中殉职），接替他的是威兰德将军，这项使命他也一并继承过来。在黑格的建议下。拉德福德得以参加基辛格1971年越南、印度、巴基斯坦和巴黎的环球访问，还随同秘密去了中国。"小心点，别被逮到。"威兰德告诉他。

结果飞机刚到新德里，拉德福德已经搜集了一箱子文件，没地方再装新东西。刚好有位故人在美国使馆工作，便托他用外交邮袋寄回国内；在巴基斯坦，拉德福德溜进基辛格的房间把他的公文包翻个底朝天；在去巴黎的路上，一位秘书要他去储备区拿些基辛格的东西，他趁机又搜了一遍，翻出了基辛格和周恩来谈话的手记，因为没法复印，只得罢手。但他从销毁袋里收走了基辛格有关中国之行报告的手稿和在巴黎与黎德寿密谈的备忘录。

虽然威兰德对他不吝溢美之词，但拉德福德并不喜欢他。威兰德发飙时，"能把伤口的缝合线崩开"，不顾拉德福德是摩门教徒，只顾不停地咒骂。拉德福德也不喜欢基辛格，发起脾气和虐待下属时更残忍。他对尼克松政府内的反印倾向也非常不满。

抱着这一肚子怨气，拉德福德接受了专栏作家杰克·安德森的晚餐邀请。安德森也是摩门教徒，看上去富有同情心。拉德福德在新德里常驻时，安德森的父母曾因签证问题请他帮过忙，还打听过一个印度摩门教组织的事。此后，两家通过信函保持了联系。1970年，两位老人来华盛顿看出了名的儿子，便把拉德福德请到家中。后来，拉德福德的妻子和安德森的妻子结为好友，一起研究谱系学。

晚餐没过几天，安德森在报纸上根据国安会文件披露了许多事情。厄尔希曼和五角大楼的调查官员们很快认定此事和拉德福德有关。但此时，泄密事件的重要性完全让位于海军上将对国安会从事谍报活动一事上来。

告发拉德福德的威兰德将军于22日被召回白宫接受调查。一进屋，发现大卫·扬和厄尔希曼已经搭好了录音设备，桌上摆着一份起草好的要他承认对白宫有政治间谍行为的供认书，让他签字。威兰德对供认状嗤之以鼻，但配合地接受了一个多小时的录音调查，他承认，是从拉德福德那得到过窃取的机密材料并转交给参联会主席莫尔将军，但他只是沿袭了前任罗宾逊上将的做法。

当第二天厄尔希曼报告总统此事时，尼克松并不吃惊，他担心的是如何避开基辛格的大发作，同时保护他在国安会里的新盟友——亚历山大·黑格。厄尔希曼手记上写道："跟基辛格谈谈；别让他到我这儿来大吵大闹……别让基辛格责备黑格。"中间那句别让他拿这事来烦总统还特意画上下划线。

厄尔希曼找上霍德曼一块儿去告诉基辛格，一想到基辛格大发雷霆的样子霍德曼就大伤脑筋。这阵子基辛格正心情不佳，怒称自己在巴基斯坦危机中被人算计了。让两人吃惊的是，得知消息时，基辛格一开始看上去颇为平静，甚至懒洋洋的。实际上，他心里正盘算，琢磨霍德曼葫芦里卖的什么药，这阵子自己和总统关系出了问题，基辛格一直怀疑霍德曼在背后整他，这回肯定也是阴谋的一部分。直到两人把间谍偷听一事说得清清楚楚后，基辛格的警惕才变成勃然大怒。"我气疯了，"他后来说，"气得直冒烟。"讽刺的是，这种愤怒竟出自一个堂而皇之地偷听心腹助手私事的人。

当晚，正在家里搞圣诞颂歌晚会的厄尔希曼接到基辛格电话，又是一通爆发。基辛格说他刚解雇了威兰德，他要求也将摩尔解职，并且查看此事有关证据，厄尔希曼告诉他第二天听听威兰德的谈话录音。

第二天一早，基辛格在厄尔希曼的房间里出出进进，像热锅上的蚂蚁，一边听着录音带一边咆哮。"那次亨利非常不冷静。"厄尔希曼回忆说。其不满大多指向尼克松，总统决定大事化小，小事化了，不和参联会撕破脸皮。"他不解雇摩尔！"基辛格失望地喊道，"他给他、给我都安插间谍，他背叛了我们，他居然不炒了他！"

在厄尔希曼处又号叫了一个多小时后，基辛格未经邀请便闯进了行政大楼的总统办公室，"用一种低沉、悲愤的声音，表达忧郁和毁灭感。"当时在场的厄尔希曼回忆说。尼克松感觉坏透了。愤怒的基辛格过了个垂头丧气的圣诞节，尼克松的鼓励也没让他精神起来。

在黑格的怂恿下，尼克松决定淡化处理拉德福德问题，他认为军方所作所为也算正常，尤其考虑到基辛格的保密狂癖好。"我查过，"尼克松后来说，"我发现对白宫搞间谍行为是参联会的传统，他们想知道正在发生些什么事情。"于是他命令霍德曼"赶快息事宁人"。

尼克松如此处理有很多原因：调查会伤及军方，被媒体夸大，并影响到即将到来的北京、莫斯科峰会。但厄尔希曼等人认为主要原因是，参联会主席摩尔将军愿意背着国防部直接听取总统的号令。现在间谍问题被尼克松抓住，摩尔肯定更加服帖。因此总统派心腹、司法部长米切尔亲自找摩尔谈谈，"让他知道有把柄落在咱手里"。

参联会的间谍行为毫无疑问是不可原谅和不正当的，但也可解释为军方对基辛格一味诡秘行事的反应。祖沃特上将后来认为，此事是"基辛格自作自受，其欺骗行径到处留下陷阱"。拉德福德没有因此走上军事法庭，他也指责基辛格班子里的气氛是祸根，"到处是朋党、小集团，人人自以为是、嫉贤妒能。一个这样的政府怎能成事？"

◎身后的鬼影

亚历山大·黑格这回的反应很怪。他对老板遭人算计不但没有表现出不安情绪，反而站在军方一边，为其辩护。基辛格解雇威兰德后，黑格气愤地打电话给以前在国安会的老对手大卫·扬，责问其审讯拉德福德的方式，说他伤害了一位优秀的军人。

扬则对黑格的忠心抱有怀疑。他把这个想法告诉了厄尔希曼，厄尔希曼也有同感。扬指责说，正是黑格坚持让拉德福德跟基辛格一起去中国，很可能是为了帮助军方战友监视基辛格，黑格"不停地向军方出卖亨利"。

威兰德的谈话录音至少模糊地证实了这些怀疑。他说摩尔将军有时会把拉德福德偷来的比较敏感的材料还给黑格，包括秘密的中国之行有关材料，这表明黑格很可能知道秘密文件正流向五角大楼。不过，就算黑格知道军方对基辛格进行窃听和偷盗，也没有证据证明他知道这是一套系统的全面行动。"黑格部分地卷入过，"厄尔希曼后来说，"我想他知道参联会可能设法搞了国安会的文件，对此他也纵容不管，不过我怀疑他并不知道拉德福德甚至干过翻箱倒柜查公文包这种事情。"

尼克松对基辛格和黑格之间愈益扩大的裂痕感到刺激。此时的黑格不再是一个不知疲倦为脾气暴躁的国家安全事务助理鞍前马后的副手，他开始寻求与总统建立独立关系。对尼克松而言，他很乐意认识一下这位言辞强硬的军人，特别是黑格迎合了自己对基辛格的认识：情绪不稳定，在越南问题上软弱无力。这就是尼克松的英雄梦：他自己是位坚强冷静的领袖，旁边围着一群情绪不稳的顾问。

"艾力和亨利之间的关系开始变得龃龉不和，"尼克松后来颇为满意地回忆说，"基辛格认为我们应该解雇摩尔。黑格对此非常敏感，军人不愿意看到战友被炒鱿鱼。他觉得我们不应该对间谍事件大惊小怪，这让亨利非常不快。"

两人不合不仅仅体现在拉德福德窃密案一事上。基辛格对黑格的不忠极为震惊，后者开始在军方、国安会下属、霍德曼甚至总统面前诋毁他的上司。这种背后讨伐，一方面源于原则和个性的冲突，也因为黑格强烈的个人野心。

到1971年年底前，黑格几乎成为基辛格最可怕的梦魇——一位背地里和总统"私通"的国安会工作人员。黑格告诉总统基辛格多么喜怒无常，把他描绘成一位情绪化的天才，变化多端使他显得不可靠。"基辛格非常感情用事，"尼克松回忆说，"我听到许多有关他粗暴地对待手下的报告，很多都是黑格告诉我的，他让我知道那里都在发生些什么事情。"

黑格的言行引起了霍德曼的怀疑。"起初我以为他来说基辛格的问题只是为了找到解决办法，"霍德曼后来讲，"现在我不这么看了。黑格就是在搬弄是非，力图把水蹚浑而不是息事宁人，好满足个人野心，再就是报复亨利的怠慢。"

黑格个人的三角外交开始于1969年，就在10月，他获得了军旅生涯的第一颗星，晋升为准将。尼克松决定亲自为他授衔。"亚历山大，我知道你有多勤奋，因为我晚上会出来转转，"尼克松当着全体白宫工作人员的面说，基辛格也在场，"一天晚上我经过你的办公室，看见灯还亮着，亨利的灯像往常一样熄着。我猜他肯定又去乔治城参加某个晚会了。"基辛格当时的笑容，据前助手华茨回忆说，苍白又孱弱，好像被剖心挖腹一般。然后，基辛格走到比他高的黑格面前，亲手为他擦拭了一下崭新的将星，黑格变得僵硬起来，基辛格说："好好干，艾力。我们会再给你一颗星的。"这回轮到黑格脸上挂着一副苍白无力的微笑。

有一天，基辛格和尼克松与萨菲尔一道讨论一份演讲稿，其间需要一个美军从越南撤军的数据。黑格接到电话，很快便拿着一张纸跑了过来，上面清晰地写着有关数字。基辛格点点头示意他可以走了。尼克松却抬起了头，看了看眼前这位军官，邀请他留下。"敢想敢干"，总统嘟囔了句，这是他最喜欢的威尔逊说过的一句话，用来表扬那些既有想法又能脚踏实地干活的人。

总统第一次打电话找黑格而不是基辛格时，整个办公室好像罩上了棺材布一般死寂。基辛格正和秘书讲话，这时总统专线的红灯亮了，基辛格像往常一样想都没想便朝自己办公室走去，准备关起门来接电话。"黑格将军，找你的。"秘书吃喝道。有那么一会儿，基辛格站在黑格的门外半天像在等什么，然后独自一人走回办公室。关上了门。"办公室里的气氛紧张得比我印象里任何时候都可怕。"一名助理回忆道，黑格接完电话后"大汗淋漓"。

"尼克松和黑格建立个人关系是为了打击亨利的自信，"尼克松第二任内的中情局长和国防部长詹姆斯·施莱辛格说。部分原因在于，尼克松对命运的不公和媒体的背信弃义怀恨在心，他们把本该属于总统一人的外交政策的辉煌成就全都归在了基辛格的账上。"尼克松开始玩起游戏来，用黑格折磨基辛格，"戴安娜·索耶说，"黑格也是共谋者，乐意配合总统。他成了有史以来最错综复杂的一届朝廷里最明晃晃的压迫工具。"

尼克松认为黑格强硬、自信、冷静，有他自己幻想拥有的一切品质。黑格在越南问题上的强硬立场为他在总统那里赢得了特殊地位。1972年年初，尼克松跟他的政治枪手科尔森说，约翰·康纳利和黑格是仅有的两位主张在越南问题上下狠手的顾问。"你知道吗老兄，等我任期结束后，这两人是这里仅有的两个能接我班的人。"尼克松说。

"水门事件"曝光后，黑格曾参与过让尼克松体面下台的工作，即便如此，尼克松对黑格的欣赏仍旧不减。1980年12月，候任总统里根给尼克松写信说他在犹豫是否让黑格出任他的国务卿。回信中，尼克松引用了戴高乐《剑刃》中的一句话："没有比仅仅因为难以相处就把那些坚强得力的人赶出办公室更坏的政策了。"

采访时被一再追问如何看待黑格的个性，尼克松终于承认："艾力是个官僚，可能会比较滑头。但亨利也是这样，我也一样。"

黑格甚至和霍德曼搞到一起，常向他提供些基辛格社交生活的花边新闻。他特别注意基辛格参加过的一些有异见分子在场的乔治城晚宴，一个不漏地向霍德曼汇报。

让基辛格最恼火的欺骗行为，是黑格私下向霍德曼和其他人展示他的电话记录，大多是为了说明基辛格的不忠。这不是策划好的程序，霍德曼说，只是黑格主动送上门的一些情报，"他总是向我汇报基辛格出现的或者引起的麻烦。"如果哪里出了问题，总统想通过小道了解一下基辛格都在干些什么——特别是媒体又捅出些什么而他想知道是怎么回事时，"我们就跑到黑格那里去问：'是亨利干的吗？'"

"黑格并不是把通风报信当成家常便饭，"霍德曼的助理希格比说，"但只要他觉得基辛格又做了什么出格的事，就会径直进办公室找霍德曼，向他出示电话记录。"虽不常有，但基辛格后来认定黑格干过大量不忠不义的事。

黑格贬损基辛格有一定反犹太成分。"黑格有点反犹倾向，从他损人的话里能听出来。"詹姆斯·施莱辛格说。祖沃特有相同的印象："这是根深蒂固的偏见，与生俱来的认识，源自军队，源自西点军校。很早起，黑格就苛刻地批评基辛格，跟我说这人必须盯紧点，不是美国人，是个犹太人。"不过几年后，黑格的反犹倾向有所减退，"他克服了这一点，"施莱辛格回忆说，"特别在他有了政治抱负之后。"

和军方领导人谈话时，黑格总是把美国在越南和军控问题上的软弱政策加罪于基辛格而不是尼克松的头上。他常说自己的作用是"挺起基辛格的脊梁"。不过同样的比喻他也用在尼克松身上，称"每当总统懦弱时，自己必须用高度的技巧让他挺起骨头来"。黑格最怕的是总统犯软时站在基辛格一边。

黑格还通过贬低老板讨国安会同事们的欢心。基辛格一走，他就模仿基辛格，声音、表情、生气跺脚，惟妙惟肖；到处散布基辛格的蠢事或脆弱表现以及他对罗杰斯和拉尔德的病态疑虑。"就是极力显示他是我们中的一分子，"对黑格十分讨厌的劳伦斯·林说，"他野心太过头，太急于操纵、奉承，过于狡诈但又没什么墨水。伪君子一个，不值得信任。"黑格和基辛格在一起时，同基辛格与尼克松独处时的表现一模一样。靠着他那变色龙的直觉，黑格随时根据环境调整侮辱和讥讽的对象。在基辛格面前，他历数尼克松如何软弱，模仿尼克松甩着软软的手腕斜眼看人的样子，还猜测他和雷波佐的亲密关系。这一切听上去都如此熟悉，一场和基辛格玩弄过的相同的游戏。可惜青出于蓝胜于蓝，黑格这位魔法师的学徒，已经超过了师傅的造诣。

当基辛格1970年年底刚知道黑格在背后拆他台的事情后，第一反应是分散他的工作职责，为此他试图请回辞职的系统分析专家劳伦斯·林，此君一直和黑格不和，现在斯坦福任教，还写过一篇论文专门论述如何将政府系统中副手的工作拆为两人承担，一人负责执行，一人负责订计划。但基辛格三次试图说服他重返白宫都没能成功。

必须指出的是，黑格在工作中忍受的是基辛格的多变的情绪和无法无天的工作方式。黑格是基辛格暴躁脾气首当其冲的受害者，换了任何有意识的人都会心生怨恨。"亨利爆发时，"前助手罗德曼说，"艾力总是涨红着脸出来，一副扭曲、奇怪的半笑不笑的样子。打几个电话，把事情平息掉。"然后一屁股坐下一根接一根咬牙切齿地抽烟。"看得出来他在努力地克制自己。"

哪怕出现再微不足道的事情，譬如日程安排重叠，基辛格都会冲出房间，不管当着谁的面，对黑格劈头盖脸就是一顿臭骂。黑格总是正襟倾听，脸涨得像甜菜一般红，双拳紧握，唇上全是汗。基辛格一走，他会在同事面前扮成一个毫无意识的机器人，一边转着圈走路一边敬礼。

黑格对基辛格的许多挑战都出自实质性分歧，而非野心或不忠。特别在越南问题上，黑格更是直接反对基辛格的主张。"黑格在越南问题上与亨利不和时来找我，这并不是对亨利不忠，"尼克松说，"黑格去过西贡，知道美国能承受什么样的代价。"和基辛格不同，黑格有强烈的意识形态诉求，"艾力可能比较会钻营，但追求的是他信仰的东西。"罗杰·莫里斯认为。

遇有敌手时，基辛格和黑格又会并肩作战，这让他们的关系不至于彻底决裂。多少次，特别是事关重大时，黑格都力挺基辛格，在他和老板的复杂关系中，有时甚至承担捍卫者的角色。基辛格经常惹恼国安会的下属，黑格这时都站出来安慰他们。亨利是很疯狂，他说，但比起世界上其他天才们并不过分。他讲起自己当年在朝鲜战场上为麦克阿瑟将军服役时的故事，一次，老麦派他穿过敌军的火力封锁，冒死潜到敌后，向他曾经用过的一个浴缸里扔颗手榴弹，就是为了让"那些脏臭的中国将军夜里洗不上澡"。和坏脾气的伟人们共事就会发生这种事情，黑格说。

◎基辛格和大内总管们

自从基辛格因为拉德福德窃密案在行政大楼总统办公室唧唧歪歪、搅了大伙的圣诞雅兴之后，尼克松便寝食难安。基辛格转屁股刚走，尼克松就和厄尔希曼商量对策。厄尔希曼回忆，尼克松强烈认为基辛格需要看心理医生。那股真诚劲让厄尔希曼着实感动，总统是认真的，不是在出幸灾乐祸的馊主意。但尼克松话里藏针，他说如果基辛格不同意看病，那只能解雇他。"跟他谈谈吧，约翰，"总统央求道，"也和艾力说说，基辛格听他的。"

厄尔希曼晃到黑格的办公室，说了总统的想法。尽管黑格此时越来越愿意背后戳基辛格的脊梁，但这回却站在了老板一边，认为基辛格辞职影响肯定不好。"总统需要亨利，"北京—莫斯科峰会即将举行，黑格说，"总统这段时间根本撂挑子不管，峰会工作都得靠亨利一个人扛着。"

不过黑格同意基辛格需要心理治疗。他向霍德曼也反复建议。"艾力告诉我说基辛格以前曾看过心理医生，"霍德曼回忆说，"现在着实需要再看一次。他跟我说了好多次，不停地当着我的面抱怨亨利的脾气和多疑症，咆哮着说基辛格总有各种小娄子和没完没了的个人要求。我看他和基辛格一个毛病。"（基辛格后来说他从未看过心理医生）

厄尔希曼从来没想出办法向基辛格挑明看心理医生的事，谁也不敢。"没人敢大公无私地告诉亨利说他得去精神病院看病。"厄尔希曼回忆说。多年后，他倒是以一种半虚构的形式解决了这个问题，在给一本英国侦探小说集写的故事里，他描述了一出尼克松和霍德曼开会的场景，连名字都没改：

> 尼克松陷入沉思。他严肃地盯着霍德曼。"你看亨利是不是疯了？"他问道，"他跑到我这儿哭哭啼啼地告罗杰斯和舒尔茨的状，要我解雇某个我从未听说过的大使。我觉得他得了神经病，天哪……"
>
> 尼克松笑了，一丝诡谲的坏笑，一闪即逝。"看来咱们得采取点措施。得有人去和亨利谈谈他的问题。我看你去吧，鲍勃，你觉得呢？"
>
> "我倒是行，但要是他拒绝呢？"
>
> "他当然会拒绝。没人会承认自己有病。你就告诉他：'总统了解这种事，亨利。他在这方面有经验。他很担心你……'要么他接受些心理治疗，平静下来，克服那糟糕的多疑症——我看是受害者情结。要么他就得辞职……"
>
> 霍德曼一边摇头一边记下总统的话。做记录能让尼克松确信手下拿他的话是当回事的。"我试试吧，"霍德曼说，"不过觉得戏不大。亨利肯定会非常烦。"
>
> "你就通知他一声，不用问他意见。告诉他：去看病，要不滚蛋。就这么定了。不许申诉。"

后来问起此事，尼克松否认曾说过基辛格应该寻求心理帮助的话。但他承认有人提出过，也讨论过。不过尼克松坚持说他从不相信心理医生，觉得看完心理医生的人出来比以前都更疯了。

厄尔希曼和霍德曼老在一起，但两人性格迥异，也常常较劲。霍德曼是个机械的宪兵式的人物，他压倒一切的目标就是保护总统。这意味着每天要花数小时时间记下尼克松杂乱无章的口授。剔除模糊隐晦的部分，从他那黑色的奇思幻想中整理出一条条的命令。他干得倒是蛮出色。甚至足以把尼克松从自身的沉思泥潭中拯救出来。

霍德曼的个性中有简单直率的一面。部分原因是他已没有过多的个人野心。生命中想得到的东西他都有了，无须再掺和前撕后咬和拼命算计的官场斗争。霍德曼自1962年尼克松加州选战失败后就一直跟他，从不和华盛顿那些长生不老的权力机构拉关系，也不会在身边前呼后拥地围上一群各怀算盘的随从。对他来说，基辛格费力讨好媒体精英和参议院的主席们着实奇怪，他甚至有点瞧不上。

同样，霍德曼认为在政策问题过于较真属于情绪怪癖。对于基辛格憋着劲鼓捣各种政策的热情，他抱有一种困惑的容忍态度，他知道总统认为搞外交是很重要，但更是种乐趣。霍德曼不是个爱搞恶作剧的人，唯独喜欢取笑基辛格。每天他和助手希格比在办公室吃午饭，基辛格常进来坐坐，会本能地在房间里兜上几圈，扫一扫霍德曼放在办公桌上的重要文件和备忘录。"我们故意把一些基辛格可能感兴趣的信件和文件放在显眼处，"霍德曼说，"等他来了，希格比假装随手把餐盘放在那堆文件上。只见亨利开始围着那堆东西转来转去，而我们始终在他前面一步远的地方偷偷看着。每个人都若无其事的样子。"

基辛格和霍德曼保持着互不侵犯的君子关系，还常常拜访他，跟他探讨一些想法或求教接近尼克松的方法。霍德曼没有意识形态思维，对外交政策也没有兴趣，基辛格相信自己的想法在他那里能得到公平的建议。

但在内心深处，基辛格觉得霍德曼这人非常危险。"他是个保守的加利福尼亚中产阶级，有着那类人特有的多愁善感、生性多疑、背地忌妒等特征。"基辛格后来写道，他也是这么描述尼克松的。尼克松在西装领子上别一枚美国国旗徽章，霍德曼在一次办公会议上建议所有人都这样做——这实际上是对自由派成员的严重折磨。基辛格极为反感，他对于把国徽当做仇恨图腾的做法仍旧记忆犹新，虽然极力想挤进总统的小圈子，但对此仍断然拒绝了。即将离职前夕——霍德曼辞职三年多后，基辛格在飞机上私下对一帮记者偷偷说："霍德曼是那种会把你弄去毒气室送死的人，他有一颗纳粹的心。"

提到厄尔希曼，基辛格说："他其实是个好人，发自内心的正派。"但厄尔希曼实际上也是个有偏见、有轻度自由派思想的人。他最终失败，是因为践行了尼克松的所谓硬汉崇拜，尼克松要求阻止泄密，他就牵头搞起了白色恐怖的"管子工小组"，他那句用在联邦调查局局长格雷身上的话成了不朽名言：

"我们应该把他吊死在这儿，让他慢慢，慢慢地在风中扭曲。"

厄尔希曼比霍德曼有野心，他想爬到大内总管（国内事务最高助理）的位子，也做到了，但升为内阁大员的梦想没有实现。但他深切关注那些使国家陷于分裂的持不同政见者，并且试图强化尼克松的良心本能。入侵柬埔寨前夕，他和尼克松在玫瑰园长谈，警告他国内将要爆发的怒潮；风暴中，他还安排肯特大学的学生到椭圆形办公室和总统一叙。厄尔希曼的三个孩子都参加了反战游行。他是一个真正的关心家人感受的家庭型男人。

起初，厄尔希曼和基辛格的关系很轻松。两人在戴维营总泡在一起，夏天，两家在圣克莱门特相邻租房，厄尔希曼那里有游泳池，几乎每天下午请基辛格和他孩子过来游泳。聚餐时，厄尔希曼的儿子会凑上来向基辛格讨教反导弹防御体系（ABM）的有关辩论。厄尔希曼高兴地看到，基辛格非常耐心地给孩子讲解，没有一丝傲慢。"亨利那时头上还没有巨大的光环，"厄尔希曼说，"着实讨人喜欢。"

共事一年后，他对基辛格的"忌妒不安全感"有了领教。"我从没见过谁咬手指能咬进肉里。"厄尔希曼说，对于人们评论他的文章，基辛格作出反应时不分轻重缓急，没有幽默感，这使他在人前"竖起了一道保护墙，部分靠自我解嘲式的幽默，部分靠学识上的卖弄，但在墙后，新闻界对他能力的攻击早已把他压垮了"。

厄尔希曼有幽默感，他和基辛格能够保持一种善意的互开玩笑的关系，平息各自的敌意。但对于什么东西好玩，两人看法截然不同，基辛格长于头脑灵活式的诙谐，厄尔希曼则是坏小子式的挖苦。一次在白宫西侧的电梯上，厄尔希曼逗乐说在报纸上看到了基辛格前天晚上和某位漂亮女郎出席晚会的报道，戏弄他说，"要是个男孩恐怕你更高兴，晚会上有没有可爱的男孩，亨利？"

基辛格觉得一点都不好笑。

◎悬崖边缘

至1971年年底，尼克松和手下人全线疏远基辛格，基辛格突然发现，他和总统失去了联系，早简报取消了，电话一去不回，"尼克松没法抵挡让我在风中慢慢、慢慢扭曲的诱惑"，他后来引用那句厄尔希曼的名言戏谑道。

圣诞节后，尼克松还决定，对基辛格国安会进行全盘安全检查，他用这种方法让基辛格知道他的作坊仍是个泄密漏勺，并暗示，拉德福德窃密事件基辛格多少要负点责任。雪上加霜的是，尼克松指定厄尔希曼担任安检组负责人。

基辛格像霜打的茄子，顿时蔫成一团。马金尼斯甚至不得不打电话求朋友们鼓励他。她在电话里哭着向亨利·布兰登说，基辛格甚至已经确定了辞职的日期——1972年1月27日。

他不知道的是，尼克松其实正考虑解雇他。亨利协调委员会决定1月14日开会。头天下午，尼克松见了黑格，并和霍德曼商量了好几次，讨论是否在这次会议上告诉基辛格走人。尼克松告诉黑格，对基辛格强硬一点。对霍德曼，尼克松说："现在把事情捅破比莫斯科峰会后要好。"1972年是大选年，尼克松担心基辛格又像1968年搞欺诈那样转投对手的怀抱，"如果现在不解决他，大选时他可能又会打什么歪主意，"尼克松说，"别忘了，1968年他是编着故事加入我们的。"

没过多久，尼克松开始犯寻思。霍德曼手记写道："基辛格——现在赶走他？还是忍忍吧。大选还要靠他掌舵呢。"

1月14日的亨利协调委员会上，基辛格把积郁的不满一股脑发泄出来。他说，哥伦比亚广播公司的记者马文·卡尔布告诉他，正是"国务院的最高层"在抨击他对印巴局势的处理方法。基辛格控诉说，政府本来决定切断战争期间对印度的援助，却被这些官爷们否决了，而"国务院拒不执行总统的指示"。一次会上，基辛格问现在到底在准备向印度提供何种援助。国务院代表回答说，受罗杰斯国务卿指示，不能透露。基辛格便说（并不完全属实）："罗杰斯从没反对过切断对印援助的政策，却在私底下搞破坏。"

司法部长米切尔总算瞅了个空插上话来："咱们怎么也得出个暂时协议，好歹先堵住罗杰斯的嘴。"基辛格回嘴说，好是好，可要是罗杰斯发现任何地方不合他意，肯定要气得脑袋开花："这家伙能把总统折磨死。所以不到万不得已还是先不告诉他的好。"说来说去，还是什么都没解决。

随着具有历史意义的北京和莫斯科峰会的临近，基辛格辞职或尼克松送客的可能性都越来越小。很快，一切复归平静。

◎峰回路转又一年

基辛格的好运和他的失宠来得一样快。随着尼克松被印巴战争搞得糟糕的心情烟消云散和北京、莫斯科峰会的脉搏越发迫近，他又和基辛格恢复了联系。他甚至考虑把基辛格在巴黎和黎德寿秘密谈判的事情公之于众，为竞选连任增加砝码——显然，此举势必有让基辛格再次成为媒体宠儿的副作用。

正在新奥尔良观看达拉斯和迈阿密队棒球决赛的威廉·萨菲尔被火速召回起草讲话稿，赛场大喇叭里广播找人，好像急着找接生婆似的，让他赶紧给白宫打电话。"高度机密，高度机密，赶紧回来，赶紧回来。"劳伦斯·希格比催道。如果真是这么机密，萨菲尔问，干吗还当着八万球迷的面大呼小叫地找人？比那糟得多，希格比说，赛事电视直播，广播找人也被传到了电视上，全国6 000万人都看到了。萨菲尔后来写道："我俩一致同意，绝没人会怀疑我是因为机密事项被召去的，因为就连香蕉共和国的总统级的工作人员都不会蠢到用大喇叭找人去执行机密任务。"

尼克松知道此举肯定会让基辛格出名，但也不能让他掺和。他让贴身秘书伍兹打字，无须经过基辛格；凡是萨菲尔写道"我请基辛格博士……"的地方，尼克松都用笔画叉，改成"我指示基辛格博士……"

尼克松对基辛格的自大引发的问题非常警觉。自我中心，他告诉萨菲尔，"仅仅是对自卑情结的补偿。"为了不刺激基辛格的自大、不激怒罗杰斯，尼克松删掉了多处提到基辛格名字的地方，"都是些什么东西！"他最后对萨菲尔说，"减得越少越好。"

尽管基辛格名字的出现率降到最低限度，但还是他而非尼克松占据了各大报纸的头条。《时代》和《新闻周刊》封面都是基辛格的大头照，都把他捧为"尼克松的秘密代表"。他半开玩笑地问一个哈佛同事，两大杂志都选他上封面，他还能不能活命。"不能，亨利。"对方答道，"但前途多么光明。"

会谈曝光后，尼克松把国内的反对声音暂时镇了下去，那些嚷着要他拿出解决越南问题方案的批评家们全都哑了火，这么一来，释放善意压力转到了河内一边，轮到北越人着急了。的确，本来就没必要遮遮掩掩。

基辛格在群情欢呼的赞扬声中，成了华盛顿媒体俱乐部每年一度"向国会致敬"晚宴上的明星，共和、民主两党的头面人物们都要发表演讲。基辛格的诙谐充分发挥。他拿民主党议员弗兰克·秋奇开玩笑，秋奇曾是著名的、旨在限制总统战争权的"库帕—秋奇"决议案的发起人之一，基辛格说，参议员先生和他是老哥们，彼此一向不叫姓，"他叫我亨利，我叫他库帕"。

　　基辛格在他的致辞最后，发表了一段内心独白，深深的忧患感让在座的观众们陷入沉思。

　　　　显然，我们的国家正在经历历史上最困难的时期。有人说我们在越南问题上陷于分裂；其他人抱怨国内的不和。但我相信，导致我们苦闷的有更深刻的原因。纵观美国历史，我们都相信，辛勤的努力注定带来最好的回报。因为美国已经取得了如此巨大的成就，认定每个问题都能找到出路，好意必有好果。乌托邦不再被视为梦想，而是我们沿着正确道路前行的合理终点。而我们这一代人最先发现，这其实是一条永无尽头的路；发现沿着这条路走下去，找到的最终不是美丽乌托邦，而是我们自己。正是对这种透彻孤独感的痛彻触觉解释了这一个时代的失望和愤怒。

　　这种忧郁是发自内心的，可惜缺乏根据。事实是，1972年是个好年景，接连而至的北京−莫斯科峰会两记有力的组合拳成就了美国总统史上的神话，基辛格辅佐尼克松造就了美国外交政策一次彻底的大转变。

　　此外，美国正在稳步地从越南战争这场建国以来最荒唐的远征中拔出泥腿。尼克松上台时，54万美国大兵挤在越南，至此时已有41万人回国，另有7万人的撤军计划已经公布，美国已无作战部队留驻越南。美军每周死亡从1968年的280人降至10人。美国社会不仅从战争里挺了过来，也从20世纪最严重的反政府喧嚣中解脱出来。

　　河内则在国际上陷入孤立境地。基辛格看似拖沓的幕后外交一边打开了中国的大门，一边和苏联实现了缓和，这足以保证美国在后越南时代依然在国际事务中发挥主导作用，并通过创造性外交保护其国家利益。

第19章 | 三角平衡术

莫斯科——北京春季峰会

只有基辛格既能吃鱼子酱又会用筷子。

——苏联驻美大使多勃雷宁

◎拥抱巨龙

　　为了突出尼克松和周恩来握手的戏剧性效果，尼克松决定，1972年2月21日，空军一号降落在北京机场后，他单独一人走下舷梯。只有他妻子帕特出现在画面上，但也是跟在几步之后。一路上，基辛格至少被告诫过10多次，领袖们握手结束前千万不要从飞机里出来。飞机停下后，霍德曼干脆派一名助手堵住机舱通道，直到确保电视画面已经通过卫星传回美国本土后才放行。

　　此行的准备工作可谓极尽招摇之能事，撒欢地让电视媒体了解个痛快。尼克松出发前一个月，一支浩浩荡荡的先遣队伍从白宫先行赴华从事准备工作。"先遣队的任务就是在刚刚从'文化大革命'浩劫中勉强挺过来的中国官场上创造美国公共外交的奇迹，"基辛格写道，"好在中国人对于抵抗蛮族入侵有丰富的历史经验。"

　　事实上，中国人对于电视威力的认识远高于基辛格。他们清楚，在黄金时间通过电视向美国公众呈现中国的传奇壮丽，远比在联合公报上浪费时间来得重要，何况还有尼克松这种超级明星出面主持。中国官员深知调整外交政策需要对民众进行再教育而不是一味蒙骗他们，这一点基辛格很多时候认识不到。

因此中国人乐得帮忙制造轰动效应。领袖握手、尼克松爬长城、中国军乐队在大会堂的宴会上演奏《美丽的阿美利加》，这些镜头画面立刻把美国的评论家和投票人脑海中那块封闭不祥之地变成了富有魅力、热情好客的国度，这是任何措辞精确的联合公报也无法企及的胜利。基辛格后来不得不承认："先遣组以他们特有的方式为历史作出了贡献，这是我过去没有理解也未予重视的。"

罗杰斯对尼克松会见毛主席那场活动迟迟未能落实心急如焚，国务院甚至准备了一套把损失降到最低程度的方案，以备毛主席最后真的拒绝会与一见。罗杰斯还担心，基辛格那副急于求成的样子给人留下一帮可怜虫和朝贡邀宠的印象。重要的是不能造成这种局面，罗杰斯说，比如给人以毛泽东高于尼克松的印象，毛主席在上面等，而美国总统在下面费力地爬梯子上来。

罗杰斯多虑了。他真正应该担心的一种让他无法想象的怠慢局面是：基辛格早已安排好毛、尼会见，而堂堂国务卿却被拒之门外。

每逢重大活动，尼克松必会激动地胡下命令，这个不让参加，那个别让露面。据霍德曼回忆，尼克松曾多次命令，不准基辛格参加礼仪性活动，譬如登月飞船返回地球的欢迎仪式等，当然基辛格和其他一大帮人每次都毫不例外地出现在仪式现场。北京峰会一周前，尼克松告诉基辛格，不能让罗杰斯参加任何与毛的会见，以便他讨论一些敏感事项。

这种要求动机很坏，逻辑上也没道理。基辛格完全可以像往常那样置之不理，照例把国务卿安排进去。这不仅是个礼仪问题，把国务卿排除在外意味着推动国务院接受新政策将更加困难。国家安全事务助理的主要职责之一就是引导总统摆脱那些容易导致错误决策的卑鄙想法。后来基辛格承认，他的行为根本没有价值，"国务卿不应该被排除在这种历史性的会见之外"。

毛泽东在中南海一栋普通的房子里接待了尼克松和基辛格。他的书房里摆着一排排书架，桌上、地板上到处堆满书，基辛格觉得"更像是学者隐居修炼之所，不像一个世界人口第一大国全能领袖的会客室"。沙发上罩着沙发套，好像一个节俭的家庭不愿弄脏家具似的。毛的身旁有张堆满书的"V"形桌子，还有他的茉莉花茶，前面摆着痰盂。

毛泽东迎接他们时的微笑给基辛格的印象是"穿透人心又略带嘲弄"，好像要告诉他们，他早已看穿人性弱点，试图欺骗他毫无用处。基辛格开场便提到，他在哈佛教书时曾要求学生读毛主席的著作。

"我写的那些东西没什么，"这位38年前领导过长征的农民的儿子回答道，"里面没什么教益。"

"主席的文字感动了一个国家，改变了整个世界。"尼克松说。

"我能改变的只是北京周围的几个地方。"毛泽东答道。

毛泽东没有长篇大论地讲他的世界观，而是在一种狡黠的漫不经心当中，用苏格拉底式的戏谑对话把客人们引向他的结论。简洁的话语在基辛格看来仿佛投在柏拉图岩洞墙壁上的影子，既反映现实又不超越现实。接下来的一周里，中国官员一直把毛主席在这一小时会见里谈过的东西当成具体指针加以引用，全如金科玉律。

几乎所有人都认为，此次峰会的主战场是台湾问题。但毛泽东用简明扼要的话指出了一个许多人忽视的简单真理：台湾，实际上，并不是两国间最重要的问题，反而是次要问题，不能让他冲击中美面临的最紧要的问题。没有必要急着解决台湾问题，事情20年都没有解决，再等上20年、100年也无妨。

因此，峰会在台湾问题上的最大突破就是没有必要追求突破。美国作了些让步，譬如申明其撤军的长期目标；中方也作出让步，如承认美国在确保台海问题不以武力解决方面拥有"利益"。基辛格甚至熬上好几个不眠之夜来琢磨公报里什么地方用什么条件从句、哪里标不标标点符号。实际上台湾问题被拖了下来，直到今天。

峰会的象征意义体现在第一天周恩来总理在大会堂为美国总统举行的晚宴上。20世纪最不可思议的一幕出现了：老牌反共分子尼克松高举着易燃的茅台酒和共产党领袖推杯言欢，甚至引用毛主席的"只争朝夕"来证明美国的外交政策"造反有理"，这一切都通过电视活生生地出现在大洋彼岸美国的早间新闻里，这天刚好是乔治·华盛顿的生日，画面里的一侧还有中国军乐队在演奏着"Home on the Range"，美国人对这个曾经的敌人的兴趣达到了近乎痴迷的程度。

正式会谈上，周恩来没有纠缠谈判细节，而是侧重海阔天空的哲学式漫谈，这正合尼克松之意，他最擅长的就是纵论全球战略，最不擅长讨价还价。谈话重点是权力平衡的必要性问题，意识形态被撇到了一边。

周恩来遵照毛主席的指示，淡化台湾问题的重要性。北京和华盛顿有比台湾更重要的共同利益。重中之重自然就是让两国走到一起的抵制苏联影响问题。这也是毛和尼克松、基辛格会谈时表达的主要关切。毛主席用了两个委婉的说法指代苏联的威胁："国际背景"和"霸权"。周提出了这个问题，强调中美两国的首要任务就是"联合反对苏联的霸权野心"。

中国急于建立明确的反苏同盟让美国陷入了两难境地，尽管是种令他高兴的窘境。基辛格的目标是建立大三角外交，而不是在陈旧的两极格局中征募一个新的盟友。"美国和莫斯科长期敌对没有任何好处。"基辛格后来解释道。相反，他想和苏联及中国同时缓和关系。最符合美国利益的情形是：中国和苏联都来找美国结盟反对另一方——这正是1972年的真实情况。"这是一场三维游戏，"基辛格回忆，"但任何简单化的形式都将产生灾难。"

美国首先关心的是越南问题。如果能让两个共产主义大国争相讨好美国，基辛格认为，二者对越南的支持肯定便不会那么起劲了。这项政策果然奏效了。北越总理范文同1972年年初访问中国，要求毛泽东不要接待尼克松，被断然拒绝。

但基辛格没有充分认识到的是，随着中苏裂痕日益加深，美国继续在越南战斗下去的重要性也越来越小了。实际上，如果1969年完全撤出越南的话，美国等于剪除了把中苏绑在一起的最后一根纽带，势必加速其分裂进程，这比拯救西贡更有战略价值。这一过程中，中国还将被迫接过将印度支那从苏联霸权下解救出来的任务。

基辛格在回忆录里将国务院和中国外交部间进行的谈判斥为官僚机构的老一套，无外乎是些贸易和文化交流的问题。他则起劲地秘密起草所谓上海联合公报，其他人都没觉得他的工作有多好玩。中方负责人也只是外交部副部长。尼克松基本没管过公报的事，从没和周恩来讨论过。基辛格主持的公报会谈周恩来只光临过一次。实际上，周倒是花了更多时间和罗杰斯在一起。

联合公报遵循了去年周恩来定下的模式。部分内容列举双方共同立场。双方对苏联一致称反对"霸权主义"，但在越南问题上则各说各话，中国坚定支持越南人民的革命斗争，但强调所有外国军队都应撤出，包括北越从老挝和柬埔寨撤军。

台湾问题直到最后也十分棘手，双方都准备各自表述立场。中方要求美方两项让步。一是将美国对和平解决台湾问题上拥有"利益"改成抱有"希望"，基辛格拒绝了；二是美国需承诺从台湾撤军，基辛格最终同意宣布美军完全撤出是"最终目标"。同时强调，随着地区紧张局势消失，美军将逐步减少驻军。这实际上把从台湾撤军问题和越南局势联系在了一起。

不把国务院排除在外，没有一项谈判能圆满完成，这次也不例外，第一天，基辛格就和周恩来就哪些美国官员应该仅仅知道哪些谈判议题谈了一个小时。而中国人，据基辛格回忆，即按他要求安排会议，将信息严格分隔保密，"好像天生就知道如何配合我们的奇怪做法"。

基辛格在有关公报的一切事务上统统排斥国务院参与，甚至只依靠中方译员。直到尼克松、周恩来和中共政治局常委批准公报后，国务院的专家们才在访问团赴上海的路上获悉公报内容。

毫不奇怪，国务院开始就公报内容挑三拣四。"这就是代价，就是把某些人从谈判中排除所付出的代价，"基辛格后来承认，"他们或者提出一些不切实际的目标故意刁难……或者吹毛求疵找碴。"基辛格在回忆录里的描述使国务院的反对意见看上去都像是吹毛求疵。他没提到的是，国务院最大的反对意见是，公报中没有提及美国对台湾的防卫义务。罗杰斯最终在这个问题上说服了尼克松。

但尼克松对国务院老在些鸡毛蒜皮的小事上腻腻歪歪极为震怒，基辛格又从旁煽风。总统在中国国宾馆房间里穿着内裤气得旋风般进进出出，大骂着要清洗国务院，又给在华盛顿的司法部长米切尔打电话，说要解雇罗杰斯（米切尔知道这又是一个可以忽略的命令）。

基辛格试图用一种完全坦诚的方式向乔冠华解释美方这一新的要求，说是国务院表示反对，因此突然有了这个问题，看看中方能不能答应做些修改。"我的话没能完全说服乔。"基辛格回忆说。乔冠华同意就一些无关痛痒的格式进行调整，但台湾部分不能动，中方政治局已经批准案文。

这次较量后，基辛格坚持要求所有和中方后续的沟通都必须通过秘密渠道上报他的办公室，不得告知国务院。结果荒唐事发生了。尼克松要送给中方几头麝牛，麝牛得了兽介癣，基辛格手下那帮忙得团团转的助理们为了找到不让这群牛掉毛的药方，背着国务院不停地给国内拍电报。"背着我和越南谈判已经很过分了，"罗杰斯跟助理抱怨道，"为了几头得兽介癣的牛也这么干，实在忍无可忍。"

尼克松是打开中国之路的构想者，基辛格则为这一战略构想搭建了"大三角"政策框架，并成功付诸实践。结果是两人都得到一大筐的掌声，尼克松对此可不是很高兴。"他好像非常害怕自己捞不到足够的声誉。"基辛格说。

回到白宫后，冥思苦想的总统揪住霍德曼，让他发起一场维护总统应得荣誉的公关运动。在一份长达17段的备忘录里，尼克松把自己的外交能力详尽地吹嘘了一遍。为了看上去更真实，他命令霍德曼不要直接把备忘录给基辛格，而是用他自己的话写出来再给他，让基辛格兜售给他新闻界的朋友们。按照要求，基辛格不要再谈联合公报的事，"因为一般人很可能不愿意听那些东西"。然后列举了一大堆他想让基辛格强调的要点：

R.N（尼克松英文名缩写。——译者注）参加此类会见时比任何总统准备得都好……

任何现场出现的问题他都能应答自如……

他从不在原则问题上让步。事实上，在原则问题上他可能比顾问们希望的更为强硬。

他从不饶舌诡辩……

他眼睛总盯着主要目标……

阐述要点时他总是声音压低。难以捉摸而又幽默……

会见时从不喝酒……

他甚至总能顶住任何摆在他面前的诱惑，特别是中国人做的花生和其他美食……

最后一句是在挖苦基辛格。尼克松非常乐意指出的一点是，基辛格谈判时总是狼吞虎咽塞得一嘴花生米或者任何够得着的零食。尼克松跟霍德曼在备忘录里说："吃会导致反应迟钝。"18年后，尼克松接受采访时，仍不忘谈论基辛格在谈判过程中吃过多少花生米和饼干。

第二天，霍德曼按照总统吩咐把自己加工过的备忘录给了基辛格。基辛格后来写道："有些建议提得还算中肯。其他的就稀奇古怪了。"

尼克松参观十三陵时，一位美国记者发现，路边一群装扮入时的姑娘似乎是事先安排好的，不是碰巧路过的参观者，于是写进了他的报道中。离开北京前的记者会上向周提出了这个问题，"那确实是在制造假象，"这位中国总理以一种美国总统无法想象的坦率说道，"你们的新闻记者已经向我们指出了这一点，我们承认这是不对的……在这个问题上我们不想掩饰错误。"

周恩来有关掩饰错误的危险性的说教并没有说动尼克松。相反，轮到他回答问题时，尼克松坚持说那些漂亮姑娘很赏心悦目，并且批评美国新闻界不可靠。

回到华盛顿后，"管子工小组"的老手霍华德·亨特用爱德华·华伦的化名雇用了一帮大学生打入民主党总统竞选阵营（美国大选时许多竞选班子会雇用一些实习学生处理普通日常工作。——译者注），他的搭档乔丹·李迪和米切尔等人会面商讨一项经费达50万美元的计划对民主党进行窃听，他们决定，首选窃听地点为民主党总部所在地——水门饭店。

◎春日秘访莫斯科

北京峰会成功召开，5月的莫斯科峰会也近在眼前，但这些都没能阻止北越发动新一轮春季攻势的决心。3月30日，北越军队大举跨过非军事区发起攻势。和1968年的春季攻势一样，这次又是赶上了美国大选年。

尼克松的第一反应又是求助于赤裸裸的连环套招数。他把北越人的行动归咎于莫斯科———一定程度上也归咎于北京。基辛格不同意，"尼克松想把北越和其支持者看做蛇鼠一窝，但我更赞成区别对待。"他后来解释说。

中国人非常善于避免惹火烧身，他们和北越的联系不像苏联人那样紧密；刚刚和中国人打得火热的基辛格也不好意思马上发难。

苏联人不同，他们提供了北越大部分武器。基辛格按尼克松的指示于4月3日召见了多勃雷宁，威胁如果河内坚持进攻美方将取消莫斯科峰会。没几天，多勃雷宁又被召去挨了通训，接到了同样的严厉警告。但到9日，假模假式的警告终于宣告失败。基辛格邀请多勃雷宁来白宫观看他访问北京期间拍摄的录像。多对基辛格在越南问题上的吹胡子瞪眼依然不为所动，但他表示苏方允许尼克松带100名记者随访莫斯科，他深知尼克松政府最想要的是什么。

基辛格还就将于4月24日举行的下一轮巴黎秘密谈判向多勃雷宁发出警告："谈判必须取得实在的成果，否则将导致无法估计的后果。"多勃雷宁只是告诉他放心，苏方当然企盼24日的会谈进展顺利。

多勃雷宁不顾基辛格反复威胁取消峰会的警告，邀请他去莫斯科为峰会的最后计划做准备。2月份这个主意刚提出来时，基辛格要求访问必须以"莫斯科采取行动结束越南战事为条件。"当时正值北越发动大规模攻击，而苏联人又无动于衷之时。尽管如此，基辛格还是接受了邀请。

尼克松对这一邀请的反应十分复杂。一开始恨得要死，念叨着不让基辛格去，但基辛格坚持要去，尼克松不愿正面和他冲突，又软了下来。尼克松在日记里说："今天我对亨利可能太粗暴……亨利优点很多，但太急于和苏联人谈判。面对现实，他必须认识到，如果美国不能在越南全身而退，在莫斯科什么也谈不成。"

基辛格后来承认，是自负驱使他急于实现莫斯科之行。在和中国和北越相继进行秘密沟通后，基辛格有机会上演帽子戏法。"位居高位之人永远不可能把国家利益和个人虚荣完全剥离开来，"基辛格后来写道，"急着去莫斯科无疑有我自己爱制造爆炸新闻的成分。"

不用说，如果是罗杰斯收到邀请密赴莫斯科，基辛格肯定死命反对，气得浑身发抖。两人一直在为谁承担莫斯科峰会的准备权斗得不可开交，这一邀请对基辛格而言无疑是极致的美餐。

基辛格刚刚说服犹疑不决的尼克松，北越突然宣布取消4月24日基辛格和黎德寿的会谈，看来苏联人根本没下力气说服小兄弟和美国人开一次"圆满胜利的大会"。基辛格立即向苏联人发出"强烈信息"，他表示，"如果苏联连一次会谈都搞不定，怀疑他在莫斯科期间能否就越南问题取得任何进展"。基辛格在回忆录里称这一信息"大胆"，但即便如此他还是愿意秘访莫斯科，足见这一反应不是大胆，而是令人吃惊的软弱程度。

尼克松就是这么想的，"我告诉基辛格在我们搞清楚苏联人葫芦里卖的什么药之前不应该秘访莫斯科。"他后来说。尼克松认定，基辛格已经被急于担任谈判代表的念头冲昏了头。在4月15日的日记里，尼克松不无冷嘲地写道："亨利显然认为这是个天大的危机。我明令禁止他在当前形势下前往莫斯科……我能看出，这让他颇为沮丧，他绞尽脑汁，想去莫斯科都想疯了。"

倒还不至于全盘皆输。傍晚两人又碰了头。尼克松沮丧地说，莫斯科峰会看来是肯定没戏了，现在要对越南下"狠手"，意思就是对北越进行大规模轰炸，封锁港口。他还说，这样肯定会引来空前的政治反对，所以他有义务先定下接班人，比如洛克菲勒或者里根，也或者约翰·康纳利，要是能说服他从民主党转投共和党的话。

尼克松说这些丧气话自然是为了得到情感上的支持。而且从尼克松的日记可以看出来，他如愿以偿："亨利举起双手，说他们一个也不行……然后他变得非常激动，说我不应该这样想，也不应该跟任何人说这样的话。"

但基辛格深谙尼克松的脾性，他知道尼克松几乎天生不会当面拒绝别人，刚过晚饭，基辛格打电话给总统再次请求道：多勃雷宁仍然坚持要他去莫斯科为峰会做准备。为诱得尼克松的同意，基辛格声称他在莫斯科期间，苏联人说不准能把北越外长找来，双方或可进行一次谈判也不一定。后来基辛格承认，这根本不可能。

尼克松心软了。"看来你还真得去。"他告诉基辛格，不过旁边人很快发现，总统很快就后悔了。

4月19日周三晚，基辛格出席了乔治城的一个晚会。临近半夜时，他登上了一辆黑色凯迪拉克，没有回家，而是径直朝安德鲁空军基地驶去。几乎同时，一辆白宫加长汽车在乔治城某处街角接上苏联大使多勃雷宁，基辛格同意捎他一程共赴莫斯科。中情局并不知情，负责盯梢的特工们发现苏联大使在街角突然被人"绑走"，于是紧追不舍。机智的白宫汽车司机一会儿穿行停车场，一会儿在小巷里东奔西走，最后甩掉了"尾巴"。中情局和联邦调查局花了一天时间才把事情弄明白。

基辛格走前，尼克松告诉他，如果总书记勃列日涅夫在越南问题上没有实质性提议的话就"立刻收拾行李回国"。总统还担心基辛格"将在外"不听指挥，往他的飞机上又拍了封电报叮嘱说，一上来就要向苏联人提出越南问题，在勃列日涅夫表现出"某种理解"之前不要讨论其他问题。

会谈持续四天，从周五早上一直拖到周一下午。随行人员有温斯顿·洛德、索南菲尔特、彼得·罗德曼和约翰·内格罗蓬特。基辛格不放过任何可能向对方发出模糊信号的机会，和苏方警卫人员打起了乒乓球。

罗杰斯直到基辛格已身在莫斯科时才知晓此事，而与多勃雷宁相对应的美国驻苏联大使比姆根本不知道基辛格就在莫斯科城里。这让大使的威信和做工作的有效性大大降低，因为这无异于让驻在国认为，这位大使的上级并不信任他，至少在这件事情上，比姆得到的信任没有莫斯科给多勃雷宁的信任多。基辛格没法用使馆的电报系统，只能用飞机上的临时无线电系统。

据克里姆林宫的首席美国问题专家阿尔巴托夫回忆说，勃列日涅夫非常紧张。坏脾气但颇有人缘的总书记对外交政策一无所知。一周前他就和阿尔巴托夫一起研究基辛格这个人，"他颇惹人喜爱，善于博得赞赏，非常清楚用何种辩论方式能说服别人。"阿尔巴托夫说。

他给总书记最重要的建议是：攻心为上，迎合基辛格的自大倾向。"这家伙极度自负，您可以利用这一点，"阿尔巴托夫说，"拿他当特殊人士款待，把他当做和您平起平坐的人而非总统助理。"四天里，勃列日涅夫一一照办，结果不但没能像毛泽东或周恩来那样迷倒基辛格，反而给基辛格留下一副土里土气和呆头呆脑的印象。

基辛格按尼克松指示首先提出了越南问题，警告说鉴于北越发起进攻，美国可能会取消苏美峰会。不过苏联人早已学会对此置之不理，勃列日涅夫一脸真诚地向他宣读了一份河内拒绝向莫斯科派外长会晤基辛格的电报，还把俄语写成的电报给基辛格看。

勃列日涅夫进而提出一项苏联版停火协议：所有部队原地不动。这和美方此前提出过的版本颇为相似，基辛格拒绝了，因为这意味着刚刚在新一轮春季攻势中拥过非军事区进入南方的北越军队可以就此赖着不走。

不放心的尼克松周五晚上又给基辛格拍去电报，要他一定在越南问题上捞到好处再谈别的。但周六一早，基辛格撇下尼克松的命令，一头扎进军控问题的泥堆里，越南问题等于一事无成。勃列日涅夫提出，双方不要在ABM问题上纠缠，干脆各建两座导防基地，一个保卫首都，一个保卫进攻型导弹设施；在潜艇问题上，苏方接受对使用潜艇导弹加以限制，但封顶数量要很高，而且允许以旧换新。此外，苏联也同意对进攻型武器的一揽子限定使用五年期限，这也正是华盛顿所希望的。

全面地看，所有这些可以说是不小的让步。此后两天，基辛格进一步和葛罗米柯商讨细化方案。但他没想到的是，这让他在国内成了靶子，导致他对黑格的信任进一步削弱。

一场对抗箭在弦上。在莫斯科国宾馆的高墙后，基辛格远远地躲开美国使馆偏居一隅，靠飞机上并不可靠的无线电系统接发信息。他一边咬手指、来回踱步，一边大骂尼克松的"白痴行为"，旁边洛德和索南菲尔特正酝酿着起草安抚国内的电报。不过基辛格就算发疯时也晓得，在国宾馆密布苏联窃听器的房间里高声咒骂本国总统并不明智，因此一台防窃听多声装置成了伴奏兼掩护。这种机器可以不同频率发出多种含糊不清的声音，把窃听器和幕后的监听者搞得一头雾水。

这边在戴维营，尼克松正和雷波佐共度周末，雷波佐大概只是个火上浇油的主儿，决不会促人冷静反思。21日，周五，黑格和霍德曼坐直升飞机来到戴维营，充当尼克松咒骂基辛格不服从指挥的听众。总统告诉黑格传话给基辛格，礼拜六晚上就让他回来，而非原定的周一。

基辛格回电请黑格帮忙求情，劝劝尼克松。"勃列日涅夫愿不惜一切代价促成峰会，"基辛格在电报上说，"他跟我说在任何情况下都不会取消峰会。他发誓对河内的攻势一无所知。"尼克松觉得后面这句话太过天真。基辛格还加了一句称，总统让他"完成这一阵并保持克制"十分"关键"。最后求黑格："我可指望你把事情稳住啊。"

最后基辛格被批准留在莫斯科，但尼克松告诫，必须在越南问题上取得进展。总统还在考虑立即对海防和河内附近地区进行轰炸。黑格在信中一边解释尼克松多么"僵化"，一边告诉基辛格说，最新民调显示，自从越南战事升级以来总统支持率大幅上升。

基辛格给黑格回了封措辞严厉的电报，要求在他确定北越人是否同意5月2日举行新一轮巴黎和谈之前不要升级轰炸行动。电报里他对自己的脾气完全不加掩饰：

> 你的信我越读越来气。我没法同意华盛顿行动的理由。我就不信莫斯科和河内相互串通……让大家都冷静下来，我们距政策成功就差一步，非得急三火四地搞砸了不成吗？那些轰炸目标反正也跑不了，多拖一周又何妨？

基辛格说服勃列日涅夫派了名苏联代表去北越递送美方和平方案。如果公开宣布的话，这实际上是个重大外交成就，也能舒缓尼克松的焦虑情绪。如果莫斯科公开宣布他正帮助美国解决越战难题，河内肯定慌了，也有利于聚集美国国内对政府的支持。

尼克松给基辛格的指示非常明确：离开莫斯科时，声明内容必须明白无误地指出双方就越南问题讨论过。在尼克松看来，这是让基辛格去莫斯科的唯一原因，理所当然指望自己的命令得到执行。

可是，基辛格在接受邀请时没能向苏方讲清楚这一点。苏联外长葛罗米柯最后拿出的声明文件暗示，是基辛格提出的访苏要求，此行目的是为了准备两国元首峰会。基辛格能做的也只是改改声明的字句，不提是谁提出的访问要求，然后宣布"双方就重大国际问题和双边事宜进行了讨论，为5月份尼克松总统和苏联领导人的会谈作准备。"

基辛格辩解说"重大国际问题"显然指的就是越南。但中东和柏林问题也在讨论的"重大国际问题"之列，这个模棱两可的表述并没突出尼克松的意图。

总统怒不可遏，告诉基辛格他被苏联人"耍了"。在他看来，苏联人讨论峰会事宜的目标达到了，而在越南问题上毫无进展。基辛格认为军控问题取得突破，尼克松则斥之为"只有几个技术官僚"才关心的问题。电报末了只是敷衍了事地表扬了一句。

尼克松在回忆录里对两人的分歧轻描淡写，仅表示"失望"。但多年后接受采访时，他反倒严肃起来。"那会儿往来电报里的话都不好听，"他说，"我想让亨利知道，先讨论我们关注的重点是至关重要的。我让他以越南为首要和中心的议题。我深信，把苏联人谋求的东西和我们想要的东西联系在一起十分关键。"

但所有这些都没能阻止基辛格从莫斯科之行再次捞到名声。媒体问他为什么去莫斯科，他说："我去搞点鱼子酱。"《纽约时报》的专栏作家詹姆斯·雷斯敦评论说："他能演好这个细腻而危险的角色真是个奇迹。"《生活》大加赞扬道："没人能把顽强的毅力、渊博的学识、沉着冷静和与权力场各色人物打交道的手腕集于一身，你没法不仰慕他。"

就在基辛格去莫斯科一个月前，黑格得到了第二颗星，晋升为少将。更重要的是，通过摆弄坏脾气的基辛格，黑格得到了尼克松和霍德曼的宠幸。他在戴维营的所作所为让尼克松和霍德曼再次确信：基辛格是个情绪化和难以控制的人，而黑格则沉稳、值得信赖；基辛格过于迷信谈判，黑格钢筋铁骨、雷打不动；基辛格愿意作出妥协讨好左派，而黑格深知保持强硬的重要性。

尼克松日记里的话印证了基辛格最害怕的事情。讨论越南问题时，黑格私下反对基辛格提出对北越保持间歇性轰炸的建议，他主张集中攻击。黑格还告诉尼克松在政治上挺过越战考验如何重要。"黑格强调说，比战争结果更重要的是如何处理那些涉及保住我总统宝座的事情。"尼克松在日记中写道。简而言之，这位时髦的将军非常清楚如何讨好总统，其精于此道的方式甚至让基辛格都感到难堪。这位在国安窃听、智利秘密计划、亨利协调委员会以及假装对基辛格的心理健康表示担忧等凡事冲在前面的"好兵"，在秘密外交大师背后神不知鬼不觉地搭起了一条幕后渠道。

◎海防港布雷

此时，尼克松政府的越南政策已是一团糟。河内大兵南下，所到之处，手无寸铁的平民和组织混乱的守军成批被打死。越南化已名存实亡，南越军队甚至都无法组织有序撤退。尼克松和基辛格吹胡子瞪眼威胁苏联人要取消峰会不过都是虚张声势。相反，所有的连环套搞来搞去倒像是美国在峰会上有求于苏联，仿佛是莫斯科警告华盛顿，只有在河内的进攻前保持一些克制，才有利于峰会成功举行。

整个4月，尼克松的回应不过是对北越毫无用处的轰炸，甚至在1968年约翰逊中止轰炸后首次动用了B-52。但美军的撤出仍不可避免地继续着。尽管北越单方面取消4月24日巴黎秘密和谈而且故意在当天对中央高地发起猛攻，尼克松仍然在两天后（26日）签署命令：未来两月再撤出两万美军。此命令执行后，美军在南越将仅剩45 000千人，全属非战斗人员。撤军所必须满足的"越南化"条件——北越减少敌对行动、谈判取得进展、南越军力得到提升——现在全部成了彻头彻尾的谎言。北越的军事行动处于四年来的最高峰，河内中止了谈判，南越军队则溃不成军。

"我已经决定，"尼克松在撤军命令中宣布，"越南化已经取得足够成效，我们可以继续执行撤军计划。"实际上，他打的是政治算盘。在一份给基辛格的绝密备忘录中，尼克松对谈判解决问题的前景不屑一顾。"重要的是"，尼克松写道，"必须在7月民主党全国大会召开前搞出一项最终声明……表明所有美军作战部队已经撤出，否则我们将面临极大的麻烦。"

5月1日，关瑞（Quangtri）陷落。"数千名惶恐的南越士兵从关瑞省夺路而逃，惊叫着沿着一号公路向南逃命，俨然一群失去控制的乌合之众。《纽约时报》写道。这头是南越士兵向拍摄他们逃跑的记者们扔石头，而北越人则在背后朝逃逸的平民扫射。基辛格得到西贡艾布拉姆斯将军的电报，赶紧拿到椭圆形办公室汇报。"他还说什么了？"尼克松问道。

基辛格紧张地清了清喉咙，回答道："将军觉得不得不报告说，南越军队很可能已经丧失了作战的意愿。"

基辛格当晚要赴巴黎和黎德寿会谈。"他们肯定会为此得意洋洋，"尼克松跟他讲，"所以你一定得想办法挫挫他们的锐气，让他们现实点。不要胡言乱语，不能和颜悦色，也不许迁就他们。要让我们的苏联朋友们知道，如果牺牲峰会是他们想让美国付出的代价，那我愿意放弃。要是我们在越南问题上仍然有麻烦，我决不出席峰会。"

基辛格在飞机上都在读尼克松的另一份威胁要退出峰会的备忘录："取消峰会。除非军事和外交局势有实质性好转。"唯一例外的是"俄国人在峰会上通过协议坚定承诺发挥其影响力来结束战争。"这两样全都没发生。对越南人，他告诉基辛格："只给他们一个信息——达成协议，否则走着瞧！"

基辛格后来写道，那次和黎德寿的会谈是"残酷的"。作为武力和外交孪生姐妹的崇拜者，基辛格对于在战场上正春风得意的北越人拒绝妥协或停火不应感到奇怪。在一系列近乎叫喊比赛的激烈交锋后，基辛格中断了谈判。正当他打算离开时，黎德寿上前把他拉到一旁，带着密谋者的阴险笑容对他说，北越一方的前景看上去不错。

刚在安德鲁空军基地下了飞机，基辛格便与等候的黑格乘直升飞机直接奔赴红杉号面见尼克松。这表明黑格的地位有所变化，不再仅仅是基辛格的身旁重视的副手，而成为一些涉及高级决策的不定期会议的全面参与者。

在轰鸣的马达声中，三人决定，要对北越采取重大军事行动。关键问题是下月的美苏峰会，尼克松不情愿地说只好取消了。

峰会要泡汤的前景吓坏了基辛格。虽然此刻他对北越人怒气正盛，也认为重拳出击事出必要，但同样不想收拾因军事行动导致谈判破裂和国内进一步动荡的乱局。更何况，他一心想的是如何把"和平体系"中最关键一块基石摆放停当。三年来，基辛格一直致力于打造全新的外交政策平衡，而莫斯科峰会将是完工之笔。

霍德曼回忆说："亨利摇摆不定，两头都同意。但他在谈到采取强硬行动和取消峰会时，一直语气悲观，而非明确支持。"基辛格和尼克松两人都想要达到的效果是：既能在北越人的炮火声中访问莫斯科，又能不失面子，看上去不是那么轻易的。

就在他们殚精竭虑寻找既能收拾越南人又可保全峰会的两全之策时，问题的性质出现了变化。最初打算取消峰会是因为，一面在莫斯科觥筹交错，另一面苏联坦克却在越南屠杀美国士兵，这着实不合适，同时美方一连数月威胁要取消峰会，也不能言而无信。突然间，这些全都让位于一个新的体面考虑：既然尼克松已决定对北越重拳出击，就应该立即取消峰会，否则莫斯科将抢在美国前面宣布。

从巴黎空手而归的当夜，基辛格和尼克松在林肯起居室一起仔细研究了军事方案。一旁的霍德曼就是不明白基辛格为什么笃定美国一旦打击北越莫斯科就一定会取消峰会。"亨利，你老说你知道苏联人会取消峰会，"霍德曼当着尼克松的面问他，"可你不会知道苏联人怎么想。没人知道。"基辛格抗议说这是外交问题，不归霍德曼管。霍德曼称这只是个逻辑问题：没有理由假装知道苏联人会怎么做。

事实证明霍德曼是对的。实际上，苏联人就一直反对把军控问题和越南挂钩。霍德曼和其他政治分析家比基辛格高明的地方在于，他们知道勃列日涅夫是匹政治老马，不是地缘战略家，不太可能让越南问题干扰超级大国峰会。

尼克松让霍德曼和基辛格去问问财政部长康纳利的意见。此君打骨子里是个强硬派，极端自信，具有善走边缘的政治直觉，是尼克松最新的金发宠臣。

基辛格愁眉苦脸、反绞双手，对在北越港口布雷的计划感到担心。"兴许应该这么干，"基辛格说，"如果干了，我们只能取消峰会。"

康纳利的硬汉直觉开始发挥作用。"这没道理，"他答道，"如果我们取消，会显得好像我们做了什么错事似的。"尼克松应该轰炸或布雷，只要他觉得对惩罚北越有必要就放手去干，康纳利建议道，"要是俄国人想取消峰会，由他们去好了。我敢肯定他们不会那么干。"

基辛格回忆说："康纳利刚一说完，我就觉得他是对的。"于是乎，基辛格和尼克松一股脑放弃了原先的看法，开始干他们一直想干的事情：访问莫斯科，尽管苏联人一再无视美方有关越南问题的威胁。

当然，一旦美国大打出手，苏联到底是否会取消峰会？这一问题仍然存在。

5月4日，基辛格和康纳利会谈几小时后，尼克松在行政大楼办公室召集会议。基辛格和霍德曼参加，还有刚刚晋身决策核心的新丁——亚历山大·黑格。一如既往，国防部和国务院又被排除在外，在基辛格指使下，参联会主席摩尔上将背着国防部向会议提供了军事行动方案。

尼克松已经过了效仿巴顿那段时期，现在又开始学麦克阿瑟。他在长长的办公室里来回踱步，比比划划，嘟嘟囔囔，时不时叼一口大烟斗，从没人见他之前抽过一口烟。根据摩尔的建议和1969年曾讨论过的鸭钩行动计划，基辛格建议对海防和北越其他港口布雷，同时增加B-52轰炸力度，特别是对河内周围地区。

国防部和中情局都得出结论，海港布雷没什么军事意义，共产党的攻势不会受到影响。基辛格不同意，河内大部分石油供应来自海路，火车难以运输。布雷对当前攻势虽无太大作用，但可削弱北越打持久战的信心。

周六下午，基辛格与助手们抛开国务院和国防部单独研究起操作计划来。索南菲尔特估计苏联人会取消峰会，霍尔德里奇约莫中国方面会让中美刚刚解冻的关系降温，内格罗蓬特认为南越的士气会得到显著提升，中情局的乔治·卡维尔说北越很快会以陆路运输取代海道。全错了。

基辛格还发电给驻南越大使班克通知了军事行动的决定。"用最露骨的话说吧，"基辛格写道，"我们对不伦不类的手段没有兴趣；要让河内知道我们是玩真的。"他让班克提供平民伤亡数据，让尼克松在声明中宣布。事实准确性不那么重要，"差不多的数字就行，别犹豫，"电报里写道，"如果数字偏高我们也不反对。"

第二天在戴维营，基辛格和温斯顿·洛德会合尼克松以及两位演讲稿起草人普莱斯、安德鲁斯，研究声明的写法。峰会完蛋了，洛德哀叹。他和基辛格一起开起了黑色玩笑。声明里筛下来不用的词句咱都捡回来用在明年的《世界形势报告》里，基辛格说。

"是啊，报告的名字可以叫'坍塌的和平体系'。"洛德答道。

"这篇演讲一出，"基辛格补充道，"咱们都老实了，花了三年半时间搭起的东西用短短的20分钟就拆光了。"

周一早，尼克松召集国安会全会，正式敲定他的决定。负责政治事务的副国务卿约翰逊回忆说，基辛格给国务卿罗杰斯下了个套。他明知尼克松已经决定海防布雷和轰炸河内，竟设法让罗杰斯出面提反对意见。

据约翰逊所言，骗局始自星期天的早上，基辛格打电话告诉了总统的决定。约翰逊认为，海防布雷会得罪在该海域有船只通过的国家，而且峰会可能会泡汤。约翰逊回忆当时基辛格的反应：

> 亨利说他同意。他觉得峰会搁浅的可能性有九成五，但总统认为一半对一半。他认为布雷计划都是康纳利和米切尔的点子，已经试图说服总统反对，但没成功，还说得靠罗杰斯国务卿在周一早上的国安会全会上出马让总统改变主意。

约翰逊如实报告了罗杰斯，罗杰斯怀疑基辛格心术不正。国安会上，罗杰斯最终落得的不过是饶舌一番而已。"罗杰斯直觉是基辛格只是假装反对计划，他估计得没错，"约翰逊后来回忆说，"亨利搞马基雅维里式的阴谋诡计已经上瘾，设计让罗杰斯反对总统已经决定的事情，好离间他们。"但基辛格竭力否认，声称只不过是让罗杰斯在会上有发言权而已。

周一下午，基辛格拿着布雷和强化轰炸的文件去给尼克松签署。尼克松之前正向霍德曼抱怨基辛格的两面派行为，他得到报告，说国安助理到处扬言反对总统的决定。于是两人决定考验基辛格。当着基辛格的面，霍德曼故意说他们正在重新考虑轰炸和布雷决定，因为行动可能危及总统的支持率进而导致竞选连任失败。基辛格连忙辩驳。尼克松出去方便，基辛格转身厉声指责霍德曼怎能在最后一分钟让总统打退堂鼓？老霍坏笑着说不怪自己，是总统强拉他入伙的。白宫录音带曝光后，基辛格认定，尼克松这么干的目的是想拿到基辛格支持轰炸和布雷的决定的录音凭证。

尼克松在电视讲话里宣布战事升级的决定后，媒体评论员和政客们一致认为峰会肯定泡汤了。基辛格也很悲观，朋友们得到的印象是他质疑总统的决定。前助手莫里斯在《纽约时报》上载文称"华盛顿四处风言风语都说基辛格反对这一决定"，胡夫·西迪采访基辛格后在《生活》称"亨利·基辛格私下言行表明他对这项行动远没有那么坚持"。

多勃雷宁焦急万分，他也觉得克里姆林宫肯定得枪毙峰会。但基辛格打电话找他时，莫斯科并未发出指示。基辛格在连环套里又加了新的诱饵，他告诉多勃雷宁：美方保证西德议会有足够票数通过上次签署的柏林问题协议。这对苏联十分重要。其实美国在左右西德的决定方面并没有多大作用，但基辛格在苏联大使面前装得很像那么回事。客观看，美国对西德议会的控制和苏联对北越政治局势的控制半斤八两，但双方都想象对方有更大的影响力。

5月9日是苏联的欧洲胜利日，决定被推迟了。所有人都跑出去纪念上一次美苏合作的伟大胜利。阿尔巴托夫和一干"二战"老兵喝得酩酊大醉。半夜11点回家时才知道勃列日涅夫和克格勃头头安德罗波夫来过电话，第二天早上九点准时开会研究如何回应美方行动。

会上勃列日涅夫显得出奇的放松。葛罗米柯、安德罗波夫和国防部的代表悉数在场。阿尔巴托夫建议不要取消峰会。"取消峰会帮不了越南人的忙，"他说，"我们的首要关切应是德国问题和苏美关系。"

在大部分政治局委员的支持下，勃列日涅夫暂时决定不取消峰会。唱反调的只有乌克兰共产党第一书记舍利斯特："我不会去握一双沾满越南人鲜血的手。"勃列日涅夫转身问政治局另一位乌克兰成员谢尔比斯基，谢不同意舍的意见。"您看，同志，"勃列日涅夫说，"您可以代表自己，但不能代表所有乌克兰人。"

没有取得足够支持之前，勃列日涅夫还是觉得没把握。他给阿尔巴托夫看了几封地区领导人的电报，多数抱有反美情绪。"许多人想取消峰会，让尼克松竞选连任失败，让他们知道我们的原则。"勃列日涅夫决定于5月19日、峰会三天前召开全体中央委员会会议，争取正式通过。

"基辛格觉得中国是我们希望改善苏美关系的关键，"阿尔巴托夫多年后在访问中称，"但实际上柏林问题更重要，甚至是决定性因素。稳定东德局势对我们至关重要，我们可不想搞得一团糟。"

中央委员会会议上，柏林问题决议以一票之差涉险过关。"如果西德方面出问题，勃列日涅夫和中央委员会肯定取消峰会，我敢肯定。但我们从基辛格那里得到了一切都会顺利进行的保证。"阿尔巴托夫说。

5月10日，基辛格最先从到访的多勃雷宁那里得到了初步回复。苏联方面的抗议是温和的，多勃雷宁试着让基辛格费劲猜测苏共政治局的决定。然后他问能否安排尼克松接见正在访美的苏联贸易部长帕托利切夫，基辛格说总统的日程里倒是可以给安排一下。媒体和摄影届时也在场，苏方是否有问题？多勃雷宁说，没有。

于是帕托利切夫见到了尼克松，两人在椭圆形办公室讨论起了如何用不同语言讲"友谊"这个词。全国广播公司记者问他们峰会还会不会顺利进行。帕托利切夫回答说："我们从来没怀疑过啊。不知道您疑从何来。"

从没有人就战争升级问题征求过阮文绍的意见，但听到消息后他颇为高兴。多年后，这位南越总统回忆起这段历史时唯一的反应就是抱怨。"如果对河内的轰炸坚持下去，迟早会看见河内举起白旗。但基辛格过于担心苏联和中国，你们打仗时缺乏信心。"

不像1970年侵略柬埔寨，1972年5月战事升级并未引起轩然大波。越南化进程已经平息了国内不满，苏联同意举行元首峰会也让为数不多的抗议声失去了力度。

北越军队推进的速度大大减慢，黎德寿又回到了谈判桌上，越南化进程显示了生命力。一向持批评态度的莫里斯评论说："布雷行动至少阻遏了北越人的推进势头，一定意义上争取了时间。但更对河内起约束作用的不是美国的封锁，而是北京和莫斯科的主子们对北越困境采取了谨慎的漠视态度。"

峰会如期举行削弱了连环套。基辛格最初认为连环套不仅是一种政策，也是对现实的反映：军控和贸易问题只有在美苏在全世界范围内紧张关系缓解的前提下才会自然解决。事实证明他错了。同样，认为单纯施压就能迫使苏联在越南问题上作出实质努力的想法也是错误的。面对这一结果，尼克松和基辛格在大呼小叫、威逼利诱好一阵子后，终于放弃了将峰会和贸易协定与越南困境挂钩的立场。

基辛格则认为这是一种更巧妙的连环套政策的胜利。中国和苏联都在利益面前进入了一张网，让他们看到和美国发展更好关系符合其利益，即使意味着对越南背面相对。换作其他时期，在北越港口布雷和轰炸河内这种行动本可招致苏联作出军事反应。而这回，美国接到的不过是几次有气无力的抗议，而后就是弗拉迪米尔大厅的觥筹交错。

"我一直反对所谓施压可以让苏联主动帮忙的论调，"索南菲尔特说，

"但我们可以建立某种结构，让苏联在里头认识到平息战争和减少对越南的支持符合他的利益。我们做到了。"

基辛格兴高采烈，"缓和"的第一次尝试导致苏联默许了美国对北越的一顿狠揍。在前往莫斯科的路上，基辛格向尼克松说："这是有史以来最伟大的一次外交胜仗之一！"

如果说基辛格有什么后悔的，那就是没能尽早升级战争。正像他后来自己说的那样。如果布雷和轰炸行动在1969年就开始——就像鸭钩计划设计的那样，战争可能在1970年就结束了。

◎1972年5月，言欢莫斯科

5月26日（星期五）午夜前少许，理查德·尼克松和苏联领导人在克里姆林宫金碧辉煌的弗拉迪米尔大厅里碰面，签署了开启一个全新时代的一揽子协议。尼克松从口袋里掏出一支派克银笔，在历史上最重要的军控协议上签上了自己的名字，又静静地放回口袋里。后来他私下里把这支笔送给了基辛格。香槟呈上后，尼克松举杯向东道主们表示感谢和祝贺。这时，穿过长长的走廊，他和基辛格的目光相遇，尼克松悄悄举起酒杯表示称赞，基辛格忙满脸堆笑地举了举酒杯回敬尼克松。

除了一揽子军控协议外，为期一周的元首峰会还签署了除提升贸易关系和谷物协定之外的六项重要双边协议。《纽约时报》的记者在背景交代会上问基辛格，他是打算"抻满一周时间一点一滴地发表新闻声明还是准备一股脑地来场协议狂欢派对？"基辛格回答说："我们的计划是一点一滴地来一场声明狂欢派对。"

峰会期间，尼克松、基辛格和他们的高级助手们被安排下榻在克里姆林宫的沙皇寓所内，正对红场。罗杰斯和国务院官员们则被孤立在5分钟之外的罗斯亚宾馆里。那里有着优雅的办公长廊，一整层的房间和一个大型舞厅用作工作间，却无事可干。

这边，基辛格和索南菲尔特、希兰德和洛德等助手们则用一架钢琴紧紧巴巴地摆放军控协议文件，拿窗台堆放越南问题文件。旁边就是第一夫人帕特·尼克松的美发师的房间，她老搞不明白插座的位置，不停地让基辛格的助手们在地板上爬来爬去帮她拉线。"我们的行为证明了基辛格的观点，"希兰德后来回忆说，"我们并没拿元首峰会太当回事。"

头一天下午，勃列日涅夫邀请尼克松作开门会晤。和会见毛泽东不一样，尼克松这次没带基辛格。这下基辛格急坏了，不停地在房间里踱步，朝多勃雷宁大吵大闹，说自己应该进去。"这可能是本次峰会最重要的一次会谈，"基辛格咆哮道，"而我却不知道他会在里头说些什么！"尤其让他苦恼的是，尼克松连美方译员都不带，只有苏方译员维克多·苏科德烈夫，这其实是基辛格惯用的把戏。这么一来，基辛格就没有美方笔录可供研究了。

会晤结束后，苏科德烈夫去中央委员会办公室整理会谈记录，多勃雷宁顺便替基辛格求了个情，问苏科德烈夫能不能把会谈记录的副本给基辛格？在征得勃列日涅夫同意后，他答应了。

被摒弃在外的经历并没有治好基辛格偷摸行事的癖好。他请苏科德烈夫提供一份英文版本的会谈记录，这样可以避免国务院的人插手。半夜，苏科德烈夫来到克里姆林宫，把会谈记录用英文口授给基辛格的女秘书朱莉·皮诺。基辛格半敞着衬衫晃了进来，带着在下属面前惯有的迷人风度粗声大气地说明天七点前要这个东西。然后转向苏科德烈夫："维克多，我能放心地把姑娘留在你身边吗？"

"你给我们的活，"苏科德烈夫答道，"意味着我们根本没时间干别的事。"

越南问题并未列入官方议程，但在勃列日涅夫的夏季别墅里举行的一场古怪的特别会议上，越南问题成了压倒一切的话题。一天，在结束一项小小的签字仪式后，勃列日涅夫出人意料地拉上尼克松风驰电掣地开到了莫斯科河畔的一片白桦林里，他的夏季别墅就隐藏在这里，后面是拼命追赶的基辛格，还有丈二和尚摸不着头脑的特勤局特工和洛德、内格罗蓬特等人。刚到别墅，总书记先拉上尼克松坐快艇在莫斯科河上横冲直撞地兜了一圈。

一行人最终在别墅会议室的圆桌旁坐下。在漫无边际地点了遍各色问题之后，尼克松把话题引向了越南问题。这时，三位苏联领导人——勃列日涅夫、柯西金总理和波德戈尔内——突然开始轮番向美国人指着鼻子批评起来。

尽管言辞激烈，但整个场面好像演戏一般，苏联人打算用这么出戏，好向国内的强硬派和河内的兄弟盟友有个交代。希兰德的苏联同行告诉他说，一切都是精心策划的，只是波德戈尔内稍显失控。藏在表面的火药味后头的其实是温和的潜台词，没有一位苏联领导人提起两名苏联海员的尸体刚被飞机运回，他们是在美国轰炸海防港时丧生的。"演出"一结束，勃列日涅夫立马摆宴压惊，邀请所有人到二楼宴会厅胡吃海喝了一顿。

第二天，基辛格和苏联外长葛罗米柯进行了更具实质意义的会谈。基辛格做了一个小小的但意义重大的让步。美国原先倡议成立"选举委员会"来操作南越政府选举。基辛格提出，这个委员会可以包括南越、共产党、中立派别三方成员。这和河内想建立的"三方联合政府"的主张颇为相近。

基辛格在峰会期间的关注焦点之一是1 000字的美苏关系"基本原则"，这实际是通向缓和的路线图。宣言中双方一致宣称放弃"以一方利益为代价谋取单方面优势的努力"，不利用地区紧张或在世界范围内划分势力范围。

苏联官员极为重视这份"基本原则"，在莫斯科的记者招待会上极尽渲染，甚至超过了军控方面的成果。基辛格也认为这是一项关键成就。但大多数美国官员，特别是总统和国务院都当他是陈词滥调，一钱不值。

这么看并不是没有道理：这份文件追求的行为准则既模糊不清又不切实际。此后多年，每当有证据显示苏联又搞冒险主义，这份文件就被援引出来争吵一番，最终没人再去相信。他既没阻止苏联利用安哥拉的紧张局势，也没能阻止美国在中东捞取单方面好处。所谓放弃利用紧张局势谋取单方面优势的概念不过是"缓和"夸夸其谈的一部分。"连一辈子当酒鬼的人也会偶尔戒戒酒，"斯坦利·霍夫曼后来点评，"但让超级大国放弃玩弄国际关系几乎没门。"

和《上海公报》一样，基辛格再次把这份"基本原则"搞成了耍弄罗杰断的鬼把戏。没有任何合理理由，罗杰斯一直不知道此事正在操作中。基辛格又如法炮制《上海公报》的模式，让对方参与自己的鬼把戏，把结果突然强加在罗杰斯身上。他请求勃列日涅夫装作是他突然主动向美方提出的起草"基本原则"的建议。苏联领导人高兴地答应了。"勃列日涅夫乐于掺和这种把戏。"基辛格后来写道。

连环套政策的关键一环是美国愿意提供更多经济好处。峰会在这方面没有具体协议，但双方约定7月份美国商务部长彼得·彼得森访苏，商讨给予苏联贸易最惠国地位问题。彼得森最初是尼克松的总统经济顾问，总统告诉他，基辛格对经济一窍不通。基辛格一次讨论问题时对彼得森说："彼得森，那只是个无关紧要的经济考虑。"彼得森回答说:"亨利,对你来说那是多余,因为在你眼里,所有经济考虑都是微不足道的。"

随后几个月里,彼得森达成给予苏联最惠国待遇的协议,解决了减免苏联在"二战"时期欠美国的债务。与此同时,北越人突然变得愿意通过谈判方式结束战争。

接下来就有了1972年臭名昭著的"粮食大抢劫"。正是拜当时的一系列经济协议所赐。这项协议由热情奔放的农业部长厄尔·布兹一手操刀,内容是允许苏联大量购买美国吃不完的粮食,换取信用和优惠价购买权。一开始看上去像是对总统发起了政变。结果却令人大跌眼镜。基辛格原本以为苏联总共只会购买价值1.5亿美元的粮食,但事实上苏联偷偷溜进市场与各个美国公司做生意,讨价还价,很快人们发现苏联居然买走了价值达10亿美元的粮食,而且全部以优惠的价格。这场抢劫导致的直接后果是大选之年美国面包价格飞涨。

基辛格说:"发现自己被别人利用真是太痛苦了。"他说他没有想到收成不好会让苏联变得如此穷凶极恶。不过专栏作家约瑟夫·阿尔索普在峰会期间的一篇文章(消息来源恰好是基辛格)不经意地提到苏联对贸易协定的重视程度非同一般。阿尔索普写道:"由于苏联几乎颗粒无收,相信很快会达成一大笔粮食交易。"

协议的一个要求是出口苏联的货物中美国要负责一半的运输。基辛格开始四处活动,争取取消这个要求。他甚至还跑去争取工会领袖的赞同,不过效果不大。很快,粮食大抢劫的波及面越来越大,彼得森劝基辛格不要再白费力气。他说,苏联确实尝到不少甜头,不过给咱们付点运输费也不错。

峰会的核心议题是限制战略武器谈判(第一阶段),主要分两部分:一是达成一项限制反弹道导弹(AMB)防御系统的协定,二是缔结一项为期五年的冻结进攻型导弹研制的临时协定。1971年5月,基辛格成功地将限制ABM和冻结进攻型武器问题挂起钩来。但这一"突破"存在诸多问题:到底双方可以保有多少个ABM基地?潜射导弹是否也算在进攻型武器的冻结范围之内?在冻结协定中,陆基导弹在多大范围内可以实现现代化和升级?

基辛格在峰会之前的秘密莫斯科之行基本上解决了ABM的烂摊子。他同意双方各保留两个反导基地,一个保卫首都,一个保卫导弹基地。这对美国并不利，因为他从未考虑过，也永远不会在华盛顿周围建一圈防御设施。不过总体看也无大碍。ABM协定的签署是项巨大成就，等于肯定了任何防御体系从战略上看都无甚意义。两家都不会为了保护自身免遭反击去破坏双方的核恐怖平衡，从而遏制了一场潜在的十分昂贵而复杂的军事竞赛。

4月之行中，基辛格成功说服苏联将潜射导弹也纳入受冻结的进攻型武器行列中，只是对苏方的封顶过于宽限。留给峰会讨论的尽是些深奥的技术问题，比如怎样清点潜射导弹数量，如何定义陆基导弹的现代化问题等。既然问题复杂，最好莫过于搬出美方谈判专家料理，但基辛格出于虚荣和不耐烦，坚持把专业人士们留在赫尔辛基，让他们继续搞官方对话。

这样干的结果就是最终面世的协议文本远不如基辛格预想的那样具有重要性。他极力用外交措辞掩饰文本中的问题，遭到了史密斯、海军上将穆尔以及祖沃特、参议员杰克逊和古德沃尔特等人的猛烈抨击。整个军控谈判的前景为此蒙上了一层阴影。

有关陆基导弹问题的症结在于，美方希望阻止苏联将"轻型"导弹升级成大块头的导弹。这里涉及两个问题，一是导弹体积，二是发射井容积。问题是苏方已经开始把两枚携带多核弹头的轻型导弹升级为大型导弹，无论如何不同意接受对导弹体积和发射井容积进行硬性限制。

在赫尔辛基，双方谈判团队就发射井的容积达成一致，都同意发射井容积"不能有重大扩充"，但何谓"重大"却未明确限定。基辛格后来称，美方谈判代表史密斯试图把这一数字限定在15%上下，苏联人拒绝后，美国决定单方面宣布。基辛格对此不屑一顾，"不顾苏联人的反对、把协议建立在靠单方面措辞上，太过冒险"。但史密斯的手下佳尔索夫认为基辛格完全错了，美方在赫尔辛基从未提出过所谓15%一说或发表什么单方面声明。拟就的声明不过是根据基辛格的命令准备的一条退路，而且代表团是反对的。

让基辛格吃惊的是，勃列日涅夫竟提议把"重大"一词干脆删掉以解决双方分歧。基辛格连忙致电赫尔辛基，告诉史密斯，勃列日涅夫此举表明苏联人并没有增加导弹尺寸的意图。实际上，他恰好猜错了：勃列日涅夫的话说的是发射井，而不是导弹。

更糟糕的是，苏联人的提议实际上仅仅局限于对发射井直径的限制，无怪乎他们一直坚持要在条文中插入一句话：发射井以"在国家技术手段的帮助下可视"为标准。说白了，就是发射井的大小要由卫星来确认，卫星当然只能看到直径长短，却无法看出井深。而挖深后的发射井恰好能装下苏联人正在研制的体积更大的轻型导弹。

基辛格在这些细微之处明明不是专家，却坚持单打独斗，不让美国限制战略武器谈判组来莫斯科帮忙。他所面对的不仅仅是葛罗米柯，还有一大帮聪明绝顶而又顽固不化的军控专家，比如斯莫诺夫。每次基辛格试图开开玩笑，斯莫诺夫的唯一反应就是勃然大怒。结果，苏联人好像从勃列日涅夫的立场上又倒退了，称仅同意在一项附加条款中提及"发射井的尺寸（dimension）""没有重大变化"，而对导弹体积则闭口不提。基辛格回应说，所谓"重大"变化就是不能超过15%。

最后，葛罗米柯接受了发射井"尺寸"增幅不超过15%的限制。基辛格大喜过望，多年后他声称这一成就比美国专业的谈判团队所能取得的成就要好得多。但佳尔索夫指出，基辛格自始至终压根就没搞明白苏联人的调包计——原来的"体积"（volume）被换成了"尺寸（dimension）"，也就是说，如果苏联把发射井口直径增加15%，最后整个井体体积的增幅其实是32%。

此外，基辛格的妥协对导弹的大小没有产生任何约束。相反，他授命起草了一份美方如何定义"轻型"导弹的单方面声明。在一个月后的国会听证会上，基辛格更近乎于欺骗地告诉杰克逊参议员，美国有一项"保护措施，确保苏联根本没有更大型的导弹用于替换现有的最大的轻型导弹。"根本没有什么保护措施，仅仅是一纸单方面声明。奇怪的是，基辛格在回忆录里也认为这种没有强制力的东西在处理发射井问题上"太过冒险"，甚至哀叹"我们过分高估了这种单方面声明的约束力。"

这种不诚实的态度伤害了限制战略武器谈判进程。基辛格比谁都清楚苏联人当时正盘算着研制个头更大的"轻型"导弹，他甚至截获了苏联领导人讨论新导弹的电话内容。一旦事情明白无误地证明，美国已没法说服苏联达成协定放弃这一项目，留给基辛格的选择便只有两个：一是签署一份承认现实的协议，干吃哑巴亏；二是搞一个美国自己的单方面声明，掩盖漏洞，混淆过关。基辛格选择了后者，结果是当苏联头也不回、大步流星地研制新型导弹时，美国国内强硬派骂声四起，说"老毛子骗人"。

潜射导弹问题就更让人摸不着头脑了。搞清其中乱七八糟的一锅粥后，人们才发现所谓的辩论是多么肤浅。事情起因是苏联人正在研制潜射导弹，而美国人尚未开始。为了把潜射导弹也纳入"冻结"范畴，基辛格提出了一个源自拉尔德的点子：苏联可以继续研制Y级潜艇，但必须以销毁老潜艇作为代价。

若光是如此也便简单了。但更挠头的问题在于如何界定苏联潜射导弹的上限（基辛格最终同意苏联可以生产950枚潜射导弹，装载于62艘潜艇上），如何对已生产的和生产中的导弹分别限额，以及苏联的G级柴油动力潜艇算作新型潜艇还是可销毁潜艇。

毫不夸张地说，基辛格的上述解决方案，对于史密斯、祖沃特等被他隔离于决策层之外的专业人士们看来都太"慷慨了"。为了让950这个数字看上去不那么刺眼，基辛格还特意让人写了份报告，说如果没有约束苏联造的潜射导弹可能多达1 150枚，后来基辛格在为自己辩解时还引用了这一数字。事实证明，五年冻结期内苏联人铆足了劲也没造出950枚导弹。

可以想见，被基辛格隔离在外的军控专家官员们不停给他拍电报出主意，说数字应该压得更低。但公平地讲，基辛格争取到的已是人们能够预期的最佳结果。美国根本没有自己的潜艇研制计划，也就没有讨价还价的本钱。基辛格争取到的数字实际上也是苏联人打算生产的，美国方面尽了力，始终没有放弃。

然而，基辛格在细节上搞的鬼把戏大大削弱了人们对未来武器谈判的支持。不言而喻，苏联人老潜艇换新潜艇的办法自然也应适用于美方。这在当时尚存争议，美国已经至少五年不生产潜艇。但苏联要求美方书面保证不用旧潜艇换取新潜艇项目重新启动，基辛格竟然同意。不光这个，他还坚持要求书面保证必须保密。

一个月后，面对杰克逊参议员的质问，基辛格坚称两国间"没有什么秘密谅解"。后来基辛格类似悔过式地承认："当然，双方讨论时肯定有过一些关于各自总体意图的阐述。比如我就告诉苏联人——正像我在公开场合讲过的——美国不一定非要改建新潜艇。"1974年，秘密书面保证被曝光。当时正值窃听、水门和拉德福德窃密几案相继引爆之时，尽管基辛格在听证会上含糊其辞地承认此事，但公之于众还是削弱了他的信誉和公众对缓和的支持。

"现在想起来，"基辛格说，"要是让双方的军控谈判代表团在峰会期间来莫斯科继续他们的工作肯定更好。"撇开史密斯、佳尔索夫这样的专家，意味着时时会有误会发生，意味着无数小时被浪费在莫斯科到华盛顿再到赫尔辛基穿越大洋、往来反复的文电上。"说实话，我们根本没准备好搞如此详尽细致的谈判，"希蓝德说："信息不足，当时简直一团糟。"

此外，对军控谈判天生最热情的支持者们，如史密斯、尼斯等，把数10年时间投入这项事业，最后换来的却是深深的怨恨和沮丧。

基辛格把账赖在尼克松身上，说总统急着把谈判功劳揽到白宫，但他也承认自己"并非未受虚荣心和抢夺最终谈判果实欲望的驱使"。如果初衷是捍卫尼克松的荣誉，完全有更简单、更安全的方式，基辛格大可径向史密斯说明，并强调自己只得尊重总统决定。杰拉德·史密斯，乔治城的绅士律师和老牌外交家，不是个不知天高地厚的家伙。"如果亨利早告诉我尼克松想要什么，"他后来说，"我肯定乐于听命。"

末了，只是电示赫尔辛基的史密斯飞来莫斯科参加周五晚的签字仪式。没成想周四晚最后一锤子买卖陷入僵局，签字仪式不得不推至周日，史密斯又被告周日前不得出现。周五中午，葛罗米柯从政治局会议室里跑出来告诉美国人，苏方接受了美方最终修改版本，签字仪式又可以如期举行了。就这样连协议词句还没打印清楚，尼克松和基辛格就忙不迭同意了。结果赫尔辛基那头不得不根据前方指示慌乱地把所需文件准备好。

史密斯、尼斯和代表团其他成员不得不快马加鞭赶到莫斯科参加这场盛会。当天下午，半打苏联和美国谈判成员爬进一架颤颤悠悠的美国螺旋桨飞机开始痛饮啤酒庆祝，结果啤酒几乎把他们准备的羊皮纸文件给浸透。

让精疲力竭的史密斯更屈辱的是，他抵达莫斯科时竟没有车辆和官员接他一下。最后是一辆苏联方面的轿车送他去的克里姆林宫，但所有美方人员都跑到美驻苏大使官邸参加尼克松给勃列日涅夫举行的答谢晚宴去了。史密斯于是赶到使馆，根据安排他要参加基辛格主持的新闻发布会，就这样，他在过道里踱来踱去等着人们从尼克松的宴会上过来。从早上三点起床，除了在飞机上喝了点庆功啤酒外，他什么都没吃。"我来苏联首都为我苦心经营了那么长时间的军控谈判协议签字，"他回忆说，"可我觉得自己就像只巷子里的野猫只能干巴巴地找点肉星儿，而伟人们却在举行国宴。"

事情安排之乱可见一斑，不过正如基辛格后来所言，"尼克松这届政府就是爱折磨那些体面和有能力的人。"他在回忆录里再次把那句用在比姆、罗杰斯和其他人身上的话套在史密斯头上："史密斯应该得到的不止这些。"

联合记者会一上来就陷入尴尬。史密斯坦率地回答了有关苏联潜艇数目的问题，并承认目前协议允许苏联人制造更多的潜艇。最后基辛格只得插进来说有关数字还存在争议。

"你想干吗？制造恐慌吗？"基辛格在去克里姆林宫参加签字仪式的路上大声斥责史密斯。

因为军控谈判还存在很多问题，基辛格同意签字仪式后再举行一次记者会，这回没请史密斯。

于是史密斯回到比姆大使那里，两位有教养的外交官一起喝酒听音乐，发泄对基辛格的不满，直到深夜。就是无数个这样的夜晚给了基辛格一长串的体制内部的宿敌名单。

此刻，基辛格跑到了红场苏联国际旅行社酒店里的星空夜总会，拿起麦克风开始了表演。今天是他的49岁生日，一口气表演了三个小时，再次用他的笑话、学识和小心的解释倾倒了新闻界。他的观点是，"冻结"绑住了苏联人的手脚，但对美国没有丝毫束缚，协议规定的五年期里美国本就没有重大项目。

当被问及美方如何确认苏联正在建造的是什么潜艇时，基辛格解嘲道："嗯，本届政府里头最精明的几个脑瓜（犹豫了一下）——当然他们都视沉默如金（大笑）——已经在考虑这个问题。"有记者问他美国有多少潜艇会装备MITRVs导弹，他也闪烁其词，不予回答："我知道有多少，但我不确定这是不是机密。"

"不是。"另一个记者说道。

"那么是什么呢？"基辛格马上问他。

"你们已经部署了八个。"

"但你不知道我们在改装的有多少个。"

"31个。"记者大笑起来。

"我以为我的老部下都加入候选名单了呢！"基辛格说，笑得比谁都大声。

对第一阶段控制战略武器协定最严厉的批评是，美国只是对苏联的进攻性导弹发射体系片面强调"冻结"，而非要求实现对等，这使苏联可以继续保持1962年古巴导弹危机以来在导弹数量和尺寸上的优势。参联会在峰会进行当中就提出反对意见，祖沃特上将认为，苏方的导弹数量简直"惊人"。

华盛顿的黑格把军方的关切报给基辛格，并表示自己也赞成他们的看法。

黑格没告诉基辛格的是，他一直在华盛顿四处诋毁军控协定。协议签署当天，黑格对詹姆斯·施莱辛格——后来的国防部长、基辛格的死对头——说："今天是国耻日。"

但正像基辛格指出的那样，某种形式的"冻结"确有好处，至少是时下能取得的最佳结局，"美国当时没有任何一个实行中项目能在五年内造出新导弹"。同时，尼克松政府也在推动两项重大导弹项目，大步紧追。

军方和黑格的意见过来后，基辛格感到有必要让尼克松知道。找到时，他发现尼克松正赤身裸体、四仰八叉地躺在沙皇公寓前厅的按摩桌上，私人医生正在给他揉肩。"尼克松裸躺在按摩桌上，"基辛格后来写道，"作出了他总统任期内最勇敢的决定。"他要基辛格不要理会华盛顿的干扰，继续谋求达成一项协议。

过后，基辛格发电给黑格，言辞尖利地说，他的工作是争取支持，哪能光反映意见。

对基辛格的一项批评后来证明是正确的：协议冻结了导弹发射装置的数量，但允许其"现代化"和"替换"。这实际允许甚至鼓励了MITRVs多弹头导弹的部署。里根时代美国的不稳定和"脆弱性"部分正源于尼克松时代鼓励而非禁止MITRVs的决定。从协议签署到80年代。美国核弹头数量从1 700枚增至10 000枚，苏联人也达到同等数量。希蓝德认为，第一阶段战略武器控制协定实际上刺激了战略武器的增长。

尽管如此，和莫斯科建立工作关系本身即具有重大历史意义，特别是美国同时还与北京建立了同样的关系。在整体地缘战略视野内，有关潜艇和导弹的计数方法的争议、乃至军控协议对缩减世界核武库无甚作用这一事实都不应掩盖全过程产生的重大意义。

尼克松给国会的报告中，基辛格和洛德用了一句极度满足总统豪言善夸秉性的话——也是一句大实话："两个被意识形态和政治敌对深深割裂的对手，从未像今天那样一致同意对他们赖以生存的军备加以限制。"两大敌手，长达10年间以其庞大核武库将整整一代人置于灭亡边缘，终于决定以现实主义而非情感冲动开始全新的伙伴关系，其中反映的是核时代最重要的真理：不受限制的军备竞赛是徒劳、昂贵而危险的。

此外，峰会让1945年以来的美苏意识形态敌对不再那么重要。峰会每个晚上，美国电视画面上都是美国国旗高高飘扬在克里姆林宫上方，这是有史以来头一遭。画面虽古怪，却令人激动，距离同样戏剧性的北京峰会仅三个月之遥。

就这样，"缓和时代"拉开了帷幕。华盛顿和莫斯科努力抑制双方在全球范围的竞争，寻求互利，享受不多见的团结友爱。

"缓和"这个词用的是法语détente，原意是把绷紧的绳子松开；译成俄文意即矛盾的缓解。导弹危机后，1962年10月肯尼迪给赫鲁晓夫的信中用到了这个词——"我们准备讨论达成缓和，这将对北约和华沙条约都产生影响"——一年后在缅因大学演讲时肯尼迪又一次提到这个词。基辛格第一次公开使用détente是在1968年11月，跟一个对外服务机构的谈话，当时他刚被尼克松聘用一个星期。他说："北约不适合缓和政策。"后来基辛格在莫斯科给记者做背景简介，吐出了détente这个词，新闻界赶紧捡起来，马上就天下皆知了。

1972年后。峰会成为美苏关系中的常例，防止超级大国的关系走向失控。而控制战略武器谈判发挥了中心作用，他成为美苏关系好坏的晴雨表。

美苏之间的对抗并不是战略武器惹的祸。战略武器，像核弹头这样的东西有一个好处是看得见摸得着，可有可无，在谈判桌上也比一些基本原则容易妥协，比如政府如何对待自己的国民，多大程度上干涉了地区冲突，是否想要把自己的意志强加在别国身上等。所以战略武器往往能够帮助推进那些一万年也谈不出结果的谈判，虽然过程也相当复杂。

莫斯科之行的成功让基辛格成为全球超级明星，媒体时代第一个也是唯一一个外交名人。《芝加哥太阳时报》的一篇评论颇具代表性：

> 亨利·阿尔弗雷德·基辛格已不仅仅是个天才，他是个活传奇，这词可不会轻易使用。……他是位有造诣的世界主义者，彬彬有礼，从不吹嘘自大，坚持己见又不装模作样。作为一位知名的女士宠儿，基辛格毫无疑问给了这片土地上那些矮粗、夜猫子的、超重的中年光棍们极大的援助和安慰。

回家的路上，尼克松和基辛格顺路到伊朗拜访了伊朗国王巴列维，此君是美国在该地区的代理人。基辛格当晚光顾了一家德黑兰的夜总会，其当家明星是跳肚皮舞的舞娘纳迪亚。"有魅力的姑娘，对外交政策很感兴趣，"别人问他都和舞娘说了些什么，基辛格说，"我花了些时间给她解释怎么把G级潜艇上的弹道导弹换装到Y级潜艇上去。我想让纳迪亚们生活在一个更安全的世界里。"

这张照片上了《华盛顿邮报》和其他报纸的头版，把尼克松在华沙受到成千上万波兰人欢迎的照片挤到了一边。霍德曼可不高兴了："太过分了，"他在回华盛顿的飞机上发火，"抢总统的镜头是不可原谅的。"

其他同事则兴高采烈，"真是疯狂的一周，亨利，"萨菲尔说，"总统下一笔买卖是什么呢？"

基辛格想都没想便答道："越南和平。"

第20章 | 和平在望

巴黎谈判达成难以捉摸的协议

> 我们打了四年的仗，押上了外交政策的全部家当，仅仅为了保卫一个国家。
>
> ——基辛格对南越总统阮文绍称，1972年10月22日

◎薄暮微明

美军轰炸海防和河内没多久，北越热闹的攻势就停了下来，双方又退回到四年前的老样子，各执一方。

更重要的是，基辛格一手搭建的大三角见效了：美国和中苏相继建立现实关系，北越发现自己被从前的庇护国孤立了。河内的机关报用一种让美国的博学家们脸红的热情大骂苏联和中国"给濒死的海盗扔救生圈"、"深陷在无原则妥协的泥沼和黑暗中"。又说，"革命的路上总是撒满鲜花，而机会主义是一潭恶臭的死水"。

越共在南越有14万军队和同等数量的游击队员，但他也发现，要想立即打垮有美军空中支持的120万南越军队并不现实。共产党领导人对停火的态度改变了。1972年8月，在战斗了12年后，越共中央政治局投票决定以谈判方式解决越南问题。

几周内，共产党在巴黎的代表开始暗示美方，北越放弃立即用联合政府代替阮文绍的要求。这样一来，达成最终协议已不可逆转，剩下的仅是在文本上纠缠细节的问题。四年的反复交易终于看到了盼头，美方已放弃要求北越撤出

南越的要求，而越共也终不再要求推翻阮文绍。

　　某种意义上说，美国已不再有什么谈判筹码。单方面撤军几近完成，1969年时的59万大军已减至27 000。只要撤出美军剩余部队、停止对西贡的空中支援，战俘问题便可迎刃而解。但基辛格想的是谋求一项能让五万美军孤魂去得更加有意义的解决办法，即设法通过谈判达成停火协议，保全阮文绍的西贡政权。

　　基辛格希望在11月7日美国大选前搞定停火协议。他的批评者和部分白宫同事都认为他是想帮尼克松打垮总统竞选对手麦戈文。实际上，基辛格的想法是，美国在大选前处在更有利的谈判地位上。共产党正急不可耐地推动一项三步并两步的停火日程，显然是担心尼克松一旦连任成功后会大打出手。基辛格相信——事实证明他是正确的——利用这一心态可以压迫黎德寿和越共政治局作更多让步。

　　此外，基辛格意识到，即便尼克松大获全胜，次年1月民主党控制的国会势必削减战争拨款，无论如何，1973年的美国绝不可能比1972年时的谈判地位更有力。

　　尼克松恰好相反。他不急于在选前达成停火协议，哪怕被对手抨击。背后影响他的是政治"枪手"查尔斯·科尔森等人。选前达成协议会被看成是政治炒作，保持鹰派形象是有好处的，正如轰炸海防和河内时的民意显示的那样。选前停战会丧失民主党内部支持尼克松强硬政策的蓝领阶层选民的支持。

　　尼克松、霍德曼、科尔森和黑格经常在一起讨论选前达成停火协议会带来什么政治风险。科尔森回忆说："我们觉得太快达成协议有诸多弊病。但亨利拼了命地想要赶紧结束战争，好当帮助尼克松再次获选的功臣。我们怎么劝都劝不住他。所以那个月气氛紧张得要死。"

　　尼克松还怀疑，基辛格又想趁大选眼瞅势在必胜时搞点花样跟他抢风头，他现在可没有让手下的助理揩他油的兴致。"必须让亨利慢下来。"他告诉科尔森。霍德曼传话给基辛格说现在达成协议会在政治上"适得其反"，但基辛格全然不睬他。"他着魔似的非要在选前搞定和平协议。"霍德曼回忆说。

　　和基辛格的评价不同，尼克松认为他选后的谈判地位更强。到那时，"敌人要么就范要么面临我们采取措施的后果。"他在日记里写道。多年后，尼克松解释他当时的看法时观点更强硬。

　　更重要的是，尼克松对谈判解决问题压根不抱希望。整个1972年，基辛格不停地向他上呈报告说河内又有什么打算让步的微妙表示时，尼克松总是在报告扉页上批注好多大大的问号或酸不溜丢的评语。"尼克松从来没真正赞同过基辛格主张外交方式能解决问题的观点，"基辛格的助手彼得·罗德曼后来回忆说，"他对外交持怀疑态度。"

尼克松越来越多地和黑格一道对基辛格和他的谈判说三道四。黑格也不阻拦。黑格的晋升速度是史无前例的，尤其是一名常年坐班的文官军人。1969年进入白宫时还是上校，1972年3月得到第二颗星晋升少将；当年夏天，让大部分军队高层人士愤怒的是，华盛顿谣言四起，说黑格很快就要跃过中将衔直接升为四星上将兼陆军副总参谋长。基辛格此时已经知道黑格在背后嚼舌头的事情，全力支持晋升黑格，巴不得赶快把这瘟神送回国防部去。

8月的一天，黑格去找祖沃特共进午餐寻求建议。祖沃特假装不知道黑格将晋升四星上将和陆军副参谋长的谣言，建议说他应该考虑到外面任职。"在巴拿马的南方司令部将军马上就要退休了，"他提醒道，"干吗不去那里？"祖沃特回忆说，当时黑格手托着下巴，全神贯注地盯着一样东西愣着神。吃午饭的大部分时间黑格都在批评基辛格，但回到白宫后，一见基辛格就说："刚和祖沃特吃了饭，他就是华盛顿第一伪君子。"

1972年9月，得到第二颗星六个月后，黑格晋升为四星上将，任陆军副总参谋长。但尼克松提出一项条件：黑格必须继续做基辛格的副手，直到越南谈判结束。基辛格需要他，尼克松说。更重要的是，尼克松不信任基辛格处理谈判的方式，他要黑格在旁边当强硬派。

8月14日的巴黎会议上，基辛格嗅到，河内正逐渐远离要求阮文绍下台作为和平先决条件的立场。"从未像现在这样距达成谈判如此之近。"他给总统发回报告说。

尼克松不屑一顾，在报告边上的空白处批示给黑格："艾力，显然无甚进展，也没什么可指望的，必须劝劝亨利。"

另一个不满的家伙是阮文绍。这位瘦削、笔挺、自大的军人总统有着一双冒光的眼睛和不易察觉的微笑，让人不知他在想些什么。此君或是位城府极深的权谋家，但在谈判问题上的要求却不加掩饰，他要求充分参与每一阶段的谈判进程。而不是每次事情搞定后由基辛格告诉一声就完了，他要和美国平起平坐，而不是做傀儡，要有足够时间让南越人民对可能的妥协做好思想准备，而且他压根不想让美军撤走。基辛格可管不了许多，阮文绍后来愤愤地说："北越一直骂南越是美国人的傀儡，而基辛格却真把我们当傀儡对待。根本不愿费事平等对待我们，他太傲慢了。我们想参与谈判，但他却背着我们干，几乎什么都不告诉我们。"

8月中旬，基辛格去了南越一趟，带了本关于梅特涅的著作在飞机上读。此行最重要的任务就是告诉阮文绍，谈判中将不要求北越军队撤出南越。阮本来已经默许了美国这一立场，但他要的只是坦率相告——恰恰这一点不是基辛格的长项。

阮文绍在桌上直言不讳地提出了这一点。4月的一份备忘录里还说要双方共同撤军，究竟发生了什么事情？

"总统先生，"基辛格答道，"我没法说服苏联人接受您的观点。"

"我们想重申那是我们两国的共同观点。"阮称。

"我们会试试，不过我们可不知道他们会不会接受。"基辛格答道。

总而言之，要求北越撤军的问题变得模棱两可。基辛格说的"试试"根本不真诚，他知道让步的决定已经作出，不过他已给了阮文绍足够的暗示。同样，阮也暗示基辛格他没法接受。"我们不想和阮文绍产生分歧，"基辛格后来解释说，"这和陷入僵局的谈判看上去没什么关系。"

当然，阮文绍的粗鲁态度也无助于事情的解决。他的方式是屡次拒绝接见温文尔雅的美国大使班克；总是把基辛格和黑格当成单纯的传话信使。"傲慢是虚弱的外壳。"基辛格后来评价阮文绍说。

基辛格在回忆录里至少六次用"傲慢（insolent）"形容阮文绍及其助手，就像他形容黎德寿那样。这一"傲慢"多指一个想象中的地位卑贱者或不服气的傀儡。基辛格的回忆录里充斥着他对各国国民性格的评价，但他对越南人的描述近乎种族侮辱。关于那次8月会见，他说阮文绍"带着越南人特有的含糊其辞的文化傲慢和他斗气"。其实含糊其辞又文化傲慢的正是基辛格。

阮在反对基辛格的外交努力方面远不是什么含糊其辞。基辛格走后，黑格又来，阮当面痛斥基辛格甚至不愿"屈尊"和南越商量谈判问题，表示反对允许北越军队继续留驻南越的想法，认为基辛格创立"民族和解委员会"的主意糟透了，这是在迎合北越建立联合过渡政府的要求。

黑格把阮文绍批评基辛格的话转述给尼克松，尼克松对阮表示同情。但当着基辛格的面，总统又批评黑格在西贡待得时间太短，没能留下来做做阮文绍的工作。

西贡和华盛顿的冲突愈演愈烈，基辛格早该料到。四年前，在《外交》季刊上刊载的那篇有关越南问题的文章中，基辛格讨论了美国及其代理人间可能会爆发的争吵。没想到的是，他的分析和1972年年底时的情景简直惊人——几乎是骇人般的——相似：

> 我们和盟友间的冲突会频繁发生，都说自己被骗了，以至于怀疑整个体系是不是存在结构性问题。……当一个问题仍十分抽象遥远、尚不存在协议解决的前景时，我们的外交官们总是随随便便、大大咧咧地向盟友们阐述我们的立场，反正他们是不直接上谈判桌的。而盟友们的回应也常常模棱两可，一是可能误认为反正事情不急，不急于作决定，多一事不如少一事，二是担心推得太狠会适得其反，再就是认为根本不可能达成协议，希望问题自行消失。可当"不可能的"协议迫在眼前时，美国人突然进入高速挡，要求盟友立刻给予默许。事情来得突然又紧急，盟友们会觉得被要了，开始反对；而我们却因听到盟友们先前并未明确表露的反对意见而勃然大怒。

平心而论，基辛格抓住了1972年秋的转机，这是对的。北越已同意实现停火并保留阮文绍政府。这符合美国利益，也是南越能指望得到的最佳结局。但基辛格犯了一个悲哀的严重错误：他一心在10月达成协议，全然不顾尼克松和阮文绍方面频繁发出的明显不支持的信号，为此他陷入了一场不可避免和可预见的冲突旋涡之中。

基辛格优势在于他是个优秀的讨价还价者，知道如何玩弄手法、腾挪闪躲，设法在一些对美国无关紧要的问题上诱敌深入换取妥协，同时在美国在乎的问题上打马虎眼。但弱点在于没法成为真正的协调员，不能拢聚各方支持，让他们相信能从谈判成功中获得好处。他总是自个想出道道，估算出最佳局面，但不了解保持其他游戏玩家充分了解情况、考虑别人关切的重要性。

◎和平在望

巴黎谈判越来越严肃，基辛格感到，再搞什么秘密行径也无甚大用，仅仅能满足一下自己爱搞突然行动的心理，让北越钻空子欺骗舆论。于是他决定每次会见都将公之于众，只保密会谈细节。基辛格后来承认，这一合理举动让河内的心理战顿时失去了作用。直到那时他才意识到，此前的保密行动太过火了。

即便如此，基辛格仍然改不了偷偷摸摸的习惯。9月15日那次会谈前，他故意在宾馆房间门上挂了个"请勿打扰"的牌子，把自己的喷气式飞机留在希斯罗机场，偷偷乘另外一架飞机从伦敦飞赴巴黎，"毫无意义的把戏，简直幼稚，因为无论如何当天都会发布和黎德寿会谈的消息。"基辛格后来承认。

那次会议上，基辛格迈出了决定命运的一步，他表示美方建议给停火后成立的选举委员会赋予一个更大气的名号——民族和解委员会，明确表示共产党可以和西贡政权拥有同等代表权。在基辛格看来，这和以往无甚实质区别，反正委员会议事采取一致通过方式，西贡拥有否决权。他的目的在于让选举委员会的名字听上去更像是共产党要求的"过渡联合政府"，希望河内能买账。但阮文绍强烈反对这一改动，基辛格动身去巴黎两天前，阮表明了态度。

尼克松跟黑格说他对基辛格的方案没啥兴趣。尼克松说，美国人民对通过妥协找到解决办法已经没有兴趣，他们支持继续轰炸，希望美国在经历所有这些战事后能大获全胜。不过最后他还是批准了基辛格的建议，条件是对黎德寿要强硬些，要让公众解读为是对鹰派而非鸽派的支持。

北越谈判代表拿出的自己的修改版，名字是"民族团结政府"，同样在停火后成立，同样不谋求替代阮文绍政权，但其权限更大，不仅仅组织选举，基辛格表示拒绝。但双方妥协的大方向清楚了。剩下的不过是从措辞上掩饰彼此区别，这正是基辛格的强项。

基辛格预感到10月8日的会议很可能取得决定性突破。他带上了黑格。回忆录里他说将军对于西贡能承受到什么程度了如指掌，但实际上，他后来坦白是担心黑格在背后搞鬼。

一个阳光明媚的秋日星期天，会谈开始了。开场是基辛格讽刺奥图耶赛马跑道的一个笑话，基辛格说，赛马手们都躲在跑道一侧的树林里，人们看不见，但据说骑师们就在林子后头决定谁赢谁输。

"那我们呢？我们进行的是一场奔向和平还是通向战争的比赛？"黎德寿问。

"奔向和平，而且我们也躲在树林后头！"基辛格说。没错，基辛格搞来搞去都是背着尼克松和阮文绍，这个比喻很恰当。

果不其然，黎德寿随后拿出了一份明显打算制造突破的新计划。几乎所有细节都向美方立场迈出一大步。经过几处修改和痛苦的反复后，该计划为最终亮相的和平协定奠定了基石，其中特别包括：

——立即停火，不待解决所有政治问题——换言之，不必首先废黜阮文绍；

——全部美军撤出南越，北越部队可留驻，但不宣布；

——遣返全部战俘；

——北越暗示但含糊承诺不再向南方渗透北越部队；

——美国可继续援助南越军队，同样河内可继续支持南越境内的越共；

——"民族和谐行政当局"主要作用是组织选举，所有决定需一致通过，不能取代西贡政府或共产党省革命政府，二者各在其管制区内行使控制权。

"四年了，就等这一天，"基辛格后来写道，"可当它真的到来时，却没有我们期待的戏剧性。"随着一位老革命家低沉单调的声音宣布将10年流血化成精心规范的模棱两可的辞章，和平到来了。不论如何，基辛格后来认定那是他一生中最激动的时刻。

基辛格要求休会。一出来，基辛格和洛德高兴得手舞足蹈，"我们成功了！"黑格也激动地宣称说他们为在越南流血牺牲的美军将士们"保全了荣誉"。

只有内格罗蓬特显得忧心忡忡，他担心西贡会找麻烦。但基辛格不管了，虽然阮文绍疑神疑鬼，而且尼克松也坚持大选后一个月再搞定谈判，基辛格仍决定按黎德寿建议的时间表走下去。没有理由拖下去，他也没法接受尼克松所谓继续轰炸北越以大获全胜的电令，尤其是河内俨然已经接受了美方基本条件。他让内格罗蓬特和洛德修改一下黎德寿的计划，削弱民族和谐行政当局的权限，强调北越不能再向南方渗透并加上附加条款：河内从柬埔寨和老挝撤军。当晚，基辛格约上巴黎友人共进晚餐，然后一个人沿着塞纳河左岸和巴黎圣母院散步。

凌晨三点，内格罗蓬特和洛德把修改后的方案呈给基辛格，去睡觉了。八点钟，基辛格叫醒了他们，大发雷霆。内格罗蓬特力推的附加条款太过强硬，"你们不明白，"基辛格大声解释道，"我要迎合他们的立场。"他命令，中午之前拿出一份更缓和的应对方案。

基辛格想对接黎德寿计划的决定是合理的，错误在于推得太快和埋头单干，也不停下来和两位总统商议一下。

基辛格没让尼克松干预，仅仅给霍德曼发了份没有细节的鬼鬼祟祟的电报。"告诉总统先生我们已经取得了切实的进展。"电称。尼克松没回。接下来两天，基辛格又连续发给霍德曼两电。"我们清楚自己在干些什么，"其中一份说，"我们以前没让你失望，以后也不会。"他后来解释说，之所以没报回细节，是因为尼克松和查尔斯·科尔森泡在一起的时间太多，这种人只会利用会谈做国内政治文章，让他知道了情况，"不知会发生什么。"

至于通知阮文绍方面，基辛格让大使班克传递的信息隐秘且模棱两可："另一方也许会在这几次会议中提出停火。"他没有透露其实他们已经在考虑这样一个协议，而且他也打算在离开巴黎之前接受该提议。这种随意的态度激怒了阮文绍，所以他并没有起到帮助的作用。阮文绍拒绝接见班克，还叫他那恼人的侄子和新闻秘书黄德雅谎称他滑雪时不慎伤了脚。

10月11日，基辛格和黎德寿进行了一场长达16小时的马拉松式谈判，最终达成协议。基本条款和10月8日河内版本的内容大体相仿：阮文绍政权保留，但必须和南越的越共省革命政府分享权力，结束战争，美军撤出，战俘悉数释放。

虽然没法强迫北越部队撤出南越，但基辛格得到对方保证，不再向南方渗透武装力量。河内和华盛顿都有权接济各自盟友。此外，为避免咬文嚼字，基辛格还承诺美方将向南北越双方都提供援助以"弥合战争创伤"。

但停火协议对老挝和柬埔寨并不适用。河内允诺一月内在老挝问题上找到办法，但抗议说，他对柬埔寨红色高棉的影响力正日趋下降。黎德寿说的是事实，没过几年，北越和柬埔寨即爆发战争。

这就是基辛格一直为之努力的协议。为了增加戏剧性，他甚至制定了一份日程表准备10月24日秘密访问河内——最后一个重要敌人的首都，在河内突然出现，然后庄严地签署协议。

可能是出于傲慢或机会主义，他没跟黎德寿讲明（或许他自己也不明白），整个协议生效还有赖于阮文绍的同意。协议文本也规定了，双方负责搞定各自盟友。基辛格在马拉松式会谈结束前带着黎明前的踌躇满志向越南人作了告别演说："对于两家来说，真正的胜利，毫无疑问，是从现在开始建立彼此间持久的关系。当我和我的同事们访问河内时，我们将向英雄的越南人民致敬，开启两国关系的新篇章。"闻听此言，北越当然认为协议已是板上钉钉之事。

令人奇怪的是，基辛格甚至没向西贡提供一份协议的复印件。更糟的是，他还让班克向西贡传达一条错误信息：北越人可能在近期接受停火。实际上双方早已谈妥。基辛格的打算是，先吓唬阮文绍，然后让他看到真正的协议，会发现没有想象的那么坏。他给阮文绍方面提供的是10月9日的老协议版本。基辛格后来承认："那不是个高尚的办法，也不管用。"

之所以不管用，是因为阮文绍最怕美国背着他在后面搞鬼，和北越人密谋什么，然后突然强加给他。所以不管基辛格将来说什么，不管他论证多么有力，阮文绍永远不可能再相信他。

10月12日傍晚，基辛格一行回到华盛顿，他和黑格径赴尼克松办公室汇报。基辛格的回忆是，尼克松听完报告后表现出"可爱的冷漠态度"。尼克松对他的印象则刚好相反，说基辛格咧着嘴"带着有史以来最最露骨的微笑"。自从打开中国大门并和苏联开启缓和时代后，看上去主臣二人眼看就要实现他们剩下的目标——结束越战。"总统先生，看来我们三战全胜啊。"基辛格说。

◎混乱中的角力

尼克松对协议内容表示同意。他后来评价说，那份协议无异于"敌人签署的全面投降书"。为表庆祝，总统从白宫食堂点了三份大牛排，还让男仆马诺罗搞了一瓶好酒来。

如果西贡反对，尼克松进而宣布，基辛格必须忍忍，等到选举结束后再说。这下可麻烦了，基辛格立刻意识到。

北越已经准备在两周内迎接基辛格去河内搞签字仪式了。如果美国此刻撤步，他们很可能将协议内容公之于众。国会肯定会要求签署协议，而不是继续延长战争。但基辛格没告诉北越日程可能被迫延迟。

一周后，基辛格登上了去西贡的飞机，准备亲自向阮文绍解释美方所做的事情——就在按日程他应赴河内的五天前。路上，内格罗蓬特表示了担忧，阮一向表现欠佳，很可能会找麻烦，虽然协议内容对他而言已是最佳结果。不过在南越留驻北越部队毕竟会危及他的统治。基辛格顿时火冒三丈，他认为阮如果拒绝的话简直不可理喻。

但直到此时，基辛格仍然认为还没到告诉阮文绍最终协议内容的时候。尼克松也同意，最好是给南越总统一个惊喜，等他发现联合政府的动议最终被打掉时，肯定心花怒放。尼克松甚至像魔法老师一样教基辛格如何玩这个把戏。"总统建议，"基辛格回忆说，"和阮文绍'打打扑克'，要留住'主牌'，不到最后绝不出手。"结果证明，不仅扑克打得一团糟，而且他们根本错看了阮文绍。

基辛格不知道的是（也许多年后仍不知道），阮早就通过情报机构从一处越共地下党党部搜得一份10页纸的文件。就在基辛格访问西贡前一天的午夜，文件摆在了阮文绍桌上，阮立刻通读，题目是"停火指示概要"，内容就是基辛格和黎德寿秘密达成的协议条目。文件肯定是真的，中情局特工后来向基辛格出示过文件复印件。基辛格哀叹："从上到下都散发着讨厌的真相的味道。"比协议条文更让阮文绍怒不可遏的是可怕的背叛：这么大的事基辛格还瞒着他，连前线孤立隐蔽的地下共党的小干部们都已对协议一清二楚了。

阮明白了，基辛格是来西贡让他在协议上签字了事的，就三天时间。不仅国民没有机会适应变化，就连做做手脚让协议显得是南越参与制定的工夫都没有。他想好了。第二天夜里，西贡满大街挂满了条幅，声称北越不撤军就不停火。

10月19日早，基辛格出现在总统府，阮文绍让他足足等了15分钟，新闻媒体全都录了下来。然后，阮文绍的侄子才把他请进。

基辛格根本不知道阮文绍在想什么。"我想打得他满地找牙。"这位前总统回忆说。基辛格进行了半小时"研讨"后，才屈尊似的把英文版的协议内容交给阮。阮要越语版的。基辛格说没有。于是阮就让侄子——这位在俄克拉荷马大学以玩弄金发女学生著称的越南人——翻译并念给他听，而阮文绍自己叼着雪茄烟，盯着基辛格，好像基辛格是只小猫似的。"这可不是我们想要的。"侄子一边读一边向阮耳语说。

阮文绍侄子31岁，精力充沛，带头反对协议，而且乐于折磨基辛格。基辛格试图缓解一下气氛，随手拿出地址簿，翻到满是好莱坞明星的那页，调侃说如果侄子友好些的话，他愿意把这一页送给他。侄子以牙还牙，拿出自己的一长串女人名单，表示愿意交换。从那时起，基辛格一直愤愤地说这家伙当时就是"存心找茬"。

会议结束后，基辛格等西贡方面的答复，同时收到了河内消息，表示已接受了美方对最后两个细节的修改意见。基辛格以总统名义回信，说协议现已"完成"，只字未提西贡可能反对的事情。他也没给西贡留下任何插足修改的余地，尽管在西贡受到种种刁难，基辛格此时仍未考虑有必要让阮文绍政府在未来的和平协定的起草中拥有发言权。

为争取支持，基辛格采取了罕见举动——就在协议达成的当天，他把文本内容向国务卿罗杰斯和盘托出，请求国务院给予协助，将成果化为最终协定。罗杰斯提醒他，要是早这么干，什么事都会顺利得多。罗杰斯成为协议的坚定支持者，他告诉总统，不可能有比这更好的协议了。但与此同时，前陆军参谋长威斯特摩兰将军突然发难，批评协议不够好，没有要求北越撤军。

最终结果是，尼克松决定不能强迫阮文绍吞下这份协议，尤其不能在美国大选前逼得他跳出来公开反对。"不能搞强制婚姻嘛。"他给基辛格发电说。

基辛格急得够呛，他给黑格发回一份措辞尖刻的电报。"太好了，感谢那些有益的言论。"他讽刺道。减慢签署协议的速度将是困难的，可能导致河内爆炸性的反应。他可以这么干，如果总统愿意承担此举可能导致的后果的话。

黑格根本不帮忙。背着基辛格，他警告尼克松这份和平协议可能会危及南越安全。

南越反对意见集中在两点：一是他允许北越军队控制南方部分领土；二是选举机构软弱无力，听上去像是个联合政府。但恰恰这两点是这份协议的核心内容，不可能再重新来过。

此外，西贡从协议文本中找到了一些细微的问题，大大削弱了基辛格的信誉。比如，行文称"三个印度支那国家"，指老挝、柬埔寨和越南。这就是说越南是一个国家，而不是南北各一个。基辛格说是个打印错误，显然没法令人信服。而且在描述南北分界线时也语焉不详，这其实是基辛格善搞的模糊战术，因为他没法说服河内将南北界线描述为国际分界线。

恰在此时，北越总理跳出来接受了《新闻周刊》专访，叫嚣"阮文绍已被局势发展架空"，"现状是在南方有两支军队和两个政府，为此他们将不得不设法适应一个三边的联合政府"。

基辛格和阮文绍的会见本来安排在周六下午，但阮的侄子将其推迟一天。总统府傲慢的助理不停给美国使馆打电话，狂吠着宣布最新指示，然后咣咣地挂电话，基辛格后来回忆说，这简直就像博加特的电影里的场景一般。一本书里描述了当时阮文绍的侄子和基辛格的对话：

> 侄子："对不起，总统现在不能见你。他将在明天见你。"
>
> 基辛格："我是美利坚合众国总统的特使。你知道，你们不能把我当成跑堂的店小二。"
>
> 侄子："我们从没觉得你是店小二。可如果你觉得自己是店小二，我们也没办法。"
>
> 基辛格："我要求面见总统。"
>
> 侄子："我能提醒你一下我已经告诉过你了吗？对不起。"

极少发火的78岁老大使班克气得直哆嗦，从不掩饰脾气的基辛格更是极端暴怒。

基辛格和阮文绍的摊牌会见终于在星期天进行。"我不反对和平，"阮上来就说，"但我从你那里没得到满意的答案，所以我不会签字。"

基辛格在回忆录里对这次会议着墨不多，而且说自己反应平和。阮文绍和他侄子记得可不是这么回事。基辛格恼羞成怒，威胁道："你要是不签，我们就自己干。"还挑衅地向做翻译的阮的侄子说："为啥你们的总统非要当烈士？他根本就没有烈士的种。"

阮文绍笑了："我不想当烈士，我是个民族主义者。"说着他背过身去，不让基辛格看见他流眼泪。

"这是我外交生涯的最大失败。"基辛格告诉他。

更关心自己国家前途而非基辛格外交生涯的阮总统全然不买账:"为什么?"他问,"你是急着拿诺贝尔和平奖吗?"

实际上,自打尼克松1970年拿出的第一份和平协议方案开始,问题就已经很清楚了,美国愿意接受一份不要求北越军队撤出南越的协议。只是基辛格一直把这一点搞得神秘兮兮的,他反复告诉阮——最近一次是在1972年8月,他会"尽力"让协议中包括"双方共同"撤军的条款。但美国愿意单方面撤军了事这一事实也不应让阮文绍大惊小怪。

真正的问题是阮根本就不想要任何协议。河内的攻势刚刚减退,他不想这会儿实现停火。"美国人在我头顶搞了个协议,"他说,"这是另一个慕尼黑。"

会后,基辛格给华盛顿的黑格发电,说阮拒绝整个计划,拒绝据此讨论任何进一步谈判,美国面临重大难题。没过一会儿,他又给戴维营的尼克松发电报说,简直没法形容阮文绍的死心眼,"他的要求近乎丧心病狂"。

两个办法,基辛格电报里说。一是他径赴河内,搞搞穿梭外交看能否出现转机;二是打道回府。不论哪个,都应该停止对北越的轰炸。

尼克松受到黑格唆使,强烈反对基辛格的河内之行和停止轰炸的建议。12道金牌一股脑砸向西贡,让基辛格千万不能访问河内,即使基辛格已经回信说经过再三思考他也觉得此时访问北越不合适,华盛顿的警告电还不停地发过来。基辛格确信,黑格肯定没把他报回的所有电报内容都给尼克松看,而且不停煽风点火挑拨离间。

在国安会内部,黑格对基辛格的挑衅更加露骨。此时他已被提名为陆军副参谋长,不必再扮演基辛格身后的忠实助手。他和一大堆年轻的国安会工作人员来来往往,特别是克雷默的鹰派小儿子斯文。黑格还定期约见克雷默本人,克雷默在"二战"时曾是基辛格的伯乐,在国防部也是黑格的伯乐。基辛格不在华盛顿期间,他把克雷默领到白宫面见尼克松,老伯乐在总统办公室里迈着四方步极力劝说尼克松认清恢复轰炸北越的必要性。基辛格后来发现黑格背着他和大小克雷默密谋时,肺都气炸了。

黑格给基辛格发电说,干脆放弃已经与北越达成的协议算了。基辛格更火了,他没法想象把辛辛苦苦赢得的,而且绝没有更大上升空间的协议亲手埋葬。

一回华盛顿，基辛格就给黑格发了封最强硬最尖锐的个人信函，足以揭示二者决裂的程度：

> 关于你对协议内容的概括，我提醒你别忘了当初你也说好来着……许多战争因为胆小失败，但也有无数悲剧是因为妥协的时机到来时军人没有能力认识到所致。

尼克松不关心僵局如何，他只想在他当选前的两个礼拜里别人都给他消停点。

让尼克松沮丧的是，基辛格开始把他和河内达成协议的消息泄露出去。10月25日，他约谈《纽约时报》的麦斯·弗兰克尔。第二天，弗兰克尔在头版载文称引述美国高官的话停火协议即将达成，还警告说阮文绍别无选择只能听命。基辛格告诉尼克松他见弗兰克尔的事，据科尔森说，总统"气疯了，牙咬得咔咔响"。尼克松说："看着吧，估计每个人都会说是基辛格赢了大选。"

当晚，就在弗兰克尔的报道付梓之时，河内也通过广播公开了基辛格和黎德寿的会谈内容，还说西贡极力破坏。河内要求立即签署协议。

基辛格本来第二天一早有新闻吹风会，他干脆把事情搞大，开成新闻发布会，并经总统允许，进行电视直播。

后来，基辛格被指责为帮助尼克松竞选故意假称和平协定的签署迫在眉睫。实际上，当时他已意识到尼克松并没有立即实现停火的政治意愿。基辛格在新闻会上的话是说给南北越听的。对西贡，他要表明美国致力于执行业已签署的协议，同时告诉河内，西贡的阻挠不足为虑。为此基辛格说了一句让他多年不得安生的话，"我们相信，"他表示，"和平在望了。"

此言一出，当天下午，美国股市一路飙升。詹姆斯·雷斯敦在《隧道走到尽头》的专栏里说，"很久没从华盛顿那头听到对于复杂政治问题如此坦率而精彩的解释了。"《新闻周刊》封面是个美国大兵，头顶钢盔上写着"再见越南"，补充报道题目是《基辛格是怎么做到的》，杂志说："他甜言蜜语、连哄带骗，用尽所有谈判艺术，包括表扬北越人的勇敢精神。"民主党的总统候选人乔治·麦戈文无奈且悲哀地（也是错误地）指责这是"共和党为捞取选票蓄意欺骗美国公众的行为"。

几周后，当"和平在望"成为一句笑谈时，萨菲尔问基辛格为什么要用这句话。"我必须得说，"他答道，"我们正要从刚刚达成的协议上后退，必须让河内放心地知道我们是准备签字的。"

　　"至少你这么干不是为了误导美国民众。"萨菲尔安慰他。

　　"所以他们都说我幼稚。"基辛格说。

　　"幼稚总比狡猾强。"

　　"对这份工作可不是。"

　　基辛格的表演让尼克松气得要命。"我立刻意识到，我们和北越的谈判地位遭到严重的削弱。"他回忆说。阮文绍也不高兴，在总统府的集会上大声疾呼："我们的底线是北越军队撤回北方去。"

　　基辛格故意误导了盟友，但无意中误导了敌手，但他还是极力补救了过失，避免自己的声誉遭到致命打击。11月1日是越南国庆节，他亲自出席了华盛顿越南使馆的招待会，面对一帮子记者，他开玩笑说："我让越南统一起来了，因为两边都在朝我尖叫。"

第21章｜圣诞节轰炸

炮轰河内　西贡就范

很难想象这世上还有哪两个国家能像美国和越南这样难以相互理解。

——基辛格，《外交事务》，1969年1月

1972年10月22日

◎1972年12月，谈判分崩离析

1972年选举日的前一周末，基辛格和著名记者西奥多·怀特在圣克莱门特海滩上漫步，踢着沙子，看孩子们捡海草。有那么一会儿，他大骂起阮文绍来。但随即陷入哲思。越战后，美国如何才能恢复1945年后的那种全球作用呢？

"你怎么撤得出去？"他大声问，问怀特，也问自己，"怎么能在一个所有危机和你都有瓜葛的世界中摆脱某种境地呢？"一边走，基辛格一边解答了自己的问题。世界需要的，他说，是一种"自我规范的机制"。他和尼克松把中国纳入世界体系意义就在这里。怀特对此印象极深。自从和马歇尔和艾奇逊谈话以来，他回忆说，"还从未听任何人如此小心谨慎地阐述如何运用美国力量的问题。"

走了几英里，基辛格突然发现人们在向他招手，一个长着灰色胸毛的中年男子问能不能和他握握手，他只想说感激和平的到来。"还有哪个国家能发生这种事呢？"他问怀特，"让一个外国人替他们制造和平，接受我这种操着外国口音的人。"

星期二大选日，尼克松获得4700万张选票，得票率高达60%，美国建国以来第二高。基辛格在尼克松的枕头旁边塞了张便条："领导起一个四分五裂、深陷战争泥沼、失去信心、深受没有良心的知识分子们折磨的国家，并赋予其新的使命、带领其勇敢前进，这些都将在史册中彪炳千秋。能亲见您在敌丛中坚不可摧和特立独行的决心真是令人鼓舞。"

马屁拍了一箩筐，只是放大了一个令人不安的事实：越南和平并不在握。

尼克松以为阮文绍不接受协议是因为憎恶基辛格，因此选举刚结束，他就派黑格去西贡和阮文绍进行军人与军人间的对话。没成想阮文绍还是坚持北越部队必须撤出南越。"你是将军，"他跟黑格说，"我也是将军。作为将军你会接受这样的协定吗？如果俄国人打进美国，你们能接受允许他们滞留的和平协议吗？"黑格无言以对。"他知道我说的是对的。"阮后来说。

南越向黑格提出69处修改意见。11月20日，基辛格在巴黎再次见到黎德寿，无可奈何只得把南越意见全盘端到了桌面上。"那单子简直荒唐极了。"基辛格回忆说。

黎德寿觉得上了鬼子当，这回他更像是说教而非谈判。殖民大国数个世纪以来一直欺骗越南，但没有哪次像这回这么恶劣。就连基辛格都觉得北越的控诉是可以理解的。

谈了四天，河内拒绝在10月的文本基础上作任何原则性让步。基辛格也没招，电告尼克松，办法就两个，接受协议，掐着西贡的脖子灌下去，要么踢翻谈判桌，接着轰炸北越。

尼克松一时拿不定主意，或许还沉浸在选后的后怕中。第一天回电极为强硬，除非对方表达同等的意愿，"否则我命令你中止谈判，美国将恢复军事行动。"但电报封面上又写了一句让后来历史学家丈二和尚摸不着头脑的话，明确指示电中内容是谈判手段，"不是命令——看看能不能对越南人派上用场。"

第二天又反悔了。尼克松对基辛格的"和平在望"耿耿于怀，说此言一出，还怎么中止谈判？现在把全国的胃口吊起来了，他在电报里气恼地嘟囔。"必须认清一个基本现实，我们已别无选择，只能沿着10月8日协议的原则走下去。"第三天又变了，如果共产党不肯让步，基辛格马上回来，然后让美军发动大规模轰炸。

与此同时，霍德曼、黑格等人开始在尼克松和基辛格中间搞鬼，放风说10

月份的谈判本来就是基辛格越权擅自行事。基辛格听到后很不高兴，尼克松连忙灭火，回信说绝无此事，并且把造谣的罪过加到了国务院身上，"亨利从来没越权行事，国务院净瞎说。"

国内乱成一锅粥，基辛格决定休会10天。再次复谈时，北越在两个细节上有所让步。但终归没法让对方接受所有的细节修改。基辛格既沮丧又愤怒。黑格这次也随他同来，但既没帮他冷静冷静头脑，也不理睬他对北越要求的同情。基辛格不停发报说，干脆停止谈判，恢复轰炸，准备承担后果算了。12月5日和6日，他连续发了两封悲观的电报，建议向北越提出撤军要求，北越必然拒绝，以此为借口恢复对越轰炸，但轰炸可能持续六个月之久。

这次，也是头一次，尼克松比基辛格头脑冷静，他更愿意用外交手段解决问题。但没多久，事情已经明摆着，决裂和新一轮轰炸已不可避免，问题是由谁捅破这层窗户纸，向公众宣布呢？

基辛格坚持说应该由总统出面，只有他能激励美国公众支持新的军事行动。他从巴黎发电报说："我相信您可以像从前那样以激励人心和令人信服的演说赢得公众支持。"

这回拍马屁尼克松没理会。他还在为基辛格擅自把消息捅出去还说什么"和平在望"不高兴。"我更希望不作声地直接让轰炸升级，"他后来回忆说，"最好再配上一个新闻记者会，由基辛格解释我们的立场。"

基辛格不听，反复坚持说应该由尼克松出面声明，"我们需要做一个个人声明，"他说，"10到15分钟的简短演说就能把话说明白。"基辛格后来意识到，这是个"自杀性"的提议。

尼克松被基辛格的纠缠和无礼激怒了，霍德曼好说歹说让总统消了消气。最后，霍德曼给国家安全事务助理大人发去电报指示道："你应该做一个低调、平淡的消息会。我和很多强硬派人士谈过了，大家一致认为让总统出面声明极为不妥。"

基辛格回忆说，他当时就是搞不懂，谈判已经破裂，轰炸已经开始，还怎么能发表一个"低调、平淡"的声明。一想到要从自己嘴里说出来"和平并未在望"，基辛格真想一头撞死。"我们最好面对现实，"他答复霍德曼，"如果我们真想团结美国公众，最终只有总统能做到。"

此时尼克松正在戴维营，和属下们一起批判基辛格。霍德曼和厄尔希曼们的意见很一致：总统公布成功，助理宣布失败。对基辛格而言，唯一的好处就是黑格和他同在巴黎，因此这位四星上将不会在华盛顿老家背着他造谣了。基辛格后来写道："我可以想象得出，如果尼克松没有了这些最有洞察力的高级顾问，他会自己翻来覆去地苦思冥想，在小黄本上写下各种问题，同时他的公关天才们给他的种种建议都能把他淹死。"

基辛格从来不愿看厄尔希曼和霍德曼的笔记和回忆录。他们描绘的场面比基辛格最恐怖的梦魇还要可怕。

12月6日晚，厄尔希曼在纷扬的大雪和刺骨严寒中到达戴维营山杨屋。尼克松正在他那超级暖和的游泳池里戏水（脚注：据尼克松的军事办公室主任比尔·盖利称，这个游泳池耗资55万美元，因为尼克松挑选的场址要求如果建游泳池，必须重新安置地下防空洞）。

厄尔希曼刚到，霍德曼就给他一捆基辛格的电报，全是催促总统——而非基辛格——宣布轰炸继续。霍德曼问厄尔希曼怎么看。厄尔希曼摇摇头说："总统只负责宣布胜利，解释为什么失败是下属的事。"

霍德曼又说："我不知道你发现没有，但我知道亨利去巴黎的时候非常低落，他在接受护理。他最近行事都好奇怪。"霍德曼说，黑格认为，基辛格不跟尼克松商量就接受10月协议很没有分寸。

总统从泳池出来，裹上毛巾和浴巾，开始吹头发。霍德曼说厄尔希曼也反对基辛格建议的总统电视演讲。尼克松开始咕哝："就因为他在新闻发布会上的发言，南越那些家伙现在觉得他大势已去。说什么该死的'和平已在掌握'！北越已经把他看透了，他们知道他现在要么达成协议，要么颜面扫地。不然他们怎么会突然强硬了。"

接着，尼克松给基辛格下了长达五页纸的命令，叫他和黎德寿"列一个问题清单"，让他说清楚对美国每一项提议的看法。他说："这样做的目的是要一劳永逸地把问题讲清楚。"如果破裂，"我们就对北越展开强力轰炸。"他再次拒绝了亲自在电视上宣布这些计划的建议。然后，他又特别指出基辛格回来后该干些什么："这里要做的就是接受华盛顿那边的指责。"

尼克松派基辛格手下一名上校给他送去这些指示，然后又回到刚才电视演讲的话题上。厄尔希曼和霍德曼两人站在山杨屋的壁炉前，尼克松说："现在我们讲不出什么新鲜玩意，别想人民会支持我们。亨利好像看不明白这一点。

他能看明白吗？没准他就是想让人民把我跟失败联系起来。"

厄尔希曼点点头。

基辛格一直怀疑公关方面的力量在左右戴维营作出决定。在又一次会上，尼克松证实了他的担心。尼克松对霍德曼和厄尔希曼说："我们得搞一次电话民调，阮文绍坚持要撤走所有北越部队。我们应该问问，在全部军队撤退之前，我们是否应当继续行动？"尼克松还建议，解决方案想要可行，还要有其他一些因素，而这些因素也应当包含在民调之中：释放战俘，自由选举，防止联合政府。

就在戴维营那些阴沉的日子里，尼克松不时冒出些别的点子。厄尔希曼的笔记显示，一次会上，尼克松说："叫基辛格检查一下国安会的员工。"他们中有多少支持麦克盖文？"总统私自调查了麦克盖文的支持者——有14个。"霍德曼那天也被派了活儿："跟黑格说一声，叫基辛格跟黎德寿拍照时千万别笑。"基辛格后来回忆说，那段日子他相当难熬，因为一周两次收到霍德曼的电报，明确告诉他戴维营有人看了他满面笑容的照面之后眉头紧锁。

12月13日，谈判破裂。基辛格打道回府，坐在像蚕茧般封闭的军用飞机里，基辛格感到阵阵绝望和孤独。一下飞机，迎面而来的记者劈头盖脸便问："基辛格博士，您还觉得和平在望吗？"

"这个表述不错，"他惨笑着回答说，"有谁用过吗？"

先行回国，到安德鲁基地迎接他的黑格说，唯一的选择就是动用B-52对河内和北越进行大规模轰炸。

"他们就是一坨屎。"基辛格骂起了北越人。第二天在椭圆形办公室的会议上，他好像把谈判失败归结为个人恩怨，"一坨坨俗不可耐、肮脏的屎。只是显得俄国人更好看些。"

会议只有尼克松、基辛格和黑格参加，三人决定对北越发动大规模军事行动。真正的问题是轰炸的惨烈程度究竟几何？尼克松是否要第一次在越战爆发以来对河内、海防和其他北越城市动用B-52？此前B-52只用于打击运输补给线，袭击平民地区多用更小、更精准的F-111或F-4战斗轰炸机。但迄今为止，空袭从未让越南人屈膝投降，要想达到效果，迫使河内在美国国会复会前（1973年1月）作出妥协，必须发动更无情的攻势才行。

反对意见认为，轰炸可能适得其反，造成过多伤亡，军事花费不菲而且美国的声誉受损、公众支持下降。"二战"以来，那些认为对敌方工业区狂轰滥炸就能达到目的的人士越来越发现，实际情况远不像情况室里推演的那样理想。更别说，需要施加压力的是西贡而非河内，阮文绍导致谈判失败，却让北越挨一顿轰炸并不公平。

黑格支持最强力的行动，不加限制地动用B-52。尼克松表示赞同，他认为，要打就不能留情。一旦决定动武，最佳方式就是全力出击。他命令，所有全部129架B-52做好准备，奔赴越南，从12月18日起每天进行轮番轰炸，目标是河内、海防。

基辛格一开始有点犹豫。他主张恢复对补给线附近的轰炸，要炸河内和海防，最好用战斗机，可以减少负面效应。即使在同意动用B-52后，基辛格的不安也清晰可见。但他的疑虑并未妨碍他当面向尼克松没完没了的赞美。"亨利颇动情地说这是个非常勇敢的决定。"尼克松在轰炸令发出当晚的日记里写道。

关于谁发表声明的事尼克松什么也没说，只是让基辛格在12月16日——轰炸开始前两天——召开新闻发布会。和往常一样，他又在深夜给基辛格发去备忘录，告诉他在发布会上如何形容总统：镇定、临危不惧、坚韧。

但基辛格并没有那么容易摆布。在"和平在望"那场发布会上，他仅三次提到总统，这回提了14次。而且没提总统"自画像"的那些好词。基辛格含沙射影地把和谈僵局的责任推到总统身上。"我们尚未达成让总统满意的协议。"他说道，在其他多处他都表达了这层意思。B-52轰炸的事他也没说。基辛格认定，如果总统不想承担宣布轰炸的责任，那也不必发表官方声明，直接行动好了。

12月18日，星期一，清晨。驻扎在关岛安德森空军基地第43战略轰炸联队的詹姆斯·麦卡锡上校召集27名机组人员训话。大多数人听完"和平在望"的声明后都以为可以在圣诞节前回家过年。"先生们，"麦卡锡说，"你们的目标是河内。"讲话后半段，据上校回忆说，一片死寂，针掉在地上都听得见。行动代号"中后卫—Ⅱ"——去年5月的轰炸行动曾代号"中后卫—Ⅰ"。但对全世界、对历史而言，人们都把这次行动称为"圣诞节轰炸"。

当夜，克里夫·阿什利的轰炸机第一个飞抵河内，未成想一到达，左舷翼即被一枚地对空导弹击中。他开着火的飞机向泰国边境冲去，机舱四壁活像"红色的火墙"。一架护航的F-4幻影战机在无线电里警告他说眼看飞机就不行了。六名机组人员和一名副指挥官一起跳伞，他们在空中看着这架八引擎、熊熊燃烧的庞然大物翻过身去，一头扎向地面。

整个战争进行至此，只有一架B-52被击落，但仅仅这一晚，就有三架被毁，12天轰炸结束时，共有15架B-52战机变成废铁，另有15架小型战机也被击落，93名飞行员失踪。

整个无情的行动过程中只有圣诞节一天"放假"。尼克松后来每逢提起"圣诞节轰炸"就气不打一处来，他辩称，圣诞节那天可是一弹未投。

河内统计，河内1 318名平民遇难，海防有300名。由于大部分学生和半数人口被疏散至乡村，伤亡人数得以大大降低。

批评人士指责美军对平民区进行了不加辨别的地毯式轰炸，实际情况并非如此。轰炸机飞行员们得到命令，必须小心谨慎投弹确保目标准确。但问题在于，行动策划人在地图上看得清晰的目标，对现场的飞行员们并不足够清楚。河内一家医院被炸，两名儿童、两名医生和另外26人遇难；埃及和印度使馆也未能幸免，海防港的一艘波兰货船上的三名船员也被炸死。

其实，这就是一场缺德的行动，无须指责轰炸是否不加区别。这一轰炸决定，过去、今天都应让美国、让基辛格深深反思悔过。

河内遭到轰炸是为了在美国已经接受的和约上做些改动。相对于失去的生命来说，这些改动一钱不值。尼克松和基辛格事后甚至都不知道该做些什么修改。"实际上，我都不知道尼克松知不知道要改些什么东西。"基辛格后来说。之所以轰炸北越，是因为尼克松和基辛格相信，必须强迫北方作些装模作样的妥协好为西贡挽回些面子。炸弹炸的不仅仅是河内的医院，某种意义上，其目标也是西贡。阮文绍多年后讽刺地说："如果当年基辛格有权决定是否通过轰炸独立宫来迫使我签字，我相信他不会犹豫。"

这次行动对美国和基辛格声望的打击是毁灭性的。圣诞节当天，千百万美国人通过电视看见基辛格满脸堆笑地参加华盛顿土著比赛活动，其余节目都是有关河内的枪林弹雨，显得极不协调。专栏作家克拉夫特写道，基辛格是被连累了，"城里每个人都知道"，克拉夫特问道，"基辛格是否只是个德国老好人，尽量把所有尼克松的恶魔政策冠以体面的皮囊而已？"汤姆·维克说："没有和平，只有耻辱。美国的耻辱，也许是永恒的耻辱，而且是个人的耻辱。"在德国汉堡——该市"二战"时曾遭到盟军轰炸、一周内五万人遇难，当地报纸把一句德国人熟知的、曾用来形容这场灾难的话套在了"圣诞节轰炸"上："即使盟军也得承认这是对人类犯下的罪行。"瑞典首相公开将其比作纳粹大屠杀，和德国的死囚集中营相提并论，基辛格好不郁闷，不得不站出来公开反击说，瑞典在"二战"时不过是个中立国。

这场行动给基辛格声誉抹上的污点挥之不去，无法磨灭。安东尼·路易斯称之为"对人类犯下的罪行"，此后每年12月，他都发表文章提醒人们不要忘了1972年圣诞节的耻辱。

河内最终同意重返谈判桌，尼克松于12月30日下令停止轰炸。反思过去，尼克松后来承认，这场轰炸并没有必要。早知后来事情的发展，他说，宁可一早接受10月8日的协议。

轰炸结束没多久，新闻界问基辛格怎么看北越人重返谈判桌，意图是什么？基辛格拒绝回答，说自己人的意图他还没搞清楚。在各类访谈中，基辛格小心地保持着自己和轰炸决定间的距离。他生动地回忆说："当然是总统必须作出的独立决定。"

事实上，基辛格是支持B-52轰炸河内的，尽管只是道理上而不是感情上。多年后，他还是认为，尼克松的决定是对的。但他极力在媒体面前表现出自己和决定无关的样子，这使得他和尼克松的关系迅速降至冰点以下。

"你看雷斯敦写的专栏了吗？"外事顾问斯加利在电话里向科尔森咆哮，"简直是一场灾难！"

斯加利在美国广播公司做过记者，尼克松聘请他专门对付基辛格在外交政策宣传上的霸权。他知道，这篇登在《纽约时报》星期日版的专栏文章会让总统本来已经忧郁得可怕的节日情绪变本加厉。那天是12月31日，前一天白宫刚刚安静地宣布要停止圣诞轰炸，回到巴黎谈判桌上。尼克松的头等大事是尽量避免这项宣布引起过多注意，以及防止基辛格为了邀功跑来毁了他在棕榈泉的假期。但光是这篇雷斯敦的文章就绝对能够让总统七窍生烟。

1973年元旦前夕，尼克松正在度假。一天，外事顾问斯加利拿着一篇著名专栏作家雷斯敦的文章跑到科尔森那里给他看。标题是《尼克松和基辛格》，作者宣布，总统的顾问"毫无疑问是反对"圣诞节轰炸决定的。基辛格对越南悲剧有着清醒认识并且极力结束这场悲剧，但决定作出时，他正忙于和总统修复关系。

雷斯敦近乎威胁地预测说："如果总统和他的首席外交政策顾问兼谈判专家公开决裂，基辛格先生大可辞职，并不受约束地发表言论，把整个巴黎谈判来龙去脉以及为何破裂的故事全写出来，那很可能会让尼克松先生极为尴尬。"

就这样，好端端一个不受打扰的戴维营周日就给毁了。科尔森在电话里把文章读给尼克松听，总统当时就火了，命令科尔森立刻给基辛格打电话，当时是清早六点半。"我决不容忍以下犯上，"尼克松狂叫着，"告诉亨利不许再和任何人谈话，句号！告诉他别给我打电话。我不接他电话！"砰，挂了电话。接下来一整天，尼克松歪在屋里生闷气。

基辛格正在棕榈滩的家里会客。接到科尔森电话后，他偏不听指示。先是给尼克松打电话，果然没接。然后又打给专栏作家克拉夫特，后者接了。

基辛格不知道，总统已授权科尔森从白宫通讯局和特勤局那里查看基辛格所有电话日志。基辛格刚给克拉夫特打完电话，这边科尔森就跟过来，提醒他不应该跟任何媒体人士接触。"我才不会跟那狗娘养的通电话呢！"基辛格答道，其实刚和克拉夫特说完。

尼克松在戴维营越想越不对劲，决定提前结束休假，元旦一大早就飞回华盛顿，他要看看基辛格究竟在搞什么鬼。霍德曼打电话给基辛格，基辛格否认说他和雷斯敦谈过。几小时后，科尔森拿到了基辛格一周的电话记录，霍德曼又打了过去。"实际上你确实和他谈过。"霍德曼一边质问还一边说出通话时间和日期。让霍德曼多年后仍感到哭笑不得的是，基辛格来了句："是，可那是在电话上。"

基辛格1951年还是哈佛博士生时就认识了雷斯教。雷斯敦属主流媒体圈内的骨灰级元老，他敏锐地发现，圣诞节轰炸让尼克松和基辛格主臣分裂了。随后，《时代》和《新闻周刊》等一线杂志纷纷关注起这一话题，CBS更是认为，两人的不合已从"谣言转到台面上"。

就在此时，克拉夫特根据他和基辛格年前的通话发表了一篇专栏，"基辛格博士仍是尼克松总统制定有效外交政策唯一可以仰仗的人，"他写道，"除非他从总统那里得到新的权力——那种只能靠当国务卿才能得到的权力，否则他很可能明年辞职。"

◎权力更迭的先兆

自打选举结束，尼克松就一心想调整内阁班子组成。获胜第二天他就把全体内阁成员和所有助手叫到白宫的罗斯福办公室，让众人大吃一惊的是，他要求所有人都递交一份辞呈。基辛格后来说当时的状况简直吓人。

整个11月和12月，尼克松基本上和霍德曼、厄尔希曼猫在戴维营，很少见基辛格，拒绝接他大部分电话，仅让他通过霍德曼递话。

据厄尔希曼讲，尼克松在如何重组内阁上花了不少心思。基辛格干着急，把他自己没法晋见总统视为不稳定的信号。

尼克松的想法之一是换掉国务卿罗杰斯，一开始物色的是强硬派约翰·康纳利，他知道如果康纳利当国务卿基辛格肯定辞职。最后，他决定选前驻西德大使、1971年西柏林问题谈判的幕后参与人之一肯尼斯·拉什。

拉什是一个严肃且彬彬有礼的实业家兼律师。在杜克大学教商法的一年间，他渐渐对尼克松这位青年才俊颇为欣赏。尼克松曾问拉什，他是否应该像拉什以前那样成为曼哈顿的一名企业律师。拉什对尼克松说，像你这样才华横溢，应该回加州从政。

基辛格知道自己成为阁员是没戏了，至少现在这会儿没什么希望。他开始考虑离开尼克松政府，不论如何，拉什都是他心目中最不具挑衅性的国务卿人选。大选刚过，基辛格冲到霍德曼办公室，要求知道到底什么时候撤换罗杰斯。霍德曼对此避而不谈。然而几天后，他前往戴维营告知罗杰斯，总统想让他走人。

但在戴维营的月桂屋（Laurel cabin）里，当霍德曼请罗杰斯坐下，将总统的意图做了传达之后，罗杰斯拒绝辞职，还提出要和自己的朋友、总统先生当面谈。随后，他就起身离开，步行前往白杨阁（Aspen Lodge）和总统当面交涉。尼克松不愿意当面和人顶撞。罗杰斯最后说，至少让他再干六个月，好歹不能让他的离职看上去像是"基辛格的胜利"，此事就此暂告一段落。

"通知亨利这种事就好比向抗爆能力极好的汽油罐里扔一根燃烧的火柴，"霍德曼回忆说，"肯定会爆炸，但伤不着人。"基辛格并未意识到，这对他的野心来说，恰是一个可遇而不可求的绝妙时机。果不其然，基辛格火了，"你答应过我，霍德曼，你保证过！现在怎么样，被我说中了吧，他还会在那里晃荡下去！"恼怒进而滑向绝望。"你必须为此付出代价。"他声音低沉地说道，"我的就是罗杰斯。他将永远和我在一起，因为他把总统缠绕在了他的小手指上。"

基辛格还不知道的是，尼克松又开始琢磨把他和罗杰斯一起撵走。就在炒罗杰斯的鱿鱼失败后，又过了几天，尼克松在白杨阁私下会见科尔森，他将科尔森引到通往卧室的过道（科尔森事后才意识到，他们坐的地方被安装了窃听器）。科尔森回忆道，"他（尼克松）对我说，基辛格很快将不在这里了，他还说，基辛格离开哈佛太久，该回学术圈了。他已经受够了亨利。"（科尔森不久后为《纽约时报》写了一篇特稿，称那些关于尼克松和基辛格不和的报道是"在华盛顿乔治敦的鸡尾酒会上诞生的谣言"。）

尼克松在和祖沃特的一次闲谈中也曾提到想要炒掉基辛格。尼克松对这位海军上将说："他居然告诉媒体说我不可理喻。我要炒了这狗娘养的。"后来，总统让霍德曼处理掉和总统往来的备忘录，尤其是来自基辛格办公室文档里的手写文稿、原件，等等。

在处理和尼克松的关系问题上，基辛格犯过的最大、最搞笑的一个错误是他接受意大利女记者法拉齐的采访。此人以善于和世界领袖们针锋相对著你。基辛格说，接受她采访"很大程度上出于虚荣"，能成为她的采访对象本身就是声名卓著的象征。

不知是害羞还是耍小聪明，基辛格在同意法拉齐采访时附了一个条件：他会见她两次，第一次他问她问题，如果回答让他满意，再正式接受她采访。11月2日——基辛格发表"和平在望"之后和大选之前，女记者来到了他的办公室。结果基辛格却搞起了那套典型的心不在焉的做派，转过身去背对着她，读起了冗长的打字机打印的报告，任她等着。法拉齐心说这就是为了显示他的权力，根本就是"愚蠢和缺乏教养的表现"。她得出结论，基辛格"完全不是个轻松自在、信心十足"的人，"在会见某人之前，他得调整半天，靠炫耀一番权势把自己保护起来"。

基辛格的盘问让法拉齐有点发慌，还好，很快两人找到了共同点：阮文绍。"阮永远不会屈服，"她奚落道。"他会的，"基辛格答道，"他不得不。"每次提到阮，法拉齐回忆说，"基辛格都会表示同感地点点头或笑笑。"最后，主人决定，女记者"考试通过"了。唯一让基辛格不安的是，难缠的法国女记者丹尼尔刚把她和基辛格根本不存在的风流韵事公之于众，今番又碰上了一位女记者。法拉齐反击说，要是他愿意，自己可以戴上假胡子，女扮男装。基辛格笑了，让她两天后的礼拜六到他办公室。

采访过程并不顺利，每10分钟尼克松就打电话找基辛格，每次基辛格都点头哈腰、毕恭毕敬地听着。虽然是逗弄女记者的老手，但他给法拉齐的印象是冷冰冰的。此刻，基辛格正被巴黎谈判搞得心神不宁，整个采访过程他都面无表情，一直是副"哭丧、单调的"声音。就在法拉齐觉得正打开基辛格的内心世界、渐入佳境时，尼克松一个电话又把基辛格叫走了。两小时后，助理进来对还在傻等的法拉齐说，基辛格已随总统动身赶往圣克莱门特。

11月下旬专访在欧洲发表，几周后在《新共和》杂志转载，立时激起轩然大波。文章里遍布如松针般扎人的第一人称"我"如何如何，援引基辛格原话说怎样从尼克松政府整个外交政策里捞取功绩，他的"自省"成了最糟糕的笑柄。法拉齐设下重重圈套，任何头脑清醒的总统级助理都不会上当，但基辛格却欣然从命。

法拉齐："基辛格先生，怎样解释您不可思议的影星般的地位？如何解释您几乎比总统还出名？有什么说法吗？"

基辛格："是有，但我不会告诉你……我还在位干着活，干吗要告诉你。不如你告诉我你的看法……"

法拉齐："就像一名棋手，你走了几步好棋。第一步是中国……"

基辛格："对，中国是我成功机制里的重要因素。不过不是关键。关键在于……算了，好吧，告诉你得了。我有什么好怕的？关键，就是我一贯单独行动。美国人专吃这一套。美国人喜欢那种牛仔独身一人骑着马走在押运车前头，一人独自进城，甚至不带手枪，因为他根本不用开枪……这种神奇、浪漫的角色再适合我不过了，因为单独行动永远是我风格的一部分……我不是想出名。相反，告你实话吧，我根本不在乎名气。"

法拉齐："那您又是如何平衡您肩负的重大责任和花花公子的名声呢？"

基辛格："……我觉得，我头上那花花公子的名声一直而且仍然十分有用，因为他向人们证明，我不是落伍的博物馆里的化石。"

法拉齐："我觉得那名声不太恰当，你只是作秀而不真是干花花公子的事。"

基辛格："这个嘛，当然了，是有部分夸张成分。但至少部分意义上，我们还是面对现实吧，那是真的。重要的是在何种程度上女人是我生活的一部分、何种程度上占据中心地位。当然她们不是全部。对我来说，女人只是消遣、爱好。没人在爱好上花太多时间……"

法拉齐："你不害臊吗？"

基辛格："有点吧。但作为生活的补偿，我平衡得蛮好。有人说我有神秘、苦难的个性，有人说我乐天，总在笑。这些都不准确，我哪种都不是，我是……我不会告诉你我是什么样的人。永远不会告诉人。"

基辛格把自己比作伊斯特伍德"独行侠"有种可笑的魅力。他这辈子就没骑过马，倒是常常无情地嘲笑尼克松的硬汉梦。不过这一比喻里确有种可爱和孩子气的东西，把自己比作单枪匹马勇闯莫斯科、北京或巴黎的孤胆英雄。

报道在意大利出版后，基辛格吓坏了，打电话给斯加利，让他出手阻止。"咋阻止啊？"斯加利问他。"否认啊，"基辛格说。"你倒是见她没有？"斯加利又问。"见了，可我没说那些话。"随后他承认，专访是录了音的。得了，斯加利告诉他说那别做梦，阻止不了。

基辛格声称他的话被断章取义了，很可能的确如此，法拉齐原本承诺给美国同行听听录音带，但她从没交出来。哥伦比亚公司的王牌主持人华莱士曾听过几小段，说基辛格说的东西没有法拉齐报道里写得那么简单，"有些要点是没错了，"华莱士说，"不过我没听他说什么孤胆牛仔之类的东西。"翻译也有问题，采访用的英语，发表是意大利文，《新共和》上发表的那篇和1976年法拉齐文集里的英文版有显著出入。

斯文·克雷默已经对南越的背叛心怀怨恨，他勾出采访中最出格的部分，在旁边批上恶狠狠的评语，然后发给基辛格的保守批评者们。其中一位是斯文的父亲，弗里茨·克雷默，当时是国防部的军事家。但真正让老克雷默不安的不是他这位前弟子有多么自大，而是他居然那么没有安全感。克雷默后来说道："从法拉奇的采访可以看出，基辛格简直是在拼命地争取别人赞同。他这是在自卫，傲慢的人会自卫吗？"

说一千道一万，不管基辛格说的和报纸上写的是否完全一致，但基本不会差，白宫的对手们——从尼克松以下肯定都认为他就是那样干的。但对华盛顿大多数人来说，基辛格自吹自擂得更让人感到好玩而非不安。伶牙俐齿的评论家尼古拉斯·霍夫曼在《华盛顿邮报》上说，基辛格"在报纸上摆出的形象不是训练有素的外交学学生，而是让女孩子们吓一大跳的快乐的大老鼠"。

基辛格本计划在比斯坎陪总统一起过圣诞，但让下属们吃惊的是，随后他又回到了华盛顿，闷闷不乐，和好莱坞朋友们一起过的新年。尼克松仍旧待在比斯坎，过了一个他印象里"最孤单、最悲怆的圣诞节"。

1972年行将结束，尼克松最后的梦魇来了：他发现自己和基辛格一起被评为《时代》周刊的年度人物，一点一览众山小的成就感也没有。尼克松气坏了。早在10月份，尼克松读早间新闻概要报告时，发现一则专栏建议推选基辛格为年度人物，尼克松随手批示道："不错！"然后立即指示助理们想办法对照基辛格把自己的形象搞上去。厄尔希曼的手记上写道："总统的天分需要得到认可，就比着基辛格弄。"

基辛格知道不妙，主动找《时代》杂志主编要求免去他的荣誉，结果被拒绝了。最后还是和总统一道当选年度人物。尼克松气得嘴唇都白了。其实基辛格的评论栏里还是挑了些他好大喜功的毛病，"尽管他极度自负，"评论不忘加上一句，"基辛格有一颗忠于尼克松的仆人之心。"

◎1973年1月，和平降临

巴黎附近的一处别墅里，北越代表团成员排成一队，好像在欢迎美方人员。基辛格一进门便忙着制造友好气氛，握着黎德寿的手连声解释说："不是我的责任，轰炸不是我的错。"尽管这番解释没能阻止北越人上来先说教了一番，但他们很快表现出搞定新协议的诚意。第二天——1973年1月9日，星期二，双方就协议的基本条款达成一致。

基辛格半是兴奋半是吹捧地给尼克松发电说："我们今天在巴黎用重大谈判突破为总统先生祝寿……走到今天，全赖总统的坚定意志，北越人都相信，总统不受国会或公众压力的影响。"

尼克松回复得也很友善："你今天做的事情是我60年来收到的最好的生日礼物。"

两人一度屡弱的关系似乎有了转机。1月13日，在和北越人搞完庆祝晚宴后，基辛格直飞比斯坎，半夜抵达。和尼克松一起就协议讨论了两小时，两人之间突然有一种罕见的眷恋之情。"那天晚上我感到一股对他的亲切感，"基辛格回忆说，"尽管我们意识到两人之间发生了太多的事，没法一道走完剩下的旅程。"

尼克松在日记中写道：

> 我和他一起出来，送他上车。我告诉他，国家感谢他做的一切。直截了当表扬人让我不太舒服，但这是亨利所期待的，我这样做是对的。他回答说，如果不是我勇敢地作出12月18日轰炸北越的决定，也不会有今天的成就。

1973年的新协议和1972年10月的协议基本一致。基辛格作出的主要让步极为重要：分割南北双方的界线继续被看作是暂定分界线而非国境线。这意味着阮文绍坚持把南越作为主权国家的要求被基辛格阉割了。

基辛格称，1月协议在分隔南北越的停火区问题上做出了一个非常微妙同时也是非常重要的让步：措辞含糊地说双方都要想好应该如何管理"平民通过"。后来基辛格很难令人信服地说，这就意味着军方不得穿过该地区。他还说，加上在南越的双方军队都受到增兵限制，这就意味着北越的军力迟早会消耗殆尽。

事实上，关于停火区的主要让步是基辛格做出的：隔开南北越的地带依然被认为是临时分界线，而非主权国家之间的国境线。

这个问题一下触及整个战争的核心，基辛格感到对这样重大的问题，要要字面上的小花招不可能搞定。阮文绍总统曾试图在停火期间把南越变成受到北越武装力量侵略的主权国家。但河内却成功地让越南在国际上保持了一个统一国家的身份。河内的理由不无道理：1954年日内瓦协议虽然裁定越南可以由一个临时军事分界线分割为两个行政单位，但毕竟昭告天下越南为统一国家。

10月达成的停火协议声称："北纬17度军事分界线只是临时分界线，并非政治或领土界线。"协议第一条要求美国"尊重越南的统一和领土完整"。尽管基辛格在10月和1月的两个协议中添加了一些没有意义的模棱两可，最终版本的条约还是清楚明了地接受了河内的这一根本主张。事实上，这一条的措辞几乎和1969年5月越南共产党提出的"十点计划"一模一样。

基辛格动用他的脑袋瓜，尽力把一些让步隐藏起来，对有争议的问题避而不谈，然后创造性地用模棱两可的话把一切遮得严严实实。一些人可能认为和平协定的目的就是清楚明了地说明双方都接受了哪些条件。而基辛格则另辟蹊径：在一些根本性的争议问题上，他故意使用一些双方有不同理解的、模棱两可的词。

举个例子。虽然基辛格已经同意北越军队留驻南越，他却希望所使用的语言能够让华盛顿和西贡都相信自己并没有完全放弃原则。为此，1月17日他写了一封信给尼克松，叫他转给阮文绍，信中强调："我们不允许外国军队滞留南越土地。"这对自认为主权国家的南越讲得通，但实际上北越并不认为自己的军队是滞留在"外国"，也能接受。

在阮文绍的坚持下，美方声明其对"外国"军队的解释是协议附带的一个"单边声明"。西贡政府的独立主权问题也是如此。不过跟美苏削减战略武器协定（SALT）的情况一样，单边声明未能解释达成了哪些协议，相反，往往把没有达成一致的方面推到了前台。

基辛格诡计不断的另一个例子是在美国对北越的援助问题上。河内要求的是"赔偿"。而基辛格则替之以一揽子的"重建"援助，且正式写入《巴黎协定》。但是基辛格隐瞒了他和黎德寿的一项安排，就是一封由尼克松署名的信来清楚地说明援助的细节内容。为了看起来和《巴黎协定》毫不相干，这封信被安排在协定正式签字三天后发出。

基辛格逃避河内另一个要求的方法更加狡猾——河内要求信中不得规定援助还一定要国会批准。为解决这个问题，基辛格又写了一封信，也有尼克松的署名，和上一封分开发出，信中写道，援助计划将"由各成员根据其宪法规定实施"。这样，基辛格和尼克松在签署协议和秘密发信之间召开的一次国会倒会上，声称对越援助上"没有任何秘密交易"。而且基辛格日后也能够辩称，对外援助总是需要国会批准的。

协定签署仪式上还表演了方丹戈舞，这种复杂的西班牙舞蹈正好暗示了签署各方的基本分歧如何被模棱两可的措辞掩饰。直到最后，阮文绍政府也不愿承认越共的临时革命政府，不愿签署任何提到该政府的文件。两份不同版本的停火协定就这样出台了。提到临时革命政府的一份仅由华盛顿和河内签署。另外一份没有提到临时革命政府则由阮文绍的外交部长在另外一次单独仪式上签署，临时革命政府的外长也签署了，不过两人并没有签在同一页上。

◎越南：破坏评估

答案是否定的。改变微不足道，很快就被证明毫无意义。对国会职能的弱化最终也没有意义，因为这个精妙的设计从来就没有真正实现。由于共产党军队控制了非军事区南北两边的地带，那些为了让人们把非军事区当回事而处心积虑设计的措辞同样落了一场空。

基辛格后来承认，圣诞轰炸的最主要原因是为了做一些表面的改动，让西贡政府较为认同协议。基辛格写道："平心而论，我们不能强迫盟友接受其不愿接受的和平，代表南越的独立来结束战争。"但事实却正好如此。全世界都不难发现，阮文绍被迫接受了一个他既害怕又厌恶的协议。

基辛格的一些下属，尤其是内格罗蓬特和黑格，认为应当利用轰炸换取一个从根本上来说对自己更有利的协议，也就是把北越的军队赶出南越。内格罗蓬特说："我们把北越炸得接受了我们的妥协。"哈里曼前助手、后来成为负责亚洲事务的助理国务卿的理查德·霍尔布鲁克也认为最终的协议是一份投降书。"允许北越军队留驻南越只不过是一种伪装的撤离。"他说，"1968年轰炸停止时我们也能得到基本一样的协议。"

这些批评提出的问题比圣诞轰炸本身还要根本，也更棘手。1973年年初达成的协议，和原本在1969年年初就可以达成的协议，哪个更好？如果1973年的更好，那么付出这么大的代价又是否值得呢？

北越声称，1973年的协议其实表明美国接受了河内从1969年5月的"十点计划"以来提出的各种条件。一位受基辛格宠爱有加、因入侵柬埔寨事件辞职的助手安东尼·雷克于1984年访问河内，他问一位高级部长，美国有没有可能在1969年时就按照1973年同样的条件结束战争。北越部长答道："你们可不会提出这样做。"

"假设我们提出了呢？"

"不可能。你们需要先遭受军事上的失败，然后才会接受我们1969年提出的条件。"

把河内1969年的"十点计划"和1973年签署的协议逐字逐句地比较，会发现两者就连措辞都极为相似。不过有一点却大不一样。1973年协议中没有1969年计划中的第五点：阮文绍政府必须下台，由共产党同意的联合政府取而代之，停火才有可能。河内一直坚持这一点，直到1972年10月。另外，"越南化"计划的题中之意是，到1973年，西贡军队要比1969年更加强大，更能保卫西贡政权。

1969年北越提出的"十点计划"和1973年1月的协议几乎完全相同，就差在"十点计划"要求铲除西贡政权，但仅仅为了让阮文绍保住总统宝座，就值得再打四年战争？

新协议的代价是昂贵的：额外有两万余美国人丧命，美国的社会组织几乎解体，人们不再尊重政府权威，美国的海外声誉遭到毒化，特别在整整一代的年轻人中间，而且战火殃及柬埔寨和老挝。即便如此，这笔交易也仅维持了两年多，北越很快全面控制了南方，驱逐了阮文绍。可见，用谈判解决问题的动机是好的，但真不如在1969年美国就宣布对西贡尽了义务、一走了之，持续的努力纯属多余。基辛格宣称撤军会损害美国在全世界的威信，但事实证明，如及早撤出，美国的信誉损失也不至于这么大。他还辩称设定撤军时间表会损害美国的谈判能力，更是大错特错，事实恰恰是1972年美军大部分撤出后河内才真心实意地开始谈判。

当然，这些都是事后诸葛亮，在当时，基辛格确实认为谈判解决会很快到来，也赞同尼克松的不应放弃西贡政权的主张。可即便如此，也有更好的方法实现这一目标，他们完全可以和国会透明协商，明确摆出美国的底线，这样就有美国民众充分支持，届时北越若不听命再打再杀也不会有国内反对。国内没有达成一致，得到连贯的政策是不可能的。尼克松和基辛格依旧把政策建立在秘密和欺骗的基础上，即使是大规模撤军也更多是出于从民众那里争取时间，而非严肃的政策考虑。时不时地轰炸和入侵激起的国内乱局远比战场上苟延的胜局更为痛切。

事实证明，尼克松和基辛格追求的不过是在美国撤走和西贡垮台之间有一段"体面过渡期"——两年时间。就是块保存美国威信的小小遮羞布，没法证明多打了的四年战争的合理性。

基辛格早在1967年和1968年参加研讨会时就用过"体面过渡期"这个词，那时他还没有上任。到1971年秋，人们发现南越选举原来只是一场骗局，基辛格开始相信美国已经黔驴技穷。同年9月，他秘密给尼克松递交了一份备忘录，提倡通过谈判解决问题。基辛格在回忆录中用大段话总结了这份依然保密的材料，不过隐去了几个最为关键的句子：

和平解决可以通过政策来结束战争，让南越迈向光明和进步的未来。我们要医治这个国家遭受的创伤，撤走我们的军队，让南越拥抱和平，享受一段健康的过渡期，谱写自己的命运。

基辛格早在1967年前后就认准了"体面过渡期"是美国摆脱南越包袱的唯一出路。1973年协议刚一达成，他给一些人的印象就是，协议能争取到的不过是西贡倒台前一段健康、体面的中间期。厄尔希曼问他："你觉得南越能挺多久？"他本指望得到些保证，但基辛格的直截了当让他大惊失色。"我看，"基辛格答道，"运气好的话，一年半吧。"

基辛格说这话有点悲观，他未必真这么想。协议达成时，西贡控制南越75%的土地，军队也比北越的强大。如果有坚定意志，完全有办法保住权力。基辛格还认为苏联领导也会约束河内，此言不虚，1975年"缓和"泡汤，西贡果然"陷落"。最关键的是，基辛格假设的是如北越撕毁协议，美国会严厉报复，这也是美国向阮文绍保证的。但事实并非如此。"正是这些承诺让我最终签了字。"阮后来说。

两年后这些承诺曝光，基辛格坚持说在承诺作出时已经公之于众。事实上并非如此。1973年年初召开的一次新闻发布会上，有人问他如果协议遭到破坏，美国"是否还会向越南派兵"，基辛格答道："关于这类我们认为不可能出现的假设局面的问题，我没什么好说的。"另一次，基辛格接受哥伦比亚广播公司的采访，马文·卡尔布一次又一次想要逼他说出到底有没有作出任何承诺，他答道："马文，我们结束这场战争的原因可不是为了找个借口再开战。"麦克乔治·邦迪在《外交事务》杂志上发表了一篇尤其不留情面的文章，剖析了基辛格的声明，然后大肆攻击他"严重歪曲事实"。

海军上将祖沃特说："连参联会都不知道他们给阮文绍作了书面承诺。这种双面政策的结果至少不能用两个词来形容，一个是'和平'，一个是'光荣'。"

基辛格的解释是，当时他认为，如河内违约，美国理所当然会报复，所以义无反顾向阮作了承诺。这显然口是心非。基辛格太了解这个厌倦战争的国家了，他清楚地知道美国人民不会允许再开战端，否则他也不会左挡右闪地拒绝公开他给阮文绍的信里都写了什么。此番秘密行事侵犯了只有国会才能作出军事承诺的权力，惹恼了国会，杰克逊等怒不可遏的议员们推动通过议案，切断了对西贡的全部援助。

基辛格和尼克松后来还认为如果不是"水门事件"，尼克松1975年还在台上的话，肯定会对北越发动报复。但事实是，一旦美国找到了脱离越南的路，不论国会还是公众都不会允许悲剧重演，不管有没有"水门事件"。

****

到头来，很难说多打了四年仗的战略利益比为此付出的人员、财政、道义和精神损耗更大。美国共计5 8022人阵亡，其中2 0552人死于尼克松执政时期，4 278人是最后一年送的命。战争直接消耗是1 400亿美元，每个美国家庭要负担1900美元。

有道是，选择战争的国家要比它力图阻止的东西更加凶残才行。此间，美国在印度支那共投下了797.5万吨炸药，价值60亿美元，相当于整个"二战"全部消耗炸药的4倍。据统计，超过92万共产党士兵和18.5万南越士兵阵亡。

从美国外交政策角度看，战争更多的是让美国偏离了重要的国家利益，而非保全了美国的威信。1972年10月基辛格和阮文绍摊牌时说了一句话，"我们打了四年仗，把全部外交政策押在了一个国家身上。"对于他这样的现实主义者而言，如此扭曲国家利益简直愚不可及。他深知俾斯麦的训诫："对于政治家而言，悲哀的事情在于发现，选择战争的理由在战争结束时并不像开战时那么有道理。"

美国最初开进越南，理由是反击莫斯科和北京扩张共产主义。到1969年，尼克松和基辛格知道事情不是那么回事。另一原因是遏制中国，但1971年基辛格访华让这条理由也不那么充分了。

最后，理由只能是阻止亲共民族主义者把革命强加给不情愿的南方人民。这倒是个讲道德的体面目标。但如果南越人及其岌岌可危的政权没法不依靠牺牲美国人保存自己，那么美国的干涉只能是延缓必然发生的事情，很难说这是个值得付出巨大牺牲的目标。

尽管如此，批评也得讲理。1973年伊始，基辛格和尼克松已经给这场悲剧踩住了刹车。美国并没有趁越南人自相残杀时偷偷溜走，基辛格还是搞定了一项停火协议，至少在当时减少了杀戮。此外，美国的盟友也获得了生存下去的机会。

尼克松前两届政府的官员们任期一结束就变成了说得好听的鸽派人士，就是没想起来，正是他们主政的八年里愚蠢地往越南派了将近55万美国士兵。尼克松政府甫一开始立即改弦更张，启动撤军进程。四年多点就把所有部队和战俘送回了国内。虽说可以做得更加干净利落，但毕竟是做了。"我们上台时发现超过50万士兵驻在越南，是我们把他们送回了家，同时没有伤害那些信赖我们的人。"基辛格说。

《巴黎协议》是美国重组后的外交政策的最后一块基石，让它再次获得了陷入越战泥潭前拥有的那种大国影响力。靠结束这场战争，打开中国大门，与苏联搞缓和，基辛格创立了有利于全球稳定的大三角，这是肯尼迪和约翰逊政府不敢想象的，也是外交政策机构迟钝的官僚们永远做不到的。这意味着尼克松第二任有可能继续推行和开展创造性外交。在国会大厦的台阶上，基辛格带着86岁的父亲路易斯——这位来自菲尔特的小学校长——出席了尼克松政府第二任就职仪式。当参议员和政界显贵们上前向他的儿子道贺时，路易斯·基辛格容光焕发，目光炯炯，好像不相信眼前的一切。"他此生的全部痛苦似乎以一种奇特的方式实现了价值。"基辛格说。

三天后，1月23日，基辛格再赴巴黎草签了《在越南结束战争和恢复和平的协议》。当晚返回，赶上了总统宣布停火的电视讲话。

讲话结束后，尼克松回到林肯起居室，少用了些晚餐，放上柴可夫斯基乐曲，命令所有电话一律不接。将近半夜，他打电话给基辛格。所有成功过后都伴随着美妙的松弛，他说，不过别太松劲，还有好多硬仗等着打呢。

基辛格听了颇觉奇怪，好像尼克松是说给他自己听的。"我心静如水，"基辛格后来提起此事，"没高兴也没难过。"

为了安慰罗杰斯，基辛格同意不出席由各国外长出席的巴黎正式签字仪式，留在华盛顿。萨菲尔问他干点啥，"在家待着，"他回答说，"举起酒杯，用惊奇的腔调说'和平在望！'"过后，记者海伦·托马斯给他打电话，问他签字仪式举行时他在做什么，基辛格说了句脍炙人口的名言："没作战，在做爱。"

没半晌工夫，西贡北50英里的一处小镇，中校威廉·诺德被一颗飞来的炮弹炸得粉身碎骨，此时距停火协议生效仅几个小时。这位倒霉的中校成了最后一个在越南战场上牺牲的美军战斗人员。

第22章 | 国务卿基辛格

众人失落，唯我得意

人之所以成为"迷思"，不是因为他们所知，甚至也不为其成就，而是因为他们为自己设下的目标。

——《一个重建的世界》，基辛格评价梅特涅

◎1973年5月，黑格取代霍德曼

1970年9月，智利、古巴、约旦和越南的危机让人们看到一个风风火火的基辛格。而在另一个极端，1973年3月，美国撤离印度支那，世界其他地区一片沉寂，人们又看到一个安安静静的基辛格，忙着处理那些危机之间发生的各种职业考虑、官场事务和私人问题。

那时，"水门事件"已经开始破坏尼克松的白宫政府。开始人们以为只不过是几个人对民主党总部的窃听败露，谁知事情的发展竟然把总统给牵了出来，原来尼克松及其高级国内事务助理试图掩盖其总统选举中资金来源巨大的非法活动。4月的最后一个晚上，尼克松激动而窘迫地向全国宣布，因涉嫌卷入丑闻，霍德曼和厄尔希曼已经辞职。基辛格给这两个曾经与他在白宫争夺地盘的对手打去电话，表示同情，还对霍德曼说："若非上帝怜悯，走的那个人就是我。"

基辛格对造成"水门事件"的根本原因再熟悉不过。尼克松总是坐在办公室苦思冥想上几个钟头，助手则把他的命令一字不落地记在无处不在的小黄本上，好像只要总统办公室的大门一打开，这些命令就会自己飞出去成为现实。

有时命令像大型机关枪扫射般，朝四面八方飞去。有的命令必须执行，有的则只是为解决某个问题或为解决问题提供一种思路。记录命令的助手显然不是因为善于反对总统的命令才谋到这个职位，自然只会低声说好。像霍德曼这样的家伙之所以与众不同，就在于他知道，或通常知道，总统的哪些命令可以而且应当被抛在脑后。但有时候，就像早些时候布赖斯·哈洛向基辛格解释"水门事件"那样："不知是哪个大傻瓜在总统办公室听见总统说了什么，然后就照着字面的意思老老实实办去了。"

霍德曼一走，这个带刺的办公厅主任的位子总得有人来坐，否则尼克松一天都玩不转，他的秘书罗丝·玛丽·伍兹暂时代行主任一职。基辛格打电话给总统想表示安慰和支持，伍兹告诉他总统精疲力竭，不想接任何人的电话。

在尼克松的授意下，刚刚辞职两天的霍德曼又溜回白宫，帮总统物色替代人选。他推荐了刚刚出任陆军副总参谋长的黑格，尼克松当下同意。黑格在五角大楼和尼克松有一条秘密专线联系。尼克松认为，黑格缺乏政治经验和组织技巧，但刚强的个性足以弥补，"对我更重要的是，他了解基辛格。"尼克松让霍德曼找到黑格，黑格接受了。但脏活还在前头，得有人通知基辛格，霍德曼拒绝，所以只能让玛丽·伍兹去干。

当晚，伍兹当着歪在旁边椅子里的尼克松的面，拨通了基辛格的电话。她尽量显得像是告诉基辛格自己的秘密似的，说尼克松想让黑格当办公厅主任，只干一两个礼拜时间，找到合适人选就换。但总统担心他有想法。伍兹劝基辛格，总统第二天早上告诉他这项决定时千万别反对，总统需要获得尽可能多的支持。

眼看副手变成自己的老板，尼克松担心基辛格有所反应是对的。"亨利跟罗丝威胁要辞职。"尼克松回忆说。但罗丝反应更猛烈，在电话里直接批评起基辛格："亨利，你就不能像个男人吗，就一次。"

第二天一早，黑格礼貌性地打来电话。他说，没有基辛格的祝福，他绝不接这份工作。"简直胡扯。"基辛格心想。不管怎样，电话还是起作用了。基辛格劝他接受。不过，他还是忍不住警告黑格说，接受意味着和钟爱的军人生涯说再见了。黑格冷冷地把基辛格噎了回去：别说什么生涯，在越南时命都豁上了，把自己的职业算计置于最高长官的需求之上是错误的。

直到那时尼克松才正式通知这项任命，还是通过电话而非当面。尼克松煞有介事地说任命黑格是为了防范副总统阿格纽干涉外交事务，"我们可不能让阿格纽那么干。"

基辛格根本不买账，他抗议说，黑格对他不忠。尼克松说那你说谁行。基辛格建议让空军中将、自己的新任副手布兰特·斯考克罗夫特出任，尼克松当即拒绝。

来自犹他州的斯考克罗夫特出身于西点，还是哥伦比亚大学的国际关系博士，受人尊敬，但不爱出风头。在白宫担任军事助理时，斯考克罗夫特谈吐温和，但依然能跟霍德曼对着干。他对黑格素来保持距离，说白一点，他压根不喜欢这个野心勃勃的将军，这一点基辛格倒是颇为受用。"我是摩门教徒。"斯考克罗夫特对基辛格说过，"我的招牌就是忠诚。"

斯考克罗夫特取代黑格当上基辛格副手后，尼克松曾试图让他也像黑格那样向上头通风报信。霍德曼向斯考克罗夫特提出了这个要求，但后者未予理会。他后来回忆说："霍德曼平铺直叙地说我是为总统而非为基辛格效忠。不过他的话一点也不直接坦率，所以最后也没捞到什么好处。"

可想而知，一上来基辛格和新官上任的黑格之间就摩擦不断。特别是黑格尤喜在基辛格给尼克松的备忘录上加一页总括，还掺进自己的意见。"我没法忍受。"他朝祖沃特大倒苦水，威胁说如果不让他当国务卿就辞职。

有意思的是，随着"水门事件"的威胁与日俱增，基辛格和黑格开始并肩战斗，互相补台，为对方洗刷黑点。黑格是揭发"水门事件"的记者伍德沃德等人的重要情报来源，他完全可以把基辛格轻易搞垮，但他做得恰恰相反。斯文·克雷默说："别看黑格对亨利有看法，两人时常不对劲，但黑格总在奇怪地保护亨利。"

走马上任后不久，黑格就告诉基辛格，霍德曼有一个"死键"电话分机。他或者希格比可以偷听基辛格的电话。霍德曼和希格比后来都断然否认，但单是这种猜测就足以显示当时人人自危的程度。基辛格对黑格的话深信不疑，不过他同时也怀疑黑格早在1972年霍德曼窃听自己的时候就已经知道了。

黑格还在尼克松的白宫秘密录音系统曝光前两个月就告诉了基辛格这件事。基辛格吓蒙了。他知道录音带里有许多他向尼克松拍马屁、迎合总统糟糕主意和种族偏见的言论。基辛格后来解释说，他说那些话完全是当时环境里的应景之作，所谓过多的奉承应该放在尼克松当时处境的背景下考虑，"他太需要帮助，完全孤立，而国家安全又如此地依赖于他的正常工作。"

讽刺的是，基辛格很可能是录音系统的针对对象。尼克松说是从约翰逊时期继承下来的办法，但据霍德曼讲，主要目的是监视基辛格，尤其在1971年入侵柬埔寨之后，"尼克松很早就意识到，必须完全掌握基辛格班子都在讨论些什么。"

◎1973年5月，与勃列日涅夫猎猪二人行

黑格上任一天后，基辛格便起程赴莫斯科访问一周。这是趟辉煌的旅程，基辛格俨然已享受世界领导人的待遇而非区区一个总统助理。此行目的是为勃列日涅夫下月访问华盛顿、戴维营和圣克莱门特作准备。因为没什么实质性的东西好谈，苏联领袖便邀请基辛格及其随从住在自己的"戴维营"里——莫斯科北90英里处的一处狩猎别墅，叫扎维多沃，还从没有西方官员有幸受邀去过那里。

勃列日涅夫像暴发户似的向美国人炫耀他的别墅。这在美国得花多少钱？他问。至少得40万美元，基辛格答道。总书记的脸一下子沉了下来。突然间，缓和变得岌岌可危了。不不，索南菲尔特纠正，怎么也得200万，甚至更多，勃列日涅夫当时就乐了。转眼间又和平在望了。

基辛格后来开玩笑说，勃列日涅夫想说服母亲相信他已经是苏联领导人了。为了打消老太太的疑虑，儿子带上母亲在自己的扎维多沃小王国里兜了一圈，游艇、轿车、豪华公寓、游泳池和剧院，应有尽有。她终于相信了，"这太棒了，儿子，"老太太说，"可要是共产党来接管的话可咋办哪？"玩笑背后是基辛格对苏联认识的改变，苏联已经不是革命国家，不再煽动意识形态狂热，更关心保持党的领导。

一天下午，基辛格和索南菲尔特在别墅房间里突然发现为他们特别定制的浅褐色猎装，还有普鲁士风格的长筒靴。勃列日涅夫误认为基辛格肯定喜欢打猎，特意安排的。他陪基辛格，葛罗米柯陪索南菲尔特。按规矩，领猎员沿路撒下玉米粒，一直通到狩猎塔，野猪会一路吃过来，躲在塔里的猎人趁机猎

杀。基辛格厌恶以杀生取乐，但勃列日涅夫非要坚持，说一些野猪已经做好了标记。基辛格说，凭他的枪法，野猪之死肯定是由于心脏病突发。他答应同行，但只看不打。

勃列日涅夫打死一只，打伤一头，派领猎员和其他随从去找那只受伤的野猪。据苏方翻译苏科德烈夫说，这都是安排好的，故意给双方留出单独会面的机会。众人一走，总书记指着一个装满野餐的大篮子，大叫着："就得无拘无束地享受生活！"里面装满了冻肉、黑面包、腊肠、煮鸡蛋、一袋盐，还有一瓶伏特加。

勃列日涅夫开始回忆他的童年时代、共产党官僚体系里的成长还有卫国战争时期的经历，强调说和平对他、对苏联人民是多么重要。然后突然话锋一转，开始按计划拿中国问题说教起来。中国人都是背信弃义的野蛮人，现在还在造核武器，必须得做点什么。在基辛格看来，勃列日涅夫想争得美国的默许对中国实施先发制人的打击。基辛格没上当，小心回答说，中国的问题恰好说明和平解决争端的重要性。

一同控制中国从来不是双方手中的一张牌。但三角体系已经大大地改变了世界，而美国掌握了主动。以往政府都认为中苏天经地义沆瀣一气反对美国。而现在，每个共产主义大国都极力和美国串通反对另一方。

这时，索南菲尔特带着"熊猫眼"从林子里出来了，眼睛被猎枪的后坐力击伤，但不俗的是，扛着两只野猪。葛罗米柯后来夸奖他是"狩猎大师"。基辛格假装怀疑，苏联人很可能在索南的枪里放的空包弹，让他以为自己有多牛，其实是躲在林子里的红军狙击手放倒的野猪。

回国后，基辛格在记者会上把苏联人的热情招待大肆描述了一番。

基辛格："他们请我坐了趟新发明的快艇，感谢总书记，那可真是提心吊胆。他还主动请我去打猎，有生第一次。"

记者问："你开火了吗？"

基辛格："没有，我指导他如何打猎。"

记者问："你是说朝哪儿瞄准吗？"

基辛格："是朝哪个方向。不懂打猎不能阻止一个哈佛教授提供理论。"

◎1973年5月，窃听曝光

并非所有通气会都只关注苏联传奇。中途杀出一个"程咬金"式问题：1969年到1971年的"国安窃听"计划。

此前的两个月，《时代》杂志的桑迪·史密斯和约翰·斯塔克斯就报道过窃听的存在。但白宫坚决否认。在一次约翰·迪恩参与的讨论中，白宫磁带记录尼克松说，必须"抵制"这种说法。

但有关窃听的说法还是越来越多。特别是，FBI代理局长威廉·拉克尔肖斯追查到了厄尔希曼辞职时留在办公室保险箱里的窃听记录（厄尔希曼辞职那天早上曾叫基辛格把记录拿走，基辛格拒绝了）。拉克尔肖斯还发现了许多其他秘密，其中，他发现丹尼尔·埃尔斯伯格——因被指泄露五角大楼文件而正在受审——被莫顿·哈尔皮林电话上的窃听器录了音。于是拉克尔肖斯赶紧告知负责此案的法官，法官立即撤销了控诉。

基辛格刚从苏联回国，各大媒体都拥上来问他对窃听计划了解多少。基辛格著名的简练有力突然消失了。他发表了一番又长又跑题的演讲，大谈"合法制定的程序"，全篇演讲充斥着夸夸其谈，简直没人能听懂。最后等所有人都被搞得云里雾里，他抛出结论："我的办公室从来没有做过，也并不知情任何由其他程序指挥的行为。"

《华盛顿邮报》的记者鲍勃·伍德沃德此时已把水门调查事件搞得沸沸扬扬，每周和卡尔·伯恩斯坦捅出一两篇新闻。伍德沃德问联邦调查局当时是谁授权搞国安窃听的？FBI答称，遭窃听者的名单是基辛格亲自提供的。

伍德沃德打通白宫基辛格的电话后，基辛格搪塞说可能是霍德曼授权干的。"会是您吗？"伍德沃德问。"我不相信那是真的。"基辛格答道。"那算是拒绝吗？"伍问。基辛格犹豫了一下，"我完全记不得了。"不过随后基辛格承认是他向FBI提供的名单，"很可能他们把这理解为授权。"

对基辛格来说这算得上是坦率的招供。他又接着说要负责一类的话。然后他突然问伍德沃德："你不会引用我的话吧？"

伍德沃德说："会。"

基辛格激动地说，他并没有想到伍德沃德会公布他所说的话，"一直以来我都对你很坦率，现在你却倒打一耙来惩罚我。在华盛顿这五年，我还从没中过这样的圈套。"

伍德沃德禁不住思忖，基辛格跟媒体都是怎么打交道的。《邮报》有一位叫莫里·马德的专门负责报道基辛格的外交记者，他待人温和友好。伍德沃德前去询问他的看法。马德承认，媒体一般都会把"亨利"发表的言论写进文章，但不会直接引用他的原话。

几分钟后，基辛格给马德打电话，火冒三丈。然后，马德和伍德沃德一起去找执行编辑霍华德·西蒙斯。老板本·布拉德利已经下班回家，但很快打来电话。西蒙斯把老板的电话转到扬声器上。布拉德利刻意模仿的带有德国口音的声音传出来："我刚刚接到亨利的电话。他气疯了。"西蒙斯决定把报道搁置一两天再说。

不过这都于事无补，《纽约时报》的西摩尔·赫什也掌握了底细。FBI郁郁不得志的三把手苏立文把有关窃听的授权文件复印件提供给赫什，基辛格的名字赫然在列。

包括黑格等在内的许多人都劝赫什不要把事情捅出来。黑格虽然背后猛叫基辛格，但他敬重基辛格的外交天才，新任白宫办公厅主任也想在水门问题闹得沸沸扬扬之时保持大局稳定。他打电话给各路记者，说基辛格是"国家财富"，不应该因为国安窃听问题被搞臭。

他警告赫什，他的文章可能导致基辛格辞职。"你是犹太人吧，西摩尔？"黑格问。赫什说对。"那么我问你，"黑格继续道，"你真的相信亨利·基辛格，一位在纳粹手里失去13位亲人的德国难民会采取窃听自己的助手这种集权国家的手段吗？"赫什不为所动，第二天，《基辛格据传曾要求实施窃听》登在了《纽约时报》的头版上。当天恰逢埃尔文参议员决定就"水门事件"召开公开听证会，这么一来，水门问题就在公众印象中和国安窃听问题搅在一起了。

基辛格魂不守舍，到处放风说要辞职，诺瓦克、伊文思等专栏作家们撰文说，基辛格被水门的浑水弄脏了手，其实和他一点关系都没有。后来尼克松发表声明说："我授权了整个计划。"基辛格才算解围。这件事在1973年基辛格成为国务卿的提名听证会和1974年"水门事件"集中爆发的那一周时间里再次折磨过他。而直到此时，他面临的还只是些私人问题，比如向索南菲尔特、洛德、布兰登等目瞪口呆的友人们解释为什么他会参与窃听他们的计划。

基辛格盛大的生日宴会在曼哈顿举行，正式主持人是哈佛讲师圭多·戈德曼（Guido Goldman），此人曾师从基辛格，迄今依然是基辛格的密友（圭多父亲，那鸿·戈德曼（Nahum Goldmann）是一位著名的犹太领袖、慈善家。戈德曼一家刚从德国移民美国时与基辛格一家来往甚密，曾聘请基辛格的母亲保拉做家庭厨师。圭多把家族姓氏的最后一个字母删掉了。——作者注）。但宴会真正的组织者是南茜·马金尼斯，她选择的地点是位于派克大街的殖民地俱乐部，这个上流社会的大本营正是为南茜这样有教养的女人准备的。

克拉夫特决定不参加宴会，表示对被窃听的抗议（虽然他被窃听不干基辛格什么事）。还有几个人也没有出席。威廉·萨菲尔在他的"亨利50啦"专栏里写道，这些人之所以缺席，是因为"最近，就连弗兰克·希纳特拉都要掂量掂量，在公众场合与政府官员一同出现是否合适"。其实，希纳特拉收到了邀请函，但无法前来，而萨菲尔则把被窃听的满腔怒火撇到一边，光临会场。他写道，那些出席的人，"想要向这位真正的美国英雄致敬，他的第一个百年刚刚过半。"

除了萨菲尔，还有三位虽然被窃听，但还是愿意和大家一起寻欢作乐（总共来了80位客人），这三位是：温斯顿·洛德、赫尔穆特·索南菲尔特和亨利·布兰登，纷纷偕夫人亮相。洛德夫人贝蒂·包一袭高雅旗袍，坐在基辛格旁边。媒体明星则包括凯瑟琳·格雷厄姆、洛兰德·伊文思、麦克·华莱士、沃尔特·克朗凯特、约瑟夫·阿尔索普、大卫·弗罗斯特和芭芭拉·沃尔特斯。纽约州长洛克菲勒夫妇更是携15名官员前来助兴。罗伯特·埃文斯陪同的是一位光艳照人的瑞典女演员。倒是白宫和内阁的官员们没有几个，尼克松压根没被邀请，黑格则没法参加。

"人们总在问是时势造英雄还是英雄造时势，"洛克菲勒在致辞里说，"亨利解决了这个问题。是人创造历史。"芭芭拉·沃尔特斯向他祝酒的理由是感谢基辛格"为那不计其数与他共进过晚餐的女人们开创了事业"。阿尔索普则即席向安静的南茜致辞，感谢她把差点成为浪荡公子的亨利拽回了地面。萨菲尔写道："她很了不起。虽然她比上帝（指基辛格）还要高。"

宴会结束后，《女子着装日报》的南希·马金尼斯（殖民地俱乐部外等候的记者群中的一分子）问克朗凯特，基辛格今天收到的最好的生日礼物是什么。这位CBS主播答道："他收获了一份'谅解'。"马金尼斯和基辛格刚进入马金尼斯在东区68街的寓所，记者们就一窝蜂拥向了那里。"他从来没在里头超过20分钟。"门房告诉记者们。果然，不到20分钟基辛格就出现了。一见挤成一团的记者，他说："幸亏我没待得太久。"说罢钻进轿车，朝他的单身汉住处飞奔而去。

基辛格的生日晚宴被同月的另一场安静、不引人注目的活动遮去了光辉。他的前妻安妮·弗莱彻和布兰德斯大学的化学教授索尔·科恩举行了婚礼。这仿佛使基辛格从放荡不羁的光棍形象里解脱了出来，没多久，他和马金尼斯便决定结婚。他们的婚礼沦为更加全球化事件的受支配者。

◎1973年9月，荣升美国第54任国务卿

多年后，尼克松承认，当时并不是很想让基辛格出任国务卿，理由倒是道貌岸然：他认为国务卿应该是位经济专家，"就地缘政治来说亨利当然无可匹敌，"他回忆说，"但经济他可不拿手。"他还认为基辛格善于抓大事，而不是管理国务院这种官僚机构，"在那里他就得总是读些发自什么上沃尔塔河地区的电报这种事。"当然，尼克松从来没承认说过这些话，不过不难想象，一个四年来到处抢他风头、深得公众喜爱的家伙，他有什么必要把他捧进内阁？

尼克松本来已经有了两个人选。一个是肯尼斯·拉什，原本1972年11月就应走马上任，可惜罗杰斯突然拒绝了立即辞去国务卿的职务。另一个是顽固的前财政部长约翰·康纳利，不过康纳利也因为"水门事件"惹了一身臊；1973年夏的白宫因为丑闻不断权力大量流失，急需一位人物出来力挽狂澜，而拉什的公众地位不够显赫，显然不是最佳人选。

但此时的尼克松执政根基极度不稳，"水门事件"搞得沸沸扬扬，他承受不起阁员大变动的冲击。最后他给自己找了个理由："亨利很想当国务卿，觉得自己配得上，还让我知道，要是他当不上就辞职。"尼克松一边回忆，脸上闪过一丝紧巴巴的干笑。1973年的尼克松再也经受不起失去基辛格的风险，"在'水门事件'那会儿，"他回忆说，"我没有什么选择。"

　　不过尼克松花了很长时间、忍受了巨大的痛苦才作出这个艰难的决定。他常常和康纳利躲在自己隐蔽的办公室，一边痛苦地打着哈哈说基辛格想当国务卿都想疯了。后来基辛格本人也说，提他为国务卿"对尼克松肯定是种折磨"。

　　让人吃惊的是，黑格竟然支持这一决定。他知道这是当时保持尼克松政府在外交事务方面主导权的唯一途径，尽管这位将军和过去的主子基辛格关系搞僵了，他还是认定基辛格是这一职位的最佳人选。他告诉基辛格，他会向尼克松举荐他，接下来的每一步，黑格都把事情进展一五一十地通报给基辛格。

　　尼克松下定决心任命基辛格担任国务卿，不过他没告诉基辛格本人，只让黑格知道，还有个条件：黑格要负责向罗杰斯捅破这层窗户纸。结果，这位基辛格最不可能的媒人不得不承担起这件霍德曼没干成的事，不出意外，也碰了一鼻子灰。"告诉总统见他妈的鬼去。"罗杰斯告诉黑格。如果尼克松想让他辞职，就该自己放马过来。

　　实际上当尼克松鼓起勇气颤颤巍巍自己去找罗杰斯时，这位老朋友痛快地答应了。他到戴维营，给尼克松递上了一封体面的辞职信。

　　8月21日基辛格和尼克松一起待在圣克莱门特。第二天将举行一场总统新闻发布会，基辛格猜想发布会内容之一应该是宣布他就任国务卿。但总统半个字也没透露给他。那天下午，尼克松的女儿朱莉娅邀请基辛格一双儿女大卫和伊丽莎白一起去她家游泳。大卫当时才12岁。他回忆说，总统女儿当时非常痛苦，因为"水门事件"的听证会通过电视转播人人皆知。虽然大卫还没有完全把父亲安慰人的本事学到家，他还是告诉朱莉娅，他是"剑桥里唯一会为你父亲辩护的孩子"。总统从海滩散步回来，朱莉娅包装了一下大卫的话，对父亲说："咱们这儿的大卫是你在剑桥最大的拥护者。"尼克松哼哼了几声，他可没觉得这是什么溢美之词。

　　基辛格在泳池边来回踱步，尼克松四仰八叉地在池子里来回倒腾，一边漫不经心地问基辛格第二天记者可能会提哪些问题。突然，总统毫无热情地来了句："记者会一开始我会宣布任命你为国务卿。"

　　"我希望能不辜负您的信任。"基辛格答道。

　　第二天，基辛格连出席记者会的邀请都没收到，他自己窝在家里看电视转播。尼克松口吐莲花般地赞美罗杰斯，简直到了无视事实的地步。他"带着无比的不情愿和悔恨"接受了罗杰斯的辞呈，自己第一届任期结束罗杰斯"就要走"，他力劝而不得，因为本届政府还有许许多多未竟的事业需要罗杰斯的关注，包括越南谈判的最终完结。尼克松还给罗杰斯写了封热情洋溢的信，说他和帕特希望还能常常见到罗杰斯夫妇——那热乎劲简直就是故意在贬低接下来他马上宣布要继任的人。

对继任者的介绍十分简洁。"基辛格博士对这一职位的胜任，我想不用我说，大家也都知道。"就这么点，多一句没有。当时正巧瑞典女演员乌尔曼从海外打长途来，基辛格抄起电话解释说正有事不能说太久，就这会儿工夫，他已错过了尼克松对他的简短介绍。

就这样，一位从纳粹铁蹄下捡回性命的外国难民，即将成为美利坚合众国的第54位国务卿，从此他的名头便可和杰斐逊等建国之父们并驾齐驱，这是何等的荣耀。然而，那个8月的下午，成群的记者们揪住可怜的总统围绕"水门事件"问题不依不饶，基辛格的高兴劲被迎头泼了一盆冷水，"我登上了做梦也不敢想象的位子，"他后来说，"可我怎么也不觉得像是在庆祝。"

基辛格晓得，国会的提名听证会上最尖锐的问题肯定是国安窃听这事。他和哈尔洛（Harlowe）、考洛罗格斯（Korologos）和李曼（Lehman）排练了整整一天。他甚至不惜去讨好参院国际关系委员会的主席卡尔·玛尔希，暗示可以让他去瑞典当大使，玛尔希一家来自瑞典（他到死也没得到这个位置）。

结果听证会进行得异常轻松。"我从来没下过实施窃听的命令，"基辛格说了，"我是知道这事，还曾经把那些可能接触到机密文件的人员的名单提供了出来。"几位领头的参议员特别就FBI档案做了特别询问，最后得出结论，没有证据可以成为"阻止基辛格博士的提名获得通过的理由"。最终投票，基辛格以78票赞成、8票反对的压倒性优势大获全胜。仅有的几位反对者要么是极端保守派，要么是极端自由派的共和党人士，比如杰西·赫尔姆斯和维克尔。乔治·麦戈文、哈罗德·胡夫斯、盖罗德·纳尔逊和弗罗伊德·哈斯克等几位民主党议员也投了反对票，"我们对基辛格博士太了解了，他糊弄国会和公众在行得很。"

不过大多数参议员强烈支持这项提名，甚至连麦戈文也在私下里予以推动，到处都是溢美之词，"这是美国历史上的奇迹"，"他的提名获得通过向整个美国乃至全世界证明，这个国家还是个开放社会"。

就职仪式在第二天举行，刚好是个礼拜六，这个日子对年迈的葆拉和路易斯不是特别舒服，老两口一生恪守犹太人在安息日不外出活动的规矩。这次他们也只是从旅馆步行至白宫，没有坐车。家族的一位老友搞到了一本1801年菲尔特出版的《旧约全书》，不过基辛格还是决定在宣誓时用尼克松那本英王詹姆斯版《圣经》。所有这些，都不能冲淡葆拉一丝一毫的快乐，她激动地托着《圣经》，看着儿子一手按在书上，一手高举宣誓；老路易斯也是一样，情何以堪，一个难民之子在他们的收养国里竟神奇般地攀上了成功的顶峰。

这一天，白宫东翼高朋满座。克雷默、洛克菲勒、柯克·道格拉斯，罗伯特·埃文斯……不论作为朋友，还是作为美国公民，一想到一个从暴君铁蹄下逃生的难民之子在第二祖国奋斗到位极人臣的高度，在场的人无不为之动容，"大多数人都是眼含泪花看完的这一幕。"贝蒂·包回忆说。

只有一个人例外，就是葆拉，从头到尾都神采奕奕。"您为什么不哭呢？"贝蒂·包问。老人笑了，"亨利不让啊。"其实，她无时无刻不在享受着那点滴的难忘瞬间。是人类意志的胜利才让基辛格几乎是不可思议地走到了今天——35年前，正是年轻的母亲卷起家当，毅然决然地带领全家奔向一个对她而言全然陌生的国度。现在，她却实现了多少母亲想都不敢想的梦。早几天前，华盛顿高地的一位朋友跟她夸耀说自己当律师的儿子是多么出色，话音没落，陡然间便意识到了什么，忙不迭说在亨利·基辛格的母亲面前夸奖自己儿子是多么的无知。葆拉回答说："儿子就是儿子嘛。"

就数尼克松表现得最刺眼。在基辛格看来，主持仪式的尼克松根本就是"被自己那点小算盘支得滴溜乱转"。总统的致辞，用基辛格的话讲，"不是敷衍了事，就是光怪陆离，不着边际"。尼克松说，基辛格克服了国会重重阻力才闯关成功，这根本就不对。然后又东一句西一句地扯到基辛格不仅是第一位归化移民成为国务卿的人、而且是"二战"以后美国第一位不梳分头的国务卿。接着开始就如何对迪恩·腊斯克（约翰逊时期国务卿）进行归类论证了一大通——腊斯克是个秃子，他是在基辛格之前，那该不该把他算成是第一个不梳分头的国务卿呢？说了半天，最后引用白宫理发师弥尔顿·巴博——"一个非常睿智的人"——的论断就这一重大问题给出结论：腊斯克实际上还残存一点头发，他是分头。所以第一个不分头的国务卿还是基辛格。

基辛格一向对夸奖的话颇为受用，这回被总统的致辞搞得目瞪口呆。不过他的回应还算优雅：

总统先生，您提到了我的过去。的确，世界上没有任何一个国家能理解一个像我这样出身的人竟能在他们的国家里站上这样一个位置。……如果说我的出身对我们的外交政策有什么贡献的话，那就是，我在人生的早期阶段便目睹了一个建立在仇恨、强力和不信任基础上的社会会发生些什么。

帕特·尼克松是罗杰斯夫妇的挚友，仪式刚一结束，她便和丈夫匆匆离去，没有继续参加在国务院餐厅里举行的招待会。

基辛格继续留任国家安全事务助理，他的高升意味着二把手斯考克罗夫特得承担起大部分国安会的日常工作。和老大不同，这位空军将军谨慎而直率，从容不迫，对人性弱点有透彻的了解，头脑均衡而明智，因此他和基辛格相处融洽。

基辛格大部分高级助手都随他迁至国务院，一干人组成了7楼的小核心集团。永远忠诚的温斯顿·洛德成为政策规划司长，说话尖利的索南菲尔特出任国务卿贴身的国务院顾问一职，此前他因被参院的右派议员们视作基辛格的党羽而没当成财政部副部长。索南原来的副手、聪明诙谐的前CIA苏联问题专家希兰德被任命为情报研究局局长。

最重要的是，1969年被累垮的劳伦斯·伊戈尔博格高调重返，出任基辛格的行政助理和负责国务院管理事务的副国务卿帮办。数他最厉害，既要管理国务院的吃喝拉撒，又得照顾咋咋呼呼的老板，他是为数不多的几个能当着基辛格的面说——"亨利，你就是一坨大便"——的人。他和斯考克罗夫特后来都加盟基辛格成立的咨询公司。"很多人没法在亨利手底下干长，"伊格说，"坚持下来的都是那些敢顶嘴和基辛格鼻子碰鼻子的家伙。"

让所有人大吃一惊的是——甚至包括基辛格自己，他决定留下外交"独行侠"、罗杰斯手下负责中东事务的约瑟夫·希斯科（Joseph Sisco），继续掌管中东。这再一次十足证明，和基辛格进行吵嘴比赛是赢得他尊敬的一个好办法。希斯科精力充沛，血气方刚，快言快语，直率甚至粗鲁，这使他和国务院一向低眉顺目的风气格格不入。他曾和罗杰斯一道策划了1970年的阿以和平计划，基辛格称之为"罗杰斯的宠儿"。时过境迁，希斯科成了"基辛格的宠儿"，基辛格后来开玩笑说，每次出门不敢把希斯科单独留在华盛顿，怕他搞政变。基辛格对这位大将的评价是，"总能提供更多的答案，而不是问题"。不过一开始希斯科是想辞职不干的，基辛格用国务院三把手——负责政治事务的副国务卿一职留住了他。

刚当上国务卿一个月，基辛格和黎德寿双双因达成越南和平协定荣膺当年的诺贝尔和平奖，尽管停火的执行仍然支离破碎。一时间劣评如潮。黎德寿公开拒绝接受奖项和13万美元奖金，理由是"越南南方仍未实现和平"，此举直接导致挪威议会负责评奖的委员会的三名成员以辞职表示抗议。

《纽约时报》一篇社论把奖项戏称为"诺贝尔战争奖"。哈佛大学的埃德温·雷肖尔教授讽刺说，要么挪威人根本不知道越南那里正在发生什么，要么他们太具幽默感。60位哈佛和麻省理工的教授联名写信，说评奖结果"超出了一个具备正常理性的人所能接受的限度"。基辛格的儿子大卫的同学们告诉他，说朋友们都认为他爸爸根本没资格获奖。"这有什么奇怪的，"大卫回答说，"我妈也这么说。"

连基辛格自己对评奖结果也不大自在，虽然颇觉受宠若惊，但他决定不亲赴挪威领奖，美国驻挪威大使替他领了奖。过后，他又悄悄地把奖金捐给了纽约社区基金，作为越战阵亡将士子女的奖学金。两年后，北越拿下西贡，他写信给诺贝尔评奖委员会要求退还奖金和奖项，遭到拒绝。

◎演出终结？

就任国务卿后的第一次新闻记者会上，有人问起他搞秘密外交、"孤独牛仔"和喜欢抛头露脸、搞个人秀的外交风格的事情。他回答说，总统第一任期内的外交正发生革命性的变化，这种变化要求他们采取这种不拘一格的方式。"不过现在不同了，基础已经打牢了，必须朝着制度化的体系努力。""没有哪个政府必须强迫自己老靠个人绝技存活下去。"

也许吧。不过当学者的时候，基辛格可是从来没研究过制度学。他乐于研究个人，那些一身毛病的伟人——梅特涅、俾斯麦等，都是些靠不循常规、靠个人表演成就伟业的奇人。

有一点基辛格说的没错。尼克松第一任期内的若干外交创意的确需要个人化的外交实践。特别在中国问题上，老一套的官僚体系必须超越。基辛格外交的戏剧性层面——尤其是他和尼克松搞的一连串惊世骇俗的行动——毫无疑问是功有所成的。美国民众对外交的热情被调动了起来，外交政策突然间显得充满乐趣而不是面目可憎。"他的表演之所以成功，就在于通过赋予外交政策以活力和戏剧性深深地吸引了美国公众，"一位卡特时期的国务院高官这样评价说，"他担心美国人在越战后滑向孤立主义。"

不过，建立在操弄权术、搞突然袭击、个人虚荣基础上的外交政策只能发挥有限的作用，尤其在民主体制中。正如前副国务卿乔治·包尔所言："操弄权术的政策，其风险就在于容易颠覆我们的制度、把荣誉和成就都押在高层密室的阴谋诡计上，并且制造一种对所谓'国家安全'的病态痴迷，弄虚作假，给诸如窃听甚至偷窃种种个人过失凭空制造合理的理由。"

基辛格开启了一个崇尚"炸弹外交"的新时代，未来的总统们都以惊世骇俗为功，乐此不疲，而不讲精心细论的传统操守。长远来看，这种趋势可能更加激动人心，但却未必明智。

荣升国务卿后，基辛格尽力让自己更多依赖于官僚机构行事。不过，他并没有怎么费心思把自己的方针政策制度化，而是他本人成了制度本身。不管好赖，自负，兴奋，追求个人控制的欲望和对戏剧性的品位，似乎根深蒂固地内嵌在他的人性深处，无可动摇。

所以，他上任刚刚两个礼拜后突然爆发了中东战争，基辛格并未试图去调动他现在掌管的各个官僚机构作出协调一致的努力，相反，他再次跨上想象的白马，在中东地区穿梭了数月，最终得到了以色列和阿拉伯人的一纸分离协议——这又是另一出大师级的胜利演出。

第23章 | 赎罪日战争

中东问题上演，再补给之争，核警示

任何谈判者要是相信单靠自己的魅力就能自动带来重大突破，那他迟早会发现自己将掉进历史的炼狱，和那些靠夸夸其谈而非实在成就自我标榜的人们在一起受罪。

——基辛格，1982年

在尼克松第一个任期内，基辛格在中东外交上几乎没有起到任何作用。总统认为，由于基辛格的犹太教背景，其可信任度大打折扣。于是，中东外交问题由威廉姆·罗杰斯全权掌控。当罗杰斯以迫使以色列交还1967年所占土地来换取和平为条件，推进一系列和平计划之时，基辛格却一直从中阻挠，不让事情进展太顺利。一来他认为让阿拉伯人等得越久，苏联人的信誉就越差，另外也出于他和罗杰斯的恩怨，没必要成人之美。

1972年7月，埃及总统安瓦尔·萨达特把苏联军方人员统统赶出埃及，震惊世界，也震惊了基辛格。尼克松终于批准基辛格瞒着国务院开辟一条联系萨达特国家安全顾问哈菲兹·伊斯迈的幕后通道。1973年年初，经典的尼克松式情形又出现了：2月，伊斯迈前来国务院谈判，之后又与基辛格前往百事可乐董事长唐纳德·肯德尔在康涅狄格州郊区的家中密谈。国务院并没有向基辛格汇报与伊斯迈的谈判内容，所以只有伊斯迈最清楚，美国政府里这些个小集团都在打什么算盘。"这显然不是展现目标统一的最好方式。"基辛格承认，"但这至少向埃及人表明，我们不用吹灰之力，也可以成为他们那样的人。"

中东地区的情报买卖比华盛顿还要热闹，所以基辛格的幕后通道败露毫不奇怪。埃及人把伊斯迈和基辛格的秘密会谈告诉了沙特人。消息很快传到驻在开罗的英国外交官耳中。基辛格已经把情况通报了伦敦的英国高官（不过不是他自己的国务卿），但要求他们千万守口如瓶。开罗的英国外交官从埃及人那里得知之后，旋即告诉了美国同行。美国驻开罗特使迅速从沙特人口中了解到基辛格的一切动作，并兴高采烈地用明码电报通知了国务院，于是很快，尽人皆知。基辛格在中东的秘密跟踪就此夭折。

不过即便没有暴露，幕后通道也照样没有意义。两个原因：9月，基辛格荣升国务卿之后，他就不用再惦记着挤兑那位内阁官员（罗杰斯）。另外，萨达特私下已经决定打破目前的僵局。1973年6月左右，这位埃及总统就决定联合叙利亚尽快向以色列开战，所以哪儿还犯得着什么秘密谈话。

这回当了国务卿，中东泥潭对基辛格而言，是无论如何也要碰了。

◎1973年10月，赎罪日战争

1973年10月6日，出席联合国年度大会的基辛格正在沃尔多夫饭店35层的套房里呼呼大睡，经过了惊心动魄的晋升国务卿高位的折腾后，他正精疲力竭，刚好借机休息休息。就在这时，希斯科慌慌张张地跑了进来，搅了基辛格的好梦。就是这个消息，让基辛格此后两年不得安生，把大部分精力投入在中东问题上。希斯科告诉目瞪口呆的国务卿：埃及和叙利亚向以色列发动了突然袭击。

这场持续16天的战争被认为"赎罪日战争"，因为突袭发生在以色列人一年中最重要的一天。伊斯兰教信徒称之为"斋月战争"，也正好是斋月期间。埃及－叙利亚指挥官们给行动起的代号"巴德尔（Badr）行动"，用来纪念1350年前先知穆罕默德的麦加之战。

危机爆发刚几个小时，基辛格便召集国安会危机委员会紧急会议。以色列已向美国发出紧急援助请求，不过世人都认定以色列有能力一两天内打退阿拉伯人的进攻。

常务副国务卿肯尼斯·拉什反对仓促支援以色列，国防部长詹姆斯·施莱辛格也反对，"往以色列运东西肯定会破坏我们在该地区的和事老形象。"这位新任国防部长头脑敏锐，自命不凡，成为基辛格的新对手。

到底对以色列支援到什么程度？华盛顿为此争论了一周时间。

有关基辛格、施莱辛格等人在这场争论中的作用究竟为何已经成为重大历史争论之一。许多著作和文章论及此事。基辛格的同情者们认定，当他获悉以色列发出明确的求救信号时，国务卿立刻表示了坚定的支持，恰恰是国防部从中作梗。但部分批评者指责基辛格在这一过程中大玩权力游戏：按住给以色列的援助，迟迟不发兵"救赵"，为的就是制造外交斡旋的最佳时机，反而猪八戒倒打一耙，把延误援助的罪名推给五角大楼。不光这样，基辛格一面向犹太团体首领和以色列领导人抱怨国防部在援助问题上拖泥带水，回过头来和苏联人及阿拉伯人谈判时，又往自己身上揽功，说自己拖住了对以色列援助，给他们争取了战略主动的时间。末了，当载着援助物资的直升机终于轰鸣而起时，一把将所有功劳统统归到自己账下。

好在当事人都留有电话记录或会议记录，当时究竟是怎么一回事，今天还是能搞个一清二楚的。

整个战争期间，尼克松都一头扎在"水门事件"的烂泥里。战火燃起时，他正在佛州的比斯坎研究如何对付检方要求他交出白宫录音带的要求。两周时间里，副总统阿格纽被迫因经济丑闻辞职，杰拉尔德·福特接替他成为副总统。尼克松又炒掉了司法部长理查德森和"水门事件"特别检察官考克斯，这就是著名的"星期六之夜大屠杀"。

尼克松分身乏术，基辛格反倒可以在决策早期获得更加自由的发挥空间。实际上，许多决定都是基辛格和黑格背着尼克松擅自作出的。

黑格从比斯坎给基辛格打电话说，有关决定必须让公众听上去像是尼克松做出的才行。"这很重要，理由很多，不赘述了，其中之一就是和副总统的问题有关，我在电话里不能多说。"基辛格表示同意。不过他可不想让尼克松突然杀回华盛顿，总统在之前的历次危机中表现出的幻想能力还让他记忆犹新，"那你得把总统那些白日梦的念头控制好了。"黑格同意让总统在比斯坎尽量多待一阵子。

基辛格认定以色列有能力速胜，所以反对给以色列大量援助，避免战事出现一边倒的局面。"最佳结果，"他告诉施莱辛格，"就是以色列小胜一筹，不过也付出不小的代价，而美国双手是干净的。"

"关键是阻止以色列羞辱埃及。"基辛格后来解释道。他希望的是，美国在此时此刻表现出的克制，能打开通向埃及的大门，保持美苏间的缓和关系，同时还让以色列看到媾和的好处，一举多得。

在外交方面，基辛格想尽量拖延联合国强行颁行停火决议，直到以色列把埃及和叙利亚军队推回战前边界线。否则，一纸停火决议只能让阿拉伯人从此牢牢占住突袭后圈占的土地。基辛格提出，停火决议应要求冲突双方退回至战前边界。这是唯一让埃及和叙利亚不会因发动战争得到奖赏的办法。

私底下基辛格的算盘复杂得多。他知道，阿拉伯人好不容易收复失地，怎么可能拱手相让。他的如意算盘是，让以色列来促成这种结果——这样如果战事逆转，以色列占领新的阿拉伯领土，那么大家就都会赞成回到战前边界线。"想要双方马上停战并退回战前边界根本不可能。"基辛格回忆说，"但我想让以色列接受这一原则，这样如果他们扭转局面，我们就可以借此来牵制他们。"

10月7日，星期日，战争爆发后的第二天，基辛格和施莱辛格达成一致，让五角大楼向以色列提供响尾蛇导弹和新弹药，但要求以色列派以色列航空公司未做任何标记的飞机到弗吉尼亚空军基地秘密领取。

"你愿意动用美国飞机吗？"施莱辛格问道。

"不。"基辛格回答说，"他们（以色列）派自己的飞机过来。"

那天夜里，以色列大使迪尼茨打来电话，说美军方官员不允许以色列飞机在空军基地降落。"噢！那些该死的白痴。"基辛格一边破口大骂，一边保证会尽力解决问题。

迪尼茨身上具备那种独特的以色列特征：既粗暴又热情、魁梧、好斗、诙谐、明智，必要时还有那么一点叛逆，迪尼茨从总理戈尔达·梅厄的私人助理开始平步青云，当上驻华盛顿大使——这可是以色列最重要的工作之一——同时还是在美国的犹太复国主义人士的实际领袖。迪尼茨直接向总理梅厄而非外长阿巴·埃班汇报。也有人批评迪尼兹，认为他的缺点在于不论个人生活还是工作，都和基辛格走得太近——要是搁在别的大使身上，这恐怕是一大优点呢。

这期间，基辛格又玩起了连环套的把戏，设法在以色列外长迪尼茨和苏联驻美大使多勃雷宁之间做了笔交易。中心议题就是美国给予苏联最惠国待遇问题。华盛顿早在1972年就允诺给予苏方这一地位，但有关协议要经国会批准才能生效，以亨利·杰克逊为首的一批参议员威胁说要在国会扼杀这一协议，条件是苏联取消对犹太人自由移民的限制。这样，基辛格巧妙地把支援以色列问题和美苏贸易协议问题挂起钩来。

他告诉多勃雷宁，如果苏联在当下的中东危机中表现出一些克制，他会继续推动最惠国待遇问题。第二天晚上他要在一个华盛顿会议上发表演讲，"我先给您念念演讲稿，"他自愿拿出稿子读起了那段事先准备好的宣传给予苏联贸易最惠国待遇的段落。"坦白讲，"基辛格警告说，"明天演讲时，我可能不得不删掉这段话，这就得看事情有没有进展了。"

第二天一早，多勃雷宁打电话通报了勃列日涅夫的口信。"我们认为应该和您合作。"口信说道。作为回应，基辛格重申了连环套的原则，保证道："我会在今晚的演讲中包括最惠国待遇的有关内容。"

在以色列那边，基辛格告诉迪尼茨，要想美国人出枪出炮，以色列领导人必须在给予苏联最惠国待遇问题上停止对杰克逊参议员的支持。他在全美重要犹太人组织领袖会议上明白无误地开出了这个要价。没办法，拿人手软，这些组织只能同意配合。

第一个周末尼克松干的所有事就是劝基辛格对以色列来硬的。星期天早晨他打电话给基辛格："一定要时刻牢记，不要显得过于袒护以色列，以免那些石油国家——没有卷入战争的阿拉伯国家——造反，并投入战斗。"第二天晚上，尼克松又打来电话，说他相信以色列会打胜仗——"感谢上帝，以色列应当打赢"——但又马上悲叹以色列"会比以前更难对付"。

接着两人就开始讨论，比起1967年中东战争期间，苏联这次有没有同美国加强合作。谈话中，基辛格扮演热切的导师，尼克松则发挥着小小的想象力，不管是两个人的语调还是谈话内容都相当有趣：

基辛格："1967年他们（苏联人）开着舰队耀武扬威，威胁要开战，在安理会把我们批得一无是处，跟我们断绝外交关系，威胁我们的石油设施。不过这次还没人对我们发过半句牢骚。"

尼克松："真不错。"

基辛格："这一切都归功于我们的政策。我们可以在最惠国待遇问题上好好利用这一点……这次我们可以把最坏的情况列出来好好想想。"

尼克松："为什么？"

基辛格："跟1967年做个比较就知道了。"

尼克松："嗯，是吧。不过，我们还以为可以把约旦最操蛋的情况列出来想想呢。结果没什么用。"

基辛格："我们对约旦从来就没有考虑得很坏。"

尼克松："从来没有，对吧？"

基辛格："对。"

尼克松："不过却很不错。"

基辛格："但当时我们没法讲实话。"

尼克松："我们手上一张牌都没有，就跟印巴战争时似的，那次真够糟糕的。"

基辛格："确实。"

尼克松："这次我们还是一张牌都没有。"

基辛格："不过我们表现得不错。"

尼克松："没错。好吧，亨利，谢谢你。"

战争进行到第四天，形势明朗化了，以色列军队陷入了困境。以色列内阁夜以继日地召开会议商讨对策。最后决定让杰里科的核武器进入战备状态。以色列开发核武器极为秘密，但美国情报机构当时已经估计到以色列手里至少有20颗核弹头。当天一早，气急败坏的女总理戈尔达·梅厄给驻美大使迪尼茨打电话。以色列被打败了，她说。马上给基辛格打电话。

"这会儿我没法给任何人打电话啊，戈尔达，太早了。"迪尼茨回答说。华盛顿时间凌晨一点。

"我不管现在是几点，"总理说，"立刻找基辛格。"

无可奈何，大使只得硬着头皮给基辛格打了两通电话，问他武器援助的事怎么样。基辛格同意早上八点半在白宫和大使见面谈。

迪尼茨和基辛格的会面相当紧张，特别是迪尼茨还要求两人的助理（彼得·罗德曼和莫德查·古尔将军）回避。迪尼茨向基辛格透露，总理梅厄愿意秘密造访华盛顿，单独与尼克松详谈一个钟头，请求美国向以色列提供更多物资。

基辛格立马告诉他没有必要。后来他说，迪尼茨的提议有点"勒索"的味道，因为会陷白宫于不义。

迪尼茨和基辛格都称，迪尼茨并没有提到——也没有威胁说——如果以色列国运堪忧，将动用核武器。不过美国对以色列的能耐心知肚明，所以威胁还是存在的。基辛格手下一位中东问题专家威廉·昆特后来写道："毋庸多言，我们很清楚如果以色列走投无路，很有可能启动核武器。光是这种可能性就足以产生勒索的效果……不过双方都无须挑明，而且也确实没有。"基辛格后来漫不经心地跟当时的驻埃及大使赫尔曼·艾尔茨提到，以色列曾"暗示，如果美国不尽快提供军事设备，他们可能会使用核武器"。

经过一个多小时的交谈，基辛格向大使担保，下午一定给他准信。随后基辛格召开国安会危机管理委员会紧急会议，讨论总统有哪些选择。

会议上，各单位仍然各执一词。基辛格再次陷入孤立，施莱辛格警告说，大幅支持以色列将摧毁美国和大部分阿拉伯国家的关系。保住以色列是一回事，纵容以色列留住他从阿拉伯人那里抢来的土地可是另一码事。

最后出来五项方案。基辛格和尼克松决定，给予以色列静悄悄、低调的军事援助——少量新战机和其他武器。此外，以色列所有军事损失美国一个子不差地补给他，这样以军也就没必要储存什么弹药了。不过，装载美国援助物资的飞机不能立刻起飞，行动必须保持"安静"，以色列人必须想办法自己从地上把空投物资捡回去。

当晚，施莱辛格对基辛格说："这么大动静，怎么可能保持'安静'呢？天上到处都是以色列的飞机，美国飞机过去怎么可能不被阿拉伯人发现？"基辛格说："千万要尽可能保持低调。"然后又补上一句，"要是能顺利度过这场危机且不招惹阿拉伯人，就太好了。"

施莱辛格的担心有两部分。基辛格要求整个行动要"静悄悄"地进行，不能动用美国飞机，施莱辛格抱怨说"简直就是让军方一动也不能动"，说起来容易做起来麻烦。第二个担心也是副国防部长克莱门特的担心，就是帮助以色列恐怕有损美国国家利益。星期三一大早施莱辛格给基辛格打电话："我觉得我们这样干下去会危及我们在沙特阿拉伯的一切利益。要是能重新思考一下我们现在立场的基本原则就好了。"

10月10日，星期三，事情出现了变化。按捺不住的苏联人率先开始向叙利亚提供援助。虽然规模不大，仅限于军火和燃料，飞机坦克一概没有，但还是比美国人给以色列的多。而且以色列人的状况尤其悲惨——他们可用的机场太少，没法迅速有效地接纳和分散美国人运来的援助物资。

苏联人的行动最终激起了尼克松的好战欲。当他发现早先命令支援以色列的五架幻影战机还没从机库里拖出来时不由得大发雷霆，"早就该搞定了，"他朝基辛格吼道，"马上给我办了！"

"我以为早就搞定了，可是每天他们都能想出新的借口推托。"基辛格说，埋怨五角大楼。

"战机居然还没到位，真是气死我了！"尼克松骂骂咧咧，"克莱门特人不错，不过……"

"他们认为此事与沙特关系重大。"基辛格说。

当晚，基辛格把斯考克罗夫特拉了进来。"听着，布兰特，国防部的人不能再这样婆婆妈妈了。"基辛格说，"以色列人气得发狂。"斯考克罗夫特保证第二天派出至少两架幻影战机。基辛格随即打电话给黑格："你能给施莱辛格打气吗？那家伙已经完全吓傻了。克莱门特比他好不到哪儿去。要是埃及打了胜仗，我们的地位可就不保。"

以色列的大使们可不会在这种时刻坐以待毙，更何况精力比别人都要旺盛的迪尼茨。他的手段也更多。10月11日星期四的报纸报道——据迪尼茨透露——因为美国迟迟不把答应得好好的物资运给以色列，以色列已经命悬一线。前一天跟迪尼茨谈过两次的参议员亨利·杰克逊打电话给基辛格，向他施压。基辛格说："我们面临的一大麻烦在于，国防部的某些人成天惦记着沙特阿拉伯，什么都不想送出去。"

"总得有人以总统的名义下达命令。"杰克逊回答说，"我刚跟施莱辛格谈过，他说他无权征用包租飞机。"

基辛格立马打电话给他的中东首席助理约瑟夫·希斯科，抱怨以色列正在为难以找到私营公司的飞机运输物资大吵大闹。希斯科解释说，难就难在没有哪家私营公司愿意执行这样一个危险而且政治上还存在争议的任务，而五角大楼又没有充分调动他的权力和手段逼这些公司出把力。

于是基辛格命令军方自己包租20架运输飞机给以色列使用。然后打电话告诉了迪尼茨，并在星期五一大早致电总统汇报了他的安排。不过，他的飞机包租计划执行起来还是困难重重。

虽然参议员杰克逊等人都在抱怨苏联搅局，但基辛格认为苏联的做法还是相当克制。苏联运给埃及和叙利亚的物资数量不多，在联合国也相当合作，而且还在敦促埃及接受停火。为此，10月12日星期五早上基辛格召开新闻发布会，大肆吹捧此乃"缓和"的胜利果实。

基辛格的公共事务主管罗伯特·麦克克洛茨基上任不久，一心要举办一次基辛格满意的新闻发布会。他问基辛格："您觉得国徽怎么样？"国徽就安在基辛格讲台后面，但可以挪开。

"你可以从动物园搞来一只海豹（seal既有"海豹"的意思，又可指印章，美国国徽就叫"Great Seal"），然后在他脖子上套个玩意，我才不管呢。"基辛格冲他大吼。说完意识到出言过重，麦克克洛茨基很难受，他又加了一句："我只关心我进场时前面得有两个传令官，至于国徽怎么样我就无所谓。作为爱尔兰人，你应当知道传令官在哪儿。"

新闻发布会上，基辛格字斟句酌。他说，他认为"苏联空运军事设备并不好"，但接下来又称其"较为适度"。然后他又说："苏联舆论和联合国安理会苏联代表行为中体现出相对的克制。"一句话，他认为美苏之间依然存在"缓和"。

与此同时，包租飞机问题依然没有得到解决，以色列领导人急得像热锅上的蚂蚁。星期五，将近子夜时分，以色列大使迪尼茨来到基辛格在白宫的办公室，称以色列已经到了危急存亡之际。他说，三天之内，以色列将用尽最后一发子弹。

而就在此刻，有趣的转变发生了。国防部长施莱辛格开始相信，反正美国要支援以色列，还不如动用军机直接运输物资，而不是绕圈子想办法去找私营公司。但基辛格当时正期待开始新一轮外交努力，他的愿望是尽可能避免使用美国军用飞机。

子夜刚过，以色列大使前脚刚踏出办公室，基辛格立即给白宫办公厅主任黑格打电话。电话里，黑格说："吉姆（指施莱辛格）跟我说现在突然变得很危急。他已经准备立即调动美国军事援助司令部的飞机飞往以色列。我觉得这非常愚蠢。"

基辛格回答说："岂止愚蠢，简直就是灾难。他怎么能连续一个星期做什么就错什么！——现在眼看外交努力就要开始，他不能在这个时候才来弥补自己的过失。"接着，基辛格又表达了他对五角大楼说法的怀疑：五角大楼声称无法租借任何民用飞机。他说："你再清楚不过，这帮人压根没往这方面下工夫。"

黑格又说道："我们倒确实可以派一些美国飞机过去。但我觉得，这对我们来说风险相当大。"

"我觉得很蠢。"基辛格说。

放下电话，基辛格又给正在家中呼呼大睡的施莱辛格拨了过去。基辛格后来在回忆录中写道，他和这位国防部长的意见相当一致。但据施莱辛格回忆这次通话，基辛格当时大发雷霆。他回忆说："随着以色列节节败退，亨利（基辛格）也开始崩溃。"

通话一开始，基辛格说，由于弹药耗尽，以色列人已经无法继续进攻叙利亚。他说，这对美国外交策略而言"几近灾难"，而且完全归咎于五角大楼内部的"大规模蓄意破坏"。施莱辛格建议放弃注定倒霉的包租私营公司飞机计划，使用美国军方运输飞机，遭到了基辛格的坚决反对。他说："考虑到我们和苏联的关系，美国飞机现在绝对不能飞去以色列。"

施莱辛格从床上爬起来，穿戴整齐，叫司机开车送他到五角大楼。在五角大楼，他把各种选择又仔细掂量了一遍。大概凌晨三点，他得出结论：只能由美国军方向以色列空运物资，基辛格所谓的包租私营公司飞机绝对行不通。施莱辛格可以调动三架C-5A运输机，这种运输机是美国军火库中最庞大的家伙，每架可装载多达80吨的物资，直飞以色列。太阳刚打东边露了个脸，施莱辛格就打电话给黑格向尼克松兜售他的计划。

尼克松点了头，并通知了基辛格。基辛格正在准备周六一早就要召开的又一次国安会危机管理委员会紧急会议。"现在就办！"尼克松说。基辛格没有说不，而且还跟尼克松一起决定动用其他小型运输机一起执行运输物资任务，并立即向以色列支援40架全新幻影战斗机。

10月13日，星期六，战争进行一个星期后，特拉维夫的上空终于响起了美国飞机的轰鸣声。街上的汽车纷纷停下，房间窗户全都打开，人们开始唱起了"上帝保佑美利坚"。铁娘子戈尔达·梅厄自战争以来第一次流下了眼泪。上千吨援助物资开始源源不断地运进，几乎每小时都有飞机落地。一天时间内抵达的美援物资，几乎多过过去四天里苏联对叙利亚、埃及和伊拉克的援助总和。在为拿出五架幻影战机支援以色列到底可不可能的问题争论了整整一周后，40架幻影战机在10天时间内相继抵达。

星期天早上，尼克松想到有必要提醒一下基辛格，虽然美国向以色列空运物资，但他可不想以色列因此而得意洋洋。"等空运结束，我们得挫挫以色列的锐气，而且要保证让苏联知道。"他说，"我们得狠狠敲打敲打以色列。"不管怎样，空运已经开始，就不可能再来半点犹豫。他说："要挨骂的话，管他三架飞机还是100架飞机，还不都一样。"

在基辛格看来，这是尼克松又一次运用自己的理论：军事决定一旦作出，就不要以为拖泥带水地执行能够平息别人的批评。"我的总统，"他说，"我记得1970年我们开进柬埔寨时，您打算同时进攻海防，事实证明你的决定非常英明。"

"至少我们轰炸了所有避难所。"尼克松说，回想起作出这个决定时遭遇的反对。

"谁也不想这样做的。"基辛格点头同意。

尽管美国犹太人一直责备基辛格耽误了空运，但他这样做至少在解决以色列的安全关切和维护美国自身国家利益之间找到了恰当的平衡。基辛格坚持要私营公司承担运输援助物资的任务，这固然不对，他的理由前面已经说过，就是不能让美国的援助行为立刻导致以色列对阿拉伯国家制造羞辱。以色列驻美国大使迪尼茨后来倒是极力维护基辛格，他认为，关键问题出在施莱辛格身上。国防部长把运输物资这种后勤问题完全丢给副手克莱门特负责的五角大楼官僚机构，自己成了甩手掌柜。战事第一周，迪尼茨甚至一连两天里连见一面施莱辛格也不可得，"他办公室说老先生遛鸟去了。"

但参议员杰克逊的助理理查德·珀尔说，由于基辛格始终坚持包租私营公司飞机，反对动用美国军方运输机，他应当负主要责任。"我们不停地跟亨利说，包租私营飞机的方案行不通。"他说，"施莱辛格打算动用空军，但基辛格不让他这么干。"

歪打正着，这一系列延误反倒给局势带来一线光亮，至少让莫斯科和开罗相信，即美国不是在挑起事端，而是对苏联人的挑衅行动作出适度反应。如果停火时间掌握得恰到好处，空运将导致基辛格从一开始就期望出现的结果：以色列微胜一筹，能让埃及和以色列在谈判时都显示一定灵活，而身处中间的美国则大大地拓展了自己掌控局势、谋取好处的外交空间。

战争进行两周后，和平似乎已经在望。埃及第三集团军仍然控制着苏伊士运河以东的一片狭长地带，这是以色列早前占领的埃及领土。但在北线，以色列军队越过运河西段，打进埃及境内，第三集团军面临着后路被断之虞。就在此紧要关头，一封紧急电报拍到基辛格处：苏联领袖勃列日涅夫以个人名义邀请基辛格博士"速来"莫斯科商讨停火协议。

邀请来得正是时候，简直绝了，恰好和基辛格的计算精妙吻合：他可以借机为以色列争取两到三天时间进一步扩大前线优势，增加谈判筹码。而且，再一次在漆黑暗夜中扮演为求和平一骑绝尘、"独孤求败"的形象，这对基辛格个人而言简直是个无法拒绝的召唤。

月黑风高的当夜，基辛格出席完中国人为他组织的一场晚宴后，和从前一样，又悄悄动身上路，摇身一变，再次变成了踩着风火轮自由翱翔的超级外交家。

在飞往莫斯科的路上，基辛格收到了一条通常会让他感觉很爽、刺激他自负感的白宫电报。斯考克罗夫特告诉他，总统给勃列日涅夫发去一封私人信件，里头说了，授予基辛格博士全权处理媾和问题。尽管基辛格一般情况下不会对大权在握感到反感，不过这次他的确觉得很棘手：这一回，他反倒希望每提一个方案，都发回华盛顿请示总统先生，好给他拖延时间的机会，给以色列更多余地，放手打击埃及第三集团军，争取更多战略主动，在谈判桌上也可争到更多东西。

果不其然，后来，以色列人真就批评基辛格和苏联人达成协议的速度也太快了。基辛格辩解说，当时的方案可不就是能拖就拖嘛。实际上，基辛格玩的是个更复杂的把戏：尽管他希望以色列的地位更加主动，但同时也意识到，使埃及遭到羞辱也不符合美国的利益。所以他全力争取的，是尽量控制停火谈判的进度，好让中东战场上出现对峙僵局，留足媾和的空间。

然而，白宫又发来一条不合时宜的口信。总统下了正式指示，准备第二天就和苏联人达成妥协。尼克松不光想立即停火，还想告诉苏联人，美苏两国"必须介入中东局势，为达成公允的协定采取适当步骤，然后向我们各自的伙伴们施加必要的压力。"

尼克松想的是美苏一道搞出个名堂，再各自强加给以色列和埃及。这和基辛格的计划正好相反。且不说他不愿意向以色列施压，而且他在中东问题上的整套策略就是想方设法把苏联人排挤出外交舞台，而不是当成伙伴主动给拉进来。埃以两国慢工细活地谈判，美国人居中调节，苏联人靠边站，这才是他的算盘。

基辛格怒气冲冲地给斯考克罗夫特拍电报，大发雷霆，这还不够，他抄起电话，直接打给黑格。就在这条公开线路上，基辛格大发牢骚，表达对新指示的不满。

"你就不能放过我吗？"黑格说，"我自己这里麻烦够多了。"

"大礼拜六的晚上，你在华盛顿能有什么麻烦？"基辛格反击道。

黑格疲惫地答道："总统刚刚撤了考克斯。理查德森和卢克休斯也辞了职，整个天都塌下来了。"

见此架势，基辛格干脆把尼克松的指示撇到了脑后。他打定主意，第二天就告诉勃列日涅夫，美国人只想要停火。

一旦苏联人受到触动，真想尽快地达成协议，他们往往会抛掉拖延战术，直奔主题。这回就是，阿拉伯联盟在战场上迅速恶化的局势深深扎疼了苏联人。礼拜天，10月21日，勃列日涅夫和他的高级助手们只花了三个小时就接受了基辛格提出的三个条件：一项停火决议，当晚就在联合国安理会表决、12小时后立即生效；援引联合国此前通过的第242号决议，但不要求以色列做出特别的撤军行动；呼吁有关各方进行谈判，也就是阿拉伯人有史以来第一次必须和以色列面对面地谈。

事情进展过于顺利，基辛格忙不迭地东拼西凑，力图找到任何一项可以拖下去的理由。葛罗米柯问他对执行协议的技术细节有没有什么想法，基辛格答道，有的。唉，只可惜他把有关的文件落在下榻的列宁山国宾馆里，所以现在一时没办法拿出来，只能等当天晚些时候了。这时，助理彼得·罗德曼开腔了，他打断说，没事，他把文件带来了，不用担心。没有，基辛格说，没带，文件还在列宁山国宾馆里呢。"有，我这带着呢。"罗德曼没管那套，兴高采烈地从自己的公文包里掏出了文件。基辛格眼珠子都瞪掉地上了，狠盯着罗德曼。直到那节骨眼上，罗德曼才意识到这是个拖延战术。当晚，基辛格大发雷霆，哀怨震破九霄云外。从此以后，谈判期间，他再也不朝罗德曼或洛德要任何文件。而罗德曼和洛德也知趣地不提文件的茬儿，除非基辛格求他们才拿出来。

基辛格玩的是个十分危险的游戏。他没跟以色列人商量，就像上次他和北越秘密媾和却瞒着阮总统一样。当协议达成时，他没告诉苏联人，协议命运如何，还要看耶路撒冷同不同意。不过他坚持安理会推迟12小时表决，好让他有时间和以色列方面商量一下。

于是，他匆匆忙忙地给戈尔达·梅厄发电报，里头把自己和苏联人达成一项如何如何好的协议吹嘘了一番，说以色列用不着撤军，还要求阿拉伯人和以色列直接谈判。全部弄完后，基辛格一头倒下，睡个把小时。等他醒来，才惊恐地发现，因为电报机械故障——很可能是苏联方面故意干扰，电报还没有发出去。

基辛格是那种对机器运转问题从不关心的人，他只知道，只要拿鞭子猛抽——就像抽人一样，机器就能运转得更好些。劳伦斯·伊戈尔博格正在那里拼命鼓捣发报机，后来他写过一份报告给基辛格，里面描述了当时在列宁山国宾馆里发生的一幕：

> 屋里有那么二三十号人吧，都在唾沫飞溅地侃大山，领头的是希斯科，这家伙嘴从来没合上过。……我不知道的是，就在这节骨眼您走了进来，并且显然听到了我当时正说些什么（我一直没搞懂，那么多人闹哄哄的怎么单就听清我的话呢？）。就听见一声低吼轰隆隆传来："啥，电报还没发出去？！"我抬头一看，就发现您站在屋子中央，正七窍冒烟呢，其他人全不见了（除了一个人）。二三十号人——毫无疑问在希斯科领导下——一下子就消失了，那速度和灵巧程度简直能让霍迪尼头上冒汗。唯一的例外是温斯顿·洛德，当时被挤在墙角没来得及撤出，就四下转悠着准备看"烟花表演"了，顺便等表演结束了替我收尸。

最终电报还是在基辛格到达以色列之前及时发了出去。基辛格精心编排的胜利序幕在以色列那里得到的反应是复杂的。以方许多领导人都希望在重创埃及第三集团军之前，尽可能地拖延谈判进程。基辛格一下飞机，不少欢呼雀跃的以色列人在机场迎接他，好像迎接和平使者一般。这时以色列外长阿巴·埃班走到飞机起落架前，基辛格朝他吹着口哨说："我琢磨着总理女士肯定被我气得半死吧。"埃班点点头。

以色列军方气急败坏，就在以军即将对25 000人的埃及第三集团军形成合围之势时，联合国停火决议来了。第三集团军是埃及精锐部队。战火燃起没多久，他就跨过苏伊士运河南段，在原属埃及、后被以色列1967年占领的西奈半岛上，占住了一块宽10英里、长30英里的据点。但以军突出奇招，从苏伊士运河北段突入埃及境内，绕到后方，切断了第三集团军和后面埃军部队的联系。基辛格的停火协议生效时，正值以军行将彻底拿下第三集团军的最后补给线——开罗–苏伊士公路——的关键时刻。实际上是基辛格犯了一个严重错误，据以色列人回忆，基辛格当时告诉他们，距离决议规定的停火时限还有"好几天，两天？要么三天"。而基辛格后来坚持说，他说的是"几小时"。不管怎样，游戏玩大了。就在基辛格飞机在华盛顿落地时，消息传来，以色列人又开战了。

他勃然大怒。戈尔达·梅厄声称以军是被迫对埃方挑衅作出反应。就算是吧。但就算是有几个头脑发热的埃及自杀式攻击者违反了停火决议，很明显，节节进逼、占据更多新领土的是以色列军队。

苏联和埃及向基辛格和全世界发出强烈抗议。勃列日涅夫给基辛格直接递话表示关切。这是个非比寻常的信号，表明勃列日涅夫已经注意到，现在是基辛格而非尼克松在导演这出戏。

基辛格无可奈何只得再次向以色列提出一项决议，要他们再撤回到战争开始前的边界去。戈尔达·梅厄像疯婆子般地大闹不止，坚决不干。

这么一来，基辛格猪八戒照镜子，两面不是人。国内以杰克逊议员为首的亲犹派也叫嚷着批评基辛格靠出卖以色列的利益和苏联人搞缓和。恰在此时，1967年就和美国断交的埃及突然提出，邀请美苏两国派出部队到埃以边境驻扎，监督联合国决议的执行。苏联人立刻就答应了，而且说了，如果美国不派人，苏联将单独行动，在中东部署部队。在基辛格看来，把苏联人的实力排除在中东地缘范畴之外，是美国既定的地区政策目标之一。要苏联人派兵过去？绝对不行。这下事情难办了。

基辛格的缓和政策出现了不祥之兆。自从1962年古巴导弹危机后，美苏缓和第一次面临重大考验。两个超级大国之间"缓和"的界线被如此清晰地勾勒出来。

理论上讲，这么大的事情应该由尼克松定夺。而且，如果尼克松此时尚存理智的话，也会同意基辛格的看法。但不幸的是，美国总统被"水门事件"和以色列的哭闹搞得不胜其烦，一心想着和苏联人合作。一个礼拜前，他还不停地跟基辛格讲，一定要在战争结束后给以色列点颜色看看，不是会哭的孩子就有奶吃。而且要让苏联人知道美国这种态度。

基辛格本来有机会向尼克松直接汇报此事，但他并没有这么干。他和多勃雷宁就此事密切磋商的过程中，尼克松曾打来电话找他，但听了总统的情绪，基辛格觉得此时此刻让尼克松来定夺这么重要而且复杂的外交事务恐怕已经不合适了。尼克松在电话里，歇斯底里、沮丧地抱怨说："批评者们就是想杀了总统！他们会成功的，我可能会死！"基辛格不厌其烦地安慰他，说总统先生一向在硬仗面前不手软。可是无济于事。"他们就是想毁了我。"

基辛格告诉多勃雷宁，美国绝对不同意苏联单独出兵。

苏联大使随后从莫斯科得到指示：苏联如觉得有必要，将单方面采取苏方认为适宜的行动。恰在此时，中情局情报显示，苏军某些部队已经做好向中东调动部署的一切准备。

事情紧急，基辛格立刻致电黑格，黑格没他那么激动，不过也认为，不把勃列日涅夫的表态当回事将是过于冒险的。不管基辛格是否反应过度，有一点是明白无误的：如果美国不想让苏联人派兵到中东去，就不得不至少在姿态上发出战争威胁的暗示，唯此一招，别无选择。美军必须处于高度警戒状态。不过，尽管基辛格手握重权，但事关重大，没有任何一个国务卿作出这么大的决定敢不请示美军最高司令——总统先生。"叫醒总统吧？"基辛格对黑格说。

"不行！"黑格几乎是斩钉截铁地答道。尼克松已经"精疲力竭"，没法卷入此事——这是基辛格后来礼貌的解释。只能单打独斗了，基辛格说："这是副令人恐惧的担子。"

开会。基辛格召集最高阁员——国防部长施莱辛格、中情局局长科尔比、参联会主席摩尔上将——全部齐集国务院，其实分明就是国安会全会。只不过总统没法出席，副总统也没有，因为刚刚辞职。杰拉尔德·福特被提名为副总统，但国会尚未表决通过，也没法来。

开会前一小会儿，基辛格和黑格通电话。黑格告诉基辛格，应该在白宫开会，而基辛格应作为总统特别助理而非国务卿主持会议。基辛格同意了。这听上去有点小题大做，但至少能看上去显得总统仍然大权在握。会上，各方达成一致看法：苏联人可能随时向埃及空运部队。美国应该立即告诉埃及人，撤回美苏军队进驻中东的邀请，同时以尼克松的名义复信勃列日涅夫，坚决打掉派美苏两国军队进入中东地区的想法。

半夜前，基辛格和内阁大员们作出了一个重大决定：美国应该向苏联发出军事威胁信号。基辛格一向是处理武力和外交关系的专家。印巴战争期间派的是美国航空母舰，约旦危机时保持美军的战备状态。这回更不得了，他和同事们决定使美国核力量提升警戒级别。

"一定要保密。"基辛格对海军上将、参联会主席摩尔低声嚷嚷道。但没过几个小时，五角大楼施莱辛格办公室电话响了，是基辛格。"我正在听广播，广播上说我们正在提升警戒级别，"国务卿号叫道，"你手下人应该保密才对啊！"

"听着，亨利，"施莱辛格答道，"突然让200多万士兵和预备役部队进入警戒状态又不想让人发现，这怎么可能？"施莱辛格后来摇着头回忆这段对话说，"这是典型的亨利式的想法，所有人都蒙在鼓里，就让俄国佬知道。"

讽刺的是，最后一个知道的是尼克松总统。他既没参与决策过程，也没人向他汇报。第二天基辛格向总统早汇报，把事情一五一十地告诉了老板。让他吃惊的是，尼克松竟然是头一次听说此事。

埃及人服软了，同意收回邀请，转而请求联合国派遣"国际"维和部队。当天晚些时候，勃列日涅夫的答复到了，礼貌地接受了美国人的建议，双方只派非军事的观察员，不派士兵。勃列日涅夫补充了一句，苏联人很高兴和美方协调步调、一致行动，希望这种合作能继续下去。

在基辛格看来，这是苏联人屈从于美国决心的表现。"苏联人退却了。"他后来写道。但对其他人来说，这又是基辛格小题大做，对勃列日涅夫头天晚上所传递的含糊其辞的信息反应过度。不过因为基辛格和他的同僚们在当时不可能准确判断苏联人的意图，他们用过激的方式对待此事也算是合情合理，尽管从事后诸葛亮的角度看来，提升核警戒级别的确有点多余。"也许我们解读错了，"基辛格第二天和克拉夫特私下解释道，"但在黑夜你不能冒险。"

基辛格问中情局长科尔比："你认为我们礼拜三的决定是过火的吗？"

"我认为你别无选择，"科尔比答道，"可能苏联人并没想走得更远，但至少让人听上去他是那么打算的。"

基/辛/格
大国博弈的背后

那些亲以色列的新保守主义支持者们抓住机会猛烈抨击尼克松政府的缓和政策。参议员杰克逊从海军上将祖沃特那里得到一份勃列日涅夫信件的复印件，并将其公之于众，叫嚷说苏联人意图险恶，"残忍"而"挑衅"。

基辛格为维护缓和，特意召开了新闻记者会。他拒绝讨论勃列日涅夫的信和提高核警戒级别的决定是否明智。相反，他尽量听上去显得息事宁人，"我们不认为美国和苏联正发生冲突。……缓和政策会证明其自身的价值。"

但记者们的焦点都集中在核警戒是不是尼克松政府为了从"水门事件"脱困自保采取的转移视线的权宜之计。基辛格质问记者们："女士们先生们，到底要不要雪上加霜，在这个节骨眼上再在外交政策领域也制造一场信心危机，全靠诸位拿捏了。"

和尼克松一样，基辛格开完一场强硬的记者会后都会渴望听到些鼓励的话。黑格知道如何让他满足。"干得漂亮！"老部下打电话说。

"还行？"

"酷毙了。"黑格又强调道。

"我们赢了，"基辛格乐不可支，"全靠咱们俩。"

"说得对极了，"黑格道，"这事你确实办得漂亮。"

"我想我帮了总统先生点小忙。"

"可不止呢。巴伊参议员先生打电话来时都感动得声泪俱下了。"

尼克松也特地打电话夸了基辛格在记者会上的表现。这回轮到基辛格拍马屁了，"总统先生，您又赢了。"

"真的吗？"

"苏联人一开始像群女妖精似的尖叫，后来不也在联合国决议上加入我们一方了吗，"基辛格答道，"那帮狗日的议员们居然说我们这么干是出于政治目的。"

"我晓得，"尼克松说起来也狂怒不已，"卡尔布之流的，还有谁？"

"卡尔布，麦卡锡。雷斯敦也打来电话问同样的问题……"

"我希望你能给他一个强有力的答复。"尼克松说道。

"我在记者会上对卡尔布不屑一顾。"

"那雷斯敦呢？"

"我告诉了他一些事实。我说：'如果老毛子八个空中轰炸大队里的七个都处于警戒状态的话，你会怎么办？'我没跟他说勃列日涅夫信的事。"

"幸亏我没开新闻发布会，"尼克松说——他当晚刚好取消了本已安排好的一个记者会，"没心情。"

"你可以明晚开，"基辛格建议道，"我会好好修理那帮狗杂种的，总统先生。他们问我关于水门的事。我跟他们讲，你们不能和这个国家的最高权威瞎胡闹又不想付出任何代价。"

"很好，"尼克松道，"艾力（黑格）跟我讲了，说你把那帮狗崽子都放血了。继续，继续干下去。"

放下电话不到一分钟，尼克松又打过来，"我想去戴维营。"他说。犹豫了一会问："你想一块去吗？"要是在过去，基辛格绝对不会放过任何一个和总统一起去戴维营的机会。但这次他变得支吾起来。"我理解。"尼克松说。

当晚，尼克松又从戴维营打来电话。他让基辛格第二天把几大电视新闻网和《纽约时报》的负责人都召到白宫，专门给他们吹吹风，强调一下尼克松在这次事件中是多么的不可或缺（这实在是个极其古怪的要求，好几次危机，尼克松都是睡着觉过去的）。"他们最关心的就是以色列，"尼克松满怀希望地说，"是谁救了以色列？还能有谁愿意出手救他？要告诉他们这些话。"没过一会儿，电话又响了：也要给犹太裔领袖们召集一次相同的吹风会。

基辛格嘟嘟囔囔地表示同意，这事就这么过去了。吹风会压根没搞。没错，基辛格后来说，尼克松有给以色列撑腰的决心，可是搞这种吹风会显得"可怜兮兮"的。

第二天尼克松在自己的新闻发布会上口气出奇的强硬，大出基辛格所料。总统全然不顾可能在莫斯科引起的愤怒，指责苏联人制造了1962年以来最困难的一次危机。用他的话说，勃列日涅夫总书记之所以认识到了本总统的决心，是因为当年不顾公众反对依然轰炸北越之举。"完全是因为那件事情才让勃列日涅夫先生采取了顺从行动。"

基辛格目瞪口呆，记者会一结束就气呼呼地给黑格打电话，要他约束一下总统以后别这么蛮干。黑格极力地安抚基辛格，告诉他民意对记者会的反应非常良好，基辛格嗤之以鼻："别告诉他，省得他再那么干。"黑格也不得不专程给多勃雷宁打电话予以安抚，告诉他总统的本意并不是挑衅，费尽口舌地好生解释了一番，才算让苏联大使点头同意。

这回是破天荒的头一遭，基辛格没在记者会后主动致电总统表示称赞。结果，椭圆形办公室把电话打过来了，是黑格，"我和总统在一起，"他不无讽刺地说道，"我们注意到你是唯一一个没打来电话的人。"

"不不不，"基辛格连忙抗议道，"我们还忙着消化总统的讲话呢。我认为效果很好。"

"阿尔索普说乔治城晚宴上大部分宾客对总统的讲话艳羡得不得了。"黑格提示道。

"是啊，他也给我打电话了。"基辛格顺竿爬。想象着尼克松堆在椅子里苦苦思忖的样子，基辛格开始消气了，一股怜惜之情涌上心头。赶忙找了些恭维总统的好话。"真是一次实力的大展示。"他嘟囔道。过后，基辛格特意提到那次电话他说的话都是模棱两可、不知所云。

随着美苏两个超级大国的核力量都回归常态，事情的焦点又转回到被以色列围困的埃及第三集团军的问题上。基辛格费尽口舌，就是没法说服以色列同意埃及为第三集团军开辟一条补给通道。五角大楼内部有人主张，应该由美军给第三集团军直接提供补给，但这样便产生了一个荒谬的问题：美国人怎么可能在一场战争中先后给敌对的双方输送补给呢？

基辛格尝试向硬骨头的以色列大使迪厄茨施压。劝说不奏效后，他以尼克松的名义发出冷酷的威胁："美国不能允许在停火协议达成的情况下埃及军队被消灭。"戈尔达·梅厄的反应是强词夺理，恶狠狠地回绝了。

最后反倒是埃及总统萨达特率先打破僵局。他同意埃以举行直接军事谈判。埃及总统要求的只是允许为第三集团军提供必要补给，好让士兵们别活活饿死。以色列同意了。

10月28日清晨，在开罗和苏伊士运河间101公里处，埃及和以色列的两位将军走到了一起，在笨拙地互敬军礼后握了握手。101公里处于是从此成了一个里程碑式的地点。从以色列宣布独立，20多年来，埃以双方第一次举行了直接谈判。

这样，在阿以争端中，谈判代替了军事冲突。这对基辛格而言是个巨大的外交胜利。他的策略也许在争端初期显得有些迂腐，但的确达到了预期目的：一场足以带来谈判的军事僵局。苏联人丧失了影响力，而美国则克服了长期以来无法和阿拉伯国家建立联系的历史性难题。

尽管以色列打赢了仗，但事实清楚表明，他已经丧失了能够保卫其自身安全的绝对军事优势，他也不再是美国在中东地区唯一的代理人。同样，埃及和叙利亚虽然在名义上输掉了战争，但政治上却获得胜利。他们勇于打破自己无法忍受的现状，同时靠自己的力量避免了一场屈辱的结局。五个世纪以来一直为世人认定的阿拉伯世界已经衰落和无能的看法，开始出现逆转。

而对于基辛格推崇备至的缓和而言，1973年埃以战争与核警戒同时表明了缓和战略的局限性和有效性。一个月后的一场记者会上，基辛格说，"缓和"在危机的解决中发挥了作用，但他不够结实，没能阻止危机的爆发。一向对缓和持怀疑态度的国防部长施莱辛格也不得不指出，和苏联人携手带来停火协议，要归功于缓和的成功。

对于基辛格而言，1973年10月的巨大胜利之处，是美国在和苏联人保持良好关系的同时，成功地削弱了苏联在中东的影响力。一想到通过战争，甚至是核戒备解决了问题而又没对缓和造成持久的伤害，基辛格就容光焕发，是的，他有理由这样觉得。

就在埃及和以色列将军第一次亲切握手的那一天，苏联驻联合国代表马立克却为一个老早就解决了的小问题大惊小怪。那时候基辛格正沉浸在胜利的狂喜中，对已经当上美国驻联合国代表的约翰·斯加利说："你去告诉马立克，看紧他的嘴巴，不然我就送他去西伯利亚。我可比他更了解勃列日涅夫。问问他勃列日涅夫有没有跟他亲过嘴。我可亲过。"

◎1973年12月，通向日内瓦之路

大半辈子行走江湖的基辛格从来没去过中东，1973年11月，四天五国的中东之行改写了这一纪录。先是礼节性地访问摩洛哥和突尼斯，基辛格享受到了有生以来第一次检阅仪仗队的待遇，不过他的表现简直笨到了家。然后，他应埃及总统萨达特之邀访问了埃及。这次访问奠定了他中东战略的成功。

这一战略既出色又冒险。如果搞定，就能把中东国家拉到美国这边来——就像基辛格在中国的所作所为和缓和政策微妙地改变了美苏战略平衡那样。如果失败，以色列首先会反唇相讥，阿拉伯国家将更加极端化，爆发战争的可能

基/辛/格 大国博弈的背后

性进一步增加，和莫斯科的合作也就此完蛋。

基辛格的篮子里装着五只鸡蛋：一、力争促成埃以双方达成一向更具野心的"分离"协议，把以色列军队从苏伊士运河请回去。而不是在原有的停火协议的问题上兜圈子。二、召集日内瓦和平会议，建立起以色列和阿拉伯国家进行直接政治谈判的先例。三、基辛格要建立一个原则：即美国是唯一可以指望的国家，阿拉伯国家要想从以色列那里要回土地，必须通过美国。而不是苏联或者欧洲。四、解决阿以分歧，要一步一步来，先解决埃以冲突，再解决叙以、约以争端。五、把苏联排除在外，进一步削弱苏联在中东的影响力。

随着会晤日期日渐临近，基辛格疯狂地咬着指甲，陷入惶恐惊悸之中。他开始担心自己的人身安全，他从未见过那个被他看作小丑的萨达特。父母反对他去。基辛格甚至对埃及驻美大使法赫米坦言自己的忧虑。法赫米向他保证，基辛格在开罗大街上走路，根本没人会注意他。不过法赫米后来回忆说，一听说会没人注意他，基辛格又不自在了。

于是，在开罗郊外的塔赫拉宫出现了极端不相称的一对：代表美方的是一个胖乎乎的、穿着皱皱巴巴而且不合身西装的美国犹太人，迎接他的是一位高大、笔挺、皮肤黝黑的埃及领袖，虽出身农家，而且当过恐怖分子，但却有着贵族般的高贵气质。两人都很快被对方吸引了。

基辛格发现，拍马屁真是国际通用语言。告诉我，他问萨达特，您怎么能"如此出其不意地"对以色列发动突然袭击呢？萨达特微笑着抽着大烟管，越说越来劲，津津有味地向基辛格吹嘘着他的军事杰作是如何出炉的。等讲完了，两人开始云山雾罩地谈起了和平问题，"更像是个心理问题，而非外交问题。"基辛格回忆说。

不过溜须拍马不可能持续个没完没了。最后，萨达特突然变得现实起来。"那咱的第三集团军咋办呢？"他问道，"10月22日的停火线呢？"

两个选择。基辛格告诉他。埃及和美国可以一道向以色列施压，让他们退回到停火线后。或者，付出同样努力但稍稍多付出那么多一点的耐心，埃以可以达成一项真正的脱离协议，以色列退回到苏伊士运河后面去。同时，第三集团军也可获得持续的非军事援助。萨达特可以选，基辛格说。不管哪个，美国都会全力支持。

萨达特坐在自己的金椅上，静静地沉思着。他没有试图和基辛格讨价还价或东扯西拉。两三分钟后，他决定选择第二项，实现一项更为彻底的分离协议，也正是基辛格所中意的。与此同时，埃及将与美国开始全面恢复外交关系。这意味着埃及从苏联一边倒向华盛顿的怀抱。也为基辛格的穿梭外交奠定了基础。

这就是典型的萨达特式的外交风格。从那天早上他开启了中东外交的新纪元，到四年后的同一天他通过历史性的访问耶路撒冷将中东和平进程推向新的高潮，萨达特敢于为了国家利益放下架子，牺牲成见，迈出惊世骇俗的步子。基辛格后来评价他说："明智的政治家知道世人评价他是靠他真正开启的历史性进程，而非他们在争吵时喊出的口号。"

基辛格乐不可支。希斯科这时进来了。萨达特说，我们干脆把这项计划称之为希斯科计划算了。"如果不成功，"基辛格笑着答道，"就叫希斯科计划。如果成了，就叫基辛格计划。"记者们蜂拥而入，一人问萨达特，这是不是意味着美国将减少对以色列的空中援助。"这你得问基辛格博士了。"萨达特说。

"还好。我没听见你的问题。"基辛格说。

"我很乐意重复一遍我的问题。"记者说。

"那我也很乐意，"基辛格答道，"重复一遍我的答案。"

但是，戈尔达·梅厄和她的内阁并没有准备接受基辛格的谈判计划。而且基辛格只派了希斯科去以色列说明计划，摆明不是个诚恳的商量的姿态。萨达特可能认为国家安全需要他采取大胆的步骤，但以色列人则认为他们的国家安全要求他们必须保持持久且高度的警觉，这可以理解。

基辛格向来喜欢玩外交模糊游戏——就像他在越南谈判中那样创造性地逃避问题——但这次却栽了跟头，因为以色列铆足了劲对每个细枝末节吹毛求疵，就算是专门研究犹太法典的学者碰上了都要头晕目眩。比如，基辛格打算在通向被包围的第三军的路上设置联合国检查站；而以色列则坚持说清楚一点，即以色列对这条路仍然有"控制权"。最后，希斯科和桑德斯就诸如此类的琐碎问题与以色列协商，秘密写成一份《谅解备忘录》。

后来，美国和以色列之间的各种和平计划都会附带这样的秘密谅解备忘录，有时甚至比公开的和平协议更重要。不过问题是：考虑到中东当时的氛围，加上温室般的以色列政治，这些秘密的谅解备忘录不可能逃过他人的眼睛。于是，基辛格和他的喽啰们不断跟以色列人达成种种秘密交易，做出种种"阐释"，却也不断被拉到聚光灯下，公之于众。

与此同时，101公里处的将军们之间的谈判进展比基辛格预想的要顺利。这么一来，基辛格面临的问题不是军方谈判可能破裂，而是将军们说不定真鼓捣出什么实在的成果来，如果那样，基辛格苦心设计的计划就泡汤了。埃以两国的将军坐在四下没有人烟的沙漠里，偏偏就不信别人说什么武夫不可能媾和的狗屁名言，偏要谈出个名堂来。一旦他们就开辟第三集团军补给线路达成一致，紧接着马上就可以开始谈两国军队彻底分离的问题。而这对埃以两国都是好事。以色列可以借此证明自己不需美国扶持也能靠谈判为自己争取利益，埃及则有机会迅速解除垂死的第三集团军的包围。对于两位将军本人而言，说不定下一次诺贝尔和平奖就落到他们头上呢？

基辛格急了，开始设法阻止他们。和往常一模一样，基辛格的动机又是许多合理的政策关切和个人虚荣的奇妙混合。如果12月18日日内瓦会议前就达成分离协议，那么日内瓦会议将不可避免地接手一些更为棘手的细枝末节问题。此外，美国要想增加地区影响力，唯一的入场券就是成为埃以两国间独一无二的和事老。对个人而言，基辛格就是打好了由他本人一手操纵和平进程的算盘，岂能让人坏了他的好事？功劳和可能的和平奖应该统统他一个人揽了才行。"亚里夫将军在那里要什么呢？"他警告迪尼茨大使，"告诉他停下来……如果亚里夫成为分离协议的英雄，12月18日还谈什么？"

在基辛格的劝说下，萨达特和戈尔达·梅厄对101公里处的武夫谈判进行了约束。以色列大使迪尼茨是基辛格的死党，连他都认为这事纯粹出于基辛格的自负。"基辛格认为，如果要达成什么妥协，那也要由他来制造，"迪尼茨回忆说，"当他发现101公里处将军们的谈判进展不错时非常不安。我们不得不让他们停下来。自负是他的一大弱点。但也是他之所以伟大的原因。"

华盛顿这头，有人比基辛格更上火。尼克松总统一想到自己每天遭着"水门事件"的洋罪，而基辛格则风光无限地在全世界周游列国还拿着诺贝尔和平奖，就气不打一处来，忌妒得要死。为了证明自己还是老大，顺便拖拖基辛格的后腿，就在基辛格刚刚动身前往中东敲定日内瓦会议有关议程后，尼克松突然召见苏联大使多勃雷宁谈中东问题，在白宫密谈了将近半个小时，任何人都不得参加。黑格和斯考克罗夫特试图阻止，但尼克松不为所动。

斯考克罗夫特知道，如果基辛格知道尼克松要插手中东事务肯定会气得要死，更何况总统还要把苏联人也拉进来。"我和黑格会设法搞清楚他们都谈了什么，一有消息马上告诉你。"斯考克罗夫特给还在埃及的基辛格发去电报说，"我知道这种局面很恼人，但总还不算最糟。"

基辛格后来写道："最后那句话证明斯考克罗夫特这个人细致入微，手段高明。我没有足够客观地看待整个会议。"基辛格一夜没合上眼，向华盛顿接连发去两封愤怒的电报。斯考克罗夫特在回答中解释他为什么说还可能更糟：尼克松本来试图召见沙特驻美大使，幸亏黑格极力劝阻，才没见成。"开罗的太阳都升起来了我才消下气来。"基辛格回忆说。

基辛格在日内瓦会议上的唯一失败之处是他没法说服叙利亚参加。叙利亚总统哈菲兹·阿尔·阿萨德是个疑心极重的人，灵魂里铭刻着外国侵略者几个世纪以来在他的国土上所犯下的罪行。基辛格抵达大马士革时，发现主人正端坐在一幅描写阿拉丁击败最后一批基督教十字军的巨幅画像下面。

基辛格极力展示他的幽默和溜须的功夫。听说阿萨德正打算学英语，基辛格便表示愿意帮忙，说："您将是第一位能说德式英语的阿拉伯领导人。"基辛格以为阿萨德也会像其他阿拉伯人那样对他在女性方面的成功表示赞许，竟讲起了几个荤段子。阿萨德不为所动。基辛格于是又拿希斯科开玩笑，说他之所以带上希斯科来访是因为怕希斯科在华盛顿发动政变把他拱翻了，这回阿萨德乐了。阿萨德就是在1970年叙利亚为巴解组织出头出兵约旦后发动政变上台的。

基辛格谈到日内瓦会议，阿萨德提出条件：以色列军队必须撤出其占领的叙利亚领土。基辛格不和他纠缠大问题。干脆首先和他就会议组织方面的一些细节讨论起来。邀请信该怎么措辞？最早能什么时候启动起来？邀请信里怎么称呼巴勒斯坦人？

阿萨德突然变得和蔼可亲起来。如果会议推迟几天召开，他没意见。关于邀请信的其他问题都是细枝末节，无甚大碍，他愿意萧规曹随，萨达特什么意见他就是什么意见。全看萨达特。那"其他参与者"怎么称呼呢，基辛格问，指的是巴勒斯坦人。

"那封信里您和萨达特总统达成一致的事项我都同意。"阿萨德说。

基辛格开始相信有关阿萨德老顽固的名声有点言过其实了。"看来差不多了，信上还有没有您不同意的地方？"

"哦，对了，信中有一部分不准确。"阿萨德回答。

"哪部分？"基辛格问道。

"上边说叙利亚已经同意参加会议了，"阿萨德干巴巴地说，"我还没同意呢。"

基辛格傻了。他突然意识到，阿萨德之所以对邀请信内容如此漠不关心，是因为他压根没打算参加。不过很快，基辛格明白了，叙利亚没参加日内瓦会议简直好极了，避免了会议因为各方分歧过大而过早流产。

过后，基辛格甚至把自己兵败大马士革当成笑料，惟妙惟肖地演给以色列人和埃及总统萨达特看。

日内瓦会议于12月21日召开。叙利亚的席位是空的，基辛格席上一番话却具有历史意义：阿拉伯世界和以色列的命运自有史以来便不可分割地联系在一起，共生共灭。近几个世纪，犹太人被四处放逐，阿拉伯人也惨遭殖民者的奴役。但过去四分之一世纪，他们都获得了决定自身命运的机遇。在以色列和阿位伯的土地上，敌视和仇恨这一无奈的现实和从那块土地上发源的伟大精神悲剧性地彼此冲突着，因此，让和解的声音广为流传极为重要。

会议本身并不重要，重要的是，阿拉伯和以色列之间开启了自1948年来一直中断的政治对话进程。而基辛格则成为了美国在中东地区影响力空前膨胀的化身。

第24章 | 穿梭外交

逐个拿下以色列、埃及、叙利亚

他喜欢运用权谋，灵活地操纵外交一线，只是太过理性常常使他错以为，拿到辞章讲究的一纸声明就万事大吉了。

——基辛格评价梅特涅，1957年

◎第一次以色列-埃及穿梭外交

穿梭外交完全是即兴之作。1974年1月，日内瓦会议刚刚过后一个月，以色列国防部长达扬带着一份新的军队脱离接触的计划来到华盛顿。为了迎合这位好大喜功的国务卿，达扬建议由基辛格亲自把这个计划转交萨达特，基辛格欣然同意。

等他到了萨达特的冬天"寝宫"阿斯旺水坝，埃及总统也提出一个更高妙、更能迎合美国国务卿口味的建议——与其现在就把问题交给日内瓦谈判小组磋商，何不如他自己留在中东居中斡旋，由他亲自敲定协议的细节，以加快推进速度？基辛格求之不得呢。就这样，待他到耶路撒冷作短暂访问再返回阿斯旺后，一种创造性的、全新的外交形式诞生了——"欢迎你们登上埃以之间的穿梭飞机！"老是兴高采烈的约瑟夫·希斯科在第二趟旅行开始时脱口而出，于是，基辛格招牌式的中东"穿梭外交"由此得名了。

随后两年，基辛格为了四次重要谈判11次访问中东。其中在1974年5月叙利亚脱离协定签署那次，这位47岁的美国国务卿居然在中东一口气转悠了一个多月——34天，巴掌大的地方居然来回折返了24 230英里！其中造访耶路撒冷16次，光临大马士革整整15回，期间还见缝插针地访问了其他六个国家，堪称外交史上的奇事。而且基辛格所到之处处处成功，唯一一次失败是在1975年3月调节埃以谈判破裂那次。

回到上文，基辛格于是接受了萨达特的建议，决定先由自己主持而不是交给日内瓦处理第一轮西奈脱离接触会谈。这样做主要是为了把苏联人排除在这次行动之外。当然他后来也承认，"这里头无疑包含着一种虚荣心成分"。他不愿意放弃外交主导权，主要出于双重考虑，一是相信没人能干得跟他一样好，二嘛，当然是害怕有人干得跟他一样好。这样一个基辛格总是"疑神疑鬼"、担惊受怕。于是就出现这样一幕。1974年1月，基辛格发现，以色列国防部长达扬私下里向他建议的点子居然糊里糊涂地被以色列谈判代表团捅到日内瓦会议上去了。这回和上次基辛格阻止埃以两国前线的将军搞他们自己的"超前"和平协议一样，他向以色列施压，逼他们从日内瓦撤回上述建议。实际上他贵为国务卿，台面上和台面下的外交行动左右都是由他指挥的，但基辛格偏偏对通过官方正经渠道做事保持着十足的厌恶。

以色列国防部长摩西·达扬的军队脱离接触计划，核心内容是以色列军队撤到苏伊士运河以东20公里，中间建立一个纵深10公里的联合国缓冲区分隔双方部队，同时，双方各应划出纵深40公里的兵力限制区。此外，结束敌对状态，重开苏伊士运河。

萨达特决不会同意这笔交易，因为40公里的兵力限制区已深入埃及腹地。不过这都好商量。从长远看，这仍然意味着阿拉伯世界对以色列的长期拉锯中取得了一小步的前进。萨达特比他的将军甚至以色列方面更为清醒地意识到：如果照这个路子商讨达成协议，将标志着以色列自1956年以来，第一次从它占领的重要领土上实质性地撤退。

于是基辛格大吃一惊，萨达特竟然非常乐意地接受了达扬建议的以色列定义的前沿线。他萨达特所不同意的，是达扬计划只允许埃及在运河以东保留两个营的兵力，他认为这是对夺回那一地区的埃及军队的侮辱。他要求保留十个营和一些坦克。不过出于向敌方表达一些信任，萨达特告诉基辛格尽可能从以方多争取些。只要基辛格全力以赴，萨达特将接受他所能争取到的任何数目。

在耶路撒冷，基辛格面对的是他的哈佛大学的学生、亲密朋友伊加尔·阿隆领导的谈判小组。这位以色列副总理说了，以方提出2～3个营的设想是经过内部严肃讨论和激烈争吵的，希望基辛格跟萨达特还价还到5～6个营。令人称奇的是，萨达特和阿隆跟基辛格说话时好像都把他当做自己一方的代表。

"6个营是不可能的。"基辛格说。

"他们坚持10个，我们坚持6个，也许8个吧。"阿隆说。

基辛格提醒阿隆，真想要达成妥协，那么在一个区区数目问题上精打细算是愚蠢的。如果以色列能接受8个营，就说8个好了。"如果这事拖得太久的话"，基辛格警告道，"萨达特的顾问会转而反对它的。"这样，基辛格得引了以方的授权，实在不行就接受8个营条件，返回了开罗。

萨达特接受了这个数目。但他不愿意跟以色列——埃及未承认的国家一块举行协议签字仪式，特别是在协议里还要就埃及军队在哪里部署、何时重开苏伊士运河这种埃及主权范围内的事向以色列作出保证。基辛格出了个主意：埃、以分别把协议条款写进一封给美国的信里，由美国向双方出示一封包含"美国保证"的信让他们签字。形式虽然很烦琐，但行得通。

从基辛格的飞机上传出来消息，成功就在眼前。华盛顿这边不干了。深陷水门丑闻的尼克松夜不能寐，他太需要些好听的故事来缓解困局了，可唯一的感觉就是被排除在行动之外——和葛罗米柯的感觉一模一样。于是尼克松让黑格和斯考克罗夫特分别给基辛格起草电报，让他在达成任何协议之前先回华盛顿。这样尼克松好当着公众的面公开地给协议进程下点总统指示，抢点风头。

基辛格可不买账。等了一天，回了句话：这关口他要是离开中东地界，"一切就都毁了"。

于是，基辛格把尼克松的命令扔在一旁，带着几乎是最后协议的文本径直来到萨达特处。萨达特未加思索地决定口授一封信给以色列总理戈尔达·梅厄，这使得他成为第一个跟以色列建立直接联系的现代埃及领导人。

"既然我说要和平，我说到做到。"信中写道，"我们过去从未联络过。现在有基辛格博士帮忙，我们可以通过他进行直接对话。"

戈尔达·梅厄正患有严重的带状疱疹，一星期没出家门。基辛格降落在以色列时，那里下着几十年来最大的一场暴雪。靠军车开道基辛格才抵达戈尔达·梅厄的住宅。他给她念了萨达特的信。

"这是件好事"，她简洁地说，"他为什么要这样干？"当天晚些时候，她起草了封回信，"我深知以色列总理从埃及总统那里收到口信的重要意义。"除了表达她的和平愿望外，也高度赞扬了基辛格，"很幸运，我们拥有我们共同信任的基辛格，他随时准备为和平事业贡献自己的聪明才智。"

脱离接触协定的最后几次接触迅速完成，埃及、以色列军队司令在101公里处签了字。基辛格已回到萨达特的夏季行宫阿斯旺水库。埃及总统刚刚读完梅厄的信，一位助理走进来说签字仪式已经完毕，"我要脱掉这身军装，"萨达特宣布，"除了庆祝仪式我再也不会穿它了。告诉她这就是我的答复。"

当天下午，尼克松在白宫新闻发布会上宣布了这个协议，这总算使他从国内的痛苦深渊中爬出来喘了口气，尽管大部分荣誉还得归在基辛格博士的名下。哈里斯民意测验结果显示，85%的美国人认为基辛格干得不错。自从哈里斯民意测验诞生以来，还没有哪个政府官员得到过如此高的评价。两家以色列报纸在头版把他描绘成和平天使；埃及出现大型的群众欢庆场面；在叙利亚，公众的仇美情绪已转变为一种秘密愿望：希望他们国家的问题能够列入基辛格下一个议事日程之中。

只从莫斯科传来了一片哀怨和指责声。在致尼克松的一封信中，总书记勃列日涅夫抱怨美国无视过去和苏联在中东问题上达成的谅解，即美苏应联合行动。但对基辛格而言，这个哀伤的指责真正是他收到的最好祝贺。基辛格全部外交政策核心，正是在全世界范围内削弱苏联的影响，而他已经证明了自己正在靠持之以恒的外交手段实现这一目标。

◎基辛格的外交风格

基辛格穿梭世界的坐骑是一架波音707，原来是林登·约翰逊副总统的专机。中间会议室摆着一张巨型的肾形会议桌和约翰逊特意安装的坐椅。所有东西都能够随意移动，摆成各种形状。基辛格不喜欢过于机械的东西，有时候桌椅位置移动方向不对时，会把他整个人卡在里头，他那时才会发现自己的肚子实在太大了。

飞机上还特别为基辛格安排了一块休息区、一片由希斯科等人使用的办公人员区、能容下十四五名记者的后座间。此外，还有多达35名白宫特勤局的特工保卫左右，每到一地，空军司令部都为他们提供两辆防弹豪华轿车专用。

就像在总统竞选飞机上一样，基辛格的飞机上也慢慢培养出一种同志般的友情，常驻于此的记者们更是如此。全国广播公司的理查德·瓦雷里亚尼特别印制了徽章，上书："解放基辛格14人记者组"，这14人一般来说除了瓦雷里亚尼本人，还包括美国广播公司的泰德·科普尔，哥伦比亚广播公司的伯纳德或者马尔·卡尔布，《华盛顿邮报》的玛丽林·博格，《纽约时报》的伯纳德·格维特兹曼，《时代》的杰罗尔德·谢克特，以及《新闻周刊》的布鲁斯·范伍尔斯特。多数飞行途中，基辛格都会邀请记者们去他的会议室，或者溜达到尾舱，捞点肉馅糕。在尾舱，他还会故意以"某高级官员"的身份，向大家简单介绍谈判进程。这些简介（尤其是回头来看的话），更像是基辛格有意用各种天花乱坠的概念忽悠得记者们眼花缭乱，而不是用有价值的事实来讲清楚问题。

在搅和中东这浑水之前，基辛格的谈判哲学是：脑子里要先知道你想要的结果是什么，然后再一步步地摸索着争取达到目的。"谈判时，"1973年的一次幕后谈话中基辛格说道，"如果在你知道能谈到什么程度之前就把具体的计划订死，无异于自杀。"他喜欢中国人的谈判方式：他们先确定一个符合双方基本原则的合理的解决办法，然后一步到位。是否妥协完全自愿，而不是靠施加压力胁迫，这样往往能得到对方的回应。

表面看，基辛格在埃以穿梭外交中所使用的一步一步式的谈判方法似乎和他倡导的哲学互不相容。因为这常常陷入尺寸之争，双方就毫不起眼的妥协争执不休，而不是朝着合理的解决之道迈出关键的大步子。

但这种一步步式的方法实际上不仅仅是一种方法：它是基辛格达到目的的必经之道。他看不出有什么必要或有什么可能达成一项全面中东协议能够解决像巴勒斯坦问题这样的根本性问题。他认为，最好的方法是哄劝以色列退出被占领土地，劝诱阿拉伯人接受以色列的存在及其保卫边境安全的权利。就这样，他靠这种一步一步的谈判方式取得了他想得到的结果。

基辛格在中东充分利用他与政治家的个人友谊来达到谈判目的。"他建立了一种私人关系。"以色列前国防部长伊扎克·拉宾说，"一种非常密切的关系，让你不得不帮他。"外交事务中的个人因素——与那种客观估量国家利益的外交方式不同——往往被许多历史学家忽视，包括学院时期的基辛格在内。

然而，靠私人信任建立起来的压力和诱惑往往能在极其紧张的外交斡旋当中成为解决问题的环境的一部分。

这在中东是尤其适用，阿拉伯世界的生意心态除了好讨价还价之外，就是喜欢套交情，彼此建立信任感，基辛格也不例外。他尤其欣赏这种在讨价还价中发展起来的友谊。"他骨子里是个希伯来人。"一位研究中东的学者说。

基辛格所发展的最重要的私交也是最出乎意料的，是和埃及总统安瓦尔·萨达特的关系。基辛格常常用一种肃然起敬的口气把萨达特说成是"先知"。除了周恩来，没有一个他接触的国家领导人在他心目中留下如此深的敬意，没有谁能引发起如此浓厚的感情。

1974年1月基辛格第一次穿梭外交结束回国前，萨达特把他领到别墅边的热带花园里，在一棵芒果树下，萨达特亲了他一下。"您不光是我的朋友，"萨达特说，"您是我的兄弟。"吃惊不小的基辛格随后告诉随机记者，"以色列人没有得到更好的待遇是因为他们没有亲我。"

另一头，基辛格与戈尔达·梅厄的关系则是极其折磨人的，就像一位意志坚强的犹太母亲和她飞黄腾达的不孝子之间的关系。"戈尔达恨不恨我？"基辛格常常问以色列驻美大使迪尼茨和其他人。"不会的。"他们安慰他说，不过也得承认"娘儿俩"的关系也不怎么太平。在基辛格看来，梅厄固执、脾气坏、为了维护国家安全从不肯妥协一点。梅厄大部分时间都在教训基辛格；没一点爱才的意思，基辛格恨恨地称梅厄为"那老疯婆子"。1973年10月爆发战争后，梅厄访问华盛顿，连基辛格的面都没见，基辛格干脆也拒绝见她。结果最后两人还是见了面，一直谈到后半夜一点。

不过。尽管戈尔达一会儿叫基辛格气得发疯，一会儿叫他垂头丧气，基辛格对她仍怀有感情，他理解她对她的每一个以色列公民的生命安危所怀有的关切之情，他也与她一样抱有对以色列的生存具有的无上献身精神。一次谈话时，基辛格劝她尽量像萨达特那样开明些，"你想从我这里得到什么呢？"梅厄问他，"我是上个世纪出生的人。"

"研究19世纪可是我的专长啊。"基辛格答道。

1974年，梅厄作为总理最后一场官方举动是为基辛格举办招待会。在一片喜气洋洋的气氛中，基辛格狠狠地亲了梅厄一下，这个吻比他从萨达特那里得到的和他还给萨达特的要大得多。"我还从来不知道，"她说，"你居然亲女人。"

基辛格与伊加尔·阿隆——以色列副总理、以方主要谈判代表有着更加亲密，也更加紧张的关系。此君早年曾参加基辛格在哈佛的国际研讨班，虽然认为阿隆没什么太多头脑，但基辛格对他怀有深厚的感情。1959年，基辛格去以色列讲课，和阿隆在加里里海上待了一段时间。一天晚上，两人望着远处的渔船出海，阿隆解释说为什么以色列渔夫必须去靠近叙利亚海岸的地方打鱼。"鱼都集中在那一片，"他说，"因为那里是约旦河的出海口。和人不一样，鱼喜欢逆流而上。"

"感谢上帝并不是所有的人都一样，"基辛格答道，"你我之辈，伊加尔，我们此生注定要逆流而上。"也许吧。至少，他们注定得和邻居在大湖那边的土地——戈兰高地——争高下。

基辛格曾经试图跟埃及外交部长伊斯梅尔·法赫米套近乎，但没有成功。"我们只见过两面，不过我觉得好像咱俩相识很久似的，"1973年10月战争爆发后基辛格向访美的法赫米说，"我认识阿巴·埃班六年多了，还叫他部长先生。不过对您，我觉得我们互称名字好了。我能叫您伊斯梅尔吗？"

法赫米没作声，算是同意了，不过他既没成为朋友，更不是基辛格的粉丝。"他假装是和平缔造者和调解人，实际上总是在为以色列谋取利益，"法赫米后来谈到基辛格时说，"考虑到他自己是个犹太人，这一点也不奇怪。"

法赫米最厌恶的是他发现基辛格总是搞两面派行为。"他总是咒骂以色列人，常常取笑以色列领袖来使我们相信他是我们这一边的，并以此来掩盖他的偏心眼。"他说，"不幸的是，只有萨达特吃他这套。"

好多跟基辛格打过交道的人都指责他口是心非，这是个比较麻烦的问题。掩盖事实，有时甚至越过欺骗的底线，的确是外交世界中的一个现实存在。基辛格不是圣人，也不例外，没有高尚到要去提升外交政策的道义性。外交和欺骗仅在一线之间，正如魅力和伪善的关系一样，这条线无可诘病。

基辛格确实是个很狡猾的人，有时有些过分。他善于用自己的话、行为、玩笑、风格去迎合他的谈话者。正如看山，他会向一边讲山峰之高，对另一边则强调山谷之低。为了暗自套近乎，他会用关于一方的笑话或丑闻取悦另一方。在叙利亚，他讥讽地称戈尔达·梅厄为"以色列小姐"；在以色列，他拿阿萨德开粗俗的玩笑，还模仿沙特阿拉伯国王如何就共产主义和犹太主义之间的联系大放厥词。

但基辛格的狡猾还在于他避开赤裸裸地欺骗和两面派行为。研究他的话语——甚至那些他随便讲讲的话——也会发现，他随时随地、处心积虑地注重自己的用词，一面和一边说的话同他和另一边说的话直接矛盾。有时他会保留某些关键信息，或任凭别人误解歪曲他的意思，而不予纠正——某种程度上很接近欺骗。不过谈判时他从未借助于赤裸裸的谎言说服别人。只是掩盖一些真相，使人产生误解。"但这不能算是欺诈行为。"他过后说。

在谈到外交政策的拐弯抹角问题时，基辛格说："我倾向于同意梅特涅的观点，即谈判中，那种毫无掩饰、直来直去的人最难对付。"从梅特涅的言行来看，好像并非如此。基辛格好像也不这么看。"基辛格有一种梅特涅式的、只说一半事实的习惯，"拉宾评价道，"他不撒谎。如果撒谎，肯定早就信用全无了。但他就是不告诉你全部事实。"

佩雷斯1974年时是以色列外长，阿隆要去华盛顿访问，佩雷斯跟下属们开玩笑，预测阿隆在华盛顿将要遇到的情形：

> 我告诉你们会发生什么。伊加尔到达美国，基辛格过来了，告诉他，"我们必须联合搞出个美以下阶段联合行动战略。"于是伊加尔很高兴。然后法赫米来了，基辛格告诉了他同样的话，什么美埃联合行动战略。于是法赫米也很高兴。两人都觉得基辛格是站在自己一边的。没多久以色列报纸透露了一条对基辛格不利的消息。基辛格就给迪尼茨打电话，用可怜巴巴、被冤枉的口气说："兄弟，咱可是朋友啊！"然后我们再道歉。

当时有个关于基辛格的笑话。传说基辛格决定当媒人，跟一个可怜的农民说，他给他儿子找了个完美的老婆。

> "可我从来不管儿子的事啊。"农民说。
> "哈，那姑娘可是洛特希尔德爵士的千金哪！"基辛格说。
> "哇，要是这样的话嘛……"
> 然后基辛格跑到洛特希尔德那里，"我给您女儿找了个完美的丈夫。"他说。

"可是她还小啊！"洛特希尔德抗议道。

"哈，那小伙子可是世界银行的副总裁啊。"

"哇，要是那样的话嘛……"

然后基辛格又跑到世界银行总裁那里去，说："我帮你找了个副总裁。"

"可我们不需要副总裁啊。"

"哈，"基辛格说，"他可是洛特希尔德的女婿啊！"

1974年3月在耶路撒冷召开的一个讨论会上，现实主义外交的卓越代表汉斯·摩根索谈了谈他所谓的基辛格的"迂回风格"有哪些缺点。"我跟亨利相识20年，但我从没想到他具有这样一种非凡的天赋，那就是不管到哪个国家，他都能摇身一变，跟这个国家称兄道弟，为它摇旗呐喊。"他说，"这种外交策略一开始非常奏效，但它同时面临着危险——如果几个政府相处融洽，互通信息的话，这种策略就会失灵。"

詹姆斯·施莱辛格，基辛格的死对头之一，对基辛格这些做法特别反感。他甚至认定，这与基辛格的出身密切有关。"亨利的欺诈风格在欧洲不会像在这里一样受到责难"，施莱辛格说，"过分玩弄权术在盎格鲁—撒克逊国家没市场。"

"亨利没有意识到的是阿拉伯领导人好互通传闻。"施莱辛格补充道。其实，基辛格理智上非常清楚这一点。第一次穿梭外交结束后，他在飞机上对记者谈起了他这种外交风格的消极面："早晚他们会碰头互相交换信息，如果他们发现我告诉他们的是不同的东西，我就死了。"

基辛格给人以变色龙的印象，对不同的人讲故事的不同方面，并企图用诋毁另一个人的方式讨人欢心，这不仅仅是一种谈判技巧，也是一种性格缺陷。他在阿拉伯人和以色列人那里采取的风格与他在白宫和华盛顿晚宴上采取的风格毫无二致。

基辛格清楚得很，人们会互相交流信息，但他不知道的是，和基辛格交换情报已经成了从阿拉伯半岛到乔治城的世界性的笑谈。实际上，基辛格算不上玩弄权术的大师，反而显得相当笨拙。如果玩得再好些，没几个人会指责他。

基辛格喜欢见人说人话，见鬼说鬼话，与此同时，他还把自己所谓的"建设性模棱两可"发挥得淋漓尽致。在越南谈判中，他在非军事区和南越主权问题上使用了含糊不清的措辞，结果南北两方都得到了各自想要的东西；在美苏削减战略武器协定（SALT）谈判中，他故意用含糊的词限制发射井容积，后来又把空中导弹限制中的"弹道"一词抹去，结果美苏两方对协议的解释大不一样。在中东基辛格使用了同样的招数，避开了阻碍停火协议的许多神学争论。

塔里蓝评价梅特涅谈判风格时曾写道："他在运用模棱两可、空洞无意的语言上具有不可思议的能力。"基辛格同样具备这种天赋。他曾说："有时候，外交的艺术就在于给显而易见的事物罩上一层朦胧的面纱。"比如1969年的罗杰斯计划虽然清楚明白，直截了当，可正因如此，这个计划只能以短命告终。

曾经有一位执著的记者，坚持要基辛格澄清以色列和埃及对日内瓦会议的不同理解，结果基辛格勃然大怒："看在上帝的分上，你就不能给人家留一条路保全颜面吗？以色列人看见有埃及人在场便喜欢认为会议'直接'，而萨达特因为还有其他人在则偏要说'不直接'，这他妈到底有什么大不了的区别？"

一份支持萨达特的埃及报纸《金字塔报》（*AL-Ahram*）一开始就反对这样耍手腕："这种自作聪明模棱两可的外交辞令让各方按需理解，并不能解决问题。"但就像基辛格展示的那样，这样的指责准确地说明了到底怎样才能真正解决问题。

比如，埃及和以色列在各个阶段谈判就其准和平状态进行谈判时，就设计了诸多委婉语。埃及还不打算宣布与以色列达成全面"和平"。第一次停火谈判中，埃及甚至不愿许诺两国间形成"非交战"状态。基辛格把以色列的提议带给埃及——五个表示结束交战状态的不同表达方法——法赫米大发雷霆。于是基辛格又发明了一些新的说法，意思其实都一样。

前任国务卿授权让人家办事的时候多，亲自出马的时候少，基辛格则正好相反。他要求主要部门的决定都得由他拍板，留在华盛顿的副国务卿们无权做主。这样一来，国务院实际上是基辛格上哪儿，它上哪儿。基辛格的指挥部设在一架名叫"萨姆-86970"的波音707飞机上，它曾被艾森豪威尔和肯尼迪作为"空军一号"使用过，机上装有一个由两位技术军士操纵的大型电子控制台，能与世界各地保持密切联系。有些天，多达200多封的电报往来于他的飞机。每次降落，八辆装得满满的大卡车把文件从飞机运到宾馆。《华盛顿邮报》称之为"史上最大的永久漂浮的外交政策集团"。基辛格也称他的波音707飞机为"飞行中的国务院"。

早在基辛格当总统的国家安全事务助理的时候，他的公文包就已被认为是无底洞。他的助理不断地想点子让他处理掉等着他签署的堆积如山的文件。过去，他们故意在文件封皮上标明由索南菲尔特批注的字样，因为这肯定会诱使他抓起文件仔细阅读，现在除了这一招外，他们还在他们需要他批阅的重要决定备忘录标上"庆贺电报"、"斯考克罗夫特与总统的对话"，等等，引诱他翻阅。

除此之外，基辛格兼任着数不胜数的头衔。他不光想当国务卿，还兼任总统国家安全事务助理、总统私人外事顾问、国安会机构协调人、国家首席全球事务谈判专员、白宫负责国务院机构管理的内阁官员等。

他所承担的责任之多，任务之重，就连管理行家也会焦头烂额，更何况基辛格根本并不善于管理。他讨厌委托别人干，下达的命令既不明确也不决断。弄不清事情的轻重缓急，不严格遵守时间表，动不动就向下属发泄不满，而且一点不加掩盖自己对官僚机构所抱有的蔑视态度。当他开始为谈判无限度地四处奔走时，这些管理缺陷又被夸张地暴露出来，特别是他只带上像伊戈尔博格和洛德这样的高级助手，而把副国务卿肯尼思·拉什晾在一边时，他从不信任别人能作出重大决定。有时他会一天一天地埋头研究埃以协议中关于某座山头、某条河流的问题，其实他完全可以把这些事情丢给部下去干，但分担责任根本不是基辛格的个性。

然而，他在穿梭外交中显露出来的才华掩盖了他管理方面的无能。作为一位手段丰富、资源广博的协调者，管理者的弱点得到了平衡，他相信细节决定成败，这也的确是真理。

他善于用令人信服的、极其生动的语言向埃以双方描绘失败的可怕后果。基辛格警告以色列人：哪怕犹豫一天，巴勒斯坦解放组织都有可能横插一杠，而一旦美国公众厌倦了，以色列就将在没有美国空投的情况下战斗。反过来，他告诉萨达特：如果战争爆发，五角大楼决不会放过你。因为需要以色列作出更多的让步，基辛格从历史的角度生动形象地分析着局势。设想出一个因以色列人冥顽不灵而造成的大动乱和被世界遗弃的前景。耶路撒冷的谈判者甚至都有了一本基辛格悲观主义论调的仿真词典。如果他说这一进程是"自杀性的"，那么意思就是很困难。"不可能"应该理解为"不太可能"。"困难的"意味着"有成果的"。要是他说："我来看看我能做什么。"意思就是"我已经得到了他们的妥协，只是尚未告诉你们罢了"。

除了威胁恫吓之外，他还充分地利用了传统的大棒加胡萝卜两手手段。对阿拉伯世界，他许诺美国将进行技术投资。第一个脱离接触协定签字后，埃及得到了一座美国核电站，由尼克松1974年宣布。第二年，西奈第二轮会谈破裂，基辛格认为是以色列的错，要求国防部长施莱辛格减缓对以色列的武器供应。而这正合施莱辛格之意，他以书面形式下达了这个命令。伊加尔·阿隆在戴维营向他过去在哈佛的老师抱怨此事，基辛格一口回绝这是美国在施加压力。他向阿隆保证，外交分歧和武器运输之间没有联系。阿隆清楚得很，美国这样做就是冲着协定未达成而来的。面对基辛格的狡辩，他又惊又怒。但这方法就是很有效，下一轮谈判中，以色列顺从多了。

基辛格推销起他的计划来就像饶舌的老地毯商。阿巴·埃班说，我觉得，如果他想卖给你一辆少了一个轮子的汽车，他会通过滔滔不绝地赞美剩下的轮子来达到目的。他接受别人的拒绝，但还是不厌其烦地进行劝说。有时他又故意用精疲力竭的样子作为说服的武器，吃上一顿垃圾食品，抖擞抖擞精神，又开始喋喋不休地劝人家买账，他会一小时一小时、整晚整晚地缠着你。一个以色列人说，我有时真恨不得签下他所有的东西，就为了能睡上个好觉。

穿梭外交过程本身成为一条对谈判双方都保持压力的途径。不停地露面和飞来飞去的基辛格使得协议在最后一刻成为可能。拉宾说："我不认为还有谁能取得这样的成就，只有通过穿梭外交才能给双方创造达成协议的气氛。"

此外，个人奇迹和戏剧性的表演也在美国国内产生了非凡的效果。他让外交政策看上去更加激动人心和富有成果，特别是和死气沉沉的国内政治比起来。而且，在越战后的令人情绪低沉年代里，一场穿梭外交的胜利成功地表明，美国的外交努力仍然对世界有益。就像美苏中大三角一样，这一能见度极高的外交行动在美国信心急剧跌落的时期刚好切合基辛格的本质目的之一：避免美国像越南战争初期那样再次陷入孤立主义。

◎徘徊的犹太人

1973年12月，在基辛格结束对耶路撒冷访问之际，悄悄撇下随行的记者团，忙里偷闲去瞻仰了为纪念死于纳粹之手的600万犹太人修建的雅德·瓦森。

这本不是他的主意，但以色列官员要求每位来访的各国政治家全部都这样做，基辛格也不例外。虽然一个从菲尔特逃出来的德国犹太难民没有必要让人教他大屠杀是怎么回事，但一些以色列人认为，这位国务卿先生有必要上这堂课，他们认定基辛格已经忘了自己是什么人，从哪里来。

参观雅德·瓦森期间，基辛格表现出对自己身份所怀有的矛盾心态。一家以色列报纸报道：他只是极不情愿地去了那里，并且快速地走过那些柱形纪念碑。刚20分钟，他就开始看表，偷偷摸摸地对美国驻以色列大使肯尼思·基廷说："我们什么时候离开这里？"但他的以色列东道主并不想缩短参观时间，或设法变哀思为快意。以色列官员告诉基辛格，他的名字刻在菲尔特的显眼处，还向基辛格出示了有他被杀的13位亲戚姓名写在上面的名册。

这时，戴着亚莫克便帽的基辛格呼吸变得沉重起来。他在感冒，他很疲惫，按他过后的说法，那一刻，他"心都碎了"。凄厉的小雨抽打着山侧的纪念碑，哀悼祈祷文在空中回荡着。基辛格低着头，伫立着默哀良久。陪同官员回忆说，他看上去"瘫掉了一样"，连走路的力气都没有了。但基辛格过后回忆说，他是借此机会独自回顾一下他自己的过去，历史的冷酷无情，以及人类在政治家的活动中所承受的风险。

作为美国第一位犹太人国务卿，基辛格不得不面对他的宗教背景在他生活中所扮演的角色。尼克松第一任期内，基辛格根本无缘参与中东事务的决策，部分是因为要给罗杰斯保留些权力属地，更主要的，是因为基辛格的犹太人背景不被信任，尼克松亲口说："我担心基辛格的犹太身份会给我们带来不利。"更糟糕的是，尼克松常搞些黑色幽默连讽带刺地埋汰基辛格。每当基辛格就中东问题提出某项建议，尼克松都会环顾左右，看看内阁成员们，问："现在，有没有人提一提美国人的看法？"基辛格后来回忆说，尼克松觉得"犹太人组成了美国社会中强大的利益集团……他们把以色列的利益置于最高地位……而其对媒体的控制更使他们成为可怕的敌人"。

一次在与埃及外长伊斯梅尔·法赫米私下会面时，称基辛格为"我的犹太伙计"。这是他常用的一个绰号。

有关基辛格宗教背景的话题令基辛格很不自在。他更倾向于认为这和他干的正事没什么关系。"我出身犹太人，但事实是这对我来说毫无意义。"他在70年代早期告诉一位犹太朋友，"美国给了我一切。一个家庭，一个学习的机会和谋取高位的机会。我不知道其他犹太人想要我成为什么人，但我首先把自己看成美国人。"

他从军队回来后就不再做礼拜，但他不像詹姆斯·施莱辛格，他从不拒绝犹太教，而施莱辛格一家已蜕变成新教教徒。实际上，基辛格还坚持让儿子大卫受洗，大卫坚决不干，但基辛格出于对父亲的承诺，特别是对他爷爷大卫怀念，仍然说服了儿子。1974年8月，正在华盛顿和约旦国王侯赛因进行三天会谈的基辛格抽空跑了出来，赶到波士顿参加布兰戴斯大教堂举行的受洗仪式。

基辛格对犹太人的态度常常能从他的幽默中反映出来。他的玩笑总是针对原谅以色列一切罪恶的"我的教友"对他施加的压力，得知以色列人违背停火协议、包围埃及第三集团军后，气得发疯的基辛格在一次会议上恨恨地抱怨道："如果我不是生来就是犹太人，我肯定是个反希伯来分子。"在另一盛怒的场合，他脱口而出："任何一个被迫害了2000年的民族一定是做错了什么事。"

基辛格的犹太身份使他觉得在与尼克松的交往中处处低人一等。尼克松对所有的犹太人的态度和他对其他人的态度一样混乱不堪。一次劳工部出来的经济数据不合尼克松的口味，他让人把劳工部高层里所有的犹太人列个单子，并一如既往地在名单空白处加上了讽刺挖苦的批注。"对基辛格而言，他意识到自己的犹太人身份使自己变得弱势，他不想这样，但尼克松就是要他有这种感觉。"厄尔希曼说。

基辛格倒是常常迎合尼克松对犹太人的偏见。有一阵子，他告诉索南菲尔特或霍尔珀林，他不想要他们参加会议是害怕露面的犹太人太多。一次他向洛克菲勒介绍他在国会的联系人李曼。开玩笑说李曼"是个有着犹太名字的爱尔兰人，要是反过来，那他可就不一样了"。

尽管基辛格心情矛盾，但内心深处，他视以色列的生存为己任。假如以色列真的处在生死存亡的关头，他将是最坚定的卫士。同样，如果以色列朝"自我毁灭"的路迈进。他又是批评者中的急先锋："作为一个在大屠杀中丧失13位亲人的犹太人，我怎么会背叛以色列？"他告诉犹太领导人。

◎石油危机

1973年10月"赎罪日战争"期间，以阿拉伯国家为首的石油输出国组织把原油价格每桶3.01美元调高至5.12美元，并削减了5%的日产量。10月19日，尼克松要求国会拨款22亿美元为空援以色列提供资金。第二天阿拉伯人就作出果断反应，沙特阿拉伯牵头发起一项动议，对美国实行全面石油禁运。

石油禁运更多的是种象征性的侮辱，对国内产油的美国来说影响不大，美国也完全可以找得到替代能源。但减产和石油价格的提高在石油消费国导致了一场真正的危机。12月23日石油输出国会议上，伊朗国王把价格抬到无以复加的地步：每桶11.65美元，几乎是10月上旬的四倍。基辛格认为，这是20世纪史上最重大的事件之一。

西方盟国的石油账单迅速地攀升至每年400亿美元，由此引发的日本和盟国陷入的通货膨胀、经济停滞的困境长达10年时间。对发展中国家来说，新价格超过了他们从各种渠道得到的外援总和，并且这些外援很快就被迫取消了。

1972年5月，从莫斯科回来的路上，尼克松和基辛格顺道访问了伊朗，见了伊朗国王。"请您保护我。"尼克松对伊朗国王说。受宠若惊、好大喜功的伊朗国王满口答应。美国在这笔交易中要付出的是无限制地向这个石油富有国出售任何武器。五角大楼曾警告说伊朗已经购买了他的军队根本消化不了的太多的先进武器。但出于政治原因，五角大楼的意见被否决了。

1979年伊朗激进分子占领美国驻伊使馆时发布了58卷文件，其中有一份1972年7月的备忘录，在备忘录中，基辛格对国防部长说："应当主要由伊朗政府来决定是否需要购买军事设备。"1973年基辛格写了一份报告提醒尼克松这一政策："我们的政策实际上是，无论伊朗国王想从美国购买何种武器，我们都会二话不说地答应。"

后来基辛格又矢口否认，说这项政策并不等于给伊朗国王开了一张"空白支票"，想买什么都能买到。不过伊朗国王和五角大楼正是理解的。伊朗国王兴奋地称基辛格为"很可能是历史上最聪明的美国人"。

尽管相交甚欢，1973年石油输出国组织石油大涨价的背后，却正是伊朗国王在煽风点火。于是，人们指责基辛格，认为他和伊朗国王达成的协议肯定暗暗许诺伊朗国王，如果他推动石油价格上涨，便可免费获得新武器。尼克松政府驻沙特阿拉伯大使，也是石油专家的詹姆斯·阿金斯后来声称，沙特曾试图说服基辛格，希望他能向伊朗施压，遏制石油价格飞涨，但基辛格摆手拒绝。

基辛格称这些指责非常"荒谬"，纯属"谣言"。后来他承认，他本来以为，伊朗国王可能会把每桶石油价格提个一两美元，补贴他购买新武器的钱。不过因为伊朗并不是石油生产大国，所以基辛格认为伊朗的涨价不会对石油输出国组织的石油价格产生太大影响。当他发现自己失算，伊朗的行动已经导致了12月石油价格飙升，基辛格立马以尼克松的名义向伊朗国王发去电报，要求他迅速调转方向，不然会造成"灾难性问题"，导致"世界大萧条"。

但购买武器的高额经费从哪里开支呢？三条路可以选择：一是大规模提升产油量，这个伊朗做不到。二是向美国提供大量过剩石油作为美的战略石油储备，以换取美国的枪支弹药，这个则被尼克松很不明智地回绝了。三是伊朗继续抬高油价，捞取石油美元。伊朗选择了第三条道路，借支持埃及、叙利亚为名抬高石油价格，偿还购买武器的债务。伊朗的石油外汇收入从1972年的44亿美元激增到1977年的214亿美元，轻松偿还了购买美国武器的账单。

1972年美国还与伊朗达成另外一项谅解，美国为伊朗的死敌——伊拉克——的北部反对派库尔德人提供秘密援助。不顾美国驻伊朗大使的反对，也没通知专门负责这类秘密行动的"40委员会"一声，尼克松和基辛格就批准了一项1600万美元的计划，武装库尔德人。1975年，伊拉克和伊朗讲和了，给库尔德人的援助也戛然而止。"我们的人民和事业正在被人以无法相信的方式破坏着。"库尔德人领袖穆斯塔法·巴尔扎尼致信基辛格哀怨地控诉道。基辛格连回都没回。

一份叫做《派克报告》（*Pike Report*）的关于情报活动的国会报告泄露出来，里面引用了基辛格在秘密证词中冷冰冰地解释为什么会眼看库尔德人即将大祸临头却要放弃对他们的援助。他说："秘密行动不应与传教活动混为一谈。"后来，他越发后悔。在一个关于1991年伊拉克战争后库尔德悲剧的专栏里基辛格写道，他1975年作出的决定非常"痛苦，甚至令他心碎"。

后来成为财政部长的石油大亨威廉·西蒙在1973年年底认为，应利用与伊朗国王的武器关系迫使石油价格降下来。但即使大涨价之后，基辛格仍旧不愿意使用这个连环套，尽管他对这方法驾轻就熟。

西蒙，这位头脑敏锐的自由市场经济的保守主义者，不可避免地成为与基辛格争夺势力范围的对手，但他们的争斗出乎意料得很友好，尤其是以基辛格的标准来看。"我跟西蒙签有互不侵犯条约"，基辛格后来开玩笑说，"如果我不谈经济问题，他只会慢慢接管外交政策。"

西蒙与沙特阿拉伯石油大臣舍赫·艾哈迈德·亚马尼关系友善，更愿意向沙特阿拉伯而不是伊朗靠拢。在一次公开场合，他说漏了嘴，称伊朗国王为"疯子"。基辛格气哼哼地给他发了一封责问电报。

"这是断章取义的结果。"西蒙说。

基辛格的答复既怒气冲冲又不失幽默。"请问在哪篇文章里呢，"他回电道，"你能称美国盟国首领为'疯子'吗？"

基辛格和尼克松靠伊朗国王保护美国中东地区利益的政策在理论上行得通，但在实践中却演变为一场灾难。伊朗国王因他购买到的庞大武器库而妄自尊大起来。20世纪70年代末，他被国内的极端主义力量推翻，这些人强烈反对他的向西看的世界观和石油美元带来的副产品——异教徒式的现代化。伴随着巴列维被推翻产生的反美主义多年来一直削弱着华盛顿在中东地区的作用。

◎1974年5月，叙以穿梭外交

基辛格为缓解能源危机所作的主要贡献就是快马加鞭地继续充当中东矛盾的调解人。1974年2月在阿尔及尔召开了小范围的阿拉伯首脑会议。在公开场合，他们重申禁运立场。私下里，他们秘密决定请基辛格再次出手，为叙利亚–以色列的前沿阵地争取一项脱离接触协议。基辛格正求之不得，但尼克松一门心思只想解除石油禁运，好让他从"水门事件"中求得几分解脱。"我只对石油解禁感兴趣，"他告诉基辛格，"国家只对石油解禁感兴趣。他们才不管叙利亚发生什么鸟事呢！"

幸运的是，埃及外长和沙特阿拉伯外长受阿拉伯国家领导人之托，飞到华盛顿请基辛格出山。两位外长在华盛顿还为如何安排和尼克松的单独会见钩心斗角了一番。最后，他们向尼克松、基辛格转达了一个决定，石油输出国组织将在3月份解除石油禁运，但有一个彼此心照不宣的前提：基辛格必须马上开始叙利亚－以色列穿梭外交。

事情再明显不过了，叙利亚－以色列穿梭外交注定是一场对耐力的考验和较量，这场较量从基辛格到达大马士革进行预备性访问时就开始了。阿萨德总统仅仅为接受脱离接触会谈这个概念就让基辛格苦口婆心谈到凌晨三时。好不容易拖着疲惫的身子上了床，四点半就被隔壁清真寺召唤虔诚祈祷者朝拜的呼唤声给吵醒了。

隔壁助理伊戈尔博格的门响了，开门一看，"站着个矮粗、肥胖的德国佬，央求着：'你就不能让他们消停会儿吗？'"伊戈尔博格回忆道。

促成像埃及－以色列交易的必备要素在叙以前线荡然无存。不像埃及，叙利亚军队没获取任何新领土，阿萨德固执地要求在谈判桌上赢得他在战场上根本没有得到过的东西。这对于以色列人来说无异于痴人说梦，戈兰高地的脱离接触协议看起来根本就像是一场以方单方面撤退而已，根本不是什么平等协议，目的就是使阿萨德能够声称，叙利亚没有白打这一仗，打有所得。对于这场偷袭的受害者以色列来说，急了半天，可不是为了达到这样的目的。

以色列起初打算只让出1973年占领土地的三分之一。阿萨德总统的公开要求是叙利亚得到他1973年丧失的所有土地，外带戈兰高地的一半。两个国家的要求差距太大，达成协议的可能性几乎等于零。

5月2日，基辛格到了耶路撒冷，这时他才发现，让以色列人相信应该给率先发难的叙利亚人更好的脱离分界线——一条向以色列方向深入的脱离分界线——是多么的困难。更何况戈兰高地还具有重要的军事价值。800以色列人战死在戈兰高地，七年打了两场战争，再加上我们付出的全部代价，戈尔达·梅厄开场就告诉基辛格："然后阿萨德居然说什么必须归还他所有的土地，他脸皮也太厚了点吧。"

就连基辛格的按摩师、大卫王酒店的施特劳斯也像发了疯似的铆足了劲给基辛格按摩，弄得他气都喘不上来。他告诉基辛格自己正在为他的成功祈祷。"我们必须得到和平，"按摩师说，"我愿意用10年寿命换取和平。"

"你会放弃戈兰高地多少公里的土地来换取和平？"基辛格问道。

"放弃？多少公里？戈兰高地？你肯定疯了！什么也不会放弃！一毫米也不放弃！"

"那我就应该中断谈判不是？"

"绝对不行，"按摩师一边说一边揉搓得更猛烈了，"我愿意用10年寿命换取和平。"这下基辛格的背又遭了殃。

基辛格在以色列使用的主要武器已被以色列的部长们命名为"亨利的世界末日演说"。出让戈兰高地的土地固然不好，基辛格承认，但让谈判失败更糟糕。"我想当下最重要的就是大家都明白谈判失败的严重性。"他第一天就发出威胁。如果失败了，美国（和基辛格）将不会再愿担任调停者。华盛顿的亲以联盟将飞快地土崩瓦解，到时候以色列可就孤家寡人，举目无亲了，但以色列内阁顶住了压力，基辛格这通滔滔不绝、充满激情的暗淡前景的描绘没有打动他们，内阁甚至拒绝任何基辛格认为可平安地作为开场白带给阿萨德的建议。

在大马士革，阿萨德同样态度僵硬，他坚持以色列归还一半戈兰高地，少一半，协议就别想达成。"一米也不能少。"阿萨德说。

叙利亚穿梭外交刚开始时，新闻界问埃及总统他有什么好建议可提供给他的盟友阿萨德。"只要信任我的朋友亨利就行。"可现在，初战失利的基辛格已赶到亚历山大向萨达特求救来了。

萨达特告诉他，解决问题的关键，是一座名叫库奈特拉的已被遗弃的小城，这座位于戈兰高地腹地的小市镇1967年被以色列占领。协议只要包括以色列退出库奈特拉，萨达特说："我就能让整个阿拉伯世界接受，为阿萨德挽回面子。"

戈尔达·梅厄和她的国防部长摩西·达扬当时已在私下讨论过库奈特拉的问题，他们决定可以让出库奈特拉，这对以色列是安全的。但他们没有告诉基辛格，相反，他们提出分割库奈特拉的方案。基辛格知道分割是行不通的，分割库奈特拉就好比以色列国王所罗门当年的著名判决，如果孩子是谁的争执不下，那就一刀两段，把孩子劈了一人一半好了，事实是，这是不可能分割的东西，分割就毫无意义了。基辛格敏锐地看出，答应让出库奈特拉意味着以色列已经克服了一种心理障碍：他们终于愿意从1967年的分界线往后撤了。既然基本原则已经确立。余下的就是一公里一公里地讨价还价。

基辛格到大马士革后，把以色列从库奈特拉撤退的愿意程度略作夸张，把以色列在其他方面已经作出的小妥协按下不表。但阿萨德也不是省油灯，早已通过情报部门知道了以色列的方案，"他们不是要让出库奈特拉，他们想一劈两半分了他。"而此时，恰好以色列报纸不明就里地把以色列政府的立场透露出来，基辛格怒发冲冠，冲着以色列谈判代表大喊大叫，"你们对我干了些什么! 为什么没有新闻审查制度？!"

军事新闻审查是合法的，但出于政治目的审查就不合法，一位谈判代表向他解释，基辛格根本不信。后来还是伊加尔·阿隆，他在哈佛的老学生给美国国务卿上了一堂有关民主内涵的课。公众辩论，有时甚至是泄露机密就是民主制度需要付出的代价，他向美国国务卿解释道。阿拉伯国家必须学会和一个民主的以色列共处。

谈判进行一周后，基辛格为了跟苏联外长葛罗米柯会面，到塞浦路斯转了一趟。基辛格有意选塞浦路斯做会面地点，是因为要把苏联排除在中东和谈之外。在这件事上，萨达特、阿萨德跟基辛格是一伙的。葛罗米柯认为以色列应该退出戈兰高地。好啊，欢迎他飞往耶路撒冷向梅厄去游说，基辛格说。他的意思再明白不过了，苏联人在这件事上起不到什么作用。

回到叙利亚，基辛格直截了当地向叙利亚人说，他在叙利亚期间，对不起，葛罗米柯不能访叙。于是，令葛罗米柯惊愕的一幕发生了，叙利亚这个莫斯科的小老弟告诉苏联外长说，他的访问必须推迟10小时。叙利亚官员强迫葛罗米柯的飞机在空中盘旋了足足45分钟之久，因为基辛格在那里还有事没办完呢。

基辛格在大马士革和耶路撒冷之间来回穿梭，一步一步地谈判过程已变为库奈特拉城一条街一条街的讨价还价。以色列立场终于有所软化，但坚持在城郊外围保留军事分界线。问题集中在小镇周围的三块田地上，已被以色列定居者开垦耕耘过了。三块地的年产量大概还付不起基辛格飞机一天的油钱。但这里有一条原则，以色列从未放弃过有居民定居的、耕耘过的土地。

5月14日。第二星期的穿梭外交已接近尾声，基辛格决定要以色列作出让步。戈尔达·梅厄愤慨地大骂阿萨德："不能他要什么就给他什么。他还不配。"

基辛格也变得没好气起来。"我们讨论的仅仅是一里地的问题。"要不是美国的支持，他警告她，以色列就得退回到1967年的边界，归还整个戈兰高地。"是我们打破了石油禁运，是我们让俄国佬在本地区的存在显得荒唐可笑。如果你非得要面对这一切，要面对苏联人的压力，面对石油禁运，到时你要关心的就不是什么德鲁兹这么屁大个小村庄了，你要关心的将是一大堆更糟糕的事。"

虽然基辛格喜欢扮演讨价还价的角色，但他也意识到这种锱铢必较的谈判方式有损他国务卿的形象。"我就像个地毯商在这里四处晃荡，为一二百米跟人家扯着嗓子喊！"一次他叫道，"就像市场上的小贩！我试图拯救你们，而你们却认为多给了我几米是帮了我的大忙似的。就好像我是库奈特拉居民似的！"

事越谈火气越大。某刻，基辛格提出一项大胆的提议：以色列准备一份地图，上面标有军事分界线——离库奈特拉远远的，暂时不提以色列一直坚持的必须设在库奈特拉城边的主权线。达扬很吃惊，觉得不可理喻，还用英文说了个词"不合宪法"来评价基辛格这个计划。基辛格火了，干脆达扬自己去大马士革跟阿萨德说好了。基辛格则卷铺盖卷回华盛顿，向国内报告说谈判失败，因为达扬想在一个小镇边修道篱笆墙当做以色列的主权线。那样美国国内会怎么想？！

达扬一个劲地摇头。他不知道那样的话会是个什么局面，他回答说。但他只知道基辛格的计划是错误的。

基辛格开始叫了起来，双臂飞舞。他该向阿萨德说什么？告诉他"我不支持您的立场，先生，因为我真的不支持！绝对不支持？！"然后，见达扬一动不动，基辛格一边尖叫着把地图扔到对面的达扬面前。"兴许你想在地图上画两笔？"基辛格吆喝着，"画吧。愿意画什么就画什么。我不管了……最佳结局就是谈判破裂……所以，请尽情地画吧。为什么不画？"

达扬没碰地图。他用剩下的那只好眼睛冷冷地盯着基辛格。基辛格喘着粗气，试图平静下来。

这时，一名特勤局特工拿着基辛格的眼镜走了进来，基辛格老这样，公文包、雨衣、眼镜总是落在后头。屋子里一片死寂。基辛格僵着一动不动，没从那紧张的要死的特工手里拿回眼镜。最后，基辛格抬起头狠狠地盯着他问，你懂不懂规矩？基廷大使赶忙站起身来接过眼镜，递给希斯科，希斯科再递给基辛格。

此时，"水门事件"的最后打击已使尼克松的总统宝座摇摇欲坠。1974年5月叙利亚穿梭外交正在进行时，众议院司法委员会开始了他的著名的弹劾听证会。三个月后，委员会将投票决定弹劾总统，尼克松将辞职。

尼克松唯一能假以转移国内注意力的事就是紧跟基辛格在中东的外交活动。他给以色列发了一系列的威胁信，要求他们接受基辛格的建议，随后尼克松命令斯考克罗夫特切断给以色列的一切军事供应，除非其立即服从。

在尼克松的强大压力下，加上巴勒斯坦恐怖分子刚刚在那一周里杀害了16名以色列中学生，以色列终于同意和基辛格达成一项协议。首先，由基辛格提出一个"美方建议"，以色列退出于库奈特拉那几片开发过的土地，但允许以色列用军事控制库奈特拉周围的三座小山包。

起初，阿萨德不接受。基辛格都开始跟他斟酌谈判破裂公告的措辞了。然而，正当国务卿已准备两手空空地回华盛顿去，叙利亚总统请求他为谈判作出新的努力。5月18日，他终于让大马士革和耶路撒冷接受了脱离接触分界线。除此之外，还有一系列悬而未决的细节尚未敲定，比如缓冲区和限制武器区域的划定、联合维和部队的部署，以及叙利亚是否应负责迫使流窜于该地区的巴勒斯坦游击队停火，等等。又经过九天的艰苦谈判，并一度面临崩溃边缘和对阿萨德的严词威胁后，以上问题才全部获得解决。

自1919年以来，还没有一位国务卿如此长久地离开过本土。34天里，基辛格飞行41次，行程达24 230英里。有人认为基辛格埋头于没完没了的细节谈判是为了躲避肮脏的"水门事件"这摊烂泥。有人怀疑他甚至靠拖延穿梭外交来避开复杂而满身毒气的"水门事件"，《纽约时报》的专栏作家雷斯敦评论道。

这些指控有一定的道理，但不管出于什么动机，他事无巨细的奔忙取得了最好的成果。正是他专注于细节才最终让双方坐下来并且达成协议。至此，美国已成为中东地区独一无二的主导性外交力量。《新闻周刊》封面称他为"超级老K"，《时代》评论文章的标题是"魔术师又创造了奇迹"。戈尔达·梅厄临退休前特地给基辛格举办了一场招待会。"如果搞个小测验，"她说，"你能在有关戈兰高地的小山、道路、村镇甚至房屋的所有细节上击败我们中的大部分人。"老学生、以色列此后的外交部长伊加尔·阿隆在祝酒词里深情地贺道："你是这个世纪的外交部长。"

回家的路上，基辛格打开了香槟酒，品尝胜果。但在声明里他却不是那么兴奋。"叙利亚人和以色列人，"他私下里对几位记者说，"是唯一应该平等相待对方的两个民族。"

第25章 | 闪光灯下的名人基辛格

垂帘生辉

所幸我和媒体之间没有什么不幸的经历。

——基辛格，奥地利索尔兹堡，1974年

华盛顿的记者们都面临一个难题，他们在圈子里的地位通常都随着自己报道的新闻人物的兴衰荣辱而起伏不定，因此报道对象火了，自己也就功成名就了。这在报道基辛格环球旅行的记者们身上表现得尤其明显，他总是能让那些跟在他屁股后面的记者们出名。"不管基辛格的飞机飞到哪里，飞机上的记者们都会成为地上同行们忌妒的对象。"《纽约时报》记者葛茨曼说。基辛格飞机一落地，本地记者们立刻便把同行记者团的成员们团团围住。

这就产生了另外一个难题：既然大伙都指望靠同一个人混饭吃，也就没人敢惹他生气。常跟基辛格跑的记者圈被戏称为"基辛格14号"，对他们来说，基辛格就是衣食父母，是频繁出现在报道中的那位抖搂消息的"高级官员"。每次，基辛格的诙谐都能打消记者们的敌意，超凡脱俗的才华让他们敬畏不已，每次记者提问或发表意见，基辛格都会耐心倾听，让他们颇为受用。每天早上，记者们的报道会出现在基辛格的早间新闻提要中，基辛格会反过来找机会向记者们作出反馈，就事说事，时而开玩笑，时而表现出受到伤害的样子，偶尔也大发雷霆。

每次基辛格恩准记者们到他国务院会议室里开发布会时，老记们势必为抢夺靠近基辛格的位子发生一番争斗。一次争夺中，脾气暴躁的《华盛顿星报》

记者、前海军陆战队员奥利雷一把把《华盛顿邮报》的女记者玛丽林·博格打翻在地,后者虽不如奥利雷暴躁,但抢起座位来一点不含糊。当晚另一场记者会上,基辛格故意玩弄外交技巧般的边找边问道:"我说奥利雷哪里去了?真想看看他再打翻一位女士。"最后,《波士顿环球报》记者干脆搞出了一份座位轮换的办法解决抢座问题,被戏称为"博格-奥利雷分离协议"。

记者之间除了共生共存,他们还共同希望基辛格的穿梭外交大获成功。这并非什么政治运动,记者可以做到不偏不倚;这是一种渴望,渴望挽救世界免受又一次中东战争的蹂躏。基辛格深知记者们对他的支持。他后来写道:"他们之所以拥护我,也许是为了让身体因为穿梭忍受的折磨有那么一点意义,也或者是因为如果我们成功,他们自己也能功成名就。但我想还有一个原因,就是希望在'水门事件'的阴霾中,证明我们的国家依然能够取得某种令他们骄傲的成就。"

在华盛顿,成功记者分两类:一种善于得到好的采访源,另一种具备好斗的新闻调查直觉。胜于获得采访源的记者总能得到白宫或国务院独家采访的机会,通常会发展成为专栏作家或某些问题的专家。侵略性强的记者往往赢得普利策奖、在媒体圈里得到更多的职业认可。两种类型都能提供见多识广的新闻报道。两种都没法单独占据道义制高点,一旦其中一种占据主导地位,问题就来了。

在罗伯特·雷德福和达斯汀·霍夫曼在电影《总统班底》(讲的正是"水门事件")中分别扮演伍德沃德和伯恩斯坦之前,调查性新闻报道——那时叫"扒粪"新闻——并不十分流行。德鲁·皮尔森和他的继承者杰克·安德森开创了一种独特的报道风格,而越战则催生了一群更加多疑的记者,包括《纽约时报》的大卫·哈伯斯塔姆、尼尔·希恩和西摩·赫什。但那时候新闻界顶礼膜拜的楷模依然是能够在大都会俱乐部与权贵们亲密往来的政府内部记者,像约瑟夫·阿尔索普、沃尔特·李普曼和詹姆斯·雷斯敦。

20世纪60年代,门路派记者地位越来越高。他们摆脱了御用文人的形象,与肯尼迪家族交上朋友,保守总统的秘密,与总统弟弟罗伯特在他的希考里山庄的泳池玩耍嬉戏。渐渐地,人们越来越把这些记者看做政府成员。到20世纪60年代末,华盛顿的乔治城社交圈子不仅包括爱丽丝·朗沃思(罗斯福总统之女)和伊万杰琳·布鲁斯这样的显贵,还有约瑟夫·阿尔索普和他的妻子苏珊·玛丽、凯瑟琳·格雷厄姆、约瑟夫·克拉夫特和妻子波利、洛兰德·伊文思和妻子凯、大卫·布林克利、汤姆·布兰登和妻子琼，以及后来加入的本·布拉德利和沙莉·奎因。

基辛格是和第一种记者打交道的好手，因为他乐于迎合他们的胃口，就他们喜欢的问题夸夸其谈。但对付那些疯狗型记者就差多了。幸运的是，外交报道领域主要由那些门路型记者所把持。没几个记者会像《华盛顿邮报》记者们揭发"水门事件"那样去报道外交事务。相反，他们更喜欢想方设法获取和解读高级官员们的个人见解。讽刺的是，美国外交政策过于喜欢遮掩，一位没什么门道的好记者反而能更好地报道那些外交机密事务。尼克松和基辛格在外交上的"夺宝奇兵"——如轰炸柬埔寨、智利秘密行动、国安窃听等等，都是那些不怎么和基辛格吃饭的记者们捅出来的。判断一个记者属于哪种类型就看他对待基辛格的态度：门路型记者或功成名就的媒体学究们总是一口一个"亨利"、"基辛格博士"；反之，一听这些拍马屁的称呼就烦得翻白眼的就是那些尖锐倔犟的拷问型记者。

基辛格抱怨说，记者们总是靠批评他以示个性，"老想着接近高级官员，又生怕被看成是他们阵营的一员"。

但事实常常是相反的，多数报道他的记者为了便于接近他都倾向于言辞恭维，尤其是专栏作家们，手里的货全靠基辛格的电话。

但多数记者们没有意识到的是，骂基辛格通常不会遭到冷语。正相反，基辛格有说服别人的强迫症，对媒体也一样。朝基辛格猛烈开火往往换来的是基辛格的电话、好言相劝和安抚，还请去共进早餐。好比基辛格对《芝加哥论坛报》的记者朋友就从来不屑一顾，直到有一天那报纸登了篇批评基辛格对南非政府过于施压的社论后，态度陡然变了。下回在飞机上，基辛格主动示好。那记者正在打字，一抬头，见基辛格在旁边，问道："又写社论哪？"

另一个鼻子老碰灰的家伙向斯考克罗夫特打听怎么才能让基辛格见他一面。"开骂就好了，"斯考答道，"肯定会给你打电话的。"记者照办，果然，国务卿电话就来了。"这就是规律，"《纽约时报》记者总结道，"你骂得越厉害，得到的信息就越多，因为他一心想说服你。"

基辛格发疯似的追求正面报道并非完全出于虚荣心，这也是深化其外交政策的一个好办法。"他之所以在外交上成功，部分原因在于他频繁出现于各种场合时所展现的魅力，在于他那传奇般的形象，"黛安娜·索耶说，"他利用舆论强化和放大他的政策主张。"

前中央情报局长理查德·赫尔姆斯回忆说，到基辛格的办公室时，每次都见他不停地翻弄电话留言。"记者们的留言全部被放在优先位置，有时当着我的面就给记者直接拨回去，我在一旁等着。"约翰·安德鲁斯是个崇拜基辛格的发言稿起草人，也有类似经验。他有时去基辛格办公室讨论发言稿，"克拉夫特或阿尔索普之类的专栏作家会打来电话，他打断我接电话，就当着我的面甜言蜜语、大肆吹捧他们。简直是往那帮家伙身上浇糖水。"在圣克莱门特，基辛格会在他公寓的天井里招待一帮子记者，邻居厄尔希曼隔着墙听得一清二楚。"每次亨利在那里奉承记者、自我吹嘘，我就忍不住想听。奇怪的是老记们真就买账。"

基辛格对付记者有两招。

第一招——也是首要的——奉承，只要是他想结交的记者，无一例外都能享受此种待遇。"我今天打电话来，因为我知道你是报道我的记者里头唯一通晓此事的人。"基辛格每次上来都说。简直就像魔法，这一招屡试不爽。"你明知道自己被当成小提琴耍来耍去，"《时代》杂志报道基辛格的记者克里斯托弗回忆说，"但仍然有无法抗拒的魔力。"另一位老记者总结说："他专门跟你讲那些他认为你想听的东西，然后问你怎么想的。这招真挺讨人喜欢的。"

第二招——套近乎。基辛格总是带着那么一点鲁莽劲和哥俩私下说悄悄话的架势让记者分享他的秘密和内部信息，必须得说，这两股劲头还真不全是装出来的。"你总是感觉到，他告诉你的东西比他能透露的多那么一点点。"巴巴拉·沃特斯说。在社交场合或在某些不公开的言论中，基辛格总是令人吃惊地透露许多内情，尤其在谈论某些内部人物时更是如此。就连那些成天在权贵身边晃荡的成了精的老记者，也常被他忽悠得东倒西歪。

当然，基辛格也能像运用魅力一样掌握好发脾气的火候。他脸皮薄在记者里也是出了名的。有时候看到批评报道后，他会张牙舞爪地气得直发疯，还带着一股子真正被伤害的无辜感。那些经历过这架势的记者们，其痛苦程度丝毫不亚于他们享受基辛格谈笑风生时的快感。

不过，如果你认为基辛格就是靠着拉关系和媒体交朋友那就错了。记者们都不由自主地喜欢他，和他交谈是种享受，正因为如此，无数记者都觉得基辛格充满魅力。他博学多才，时刻愿意和人分享他的见闻，他的诙谐常常一针见血，听后让人大呼过瘾。宴会上他魅力十足，采访时他充满想法，作为一个讲故事的好手，他总是能绘声绘色地把记者们需要的那种色彩和细节讲得一清二楚。

同样，基辛格也乐于和记者们聊天。他老婆南茜说："亨利每天早早起床就开始和人谈话，后半夜睡下时还在和别人谈话。他最喜欢谈的事情就是外交政策。"除了外交记者，没人会喜欢他。1973年从中东返航，基辛格刚刚在15天里访问了13个国家。他两眼通红，鼻涕直流，嗓子也哑了。助手想方设法让他睡觉，可他还是把记者们请上飞机，边聊边品尝红酒。足足一个多小时，他和记者们聊天，讲访问时的趣闻，分析发生过的事情，还向记者们问问题，听他们的看法。这么拼命可不仅仅是为了凑篇报道，答案只有一个，对于基辛格而言，那是一种享受。1975年那次中东之行也是。在亚历山大和大马士革开了整整一天的会后，基辛格兴致勃勃地在下榻的耶路撒冷大卫王饭店为《华盛顿邮报》的玛丽林·博格举行了一场生日会。到后半夜一点，大部分记者都已进入梦乡，只有基辛格还靠在沙发上，津津有味地回忆着萨达特、阿萨德、周恩来和勃列日涅夫。"基辛格不打高尔夫，"有人评论说，"他的爱好就是和我们聊天。"

基辛格把白宫那套搞幕后新闻发布的手法玩得简直尽善尽美。一种是可记录新闻（记者可以指名道姓点出新闻来源），一种是不可记录新闻（发言者所谈不能见报）。基辛格的手法恰好落在中间，专打擦边球。通常他会以"幕后"形式发表看法，记者引述时只能说是"某美国高官"或类似的头衔。偶尔地，他会以"极度幕后"的形式发表看法，这就是说记者们可以公开他说的东西，但决不能以任何方式点出消息来源。

大概只有极少数傻瓜不知道这位"高官"是谁。实际上，这事后来成为笑柄。有人专门在报纸上写专栏描述这位"头发自来卷、戴角质架眼镜、操着德国口音的美国高官"。哥伦比亚广播公司的鲍勃·谢福一次报道中说，这位"美国高官"还抽时间去德国看球哩！

《纽约时报》记者约瑟夫·莱利维德不是基辛格记者小分队的正式成员。据他揭露，在媒体对基辛格访问北京的报道中，基辛格再次玩幕后消息的把戏，结果制造出媒体一片叫好的繁荣景象。莱利维德这样展开他的叙述："为了避免哪怕一丝一毫难缠的不确定，通常由唯一的一位'美国高级官员'向记者们介绍国务卿基辛格那些杂七杂八的谈判都进展得怎样。"接下来莱利维德分析了这位高官的观点，最后总结道，"关于基辛格先生此行的种种报道都说，中方对目前中美两国的关系基本满意。但从中方发布的官方声明中却找不到任何根据。相反，这些报道证明，基辛格先生与媒体打交道的功夫已经炉火纯青。一会儿'幕后'，一会儿'极度幕后'，再一会儿'不可记录'，我们的国务卿就这样亲手炮制媒体报道，真是驾轻就熟啊。"

基辛格自创的这一小系统很快遭遇严重挑战。1971年12月，基辛格以"极度幕后"的形式说，苏联在印巴战争期间的所作所为可能会让美国"重新思考"是否参加定于1972年5月举行的莫斯科峰会。通讯社立即发出新闻，内容跟基辛格说得差不多，但并没有说明消息来源就是基辛格。《华盛顿邮报》编辑本·布拉德利手下的记者没有参加基辛格的简介会，布拉德利感到这条消息事关重大，不说明来源不能随便发。"我们一直在玩弄读者、伤害读者，不能再这样下去了。"他说。《邮报》记者斯坦利·卡诺引用了基辛格说的话，并注明来源为基辛格。

一石激起千层浪，记者们开始集体忏悔，大声讨论这所谓的游戏规则是否道德，其激烈程度盖过多数宗教仪式。《邮报》的举动让广大新闻人员意识到，这种幕后的信息透露已经令他们中毒太深。专栏作家汤姆·维克评价基辛格说："他在滥用媒体，把我们当成政府的话筒。像这样在幕后提供信息，当官的可以把责任推得干干净净，当记者的则越来越懒。不知不觉，记者会和信息提供者结成过于暧昧的关系。"但也有人认为，如果完完全全抛弃幕后提供的信息，同样会酿成灾难。最后白宫记者协会通过决议，要求记者们遵守基辛格的幕后信息透露规则。

其实，幕后透露信息的真正危险在于，这些幕后获得的信息往往不是对真正的事件报道起补充作用，而是喧宾夺主，自个就成了报道。比如，基辛格在中东的穿梭基本上由他的飞机上的记者报道，这也就是说，绝大多数信息都来自基辛格自己。只有极少数进取心强的记者会不满足于在飞机上偶拾的微妙信息，去干真正的记者工作，比如采访以色列和阿拉伯代表，或采访施压团体。幕后提供信息之所以受欢迎，正是因为记者们的两宗罪：安逸与懒惰。

不过，基辛格的幕后游戏规则也有合理之处。在外交世界，如果国务卿，或其他高官做出某项正式宣布，可能会造成相当严重的政策后果。但是，同样的声明，如果没有指明发言人，就算发言人的身份很容易猜出，也不会对政策产生任何影响，不须其他国家作出任何回应。基辛格对他参加的谈判以及和他打交道的领导人发表了许多真知灼见，但如果要他公开发表，那么这些洞见恐怕没多少人有福分享。这些私底下透露的信息对记者和读者都很有用，特别是如果记者能把信息与事件的来龙去脉结合起来，会写出更好的报道。就连《华盛顿邮报》也很快从一时的纯洁冲动中回过神来，发誓以后决不再犯规。

在媒体圈，从记者到老板，基辛格都交朋友。来看几个他最重要的媒体朋友，就会明白他与媒体是如何打交道的。

基辛格飞机上的三大电视记者——哥伦比亚广播公司的马文·卡尔布、美国广播公司的泰德·科普尔和全国广播公司的理查德·瓦雷里亚尼——得到了基辛格的特殊关照。白宫怀疑卡尔布是罗马尼亚特工，司法部长米切尔下令对他进行窃听。虽然基辛格偶尔也会勉强相信这种荒唐的疑神疑鬼，但他跟窃听可没什么干系。事实上，FBI接到的命令是，有关卡尔布的任何材料都不能落入基辛格手中。原因多半是尼克松怀疑基辛格正是卡尔布的消息来源（很对）。尼克松在1972年的一份新闻摘要的边角写了一句话给霍德曼："决不能让基辛格接受卡尔布采访。"

然而，基辛格还是为卡尔布写书接受了他多次采访：1974年，卡尔布和他哥哥伯纳德正在写一本关于基辛格的书——《基辛格》。这本书绘声绘色地描写了基辛格在尼克松任期上的各种事件，反映基辛格对这些事件、尤其是重大事件的看法，比如赎罪日战争中他和詹姆斯·施莱辛格就重新向以色列提供物资展开的斗争。基辛格认为卡尔布"敏感而富有学者气质"，书面世之后他依然这样认为（基辛格参加了《基辛格》一书的发行仪式，有人问他看过了没有，他的回答是"没有，不过书名我很喜欢"）。

叙利亚停火穿梭期间，谈判一度面临崩溃。那时《基辛格》已经写完，一天卡尔布走进位于飞机前端的基辛格私人机舱，给他打气："挺住，国务卿先生。我们相信您一定能成功。"后来回忆这段小插曲时，基辛格写道："在那段头痛欲裂的日子，正是卡尔布跟我的几句闲聊支撑我走了下来。"

瓦雷里亚尼也写了一本书——《与亨利一起旅行》，语调比《基辛格》轻松。不论在书里，还是在电视上，他都喜滋滋地向人们展示基辛格性格上的小毛病，但瓦雷里亚尼依然热爱这位政治家。他写道："亨利·基辛格是我见过的最聪明的家伙。"基辛格则觉得瓦雷里亚尼非常有趣，这家伙负责指挥飞机上记者马戏团的一切表演。"有时会有同行嘲笑我们，特别是那些反对基辛格的同行们，他们嘲笑我们和他走得太近。不过我们才不管他们说什么呢，我们也会想法子取笑他们。"瓦雷里亚尼说，"其实，有的人纯粹是出于嫉妒。"

美国广播公司的记者泰德·科普尔和基辛格私交甚好，一直到20世纪90年代。基辛格那张长着弯弯曲曲眉毛的脸庞成了科普尔"夜间视点"节目的"家常菜"。基辛格甚至还曾邀请科普尔担任他的发言人，后者拒绝了。1974年，"水门事件"正值关键时刻，科普尔制作了一期一小时长的关于基辛格的纪录片。他在片中评价道："到1972年秋，我们甚至怀疑，还有什么这个了不起的人物干不了的事。基辛格已经逼近一个传奇，一位在美国最受欢迎的人，魔术师，奇迹制造者。"纪录片播出两周后，尼克松在"水门事件"达到高峰之际黯然辞职，基辛格也正在窃听丑闻的旋涡中苦苦挣扎。片子无疑是对他的巨大支持。

不过，尽管科普尔制作的有关基辛格的节目正面居多，内容却决不是高唱赞歌。基辛格从实用主义权力政治的角度来判断国家利益，相比其他记者，科普尔似乎有一种天生的直觉，一眼就能看出这种方法的长处和软肋。

基辛格另一位媒体朋友，《纽约时报》华盛顿分社的头儿麦斯·弗兰克尔是外交政策专家。两人虽然友好，但绝对只是工作关系。虽然有那么一次，《纽约时报》的泰德·萧尔兹就迫在眉睫的柬埔寨入侵做了独家报道，基辛格跑去弗兰克尔那儿好说歹说，终于推迟了文章发表。不过通常来说，弗兰克尔和华盛顿分社对基辛格的报道都是相当不留情面的，比如萧尔兹和西摩尔·赫什写的调查性报道。

《纽约时报》负责国家安全新闻的记者莱斯利·戈尔比曾经是博士研究生，当时在哈佛是基辛格手下的助教。但他就基辛格各种重大决策写的报道，像对塞浦路斯危机这样的事件做的深度分析，都非常犀利，一针见血，而且频发批评之音。专跑国务院新闻的记者伯纳德·格维特兹曼虽然与基辛格过从甚密，写出来的文章却没有偏袒某人的蛛丝马迹。《纽约时报》的专栏作家中既有热烈拥护基辛格的詹姆斯·雷斯敦；也有猛烈抨击他的安东尼·路易斯。

基辛格和《时代周刊》的关系从1969年起就非常融洽。上台不到一个月，

《时代》就把这位名不见经传的总统助理拉上了封面。基辛格本来严禁底下的助手们接受采访，唯独对《时代》这篇报道开门放行。在接下来的20多年里，基辛格共21次成为《时代》的封面人物，超过了杂志报道史上除尼克松、里根和卡特三位总统以外的任何一个人。

基辛格与《时代》当时的编辑亨利·格伦沃尔德对许多事情的看法一致：两人都在童年时逃离纳粹，流亡他乡，两人都思维敏锐、缜密，富有理性的幽默感，对权力现实主义政治持中欧态度，认为有助形成有效的外交政策。

《时代》杂志的记者中，与基辛格工作关系最密切的要属华盛顿分社主管，休·西迪，此君同时为《时代》和《生活》杂志撰写专栏。基辛格知道西迪的杀手锏是向读者献上五颜六色的奇闻轶事。他便非常有心地把一些秘闻抖搂给西迪。难怪西迪的文章总是恨不得把基辛格捧上天。1972年他给《生活》写的一篇文章这样开头："无论在神话中还是在现实世界，基辛格都是一位千载难逢的奇人。"文章标题是《世界是这位樵夫的舞会》（"樵夫"是基辛格的绰号）。基辛格则时常把他和尼克松都希望见报的小趣闻塞给西迪。一次。西迪在专栏中写道，基辛格访问中国时，发现尼克松与周恩来两人惊人的相似，大为震惊。文章还列举了两人的一些特点，跟之前尼克松胡乱写的一份备忘录中列举的如出一辙，而尼克松写这份备忘录的目的，正是要基辛格拿去见诸报端（见第16章）。

但西迪比别的专栏作家的高明之处在于，他始终牢记，他跟基辛格只是工作关系——他当他的高官，他写他的专栏——而不是什么私人朋友。两人各取所需，互不相欠。尼克松第一次访华时，总统宴在故宫举行，于是记者团哗啦啦全都跑去享用晚宴。只有西迪一个人，通过白宫通信兵团给基辛格留了条电话信息，便待在宾馆静静等待。当然，基辛格很快给他回了电话，把尼克松与毛泽东会晤的芝麻绿豆一股脑倒给他。西迪马上撰写独家新闻，发表在第二天（星期一）的杂志上，轰动全美。西迪说："亨利的一个精明之处在于，他知道游戏怎么玩。"

他和《华盛顿邮报》专栏作家们的关系也值得一提。当然首先得说说他和报纸老板凯瑟琳·格雷厄姆女士的重要友谊。这位女强人是基辛格的崇拜者，除了干涉报纸编辑的分内工作外，她愿意为他做任何事情。两人常一起看电影。有时候，就他们两人（当然还有基辛格的保镖）驱车前往郊区电影院，看《花村》（*McCabe and Mrs.Miller*）、《法国贩毒网》（*The French Connection*），或者《卡巴莱》（*Cabaret*）。"他是我认识过的真正有趣的人。"凯瑟琳说。越南战争期间，她还会招待基辛格和罗伯特·麦克纳马拉共进晚餐，让他们两人互相倾诉对战争的满腔悲痛。

仅有的几次干涉邮报编辑关于基辛格的报道也的确都是关于基辛格的不折不扣的灾难。一次，专栏作家马克辛恩·谢什尔准备写一篇关于基辛格和好莱坞明星秘密约会的报道。报道里的参加"约会"的两位女主角都是脱衣舞娘：一个曾经演过某部谁也不记得的小电影，另一个很出名是因为能把两杯香槟稳稳地放在乳房上走路。谢什尔曾经对《华盛顿邮报》"风格"栏目记者沙莉·奎因说过基辛格是个浪荡公子哥的话，不过这次的报道的确有点太离谱了。

"我当时很担心，"格雷厄姆女士回忆说，"马克辛恩不错，不过并不总是有准。于是我求编辑别发表这篇报道。"两天过去了，啥事没有。她琢磨着事情就过去了。没想到紧接着报道就见报了，旁边还附上两个绯闻女主角的风采照片。最糟糕的是，事情竟然是真的。"亨利大发雷霆，我接他电话时，耳朵不得不离听筒远远的。"格雷厄姆说，还没完，基辛格又递了封信来，怒气冲冲地辩解说他当时不可能知道那两个女人的来历，难道每个他要约会的人都要过一遍安全检查吗？

格雷厄姆女士对这通辩解可不感冒，回了封信说："一个人的品位可没法安检。"基辛格冷静下来后告诉格雷厄姆说："沙莉的报道只不过让我想自杀。辛恩简直让我想杀人。"

在《华盛顿邮报》众多专栏作家中，基辛格常交的有两个：鹰派色彩浓厚的约瑟夫·阿尔索普和自由派的约瑟夫·克拉夫特。和阿尔索普两人在哈佛便已熟识。阿尔索普文风剽悍，不过此人品位、格调和享乐水平绝对一流。被邀到他家、品尝他老婆苏珊手艺的都是些乔治城的宠儿，基辛格很少拒绝他。只有一次，基辛格困在白宫脱不开身，就让秘书打电话说他晚点到。过后，阿尔索普竟给基辛格一顿臭骂。为了伺候总统来晚点是可以原谅的，但是，就让个破秘书而不是自己亲自给他老婆苏珊打电话，绝对是不可容忍的侮辱！基辛格垂头丧气地说："谢谢你教我礼节。"

阿尔索普的专栏听上去有点像拉丁文，但又少了那么点铿锵有力之感。他坚决支持越南战争，对基辛格每次外交成就都大肆吹捧。叙以脱离协定达成后基辛格回来，在人们本以为足以表达内心激动之情的文章里，阿尔索普觉得不过瘾，又宣称："给这次纯粹的外交大胜多表示点庆祝看起来完全合情合理，一手导演这桩盛举的美利坚合众国国务卿可是自维也纳会议塔列朗（Talleyrand）（1754年～1838年，是法国近代史上的著名政治家。拿破仑时代的外交部长、发言人及驻英国大使，也是波旁王朝复辟的策划者。拿破仑失败后，在1814年的维也纳会议上，他于反法同盟各国之间进行挑拨离间，瓦解了反法同盟，使法国重新成为强国之一。——编者注）那场胜利魔法以来无人能出其右的人物。"

克拉夫特没那么矫揉造作，也没那么容易被打动。他很快发现，批评基辛格不会招致基辛格的疏远。1970年尼克松政府派兵入侵柬埔寨后，克拉夫特写了篇"无底洞"的专栏文章，批评"尼克松政府里尽是些鼠目寸光、思想肤浅的软弱之辈"。基辛格气得脸发紫，差秘书连夜联系上克拉夫特。专栏作家可不想大半夜里听别人在电话里训他，告诉接电话的妻子，不谈！几分钟后，基辛格亲自打电话来，哀求波利（克拉夫特之妻）让她丈夫接电话。克拉夫特倒像被惯坏的孩子摆起了谱，就是不接。半小时后，门铃响了。是基辛格，就这样，黑灯瞎火的半夜，克拉夫特穿着睡衣，哥俩开始就柬埔寨的事辩论起来。

1974年年中之际，正值"水门事件"的阴霾笼罩华盛顿之时。基辛格和媒体圈子的关系也不可避免地面临严峻的考验。焦点集中在国安窃听事件上。尽管基辛格在此前的几次听证会上大致为自己洗脱了罪名，但1974年6月，黑色的阴云再次袭来。争论的核心焦点完全集中在语义问题上：基辛格拒绝承认对任何窃听行为的"发起"负责，这一表态是否在说法上误导了参院。

炸弹在基辛格从叙利亚的穿梭外交旅程返回后开始，疲倦的国务卿还以为等待他的将是各路媒体的热烈掌声。没想到铺天盖地袭来的却是对窃听事件的质问。第一场新闻记者会，6月6日，没有一个问题是关于戈兰高地的，一位小报记者问他有没有为可能被指控为作伪证去找律师。基辛格当时就火了，脸红脖子粗，开始不停地跺脚。"我的办公室绝对不是阴谋的老巢！"随着《莫伊那纪事报》的记者克拉克·莫伦霍夫开始操着大喇叭般响亮的嗓音问他关于窃听事件的问题，基辛格爆发了。

大多数问题、几乎所有的报道都不是来自对基辛格友好的记者，而是深入调查"水门事件"的驻白宫记者们。当天早上，《华盛顿邮报》记者斯特恩的一篇报道里说，尼克松好像针对白宫窃听案一事说过这样的话，意思是窃听行为都是"基辛格授意的"。专跟基辛格过不去的《纽约时报》记者赫什火上浇油地说，基辛格办公室对窃听案负有"直接责任"。

基辛格6月10日陪同尼克松出访中东，以便为"水门事件"降降温。路上，坐在尼克松背后的基辛格气冲冲地跟斯考克罗夫特和伊戈尔博格嘟囔说，他必须立刻召开记者招待会以正视听，还自己个清白。伊戈尔博格表示同意，斯考克罗夫特认为不行。基辛格又和坐在尼克松旁边的黑格商量，办公厅主任吓得目瞪口呆。在总统出访期间专门就国务卿自己的事兴师动众开新闻记者会，这不明摆着抢总统的风头、喧宾夺主吗？飞机在奥地利萨尔兹堡落地过夜，追不及待的基辛格决定一意孤行，召开记者会。

他和助手们一直商量到天亮，琢磨着如何应对各方面的指控。太阳一露头，便签就从记者们的房间门缝里塞了进来，老记们被告知，大巴将把他们带到萨尔兹堡郊外的一处饭店的会客室出席一场临时安排的记者会。基辛格出现在了一幅巨大的描绘中世纪黝黑森林的油画前面，记者们明白了，这可不是另一场嬉皮笑脸的关于中东问题的说笑会了。

基辛格板着脸筋疲力尽地做了整整一小时十分钟的独白，然后一本正经地回答记者们的提问，一笑没笑。费劲地解释了一番自己在窃听事件中的作用后，基辛格满脸哀怨地谈起他取得的外交成就来，"我希望有朝一日能够看到，"他说道，"历史纪录写就时，人能想起来因为我的工作使得一些生命得到挽救、一些母亲能够安详地离开人世，不过我把这些都留给历史去评判。"然后，他威胁说："如拿不回清白，我将辞职。"

参院外交关系委员会同意重新调查此事。一个月过去了，除了不痛不痒地重复了一下基辛格提名听证会上的免责声明外，一点新说法也没有。真正洗脱罪名最终还得靠公众的反应来作出，特别是华盛顿舆论的媒体精英们。面对基辛格的辞职威胁，舆论巨擘们团结在了他的周围。"难道我们真的非得把责任推到美国最受欢迎的公仆身上吗？"约瑟夫·阿尔索普问道（他的答案是"不"，否则这将是"一次巨大的灾难"）。连克拉夫特也挺身而出为基辛格辩护——只不过是以一种挖苦激怒基辛格的反方式说出来的："当然，基辛格几乎肯定是撒了谎，不过比起他为国家所做的一切，撒谎这事的后果并不怎么起眼。在我看来，辞职威胁实在是愚不可及，一副撂担子不干、撒泼耍大牌的劲头，这一幕最好忘掉不提。"基辛格发出辞职威胁两天后，《纽约时报》在头版发表社论，题为"整个首都捍卫基辛格"。

回到萨尔兹堡的记者会上，基辛格有那么一刻沉浸在对自己悲惨遭遇的失落中，喃喃道："我和媒体之间从来没有过不快的经验。"这又是典型的基辛格式的用双重否定对一件事情轻描淡写的例子。不过就连这位历史上脸皮最薄的美国国务卿也得承认，哪怕在他这般狼狈的光景，媒体对他实在是够意思了。

一年前，就在窃听事件沸沸扬扬处于争论最高潮时，威廉·萨菲尔就曾指出基辛格和舆论之间的轻松关系如何为他提供了可贵的保护。"常年接触媒体大亨们就好比存在银行里的巨额财富，"萨菲尔写道，"他给谨言慎行的存款人在大雨天提供着庇护，至少充当了他同情的倾听者。"直到最后"水门事件"摊牌的时刻，这一点对基辛格始终适用。

第26章 | 变迁

仕途末期和全新开始

> 这是个希腊式的悲剧。尼克松正在践行着自己的本性。一旦开始，便决不会通向好的结局。
>
> ——基辛格，1974年8月

◎告别光棍生活

"记好啦，"秘书在那个星期六把头伸进办公室说，"不要在你自己安排的会面时间里迟到了。"通常情况下，基辛格会朝提醒他遵守他最讨厌的时间表的人发泄自己的不满，但这一次，他只是朝以色列国防部长摩西·达扬发了发脾气，建议卷起戈兰高地地图的时间到了。达扬一点没料到他有什么特殊计划，就连在大厅里等着他作关于中东形势简短报告的记者也没料到。

1974年3月30日，民事法官弗朗西斯·托马斯主持了一个4分钟左右的内部仪式：50岁的基辛格与38岁的南茜·马金尼斯结为伉俪。法官过后回忆道，他通常主持一次婚礼收25美元手续费，有时名人100美元，但这一次，他太兴奋以至于忘了向基辛格夫妇要钱了。

南茜·马金尼斯1934年生于曼哈顿，父亲奥尔波特，曾是半职业的橄榄球运动员，后来成为纽约市公园大道富有的信托产业律师。母亲热衷于慈善事业。父母双方都来自于有新教圣公会记名股票的富有家庭，都是上层俱乐部的成员。

南茜在家族一处20英亩的庄园和两个兄弟及一群表兄弟一块长大，自小长得高大、富有运动气质，有股假小子式的冷静和坚强。"如果我在爱美、爱打扮的姑娘堆里长大，"她说，"没准可能他们真会把我当姑娘一样看待。"

南茜在迈斯特中学（Dobbs Ferry附近的一所预备学校）读书期间，负责编辑校报，并且在年刊中被评为班上"最心不在焉"的学生。就在这所学校，南茜的身高窜到了6英尺（1.83米），不过在她记忆中，学校"对我很好，我也没觉得自己长得多高，因为没人跟我抢衣服或者男朋友。"1955年南茜从霍利奥克山学院毕业，上密歇根大学拿了历史专业的硕士学位，之后回迈斯特中学教书。

不过，独立、不安分、总是寻求更高智慧的她两年之后便放弃教书匠的生活，远赴加州伯克莱大学攻读博士。她的博士论文题目是《天主教会在维希法国时期的作用》，为完成论文，她又千里迢迢跑到巴黎，在索邦大学做了一学期研究。

20世纪60年代早期，南茜利用暑假期间为纳尔逊·洛克菲勒做研究工作，地点就在曼哈顿55街的办公室里。正好基辛格负责协调外交政策研究工作，有时批阅她的论文或备忘录，上面画画写写，让重写什么的。直到1964年旧金山共和党总统、副总统候选人提名大会上，南茜才引起基辛格的注意。会议开始前，基辛格问她会不会去参加开幕式，她说会。"你没法想象在人山人海的提名大会上找一个人有多难，"他回忆道，"但我找到了她。"

1964年的南茜，30岁，单身，从容严肃，引人注目，金发碧眼，落落大方，瘦长的瓜子脸，弯弯的眉毛时刻透露出一种好奇心。但她那瘦高个的身材，懒洋洋的做派，过度自信的气质，加上像抽了烟似的沙哑嗓音，让她并没怎么把基辛格放在眼里。基辛格曾假装有重要事情要办，到旧金山与她见面，并向她求婚。"我认为他完全神经错乱了。"她回忆说。岁数差这么多，还离过婚，并且是个一心想在政界往上爬的犹太知识分子。她拒绝了。但她答应基辛格，重返纽约，做洛克菲勒的全职研究人员，放弃了博士学位。

在社交风度方面受过良好训练的南茜在社交场合有种浑然出众的气质，尽管她并不像大多数有自己这种出身的女子那样热衷于社交活动。她的风度，总会引起像洛克菲勒、阿尔索普这类名人的注意。"对一个渴望得到承认的德国犹太青年来说，马金尼斯是他的理想情人，"洛克菲勒的一位女助理说，"名校出身，上层俱乐部会员，上流阶层的一员。"一切都有。

一旦基辛格爬进了美国权力精英圈，他便迫不及待地也想挤入社交经营圈。而南茜吸引基辛格的地方恰恰是她正是社交圈内人士。他的自鸣得意曾叫朋友们大吃一惊——"你能相信她是殖民地俱乐部会员，却愿意嫁给我吗？"

基辛格的犹太父母和南茜的新教圣公会父母都不喜欢他们结合，但这不是拖了这么久才结婚的原因。"如果亨利或我都是宗教狂人，那事情就不一样了。"婚礼一拖再拖的原因是南茜不愿意嫁给一个政界名人，她不像基辛格，她讨厌没完没了地抛头露面。1973年年初，基辛格决定离开政界，这时南茜才答应嫁给他。

随后，"水门事件"爆发，尼克松也邀请基辛格出任国务卿，这两件事让基辛格放弃了辞职的念头，南茜也决定继续执行结婚计划，婚期定在了10月。但没想到被赎罪日战争冲掉了。接下来的五个月里，两人至少订了五次日子，每次国务院律师都得打电话到阿灵顿的托马斯律师那里，请他为"一位重要的攻府官员"安排婚礼。

婚事一拖再拖，甚至在举行婚礼的头天晚上，结不结婚还不清楚，婚前，基辛格刚刚带着大卫和伊丽莎白两个孩子到莫斯科跑了一趟，但他没有告诉他们订下日期的婚礼，以至于刚刚回家的两个孩子几小时后又返回波士顿机场，乘飞机飞回华盛顿参加他们的婚礼。基辛格甚至连父母都没来得及通知。

南茜在通知家人方面要周全得多。她父亲已经去世，那天晚上母亲一人来到华盛顿，参加一个小小的晚宴。不过以色列国防部长达扬也正好落地，南茜只好将就和劳伦斯·伊戈尔博格吃了顿晚饭。

深夜基辛格刚回家，南茜就盘问他告诉家里人了没有："他说已经跟他们说了，但说这话的时候一点底气也没有。过了一会儿他离开房间，出去打了几个电话。"

果然如南茜所料。基辛格压根没抽出时间跟他爸他妈打招呼。已经是周五晚上10点，基辛格父母都是正统犹太人，不可以在安息日接电话。基辛格没法联系上他们，最终只能托弟弟把婚礼的消息带给二老。不过他们并没有飞来华盛顿。两个老人严格遵守安息日的规矩，上回基辛格在星期六宣誓就任国务卿，他们到现场观看已经是坏了规矩，还要他们再在一个安息日千里迢迢地赶来参加婚礼——就算是简简单单的莅临婚礼——绝不可能。基辛格的一双儿女刚到家没几个钟头，又马上返回波士顿机场飞回华盛顿参加婚礼。

就在这天，等达扬和媒体陆续离开国务院后，基辛格在自己的私人用餐室举办了一个婚礼前的午宴。除了家庭成员，宾客们有约瑟夫·阿尔索普夫妇、温斯顿·洛德夫妇、劳伦斯·伊戈尔博格、布伦特·斯考克罗夫特，以及著名的纽约律师、国务院法律顾问、同时也是帮忙安排婚礼的卡莱尔·毛。

只有直系亲属去了托马斯法官的事务所。基辛格夫妇跟天底下所有的新郎新娘一样，交换结婚誓言。唯一的不同在于，托马斯法官遵照他俩的请求，把"服从"一词从誓词中踢了出去。

婚礼当天，尼克松特地给南茜打来电话表达祝福。没想到祝福变了味，总统开始有声有色地向她介绍她和基辛格打算去度蜜月的阿卡普尔克地区上有多么危险的毒蛇出没。"你就记住，"尼克松说，"如果你迅速把毒液挤出，就没事了。"

基辛格夫妇驾上洛克菲勒的私人飞机，来到了度蜜月的墨西哥某地。这着实不是什么轻松的蜜月。除了基辛格夫妇，还有12名特勤局特工、20名墨西哥警察和40多名报纸记者堆在门外。基辛格助理布雷莫负责料理后勤、通讯事务，摄影师休谟负责拍照。夫妇驾驶一辆30英尺长的游艇在岸边冲浪，基辛格胳膊挽着新娘子，不远处还有一艘摩托艇载着记者和摄影师紧随不舍。

南茜在陪同丈夫进行叙利亚-以色列穿梭外交时，充分崭露出她的外交才干。站在阿拉伯领导人身边时，她会弯曲一个膝盖使自己在他们或丈夫一旁不显得鹤立鸡群。无论是阿拉伯报纸，还是以色列、美国报纸都在显著位置报道她的每个动作细节。记者注意到在飞机上，她不穿鞋，只穿长筒袜参加丈夫的新闻报告会。她的指甲颜色跟每天的装束协调一致。在以色列"大卫王宾馆"游泳时，她动作优雅、有力，只需划四下就冲到对岸，给人留下深刻的印象。戈尔达·梅厄在祝酒词里提到"这里谈论南茜的人比谈论亨利博士的还多"。

她泰然自若的气质掩盖了她的焦虑，回国后没多久她因患有溃疡而住进了医院。虽然竭力袒护丈夫，对他的敌人不依不饶，但她好像把困扰他的问题埋藏心底。她很少像他一样发脾气，但她不断抽着万宝路香烟。尽管无节制地大口大口地吃巧克力和高热量的劣等食品，却还要拼命维持苗条体形。这些都反映出她内心的紧张和不平静。

南茜支持越战，她对朋友说，一场战争，打输比打赢带来的灾难要多得多。她认为越战打得"糟极了"。

南茜在华盛顿度过了三年时光，不过她对这个地方一直不感冒。她觉得华盛顿土里土气，像萎靡的沼泽。她尽职尽责地参加使馆接待，出席大型宴会，但她最喜欢的还是自己办聚会，召集七八个好友。纽约市更能令她精神焕发，要是跟时尚名流们在一起就更是要欢呼雀跃了。

南茜的巨大力量还在于她富有理性的头脑、坚定的信念和对外交政界领域的精通。她常常通读基辛格的演讲稿，加以分析，提出建议。但婚后，她不再那么一本正经，也放弃了洛克菲勒那里的分析工作，知识女性的形象被一种轻浮的交际女性形象所取代，交谈话题不再是她曾经钟爱的国际事务，而是女性服饰和涂脂抹粉。

或许部分原因是她现在扮演着不同以往的角色。作为国务卿的妻子，就敏感的政治或外事问题发表个人观点只会让她深陷尴尬。她一生都在逃避出名，可现在，她突然发现自己被记者团团围住，说每个字都要加倍小心。而且，她嫁给的是一个面貌总是看上去十分沉重以至于窒息的国务卿。总之，南茜总是帮助丈夫振作和高兴起来，她在事业和生活上给予基辛格的巨大帮助要远远超过她对他所秉持的政策的批评。

◎尼克松的衰落和下台

当"水门事件"的阴霾开始吞掉尼克松政府时，基辛格成了唯一一个未被丑闻击倒的尼克松的内阁成员。经历了国安窃听和参院对秘密轰炸柬埔寨、拉德福德间谍案等事件的反复调查，基辛格饱受折磨。但他从未卷入"水门事件"调查的旋涡，也从未面临一项能让他被迫辞职或面临刑事指控的严重威胁。

相反，华盛顿精英圈子众口一词地认为基辛格应该受到保护。《时代》杂志1973年年末称，基辛格是"尼克松摇摇欲坠的政权废墟里唯一存活下来的人物"。一些尼克松的死敌甚至也出面保护基辛格，他们担心基辛格如果成为旋涡中心，会喧宾夺主，转移公众视线，危及他们颠覆尼克松本人的根本目标。

作为国务卿，基辛格对"水门事件"采取的方法是离得远远的。尼克松曾就"水门事件"的处理方法与基辛格电话商议过，基辛格因知道白宫装有秘密录音设备，故意说一些不痛不痒的话，以免引火烧身。1972年5月27日第一次窃听企图暴露时，基辛格正在莫斯科峰会上。6月16日窃听分子成功打入民主党内时，他正在飞往北京的路上。当1972年10月"深喉"等人第一次大规模披露窃听问题时，基辛格正在巴黎和西贡之间为最终落实越南停战协定玩命地穿梭着。1973年3月21日当尼克松试图掩盖丑闻的努力第一次被人戳穿时，基辛格正在休假。1973年10月20日的"星期六之夜大屠杀"发生时。他正在莫斯科商讨签署一项赎罪日战争停战协定问题。1974年4月24日，尼克松公开了白宫窃听录音带，基辛格正在日内瓦和苏联外长葛罗米柯开会。

"水门事件"刚刚露头时，尼克松曾征求过基辛格的意见。1973年4月，基辛格了解到了更多的关于"水门事件"的内情。尼克松的助手加尔门特向他描述了水门窃听事件的糟糕情况。两人一致同意，必须快刀斩乱麻，把所有涉案人员全部开除，彻底洗脱白宫的干系，除此不能解决问题。接着，加尔门特告诉他，问题在于，尼克松本人可能也卷入了。

基辛格顿时呆住了。那天晚上，他正在参加白宫一年一度的记者晚宴，有人来叫他接电话。打电话的人正是尼克松。总统情绪非常激动，就像以往在这样不安的时刻一样。他大声抛出问题："你觉得，白宫现在是不是应该把嘴巴闭上？"

基辛格从加尔门特的谈话中已经了解到，事到如今，关起大门来抵制传闻已经无济于事。他认为最好的解决办法是迅速把全部真相挖出来，坦白从宽（当时基辛格就是这样对朋友们说的，后来也反复声称这确实是他的想法）。不过在当时的情况下向总统提出这个建议可不会有什么好结果。再准确一点说，也不符合基辛格的性格——他可从不会说总统不爱听的话。虽然已经四年了，基辛格还是不由自主地迎合尼克松的"硬汉"心理，叫他"横眉冷对"一切负面报道和抨击。基辛格清楚这段谈话会被录下来，有朝一日没准儿还会公之于众，于是他含含糊糊地说了些什么，似乎是同意了总统的建议。"那好。"尼克松说，"就让白宫闭紧嘴巴。"

1973年8月，尼克松的演说撰稿人之一约翰·安德鲁斯和基辛格在圣克莱门特散步。安德鲁斯认为尼克松只有靠披露"水门事件"全部真相才能来挽救自己。应该掉转口径，把自己说成受害者，而不是成为众矢之的，承受批评。

"为什么他（总统）不跟猪跑，而是跟狐狸跑呢？"安德鲁斯问。

"因为"，基辛格回答，"他就是其中的一只狐狸。他就是狐狸。"

安德鲁斯当时正在给尼克松撰写一篇关于"水门事件"的重要演讲稿。尼克松指示他征求基辛格和白宫新闻发言人齐格勒的意见，看看应该说些什么。"总统应该表现出悔恨之意，就像肯尼迪在猪湾事件后所做的那样，"基辛格告诉他，"如果他表现悔意，公众将表现出巨大的同情心。"

齐格勒不这样认为。"表现悔恨狗屁不顶。"发言人听到基辛格的建议后说。"决不道歉"，尼克松也同意。他重新改写了安德鲁斯的发言稿，对有关指控一概否认（安德鲁斯对尼克松处理"水门事件"的方法十分不满，悲观之余，几个月后愤然辞职）。

1973年10月20日基辛格正在莫斯科，他的国家发生了有名的"星期六夜晚大屠杀"——指尼克松赶走了特别检察官阿奇博尔德·考克斯和司法部长艾略特·理查德森。理查德森和基辛格交情不浅，在衙门里也站在一条战线上。基辛格起程去莫斯科前，私下和理查德森碰过头，两人交换了一下对当前局势的看法。结果，令基辛格毛骨悚然的是，他刚从莫斯科回来，就听见大家风传他曾密会理查德森，催他执行总统命令，不要辞职。

10月24日，基辛格费了九牛二虎之力赢来的埃以停火彻底破灭，核警报迫在眉睫。不过，正午时分，基辛格还是从百忙之中抽出身来，给理查德森打了个电话，希望把事情解释清楚："我简直没法形容我现在有多难过。"他指的是理查德森的辞职。"你是本届政府所有闪光点的守护神之一。"理查德森也在电话那端点头说这一切都非常令人难过。客套话说完，基辛格马上进入正题："令我百思不得其解的是，莫里·马德和斯科特·莱斯顿怎么都口口声声说我曾经阻拦你的决定？"基辛格用的电话自然也在录音范围内，不过是由他自己的办公室负责录音。理查德森表示站在基辛格这边："咱们俩碰头是你提议的，至于我们就一般原则的讨论，其实应该得出刚好相反的结论。"

临近周末那几天，由于抗议尼克松开除考克斯的呼声越来越大，尼克松只好同意交出一部分白宫磁带给联邦法院。基辛格翻来覆去跟朋友们强调，他认为应当快刀斩乱麻，全部开诚布公算了。但私下他又跟黑格说，他很怀疑交出这些磁带是不是恰当。"要是还要交出其他文件，我们该如何是好？"他这样问黑格。这位办公厅主任答道："到时候就具体问题，具体分析。"

副总统斯皮罗·阿格纽因为一件不相干的税务和贿赂调查，于1973年10月底辞职。这让基辛格开始操心谁来接他的班（根据美国宪法，只有出生在美国的公民才有资格当选副总统；基辛格出生在外国，无缘当选）。他最担心尼克松看中约翰·康纳利，因为康纳利在外交政策上刚愎自用，虽然他的观点热情澎湃，却一点也不精明。基辛格向黑格明确表态，选谁当副总统都行，只要不选康纳利。他还说他个人认为洛克菲勒不错。结果令人大跌眼镜——尼克松钦点的副总统竟然是小小众议员杰拉尔德·福特，基辛格从头顶凉到脚后跟，不过倒不至于气急败坏。

从1973年10月到1974年8月尼克松辞职，基辛格共访问28个国家，海外行程达19.6万英里，平均每天600英里。他对一个来访的外交部长开玩笑说："我很高兴你在华盛顿的逗留时间跟我在这待的时间刚好一样多。"

到1974年7月中旬，基辛格已经明白，尼克松已山穷水尽，非辞职不可了。他问黑格："还能挺多久？"黑格说很难讲，想听听基辛格的看法。尼克松的辞职，基辛格认为，应该是越快越好，这得看黑格的水平了。黑格点了点头。两个野心勃勃的人在如何化解"水门事件"问题上取得了高度一致。就在几星期前的克里姆林宫，两人还像小学生似的为了谁应该住在总统套房旁边的房间而发生口角（最后黑格胜出），现在他们穿上了一条裤子，共同寻求引导尼克松辞职的路子。每天，黑格向基辛格通报事情进展并组织有关会议，基辛格则帮忙打些电话疏通安排，一切都在朝着引导尼克松走上辞职之路的方向发展。7月底，国会司法委员会投票认定构成弹劾的三项条件全部满足，众院全会估计也会顺利通过，这样，参院将最终进行投票，决定是否弹劾尼克松。8月3日，基辛格和黑格两家人罕见地相约共同观看了演出。在肯尼迪中心的总统包厢后，两人嘀嘀咕咕地还在讨论如何迫使尼克松面对现实。

但直到8月6日之前——尼克松决定辞职的前一天，基辛格从未当面奉劝尼克松辞职。当日，基辛格未经邀请径直走进椭圆形办公室（当然是经过黑格同意的）。基辛格说，如果尼克松继续抗争，总统弹劾案的判决结果会使国家陷入瘫痪，使外交事务陷入瘫痪。尼克松不置可否，仅表示会与基辛格保持联系。

夜里尼克松果然打来电话。但他可不是来谈什么辞职。他刚刚收到以色列的请求，希望美国给予军事援助。不过，尼克松不仅要拒绝这一请求，他还打算立即切断美方向以色列的一切军事运输，除非他们达成全面和平协议，并从已占领土地撤出。尼克松对基辛格说，他很后悔没有早一点这么干。不过在基辛格看来，他白天给总统的建议显然令总统耿耿于怀，因为这简直就是尼克松变着法在"报复"他，似乎以色列弹尽粮绝了，这位犹太国务卿也就受到了惩罚（基辛格压根就没把相关文件送给尼克松；四天后福特总统干脆把尼克松的命令倒了个个儿）。

8月7日黄昏，黑格打电话要基辛格马上去一趟椭圆形办公室。到了那里，他发现总统独自一人站在窗前，凝望着玫瑰园。"我决定辞职。"尼克松说，他将于第二天晚上宣布。"辞职令将于星期五生效。"基辛格尽量用一种公事公办的口吻描述该如何通知其他国家政府。他这样做的时候，尼克松的脑海里反反复复萦绕的是那些领导人会怎么想——毛泽东、勃列日涅夫、周恩来——当他们收到电报时。

"历史会比你的同时代人更善待你。"基辛格告诉他。

"这要看是谁来书写历史。"尼克松说。

基辛格从未跟尼克松建立起私人交情，一到他面前就心里不踏实。直到五年多后，他一见面还是叫他"总统先生"。这次他做了一件非同寻常的事：他拥抱了尼克松。

那天晚上，基辛格正和南茜及来度暑假的伊丽莎白、大卫一起吃晚饭，专栏作家阿尔索普也在场。九点左右，电话铃响了。是尼克松打来的，他现在一个人，问基辛格愿意不愿意过去聊聊。

下面这段场景非常著名。只有两人在场，基辛格和尼克松，而日后两人所述又都稍有出入。当时，基辛格助手伊戈尔博格、斯考克罗夫特都在白宫西翼的基辛格办公室里坐着，90分钟的会面结束后，基辛格马上向他们讲述了里头的故事。后来，笔者采访了全部当事人，根据他们的描述，大概的场景如下：

> 在这之前，尼克松大部分时间都是安排妻子和两个女儿摆出姿势在白宫照最后一组家庭照片，然后，他自个走进"林肯起居室"，他的秘密避难所，打开心爱的柴可夫斯基乐曲，他则沉思着坐在堆满东西的椅子里，等着基辛格到来。这就是基辛格到达时看到的场景。国务卿看着尼克松，坐在眼前的是一位靠着自己的奋斗从卑微不名的人堆里干出一番大事业的政治人物，靠着意志的胜利达到了自己事业的顶峰，意志如此之强，令人感叹。然后几乎是一瞬间，连他自己都没搞明白，就因为在他看来仅仅属于三流的盗窃罪被打落三层地狱。这

真是——基辛格后来讲道——造化弄人。

于是，那天晚上的尼克松，用基辛格后来的话说，"基本上报废了"，也就不足为奇。尼克松需要得到肯定，基辛格则搜肠刮肚满足他的要求。他俩开始一起回顾外交政策上那些辉煌的点点滴滴。回忆的大门一经敞开，往事汹涌而入。各种趣闻轶事更是增光添彩。那天晚上的基辛格表现得非常善良：他不断强调，没有尼克松在关键时刻表现出来的勇气和决心，所有的胜利都是不可能的。

基辛格对几近疯狂的总统说，要是没有入侵柬埔寨，要是没有在海防布雷，越南永远不可能实现真正的和平。他还提醒尼克松，是尼克松独自一人作出了拿莫斯科峰会冒险的决定，而且事实证明这个决定非常英明。基辛格甚至心甘情愿把与中国对话的功劳也统统记在尼克松名下（至少那天晚上心甘情愿）。然后两人又一次谈到历史会如何评判，尼克松则又一次嘲笑说历史如何评判取决于谁来书写历史。

尼克松的思绪游荡到周恩来寄来邀请函，邀请他访问中国的那个晚上。他突然想起当时还开了一瓶拿破仑白兰地，偷偷和基辛格小酌了一番。尼克松说，那瓶白兰地还在储藏室呢。那次之后就再没碰过。他朝阴暗的大厅走去，突然间大有找不到酒誓不罢休的架势。接着他倒出两杯美酒，两人再一次举杯。

大部分对话期间，尼克松都比较镇定。但提到他辞职后将面临的刑事审判时，他又过分紧张起来。审讯会杀了他的，这正是他的敌人想要看到的。

"如果他们跟您过不去，我就辞职。"基辛格保证道。据尼克松回忆，基辛格哽咽地说出这番话并开始哭泣。见此情景，尼克松也开始哭了起来。"亨利，你不能辞职，"总统说，"再也不要说这种话了，这个国家需要你，没人能替换你。"

对尼克松的这番回忆，基辛格过后抱怨道："听完你还以为见面的目的是为了讨论我的辞职，而不是他的。"

动情的部分结束了，也看到了尼克松英雄落寞的惆怅，基辛格开始打起了哈欠。他已经准备走了，但总统仍然意犹未尽，想跟他再把两人合伙干过的大事过一遍。基辛格满足了他。最后，一个半小时过去了，基辛格站起身来，尼克松开始送他离开生活区向电梯走去。

还没完。走到林肯卧室门口，尼克松突然停下了。对基辛格说，如果从严格的技术层面来讲，你我可能信仰不同，但知道你我都信仰超人的存在。尼克松相信基辛格对上帝的信仰和他一样强烈。于是，总统请他的国务卿跪下来和他一起祈祷。这对基辛格来说，是个非常别扭的请求，即使在他信仰非常虔诚的孩提时代，祈祷也不必跪下来进行。但基辛格没有推辞，笨拙地单腿跪下和总统一起祈祷，然后再换另外一条腿。

多年以后，基辛格对这情景依旧不愿多谈，好像这是他遇见的这个怪人施加在他身上的最后一个小小的羞辱。公开场合，基辛格辩解说记不清当时到底有没有跪下。这显然不是个有力的理由，这么刻骨铭心的事情怎么会忘掉？私下场合，他没有拒绝，承认曾经和总统跪下一同祈祷过，说没有任何理由对这种事情感到难为情。拒绝尼克松的请求实在是于心不忍。

尼克松再次哭泣起来，但没有歇斯底里，也没有瘫在门框上。通过哭泣声，他抱怨命运的不公，咒骂着政敌们强加给他的痛苦。历史，基辛格再次安慰他，将善待你。

基辛格从尼克松那儿出来回到办公室，衣服已被汗水浸透，伊戈尔博格和斯考克罗夫特都急坏了。"我一生中从未遇到过这样痛苦而难忘的事情。"基辛格说。斯考克罗夫特提醒他说，总统在最后一夜找他谈心，他应该感到受宠若惊才对。伊加尔博格说他吃惊地发现基辛格是那样感动，那样情绪化，那样富有同情心。"我总以为你不食人间烟火，"伊戈尔博格说，"可我错了。"基辛格说，看到尼克松处在那样一种境遇之中，令人震惊，"他是个真正的悲剧性人物。"说这话时，基辛格的口气里充满了同情，甚至难过，没有一点讽刺的意思。

正说着，尼克松的私人电话铃响了。伊戈尔博格拿起死键分机监听。起初，他和基辛格听不懂尼克松说什么，但他们总算弄清了一点，总统请求基辛格不要把今晚的事特别是他掉泪的事告诉别人。伊戈尔博格悄悄放下电话。基辛格向尼克松保证："如果未来某一天他说起这段故事，他将带着无比尊敬的心情去回溯这段往事。"

基辛格办公室的电话录音自动录下他所有电话，第二天，按惯例，秘书整理出电话内容的文字记录。在基辛格的批准下，斯考克罗夫特毁掉了磁带和文字记录。基辛格日后向别人谈及此事，都要强调他绝没有以不尊敬的口吻描述当时的尼克松。"他的表现富有人情味，值得人们的尊重。"他后来写道。

基辛格和"水门事件"没有直接干系。但他处理和总统关系的方式不能不说为"水门事件"的出现创造了软环境。基辛格刻意迎合尼克松的"强人"逻辑，纵容尼克松近乎疯狂的关于痛击"敌人"的偏激心态，因他太知道，这是进入尼克松决策核心的必经之道。当然，这一缺点并没有直接导致"水门事件"，在许多方面，他甚至成就了尼克松和基辛格在外交上的丰功伟绩。但是，正是如此之多的官员——包括像基辛格这样身居高位者——的思维定式、其迎合总统意志缺陷的心态，使得与"水门事件"有关的精神环境逐渐建立了起来。

◎基辛格与福特

尼克松辞职后，副总统福特顺理成章地成为世界第一超级大国的新当家。福特和基辛格的缘分早在哈佛国际问题研讨班就开始了，那次授课经历给时任国会议员的福特留下了极为愉快的印象，两年后他再次应邀为基辛格的学生讲课。

两人的生活有了越来越多的交集：福特参加了洛克菲勒的关键选择项目，而这个项目正是基辛格在帮忙打理；然后福特又加入了尼克松第一任内在白宫举行的共和党领导汇报。不管谁问，这位简单的国会议员都会表示，他由衷敬畏基辛格的智慧。所以毫不奇怪，早在1974年3月，虽然这位副总统还在努力回避一切关于尼克松可能辞职的话题，却告诉《新共和》的记者约翰·奥斯本，要是他真的当上总统，他会留下基辛格。

尼克松的最后一个月中，基辛格私下接管了斯考克罗夫特指导副总统作外交政策报告的任务。据福特回忆，基辛格来后，报告变长了，而且频率增加了。

尼克松在人事安排上只给了福特一条忠告：留下基辛格。但尼克松告诫道："基辛格是个天才，你不一定接受他所有的建议。他是宝贵的人才，他会很忠诚，但你不能放任不管。"尼克松在与手下谈起此事时更加直言不讳："福特必须认识到这一点。有时候要敲敲亨利的头，因为他会以为他就是总统。有时候你得拍拍他的背，待他像小孩一样哄一哄。"

当天下午，福特就给基辛格打了电话，说给他一些保证十分重要，"亨利，"他说，"我需要你……我会尽一切可能和你共好事。"

"先生，我的任务就是尽其所能和您处理好工作问题，而不是烦劳您费心来和我处理好关系。"基辛格答道。

杰拉尔德·福特和基辛格有着美国政治制度下的天壤之别。与尼克松、基辛格所不同的是，他的力量在于他的简单、坚韧和他对传统的美国价值的信仰及熟谙。他从来不跟自己过不去，并始终与对美国制度的基本信仰保持一致。这些品质，是才华横溢的尼克松和基辛格所不具备的。

也算是老天有眼，面临信心危机的美国正需要这样一个领袖：直率而非欺诈，拥有善良的本能而不是出色的策划能力。福特有着坚如磐石般的常人之心，既不受过分算计的束缚，也没有对繁冗情报的依赖。

有时候，福特的正派遭到很多质疑，好像正派是令人愉快的美德但不是总统必备的品质。如果说尼克松的助理的任务是把总统从最坏的本能中挽救出来，那么，福特的助理则觉得他们应该把总统从最好的本能中挽救出来。但是，在艰难时代，正派不仅是一种美德，更是一种魅力。乔治·奥威尔曾说，当英国知识分子欢呼雀跃奔向或左或右的专制时，英国人却能成功地保持清醒。正是因为"正派"。上一届政府之所以倒台，全是因为他沉迷阴谋诡计、暗箱操作，中毒太深，所以此时此刻，正派岂不正是不可多得的解毒良药？

福特就职后没多久，一次记者们不怀好意地问基辛格，跟苏联外交部长葛罗米柯谈削减战略武器第二轮会谈的细节，为什么要把总统拉进来？基辛格犹豫了一会儿，狡猾地笑了笑说（他知道他的媒体朋友绝对不会直接引用他的话）："我们觉得讨论需要懂技术的人参与。"

但是几个月后，北越准备夺取西贡，福特终于展现出自己的外交天赋。国会投票已经决定停止一切对越援助，但基辛格还是暴跳如雷，认为美国不能撒手不管。另一方面，福特清楚，美国人民可不想再跟越南扯上关系，而基辛格嚷嚷的美国将因此彻底失掉信誉不过是夸大其词。跟其他许多事情一样，当他身边那些精明的脑瓜偶尔失灵，福特总能站出来向人们证明他也不是呆瓜。

福特和基辛格的关系非常有趣。"那是段非常奇怪的友谊，"福特这样评价道，"你肯定找不到比我们两个出身背景差异再大的一对组合了。我信任他，可他不是特别习惯。"

福特和基辛格关系融洽的秘密在于，福特是个安全感极强的人，丝毫不觉得基辛格的才华对他是种威胁。"福特总统说得非常明白，他认为我爸爸才智上远远高于他，但他对此感到很舒服，"大卫·基辛格说。福特甚至对基辛格抛头露面的渴望感到很自在，他意识到，满足基辛格寻求别人认可的欲望会让大家都各得其所，好得很，尼克松就专门想方设法以挫败基辛格的表现欲为乐。"你最好让亨利在他享受荣耀的时候尽情发挥。"福特说。

福特的前助手评价这对组合的话最为到位：

> 亨利过去是、现在也是个天才合群的名人。他的表现欲就像公鸡打鸣一样出于本能，他的表演癖就像孔雀开屏一样无法抑制。福特在这个问题上处理得再聪明不过了。他知道和与生俱来的天性过不去毫无意义。亨利的虚荣心正是他能够表现出色的能力的一部分。如果他比所有其他人都更需要多一些的肯定，福特会高兴地给予他。

基辛格在福特身边要比在尼克松旁边自在得多。福特请他去戴维营，基辛格不光带上家人，还带上南茜刚刚买来的一条小狗，名叫泰勒。基辛格宠起狗来简直不像话。晚餐时，他不停地喂泰勒，总统就在一边看着。福特自己的狗——丽博第——礼貌地远远蹲在一旁，俨然一只有教养的良家小狗。然后泰勒会跑去吃丽博第的食物，基辛格会赶忙嗔怪着把他叫回来，福特则满脸爱怜地微笑着看着这一切。"爸爸和尼克松一块时可从没这么自在过，"大卫说，"还能把宠物狗带到戴维营去。"

福特之所以对基辛格如此宽容，是因为他真的非常喜爱后者。多年后，1991年的纳尔逊·洛克菲勒公众服务奖颁奖典礼上。福特说起基辛格："我不光崇拜他，我还喜爱他。"

白宫易主，基辛格的外交风格会不会发生本质的变化？这是当时美国媒体关注的一个问题。是变得坦率、真诚，还是仍旧保持若即若离、控制欲极强而又才华横溢的老样子？这个问题可谓切中肯綮，点到了基辛格性格的核心处。

记录显示，基辛格没什么变化。他还是他。尼克松至多是加剧了基辛格某些方面的固有特征，而不是基辛格特性的根源所在。这一点并不奇怪。在哈佛时他就和老实巴交的博威教授合不来，在洛克菲勒那里也和胡夫斯打得不可开交。这些官僚机构的倾轧之事在坦率、大气的福特时期虽没有那么明显，但仍然不时露头。

"他是我认识的人里头对别人的批评最敏感的一个。"福特评价道。纵容基辛格脆弱的自我中心主义，意味着要时不时地对付他对批评声音的敏感性。福特一上任就深有体会。一般每到星期一，基辛格就来到椭圆形办公室，为某个攻击他的匿名文章或因感到有人在抢他的地盘而痛苦不已，并宣称要辞职。福特镇定自若地抽着烟斗，一边听着，一边安抚，直到基辛格平静下来为止。这并不是福特乐意干的活，但他意识到处理这类问题是他的本事，正如处理国际问题是基辛格的能力一样。

这也就是叫基辛格烦恼不已的地方，福特宽容大度，但他的助理却想方设法地削弱基辛格的权力。福特辞退了黑格（用他自己的话说，他要找一个真正信任的人在身边），基辛格熬死了霍德曼、厄尔希曼，现在黑格也被搞下去了。但福特又把唐纳德·拉姆斯菲尔德提拔为白宫办公厅主任。这位聪明能干、野心勃勃、富有魅力的前国会议员认为，他最重要的工作是给福特总统树立一种更具威望的元首形象。他气愤地告诉新总统，他看上去好像把最重要的决策权都委托给了别人，留给自己的只是接见"向日葵皇后"、接受感恩节火鸡这一类鸡毛蒜皮的小把戏。拉姆斯菲尔德认为，要解决这个问题，首先必须使福特看上去不仅仅是对基辛格的外交政策鹦鹉学舌一番，这就不可避免地导致拉姆斯菲尔德和基辛格之间的冲突。

拉姆斯菲尔德和白宫发言人内森一块放出话去，说福特总统正寻求向范围更广的人士征求有关外交政策的意见和建议。这本无可厚非。但坏就坏在，当哥伦比亚广播公司的记者谢弗问内森，这是否意味着福特总统打算疏远基辛格时，内森居然公开点头称是。

消息被捅到了基辛格那里，国务卿鼻子都气歪了，大骂内森和拉姆斯菲尔德，你们才是哪根葱？！威胁要辞职。吓得半死的内森赶忙又跑去找了群记者来，说有关基辛格影响力下降的报道纯属瞎扯。然后又做了一件让他后来后悔不已的错事——解雇了一名向记者泄漏消息的下层官员，内森知道根本不是那人走漏的消息。折腾了一番下来，内森的形象大打折扣，基辛格、拉姆斯菲尔德和福特的名声都受了损。

然而，有一件事情超越了所有这些钩心斗角的烦恼，让基辛格大为快意：他在公共生活中最最信任的纳尔逊·洛克菲勒进入白宫，成为福特的副总统。

这其中基辛格功不可没。基辛格和洛克菲勒两家人一起在波多黎各的达拉多海滩上度过了1975年新年。在加勒比惬意的阳光中，身边陪伴着他最心爱的家人和最忠实的朋友，基辛格终于平静下来，在霞光中静静地享受着生活的眷顾，这种感觉，他已阔别良久了。

他跟友人们讲，经历了从尼克松到福特这一戏剧性、暴风骤雨式的变迁后，他解开了淤积已久的心结，好像胃里一颗盘踞了五年的毒瘤，刹那间消失了似的。"从人的因素来讲，我的工作变得容易多了，简直无限的轻松了。"基辛格告诉随行的记者们。接下来的两年中，基辛格当着别人的面说了不少批评福特老顽固、死脑壳的话，但那是一种充满爱意的歪评，而不是辛辣无情的贬斥。"听我爸爸谈起福特、看着爸爸在新总统面前是多么的轻松惬意，真是让人感动。"儿子大卫说。

尽管这些都无法阻止官场的相互倾轧和深陷旋涡的个人不安全感，这种轻松舒畅的感觉终究悄无声息地开始显露出他的影响力，让基辛格的外交开始变得开放和直接起来。

第27章 | "缓和"之死

奇怪的联盟　走强硬路线

> 憎恨共产党的保守派和憎恨尼克松的自由派找到了罕见的会合点，这真是如日食般罕见。

——基辛格，《动荡的岁月》，1982年

◎奇怪的同床者

缓和政策在美国广受欢迎，商人喜欢两个超级大国之间务实交往，能借此扩大生意，农场主喜欢，因为谷子有新市场买了，甚至连一些主流保守主义者也觉得尼克松和基辛格建立这种平衡关系是聪明之举，因为美国正在经历信心不足的后越战时代。

然而，出于种种个人的和意识形态方面的原因，一种反对美苏缓和的奇怪的联盟也悄然形成了。随着尼克松的倒台，一切都发生了变化。福特接班后，基辛格突然发现，自己居然不得不在一片批评声中努力维护缓和。

民主党参议员亨利·杰克逊、犹太领袖和人权卫士们强烈反对1972年美苏贸易协定，这些人要求将贸易问题和苏联放宽在苏犹太人移民美国的限制问题挂钩。工会反对美苏贸易。杰克逊参议员和国防部长施莱辛格则强烈反对美苏削减战略武器协定。保守主义者认为，缓和，尤其是过分渲染的缓和政策会叫美国人冲昏了头，从而放松对共产主义的警惕。他们指出缓和没有阻止1973年中东战争这场危机，他们还怀疑，1975年在赫尔辛基有关欧洲防务安排的谈判有出卖东欧和巴尔干地区之嫌。加利福尼亚州的罗纳德·里根就是这种批评的摇旗呐喊者。

反对缓和的还有基辛格昔日恩师克雷默以及克雷默之子、基辛格的手下斯文。斯文认为，基辛格的问题在于"没有固定的形而上的东西——没有信仰、没有密友，悲观主义者"。年轻人像他父亲一样抱有强烈的信仰，经常写很长的备忘录来陈述对苏联人持软弱态度的危险性，然后附在基辛格的演讲稿后面，还把反对部分用下划线标出，通过国务院的"不同意见渠道"送出。最后基辛格和索南菲尔特不得不命令斯文罢手。

然而，最具破坏力的反对声音来自早先还主张和平运动的前自由派分子，这些人组成了所谓的"新保守派"，并且受到犹太裔知识分子和以色列支持者的怂恿，成为反对美苏缓和的急先锋。他们担心美国卑躬屈膝的反干涉情绪和急于讨好苏联将危及美国对以色列的保护。新保守派的核心分子理查德·珀尔认为："除非美国在世界上的强力地位得到保持，否则以色列将遭到毁灭。"

这种观点在1973年埃以战争中得到充分体现，基辛格去苏联商讨停火协议比强硬路线派的预期早了些，招致他们强烈不满。在他们看来，尼克松政府对以色列施加的巨大压力是美苏缓和政策的一部分。基辛格回忆说："对于缓和政策的攻击实际上源于对我的一种指控——说我出卖了以色列。"他自己对此还解释说，"他们原谅我既是犹太人，又是国务卿，但他们不能原谅我是犹太人、是国务卿，却娶了一个高个、金发的白种盎格鲁–撒克逊女人为妻。"

坚定的反共派尼克松和信奉实力至上的基辛格，吃惊地发现批评自己软弱的竟是那些越南战争和重大军事行动的反对者们。

保守主义、新保守主义和自由派共同表达的主题是尼克松–福特–基辛格的缓和方针太冷酷，太工于心计，只从实力政治的角度关心大国之间的力量对比，忽略了人权、民主等一些构成美国建国基石的基本原则。吉米·卡特就极力从人权的角度攻击缓和政策。里根更不用说，更是反苏的急先锋。显然，反对缓和使这两位未来总统的事业蓬勃地发展起来。

同时，因对尼克松、基辛格人品抱有成见，为泄私愤而攻击缓和的也大有人在。一些自由派反对缓和完全是出于对尼克松个人的蔑视。实际上，这位饱受辱骂的"赤色分子"和苏联达成的军控协议和自由贸易是这些人整整10多年的追求。"但骨子里对尼克松的仇恨实在是太深了，"基辛格写道，所以"如果尼克松是支持缓和的，那冷战也没那么坏！"

或许是这样。但这解释不了为什么尼克松已经在政敌的穷追猛打下狼狈下台，重视美国基本价值观的福特临危受命上台后反对缓和的势力仍然快速膨胀起来这一基本事实。实际上，重要原因之一在于缓和批评者对基辛格的切齿之恨。有关缓和的争论，正如霍夫曼所言，成了那些憎恨或反对基辛格的人的有力抓手。一个典型的例子就是1974年从美国对苏联的军控谈判团队中辞职出走的裁军重头人物保罗·尼茨。尼茨甚至让中情局反情报机构的头头詹姆斯·安戈尔顿查一查，基辛格是不是苏联人埋在美国高层的内鬼？

在哈佛念本科时，基辛格曾仔细研读过伊曼努尔·康德《永久和平论》。康德写道：想要达到永久的和平，需要付出永久的努力，因为和平是一个不断变化的过程，而非最终的结果。基辛格认为，批评缓和的人压根就没搞懂缓和到底是什么意思。"缓和是一个持续的过程，不是最终的状态。"1974年9月在参议院外交关系委员会的听证会上，基辛格说道。这项政策不是要放弃与苏联的竞争关系，而是要通过增加美苏之间的联系，缓和这种竞争带来的冲突。"只要我们让苏联在和西方的关系中得到那么一点好处，"基辛格对参议院说，"他们也就会更加清楚，如果回到对抗他们自己会遭受什么损失。"

于是基辛格的和平体系依赖的是连锁效应：如果苏联在这个方面表现得好，也许可以在另一个方面收获一份协议。但基辛格和尼克松同时认为，这种连环套不能延伸至人家的国内事务，比如人权政策。"一个国家自己的政治哲学是什么并不重要，"1972年和毛泽东首次会面时，尼克松说，"重要的是他对其他国家、对我们的政策是什么。"

1974年9月参议院听证会上，基辛格在他的证词中阐述了他的观点，反驳那些抨击他无视人权问题的批评者：

> 自由和专制长期以来势不两立，而我们对此的看法并不中立。但我们现在面临其他紧迫需要，导致我们很难对他国的国内状况做出改变。这是我们的局限。意识到这一局限，不等于道德冷漠，而只是承认我们现在需要和平。

基辛格所说的"其他紧迫需要"其中之一就是苏联拥有核武器。正因为这一点，美国不能肆无忌惮地讨伐苏联国内制度。"世界笼罩在核毁灭的阴影之下，"基辛格在伦敦的一次演讲中说道，"除了寻求缓和，我不知道还有什么更理智的出路。"

基辛格还有一个理由可以证明缓和非常必需：自从越南战争以来，美国人对干涉别国已经厌烦透了。现在在全国上下泛滥着孤立主义情绪，想要对抗苏联在第三世界国家的活动，或是继续增加军备恐怕都没几个人支持。他认为，只有缓和与苏联的紧张对峙，发挥更具创造性的外交，才能对付美国这种集体消沉的情绪。

不过缓和的最大难题在于，怎么才能把他卖出去。基辛格写道："麻烦在于——不，悲剧在于——遏制和共存这个二重概念本身并不能自动达成一致。"美国人向来用二元论来解释他们看到的世界：国家非和即战，非好即坏，非友即敌。于是美国有史以来要么把自己孤立，要么投入过度，总之就在这二者之间摇摆。随着国内支持缓和的声音越来越小，基辛格意识到，他要对付的就是这样一个扎根于民族血液中的难题。

◎《杰克逊-瓦尼克修正案》

一个人，如果没有这一个人，所有关于缓和的流言蜚语都没那么有分量，所有的反对声音都极有可能到头来只是乌合之众，不成气候。这个人就是华盛顿州的民主党联邦参议员亨利·杰克逊。杰克逊对内属温和自由派，对苏属强硬遏制派，在他的带领下，反对对苏缓和的声音迅速形成合力，其间出台的《杰克逊-瓦尼克修正案》在美政坛和外交界掀起翻天巨浪，对尼克松政府形成强大压力。杰克逊团结了一大批保守派、新保守派、支持冷战的自由派、工会领袖、犹太人和人权活动家，他们的核心主张是把与苏联签署的美苏最惠国待遇等贸易问题和苏联的犹太移民政策挂钩，苏联要想得到最惠国待遇，必须取消对苏联境内犹太人向海外移民的限制。

外号叫"勺子"的杰克逊信仰路德派，是个典型的立场僵硬又富有思想的政治斗士，他的力量在于坚持立场的顽强精神和一以贯之的强硬做派。杰克逊是约翰·肯尼迪的铁杆支持者，尼克松甚至曾经拉他做国防部长。这位参议员之所以赢得三教九流的信任，完全不是因为他看法灵活、善于妥协（事实恰好相反），而是因为他信念坚定。

事实上，在这些冠冕堂皇的理由背后藏着一份私心：这位老议员一心想当总统。为此，他接受了一个可以把犹太人和工人召集在自己麾下的事业，两派力量都在美国政坛上有举足轻重的地位。一经按自己的意图发动这场运动，杰克逊便知道，主动权牢牢掌握，没有任何向当权者妥协的必要。基辛格后来反思，"过了很长时间我才意识到杰克逊这个人是不能被安抚的"。他花了两年工夫想在杰克逊和苏联人之间达成一份谅解，但杰克逊很少有妥协的意思流露出来，因为只有搞臭这届政府，他才有可能向总统宝座擢升。

杰克逊是那种不需要别人告诉他该如何考虑事情的人，除了一个人：理查德·珀尔（Richard Perle）。珀尔是个逢苏必反、有着剃刀般敏锐头脑的政客，虽然有着天使般的微笑，他在官场争斗中却赢得了同道人"黑暗王子"的外号。基辛格对他还算客气的评价词汇是"无情"、"小杂种"、"一个认为所有布尔什维克都是魔鬼的孟什维克后代"。珀尔对最后一个评价没什么可说的，但前两个恐怕不能同意。珀尔是国会山上一个非正式组织的头目，该组织强烈支持以色列，成员中有许多为以色列利益游说的说客，甚至许多国会的工作人员也是该组织的成员。

珀尔等人和他们的后台老板杰克逊发起缓和运动时，正值1972年8月美苏蜜月渐入高潮之时。理由是苏联宣布对所有移民国外的苏联公民征收"免费教育税"。很明显，首先针对的是犹太人。

实际上此前杰克逊就在酝酿搞垮基辛格正在张罗的美国给予苏联最惠国待遇的事。"杰克逊认为所谓最惠国待遇根本就狗屁不是，"珀尔说，"你不可能和一个非市场经济国家有什么真正的互惠贸易关系。"免费教育税给了杰克逊一个找茬的机会，既能打击缓和政策，又能显示对苏联犹太人声援，赢得美国犹太群体的支持。杰克逊要求在尼克松政府提交国会的对苏最惠国贸易议案上设一附加条款：除非苏联废除对本国犹太移民的一切限制，否则最惠国贸易法案不能生效。1972年10月，杰克逊正式提出修正案，联署人是俄亥俄州民主党联邦众议员查尔斯·瓦尼克。基辛格十分不满，他认为美国和苏联在贸易问题上已经谈好了条件，作为交换，苏联支持美国达成一项越南和平协定的努力，可现在却横生枝节，连环套被破坏了。

然而让基辛格意外的是，《杰克逊-瓦尼克修正案》似乎起了些正面作用。苏联人立刻宣布取消教育税。基辛格兴冲冲地告诉苏联大使多勃雷宁，最惠国待遇问题再不会有其他绊脚石了。他没意识到，这根本不是他和苏联人之间的问题，而是他和杰克逊参议员之间的问题。果不其然，尼克松和基辛格邀请部分参议员来到白宫，告诉他们苏联人同意废除教育税的消息。杰克逊丝毫不为所动，变本加厉地说，总统，您要是相信苏联人就傻了。苏联人不仅要废除教育税，还必须大幅提高每年允许移民的犹太人签证数量。

对主权国家作此要求令基辛格无法忍受。尽管道义上值得赞扬，但显然与美国国家利益毫无关联。似乎杰克逊就是愿意在贸易、缓和的未来、利用贸易问题在军控或越南等重大的涉及美国直接利益的问题上作出牺牲，达到他的个人目的。基辛格清楚地知道把人们从被压迫的状态中拯救出来的价值。暗地里，他一直在努力增加苏联犹太人的移民数量，但提出这正式的外交要求并不合适。基辛格读大学本科时就笃信，不应对别国内部事务施加外交压力，和平的世界秩序是建立在对"合法性"和国家主权的认同基础上的。这意味着不能介入一国内政，比如移民法规。

更让他担心的是，如果美国在已经达成的贸易协议上附加新的重大条件，苦心经营的两个超级大国的缓和将面临鸡飞蛋打的危险。两国商量贸易或缓和问题时，苏联的国内政策从来就不是讨价还价的内容，基辛格1973年在一次讲话时说："现在等生米做成熟饭了再插入这个问题，将危及两国整体关系。"缓和一旦破裂，美国将被迫把更多的钱花在武器上，随时准备与苏联在世界任何一个偏远角落鼻子贴鼻子的对抗，而这些恰恰是那些叫嚷着支持《杰克逊-瓦尼克修正案》的人们早前不愿看到的局面。"我们真的准备面对一大堆危机并增加国防预算吗？"基辛格问道。

实际上，更为深层次的原因是基辛格担心《杰克逊-瓦尼克修正案》会打乱他自己的部署。基辛格处理苏联犹太人移民问题的静悄悄的外交已经初见成效。1968年，只有400名犹太人允许出国定居，到1973年，犹太移民人数达35 000。"苏联移民政策取决于美苏关系的总体状态，"基辛格过后写道，"如果杰克逊成功地破坏了这层关系，他肯定只会减少而不是增加移民人数。"

1973年10月的战争让基辛格在与犹太首领打交道时有了更多的筹码。他试图利用这一点击退《杰克逊-瓦尼克修正案》。10月25日，就在核警报的第二天，黑格邀请以雅各布·斯坦恩、麦克斯·费舍尔和理查德·马斯为首的美国犹太人领袖来白宫参加一个简报会。会议刚开始，基辛格不请自来，说这场面就像是古犹太的最高法庭，然后把黑格打发走了。一位与会者后来引用基辛格的话说，以色列正处于存亡之秋，现在"可不是打苏联耳光的好时候"。

当天晚些时候，基辛格给苏联大使多勃雷宁通了电话，告诉了他会议的情况。"我和犹太团体就最惠国待遇问题开了个会，"基辛格说，"我们正在取得进展。"

"我的朋友都在场吗？"多勃雷宁问。

"费舍尔、斯坦恩、马斯都在。"基辛格说。

一星期后，戈尔达·梅厄访问华盛顿，基辛格也向她和她的随从提起了这件事。然后他提出一笔小交易：如果以色列能够说服他们在国会的朋友放弃对《杰克逊－瓦尼克修正案》的支持，他可以保证制定一项对以色列长期有利的政策。以色列驻美大使迪尼茨嚷嚷道，可是以色列并没有支持《杰克逊－瓦尼克修正案》啊。基辛格说，这不够，以色列应该更加积极地站出来反对提案。

于是按照基辛格的要求，美国犹太领袖径直找到杰克逊，要他撤回提案。杰克逊非常坚决地拒绝了。"政府一直在利用你们，"杰克逊愤怒地说，"你们要是想把苏联的犹太人弄出苏联，必须立场坚定。"除此之外，他还骂基辛格是个"骗子"，因为他谎称战争期间是他向国防部施压，以色列才得以获得美国提供的补给。"杰克逊先是大吃一惊，然后暴跳如雷，因为基辛格居然让他们来跟他说这样的话，"当时在场的珀尔回忆说，"他把他们大骂了一顿，后来又给他们打气。"

从1973年夏到1974年秋，基辛格被迫在苏联和杰克逊之间搞起了"穿梭外交"。目的是让苏联人对杰克逊作出足够的让步，作为回报，杰克逊必须采取措施消除其修正案造成的消极影响。杰克逊提出明确条件：苏联明确公布每年犹太移民的人数，并且要求移民人数增加到10万，而苏联认为让自己的公民大量移民，并且还要公开声明，觉得是一种侮辱。葛罗米柯在莫斯科和日内瓦不情愿地提出45 000人这个数目，但基辛格没有及时反馈给杰克逊，当时他正忙于以色列—叙利亚之间的穿梭外交。结果老杰克逊四处拉人推动他的提案，一边琢磨着基辛格葫芦里卖的什么药。

除此之外，还有一件事基辛格没有处理明白。杰克逊等人提出动议，要求美国进出口银行一笔提供给苏联的贷款不得超过3亿美元。国务院的中层官僚们十万火急地给基辛格拍电报，但基辛格竟然没能及时作出回应。事后证明，此事对苏联人的刺激和《杰克逊–瓦尼克修正案》的效力不相上下。

基辛格和杰克逊以及犹太领袖打交道时有一个问题：他口是心非的恶名给他带来了不少麻烦。举个例子，尼克松下台前在安纳波利斯的一次演讲中指责《杰克逊–瓦尼克修正案》，宣称："我们外交政策的目的不是改变别的社会。"演讲稿是基辛格的手下写的，正是他要求写出这种强硬的态度。然而第二天，一群正要去面见尼克松的犹太人先来见了见他，基辛格告诉他们：千万别跟总统提起安纳波利斯的演讲，他说得有点过火了，我来跟他说。不过犹太人后来说，他们可没上他当。

8月，福特接任后，很快他就向大家摆明，他是个办事直截了当的人。基辛格安排他跟多勃雷宁大使会面，他说，贸易法案中免不了要加入一些类似《杰克逊–瓦尼克修正案》的条款。他还更干脆地说，其实他个人是赞同杰克逊的目标的。多勃雷宁让步了，说苏联可以做出含蓄的口头承诺，保证每年55 000左右的犹太人获得出国护照。福特表示同意。

不过第二天，也就是1975年8月15日，福特和基辛格、杰克逊等人一起吃早餐时却闹了不愉快。虽然参议员里比科夫和贾维兹都对苏联的让步表示高兴，但杰克逊还是抱怨福特对苏联太客气。后来福特回忆说："不管杰克逊多么顽固不化，对我都没有什么影响，因为毫无疑问，这没什么好处。但他始终不肯让步。我只能说这就是政治惹的祸。"

经过一番较量，基辛格和多勃雷宁以及杰克逊达成妥协：每年六万人。但不能公开讲。基辛格要和杰克逊通过一系列信件说清楚这件事情，然后把通信"泄露"出去，就算大功告成。按计划，基辛格先写信给杰克逊，说他从莫斯科得到放宽犹太移民政策的保证，杰克逊回信说那他相信这一保证意味着每年至少六万人能拿到移民许可。基辛格再回信，对杰克逊的估计不表异议。基辛格坚持事情不能公开讲，必须"泄露"。这是个操作外交政策的奇怪方式：和一个连参院外交事务毫不沾边的参议员通过一种半私了的方式解决某个重大外事问题。9月20日，杰克逊和福特及基辛格谈妥细节从白宫出来，碰巧遇到葛罗米柯，后者是来确认另一半交易的。对着葛罗米柯，杰克逊在贴着耳根子竖起两根手指头做出魔鬼的样子，意思是自己就是整个事情中的"麻烦制造者"。紧张的翻译费了半天劲给苏联外长解释这位古怪的参议员的举动，但最终没能成功，放弃了。

然而，随着杰克逊显现灵活性和幽默感，苏联的态度却强硬起来。总书记勃列日涅夫受到党内强硬派的质疑，后者认为，杰克逊办公室"泄露"的信件让人感觉苏联人的让步太过"明显"，远远超出了克里姆林宫的授权。

于是基辛格赶紧往回找。他让斯考克罗夫特给杰克逊办公室打电话：第三封信将被取消。基辛格将只是泛泛地谈他对苏方所作保证的理解，杰克逊回信描述他对数字的理解，但基辛格不作反馈。

杰克逊和珀尔恼羞成怒。但此时，犹太人团体担心事情闹僵，时间都浪费在杰克逊和基辛格的吵闹中，最终让夹在中间的苏联犹太人两面受辱，便对杰克逊施加压力，劝他见好就收。杰克逊最后同意。

这是个典型的基辛格式的妥协。恰到好处地故意保持模糊性。苏联人可以说他们没有就内政问题向美方作出任何明确保证；杰克逊则可以称自己从苏联方面得到了有关数字的具体承诺。基辛格的戏法就在于他让两方都相信自己达到了目的。但这一切的一切，前提都在于勃列日涅夫和杰克逊对这种解释保持沉默，但恰恰相反，二人出于各自的政治目的，都不想闭嘴，于是大麻烦来了。

1974年10月18日，杰克逊和瓦尼克到白宫交换"信件"。基辛格签署了一封措辞含糊的书信，说"美方已得到保证"，苏联方面发放移民许可时将遵循某些特定的原则；杰克逊签署了一封附函，他的"理解是"允许移民的犹太人数将"超过每年六万"。接着，杰克逊走进新闻发布厅。

杰克逊一边讲，珀尔等人一边把信函的复印件发给记者，而这正是苏联人极力拒绝出现的所谓"公开泄露"。更糟的是，杰克逊一点没含糊，丝毫不讲究可能激怒苏联人的措辞。"我认为这是一项历史性的成就，很多人还以为我们办不到呢。"

基辛格后来说当他知道发生了什么后，惊讶得不知所措，杰克逊居然召开公开发布会，还把信件公开了。杰克逊的公开说法触怒了苏联人，在基辛格去莫斯科安排福特总统的最高级会晤时，葛罗米柯递给他一封火药味甚浓的抗议信，对基辛格的诚实进行了强烈质疑。基辛格没有把葛罗米柯的这封抗议信转达给福特和杰克逊，他的苏联问题专家希兰德后来说，这是个错误。基辛格的解释是，他当时来不及，葛罗米柯是在他奔赴机场的路上念的信，基辛格随后要访问印度、巴基斯坦、日本、韩国和中国，然后还要去海参崴，"我本打算等有空了再坐下来和他们说这事的。"

到底为什么基辛格没有及时把信件报回华盛顿？专家众说纷纭。一种理解是，基辛格认为葛罗米柯递交抗议信更多属于象征意义，是勃列日涅夫做给国内强硬派的姿态，以平息后者的批评，未必要美国当真。实际上，当时国会正要通过有关苏联贸易最惠国地位的议案，基辛格担心如果这时拿出葛罗米柯这封信，事情将毁于一旦，于是按下不发，留给历史学家们一道数10年难以解开的历史谜题。

12月13日，星期五，贸易法案在国会顺利通过，包括杰克逊和犹太裔领袖在内的各方都表示了支持。几天后，苏共政治局在莫斯科召开会议。让基辛格魂飞胆丧的是，苏联官方媒体塔斯社公开了葛罗米柯给基辛格的那封措辞严厉的抗议信。这是1962年古巴危机以来苏联政府首次故意公开外交记录。

然而，华盛顿这头的反应出人意料。几派出奇地达成了默契：大家一致认定，降低这封信的重要性、把他斥之为不值一提的炒作性表态符合所有人的利益。基辛格乐意如此，因为信就是冲他去的，大事化小，小事化了最好；杰克逊也乐意如此，他已经赚够了充足的政治资本，赢得了犹太团体的忠心，没有必要吹胡子瞪眼和苏联人针锋相对，再一把火烧了所得的一切。同样，犹太裔团体也估计到，把已经通过的议案再废掉只会意味着苏联方面变本加厉地残酷钳制犹太移民。"我们得冷静下来，"杰克逊说。于是，几方都互相安慰彼此，说那封信不过是苏联人内部斗争的需要而已，无须在意。

事实并非如此。苏联异常恼怒，含蓄的让步被美国佬无限放大还不够，还要用喇叭广播出去；而美方把进出口银行贷给苏联的款项压在3亿美元一下的事情又迟迟按下不给说法。苏联决定所有交易一笔勾销。1975年1月。对苏贸易最惠国法案通过不到一个月，苏联正式通知美国，苏方将不再寻求获得最惠国贸易地位，也不会遵守有关修正案的内容。

维持了不到三年的缓和开始土崩瓦解。尽管美苏贸易关系得到改善。但疤痕已经留下：苏联拒绝了最惠国贸易地位，但《杰克逊－瓦尼克修正案》已经成为美国法律。更重要的是美国在贸易关系上的让步和苏联对越南的约束这对模糊的"连环套"关系遭到严重的破坏。两年来，印度支那半岛上的停火协议一再遭到违反，但大规模战场冲突从未发生过。1972年美苏贸易谈判破产后仅几周时间，北越和柬埔寨的共产党军队就发起进攻并迅速取得彻底胜利。

没有直接证据表明这些行动背后有苏联的影子。不过用俄国人喜欢说的一个表述，即事情一件接着一件，恐怕不是巧合。基辛格后来说，他当时不认为两件事之间有什么关联，但很可能就是这么回事。"最惠国待遇交易破产除掉了苏联对河内的限制，"他说，"北越立即向一个省府发起猛烈攻势。而他们此前从没那么干过。"

已经达到每年35 000人苏联犹太移民骤减到14 000人。基辛格证明了自己的结论是正确的：整个《杰克逊—瓦尼克修正案》就是一场一位顽固议员发起的自私赌博，最终自食恶果，毁灭了两个超级大国间的缓和苏联犹太人的前途。

然而，基辛格也不能逃脱责任，他不该试图在操作超级外交的同时坐在飞机舱室里管理国务院。《杰克逊—瓦尼克修正案》产生和通过时，他都不在国内。并且，基辛格压根没有在国会内部尝试建立一个反对修正案的联盟。相反，他惹恼了这个修正案的势力庞大的反对者——主要是参院外交关系委员会主席富布赖特——想跟杰克逊和他自立的小集团私了，而不是到参议院的权威人士那里寻求帮助。基辛格又想把事情压下秘密处理，甚至连葛罗米柯抗议信这么大的事也按住不表。最后，基辛格的国会事务负责人霍尔顿辞职不干了，原因就是被"基辛格的保密癖折磨得筋疲力尽"。

杰克逊在贸易和犹太移民事务上发动攻势的同时，还反对基辛格一手主导的美苏限制战略武器谈判。1972年莫斯科峰会达成第一阶段限制战略武器协定没多久，杰克逊就提出一项修正案，要求今后美国政府在和苏联谈武器问题时一定要坚持两国战略武器数量"平等"这一原则。这不啻于对基辛格全盘否定，尽管苏联的核武库此时已超越美国，但基辛格一直追求两国同时冻结武库的增幅。争吵了半天，基辛格和杰克逊最终就一项白宫能够接受的"数量平等"修正案达成妥协。杰克逊还要求基辛格清洗国务院的军控谈判团队，杰拉德·史密斯被扫地出门，代之以立场强硬的弗里德·艾考尔。

在军控问题上，杰克逊的铁杆盟友是基辛格的新对头、国防部长施莱辛格。基辛格对这位哈佛老同学有很高的赞誉："智力上，他足以跟我匹敌。"

施莱辛格跟基辛格一样有才，也一样自以为是。如果两人和睦相处，绝对可以主导福特政府的大小议事日程。用索南菲尔特的话说，"他们的观点并不像他们的虚荣心那样不可调和。"但平等相处不是基辛格的风格，也不是施莱辛格的作风。基辛格从骨子里就见不得同事和他地位平等。从哈佛的老实教授罗伯特·鲍威（Robert Bowie）到老奸巨猾的拉尔德，包括罗杰斯、霍德曼、厄尔希曼、黑格和拉姆斯菲尔德，没一个不是这样。

施莱辛格也处理不好和同事的关系，更糟的是，他那傲慢的态度使他不具备基辛格的个人魅力。希兰德回忆说，施莱辛格说话时总让对方觉得自己矮人一头。福特尤其讨厌他，光是提到施莱辛格这个名字就能让他发疯。多年后，施莱辛格对自己的个性有深刻的反省："我总是自以为是，为琐事纠缠不休，还很顽固。花了好长时间我才意识到，我是一个多么难以相处的人。"

基辛格的问题在于总是使用不光彩的官场手段办正事。第二阶段限制战略武器谈判开始时，他仅用自己人，把国防部和军方代表一概排除在外，惹恼了他们。五角大楼没有制造新的陆地导弹的计划来与苏联攀比，但他们想要基辛格在谈判桌上取得他们靠自己无法取得的成果，也就是要苏联人削减他们的陆地导弹来与美国的数量持平。

施莱辛格把军控的焦点转移到导弹的"发射重量"，即导弹的载重量，他决定导弹能够携带多重和多少数量的弹头。苏联一直着重发展的是大型陆基导弹，而非多样化的武器系统，所以在发射重量上，苏联明显占优势。施莱辛格当过中情局局长，现在又是国防部长，参加过多次差距说明会，见识过那些体积庞大的模型。"发射重量的问题让亨利抓狂，"施莱辛格微微地笑了笑，回忆说，"我也一样。"

施莱辛格得到了军方内部的帮助。海军司令祖沃特一直不相信基辛格，他在国安会内部安插了自己的人。他专门为限制战略武器谈判成立了自己的特别工作组，每天会向他汇报进展。他还承认他当时定期向杰克逊通风报信。他说："基辛格太诡计多端，我们没法不紧紧盯着他。"

祖沃特的小动作越来越明目张胆，感到被出卖了的基辛格怒火中烧。"在所有的司令中，他是最会溜须拍马的人，"基辛格后来回想这件事依然很愤怒，"他也是最鸽派的。"基辛格一直以为祖沃特是在为他秘密监视，而不是监视他自己。"他会偷偷给我参谋长联席会议的所有简报，也会告诉我他们准备如何与总统讨论。他简直就是不顾一切地拍我马屁。"

在限制战略武器会谈上偷了一段时间备忘录之后，祖沃特于1974年6月左右退役。基辛格叫施莱辛格不要去参加祖沃特在安纳波利斯的告别宴会，更不要给他授予什么勋章。但是尽管宴会节目单上没有施莱辛格的名字，他还是参加了宴会，并且颁发了勋章。

离职后的第一天，祖沃特就接受了全国广播公司的邀请，参加一个名叫"会见媒体"（*Meet the Press*）的节目。基辛格又试图让施莱辛格去给祖沃特施加压力，叫他不要上节目。据祖沃特的日记记录，施莱辛格说基辛格是"妄想狂"、"病态"。祖沃特坚持要上节目。他在日记中写道："我告诉他，我之所以这样做是因为国务卿欺骗了我们，玩弄了我们。"但是节目主持人劳伦斯·斯皮瓦克和电视台却扑了个空，祖沃特在节目里守口如瓶，既没批评限制战略武器会谈，也没说基辛格半句坏话。最接近批评的就是背诵罗马诗人贺拉斯的句子："具有正义而坚定目标的人，他坚强的决心既不会因为大众的愤怒而动摇……"他的声音在电视里渐渐低了下去，不过他的确没有说出这句诗的后半部分"也不会因为可怕暴君的脸色而更改"。

人们开始就限制战略武器会谈第二阶段的提议捣鼓各种数字，忙得不可开交的基辛格其实最好把这个撂下。他根本没办法把精力集中到这上头来——1974年，他一边忙着在中东穿梭外交，一边还要同时挑起好几个担子。他大可以把这件事整个交给军控与裁军署的头儿弗雷德·伊克尔和新任命的首席谈判官亚历克西斯·约翰逊去打理。他们可以想办法从政府鼓捣出一份提议。即使不能，至少能让他们开动脑筋，各抒己见，切实感受到自己身上担子的分量，也能把每个人变得更易融和变通。

就算这样还不行，基辛格至少可以接受另一个简单的做法。正如他的助手比尔·海兰德曾回忆说："当时的政治时机根本不适合这种事关美国利益，又如此复杂微妙的协议。"但放弃身上的责任可不是基辛格的风格；他要是觉得什么东西特别重要，就算再复杂，他也决不会置之不理。

国防部要求，不管限制战略武器会谈第二阶段达成什么条约，必须实现平等——尤其是后来所谓的总量持平，意思就是双方各个类别的武器数量必须统统相等。表面看起来很公平，但根本没有反映出实际情况。美国和苏联出于各自的选择，建立的军火库根本不是同一种类型，武器侧重也不同。苏联主要发展了大型陆基导弹，而美国的重点在轰炸机、潜艇，以及可以携带多枚弹头的体积较小、精确度更高的导弹。既然谁也没有提议说要大量削减自己的武器，所谓的"总量持平"自然就意味着，双方都可以增加自己较弱的武器，赶上对方的强项。

但五角大楼并不打算制造新的陆基导弹来与苏联抗衡，而是希望达成某种协议，让苏联乖乖削减他们的陆地导弹数量来与美国持平。换句话说，参谋长联席会议想要基辛格在谈判桌上取得他们靠自己无法取得的成果，即两国导弹数量平等。"他们根本不打算制造新武器来达到数量持平，"基辛格后来说，"他们只是想要我去和苏联谈判来实现。"

似乎光是这个任务还怕难不倒基辛格似的，施莱辛格和杰克逊又开始大谈，必须和苏联实现平等的发射重量云云。因为苏联的导弹都比较大个，所以就有效载荷而言，苏联比美国的优势是四比零。五角大楼想出一个又一个创意十足的方法，来计算和限制双方的发射重量，可惜唯一的缺陷是没有一个合苏联胃口。

要是苏联一时大方，同意削减本国陆基导弹的数目和发射重量，基辛格肯定会大喜过望。但他还是想，美国无论如何得给苏联一点小回报。另外，他觉得，导弹数量也好，发射重量也好，都赶不上导弹上装了多少个MIRVs式的弹头重要。要是苏联决定在多数大型导弹上进行MIRVs部署，情况就会非常不妙，无论谁先发动攻击，双方都会损失惨重。

他的想法是对的。但要指出的是，他这是在将功补过：早在1970年，本来还有机会关住MIRVs这个九头怪兽，当时核军事专家大声疾呼限制MIRVs，基辛格却不当回事。事到如今，美国多数武器都部署了MIRVs，想要制止苏联也这样做，只能想办法达成一个复杂的协议，同时还要涉及许多其他交易。

这就是基辛格的打算，而不是杰克逊追求的"总量持平"。简单来说，他想把限制战略武器会谈第一阶段对建造新火箭发射装置的冻结再延长几年，这就意味着苏联还能保持数量上的优势。作为回报，苏联允许美方拥有更多部署了MIRVs的导弹，这样美方的导弹数量就更多。基辛格的这个方案被拗口地称为"抵消不对称"——该方案在政治上一直不怎么吸引人，估计这个绰号也是祸害之一。

1974年10月，基辛格造访莫斯科。他把两种方法都拿出来试了试。不管采取哪种方案，苏联的导弹和轰炸机数量都不能超过2 400。如果用"不对称"方法，美国的导弹和轰炸机数量只能在2 200左右，但可以拥有超过200个

MIRVs。如果走"持平"路线，双方的导弹和轰炸机数量限制在2 400以内，并且都可以在大概1 300枚导弹上部署MIRVs。

没想到，勃列日涅夫说，哪个方案都行，由福特总统来决定。他邀请新上任的福特总统参加他的第一次首脑会议——将于下月在海参崴召开。

此时，在福特的批准下，基辛格放弃了他的主张。施莱辛格和杰克逊两人都在积极地促成"数量持平"方案，并谴责基辛格，居然愿意把优势拱手"让"给苏联。"接受数量持平方案是个错误，"基辛格回顾这段历史时说，"但是因为国内的政治压力。我们接受了杰克逊修正案，也接受了海参崴的立场。"

◎1974年11月，海参崴峰会

1974年11月23日，福特和基辛格应勃列日涅夫之邀，踏上了去海参崴参加战略武器控制谈判的旅途。在驶往海参崴的火车上，福特和勃列日涅是大谈体育运动，随访的希兰德写道，两人都是户外运动狂，要是在别的场合或时间，他俩说不定能成为真正的好朋友。

"我一紧张就吃东西。"基辛格说。显然。由福特去跟勃列日涅夫面对面谈军备控制，不可能叫他内心平静。苏联人在桌子上摆满了各种点心，福特回忆道："亨利根本无法抗拒这些东西的诱惑。"他总是朝四周扫视一眼，看有没有人注意他，然后迅速地从盘子里拿起一块点心塞到嘴里。很明显，没一会所有人都发现了他这个动作，基辛格神经质的胃口于是成了笑话。火车到达终点时，他吃光了三盘点心。

基辛格很幸运，当天谈判一直持续到深夜，晚饭取消了，其他人都只好饿着肚子上床睡觉。

谈判进行得很成功，苏联人竟毫不含糊地接受了美方"数量持平"的建议，弄得美国人有点不知所措。最后的协议框架是将双方导弹数量限制在2 400个，其中包括不到1 320个分导式多弹头导弹。基辛格主宰了全部会谈。"这位新总统是干什么的？"一位苏联外交官问《时代》记者胡夫·希迪，"一有事情出来，他就转向基辛格，让基辛格回答。"更令人吃惊的是，勃列日涅夫竟也听基辛格的话。在一个特别复杂的问题上，希兰德回忆道："勃列日涅夫几乎像学生一样向基辛格求教，不耐烦地挥手打断自己顾问的解释。"

谈判结束后的一次闲聊中，基辛格向白宫新闻发言人朗·内森狠夸了福特一通。他比尼克松更知道有取有舍，基辛格说，不像他的前任，福特总统知道在说话的时候要看着人家的眼睛。内森高高兴兴地把基辛格这番话添油加醋后告诉了随行记者。在坐火车返回机场的路上，几杯伏特加下肚的内森借着酒劲吹嘘道，这是尼克松五年里都做不到的事情（指数量持平协议），而福特三个月就办到了。

毫不奇怪，此番评论见报后引起轩然大波。当时基辛格正在从海参崴到中国的路上，气急败坏地发了封电报，叫内森说话注意分寸。尼克松任总统时的撰稿人威廉·萨菲尔煽风点火地发表评论批评基辛格是内森反尼克松言行的同谋。基辛格写了封三页纸的信反驳萨菲尔，还特意高调拜访了正在圣克莱门特"流亡"的前总统尼克松。萨菲尔毫不示弱，反击说："身居高位的人就是在掩饰错误和吹大牛的时候麻烦上身的。"

施莱辛格勉强同意了这个协议框架，作为福特的内阁成员，他不能太不给总统面子，但杰克逊参议员可没有这方面顾虑，继续对限制战略武器会谈第二期谈判条约进行猛烈攻击，认为数量定得太高，而且没有对苏联导弹运载能力加以限制，这话可能有些道理，但道理很明显，苏联人没有理由白白放弃战略力量优势。

海参崴框架的最大问题其实在于，一些细枝末节尚未解决，可能引发大祸端。第一个问题是，2 400的总数是否包括美国新研制的战斧空射巡航导弹？巡航导弹靠喷气机发动机推动来攻击目标，和靠火箭发动机推动、在大气层中按自由抛物线飞行的弹道导弹不同。

军方曾在1973年考虑过是不是要放弃这种巡航导弹。但基辛格认为还有用，至少可以在谈判桌上当筹码使使，于是又把巡航导弹写进预算中。现在国防部无论如何也不让对巡航导弹项目施加任何限制。"那些天才们，"基辛格指的是军方反对他的那些人，"以为那鬼东西包治百病。"海参崴协议让巡航导弹问题成了一段悬案。而且基辛格和葛罗米柯反复推敲解释框架的外交咨文时，也未能解决这一问题。一直到本届政府解散，巡航导弹的问题始终没有答案。

另一个问题是苏联新研制了一种轰炸机，叫做"逆火"。苏联坚持称"逆火"绝对不是"战略"武器——能够攻击美国的远程武器，因为"逆火"只是中程轰炸机，而且仅用来对付亚洲和欧洲。于是苏联辩解，这种轰炸机不应纳入战略武器限制。基辛格基本同意苏联的主张，跟苏联人和记者也如实表达了他的看法。但参谋长联席会议和五角大楼认为这个问题存在很大争议，反对基辛格轻易让步。

后来的一些信息表明，"逆火"可能确实没有战略轰炸机的射程（但跟多数军用机一样，它也可以在飞行途中补给燃料）。不过美国的战斧巡航导弹倒是厉害得多。后来还加上了电视制导，在1991年伊拉克战争期间出尽风头。约翰·雷曼在这两件事情上都加入了抨击基辛格的队伍，他说："我现在回头看，觉得亨利在'逆火'问题上应该是对的，而我在战斧巡航导弹问题上应该也没错"。

第二阶段限制战略武器谈判虽有成果，但留下了一大堆难以解决的细节问题。历史注定不会在基辛格任内解决这一难题。1976年1月，基辛格再赴莫斯科，做最后一次努力维系双方谈判势头。但美国国内，发生了一场静悄悄的小型政变。新任国防部长唐纳德·拉姆斯菲尔德是限制战略武器谈判的反对者，他公开表达了对基辛格推动谈判的不满。背着出访的基辛格，国安会偷偷召开会议。福特总统最后被说服，为了赢得大选，美方决定终止限制战略武器谈判进程。

后来，福特反思到，如果当时作出相反的决定，历史可能被改写。假如美苏在1976年年初达成新的限制战略武器协定、勃列日涅夫成功访美，大选形势很可能为之大变，他可能不会输给卡特。不论如何，福特对于把纯粹的军控问题搅进国内政治旋涡十分懊悔。"不管是杰克逊还是里根，对缓和的批评都是出于政治原因，"他说，"那让我非常不安。那就意味着，在军控问题上，我们将没法做我们应该做的事。"

第28章 | 奇迹消失与全线挫败

败走西奈和东南亚

布施瓦尔德集中营和西伯利亚劳工营的那一代人说起话来不可能有他们父辈那样的乐观精神。

——基辛格，《历史的意义》（哈佛本科论文），1949年

◎西奈之痛

在艰难的叙以穿梭外交取得成功后，基辛格犯了一个错误——他没有趁热打铁、捎带着撮合一份以色列和约旦之间的和平协议。侯赛因国王耐心地等着基辛格来他的国家就约旦河西岸以色列占领地问题再表演一次穿梭绝技。但他没等到。戈尔达·梅厄的继任者伊扎克·拉宾领导的以色列内阁断然拒绝与温和的约旦王国进行谈判。

基辛格后来承认，这件事情上，以色列是最大的绊脚石。拉宾曾许诺，如果约以之间要签署一份脱离协议，他将组织全国大选，让选民们自由表达意见。现在他掌握了权力，改了主意。1974年10月基辛格离开以色列，朝希斯科大倒苦水："我们累个半死帮以色列想办法，他们倒好，每次我一提约旦这两个字，总理就吓得屁滚尿流堆在椅子里发抖。这事算是没戏了。"

10月底，阿拉伯国家峰会在摩洛哥召开，一致决定让巴勒斯坦解放组织（PLO，在当时仍坚持反以武装斗争——译者注），而不是约旦代表约旦河西岸同以色列进行谈判。以色列的固执自食恶果，拒绝和温和的约旦接触换来的

是主张武装斗争的雅瑟尔·阿拉法特。基辛格极为吃惊，这无异于进行约旦穿梭外交的大门几近关闭。"真是个严重的误判，"以色列驻美大使迪尼茨哀叹道，"这全是我们的错。"

现在办法只有三个：一是什么也不做（以色列就是这么想的），二是到日内瓦去商量解决办法（苏联乐于如此）。第三个办法，是以色列从埃以在西奈的脱离接触线再向后移，换取开罗进一步改善埃以关系的承诺。基辛格选择了最后一项。

1975年3月，基辛格再赴以色列。行前，他认定拉宾会至少同意从西奈后撤10~15英里，在此基础上进行谈判。

"当时觉得拉宾应该已经同意这么做了。"基辛格后来回忆说。他礼貌地给戈尔达·梅厄打了个电话，告诉她自己的想法。当前总理告诉他以色列内阁不会同意这个点子时，基辛格还不以为然地和手下说，看看一个下了台的人失去影响力是多么的快啊。

等他向拉宾内阁提出建议，才发现戈尔达·梅厄是对的。以色列拒绝完全撤军的建议，还坚持在基辛格要他们撤出的两座山峰间建一个哨所。

高潮发生在3月21日星期五下午，基辛格已进行了两周的穿梭外交，来到了耶路撒冷。以色列内阁此时接到了福特总统的电报。"获悉以色列并没有如其能够做到的那样大步前进，我感到非常失望。"电报上写道，如果事情不成，可能导致美方"重估"其中东政策，"包括我们对以色列的政策"。再没有比这更加粗鲁的外交信函了，以色列内阁惊得目瞪口呆。

拉宾在华盛顿任驻美大使时和基辛格过从甚密。现在一切都变了。以色列不会接受最后通牒，新总理说。基辛格答复说他可没法给美国总统下命令，那信和他无关（实际上，就是基辛格主使的）。

"我不相信你。"拉宾一边说着，一边点上雪茄，直直地盯着基辛格。

回到大卫王饭店后，基辛格暴怒不已，还没有人敢这样跟他说话，他一边大骂一边在屋子里上蹿下跳。

第二天，基辛格决定把正事放在一边，看看风景，参观了著名的马萨达城堡遗址。当年，700犹太勇士面对15 000罗马军团，拒不投降，携家眷在此跳崖自尽。人们都知道基辛格对考古学没什么兴趣，他这是在传递信号。

以色列常被指责有马萨达情结，哪怕自杀也不愿为赢得和平作出妥协。但马萨达在以色列也被视为荣耀和勇气的象征。以色列新兵都要去城址宣誓效忠："马萨达永不会再次陷落。"为基辛格做导游的考古学教授并不知道基辛格高调访古，是向以色列发出警告其不要固执于马萨达情结的信号，还是在强化自己的犹太人身份意识、显示他对本民族历史悲怆的深切体味。

这时，担心基辛格过于劳累的教授提醒他，即将参观一座古军营可能比较费事，因为要下150阶的楼梯。但基辛格坚持前往。"我们没必要一步登天，"他故意大声说道，好让周围的记者们听见，"一步一步地来嘛。"

以色列内阁拒绝他的建议后，基辛格和拉宾及其高级助手们星期六晚上一直谈到后半夜。基辛格又做了一次世界末日演说。这次给人感觉他说的是肺腑之言，连记录的以色列打字员到最后都感动得热泪盈眶。

基辛格说："步步为营的战略已经被抛弃，先是在约旦问题上，然后对埃及。我们正在失去控制。阿拉伯人会一条心联合起来对抗我们。所有人都把目光集中在巴勒斯坦问题上……苏联人将趁机返回中东，美国的影响力正在萎缩，我们最好正视这些现实。欧洲人将被迫改善和阿拉伯国家的关系……别傻了，我们已经输了。"

以色列外长阿隆问："为什么不再来一次穿梭外交，几个礼拜后？"

基辛格答道："事情已经变了。阿拉伯人不会像从前那样相信我们。我们看上去非常孱弱——在越南、土耳其、葡萄牙，好多事情都是如此……我和我的同事们之所以如此生气，是因为眼看着自己的朋友在伤害自己，五年后回过头看，会发现为的都是些鸡毛蒜皮的小事。……达成一项协议本可以让美国保持对外交进程的影响力。和这比起来，坦白讲，一条边界线往东10公里或向西10公里并没什么大不了的。……我看你们将面临强大的压力，被迫退回到1967年的边界后。……看到人们朝着一条不归路使劲。真是悲哀。"

拉宾回道："今天您可刚刚参观过马萨达啊！"

基辛格承诺，不会公开把这次西奈穿梭外交的失败归咎以方。但他对所谓"宗教同仁"们的怒气难以克制。回国路上，基辛格私下称拉宾为"一个小人"，说整个以色列内阁被国防部长佩雷斯一个人给吓住了，悲叹没有戈尔达·梅厄这样的铁腕领导人主持局面。

1975年3月对美国外交政策和对基辛格来说都是一场灾难。北越开始了最后的攻势，美国支持的柬埔寨政府遭到红色高棉的袭击。在葡萄牙，一场反对左翼政府的政变流产，美国甚至一度担心葡萄牙会变成亲苏联的共产主义国家。在安哥拉，爆发了一场由古巴军队、苏联援助支持的国内战争。而《杰克逊－瓦尼克修正案》的滑稽结局损害了美苏缓和，在海参崴缔结的军控协议框架在有关细节的争论中土崩瓦解了。事情看上去如此的不顺利。

基辛格把气撒到了以色列身上，一连几周在华盛顿猛烈抨击拉宾政府。盛怒之下的基辛格甚至命令摘除连接他办公室和以色列驻美大使，也是他过去和未来的挚友迪尼茨的电话线。在福特的批准下，基辛格公开主持了一场对美国中东政策和对以关系的"政策重估"。3月26日的记者会上，基辛格说，"步步为营的策略结束了，美国面临着新一时期的更为复杂的外交局面。这样，我们必须对现行政策重新评估。"回答问题时，基辛格正话反说："政策评估并不直接针对以色列。"

尽管大张旗鼓的"政策重估"表演味道浓厚，但基辛格确实认认真真地采取了一些措施，包括重启日内瓦会议。美国国内犹太裔游说集团的努力也大大削弱了"政策重估"的意义。"美国以色列公共事务协会"最为活跃。在其主持下，76位参议员联名上书，要求美国政府给予以色列巨额军事和经济援助，要求总统明确对外宣布"美国依据自身利益行事，坚定地和以色列站在一起"。

基辛格恼怒不已，他召来迪尼茨，朝他大放厥词。"你们迟早为此付出代价！"他叫道，"你们想干什么？以为这能帮上你们？简直疯了。这封联名信会害死你。只会助长反犹主义，让人们觉得国会已经被犹太人控制了。"

福特也寝食难安。做国会议员时，他是以色列的铁杆支持者。但这封信让他觉得不厌其烦。他后来写道："以色列游说集团，大多由爱国的美国人组成，强大、善辩而富有，但许多成员的目标过于单一。"

1975年8月，基辛格打起精神又开始了埃及和以色列之间的穿梭外交。在以色列，一群示威者在他的酒店外大叫："犹太佬！犹太佬！滚回美国去！"这是尼克松在水门录音带用过的一个称呼，他们知道这称呼会叫基辛格气得发疯，事实也果真如此。

在耶路撒冷，连续12夜通宵谈判总算有了结果：美国以26亿美元的军事援助（后来计算）换得以色列在西奈二期谈判协议上签字。福特发表声明，称这是"20世纪最伟大的外交成就之一"。但NBC电视台播音员在"晚间新闻"中不无讥讽地说："这是用钱能买到的最好的协议。"

◎柬埔寨和越南的"沦陷"

事实上，1973年1月有关越南问题的和平协议墨迹未干，对协议的践踏就开始了。北越细水长流地向南部渗透武装人员，另一方面西贡试图阻挠"国民议会"的建立。而在柬埔寨，连挂在嘴边的和平也没有，红色高棉从未接受过任何停火协议，其和朗诺政权在金边的斗争如火如荼。

从1973年春季开始，基辛格一直主张用B-52轰炸柬埔寨和越南对柬渗透线路，以表明美国贯彻和平协议的决心。六个月里，倾泻到红色高棉控制区的炸弹达25万吨，超过"二战"时期投到日本的炸弹之和，但柬政府军寸土未得。美国国会忍无可忍，通过议案，从1973年8月起禁止在印度支那任何地方实行空中打击。

轰炸结束后，西贡和金边的亲美政府依然在美掌握之中。如果真如批评所言，巴黎和平协议的目的仅仅是为了让美国能够在共产党大获全胜之前，挂着"体面过渡期"的遮羞布撤出这一潭浑水，那么至少这个过渡期比许多人（包括基辛格）梦想的还要体面。

但是真相很快暴露出来，原来两国的共产党军队——柬埔寨的红色高棉和北越军队以及越共在南越的盟军——正在准备第二年春天发动"决战"，与1968年和1972年的两次类似。到1975年年初，万事俱备。需要的军用物资都拿到了。而美国这边则应验了基辛格的警告，威胁的可信度和统治的权威性都大打折扣。虽然苏联一直在尽量遏制，但随着缓和之死，苏联的努力也应声而散：1972年苏联在越南谈判中暗助美国一臂之力，美国答应将报之以贸易好处，但后来却通过《杰克逊-瓦尼克修正案》，令苏联感到美国背信弃义。

由于北越和红色高棉同时发起最后攻势，美国朝野都以为这两支共产党力量是一种通力合作的关系，包括基辛格在内，这一认识一直持续到1975年。实际上，1972年底，二者之间就已出现很深的裂痕，红色高棉指责北越在停火协定中出卖了自己。几年后，当他们各自彻底赢得国内战争之后，沉睡数个世纪的越柬民族宿怨借着两支共产党力量的新仇浮出水面，两国边境冲突不断，

1978年爆发战争，最终以北越占领柬埔寨，逐出红色高棉收场。

由于基辛格也错误地以为红色高棉和北越是盟友，因此策划了一场错误的外交行动。他正确地察觉出中国与苏联支持的北越之间关系紧张，但却错误地认为中国想阻止红色高棉在柬埔寨取得胜利，因为红色高棉代表河内和莫斯科在印度支那的扩张。基辛格于1973年6月向中国建议，放西哈努克返回柬埔寨建立联合政府以取代红色高棉的全面统治，中国在表示了简短的兴趣后又迅速拒绝了。后者清楚地知道，红色高棉是北越的对头，不是傀儡。

到了1982年，当基辛格第一次回过来写到他当时这个倡议时，他还是认为，要不是国会偏偏在他向中国推销他的方案时中断了对柬埔寨的轰炸，他的计划没准就成了。他还进而提出了更加荒唐、没法证实的观点：停止轰炸还对周恩来的转变起了作用，基辛格猜测周恩来拿自己的声望为这个计划作赌注，结果美国单方面停止军事施压，令他措手不及。这种说法漏洞百出。众议院和参议院分别通过中断轰炸的法案后的那个月，基辛格才开始与中国接触。就算是没事翻报纸玩的人也知道，用不了多久，这些措施肯定会以某种形式变成法律。另外，基辛格的提议没有告诉过柬埔寨任何一个小集团——西哈努克、红色高棉、朗诺或朗诺政府里的任何人，他们统统不知道。轰炸停止确实有可能让中国对谈判解决不再那么大兴趣，但基辛格的西哈努克计划在基本前提上就错了。中国既然不再把红色高棉看成苏联支持的北越的傀儡，那么与红色高棉站在一边岂不比与基辛格合谋推翻他更有意义？

决战在1975年元旦打响。留守金边的美国军事顾问还天真地认为，柬形势良好，军事胜利"很有希望"。但柬埔寨政府军除了挥霍弹药、乱打一气然后仓皇撤退而外什么也做不了。美国五年的支持和50亿美元的援助也没能让他们敢与人数少、装备差的红色高棉较量。

1月底，福特总统提出一项2.2亿美元的补充拨款案援助柬埔寨，支持柬政府和红色高棉讲和。此举纯属亡羊补牢。此刻已没有再花一分钱的理由，连保守派都认为，福特已意识到柬埔寨的陷落在所难免，国会定然不会通过追加拨款，此时提案无非是把眼看到来的失败罪责推到国会身上。

鹰派和鸽派都愤怒了。"每一个负责任的美国人看见柬埔寨陷落都非常难过，"德克萨斯州民主党保守派乔治·马洪说，"但如何才能让美国百姓相信，这一切总有到头的时候？简直不可能。"鸽派共和党人鲍尔·麦克克罗茨基从柬埔寨回来之后说，美国"犯下的罪恶比我们对任何国家犯下的都要大"。又说，要是他能"找出制定这项政策的幕后黑手"，"我会把他吊死"。参议院共和党领袖休·斯科特说："在这场战争中我无时无刻不感到内疚。"

关于柬埔寨援助的争论一直持续到3月。而与此同时，新闻上全是南越军队被打得丢盔弃甲的画面。于是柬埔寨战争的结束重复了它一开始的命运：越南战争这部大戏中的杂耍表演。国防部长施莱辛格对国会说："柬埔寨必须幸存下来，因为这对南越能否死里逃生非常关键。"《巴尔的摩太阳报》记者阿诺德·伊萨克斯后来写道："似乎柬埔寨人经历了千难万险之后，至少有资格让世人根据柬埔寨自身的情况来判断这场战争，不用在承担自己的错误和失败之外，还要为越南的错误和失败负责。但就连这小小的权利都被剥夺了。"

国会决定复活节休假后再决定到底提不提供援助。4月，会议再次召开，福特总统感到希望渺茫。他给国会作了一个题为"世界局势"的报告，其中提到柬埔寨政府的恳求，但紧接着他宣布放弃，说："我很遗憾，时值今晚，援助也许太迟了。"

4月10日，基辛格做了最后一次绝望的和平努力。他让美国驻北京联络处主任乔治·布什联系西哈努克，请其返回柬埔寨主持局面。聪明的西哈努克知道红色高棉不会饶了他，因此拒绝了美国人的"好意"。

4月11日清晨，驻柬美国人最后一批撤离行动已经就绪。柬埔寨"总统"朗诺早已逃之夭夭，美国大使迪恩给朗诺的继任者玛塔克提供了一架直升飞机，后者拒绝了。"我不能像个懦夫一样离开，我只犯了一个错误，那就是相信了你们这些美国人。"他说。迪恩无可奈何登上直升机，腋下卷着美国国旗，轰鸣而去。几天后，玛塔克被红色高棉枭首。

一个十几岁的男孩中弹身亡，另一个受了伤。一群海军士兵刚才一直扛着来复枪守在四周，以免又惊又气的柬埔寨人突然发动攻击。其中一位士兵给受伤的男孩包扎好伤口才登机离开。

《纽约时报》的辛尼·香伯格是唯一勇敢面对金边陷落的美国记者："无论柬埔寨人还是外国人，都曾满怀解脱的希望期待这个城市早日陷落，因为他们觉得，只要共产党打到这里，只要战争终于结束，至少苦难会基本消失。我们所有人都错了。"

香伯格和伦敦《星期日泰晤士报》的乔恩·斯万不仅为读者，也为历史见证了刚刚才拉开帷幕的人间惨剧。"我目睹了整整五年的战火硝烟，但这才是最可怕的人类浩劫。"斯万在描述反抗军队如何把每个人赶出金边时写道。占领者甚至把医院里的老幼病残统统赶了出来，强迫他们跟着队伍走，乡村终成杀戮的战场。当时人口足有300万的金边一天之内腾空。道路拥挤异常，有时一个钟头只能前进几百英尺。谁要是停下来谁就被枪毙。太孱弱的，哪怕是孩子，也不能活。谁要是哭了，子弹就来了。

全国上下，年轻而残忍的红色高棉狂热者疯狂地大清洗，将临时政府里的每个人赶尽杀绝。一位幸存下来的人描述了他在Mongkol Borei村目睹的一幕：10个公务员和他们的家人被带到一块田地。红色高棉先是把男人们当着他们妻儿的面活活捅死，接下来是女人，最后是小孩。当时在场的人回忆说，"草地上血流成河"。这样的悲剧在柬埔寨一遍又一遍上演，不是几百次，不是几千次，而是几万、几十万次。

1975年1月——美国军队撤出越南整整两年后，越共对南方发起总攻。河内政治局宣布：我们从来没有像现在这样具有如此完善的军事、政治条件和战略优势。在南方完成国家民主革命、和平统一祖国的时候到了。

4月初，北越开始对西贡周边发起攻势。此时，中东和平进程不顺，美苏关系处于四年来的最低谷，柬埔寨刚刚沦陷，现在南越也危在旦夕，心烦意乱的福特干脆离开华盛顿，跑到棕榈泉略躲片刻，享受高尔夫球。

当晚的电视画面千奇百怪，一面是印度支那半岛挣扎的死伤者，一面是福特飞舞的高尔夫球杆。最糟糕的场面是一队南越海军陆战队士兵偷袭了一艘美国难民船，奸淫掳掠，无恶不作，还射杀了一些乘客。记者追问，福特叫苦不迭地跑着步逃走了。

被福特和基辛格派去越南观察局势的维扬特将军回来说，必须马上恢复B-52轰炸行动，外加7.22亿美元的紧急军事援助。第一项断然不可，否则违法；至于援助，即便对少数认为越南仍然有救的人来说也数额不菲。维扬特将军也没说有这些就一定能挽救南越军队，后者撤退的时候比擅长跑步的福特跑得快得多。维扬特的想法实际上和基辛格一贯主张的地缘战略考虑不谋而合。"维系美国在全世界的信用取决于我们能否抛开胜败继续保持努力，"报告说，"如果我们不做进一步努力，美国作为盟友的信用将遭破坏，影响将达数代人之久。"换句话说，维扬特建议延长战争，逻辑和基辛格曾主张的如出一辙：确保美国在世界其他地区的威信。几天后的一次听证会上，议员问："我们都知道结果已无法改变，除了为面子上过得去而外，你的建议还有什么其他根据吗？"将军回答说："先生，这么说吧，有时候我们处理事情的方式——或者用您的话说，面子——和事情本身同等重要。"

连基辛格都反对维扬特的恢复轰炸的建议。"那么干，美国老百姓还得上街。"焦点集中在援助问题上。福特大多数内政顾问反对，为首的是新闻发言人内森和总统摄影师肯纳里，后者被福特看成像儿子似的，福特常引用他的妙语。肯纳里认为任何人说南越能被挽救都是一派胡言。另一个反对者是国防部长施莱辛格，他也认为南越军队已无可救药。

基辛格天生是个悲观主义者，他也同意南越形势病入膏肓，但认为7.22亿美元拨款是眼下唯一可以做的体面之事。福特尽管同意，但一点也不热心。在去新闻厅宣布决定的路上，基辛格转过身朝内森说，"干吗南越这些人不快点死？苟延残喘对他们来说再糟糕不过了。"

简报上，基辛格从地缘政治的角度来阐释他的观点。他主要强调的是世界各国会怎么看美国这个援助决定，盟友和敌国会怎么理解，美国的信用会受到什么影响——一个字也没提西贡周边地区的军事形势会发生什么变化。"我们面临的是一个可怕的悲剧，"他说，"美国的信用，美国的荣誉，美国的形象，都被拉进了这个悲剧中。"

就算从他的角度来看，援助的决定依然站不住脚，因为这个决定想当然地认为，如果美国为一场必败无疑的战争再拼上几天，就一定能提升——而非损害——美国的名声。那个星期的《时代》杂志写道："美国在南越的行为与其说是危及了美国的信用，倒不如说是削弱了美国的能力。"

当天晚上，美国观众通过电视看到了越南战争以来最为凄惨的一幕——更让他们相信美国在这场战争中遭到了诅咒。一架C-5A银河运输机——世界上最大的飞机——载着243名孤儿从西贡的空军基地起飞。几分钟后，飞机失控，后门被风撕裂卷走。飞行员意识到此时已无法飞回基地，试图在一片稻田里迫降。飞机刮过一些小型堤坝后分崩离析了，残肢断臂飞得到处都是。机翼折断后燃起熊熊大火，困在机体内的幼童们被活活烧死。共近140名儿童和50名成年人遇难。电视画面播放着小小的尸体横七竖八、惨不忍睹的场面，许多越南士兵则趁火打劫，翻箱倒柜，从死者身上掠走珠宝首饰。美国最基本的人道主义形象在一片恐惧气氛中终结了，这是美国用好意和先进科技换来的另一场悲惨的失败。

4月10日，福特拿着基辛格起草的援助申请报告到国会去宣读，他巧妙地删除了基辛格谴责国会对巴黎和平协定失效负有责任的语句。尽管如此，整个讲话过程中罕见地没有一次掌声。当他讲到申请新援助问题时，两位民主党众议员干脆起身离席以示抗议。国会和公众都不愿支持任何在越南继续耗下去的动议。

多年以后，基辛格把巴黎和平协议的崩溃归咎于"水门事件"。他的理由是，总统权威丧失殆尽，意味着美国无力或不愿执行停火协议。但事实上，20世纪70年代孤立主义之所以抬头，公众之所以害怕印度支那的战争没完没了，全是因为可怕而徒劳无益的越南战争，与"水门事件"无关。

不可否认的是，"水门事件"激起了人们对总统威信的质疑，的确影响到越南问题上的决定；而越南战争积聚起来的怒气则反过来扩大了"水门事件"中反对尼克松的声音。但无论怎样，虽然后来福特上台。"水门事件"落下帷幕，国会也不打算再向越南提供更多援助，无谓地拖长在越南的荣誉之战。

在外交政策方面，福特极少不采纳基辛格的建议，但就在7.22亿美元的紧急追加援助请求悬而未决之际，他采取了一个非同寻常的举动。福特告诉顾问哈德曼，他要在图兰大学的一次演讲中表达越南战争已经结束这个意思。

"您为什么不立刻直截了当地说呢？"哈德曼问。

"亨利会不会同意，我没把握。"福特说着抬了抬眉毛。显然他心意已决。按福特的吩咐，演讲稿送到基辛格国家安全委员会办公室时，有关战争结束的几句话没有写在里面。新闻发言人内森立即意识到，没有写在演讲稿的那几句话有多重要。去图兰大学的飞机上，内森担心劳累了一天、又喝了鸡尾酒的福特。"说得慢一点。"内森建议道。摄影师肯纳里则更干脆："他的意思是别把事情搞砸了。"

福特没有。在拥挤不堪的图兰大学篮球馆6 000名学生面前，他宣布："美国可以重新恢复越战之前的荣耀与骄傲。就美国而言，这种自豪感不能靠重新投入一场结束的战争来取得。"现场顿时掌声雷动，长达几分钟的时间里，学生们高兴得蹦上蹦下，彼此拥抱。

简简单单的一句——"一场结束的战争"——震撼了美国民众的心。这反映了福特慷慨、正派的本性，反映了一位老橄榄球运动员知道在哨声吹起、比赛结束之际如何优雅地接受结果，哪怕是失败。基辛格复杂的地缘政治目标和想把责任归咎于国会的愿望有一定道理，但已不合时宜。此时此刻，最健康的做法——不论对国内舆论环境还是海外威信，就是把越南战争抛在身后。

"总统先生，"当福特在"空军一号"走进记者舱时，其中一位问道，"基辛格国务卿有没有为你准备讲稿或事先同意了这份讲稿。"

"没有！"福特大声说，盖过飞机的轰鸣声让所有人都听到，"一点都没有。"

连哈德曼都觉得福特这两句表达得太过。"总统先生，"他插话道，"我想您应该说讲稿经过常规系统的审阅，包括国家安全委员会。"福特看上去对这一修正并不完全满意。

另一位记者问福特是不是打算用上述一席话为美国一段历史画上句号。"是的，"总统答道，"毕竟，这是段很长的时期。我有过十分复杂的感受。这不是我曾希望的结束的方式，可你不得不面对现实。这世上我们不能总是完美无缺。"

第二天清晨，哈德曼通向福特办公室的直线电话"响得像烟火报警器"。他冲到椭圆形办公室发现福特抽着烟斗，基辛格像只笼子里的狮子来回踱步。这回连福特险些都无法按住基辛格。

"没必要这么干，"基辛格比划着看着哈德曼，"为什么我对此一无所知？"哈德曼嘟嘟囔囔地说，定稿出来得太晚，他们也没有料到有关越南的那句话会引起如此大的反响。他没提福特打一开始就要求把这一条加进去。"时间也确实紧了点。"福特表示同意。哈德曼注意到总统的眼睛朝他顽皮地眨了一下。"保证下不为例就是了。"他说。

多年后，福特愉快地回忆起这段往事。他夸起基辛格来毫不吝啬，唯独谈起图兰大学演讲时眼中闪烁着坚定和自信。"战争已经结束那句话亨利不太喜欢，"福特说，"我知道他想继续撑下去，争取更多援助，把责任归咎于国会。我当时也是那么想的。不过我干过20多年国会议员，我认为没必要把国会逼进深渊。这是我和亨利意见不一的地方。我是正确的。我更了解这个制度。"

直到最后一刻，基辛格还试图找到外交解决的办法，他让驻南越大使马丁建议阮文绍辞职。阮文绍也照办了，唯独在辞职讲话中称美国的背信弃义是"一个没有人性的盟友的没有人性的举动"。他声讨道："美国的话还算数吗？美国的承诺还有效吗？”

基辛格曾试图对阮文绍作出补偿。1980年，基辛格致信阮文绍，试图把一切归罪于"水门事件"。"我一直相信，如果不是'水门事件'削弱了我们从国会争取援助的能力，巴黎和平协议所确定的平衡局面可以得到维系。"基辛格恳请这位南越前总统不要怨恨他。阮没有回信。但实际上怒气已在消融。1990年，他和妻子搬到波士顿，"我个人不怪基辛格，他从未像我们那样站在越南人的立场上看待那场战争。"

阮文绍退位并没有阻止北方的推进。4月29日清晨，美国大使马丁接到命令开始执行"常风行动"，美方人员全部撤出南越。陆军广播反复播放"白色圣诞节"的歌曲，播音员喊着"西贡温度已达105度并且还在上升"——这是预先设计好的美军人员到疏散地点集合撤离的暗号。直升机轰鸣着降落在大使官邸、使馆屋顶和其他地点，海军陆战队则在四周挡住试图爬上飞机一起逃走的越南平民。随着北越军队的火箭弹倾泻而至，C-130运输机载着难民们轰鸣而起。

和柬埔寨不一样，从越南撤退显得兵荒马乱。美军直升机逃离驻越使馆楼顶时的慌乱和恐惧场面长久地铭刻在几代美国人的心中。

还有无数其他小场面更加令人心惊。一家电视台画面上播放着一位越南母亲抱着瘫痪的幼童来到摄影师面前，哀求他把孩子带走，带到美国去，救救他。幼童瘫痪的双腿像棉花糖一样垂下来，无助地摆动着。面对哭泣着逼上前来的母亲，电视镜头不停地后退，留下的只是令人无法忘记的瘫痪和绝望的画面。

当天下午，基辛格晃进拉姆斯菲尔德的办公室，恨恨道："我是唯一在三周内丢失两个国家的国务卿。""好消息是战争结束了，"总统摄影师说，"坏消息是我们输了。"这时南茜·基辛格一番打扮来找老公，两人约好去看滑稽表演，基辛格不得不通知她，活动被迫取消了。

基辛格后来写道："这是二战后第一次，美国最终遗弃了一个曾经寄望于我们的友好民族，让它陷于共产党的统治。"10年前，第一支美国突击队登陆岘港；20年前法国人撤出最后一支部队；30年前法国人进入越南，重新占领他们战前的殖民地。

美国唯一能够用来告慰战争中死去的58 022人的是他那残存的一点信誉：因为达成了和平协议，而且维持了足够的和平时间掩盖美军撤退。1973年1月基辛格所谓的和平和荣誉都没有走多远。不过巴黎协议至少实现了一个目标，那就是把美国对西贡的背弃和由此损失的信用变得似是而非——似是而非不就是基辛格能够实现的最好结局吗？这也不是第一回。

不过这并不能让基辛格宽心。他一直感到，1975年美国在越南的溃败严重打击了美国的信用，削弱了美国对敌国的威胁，对盟友的承诺。他说："由于我们的自我放纵，我们损害了一切自由的基础。""放弃印度支那后，"他说，"美国进入了受辱蒙羞的时期。"从安哥拉到埃塞俄比亚，从伊朗到阿富汗，处处抬不起头。

不过基辛格等人预言的"多米诺骨牌效应"，虽然有人后来还声称亲眼目睹，并不一目了然。越南和柬埔寨是都成为了共产主义国家，但两者也是不共戴天的仇敌。1977年越共军队入侵柬埔寨的鹦鹉嘴边境地区——1970年美国和南越军队就是从这里"进入"柬埔寨——美国大众有权利知道，这些国家领导人对印度支那地区的民族复杂性的了解到底够不够，失去这么多生命到底有没有意义。多米诺骨牌并没有一路倒到泰国，而是来来回回倒来倒去，决策者们恐怕从没想到吧。

关于信用的争论同样越来越复杂。毫无疑问，基辛格说得没错，国家信守承诺，坚决抵制敌国，这种信用确实影响着全球的平衡。但加强美国世界影响力的还有其他许多因素：树立起某种道德价值观卫士的形象；保持经济繁荣；追求个人自由；尊重别国主权和民族渴望；靠优秀的判断力和能力追求全球目标、保持威慑力。

基辛格一边把这些因素踩在脚下，一边追求不切实际的信用，他成功地强化了美国笨手笨脚帝国主义者的形象。直到美国政府终于放弃了在印度支那的军事政策，他在国内外的声望才开始走上恢复之旅，这恐怕才是提升美国国际影响力的最佳途径。

印度支那的两场战争结束了，但基辛格似乎还在和这些问题较劲。5月的第一个星期，基辛格在国务院的麦迪逊会议室接受了巴巴拉·沃特斯的采访，采访持续了很长时间，在全国广播公司《今日》节目中播出。一开始，基辛格似乎还是在重弹冷战的老调。"大事都会产生多米诺效应。"他说，并解释说这部分是因为"人们普遍的心理就是，有人获益就有人受损"。

但是，接下来基辛格却说，在越南问题上，由于在这个问题上花了太多工夫，美国可能"犯下了错误"。他说："可能我们太多地从越南人的角度来看待这场战争，而没有想到这也许是一场全球阴谋。"《华盛顿邮报》的外国政策评论家，斯蒂芬·罗森菲尔德把这段话称为"历史修正主义的爆发，能让最刻薄的批评家笑出眼泪"。

一系列的打击令基辛格的外交神话遭遇严寒，福特的民意支持率也萎靡不振。基辛格急于找到办法，至少向世界证明，美国仍然决心捍卫其全球利益。5月12日星期一下午，机会来了。

美国货船玛雅奎兹号在泰国湾柬埔寨所属岛屿南七英里处被柬埔寨军方扣押。接下来的四天里，这艘船的39名船员被卷入一场惊心动魄的外交战和心理战。

事发时华盛顿正值拂晓。中午不到，国安会召开紧急会议，基辛格主持。有比船员性命更加重要的东西正在经受考验，基辛格靠着桌子，情绪激昂地说。这是对美国决心的挑战，全世界都在看热闹，看看柬埔寨和越南的失败是不是表明美国已经失去抵抗挑衅的意志，除非作出强烈反应，否则国家的威信将再次遭到沉重打击。"美国必须画出一条红线。"基辛格最后近乎悲愤地提议，玛雅奎兹号被扣是个显示这条红线的机会，告诉人们，越过这条线，美国不会听之任之。"我们必须立刻行动，并且意志坚定。"

施莱辛格对此表示怀疑，但福特和他的政治顾问们倾向于同意。处理这次危机还有另外一个目标：表明福特能够掌管外交政策，而不只是向着基辛格鹦鹉学舌。当天下午基辛格本计划要到密苏里州做一天半的巡回演讲，他很愿意取消计划留下处理此事，但福特让他放心去。

星期二晚上10点半，福特主持召开第二次国安会议，基辛格刚从密苏里回来，仍然固执己见：美国必须果断地、动用足够的确保朝鲜、柬埔寨和北越不敢对抗的军事力量作出反应。施莱辛格认为此事应该从全球层面着眼，他同意让船只和船员安全回家非常重要，但他不急于利用此事耀武扬威来显示美国的强大。不过是艘船，也许是被柬埔寨军队的某个下级军官扣留的，事情是要平复，但没必要过分突出象征意义。"亨利是个无可救药的信号传递者，连可能的危险都不顾。"施莱辛格回忆时说。

第三天，国安会议继续进行，焦点集中在是否应该动用B-52轰炸柬埔寨本土，以此作为救援行动的一部分。洛克菲勒和基辛格为首一派主张动强，施莱辛格反对，认为不论军事上还是象征意义上轰炸都没有必要，而且动用B-52有太过强烈的越南色彩。柬本土是要打，但可以用航空母舰舰载的战术战斗轰炸机，可能没那么大的杀伤力，但比B-52攻击准确性高。

另一面，外交解救行动受阻。柬埔寨已经没有西方国家的使馆，联络非常困难。通过中国方面传递信息也被退回，给北京的柬埔寨使馆递送信函又被寄回美国。星期三晚上，福特作出最后裁决：武力救人。

就在一支175人的海军陆战队分队准备登陆柬埔寨前的两分钟，金边突然开始广播，宣布柬方准备归还美方船只。基辛格当时正在白宫洗澡，准备参加一场国宴，这时助手狂奔过来告诉了他这个消息。柬方这一信息夹杂在冗长的批判辞令当中，而且对船员问题只字未提。基辛格的本能反应是不取消军事行动。

福特正和来访的荷兰首相一起品尝葡萄酒。可怜的荷兰首相注定要经历一场不断被打扰的国宴。基辛格打电话告诉福特柬埔寨方面传递的信息，福特同意，军事行动应该继续。不过，必须找个办法尽快对柬方的信息作出反馈，告诉他们船、人一经释放，军事行动会立刻停止。

基辛格决定，联系柬方最快的办法就是把美方立场通过新闻发布会公之于众。他穿着礼服打电话给新闻发言人内森："赶快过来！"

基辛格的声音听上去有些"激动"，内森回忆说。他不喜欢被人支来支去，于是继续在离基辛格几个屋子远的办公室里慢条斯理地处理自己的事情。没过一会儿，身着燕尾服的斯考克罗夫特疯了一般地冲了进来，不由分说拉起他就走。几分钟后，白宫发布公告，宣布了福特手令：船员一旦释放，军事行动立刻终止。

整个国宴过程中，助手们不停地把福特和基辛格拉走向他们报告最新进展。甜点刚吃完，福特和基辛格立刻返回椭圆形办公室指挥整个行动。几分钟后施莱辛格打电话来通报了一条好消息：船员已安全登上一艘渔船——实际上在美方开始行动之前，他们便已被释放。白宫响起一片欢呼声。

但基辛格仍然认为应该继续对柬埔寨本土实施轰炸，既是惩戒，也为了确保柬埔寨方面不会在最后一分钟改变主意乱来。"告诉五角大楼轰炸柬埔寨本土，"基辛格说，"让我们显得残暴点！否则他们会在船只离开时攻击我们的人。"

但最终军事打击没有实施。施莱辛格和他的将军们一直就不支持靠轰炸来穷兵黩武，根本就没尽心尽力地执行福特和基辛格的计划。福特后来试图查出为什么自己的命令被违抗，但从未找到一个令他满意的答案。

胜利是昂贵的：为了营救这39名海员，18名美军士兵在行动中被打死，另有23名士兵在行动准备阶段的一次直升机相撞事件中殒命。但多年后，福特仍坚持认为这些牺牲是值得的。实际上他把那看成是他任期内最为重要的外交决策行动。"此事让许多敌人相信，美国不是纸老虎。"福特说。基辛格在营救行动的记者会上则显得低调，他没有公开承认自己私下里强力推动军事行动的问题。维护美国的底线很重要，"但我们不会四处找机会去显示我们的男子气概。"他说。

玛雅奎兹营救行动结束了越南、柬埔寨相继失败后美国外交政策的一段多事之秋。尽管不能彻底驱除越战阴霾，但的确起到了振奋民心的作用，福特政府的外交政策开始得到更多民众的支持。美国人颇有一种在使用武力后团结在总统周围荣辱与共的传统。这种传统在越战的10年中似乎沉到了水底，但玛雅奎兹号营救——尽管显得笨拙不堪——至少证明这一传统并未绝迹。

第29章 | 外交政策中的道德

基辛格的实力政策及其遭遇的挑战

> 如果我必须在公正但混乱和不公正但秩序井然这两者中选其一的话，我定会选择后者。

> ——基辛格，《诠释歌德》

◎ 现实主义的根源

在1975年国会的一次秘密听证会上，当被问到美国为什么突然中断对库尔德人反抗伊拉克争取自由的行动提供援助时，基辛格回答说："隐蔽行动可不能与外交活动混为一谈。"这个答案虽然有点狡黠，但也反映出基辛格奉行的基本哲学信条。他认为，人权斗士"造就"危险的政治家。美国信奉理想主义，即使在斗争时期也不改初衷。在这样的国度里，基辛格是一个鲜见的，不知羞愧的现实主义流派的追随者。

现实主义传统，同他那操一口普鲁士腔的"堂兄"——现实政治主义一样，植根于对人性的悲观理解之中（基辛格很自然地产生了对人性的悲观态度）。现实主义认为在国际关系中权力是至高无上的。每个国家都有自己的利益，冲突不可避免。现实主义者着眼于自己国家的利益，而不是理想的道德规范。同时，现实主义者还信奉只有军事实力才能保卫国家。现实主义者轻视意识形态，他们眼中治国的最高目标是稳定。而实现稳定的最理想途径是通过不掺杂任何感情色彩的联盟，谨慎的力量权衡，还有就是影响力的竞赛。

修昔底德在《伯罗奔尼撒战争史》中对这种现实主义观点进行了古典展示。书中写道："战争之所以不可避免，是因为雅典越来越强大，令斯巴达恐惧万分。"那些相信公平，恪守协议的城邦最终都败给了那些对权力政治有着原始渴望的城邦。

在现代，现实主义的传统在德国社会学家马克斯·韦伯和两位德裔美国教授——雷茵霍尔德·尼布尔和汉斯·摩根索的手中得到发扬光大。三人都坚信，权力至高无上，外交事务中道德的作用小之又小；对人性都抱着霍布斯式（托马斯·霍布斯Thomas Hobbes，1588～1679年，英国的政治哲学家，他在1651年所著的《利维坦》替之后所有的西方政治哲学发展奠定根基。在英文里人们常以此来形容一种无限制的、自私而野蛮的竞争情况，也经常被人用以形容"强权就是公理"的观念，尽管这些都不是霍布斯的初衷。——编者注）的悲观态度。1854年俾斯麦曾写道："看在老天的分上，国与国可不能靠感情用事结盟，可不能天真地以为只要做了好事我们所有的牺牲就得到了回报。"

外交政策上的理想主义和现实主义之争，和美国许多其他政治特点一样，可以追溯到杰斐逊和汉密尔顿。杰斐逊对美国在世界扮演什么角色的看法是理想主义的："我在上帝圣坛发下誓言，永远与一切对人类精神的专制为敌。"汉密尔顿则喜欢权力政治："指导国家行为的最强大力量是确保国家安全，避免一切来自外部的危险。"最终，乔治·华盛顿的告别演讲告诉我们，杰斐逊的理想主义占了上风；不仅如此，美国还发展起一种孤立主义的倾向，抵制一切海外结盟的诱惑。

美国理想主义的现代标本是伍德罗·威尔逊。他是个自由国际主义者，声称一战的目的是让世界成为"民主的避风港"，相信国际联盟的道德-法律机制终将超越各国私利。"有时候有人说我是个理想主义者。"一战结束后威尔逊说，"可是我要不是理想主义者的话，我又怎么会是美国人呢？美国是世界上唯一理想主义的国家。"

◎基辛格的现实主义

基辛格对美国政策的理想主义传统打心眼里瞧不上。他曾对叙利亚独裁者哈菲兹·阿萨德说，二战接近尾声时，富兰克林·罗斯福完全没搞懂，要是能取得最佳的军事地位对抗苏联在欧洲的红军该有多么好。他说，罗斯福对地缘政治现实的把握可赶不上他对美国理想主义传统的喜爱。

在基辛格看来，应该倒过来才是正理。他曾写道："美国人觉得理想主义传统好，拥护崇高的事业，比如让民主或人权在世界自由通行。"不过他常常悲叹的是，看着那些并不完美的结盟，不光彩的行为，或者永无休止地管闲事来维持权力均衡，美国天性又不会袖手旁观。用斯坦利·霍夫曼的话说，"均势外交背后那些隐藏的国家分裂、补偿、秘密条约和炮艇，令美国有史以来就感到憎恶。"

基辛格认为，美国之所以如此讨厌秘密条约，讨厌炮艇，讨厌权力政治和均势外交的其他种种特征，是因为大多数美国人的天性：简单（有时过于单纯），心地善良，正派。基辛格曾写道："我们生来就喜欢直来直去，喜欢把政治摆在阳光下；我们不相信欧洲的方式，不相信那些大陆精英；于是我们越来越不能忍受欧洲那些程式化的外交手段，不能忍受他们追求暧昧的妥协。"他故意用刺眼的第一人称复数"我们"，掩盖了其实他自己可不是"我们"之一的事实。

正是美国性格中这一理想主义的传统，正是这种对道德尽善尽美的追求，正是这种对乌七八糟迁就融合的反感，让美国许多年来在孤立主义和干涉主义之间徘徊，把美国推入圣战（一战、越战），然后又把他打回去进行道德的反省。"我们总是喊些感情用事的口号，丝毫不考虑国家利益，这让我们在过度孤立和过度扩张之间摇摆不定。"基辛格写道。他说，想要缓和这种激烈的摇摆不定，需要"用一些亘古不变的国家利益概念来指导我们的判断"。

基辛格牌的现实主义的一个关键在于，他非常重视军事实力的作用。他曾写道："纵观历史，国家的影响力基本上与各自的军事实力成正比。"所以他非常赞同展示甚至炫耀军事实力：轰炸，入侵，把航空母舰开到冲突地区，核警报。

不过就算是从现实主义的角度来看，这种对军事实力的过度关注都饱受争议。一些经验更加丰富的现实主义者，像乔治·凯南和汉斯·摩根索都认为经济活力和政治稳定对一国实力来说和军事力量同等重要。基辛格外交政策最成功的是与中国的关系，与中东，以及后来与非洲的关系，而这些成功基本上和美国武力威胁挂不上钩；他的外交政策在越南、柬埔寨和巴基斯坦栽了大跟头，而在这些地方武力展示可一点也不少。过度强调军事实力还有政治上的束缚：美国的自我概念可不容许这种赤裸裸冷冰冰的武力威胁，20世纪70年代的美国人也不会支持这种做法。

基辛格的现实主义还有一个特点，强调"信誉"也能决定一国的影响力和实力。正是因为这一点，外交政策上的现实主义才并不总是与实用主义画等号。比如越南战争问题上，实用主义者会很快发现战争根本不值得打，付出的牺牲比任何可能的好处都要大。但像基辛格这样的现实主义者的想法却是，美国决不能半途而废，不然他在世界其他地区的影响力将会大打折扣。

基辛格对信誉问题十分重视。这一点从他1968年发表在《外交政策》上的文章，到1969年对越战选择的分析，再到1975年年初西贡陷落时他的论点都可以看出。但过分强调信誉会造成的麻烦是，有可能导致无法判断什么才是最重要的利益，哪些利益只是次要的，比如越南战争就是一个明证。

基辛格式的现实主义的第三个特点是，他可没兴趣支持独裁国家的民主力量和人权运动。比起对付欧洲那些一团乱麻的民主国家和以色列，他对付起强权者来总是更得心应手，诸如勃列日涅夫、中国人、伊朗国王、阿萨德，还有萨达特。

基辛格在白宫任职期间和卸任后，都反对那些道德积极分子们的远大抱负，这些人希望美国促使苏联、中国、巴基斯坦和伊朗推行民主改革。1971年一次会议上，国务院一干官僚都呼吁向巴基斯坦施压，恼火的基辛格说道："人家爱怎么管理自己就怎么管，关咱们什么事？"1989年中国"天安门广场事件"后，基辛格并没有加入抨击中国的大军，也反映了他这一观点。

基辛格的现实主义看起来挺复杂，还有些独创元素，不过其出发点是一个非常简单的前提：判断任何事件，首先要看在全球势力天平上，这件事是会为苏联增加砝码呢，还是为西方？在越南战争问题上，基辛格所谓的"信誉"就是基于这一原则：战争必须让全世界看到，美国有决心、有毅力抵抗苏联扩张。他之所以展开中东和平进程，其中一个原因也是为了削弱苏联在中东地区的影响力。印巴战争中，美国之所以支持失利的一方，原因固然很多，但其中之一就是基辛格坚决相信这场区域战争实质是美国委托巴基斯坦与苏联作战。

基辛格总是这样把东西方对立起来看待国际上的争端，他制定的外交政策也就始终逃不出一个逻辑清晰的框架。但他后来也承认，这种做法很可能误入歧途。1975年5月，经历了在越南、柬埔寨、葡萄牙和中东的一次次失败，他开始保卫他制定的与苏联缓和的政策，他说："我们必须抛弃那种观点，不能总是认为我们的每一个失败都意味着苏联的胜利，也不能认为什么问题都是苏联的行为造成的。"不过这里的"我们"倒是很贴切，他可花了整整六年时间推销"那种观点"。

◎1975年7月，索尔仁尼琴，赫尔辛基，人权

1975年，基辛格的批评者们不管左派还是右派，都开始抨击他把理想主义和道德抛在九霄云外的态度。何况他现在已经是出了名的不择手段、玩弄权术，人们自然认为他制定外交政策肯定也充满了阴险狡诈。

要是没有理想主义的光环或意识形态的魔力，基辛格很难让人们对他的干涉主义外交政策说好。二战后美国不得已加入北约和东约（Southeast Asia Treaty Organization简称SEATO，东南亚公约组织，简称东约组织），还不是为了对付共产主义的威胁。由于基辛格对苏联和中国采取了缓和政策，人们也就不觉得还有什么必要继续掺和海外事务。保守派本来认为对共产主义发起正义的圣战就是一切外交政策的基石，现在也开始漠不关心了。自由派老早就因为越南战争和基辛格对军事实力的迷信而跑得远远的，现在更是和保守派手挽手谴责基辛格权力政治哲学中对道德问题的视而不见。

这些矛盾都在1975年夏天集中爆发出来。6月30日，苏联流亡作家索尔仁尼琴来到华盛顿，准备在美国劳工工会举办的庆祝宴会上发表演讲。政府内部开始就福特总统是否应该接见索尔仁尼琴吵得不可开交。索尔仁尼琴的到来无疑象征着缓和政策支持者和反对者之间的最后摊牌。基辛格传出话说，行政官员就不要参加宴会了，因为索尔仁尼琴很可能会在演讲中攻击政府的缓和政策。这就明摆着国防部长施莱辛格可以出席宴会，以及刚刚宣誓就任的美国驻联合国代表丹尼尔·帕特里克·莫伊尼汉。

福特总统听从基辛格的建议，离得远远的。后来保守派参议员又提议，7月4日那天邀请索尔仁尼琴来白宫，也被福特拒绝了。其实，福特这样做既跟政策

有关，也跟人有关：他觉得这个俄国佬简直是头"讨厌的蠢驴"——这样的文学鉴赏可没怎么留情面；不过话粗理不糙，索尔仁尼琴的确跟大多数道德卫士一样，谈不上个人魅力。

福特的做法激起了很大争议，而且他自己在辩解时又一次一个版本。一开始，他的理由是"太忙"，基本没人买账。然后又派出发言人说，总统"不喜欢那些象征性的、完全没有内容的会见"。这个借口同样可疑，索尔仁尼琴再没有"内容"，也比那些体育冠军选美冠军们强了去了，可偏偏是后者屡屡成为总统堂前的座上客。

最终，福特败下阵来，公开发出邀请，欢迎索尔仁尼琴随时光临。但索尔仁尼琴已经没兴趣了，还以牙还牙地说："谁也不需要象征性的会见。"

不仅懒得造访白宫，7月15日，索尔仁尼琴还就即将在赫尔辛基召开的首脑会议——福特打算与欧洲和苏联首脑们一起商讨如何确保安全——发表了一番演讲，称这个峰会就是要"出卖东欧"。他还发挥自己写诗的天分，发出警世之音："这些外交的铁锹扮作友善的协定，就要把千万还在呼吸的生命活活埋葬，统统塞进一个共同的墓穴。"

也就在这天，基辛格在明尼阿波利斯发表了自己职业生涯中最重要的演讲之一。他在演讲中想方设法解释为什么他认为道德在外交政策中的作用十分有限，算是对批评者的回应——抓住政府怠慢索尔仁尼琴和赫尔辛基峰会即将召开的机会，批评者们正在大肆讨伐基辛格以权力为核心的国际事务观。

与玛雅奎兹号商船危机发生第一天基辛格的密苏里之旅一样，他的明尼阿波利斯之行同样值得叫好。他阐述了他的外交政策背后的哲学，倾听民众的心声。他花了大把大把的精力，准备他号称的"核心演讲"——1975年他在国内的14次巡回演讲。

核心演讲计划展现了基辛格身上的某种矛盾性：美国历史上还从来没有哪个政治家像基辛格这样偷偷摸摸、阴险狡诈地运用外交战术，但也从没有人像他这样，如此处心积虑不辞辛苦地向媒体和公众一遍又一遍解释他上下求索的概念性目标（升任国务卿后尤甚）。负责监督核心演讲计划的温斯顿·洛德说："核心演讲计划就是要向人们宣传美国对世界的作用，把全国人民团结起来，形成统一的认识。"

大多数外交政策类的演讲不外乎陈词滥调，再撒上点枯燥无味的精神食粮。不过基辛格的演讲却不落窠臼，他从来不会让听众觉得他高高在上，也不会把有争议的观点敷衍过去。每次出发前，他先写出自己演讲的要点，交给政策计划部门的马克·帕尔姆，由他和彼特·罗德曼一起写出第一稿。然后洛德会把草稿送给基辛格，同时准备迎接基辛格的劈头大骂，次次不落。"就没有一句话是我想要的，"基辛格每一次都这样咆哮，"满篇混混沌沌，满篇老掉牙的死脑筋。完全说服不了人。压根就没说到点子上。一点也不概念化。"有时他还会把草稿扔到地板上，狠狠踩上几脚，让洛德更加明白他的意思，其实他的主旨洛德早就再清楚不过了。整个演讲写作的最后一环是，由基辛格亲自改写某些部分。洛德回忆说："他会在连绵不断的电报和紧急事件中抽身出来写演讲稿，就算刚刚爆发了战争也不会有丝毫动摇。"

不过，白宫也有人对此不以为然。掌管福特演讲稿写作的罗伯特·哈德曼说："他那帮撰稿人个个博学多才，拼尽全力，让他听起来又像施洗者圣约翰、又像处处与共产主义势不两立的约翰·伯奇协会成员，又像某个平淡无奇的张三李四。"但不管怎样，基辛格的核心演讲引来了媒体一片喝彩，民意调查显示人们对他的喜爱达到了难以置信的程度。《时代》杂志在某次演讲后写道："基辛格是一位功成名就的江湖艺人，乡巴佬们依然把他看做超级国务卿，而他自己则沉浸在这种崇拜中拔不出来。"

前往明尼阿波利斯的路上，基辛格在密尔沃基逗留片刻，为棒球全明星赛投出第一球。不过过程中出现了几个小故障：先是体育场广播员把他介绍成了哈利·基辛格，接着，他投球软弱无力，引来一小阵嘘声。第二天在明尼阿波利斯演讲时，不断有言辞激烈的质问者打断他，弄得基辛格忍不住说："我想下面坐了好些个我在哈佛教过的徒弟。"

演讲题目虽是《外交政策的道德基础》，里面的权力政治观点可丝毫不含糊。他强调，"我们这个世界的终极主宰者依然是权力，要在这样的世界为美国争取更多的利益"至关重要。

演讲中他还为与苏联的缓和政策辩护。他说，由于双方都拥有核武器，"尽管我们的价值观存在根本对立，但达成更加积极稳定的关系"势在必行。他倒是也说了几句假大空的赞美美国理想的话，可惜每个句子后面都会紧跟一个"但是"。比如这句："我们的国家必须忠实于自己的信仰，否则他会在世界上迷失方向。但是与此同时，这个世界充满了强权国家，各种不同的目的正在激烈竞争，我们的国家必须在这样的世界里活下来。"

演讲进行到尾声，"但是"们显然胜出。基辛格攻击支持索尔仁尼琴和《杰克逊-瓦尼克修正案》的人，指出就算世界上大多数国家都在压迫人民，美国还是要和他们中的多数打交道，甚至称兄道弟。"从过去到未来，我们会一直发挥我们的影响力，阻止他们的压迫行为，"他说，"但现实让我们无法否认我们的局限……我们到底能在多大程度上影响别国内政？我们的影响能有多好？"

演讲结束后召开新闻发布会，基辛格发现居然又要为即将到来的赫尔辛基峰会辩护。峰会是作为欧洲安全与合作会议的高潮而举办的，两年来有关这个话题开了大大小小不知多少次会，但一直没什么人气，直到参议员杰克逊和索尔仁尼琴等人开始向他开炮才让人们发现原来还有这么个会。福特刚宣布他将参加赫尔辛基峰会，批评基辛格的声音就越来越汹涌，说他居然诱导天真的总统，把他卷入一场穷凶极恶的出卖阴谋中。

20世纪50年代中期以来，苏联外交基本上就是忙着召开欧洲安全会议，把战后各国边界固定下来。莫斯科的算盘是巩固苏联对东欧的控制，最好能把美国军队赶出欧洲大陆。尽管美国一直反对开什么安全会议，但到20世纪70年代初，美国在西欧的盟友们开始赞成苏联的主张，特别是想到，柏林条约的签订就搞定了许多德国问题。又由于各方都同意，任何决定都需要全体成员点头才能通过，而且美国和加拿大必须完全参与，华盛顿只好心不在焉地跟着一个会接一个会地开。

会议最终出台了三"筐"协议，称为赫尔辛基最终议定书。第一筐协议叫《欧洲的安全》，确认了战后各国边界，默许波罗的海诸国归入苏联版图，并要求"不干涉"主权国家"内政"。第二筐协议针对的是科技、环境、旅游和贸易事宜。最后一筐协议当时看来纯属假大空——《人道主义及其他》，提倡尊重个人权利，赞成人与思想的自由流动。最终议定书出台后，会议又安排1975年召开各国领导峰会，从而让各国批准这些协议。

这三筐协议都是由34个各不相同的国家加上梵蒂冈一起达成的，本不应该有太大争议。但是就在福特准备奔赴赫尔辛基时，美国国内的政治风暴却越刮越厉害。白宫简直要被爱沙尼亚、拉脱维亚和立陶宛血统的人寄来的信件淹没，他们反对把波罗的海国家并入苏联。《华尔街日报》的一篇社论标题为："杰瑞，别去。"加州州长罗纳德·里根说："我反对他去。"不过他并未解释为什么反对。

赫尔辛基事件触及了一根神经，一根叫做雅尔塔的神经。他让保守派们想起了1945年的雅尔塔峰会，据称就在这个会上，罗斯福和丘吉尔让斯大林相信，苏联可以在红军占领的欧洲国家强制推行共产主义制度。从那以后，许多美国人都担心，这种苏联和美国的"势力范围"外交还会产生"又一个雅尔塔"，再一次出卖东欧。

出发前一天，福特接见了美国少数民族领袖。他在发言中——福特手下撰写，斯考克罗夫特润色——宣布："美国从未承认苏联合并立陶宛、拉脱维亚和爱沙尼亚，在赫尔辛基也不会承认。"只不过是在重复美国一贯政策罢了，人人听着都很受用——除了基辛格。他觉得这句话简直就是打了莫斯科一个大嘴巴子。他暴跳如雷，站在椭圆形办公室外头的走廊上把斯考克罗夫特和哈德曼骂得狗血淋头，其他助手站在一旁面如土色。"你们都会付出代价的!我告诉你们，你们的饭碗一个也保不住!"基辛格坚持要福特在安德鲁空军基地做启程演讲时拿掉这句话，福特照办了。不过由于这句话早就写进发给媒体的通稿中，基辛格越是努力想把它消灭，它就越是引人注目，连他千方百计封住顶头上司的嘴这样的趣闻都传到街头巷尾无人不知。

赫尔辛基会议跟福特政府许多外交政策上的争议一样，都是些口头功夫，没什么实际内容，所以演讲稿上的任何问题都不可掉以轻心。尼克松在位那几年，切实的行动确实比空洞的言辞更强有力——这样的时期历史上也不多见——不过，早在那时候，基辛格就已经意识到，外交政策其实很大部分就是从一国总统嘴里吐出来的话。所以，基辛格不惜花费大量时间，确保尼克松每次外交政策演讲都经过他最后把关，而不是演讲写作班子写出来就万事大吉。不过现在还想这样就有点难了，因为福特的写手归他的老助手哈德曼掌管。

和往常一样，福特的赫尔辛基演讲由基辛格的下属起草第一稿。也就是温斯顿·洛德。哈德曼说："他（基辛格）训练的那帮演讲稿撰写人都是些'常春藤精英'，满纸稀奇古怪的词汇，总统一看就烦得要命。"哈德曼觉得这些家伙起草的讲稿尽"打官腔"，味同嚼蜡，完全起不到维护美国原则的作用。

哈德曼后来说，看完一遍唯一让他眼前一亮的是讲稿"最后一句话出奇的巧妙"——"当历史评判此次会议的功过得失时，它不会理会我们今天发出的豪言壮语，而是检查我们明天是否付诸行动；不会在乎我们许下的铮铮誓言，而是清算我们到底兑现了哪些承诺。"

峰会开了两天。国家领导人发言按照其国名在字母表中的先后顺序上场。福特耐着性子等着，别国领导发言时他都老老实实坐在下面听。他的解释是，人家在上面讲话，你却擅自离席，于礼不合。最终，心灰意冷的哈德曼给他传了张小纸条："您看什么时候方便能与您私下非常简要地谈谈亨利写的终稿？"最后，福特为参加国宴梳妆打扮时，哈德曼总算挤进来跟总统说上了几句话。

基辛格发现哈德曼一伙正在改写演讲稿，立马派手下威廉·海兰德去掌握他们的一举一动，坚决防止任何抨击缓和或苏联的语句溜进稿子。海兰德就是哈德曼所说的满纸稀奇古怪词汇的精英之一，他觉得哈德曼手下那群撰稿人是"一帮古里古怪的家伙"。他发现这帮人为讲稿最后一句话感到"无比骄傲"，可是大家都忘了，这句话其实出自基辛格办公室那一稿。海兰德故意捣乱地问道，既然最后说评判我们的不是我们说了什么豪言壮语，那还费那么大劲写这些大话干什么呢？

最终，基辛格和哈德曼两大阵营握手言和，认为最好的路线是突出人权协议，淡化安全协议。"对美国而言，这可不是陈词滥调，不是空话废话，"福特注视着勃列日涅夫说，"我们需要您认识到，美国人民和美国政府对人权和基本自由怀有强烈的信念。"接下来听众起身热烈鼓掌，基辛格笑吟吟地走到哈德曼面前："还是你写得好。"

赫尔辛基会议引发了一连串反对福特外交政策的政治反应，并且在一年后达到顶峰——与吉米·卡特的一次辩论中，福特大错特错地说什么解放波兰。（见第31章）事实上，福特1976年竞选失败的一大罪魁就是赫尔辛基会议。但回过头来看，福特和基辛格是正确的，比他们俩当时认为的还要正确：西方最终在欧洲获得了胜利，而赫尔辛基会议正是为这个胜利迈出的一步。

出乎苏联和美国保守派们意料的是，安全协议最后成为三篮协议中最微不足道的。所谓的"最终承认边界"指的主要是西德和东德之间的边界，而且也根本没有达到"最终"。到1991年，苏联解体，波罗的海国家重获独立。

　　基辛格为赫尔辛基会议后的新闻发布会提前准备好许多问题的答案，但有一个问题最后谁也没问：他是否认为赫尔辛基议定书默许了苏联对东欧的统治？要是有人这样问的话，他会告诉他们最终协议明确指出要"尊重各国自由选择和发展各自的政治、社会、经济与文化制度的权利"。在基辛格看来，这句话简直就是对勃列日涅夫主义的彻底批判——1968年苏联入侵捷克斯洛伐克后宣称，苏联有权力阻止盟国脱离共产主义集团。

　　至于人权方面的要求，勃列日涅夫似乎压根不当回事，他在演讲中说："只有各国人民自己，而非任何其他人，才有绝对的权力解决自己的内政。"但峰会刚结束，十几个由政治异见者和民主主义者领导的"赫尔辛基团体"就冒了出来，要求各共产党政府尊重协议中关于自由和人权的要求。其中包括捷克斯洛伐克的瓦茨拉夫·哈维尔领导的"77宪章团体"，波兰莱赫·瓦文萨发起的"团结运动"。西方也成立了一个正式的"赫尔辛基观察"组织，为这些民主运动推波助澜。不到15年，哈维尔和瓦文萨都成了自己国家的总统，虽然此前不久，他们还因为各自的政治活动身陷囹圄。

　　"莫斯科一直期望巩固战后秩序，但赫尔辛基会议促成的一切都令勃列日涅夫始料未及，"海兰德后来写道，"东欧的政治现状从那次会议开始土崩瓦解。"十几年后，共产主义阵营彻底溃败后，福特还邀了一点小功："当时人们都指责亨利和我试图冻结雅尔塔，但赫尔辛基会议真正带来的是对共产主义政府的人权压力，而这正是导致1989年各种事件的一个原因。"

　　不过，福特和基辛格都没什么好运气，虽然后来的历史证明了他们的英明，但那还要等上好多年。而对他们的政治诽谤与中伤却就在眼前。火上浇油的是，基辛格的助手索南菲尔特在伦敦给一群美国外交官秘密汇报了赫尔辛基的情况，并且用电报把简报摘要发给国务院，很快就传到了专栏作家洛兰德·伊文思和罗伯特·诺瓦克的耳朵里。

　　索南菲尔特，人称基辛格的基辛格，因为他看问题也复杂透顶，时不时地还玩点花招。他的简报其实是在用自己上司的权力政治观看待苏联在欧洲的影响。但他在伦敦说的话过于微妙，很容易被人误解：

　　　　东欧是苏联国家利益的一部分，但苏联无法获得东欧的效忠，这是非常不幸的历史失败……所以我们的政策必须是努力争取演变，让东欧和苏联发展起一种有机的关系……这在波兰成效卓著，波兰人成功克服了那种浪漫的政治倾向，那种曾经给他们带来灾难的政治倾向。

索南菲尔特想说的是，东欧与苏联之间最好能形成"有机"的关系，因为这样就不需要诉诸武力。但即便如此，他的观点后来被称为"索南菲尔特主义"，其内涵与保守派最恐惧的雅尔塔式的秘密出卖极为相似：美国承认东欧的"受控国家"自然而然就在苏联的势力范围之下。

"索南菲尔特主义暴露了美苏缓和的支柱。"伊文思和诺瓦克写道。其他媒体也迅速搞到索南菲尔特的简报电报，迫不及待地把他当成基辛格秘密世界观的大告白。"不管索南菲尔特——这位国务院最新推出的小梅特涅——到底想说什么，光是想想就足以令人不寒而栗，"C.L.舒尔茨博格在《纽约时报》里写道，"这简直就是邀请苏联政府更加彻底地控制东欧，没准直接纳入苏联也不一定呢。"《华盛顿邮报》发表社论说："有传言说，国务卿基辛格私下愁眉不展地琢磨着这件事。"

加州州长里根对索南菲尔特主义发动攻击，说他居然说什么"奴隶就应该接受自己的命运"，还乘胜追击，把"基辛格-福特"小分队不顾人权问题的各种例子全都揪出来："在基辛格的坚持下，福特先生故意冷落索尔仁尼琴，我们时代最伟大的正义英雄之一，"里根当时正在准备和福特争夺共和党总统竞选提名，"又是在基辛格的坚持下，福特先生千里迢迢到赫尔辛基签署协议，而就是这份协议，让美国同意苏联在东欧建立帝国。"

这场口诛笔伐先是把基辛格搞得迷迷糊糊，接着大惑不解，最后暴跳如雷，特别是他当他意识到共和党保守派正在竭尽所能地谴责他，更是火冒三丈。虽然他完全赞同索南菲尔特观点背后的理论——说到底，索南菲尔特无非清楚地表达了基辛格自己的信念，即稳定的势力范围极为重要——但他同时清楚，如果费心去解释，只会火上浇油。于是他宣称这些骚乱完全与美国政策无关。他告诉媒体圈的朋友说，索南菲尔特这次出格了。不过，有些朋友知道他对索南菲尔特（与他一样从德国流亡到此）一直是又爱又恨，他对这些朋友则会发牢骚说："要是那真算得上本届政府的什么新主义，也不能叫索南菲尔特主义。"

◎丹尼尔·莫伊尼汉与美国理想主义

美国驻联合国代表丹尼尔·帕特里克·莫伊尼汉知道，索南菲尔特在伦敦做的简报只不过是忠实地反映了基辛格的观点。"基辛格非常了解（权力政治），索南菲尔特以及那些根在欧洲的人也很清楚，"莫伊尼汉后来写道，"但我几乎一无所知。不过，威尔逊那一套我倒是很熟悉。"

莫伊尼汉曾经悉心研究过伍德罗·威尔逊，狂热程度丝毫不亚于他的哈佛同事对梅特涅的研究。1974年纪念威尔逊逝世50周年时，莫伊尼汉发表了一篇演讲，后来刊登在新保守派的宣传阵地《评论》杂志上。莫伊尼汉写道，威尔逊"唯一的贡献"，就是清楚地说明美国"有义务在全世界范围内保护、并且在任何可行的情况下促进民主原则"。由此莫伊尼汉推导出美国在今日世界负有的责任："我们必须挑起身上的担子：支持自由，支持自由在世界各处撒播。"

这种威尔逊式的理想主义与基辛格那套梅特涅式现实主义极端对立。莫伊尼汉因此和批评缓和的道德卫士们站到了一起，包括索尔仁尼琴、亨利·杰克逊，以及诺曼·波多雷茨等。这种对立可不是两个哈佛教授就学术问题拌拌嘴那么简单：莫伊尼汉在联合国推行他那套高尚政治理论，于是所有抨击基辛格无视人权的卫士呼啦啦全都聚到了莫伊尼汉旗下。

莫伊尼汉老早就打心眼里瞧不起基辛格这类在教师俱乐部吃饭的人。他们俩都在1969年离开哈佛，成为尼克松的幕僚，但莫伊尼汉只待了两年便回到学校，之后又去印度做了大使。私下里，莫伊尼汉挺喜欢跟基辛格搭伴，而且很佩服他旺盛的精力。但他觉得基辛格是个危险人物。莫伊尼汉总是不断引用索南菲尔特对他说的一句话："你不明白。亨利撒谎不是为了给自己捞到什么好处。撒谎是他的天性。"后来莫伊尼汉说，正是基辛格这种鬼鬼祟祟的天性"推动"了"水门事件"的发生。

莫伊尼汉眼睛很尖，把基辛格那些阴谋诡计看得一清二楚。他说，基辛格总是能一眼看出来找他的人想说什么，于是立马"抢过来自己说"。然后他会一脸敬意地宣称，能够有幸和来访者同舟共济真是感激不尽，让人以为他俩真的英雄所见略同。这之后，他会马上挥动阴谋的魔杖，声称他们面临着强大的对手，因此必须放出烟幕弹混淆视听；他会采取一些间接的方式实现他们共同的目标，不过这期间他要求来访者一定沉住气；他还会说，妥协肯定难以避免，但要求来访者不要一听说妥协便横加责难。莫伊尼汉说，就是这样，基辛格一步步走进了国务卿的办公室。

1975年2月，莫伊尼汉在《评论》发表了一篇文章，题目是《在野的美国》，引起广泛关注。这篇文章让他成为接替约翰·斯加利出任驻联合国代表的最佳人选。他在文中写道："美国人民有能力满腔热情地为政治自由和公民自由振臂高呼，四处奔走，不放过任何一个细节。现在，是时候让美国的发言人在国际论坛上为他要讲出的真相感到胆战心惊了。"

基辛格坐在豪华加长轿车里开始阅读这篇文章。为了一口气看完，他取消了下午的约会。他觉得文章写得很不错，同时却操心起来：自从《杰克逊－瓦尼克修正案》之后，他便更加坚信，为人权发起的道德运动会损害缓和。而福特则认为大可以把莫伊尼汉弄去联合国作专门对付那些批评福特外交政策缺乏道德关怀的声音。福特把这个告诉了基辛格，基辛格一开始不同意。福特回忆说："亨利不赞成派莫伊尼汉去联合国，他警告我说，莫伊尼汉可能会把这个机会当成一块政治垫脚石。"

不过基辛格再怎么担心也是白搭。在福特坚持下，他只得打电话给莫伊尼汉，告诉他总统的任命。基辛格在电话里喊道，莫伊尼汉发表在《评论》上的文章"出色得令人震撼"，还说"我怎么写不出来呢！"这可是两个旧时教授之间能够给予对方的最高奖赏，莫伊尼汉听了很是受用。他答应3月下旬找个星期三的下午过来一趟——就在第二次西奈穿梭外交失败后——接受派驻联合国的任命。

1975年余下来的日子里，莫伊尼汉的嘴巴在联合国可没闲过。那些高压政府竟敢攻击美国是帝国主义，莫伊尼汉毫不客气地训斥他们虚伪。11月10日，莫伊尼汉的口伐达到高潮：联合国大会通过一项反以色列的决议，宣称"犹太复国主义乃是种族主义之一种"。莫伊尼汉在联合国甩开嗓子嚷嚷，令国务院的一些人浑身不舒服——简简单单安安静静投个反对票不就得了，就当做视而不见，反正对联合国大会的各种破烂美国不是向来如此嘛。

这次投票后没几天，在一次国宴后基辛格邀请莫伊尼汉到他的白宫办公室再喝两杯。（莫伊尼汉接受了邀请，只喝低热苏打水的基辛格找来找去只找出一瓶茅台来款待他——莫伊尼汉可不像他那么饮食有度）两人边喝边聊，在莫伊尼汉看来不过是随便打打趣罢了。但第二天他就在《新闻周刊》上看到，一位高级政府官员披露，"上周在白宫，基辛格跟莫伊尼汉大谈特谈后者在联合国的行为举止，以及他自作主张，试图激起国会对犹太复国主义决议有所反应的举动。"基辛格立马向莫伊尼汉赌咒发誓，他完全不知道《新闻周刊》从哪道听途说的这些蠢话，不过莫伊尼汉心里明白得很。他后来说，这是基辛格鬼鬼祟祟耍手腕的又一个例子。

英国驻联合国代表艾佛·理查德对莫伊尼汉的攻击也是基辛格一手炮制——至少莫伊尼汉这样认为。理查德在一次演讲中说道，不管联合国"是个什么样的地方，它至少不是战场"。演讲大意就是，莫伊尼汉（虽然没有指名道姓）正在陷联合国于不义，因为他把这里变成了"对抗的阵地"。晚餐时理查德特意走到莫伊尼汉跟前，解释那些话并非他个人的意见，只不过是阐述英国政策。这时莫伊尼汉突然想到，这帮英国佬没准是受了基辛格的启发，因为基辛格刚刚面见了英国首相詹姆斯·卡拉汉。基辛格坚决否认，态度极为强硬，但媒体还是把这种猜测广而告之。威廉·萨菲尔写道："艾佛趁机利用了基辛格别在莫伊尼汉身上的标志——'冲我来吧'。"

莫伊尼汉恼羞成怒，径直飞回华盛顿，非辞职不可。不过福特心里却早有打算。莫伊尼汉的争强好胜很得大众欢心，比基辛格算尽心机维护缓和可爱多了。《时代》写道："莫伊尼汉大使这个勇武好斗的爱尔兰后裔，现在已经成为风靡全美的英雄。"福特独自坐在椭圆形办公室里，靠着炉火，要求莫伊尼汉留下来。不到30秒钟之后，莫伊尼汉同意了——莫伊尼汉多数句子花的时间都比这个长。总统又花了半个钟头兴高采烈地向他许诺一定会全力支持他的工作，之后把一直在门外等候的基辛格叫进来。莫伊尼汉回忆说："他的脸简直惨白。他向我保证会百分之百地支持我。"

接下来两个月里两人相安无事，直到1976年1月底。莫伊尼汉向哈佛请的假快到期了。1月初，他决定放弃在哈佛的终身职位，继续留在联合国。不过媒体近来刊登的好几篇文章都在怀疑基辛格是不是还支持莫伊尼汉——詹姆斯·雷斯敦毫不客气地说国务卿不支持——这让莫伊尼汉感到是时候辞官回校园了。

但基辛格一口咬定，莫伊尼汉辞职大有文章——他想竞选纽约参议员，但受任联合国代表时曾保证不参加竞选。"他得想办法摆脱自己的承诺，所以他故意跟我斗。"基辛格后来说。而据莫伊尼汉回忆，在1月初的一次谈话中，基辛格曾经以"朋友"的身份催促他尽快参加竞选。不管孰真孰假，莫伊尼汉离开联合国不几天，就投入了民主党参议员初选，顺利胜出，接着又打败了时任纽约参议员詹姆斯·巴克利。

跟白宫政府脱离干系以后，莫伊尼汉迫不及待地跳进了抨击基辛格缓和政策的队伍。3月1日，也就是离职后的第一天，他飞往波士顿，参加参议员亨利·杰克逊的总统竞选活动；之后又帮着在民主党政治纲领里添加了一条抵制缓和政策的内容。

莫伊尼汉的背叛为1976年总统竞选中的外交问题打下了基础。他是政府里最后一个为外交政策争取正义与道德的人。他走之后，基辛格的政策成为人们更加明确的攻击对象。无论是后来福特和里根竞争共和党提名，还是和吉米·卡特争夺总统宝座，他都不得不一次次面对人们对他的指控——指控他出卖东欧，牺牲美国的道德来挽救狂风中的缓和之烛。

◎1975年，内阁大换血

1975年10月底，福特的"厨房内阁"——一群老伙伴和没有担任公职的顾问来见他，讨论总统民调支持率下降的问题。他们认为，内阁成员之间无休止的争论使白宫呈现一种"内部无政府状态"，特别是基辛格和施莱辛格老是吵个没完。要想结束这种状态，他们建议福特，必须把这两人都解雇了。

用不着别人怂恿福特就想解雇施莱辛格，过后还说唯一错误是没能早点动手。"他那副孤芳自赏的样子，那种目中无人的态度实在让我反感，"福特说，"我不敢肯定他会不会对我以诚相待。"哈德曼回忆说这种憎恶甚至在不值一提的小事中反映出来。"福特不喜欢内阁官员来见总统时忘了扣衬衫扣子，忘了系领带什么的。"他说。

其次就是中央情报局局长威廉·科尔比。此君最大的毛病是爱向国会议员们说实话。用基辛格的话讲，"这该死的笨蛋每次一靠近国会山就抵御不住交代一些可怕罪恶的冲动。"福特和基辛格都认为科尔比下台的时间到了。

一旦决定除掉施莱辛格和科尔比，福特不由分说、不许商议，立刻便开始

指挥一曲内阁重组的变奏曲。座次变动的计划产生了：办公厅主任拉姆斯菲尔德接替施莱辛格出任国防部长。办公厅副主任理查德·切尼升为办公厅主任（他后来成为乔治·布什的国防部长和小布什的副总统）。商务部长罗杰斯·摩尔顿辞职转而出任福特竞选连任办公室的首脑，其职位由驻英国大使伊利亚特·理查德森回国接任。乔治·布什在中国待了一年后写信给总统，要求回国，福特开始想要他当商业部长，后来给了他中央情报局局长的位置。内阁改组没有波及副总统纳尔逊·洛克菲勒，但在1976年的总统竞选中，福特不再把他作为竞选伙伴（副总统候选人）考虑。

基辛格仍做他的国务卿，但放弃总统的国家安全事务助理的位置，由他的副手、国家安全事务副助理布伦特·斯考克罗夫特接任。

10月25日，福特打电话给基辛格和拉姆斯菲尔德，要他们过来商议改组一事。虽然拉姆斯菲尔德非常想得到高级内阁职位，但他过后宣称他对这次调整感到吃惊。"见鬼，牛已经出栏了，靠这种办法帮助树立你的形象已为时太晚，还是等选举过后再说吧。"基辛格也反对这种变动，可福特主意已定。

最难办的是摆脱施莱辛格，福特星期天早晨叫他来椭圆形办公室，谈了将近一小时。施莱辛格的脸绷得愈来愈紧，福特的火气也越来越大。当福特提到施莱辛格有必要辞职，国防部长讽刺道："我可没辞职，是你解雇了我。"

和其他大多数人一样，基辛格把这次内阁改组看成拉姆斯菲尔德的阴谋。他坚信，这位原国会议员自己想成为福特1976年大选的竞选伙伴，所以设法排挤掉洛克菲勒。再者，拉姆斯菲尔德把布什一脚踢到中央情报局，等于又消灭了一个竞争对手，因为总统要确保情报局长不介入政治。拉姆斯菲尔德否认自己有当副总统的野心。"我知道布什对我怀有竞争心理，但我告诉他那不是真的，福特也跟他说过。"但随着布什步步高升，拉姆斯菲尔德颓然结束了他的政府官员的生涯。

拉姆斯菲尔德与基辛格和斯考克罗夫特的关系更糟糕，因为他们发现，主要是拉姆斯菲尔德在背后唆使福特免去基辛格国家安全事务助理的职位，并且他敦促福特把这个空缺给哈德曼而不是斯考克罗夫特。由于图谋落空，实际上使国家安全事务助理班子继续朝国务院而不是朝国防部倾斜。

而基辛格的批评者责怪基辛格而不是拉姆斯菲尔德策划了这次改组。基辛格在军队里的"伯乐"弗里茨·克雷默就是其中一位。他跟施莱辛格一样反对缓和，两人常在一块为基辛格的狡诈、他的悲观的历史观、他的失败主义和他愿意跟苏联人做交易而扼腕叹息。

克雷默对施莱辛格被解雇一事感到十分震怒，他决意作出一个非同寻常的姿态：从此拒绝与基辛格说话。"再和他一块吃饭简直就是个政治谎言，"克雷默后来解释道，"作为一个人，你必须坚持政治价值。人们必须清楚：我不赞同基辛格的所作所为。这是个政治-种族性的立场。"情况变得不能再糟糕，南茜·基辛格不得不带着他们的狗泰勒去拜访克雷默的儿子斯文——当时也是国安会的工作人员，劝其从中斡旋，但于事无补。

施莱辛格本人倒是认为这事不能怪罪基辛格。他知道基辛格并不真正想赶走他。施莱辛格认为，不停地说对手的坏话只是基辛格的天性而已。"他花了不少时间朝我身上泼脏水，几乎是条件反射式的，不过我不认为他真的想让我离开，"施莱辛格说，"当内阁换血突然出现在他面前时，他才意识到，跟我共事比跟拉姆斯菲尔德共事要舒服得多……"

因为失去了国家安全事务助理的职位，基辛格有一阵子感到无比沮丧，又到处宣称他想辞职。他召集了一群远远近近的顾问和智囊给他出主意，但叫他害怕的是，大家一致请求他别干了。戴维·布鲁斯甚至特意造访基辛格，建议他写一封正式而简短的告别信。迪恩·罗斯科也大老远打电话来说了同样的意见。

一个由亲密朋友组成的核心小组在基辛格家和温斯顿·洛德家开了四晚的会，起草了一份又一份的辞职信。根据洛德的建议，信里主要把基辛格认为未来应该追求的外交目标列举了一番。他们甚至想好了如何通知驻外大使和各国领导人。为了让福特意识到这不是另一次耍小脾气，基辛格将只给总统一刻钟时间考虑。

但在计划实施之前，基辛格决定还是当面跟福特讨论此事。总统温和、平静地抽着烟斗，请他留下。这次花了一个多小时，但福特终于使他相信局势还没坏到不可收拾的地步，他又一次决定不辞职。一周后的一次国会听证会上，别人问他问题，基辛格说："我一直忙着搞清楚我留下的一大摊工作，还没时间考虑这个哩！"说完笑了。

第30章｜非洲

秘密介入+穿梭外交

　　我们必须舍弃一种观念，那就是：每一次挫败都是苏联的胜利，每一个麻烦都是因苏联而生。

——基辛格，在密苏里圣路易斯的演讲，1975年5月12日

◎1975年，透过东-西棱镜看安哥拉

　　1974年春天，发生在葡萄牙的那场军事政变是美国情报官员们始料未及的，也令他们百思不得其解。由马赛罗·卡埃塔诺（Marcello Caetano）领导的右翼政权被一个缺乏明晰意识形态的小集团推翻了，该集团的头目是一个戴单片眼镜的卡通人物式的将军。直到夏天，谜团才水落石出，原来幕后的真正操纵手是左翼军官。他们组成的政府包括共产党员和亲苏派人士。

　　基辛格向来对欧洲共产主义的威胁和北约没有骨气的态度忧心忡忡，于是在葡萄牙军事政变这个问题上，他作了最坏的打算。10月，葡萄牙社会党外交部长马里奥·苏亚雷斯（Mario Soares）来到国务院和基辛格共进午餐，他告诉基辛格，共产党是不可能掌控全局的。基辛格则提到在1917年的俄国仿效了这位理想社会主义者的类似的想法。

　　"你是一位克伦斯基（Kerensky，俄国革命家，1917年任俄国总理，不久被10月革命所推翻。——译者注），"基辛格对苏亚雷斯说，"我相信你的诚意，但是你太天真了。"

苏亚雷斯反击道："我当然不要当克伦斯基。"

基辛格回道："克伦斯基也不想。"

基辛格的预想颇为悲观，他认为葡萄牙已开始迅速走向共产主义。斯图尔特·纳什·斯科特大使则驳斥了他的这一观点，并力促继续向葡萄牙新政府提供经济援助，以支撑其与北大西洋公约组织的联系。基辛格的回应是让斯科特立即走人，转而听从一些在葡萄牙养老的美国保守派的警告，其中有前海军作战部长乔治·安德森上将。

基辛格很快委任弗兰克·卡路西（Frank Carlucci）接替斯科特的职位。卡路西当时是一名对外服务官员，并且仕途亨通，最终荣升为国防部长。然而，卡路西的观点和斯科特如出一辙：与里斯本政府合作乃上上之策，无需对内阁中的共产主义分子顾虑重重。基辛格不由得咬牙切齿道："是谁当初向我推荐卡路西的，还说他是一个强硬的家伙。"

不过，或许是因为1975年春天有太多令人担忧的事情，基辛格还是暂时采纳了卡路西的建议，放弃了对葡萄牙采取铁腕政策。从而，苏联也不敢轻举妄动了：不再竭尽所能助共产主义分子一臂之力，苏联驻里斯本大使也反复向卡路西申明，苏联不会把葡萄牙拉拢到自己的势力范围内。显然，莫斯科愿意尊重美国势力范围在欧洲的影响，而其自身则试图在赫尔辛基建立自己的势力范围。1975年年底，葡萄牙共产主义分子被亲西方社会主义者夺权，由此，葡萄牙危机偃旗息鼓。

葡萄牙革命留下了一个永久性的后遗症，新的领导者们（共产主义者和非共产主义者一样）都迫不及待想要摆脱其在非洲和亚洲的殖民地，并且极其突然地付诸了实践。结果，苏联的影响力在葡萄牙造成的这出闹剧将位于南非西海岸，矿产资源丰富的安哥拉殖民地也卷入其中，使局面变得愈加错综复杂。

葡萄牙当局决定恢复安哥拉自由之身，并于1975年1月邀请三个部落叛军头目进行会谈，目的是为了组成一个联合政府在11月份上台执政。与会成员均表示赞成和平共事。随后，在各国政府的援助下，战争拉开了帷幕。

安哥拉内战令人感到困惑的一个问题在于（至少对于那些想要选择一方予以支持的旁观者来说是这样）：这其中的三个部落派别主要还是基于部落的原始忠诚，和意识形态或者说东西范畴毫不相干。然而，这一点并不会让基辛格

第30章 非洲

以及那些擅长以诈术取胜的策略家们止步不前。

这三个派别的情况大致如下：

（1）安哥拉民族解放阵线（FNLA），简称"安解阵"。该组织以北部刚果部落为基地，由足迹遍布全球、狡猾的霍尔登·罗伯托（其人长久以来从中央情报局领取薪金）领导。虽然"安解阵"算不上亲西方或亲资本主义的中坚分子，但美国仍然相中了它，认为它是一匹值得下赌注的马。"安解阵"当时拥有跨度惊人的支持者：中国、罗马尼亚、印度、阿尔及利亚、扎伊尔、美国劳工联合会——产业工会联合会（AFL-CIO），以及福特基金会。

（2）安哥拉人民解放运动（MPLA），简称"安人运"。该组织以罗安达（Luanda）周边的姆邦杜部落为基地，由阿戈什蒂纽·内图（安哥拉医学博士、诗人）领导。正因为几位来自首都的知识领袖，"安人运"是三个派别当中唯一拥有真正意识形态（主要是欧洲马克思主义）的组织。"安人运"得到葡萄牙共产党和一些欧洲社会主义政党的支持。其主要支持者还是古巴和苏联（相比之下，后者稍微欠缺一些始终如一的坚定）。

（3）争取安哥拉彻底独立全国联盟（UNITA），简称"安盟"。以南部奥文本杜人聚集区为基地，由若纳斯·萨文比（Jonas Savimbi，一位兼具领袖气质和过人勇气的战士，曾与"安解阵"结盟）领导。"安盟"自诩（至少在成立初期）为不同凡响的最为激进的左翼组织。萨文比抨击"美国利益"以及"臭名昭著的帝国主义特工"。他长途跋涉寻求援助，到达了北越南、中国，最重要的是投靠了朝鲜，从而使他的战士们得到训练，并获得最初阶段大部分武装设备。令人费解的是，"安盟"会结束与南非联盟，同时与美国貌合神离般联盟的战争，更令人费解的是，在有古巴做后盾的"安人运"赢得战争后，萨文比会在继续游击战的同时，在华盛顿雇佣具有右翼影响力的布道者,而这些家伙将其宣扬为里根主义中击退共产主义的"自由战士"。

由此，1975年的安哥拉成为基辛格用以研究东西对抗中复杂的本土斗争的一个生动的舞台。乔纳森·奎特尼（Jonathan Kwitny）在其研究安哥拉内战的著作中这样写道："关于基辛格，你真的忍不住要对他的明智产生怀疑，他怎么就能从一场古老的围绕咖啡地控制权的部落纷争中嗅出苏联对美国安全构成威胁的气息。"

　　不仅如此，基辛格还把安哥拉当做缓和政策（一种对各超级大国在第三世界所能攫取的利益的最大限度的试探方法）新条规的试验田。殃及柬埔寨的越战使美国的许诺信用遭受质疑，因此，基辛格急切想要抓住一个机会来证明美国仍会一如既往地针对莫斯科的举动进行对抗。于是，混沌的安哥拉冲突也就不仅仅是又一次混乱的非洲内战那么简单了。

　　随后的一个关于安哥拉的争端是"鸡与鸡蛋"之争：到底最初是美国对苏联的干预行动做出回应，还是苏联对美国的干预行动作出回应？事实上，这还是一个和中国有关的逐步升级的循环，是中国在1974年对"安解阵"的支持促使苏联和古巴开始成为"安人运"的后盾。

　　美国第一次真正意义上的卷入发生在1975年1月（葡萄牙政府与三方叛军派别达成协议一周后），当时，"40委员会"（一个监视秘密行动的跨部门机构）通过了一项经费为30万美元的支持"安解阵"政治行动的机密计划。这笔经费并不算多，而且不包括武器，但他足以让罗伯托（Roberto）毫无顾忌地对"安人运"采取军事行动。到3月份，罗伯托已经调遣了一支机动纵队刺入罗安达，并袭击了"安人运"总部。

　　与此同时，苏联也加紧了对"安人运"的支援，通过水路和空运将给养品送往"安人运"基地。内图还向哈瓦那派出特使，请求哈瓦那提供最重要的战争资源——训练有素的作战部队。古巴没有坐视不管，雇佣兵部队于5月到达安哥拉。虽然古巴军队仅仅是充当苏联的代理军队，然而最近披露的资料显示，古巴支援安哥拉的共产主义者取得胜利是有着自己的动机的，而且他们并不因克林姆林宫内部蔓延的谨慎作风而束手束脚。得到有力援助的"安人运"开始在6月大举反攻，将北部的"安解阵"和南部的"安盟"统统击退。

　　万无一失的关键点得以实现：基辛格必须作出一个决定，那就是美国到底是应该加入这场竞赛，还是该安静地走开。他计划在7月14日（第二天他将飞往明尼阿波利斯做一个题为"外交政策的道德基础"的演讲，而索尔仁尼琴则会抨击他对苏联太过心软）召集一次"40委员会"会议，商讨美国是否要在安哥拉引发一场秘密战争。

以纳撒尼尔·戴维斯（Nathaniel Davies，基辛格钦定的专管非洲事务的助理国务卿）为首的美国国务院幕僚们坚决予以反对。正如预料所想，国务院专责小组运筹帷幄数周后，拿出了一个选择方案："努力通过外交—政治手段，和平解决争端。"虽然通过外交施压以形成一种和平僵局并非全无可能，但是这样一份典型的国务院糨糊报告让基辛格心烦意乱。他撤掉了专责小组，拒绝了戴维斯希望参加"40委员会"的请求。

虽然被排除在"40委员会"之外，戴维斯还是写了一份预见性备忘录提交委员会审议。他这样写道："有可能出现的最糟糕的结果将会是对我们所丧失的意志和实力的一场考验。"他还指出，即使是那些支持美国秘密卷入的官员也不会认为这样做就能取得胜利，充其量也就是维持一种僵局。"如果我们想要和苏联展开一场实力的较量，我们也应当选择一个更有利的地方。"除此之外，戴维斯还指出，"真相大白的风险太大，最后很有可能是双方达成妥协。"

甚至连中情局（CIA）也并非百分之百赞成秘密行动计划。中情局局长威廉·柯比（William Colby，他饱受越南弹震症折磨，还在国会听证会上被指对中情局以往的过错负有责任）也不希望惹来更多的麻烦（在这个计划得到批准之后，他坚持要国会通过官方途径拨款，最终导致消息泄漏，该计划遭遇扼杀）。策划此项计划的中层部门同样心存疑虑。中情局报告称："在秘密提供武器、装备和军火行动上，苏联拥有更大自由度，并能轻易提高援助行动级别。"报告还指出，即使形势大好，也不可能取得完全"胜利"。

约翰·斯托克维尔（John Stockwell，中情局特工，安哥拉任务军方负责人）在一本对中情局颇有微词的书中这样写道："我们和苏联为了一个国家针锋相对，而这个国家对于我们彼此来说都无足轻重。"他当时就曾提出过警告，这个引发争论的计划本身太微不足道，然而为了使其不为人知却要付出巨大的代价。因此中情局大多数中层人员都认为，在与三个组织都建立联系的同时通过呼吁调解占领道德高地是更为合理的做法。这样一来，即使"安人运"取得胜利（当时看来，这是有可能的），美国也不会彻底丧失在安哥拉的影响力，而且还能在非洲其他地区东山再起。

然而，基辛格提出了一个秘密计划：经由扎伊尔向"安解阵"输送3 200

万美元资助和价值1 600万美元的军事装备。福特批准了这个计划，同时还批准了另一个有限支持南部萨文比"安盟"军（目前与"安解阵"形成联盟）的计划。纳撒尼尔·戴维斯递交了辞呈，不再担任助理国务卿；基辛格挽留他继续待在国务院，并委任他为驻瑞士大使。对于一位因刚正不阿而"犯错"的外务官员而言，这算是不错的"奖励"了。

现在，就只有基辛格知道是谁给哪匹马下了注。"安解阵"不仅有来自美国的秘密援助，还在1975年夏天得到中国和罗马尼亚的大批武器供给，与此同时，北朝鲜驻扎伊尔基地的军事教官还为他们提供军事训练。"安盟"（激进左翼组织，一直以来与力争将纳米比亚从南非统治下解放出来的西南非洲人民组织（SWAPO）是联盟军）突然获得来自南非白人管辖区的大宗援助。实际上，这使美国和南非成了一条绳上的蚂蚱，是美国企图在黑非洲树立影响力的最糟糕的一种方式。

随着11月11日独立日的临近，南非派遣了一支5 000多人的部队与正往罗安达行进的"安盟"军及"安解阵"小分队会师。古巴立即做出回应，用苏联战机运送出大批配以苏联火箭发射器的部队。美国在面对自己的新盟友和新对头时，已经难分好坏了。中国不看好任何一方：双方都不存在战略优势，都必然失败，还被南非的支持而玷污。于是中国立即悄无声息地收手，全身而退。

到11月底，"安人运"凭借苏联武器和古巴支援部队在罗安达安营扎寨，成为这个刚刚赢得独立的安哥拉的事实统治者。"40委员会"不知"适可而止"为何物，让中情局着手起草一份新的选择方案报告。

最终建议由两部分构成：跟进投入2 800万美元以资助"安解阵"继续作战，纳入美国顾问。由于中情局的应急基金已分文不剩，加上柯比并不反对在采取任何进一步行动前先获得国会明文批准，于是，这个价值2 800万美元的行动请求在一次机密的正式听证会上被提交国会审议。

纳入美国顾问的提案更具争议性，中层人员在如何进一步推进的问题上出现了分歧。12月2日，主管非洲事务的代理助理国务卿爱德华·穆卡西（Edward Mulcathy，中情局跨部门工作小组成员）被推举为代表与基辛格就此事进行面对面的商谈。在当时的情形下，对基辛格的一些想法有所了解尤为重要，因为第二天他就要踏上令人晕头转向的周游世界之旅。穆卡西这样回忆道："我们当时的处境极为敏感，因为中情局正派遣几名特工潜入安哥拉，每

第30章

非洲

次一到两天，完成诸如安装无线电设备的任务。"

下午两点，工作小组聚集在中情局的弗吉尼亚兰利总部三层会议室，共同研究基辛格的决定。11个男男女女坐在一个拥挤的房间里，面前摊开着一张4英尺×5英尺的安哥拉地图。待每个人都准备停当，大家让穆卡西先汇报一下基辛格都对他说了些什么。穆卡西填塞好烟斗，局促地吸了片刻，最后说："他其实什么也没说。"

有人问："他看没看这份报告？"

穆卡西回答道："他看了。然后咕哝了一声，就走出了办公室。"

众人问："咕哝了一声？"

"对。就像'唔'。"穆卡西边解释边模仿了一遍。

大家都感到一阵惶惶不安，尤其因为基辛格正在前往北京的途中。有人问："他的咕哝声是带有肯定意味的还是否定意味的？"

穆卡西顿了片刻，继而解释道："就是一声咕哝，就像这样——'唔！'我的意思是他的声调既没有向上也没有向下。"

特工主管斯多克维尔独自思量着，而这群掌控全国战争的官员们忧心忡忡地围坐在圆桌前，试图解读基辛格的一声咕哝。穆卡西又模仿了一遍，强化这个咕哝声的平直。坐在圆桌另一端的一个人也试了试发出一个咕哝声。好几个人都试了试，发出不同的咕哝声作比较，上扬的表示肯定，下降的表示否定。

主持会议的中情局官员问道："我们是否要继续讨论有关顾问的问题？"

穆卡西紧缩眉头，一口接一口抽着烟斗，揣摩着顶头上司的想法，最后说："还是先放一放。基辛格刚刚决定不派美国人进入西奈山……"

众人纷纷点头。纳入美国顾问的提案被暂时搁置。穆卡西在多年之后回忆起当时的情景，不由得感叹："用这种方式来决定是否发动一场战争，简直太不可思议了。"

美国秘密援助计划的蛛丝马迹已经出现在一些报纸上，但直到中情局自认为不为人知地再次向国会申请2 800万援助资金时，消息才开始泄露。12月13日，《纽约时报》在头版刊登了西摩·赫希（Seymour Hersh）的报道，详述该秘密计划，并披露，纳撒尼尔·戴维斯的辞职与此不无干系。在秘密会议期间始终反对此项资助计划的爱荷华州参议员迪克·克拉克（Dick Clark）迅速出台了修正案以切断所有秘密资助。

这一切发生之时，基辛格正在世界各地周游。他陪同福特总统在北京与年事已高的毛主席会晤，邓小平在致祝酒词时是这样说的："天下很不太平，但情势一片大好（There is great disorder under heaven, and the situation is excellent）。"这在基辛格和福特听来，觉得既恰当又费解。

基辛格和福特还访问了印度尼西亚。他们刚结束访问离开，印度尼西亚就用美国提供的武器入侵了邻国东帝汶。东帝汶这个巴掌大的小国刚刚脱离葡萄牙的殖民统治，左翼反抗武装夺取了政权。基辛格和福特从美国情报部门获悉印度尼西亚的打算，并且深知印尼此举违反了美印军售规定。但镇压东帝汶反抗分子正中基辛格下怀，于是白宫政府决定袖手旁观。

基辛格陪同福特在亚洲转了一圈，然后独自前往布鲁塞尔参加北约会议，之后又去伦敦出席了一个美国大使的秘密会议（就是在这次会上，索南菲尔特发表了那篇诞生"索南菲尔特主义"的演讲）。最后，基辛格陪父母回了一趟老家菲尔特城，拿了个"杰出本地市民金奖"；他还一个人到外公法尔克·斯特恩的墓地上了坟。

虽然身在万里之外，基辛格依然不断收到电报，说莫伊尼汉在联合国取得了如何的丰功伟绩。另外，由于政府拒绝移交国务院部分保密的历史文件，专门调查中情局活动的众议院委员会还告他"藐视国会"（后来撤销）。

这样，基辛格积了一肚子怨气回国。12月18日召开高级幕僚会议，基辛格趁势在安哥拉和东帝汶问题上"小小地爆发"（基辛格语）了一下。根据记录当时谈话内容的一份长达10页的秘密备忘录，基辛格最担心的不是什么实际问题，而是害怕秘密泄露。

会上，基辛格的第一次发飙和东帝汶有关。原本以为印尼入侵东帝汶只是想把乳臭未干的左翼政权赶走了事，没想到印尼的所作所为极其野蛮。令基辛格大为光火的是，国务院负责法律事务的人员居然正式提出，印尼在利用美国武器上是否违反了美国法律？是否应该禁止军售？更令他忍无可忍的是，这些家伙还把问题写下来用电报发给他。基辛格很清楚，一旦这事被摆到台面上，他只能实话实说。但考虑到安哥拉的局势，基辛格可不想切断印尼的军火来源；相反，他的小算盘是先一声不吭地暂停一段，应付过去再说。

基辛格："关于东帝汶的电报……唯一的后果就是全天下人都知道了。这样对待国务卿简直是耻辱……还能有什么其他解释？我已经告诉你悄悄停止（对印尼军售）……"

助理国务卿菲利普·哈比卜："我们已经要求这份电报不得散布，所以决不会走漏消息。但这个问题我们还得仔细考虑。"

基辛格："我并没有说过你们有建议时不能向我口头说明。"

哈比卜："按照我们的估计，要是有麻烦，应该在你回来之前就爆发……"

基辛格："屁话。我告诉过你，武器售卖要先停几星期，然后再开始。"

哈比卜："电报内容不会泄露的。"

基辛格："会的，会的，还会闹到国会去。到时你和我就等着站在听证台上吧。"

哈比卜："当时我不在。有一封电报告诉我有麻烦了。"

基辛格："这意味着有两封电报！意味着至少20个家伙读过！"

副国务秘书西斯科："那封电报告诉我们，是你下令让我们撤退。"

基辛格："等一会儿，等一会儿。你们都知道我的立场……这将会给印度尼西亚带来灾难性的影响，他真是个十足的受虐狂。没人指责这是一种侵略。"

法律顾问门罗·利："印度尼西亚违背了我们的一项协议。"

基辛格："当以色列人进入黎巴嫩——我们上次抗议是在什么时候？"

法律顾问利："这完全是两码事。"

副国务秘书卡莱尔·萌："这是一种自我防卫。"

基辛格："难道我们就不能把印尼中部的共产主义政府解释为自卫？"

利"嗯"了一声，没说出话来。

基辛格（在讨论了一阵安哥拉问题之后）："东帝汶的事会在三个月后暴露，会有人传言说基辛格一手遮天，并且违反了法律……你们要知道，我们生活在大变革时代，纸上的任何字句都将置我于不利之地。"

印尼的侵略结束了，人口力量薄弱的东帝汶有10万多名民众死亡，占总人口的1／7。在一次短期访问后，基辛格成功地向印尼军队提供了大量援助。电报和争论的内容都没有泄露。

在成员会议上，基辛格抱怨了一箩筐问题，但他最操心的还是安哥拉。尽管他不断跳跃话题（而且，根据一名与会者回忆，他的立场也是摇摆不定），他总能回到安哥拉内战问题上。

令基辛格最感头疼的是莫伊尼汉在联合国处理安哥拉问题的方式。像许多新保守派一样，莫伊尼汉反对美国的介入，而且他认为苏联违背了缓和精神，应该遭到强烈谴责。他敦促美国把安哥拉带到联合国安理会上，而且"永远不让这个问题褪色，直到最后一名古巴人从非洲撤退。"基辛格从亚洲发电报回来，说安理会起不到一丁点作用。

所以莫尼伊汉发动了一个人的战争。在一次周日演讲秀中，他义愤填膺，抨击"苏联侵略了南部非洲"。在年度代表大会就南非的辩论中，他大步流星跨上讲台，指责苏联是非洲的"新殖民国家，帝国主义恶势力"。同时，他不断给基辛格发电报，在电报中添油加醋，请求通过安理会解决安哥拉问题。

"这个莫尼伊汉，没有一天不发电报的。"在成员会议上，基辛格发了一肚子牢骚，"莫尼伊汉这家伙怎么搞的，总要搅到安哥拉的泥潭里。停火协议，我们随时都能拿到。再说，就算我们不加紧投入兵力，也没啥大不了的。"在基辛格眼中，以莫尼伊汉为代表的新保守派和施莱辛格为首的鹰派，都是夸夸其谈之辈，一旦到对军队发号施令的关键时刻就吓得屁滚尿流。

另一方面，莫尼伊汉认为，在维护美国利益方面，基辛格没有发现比诉诸武力更有效的策略。"不可原谅的是——因为他注定要失败——他蹚了这趟浑水，试图把中央情报局的资金通过扎伊尔运给安解阵和安盟。"莫尼伊汉后来又说，"还是老把戏：秘密轰炸柬埔寨，计划和黎德寿签订协议。"莫尼伊汉觉得公共外交比隐蔽行动有效得多。

抱怨了一通莫尼伊汉之后，基辛格开始关注泄露问题了。

基辛格："这帮婊子养的，把信息都泄露给霍华德，然后这些消息就会充斥在《纽约时报》的国家安全版面。"

西斯科："我可以告诉你谁是泄密者。"

基辛格："谁？"

西斯科："海兰德。他说把简报给了霍华德。"

基辛格："我想让这帮人知道，美国对安哥拉的兴趣既不是经济财富，也不是军事基地。我们的兴趣在苏联。如果苏联在8 000米外秘密行动，周边国家都会来寻求美国的帮助……"

哈比卜："我想泄露和异议是你必须承担的包袱……"

基辛格："……总统向中国人表态，我们会坚定不移地支持安哥拉。两周之后我们就被出卖了。我去参加了一次北大西洋公约组织会议，这个部门就泄露消息说我们在担心军事基地，并且说这是基辛格精神错乱，夸大其词。事实上，我既不关心石油，也不在乎基地，我关心的是非洲兄弟的反应——当他们看到苏联乘虚而入而美国无动于衷时。那时欧洲人会自言自语：'美国连罗安达都保不住，还怎么防御欧洲？'中国人会嘲笑说：'曾经五万人就把美国从印度支那撵了出去，现在不到5 000万美元就能把美国从安哥拉驱逐出去。'"

第二天，参议院以54票赞成22票反对的投票结果通过了克拉克修正案，中断对安哥拉的资金援助。1月份众议院依葫芦画瓢也搞了一次投票，结果悬殊更大，323票对99票。安解阵解散了，霍尔登·罗伯托去到了欧洲。安盟在接下来的15年里在南方搞低级形式的游击战争，最著名的要算主席若纳斯·萨文比通过极富个人魅力的环球访问，来寻求各国的支持和援助。

基辛格曾在私下里指责福特，就是因为他，国会的外交政策变得残忍无情。他觉得总统应该挑起一场战争，强迫国会给安哥拉提供必要的资助。或者干脆像尼克松那样，瞒着国会所有成员。克拉克议案投票后没多久，基辛格给波士顿《环球》的编辑们做了一个非正式的简报。在简报中，他怒火万丈地指责福特不支持安哥拉，甚至点名道姓地攻击总统，在描述总统的软弱无能时，无奈地摇了摇脑袋。《环球》的编辑们被基辛格愤怒的样子吓坏了，吃惊地离开了会议室。因为这次会议是秘密的，所以一个字也没登出来。

基辛格的担心变成了事实：安哥拉采取了苏联模式，走上了马克思主义经济道路。虽然这个国家有丰富的石油和矿产资源，经济却一直在走下坡路。《洛杉矶时报》的记者戴维·兰姆在访问罗安达时写道："在这里，参观者会被自己奇怪的念头吓坏，他以为自己进了鬼城。"古巴确实曾经为安哥拉提供过社会服务——建立农村卫生诊所，建立新学校，诸如此类，但与之相伴而来的是共产主义的那一套教条。

另一方面，在处理与第三世界左翼关系时，由资本家经营的美国石油公司比政治家要现实得多：他们与安人运及其新政府的关系相当好。确实，在战争初期海湾石油公司因为相信安人运必赢，甚至支持了安人运，而不是安解阵。

石油勘探分公司的负责人梅尔文·希尔在1980年的国会听证会上说："安人运的社会主义狂热症并没有干扰海湾石油公司。我认为，互相尊重和信任是理解海湾石油与安哥拉构建生产关系的关键。"田纳西州的吉恩贝茨与他英雄所见略同："他们非常现实。尽管他们对马克思模式的政府倾心不已，但由于信仰马克思主义的朋友无法满足其所需，他们把目光投向了西方。"

基辛格解释说美国介入到安哥拉内战中，并不是为了保护本国的重大利益，而是和以前一样，他认为这是事关美国信誉的一件大事，显示出美国仍然愿意挑战苏联，阻止苏联对第三世界的干预。1976年1月，美国中断对安哥拉的资金援助时，基辛格在国会发言："问题在于美国是否仍有信心表现出大国的责任感来。如果在苏联和古巴规模空前的干预面前，美国表现得软弱了，世界其他国家领导会怎么考虑本国将来的安全问题？"同月在飞机上的一次秘密会议中，基辛格认为"如果莫斯科在这个地区侥幸成功，那他就会开发新的领地"。

信用的面具有时会被拆穿，尤其是在越南问题上，信誉的论调承受了不能承受之重。但他也并不总是那么假。20世纪60年代，在赫鲁晓夫的号召下，苏联支持世界各国的解放运动，帮助他们建立与莫斯科结盟的人民共和国。如果在每一个地区都跟苏联叫板，尤其是在本国不占上风的情况下，会显得太鲁莽了，而全线撤退也很危险，尽管这符合越战以后许多美国人的心理。要想使这招立得住脚，关键在于找到合适的地方，合适的方法。

其实，华盛顿没必要把安哥拉作为美国展示信誉的角逐场。在这里，美国既没有重要利益的诱惑，也没有历史使命的召唤。他本可以像对待邻居莫桑比克那样对待安哥拉——莫桑比克也曾是葡萄牙殖民地，后来由左翼解放运动接管。但是基辛格却把安哥拉当角逐场，检测美国的威望，就像刻意寻找一名敌人，以证明美国有决心同苏联竞争在第三世界的影响力。

把一场内战转化成信誉的竞争，是自愿把美国的信誉放在浪尖上的冒险行径——除非基辛格非常有把握美国愿意而且能够战胜对方。纳撒尼尔·戴维斯就此说过，最坏的结果可能是把一场遥远的三级民族内战演化成与苏联的较劲，然后吃个败仗。真是被他说中了，安哥拉是一个失败的例子，纯粹是吃饱了撑的。

介入安哥拉的后果是：苏联、古巴的全盘胜利，美国信用无谓的损失，国内政治的崩溃，一项耗资巨大的项目，无意义地刺激了遥远的战争——别的任何选择都比这个好。在遥远尤其是隐蔽的角落里装备代理士兵，长时间用低级武器作战，这是苏联的拿手好戏。美国是天生的理想主义国家，爱好舌战，不擅长这一招——越南和安哥拉就是活生生的例子。

如果基辛格早点认识到这个事实，他将会采取别的策略来维护美国的影响和威信。中东穿梭外交就是一个很好的例子。在那里，他通过使用创造性的外交手腕，而不是武力，成功地在中东（那可是更关键的地区）树立了美国的影响力，灭了苏联的威风。

在安哥拉碰了一鼻子灰之后，基辛格得出了这样的结论。为了给南部非洲带来和平改变，增强美国在黑人国家里的影响力，基辛格不再依赖军事实力，而宁愿出其不意地采用协商好的外交策略，包括穿梭外交，反思美国政策等。

◎1976年，罗得西亚：人权回归

1976年1月安哥拉政策崩溃时，基辛格向参议院座谈小组抱怨，国会剥夺了总统不可缺少的灵活性。"缓和关系的基础是胡萝卜加大棒。当苏联表现乖巧的时候，比如在1972年对越南，就奖给他们几个胡萝卜，授予贸易特权等。当他们多管闲事时，就要被反抗，必要时还可以出兵。《杰克逊-瓦尼克修正案》减少了最重要的胡萝卜，现在克拉克修正案也收起了大棒。"

主持听证会的参议员迪克·克拉克不同意。在黑非洲政策上他提了一个新建议：美国通过与这些国家分享人权和民族平等的价值观，来扩大影响力。迪克说："如果美国试了这种方法，冷战在非洲的利益就会自生自灭。"

这种观点显然不能吸引基辛格。基辛格认为许多国家的解放和反抗运动是在盲目跟风莫斯科。但他明白他需要一个新政策，尤其是在非洲，黑人对依然由白人统治的国家的憎恨似乎一触即发。如果有机会，苏联肯定会充分利用这种紧张局势，而基辛格几乎无招以对。现实政治的分析，使基辛格采纳了一种新的理想主义外交政策。

此外，福特在推动政策转变上也扮演了重要角色。福特的贡献在于将尼克松时期那种冷淡的，僵化的执政气氛，变得通情达理。福特后来提到："1976年的非洲新政策反映了我的同情心。我觉得那里的政权不会长存，我们应该采用更加仁慈的观点。"

另一个因素大概是因为基辛格信奉塔列朗的格言："执政的艺术在于预见到历史的必然性并加速它的降临。"

所以从1976年4月开始，在访问非洲过程中，基辛格改变了美国政策。从那以后，美国对非洲政策的基础是坚决反对白人少数政权，并向新成立的黑人国家提供财政援助。在头年7月明尼苏达州的一次演讲中，基辛格还告诫道义不能作为外交政策，而现在他却很乐意用这一招了。基辛格所宣扬的道义甚至传播到了非洲以外。他开始游说建立有共同价值观的联盟，而且在一次被广泛描述为威尔逊主义的演说中，基辛格告诉联合国，世界应该寻找一种公平的新秩序，这种新秩序的基础不是军事实力，而是精神力量。

在传递美国价值观的力量时，基辛格既采纳了克拉克等自由派的建议，也接受了保守派的观点，后者认为缓和局势是非道德的。评论界随后发现基辛格具有吸收观点的高超技巧，而这正是他表面上反对的方法。他的哈佛老同事斯坦利·霍夫曼在分析基辛格1976年非洲政策时说："他有一种聪明的才能，能够用对方的观点，把对方说服。这种接收外部观点的能力颇似变色龙，而这恰恰证明了他的聪明。"

基辛格之前的非洲南部政策是在1969年形成的。当时罗杰·莫里斯秘密召开了一次国家安全学习备忘录，被称作NSSM39。这次会议列举了五种选择，对非洲南部的态度从与罗得西亚（津巴布韦独立前的名称。——编者注）和南非的白人政权保持更亲密的往来，到与之完全分裂。经莫里斯和基辛格推荐，尼克松通过了被命名为"柏油娃娃"的第二种方案。因为"既然白人要住在这里，唯一能带来建设性变化的就是他们"。因为相信美国与罗得西亚和南非的经济联系能够改善黑人工作人员的苦境，一些自由主义的敏感问题也被招安了。但事实上，这个决定带来了一个苛刻的规定。文件声明，"我们支持群众反对民族压迫，但会放松对白人政府的政治孤立和经济限制"。

基辛格在对肯尼亚，坦桑尼亚，赞比亚，扎伊尔，利比里亚和塞内加尔进行为期13天的国事访问前做了一次出行致辞。在致辞中他首次暗示上述政策在1976年4月23日修改过。在致辞中他谈到了美国愿意支持黑非洲国家实现多数统治，也谈到了美国和黑非洲之间"价值观和梦想的纽带"。

在赞比亚总统卡翁达招待的一次午餐会中，基辛格的发言更有冲击力。为了准备这次演讲，基辛格已经研究了六个礼拜，写出七份草案，清楚地显示了美国政策改变的每个细节。他希望听众忘记美国之前对他们的目标的态度，把以前的感觉丢到一边，"现在是时候找到我们的共同点了"。然后他指出白人统治存在的问题：

> "在我们的共同目标中，民族公正是最基本的一个。这是时代的主题……我们在非洲南部支持这一原则，不是简单的一个外交策略，而是我们道德传统义不容辞的责任。索尔兹伯里政权会遭到我们无情的反对，直到能够通过谈判达成协议。

需要指出的是，基辛格把罗得西亚称为津巴布韦。1980年那里的黑人最终取得政权，津巴布韦变成了罗得西亚的官方称谓。基辛格指出，"住在那里的美国人应该离开。"由于黑人统治的国家遭到了罗得西亚的禁运，基辛格倡导了一个财政援助项目，尽管莫桑比克被左翼接管，而且曾与安哥拉的安人运结盟，基辛格还是不计前嫌，拨了1 250万美元给莫桑比克。谈到南非时，他说比勒陀利亚仍有时间和平粉碎种族隔离政策，但他提醒："时间是有限的，比几年前预期的时间要短得多。"

这次卢萨卡的讲话博得了一片喝彩声。卡翁达总统称它为"一个重要的转折点"。基辛格的一个助手恬不知耻地说："长期以来，这是美国第一次做道义的事情。"

喝彩声令基辛格心花怒放，仿佛一下子年轻了10岁。与以前的大部分访问不同，这次基辛格津津有味地享受着观光这一仪式性任务——他甚至摒弃了以前的旅行规则：在国外永远不要屈尊看在国内也能看到的东西。他在赞比西河和扎伊尔河上漫游，在维多利亚瀑布下散步，吃野猪肉和木薯叶子，而且就算第一天在肯尼亚欣赏了当地的舞蹈，第二天在扎伊尔看过，第三天又在利比里亚看到——基辛格也没有表现出任何的厌倦。在参议员阿伯拉罕·李比克夫和雅各布·贾维茨的陪同下，基辛格兴致勃勃地乘坐路虎车参观了肯尼亚的马赛马拉野生动物保护区。在赞比亚，他迈上了横跨罗得西亚和赞比亚国界的铁路大桥，一步跨过白色国界线，开玩笑说："至少现在我知道问题是什么样子了。"旅行途中为数不多的沉郁乐章在塞内加尔奏响。基辛格坚持要乘坐40分钟的渡船到戈雷（Goree）岛上，也就是历史上的奴隶岛，从非洲贩卖到美洲的奴隶都会在这里周转。他说："作为人类，你会觉得很惭愧。"

回国后，美国的保守派对基辛格的热情明显降温。面对里根的强硬挑战，福特仍继续支持基辛格的非洲新政策，这成为福特勇敢的象征。一天中午，里根在阿拉莫前举行的战役集会讲话中，指责基辛格的卢萨卡讲话会引起罗得西亚的大残杀，而且会降低在那里建立公平合理新秩序的可能性。基辛格读到里根的演讲报告时，脸色明显变得烦躁不安，他公开地告诉随行媒体，指责加利福尼亚州政府"完全不负责任"。

几天之后，福特在德克萨斯州初选上败给了里根，这次滑铁卢在很大程度上要归功于基辛格不受待见的非洲声明。前尼克松演讲撰稿者，后来成为报纸专栏作家的帕特里克·布坎南（后来又为里根效劳，主持政务）写道："国务卿基辛格的非洲之旅，是否对美国政策利益造成更大损害，或者福特总统是否还有希望在选举中胜出，我们就骑驴看唱本——走着瞧吧。"共和党领导人，国会议员罗伯特·迈克尔说这次访问对美国南部造成了灾难性后果，基辛格的嘴巴应该被封上。选举的结果是在基辛格的飞机将在达喀尔落地时传来的。温斯顿·洛德等人为了封闭这个消息，为国务卿演唱了一支小夜曲：《德州人的目光总在你身上》。

基辛格归来后，在参议院外交关系委员会前发表声明时，战争开始了。休伯特和迪克等自由派质问他是不是想废止伯德修正案了，这个修正案允许美国购买铬，但不得对罗得西亚实行制裁。基辛格保证他会。修正案的作者哈利·伯德，从右侧抓住基辛格，指责他"鸡蛋里挑骨头"，指控说"我知道你很信赖苏联共产党"。基辛格的脸"腾"一下红了，他努力摆出一副经常在公众场合的表情，语无伦次地说："完全错误，不是这样。"

基辛格心里再清楚不过了，单凭在罗得西亚玩的那些外交辞令，想在南部非洲扩大影响力，缓和紧张局势，是不大可能的。他应该采取实际行动支撑自己的观点。所以他决定拿出自己的看家本事：穿梭外交。在英国的地盘内这么做这多少有点厚颜无耻，因为英国仍然相信罗得西亚在自己的势力范围之内，尽管影响力日趋衰落。但是基辛格担心苏联在安哥拉和莫桑比克尝到甜头之后，又对非洲这块肥肉虎视眈眈，试图在这里扩大苏联影响力。罗得西亚战争升级后，这种担心更强烈了。同时还有一点虚荣心在作祟：在这块肥沃的新土地上，基辛格可以展示自己的穿梭外交技巧。

但这同他之前的穿梭外交有一个根本的不同之处。在中东，双方都希望外交成功。在非洲，黑人渴望通过协商变为多数统治。但是罗得西亚白人不需要这种解决方案，而且外交越少，他们越开心。所以基辛格修改了在中东连哄带骗，取悦讨好双方的策略。这次相反，他尽可能地给罗得西亚伊恩·史密斯的白人政权施加压力。最重要的是，他说服了罗得西亚的经济生命线——南非加入自己的阵营，以增加压力。基辛格警告南非的领导人：除非得到美国的援助，南非迟早要面临多数统治的压力。

6月份，基辛格和南非总理约翰·沃斯特在海边小镇上举行了一次为期两天的秘密会谈。会谈中基辛格第一次谈到了这个想法。他保证，如果南非愿意将自己的命运与罗得西亚分开，美国会更认可南非政府，南非也可以更自由地解决国内民族问题。9月份，他们在Zurich又进行了两天的商议。这次沃斯特表态说如果伊恩·史密斯不妥协，南非就切断罗得西亚的铁路线。基辛格计划在次周召开的会议中敦促史密斯接受协议方案。

基辛格在飞机上对记者说："我相信谈判的条件是存在的。"9月14日，也就是一周后的星期二，基辛格不声不响地去了非洲，开始了穿梭外交。

他首先在坦桑尼亚停下，从朱利斯·尼雷尔总统那里打听到"前线国家"的感受，总的思路有了：两年内实现罗得西亚独立，建立非洲人民多数统治的政府，在此之前，白人和黑人组成过渡政府，共同执政。黑人国家结束对罗得西亚的制裁，停止游击战争。为了达到目标，基辛格和英国官员各自增加了自己的"糖衣"：提供20亿美元的安全网络基金保护白人的财产安全，并且对被迫离开家园的白人进行经济补偿。

周五下午，基辛格抵达比勒陀利亚，他是到南非访问的美国领导中级别最高的一个。按计划，伊恩·史密斯次日会以看橄榄球比赛的名义从罗得西亚飞过来。基辛格传话说，只有罗得西亚领导人提前暗示史密斯愿意就两年多数统治计划进行谈判，他才会接见史密斯。尽管很不情愿，史密斯还是答应了，并让沃斯特传了话过去。所以星期天一大清早，在一位美国大使的家里，基辛格与史密斯进行了四个小时的会谈。

与中东会谈的讨好迎合相比，这次会面气氛冷淡，开门见山。基辛格说：CIA预计罗得西亚的经济一年后会崩溃，秘密军事评估也显示叛军力量增强。

基辛格还提醒他："如果不立即进行谈判，允许'温和'的黑人掌权，共产主义就会采取行动。"

当晚在沃斯特家中，大规模的罗得西亚代表团与基辛格工作组会面。基辛格的五点计划已经打印出来准备好了，内容包括两年内实现独立，经济包裹政策，以及政府转型期间复杂的安排。将会有一个过渡政府，由两名白人和两名黑人共同执政，下面是由部长组成的议会，掌管政府各个部门。

"你想让我签署我的死亡令。"史密斯盯着桌子那头的基辛格。

基辛格什么也没说。一周以后他回忆说这是他人生中最痛苦的时刻之一，看着史密斯同意回到索尔兹伯里，向政府推荐放弃国家政权。——或许这只是基辛格自己的想法。

就像其他谈判一样，比如越南，杰克逊，瓦尼克，中东等，基辛格喜欢用含糊不清来掩盖没有达成协议的部分。这个案例中，史密斯想要两个特权：在两年的转型期，四人临时政府的主席由白人担任，警方及国防部长由白人担任。基辛格答应回到赞比亚和坦桑尼亚后讨论这两个问题，并及时把结果告诉史密斯，以便他给罗得西亚内阁一个交代。

最后的结果应该在11月份由英国召集的日内瓦会议上得出。那时罗得西亚诸多党派和他们的邻国将会就一份官方协议进行协商。基辛格的角色是使协议的主要观点被接受。在坦桑尼亚讨论完毕，基辛格给史密斯发电报，说就算在初次声明里要求白人担任主席，黑人领导们也不会缠着不放。

警方和国防部部长的问题可没那么容易搞定。所以基辛格决定模糊处理，给史密斯一个模棱两可的回应。"我们也相信在卢萨卡和达累斯萨拉姆（dar es salaam）谈判的基础上"，可以加上一句话，说警方和国防临时部长由白人担任。尽管史密斯没注意，这份措辞谨慎的电报没有提到黑人领袖到底有没有接受。

史密斯发表声明时，很少有人注意到这些没处理好的细节。基辛格最终成功地使罗得西亚接受了两年内向黑人政权过渡的方案。大标题在头条炫耀着基辛格不可思议的外交胜利；电视和报纸照片定格了基辛格拿着肯尼亚总统送上的民族宝剑和盾牌，宣布这项方案的瞬间；基辛格上了新闻杂志的封面，再次被看成一个创造奇迹的大师，《时代》称之为"在精心策划下，和平历程上最壮观的高潮"。

当11月份史密斯来到日内瓦，与罗伯特及其他黑人造反派谈判时，貌似主要的障碍都被清除了。但最后证明，过渡政府在细节上不停出问题。从11月到12月，在英方主席的调停下，会议考虑了各种选择，包括设立临时英国行政长官，但没有一个方案被通过。

最终日内瓦会议破产了。当接班人塞诺斯·万斯接手这件事时，基辛格方案的纲领仍然是谈判的基础。三年后在伦敦兰开斯特召开的另一个会议中，方案最后被认可了。

尽管基辛格的穿梭外交没有找到能在9月就庆祝的解决方案，但他还是赢了，他赢在拥有更大的野心。以前，黑非洲各国对美国态度不一，有的小心警惕，有的充满敌意，但现在都开始将华盛顿视为"多数裁定原则"的支持力量。他还沉重打击了苏联持续增长的影响力。确实，从罗得西亚穿梭外交中我们可以得出这样一个结论：就算是半成功的外交，在抵抗苏联影响力方面也比蹩脚的安哥拉干预更有效。

第31章 | 呜咽中谢幕

没有轰轰烈烈，只有凄凄切切

能否获得国内支持，是对一项政策提出的考验。

——基辛格，《重建的世界》，1957年

◎1976年，大选，黯然离职

总统大选是由钱袋子而非外交政策决定的，这是美国政治恪守的重要格言之一。与美国大多数政治格言如出一辙，这条格言与美国政治八竿子打不着。1960年，肯尼迪用所谓的"导弹差距"（Missile Gap）来对付尼克松；在约翰逊（Johnson）眼里，戈德华特（Goldwater）是一个会动用核炸弹来对付无知孩童的人物；越南战争在1968年将约翰逊赶下了台，使汉弗莱（Humphrey）在与尼克松的对抗中采取守势，他还是1972年尼克松论战麦戈文（McGovern）的主要导火索。

1976年大选日接近时，福特面临着使他声望下降的两大问题：一是他把尼克松从"水门事件"中赦免出来，二是被石油消耗殆尽折磨得奄奄一息的国民经济。而当最终一场显得难分伯仲的竞选尘埃落定之时，人们才发现，拖了福特后腿，也帮助他的竞争者后来居上的竟然是基辛格的外交政策，国务卿不仅"帮助"罗纳德·里根冲击共和党总统竞选人提名，还导致一场削弱福特竞选阵营声势的外交政策辩论。外交政策问题包含很多议题：缓和、非道德主义、秘密行动以及一种人们认为美国正在策划一场自动撤出的公共认知等。

那一年，几乎所有杰拉尔德·福特的竞选助手都把基辛格当成一只坏事的黑绵羊，想方设法把他藏起来。竞选主席霍华德·卡拉维怂恿福特与国务卿离得越远越好，消息没多久就在嘴巴关不严的华盛顿传开了，基辛格要求卡拉维亲自到国务院来一趟，当面锣对面鼓说清楚。卡拉维可没绕圈子。他解释说，通过和基辛格保持距离，福特可以树立一个强有力的总统形象。基辛格回敬道，"总统们不会靠回避他们的国务卿来显示权力。"

罗杰斯·摩尔顿出任福特的竞选主任后，变本加厉地在公开场合大谈特谈卡拉维私下里说的那些话，最著名的就是一旦福特竞选连任成功，基辛格将很可能不会留任。"我认为这会发生，而且我确信我是对的，他不会干过今年了。"摩尔顿在一次记者会上说道。福特的竞选经理詹姆斯·贝克也公开放话，认为基辛格已经沦为福特的政治包袱了。

虽然基辛格偶尔会考虑效仿他的政治伯乐洛克菲勒选择退出，但他好像更急于保住饭碗。要知道，梅特涅担任奥地利外交大臣长达39年，这个任期在基辛格看来还差不多。一次在波音707专机上跟朋友们聊天，他感叹道："哪个大学会给我这样一架飞机？"此外，他听说福特的助手们正在散布谣言，说约翰·康纳利很可能接替他出任国务卿，基辛格一听更来劲了，这是他最不能忍受的前景。

福特跟基辛格反复讨论过这个问题后，公开声明："只要我是总统，我就会让基辛格做国务卿。"一次记者会上，有人问起这个问题。福特试图表扬一下基辛格但又尽量表明他不受基辛格的支配。"我认为，基辛格博士与我一道并在我指导下为美国的利益和世界和平做了一些美国历史上一个国务卿所能做的最出类拔萃的外交工作。"

基辛格也意识到避开人们注意焦点最能帮上福特的忙。在罗纳德·里根的首轮挑战开始期间，基辛格马不停蹄地周游列国，这些旅行除了能使他躲得远远的，没有其他作用。1月，他去了哥本哈根、莫斯科、布鲁塞尔和马德里。2月，去了加拉加斯、利马、波哥大、圣何塞和危地马拉城。4月是冗长的非洲之行，并再次访问伦敦和巴黎。5月——奥斯陆、波恩、斯德哥尔摩（在那里，叔叔阿诺特意去听他演讲）、卢森堡和伦敦。6月——圣多米、圣克鲁斯、圣地亚哥、墨西哥城、坎昆、巴黎、伦敦。8月，就在共和党大会前夕，基辛格又知趣地跑到伦敦、德黑兰、喀布尔、海牙等地，这一趟，连他自己都觉得毫无意义。

里根对福特-基辛格外交政策体系挑战集中在缓和政策上。这位加利福尼亚州长称缓和为"单行道",举出所有美国在海外遭受挫折的例子——越南、安哥拉、葡萄牙,来证明缓和已经失败。里根特别谴责赫尔辛基会议和索南菲尔特主义,认为是美国出卖了东欧受奴役的国家,"福特和基辛格认为这些国家应该放弃主权要求,成为苏联的一部分。"大多数攻击缓和的保守主义批评声音都有一个奇怪之处:即拼命贬损苏联,但一说到要美国出兵海外的问题时,里根和其他保守派又都成了反干涉主义者。除非美国迫不得已大规模出兵进行单边行动,这些人通常只是支持美国政府作出一副恼羞成怒的样子,没有别的。其反共本能大多受到旧式的保守孤立主义的刺激。举个例子,在安哥拉问题上,里根等人不要求美国政府下定决心去援助安哥拉陷入困境的盟友们,反而只是一味要求美国靠冷却与苏联的关系作为反击。

这些攻击使基辛格忍不住擅自拿出一份长达10页的驳辞,但这无济于事,反而给里根竞选注入了新的生命,并帮助里根引起更多的新闻界的注意。另一方面,福特像一只受惊的兔子对维护缓和问题闭口不谈。他闭口不提正是缓和让全世界范围内的紧张局势得以缓解,相反,好像缓和这两个字叫他难堪似的。更让人吃惊的是,福特竟决意将"缓和"从他的字典中删除,"我们要忘掉使用'缓和'这个词",福特说,随后,他把它改为"通过力量实现和平",此举被认为是当年福特作出的最愚蠢的行动之一。

基辛格惊恐万分。但实际上,连他自己也一直在对缓和重下定义。1974年9月,他称缓和是"寻求与苏联建立更具建设性的关系",到1975年7月(南越垮台后),他改缓和是"规制一种竞争关系的方法"。至1976年2月,基辛格表示缓和是为了"阻止苏联扩张"。末了——福特"禁言"缓和一个月后,有人问他:"您能评价一下里根说的缓和是条单行道这话吗?"基辛格冷笑着幽默道:"让我描述一下那曾被称为'缓和'的政策都包含哪些东西。"台下一片大笑。

里根还利用巴拿马运河谈判问题指责基辛格缩手缩脚。巴拿马领导人奥马尔应被告知,里根见人就说,巴拿马运河"美国建的,美国付的钱,那么美国也将拥有它。"基辛格认为事情没那么简单,他担心如果美国坚持这一目标将激起中美洲的民族主义狂热。美国没什么必要坚持索要运河的主权,相反如果坚持,麻烦就大了。不过在大选年,一件事的象征含义远比其本身的是非曲直来得重要,放弃巴拿马运河将意味着美国在世界面前形象羸弱。

里根对基辛格的攻击背后，是对他悲观主义历史观的质疑。被罢免的国防部长詹姆斯·施莱辛格和前海军上将祖沃特都向里根建议基辛格的历史悲观主义可以作为攻击点。这种悲观论调在其学士论文里就充分反映出来。基辛格认为任何一种文明都不可能是永恒的。一次，正在竞选弗吉尼亚州联邦参议员宝座的祖沃特在演讲中说，基辛格的悲观主义使得他急于和苏联达成妥协，"基辛格感到，像此前许多其他伟大文明一样，美国已经度过了他的历史最高点……他认为，历史的力量已经站在苏联一边，他的工作就是说服俄国人给予美国所能争取到的最佳交易……（美国人）缺乏对抗俄国人的足够的耐久力，这就好比'斯巴达和雅典的关系'。"

基辛格后来称祖沃特曲解了他的历史观，其故事"纯属杜撰"。但实际上祖沃特有关基辛格悲观主义的批评确有道理。从内心深处，基辛格认为美国特别不愿意在军事上投入与苏联争夺第三世界的势力范围的斗争。基辛格像斯宾格勒一样对历史过程抱有根深蒂固的悲观态度，像梅特涅那样认定自身的作用就是维系一个只能靠眼花缭乱的外交手段才能立身的衰落中的世界大国。甚至在25年后，基辛格仍然持有这样的观点。他对雷斯敦说："作为一个历史学家，你必须认识到这样一个事实：每个曾经存在过的文明都难逃瓦解的命运。历史是由许多努力不断失败、志向从未实现、希望虽得实现但已面目全非的故事组成的。"

不论祖沃特对基辛格的理解是否正确，但有关基辛格悲观主义的炒作已足以成为一个政治议题。"有人听说国务卿基辛格的一些忧郁的个人思考，"《华盛顿邮报》的社论说，"即东方-西方敌对关系就好比松散的雅典（自由的力量）与强悍、纪律性强的斯巴达（苏联）之间的历史戏剧重生一样，畏首畏尾的雅典人图得个差不多的交易就不错了。"乔治·韦尔也写道："他（基辛格）知道，战略上，时间已经不在西方资本主义这头了。"

里根在演说中对这一切充分利用起来。"据传闻，基辛格博士曾说他认为美国是雅典，苏联是斯巴达，美国的好日子已经过去了。"里根公开说道。这种信心丧失，里根谴责道，"使基辛格急于跟苏联做交易。"基辛格没有急于解释他对康德和斯宾格勒的看法，而是连忙飞到达拉斯举行了一场新闻发布会，言简意赅地驳斥了祖沃特和里根。"我愿提名这位将军竞争普利策小说奖，"基辛格说，"我不相信美国会被击败，我也不相信美国在走向衰落。"这种说法并不能澄清他的历史哲学观，但至少使有关他悲观主义的批评告一段落。

8月，党内提名大会在堪萨斯城召开。此时的里根尚未能拉到足够的选票。手下出了两个主意，做最后一搏。一是制定一项规则，规定所有候选人提前公布竞选搭档，这实际上是打乱现有党内意见格局的好办法，但在福特阵营的强势阻击下，里根的计划未能通过。

第二个办法，里根的战略专家为他策划了一个名为《外交政策中的道义问题》的修正案，提交党纲修改小组。毫无疑问，修正案几乎是赤裸裸地攻击基辛格："追求缓和的过程中，我们不能一味单方面地与人好处……我们坚定地致力于执行一项秘密协议和背离人民之举无处容身的外交政策。"

基辛格直到最后一刻才得以出席堪萨斯大会，听说了这个提案。助手认为，这简直是众目睽睽下当面一耳光。当基辛格得知福特的人不想反对这个修正案时，他又是气愤又是伤心。

大会上，福特阵营分成两派。洛克菲勒和斯考克罗夫特主张对修正案强力反击。另一派属政客型，为首是竞选经理詹姆斯·贝克（后来成为国务卿）和福特的办公厅主任迪克·切尼（后来成为老布什时期的国防部长和小布什时期的副总统）。斯考克罗夫特认为，福特应该坚持原则，反对修正案。"如果输掉竞选提名，原则又有什么用？"切尼答道。福特最初读到这份修正案时，脱口而出："我不喜欢，我要搞掉他。"但助手们说服他先不要急于做出任何表态，这是里根的圈套，千万不要上当。福特意识到，如果不予反对，修正案通过，里根将一无所获。洛克菲勒给基辛格打了一通电话后，再次力劝福特，支持这样一种侮辱性的修正案是错误的。贝克坚持道，如果在此事上和里根阵营纠缠，很可能里根会胜出并导致福特失去提名。最终，洛克菲勒不再坚持。正如所料，修正案全票通过，里根什么也没捞着。

贝克后来指出，里根阵营最大的失算在于，他们撰写的修正案在福特阵营看来并非不可接受。如果措辞更加强硬，福特阵营将被迫一战。"我看修正案可以只有五个字：'解雇基辛格'，那样的话我将别无选择，只能迎战。而如果打输了，我们可能从那时起就已失去一切。"

在与民主党候选人吉米·卡特竞选的整个过程中，福特一直处于守势，即使最后10天里，虽然看上去他的支持率在上升，但守势地位没有多大变化。

自打一开始，卡特，这位原佐治亚州州长就把基辛格作为攻击对象，说"尼克松–基辛格–福特"外交政策是"偷偷摸摸、幕后操纵的、不可靠的"，"这和美国的基本价值是相反的，因为基辛格迷信大国集团政治和势力范围……"

雪上加霜的是，卡特的话都出自基辛格的老对手布热津斯基。他在1975年的《外交》季刊上撰文攻击基辛格的外交政策，用的正是"偷偷摸摸、幕后操纵、不可靠"的原话。

每天听着布热津斯基的话像针一样扎在自己脸上，而且带着一股子笑嘻嘻的佐治亚口音而非挖苦讽刺的波兰口音，基辛格几近崩溃。"在尼克松–福特政府领导下，"卡特念着布热津斯基给写的演讲稿说，"衍生出一种秘密外交、一种靠个人搞国际冒险的外交。"这是一种建立在"秘密的、严加看管的和非道德"基础上的外交政策。一番羞辱后，卡特又不忘正面宣扬称："我们的外交政策应该像美国人民自己一样坦率、真诚。"

到福特和卡特第二轮辩论开始时，福特的支持率正稳步上升，似乎已具备赢下大选的冠军相。这场将在10月6日开始的辩论主题是外交政策，这本应是福特的强项和卡特的软肋，因为选民如果认为一位候选人太天真或未经受过考验，或者他们感到不能放心地把世界命运交到这个人手里，他们就不投这个人的票，卡特面临的本是这样一种局势。当然，反之亦然，如果选民们认为某位候选人无力或不够重视应对苏联的共产主义威胁，也不会把票投给他，后来事实证明，这最终成为福特的噩梦。

让福特最终葬送选举的与基辛格力劝他签署的《赫尔辛基协定》以及"索南菲尔特主义"有关，"索南菲尔特主义"被指责为美国抛弃东欧国家的政策。辩论中，福特在东欧问题上的言论被长久视为一个愚蠢的错误，充分暴露了他对外交政策的无知。实际上，基辛格和索南菲尔特确实用一种势力范围的眼光来看待世界。美国和苏联各行其道，各有各的势力范围，井水不犯河水，世界才得以太平无事。但在政治上，这不是能拿上台面言说的事情。于是，福特决定否认任何指责他抛弃东欧的指责。

基辛格的助理希兰德曾参与福特的辩论排练。他肯定，又会有人提到赫尔辛基会议和索南菲尔特主义是否出卖了东欧这个问题。"我们打算要福特立即否认有这么一个主义存在，并强调我们真的没有抛弃东欧。"希兰德回忆说。在排演中，希兰德扮演提问者的角色，他有意在东欧问题上胡搅蛮缠，竟搞得福特大为光火。"我不得不提醒他我是他这一边的。"希兰德说。

问题是希兰德和国安会为福特准备的答案一看便知是外交政策专家而不是政治战略家写出来的。这份答案至今仍然躺在杰拉尔德·福特的总统图书馆里。

> "对于您所说的什么美国在东欧的索南菲尔特主义，我感到很吃惊。任总统期间，我曾访问波兰、罗马尼亚和南斯拉夫。可以说。我们和这些国家的关系以及我们给予他们的支持从未如此有力过。我不明白在这样的事实面前，您怎么能说我们把东欧让给苏联的统治之下。"

实际上福特有更好的东西可以展示，1956年匈牙利革命期间，他以国会议员的身份到奥地利和匈牙利的边境迎接从苏军"屠杀"中逃生的难民。他对东欧人的恐惧和愿望有第一手了解，所以他决不签署任何承认苏联在东欧有特殊权利的协议。不幸的是，福特没有提过这件事，基辛格和希兰德也根本不知道他的1956年的旅行。

在正式辩论中，卡特率先发难，对福特展开了人身攻击："就外交政策而言，基辛格先生是这个国家的总统。福特先生显然表明，他缺乏领导能力，也缺乏对于这个国家究竟为何的精神把握。"一个鲜为人知的秘密是，福特脾气很坏，听完卡特的话，整个下半场辩论中，福特一直强压怒火，脸红脖子粗。

果不出所料，东欧问题在接近半程时被提了出来。提问的是《纽约时报》记者弗兰克尔，实际上他只是泛泛地问了问关于缓和与苏联，只是中间插了一句"我们在赫尔辛基实际上签署了一项让俄国人统治欧洲的协议"。福特开始指出，赫尔辛基协定是35国领导人签署的，包括教皇的代表。"这根本不是真的。"对于美国默许苏联占据东欧的指控，福特说道。按计划，福特本该说到这就停下。但他竟鬼使神差地解释起赫尔辛基协定的内容来。最后把本该详细阐述的、顾问们给他准备的答案极其简单地概括为："苏联并没有统治东欧，在本届政府执政期间，它决不会统治东欧。"

话到这里，弗兰克尔甚至给他了第二次机会，又问了一次，中间还悄悄摇了摇一面小旗子提示福特。"我理解您的意思是不是说，俄国人占据了大部分东欧国家、驻有大量军队，即使如此，他们也并不打算把东欧视为势力范围？"福特至此才开始照本宣科地说起记录本里的话：

"我不认为南斯拉夫人觉得自己被苏联人统治。也不认为波兰人和罗马尼亚人觉得自己被苏联统治……美国也不承认这些国家遭到苏联的统治。实际上，我访问过波兰、南斯拉夫和罗马尼亚，并向他们保证，美国总统和美国人民致力于维护他们的独立、自治和自由。"

卡特立即反击。"我想请福特先生说服这个国家所有的波兰裔美国人、捷克裔美国人和匈牙利裔美国人，"他说——大概是在讨好芝加哥地区支持他的少数族裔选民，"告诉他们那些国家真的没有生活在苏联的统治和监护之下。"

白宫，海兰德发出了一声呻吟。在旧金山电视机旁观看辩论的斯考克罗夫特脸都吓白了。但一向爱讨好逢迎的基辛格却打电话给福特表示祝贺，说他干得漂亮极了，直到与斯考克罗夫特通过电话后，他才意识到事态的严重。

新闻界可不管这套，他们对福特究竟想说些什么毫不关心。所有的报道铺天盖地地指责福特犯了一个巨大的错误，好像总统根本不知道苏联在波兰驻有军队。斯考克罗夫特和切尼连夜召集记者会，试图挽回影响，但没请福特出面。第一个问题是："波兰到底有没有苏联军队？"

"有，"斯考克罗夫特答道，"有四个军。"他进一步解释道："我想总统的意思是我们不承认苏联对东欧的统治。"切尼坚持说，总统答案的字里字外意思再明确不过了。但毕竟总统本人没有出面澄清，第二天，报纸和电视节目的报道看上去给人的印象都是，总统对苏联确实统治东欧的事实有点不清楚。

局面持续数天，福特顽固地拒绝公开承认他表达不清。最后，差不多过了一个礼拜，他承认说，"我话没说清楚。"事情这才渐渐平息。基辛格尽其所能地为总统辩护道："在辩论的压力下，他没有像他本可以做到的那样恰当地说明问题……认识他的人不会相信他在这个问题上不知道事实是什么。"

但有些缓和的批评家认为，福特的失言绝不仅仅是误会。这表明，基辛格已经让福特陷入维护缓和和赫尔辛基的绝境。"口误是总统的，但在赫尔辛基栽的政治跟头可是基辛格的，"威廉·萨菲尔写道，"亨利直到今天也没意识到这一点。"

不论如何，福特失言的政治影响最终证明是灾难性的。民意机构盖洛普称之为"大选中最具决定意义的时刻"。政治分析家写道："毫无疑问，总统东山再起的发动机已经熄火了。"福特再未能开动这架机器，决战中，他以2%之差惜败于卡特。

12月，基辛格来到布鲁塞尔参加北约会议，这是他最后一次外事访问。至此，他任国务卿期间行程已达555 901英里，访问过的国家达57个。他的继任者塞拉斯·万斯也会走这么多路吗？一个记者问。基辛格想到风传布热津斯基可能会当国家安全事务助理，笑着说："这要看谁当国家安全事务助理了。"

这一趟颇有点告别访问的意味。许多北约部长都赠送给他礼物。北约秘书长约瑟夫·隆斯的告别词颇有赞意。"你会因成为这个世纪最高效的外交部长而名垂史册，"隆斯说，"请允许我引用莎士比亚的话来总结我们此刻的心情：'他是个真正的男人。他功名彪炳，我将再不能见到与他比肩之人。'"

这是他最后一次和随行记者团共同出访，基辛格仍然保持一贯的幽默风格，尽量避免显得过于怀念或动情。"能告诉我吗？"一位记者在布鲁塞尔的记者会上问道，"您认为您最大的成功和最大的失败之处分别是什么？"基辛格答道："我不是特别明白你第二点指的是什么。"结束时，记者们站起来向基辛格鼓掌致意，几位美国记者也加入进来。回家的路上，一些人甚至向基辛格要起了签名。

直到在办公室的最后一周，基辛格才允许自己有一丝的个人反思和总结。"我曾经给你们，留下伟大的公共政策，"在全国新闻俱乐部的一次告别演说中，动情的基辛格声音开始哽咽起来，"如果我假装说离开无所谓，那实在是伪善。我真忌妒你们所拥有的那份激情、责任和机会。"这次，全体听众起立鼓掌，向国务卿致意。

几天后，他在纽约外交政策协会为他举行的告别晚宴上再次登台演讲。临近结束时，基辛格开始追思过往：

> "1938年第一次踏上这片土地，我就读的乔治华盛顿高中让我就'做一名美国人意味着什么'这个主题写一篇作文。我是这样写的：离开一起长大的人们和你熟悉的故土固然艰难。但我认为，这是一个让人可以昂首挺胸阔步走路的国家，所以一切都值了。对于世界上其他国家的人们来说，美国意味着希望，这种希望能够让每个角落的人们都昂首阔步。作为美国人，我们长久肩负的责任就是让目的超越差异。"

第32章 | 平民基辛格

无公文包部长的空中飞人生活

> 我是个全球公民。我没法过普通教授的生活。
>
> ——基辛格对哈佛教务长罗索夫斯基说，1977年

◎重返纽约城

八年来头一遭，基辛格在没有空军一号式的总统级专机护送的情况下来到了纽约。卡特刚刚宣誓就任总统一周时间，权力对这位老国务卿的眷顾已开始消退。不过此国务卿可非彼国务卿，没错，甚至连前总统也不如他——靠着他不懈的努力和出奇要强的个性，基辛格在离开官场很长时间后，依然能够保持对权力场的吸引力。

所以，尽管没有空军一号，人们也没发现基辛格挤在飞机场出口处等行李。解甲后第一个礼拜去纽约，他借了洛克菲勒的私人飞机。基辛格认定，像他这种身份的人还要坐商业飞机简直有辱身份，没多久，这事成了朋友圈子里出了名的笑话。基辛格每次给人做咨询或发表演讲，但凡可能，都在条款里加上一条提供私人飞机往返的待遇。

基辛格还急于留住身边的白宫特勤局护卫人员。这一要求并不那么过分。毕竟作为一个饱受争议的人物，想安生地定居在曼哈顿没那么容易，很可能会在街上被某些疯子围住一通拷问。当然，其中也不乏自大的因素。身边前呼后拥地跟着一帮特勤局保镖，即便在见惯了名流雅士的曼哈顿，仍然是权力和地

位的不二象征，当然也就大大减少了在酒吧等座位的尴尬概率。

头几个月，联邦政府保留了为基辛格配备特勤局保镖的待遇。不过吉米·卡特可不是那种没完没了惯着他的主儿，总统觉得自己的行李自己扛很重要。新任国家安全事务助理布热津斯基20多年来一直和基辛格不对调，也开始讽刺给他保镖纯属花大钱满足私欲。没多久，保镖待遇便取消了。基辛格气得骂道，这是布热津斯报复他。最后，他干脆自己花钱把特勤局配给他的特工组组长沃尔特·波伊斯留了下来，再雇上五个人，提供全天候保护，钱不多，一年才15万美元。

私人飞机和贴身保镖都是确保基辛格不会"泯然众人"的重要条件。前国务卿腊斯克和艾奇逊告老还乡后，都潜回到平常人的生活中，尽管得时不时地假装很享受平凡生活的样子。基辛格可不这样。时下这年代，美国的传媒世界只认权势，基辛格仍然能保持名声不衰。往往他的继任者们走进一家饭店不为人关注，但只要他一出现，立时便成为众人瞩目的焦点。

卡特上台两年后，《华盛顿人》杂志问："谁是当今华盛顿的头号巨星？"是泰德·肯尼迪？伊丽莎白·泰勒？还是吉米·卡特？杂志找到的答案是：前国务卿亨利·基辛格。这多少有些出人意料。但真正让人惊讶的是，15年后，同样的问题，同样的答案再次出现。

基辛格长盛不衰的秘诀部分源于他的个性和头脑透射出的威力。虽然不在台上，他仍能在公共领域光彩四溢，在私下谈吐中尽显魅力。时而在电视台上发表深刻的洞见，在晚宴里挥洒自如，时而靠一连串绝妙的名言警句和趣闻轶事引来观众们的交口称赞。

基辛格非常清楚进哪个门说哪门子话这个道理，既是出于他应景作秀的自然秉性，也得益于精心的包装，这一点是出了名的。他不放弃任何一个张扬个性的机会，他知道自己的公共形象是他最大的市场价值所在。要是有人出三万美元请他去演讲或25万美元让他当顾问，决不会仅仅是为了掏出他的思想，部分原因是他的神秘性具有无比的票房号召力，出钱看他，人们就是甘心买账。

他自己也承认，这种"不自甘平庸"的精神深受自负情结的驱使，其夸张程度连他本人都觉得好笑。一次去罗马给全国广播公司做节目，人家告诉他教皇陛下正忙着筹备给新任的两位圣徒祝圣的事，"那另一位是谁？"基辛格问道。

哪怕是在他看来属于小小的怠慢，基辛格都会生上一肚子气。比如有一回拜访国务院出来，他的老友、国务卿万斯送他出门到公共电梯，愣是没让基辛格搭乘他当年亲自检修的那座直通国务卿办公室的私人电梯，老爷子就不高兴了。

基辛格举家移居曼哈顿后，在Rive House（位于52街，鸟瞰东河的一栋26层砖与砂岩结构的高档住宅楼）买下一套带四间卧室的复式公寓，其中两间卧室是分别替大卫和伊丽莎白留着的，他们每逢夏天和假日都会回来陪老爸一段时间。

在文森特·富尔戈德（Vincent Fourcade）和阿尔伯特·海德里（Albert Hadley）这两位装潢师的鼎力协助下，南茜把这个家装饰得舒适而温馨。长长的客厅被覆以绿色墙衬（这是富尔戈德的绝活），透过凸窗，东河的景致尽收眼底。客厅内的陈设包括壁炉上方的一幅西班牙印象派油画，一扇中国丝质屏风，还有一条精心挑选的东方式地毯（购买各种式样的东方地毯是基辛格情有独钟的嗜好）。餐厅的墙壁覆以深蓝漆面，以金漆勾边，并饰以几幅柔和的静物画，餐厅内放置着四张圆桌，能容纳40位客人用餐。

基辛格一家还花47万美元购置了一处乡间住所，这是位于康涅狄格西北角肯特市附近的一间殖民地时期的白色板式农舍，农舍坐落在一片50英亩的土地上。这片土地上星星点点散落着一些小规模的奶制品农场和新英格兰乡村社区。早在20世纪70年代，这里就被汉普顿家族相中，成为风雅的纽约富人们寻求宁静的去处。基辛格的很多朋友都在那里添屋置地，有时装设计师奥斯卡·德拉伦塔（Oscar de la Renta），参议员亚伯拉罕·里比可夫（Abraham Ribicoff）和他的妻子凯西（Casey），还有小提琴家伊萨卡·斯特恩（Isaac Stern）。

农庄的前任主人在这片土地上种了一片蓝莓，并允许当地居民在暮夏收获时节前来采摘。人们采摘后称出每桶蓝莓的重量，按一磅80美分的价格交付农场主。农场主则将其中的部分收入捐给当地的公理教会。这种做法离奇有趣而且备受当地居民喜爱，但基辛格是不会心甘情愿敞开家门让陌生人闯入自己领地的。不仅如此，即便他的宅邸因为有了这片树林的环簇而异常静逸，基辛格还是决定要将蓝莓林清理成一条长而宽的空地，只为了能更好地欣赏自己买下的那湾湖水和小山群。于是，在诸位新邻居万分惊愕的目光中，这片蓝莓林被夷为平地。"大家都感到有些气愤"，《肯特顺境发稿》周刊编辑埃德·拉普（Ed Rapp）说，"我们都觉得蓝莓要比亨利更有意义。"

基辛格的肯特宅子，部分建于1770年，有着许多老式新英格兰乡间农庄持久不衰的魅力，这些农庄在过去数十年间一直不断扩建。基辛格向来对研究建筑比例和空间关系津津乐道，所以当他决定再添一个侧屋用作卧室和书房时，他选取的尺寸刚好可以平衡整个设计。他的房子处处可以看出他对秩序、结构、框架和平衡的关注。

要满足这种种需求和愿望，需要付出大把的钱。保镖就要现金15万美元，三个帮他打官司的律师还得花这么多（告他的有莫顿·哈尔皮林、托尼·雷克等人），这些官司包括他在窃听计划中扮演什么角色啦，怎样获得他的文件和电话记录啦。所以，对他来说，回到全职教授的生活可能性不大。

不过即便如此，他还是想办法让他的哈佛老同事们给他找了份活。他在政府学院的国际关系教授职位已经空了八年——这可是对他极大的尊重——现在学校又把这个职位还给他。但教授的工作并没有带来任何惊喜。他得承担全部的教学任务，忍受普通的办公环境，使唤唯一的秘书。

基辛格明确表示他希望得到更多，但却没有表明，如果真的给了他就一定会接受。他觉得，凭他的声望，五个大学教授中怎么也得有他一个；要不也得给他连升三级，就做那种多拿钱少干活的工作。他在部队结识的老朋友亨利·罗索夫斯基当时任文理学院院长，到基辛格在波士顿下榻的丽兹酒店看他，基辛格说："我是个世界知名人物，我可过不了这种普通教授的日子。"

不过哈佛校长德里克·博克对基辛格从来就不感冒，可不愿给他特殊照顾。他对罗索夫斯基说，亨利这种人很危险，他只不过把大学当成他的基地。

罗索夫斯基开始怀疑，就算真的给基辛格大学教授的职位，他也会拒绝（很对）。但由于从头到尾就没有给他这样的职位，基辛格又可以细心品尝再次被老同事怠慢带来的甜蜜的痛苦。

他本来眼看就要接受哥伦比亚大学一个相当高级的教授职位，他可以自由地撰写回忆录，还可以在纽约从事其他各种事业。但学生们抗议他在越南战争中起的作用。他放弃了。一个示威学生说："聘请基辛格就像聘请杀人王查尔斯·曼森来教宗教一样。"牛津大学万灵学院一直邀请他去，但他开玩笑说："那样的话泰勒（他的狗）就得隔离起来，南茜就要住进狗窝了。"

高盛公司主席约翰·怀特黑德邀请基辛格加入投行，这是基辛格唯一有意向的一份全职工作。于是他接受了高盛公司的邀请出任顾问，年薪15万美元，后来他自己成立咨询公司后，高盛成了他的第一个客户。

　　基辛格还和全国广播公司（NBC）签了一份为期五年、每年20万美元的合同，担任节目评论员和顾问，但得罪了很多公司的记者。其他来源还包括：曼哈顿银行国际咨询委员会成员，年咨询费一万美元，乔治城大学兼职教授，年薪35 000美元，阿斯平研究所研究员，两万美元每年。此外，基辛格每年还给各大公司做一打以上的演说，每次最高达15 000美元。不过，基辛格卸任后的主要工作还是撰写回忆录，为此专门在华盛顿租了间办公室，雇了好多知名记者和前助手成写作班子，在数以千万计的文件、谈话和电话记录中寻找素材，基辛格每天长达十数小时地耗在办公室里，专心地恢复他过去几年惊心动魄的奋斗史原貌。仅此一项，其代理人就可在全世界范围内为其锁定500万美元的收入。

　　基辛格在华盛顿租了一间办公室，回忆录的大部分就是在这里完成的。办公室中间摆着一张长长的矩形办公桌，基辛格和他聘来几个研究人员——包括国安会前职员彼得·罗德曼、罗丝玛丽·尼赫斯和威廉·海兰德——跟他一起，翻阅成千上万份文件、电话记录、对话备忘录，为每一部分的写作打基础。基辛格每天在这儿待上10个钟头，在小黄本上打草稿，修改，然后交给一帮打字员轮流敲出来。

　　到1978年秋，基辛格已经写出洋洋洒洒1 000多页——才刚讲完尼克松第一任的故事。他重新跟人谈判，又签了合同，可以再写两卷，其中第一卷必须在1979年6月左右完成。交稿的日子越来越近，基辛格只好接受伦敦《星期日泰晤士报》伸出的援手，这份报纸买下了他的书在英国的连载权。报纸编辑哈罗德·伊文思发现回忆录简直就是皇皇巨著，自告奋勇为手稿进行编辑和润色；于是没几天，草稿就开始在大西洋两岸穿梭往返。后来谣言四起，说伊文思是基辛格的枪手，但伊文思坚决否认，称这种谣言不过是"恭维他的胡说八道"。

　　第一卷《白宫岁月》极为详细地记录了1969到1972年间发生的故事。基辛格在书里不时为自己辩护（尤其是在越南和柬埔寨问题上），但时而也大胆地反省。许多人写回忆录无非漫无目的地想想从前，随手抓些个彼此之间毫无关联的轶事填充其间。但基辛格不一样，他写作回忆录就像历史学家追求完美无缺的学问那样精细。而与此同时，他又像小说家一样捕捉每一个细枝末节，简洁精确地描写出每一个人的性格特征。就连政界和学术界向来批评基辛格的许多人都对这本书赞誉有加，而他也不负众望，在1979年圣诞期间雄踞畅销书榜榜首。

1979年5月，英国记者威廉·肖克洛斯出版了一本名为《杂剧》的书，强烈抨击了尼克松与基辛格对柬埔寨的政策。基辛格要求修改手稿，驳斥肖克洛斯的谬论。于是回忆录的出版推迟了一小会儿，害得"每月一书俱乐部"惊慌失措。肖克洛斯恰巧又是《星期日泰晤士报》的明星记者，他利用《信息自由法案》发掘出五角大楼的文件，特别是涉及1969年和1973年轰炸行动的材料。肖克洛斯的核心论点是，很大程度上是美国把柬埔寨骗进了越南这个大祸乱，是美国把柬埔寨送上了万劫不复的深渊。基辛格被他的控诉气得半死。那时他正好和克拉夫特夫妇一道前往中国，一路上他都在琢磨怎么修改他的书。基辛格和朋友谈论进入政界的可能性时，也提到了这回事。虽然他口口声声跟采访者说，他只不过是给书"加了一两个脚注"，回应肖克洛斯的谴责，但事实上，他至少给他的长篇巨著加了十好几页的篇幅。

第二卷《动荡的岁月》的写作又花去了他三年时间，仅仅回顾了尼克松短暂的第二任——一年半时间。1982年春出版后，基辛格决定就此搁笔。他原本计划第三卷写福特时期，结果一个字也没写出来；他自己从政前后的生活也从未付诸笔端。

基辛格为自己的写作开辟了新的方向。他和《洛杉矶时报》集团签了合同，每年写12个专栏。这些文章又被《华盛顿邮报》《纽约邮报》等十几份报纸转载。他的文章一个特点是长——比报纸评论版上一般的专栏长两倍——第二个特点是他们并不靠卖弄尖锐的观点，或者内部报道来吸引读者，相反，文章充满精深的分析。基辛格总是在返回乡间小筑的路上写作这些文章，豪华加长轿车的后座就是他的书房。虽然这些专栏不像他的回忆录那样轻松愉悦，风趣幽默，但却缜密而详尽地用他的势力均衡原则就某件事展开淋漓尽致的分析。除此之外，他还开始为《新闻周刊》撰写同样类型的文章，每年四篇。

基辛格越来越频繁地出现在电视上，他成了整个80年代生意最红火的电视评论员。不过他和全国广播公司的关系却搞得很僵。他在NBC制作的第一期节目是关于欧洲共产主义的，结果大跌眼镜，成了那个礼拜NBC所有65个嘉宾节目中收视率最烂的一个。NBC还准备播放对基辛格的一个长达一小时的专访节目，不过鉴于这种光景，NBC便考虑让一位外边的记者也进入节目制作，好增加收视率。他们选中了曾经采访过尼克松和其他世界领导人的英国记考弗洛斯特。没成想制作节目时，基辛格和弗洛斯特就轰炸柬埔寨一事竟发生了激烈的争吵。基辛格给NBC高层打电话，要求节目的这一段要么剪掉要么重排。弗洛斯特一气之下辞职而去，还把这段录像公之于众。结果一如弗洛斯特所愿，节目最终被完整地播放了。

基辛格与全国广播公司的合同刚到期，美国广播公司的主管们（以泰德·科普尔和鲁尼·阿里基为首）就迫不及待挖他过来，而且鉴于基辛格与全国广播公司的摩擦，美国广播公司没费多大力气便抢到了这个香饽饽。这让美国广播公司有权要求基辛格首先（但不是仅仅）为他们工作，于是基辛格开始频繁上科普尔的《夜线》节目。不过主持晚间新闻播报的彼特·詹宁斯可不是基辛格的粉丝，极少让他在自己的节目里露脸。基辛格为美国广播公司工作了不少年头，直到1989年辞职加入哥伦比亚广播公司董事会。

基辛格还被选为纽约大都市艺术博物馆的理事之一，这在当时大概是整个纽约城社交圈子最光彩的身份之一了。他还当外交关系委员会理事会成员。他忠心耿耿的老助手洛德则被选为委员会的主席。不过四年后，让两人极度尴尬的事情出现了：委员会的成员们用选票把基辛格从理事会踢了出去。在许多人看来，这代表了美国最核心的思想精英界拒绝了基辛格。

当时的情况相当离奇。八个理事席位，九个人被提名，由委员会的3 000名成员来投票选出他们最中意的八个，实际上就是要选出他最不喜欢的那一个。基辛格争议最大，毫无悬念地出局。媒体报道称这表明美国上流社会打心眼里排斥基辛格。基辛格还故意幽了一默，说要不是因为只有一票，重新算一遍没什么意义的话，他一定要求郑重其事地重新计票。后来他开始积极活跃于委员会各研究小组，但再也没有参选理事。

1982年年初，基辛格感到左肩剧烈疼痛，检查后发现三根连接心脏的动脉血管有堵塞的症状。医生要他做手术，他便跟医生商量，看什么时候能挤出时间过来。但最后他发现接下来三个月都排得满满当当，根本没工夫。医生只好把他的血管造影照片找出来，一点一点向他解释上面存在的问题，他这才答应当周就手术。基辛格在医院举行的新闻发布会上说："医生说我需要三重导管，但我提出要四重——我要比黑格多一重。"他还补充说，至少，"这证明我的确有一颗心脏。"四位总统致电给他，祝愿他早日康复，包括里根、尼克松、福特，出乎他意料之外的是，竟然还有卡特。手术进展很顺利，几周后，他就前往棕榈泉市，成为MCA公司董事长卢·沃瑟曼（Lew Wasserman）家的座上客了。

医生忠告他：必须减肥，而且要改掉暴饮暴食的习惯。的确如此，基辛格1969年初登庙堂时不过155磅重，风度翩翩；等到1977年退出江湖时已重达215磅，活像个大肉球。他最爱吃的有香肠、德国式小腊肠、鸡蛋、乳酪、炸洋葱圈和肉糜卷，要是美国心脏协会看了这份食谱绝对要心灰意冷。后来，他开始改吃无胆固醇的鸡蛋替代品，南茜则开始严格控制他的饮食。不过只要老婆不在，他就会要求厨子（特别是从爱沙尼亚来的那位，他负责在乡下宅子做饭）给他做肉糜卷啦，香肠啦，或者其他违禁食品。

前往波士顿做手术途中还发生了一点小意外，正好说明为什么基辛格喜欢保镖和私人飞机。基辛格和南茜一起步行穿过纽瓦克机场，莱顿·拉鲁什手下的一个女成员走近基辛格，不停地大喊："在卡莱尔宾馆，你为什么和男孩们睡在一起？"南茜一把抓住她的脖子，叫道："你想找打吗？"然后把女人推到一边。女人告他们侵犯人身。于是6月，基辛格夫妇只好在纽瓦克接受了一天的审判。最后法官宣布南茜无罪，还说她的行为"出于本能"，"很人性"。

手术几周后，基辛格的老父亲在住了40多年的华盛顿高地的公寓里与世长辞，享年95岁。路易斯，这位曾几何时年轻的德国教师，那曾如梦魇般夺走他生活的恐惧，早已随着他的儿子在新大陆获得的巨大成功和他所享受的无尽的父亲的骄傲，烟消云散了。

在他生命的最后时期，路易斯精心地保留着所有有关儿子的新闻报道和故事，一本接着一本，贴满了早年逃难时的难友，甚至德国的友人们从四面八方寄来的关于基辛格的剪报，每一条都被工工整整地贴好并配以注释，既有关于秘密的越南和中国之行的爆炸性的头版头条，也有关于他和吉尔、萨曼沙等人绯闻的流言蜚语。一天晚上，基辛格正在社交场合活动，突然接到白宫总机转来的电话，要他立刻给父亲回电话。基辛格以为母亲出了什么事，蹿起来奔着电话跑去。"出了什么事？！"他问。父亲答道："亨利，你知道有家叫《Aufabu》的德国报纸吗？""知道啊。"基辛格说。"是这样的，"父亲继续道，"他们发表了一篇骂你的社论。你说我要不要给他们写封信？"

基辛格的名声在1983年遭遇到一次更为严峻的考验。专跟他过不去的著名记者赫什出版了一本关于1969~1972年基辛格任总统国家安全事务助理的新书。这本名叫《权力的代价》的新书通篇措辞严厉，无情地否定了这位前国务卿。书中满是各式各样的有关专栏和新闻故事，都从侧面印证着赫什的观点，特别是1968年大选期间基辛格脚踩两条船同时给尼克松和汉弗莱递条子的事。基辛格鼻子都气歪了，一连几个月忙着反击赫什的"无耻谎言"。他专门雇人寻找书中不准确的地方，霍夫曼在纽约时报书评上发表了篇不痛不痒的表扬这本书的评论，又让基辛格大为光火了一把。

一次，基辛格夫妇和社交场新结识的朋友阿尔米特夫妇同赴土耳其。阿尔米特叫下属事先寄一箱子基辛格的书过去，好在抵达土耳其后，送给基辛格夫妇一个小惊喜。运书的箱子到了，阿尔米特打开一看，差点把魂吓飞了，笨蛋下属们寄的是赫什的书，而不是基辛格的回忆录。

基辛格夫妇新结交了不少光鲜亮丽的朋友，但华盛顿的一些老朋友们似乎很看不上。"在纽约，南茜好像喜欢跟她的裁缝一起吃饭，"苏珊·玛丽·阿尔索普说，她指的是时装设计师奥斯卡·德拉伦塔之流，"我觉得他们人都很好，不过显然不是我喜欢的类型。"

许多老朋友都抱怨南茜，认为她不该跟这些上《女装日报》的人混在一起。但事实上，最喜欢和这些国际大腕们同进同出的其实是她老公。不管在好莱坞，在曼哈顿，还是在巴黎，每次跟有钱人和社会显贵们在一起，基辛格都能感到一种令他神魂颠倒的愉悦。于是20世纪70年代和80年代的曼哈顿，上流社会最光彩夺目的一群人中就有基辛格的新朋友们，像德拉伦塔和妻子安妮特·里德，唱片制作人阿迈特·厄蒂冈和妻子米卡。

"我想他可能认为自己窝在学术圈太久，全是这些东西，"基辛格曾经的女友简·库欣·艾默里说，"他希望有人崇拜他。"的确，虽然基辛格夫妇跟施莱辛格和其他几个学界人士仍偶有来往，他似乎有意避开纽约学术界，可能是因为他觉得，因为越南和柬埔寨，这些人早就对他嗤之以鼻了。

但是，比起80年代早期那些个八卦专栏写的流言蜚语，基辛格两口子召集的这群朋友的可是要丰富得多，也刺激得多。而且基辛格再次暴露了他的强迫症——招安反对他的人。比如基辛格60岁寿宴上，宾客中至少有五个家伙曾经被窃听：威廉·萨菲尔、温斯顿·洛德、赫尔穆特·索南菲尔特、约瑟夫·克拉夫特和马文·卡尔布。

不过，两年前的生日宴会才最完整最醒目地展示了基辛格的新朋友圈。宴会由巴巴拉·沃特斯主办，地点在曼哈顿上城最时髦的Le Cirque餐厅。祝寿的宾客有娱乐业大亨，像20世纪福克斯电影公司的巴里·迪勒，美国音乐公司（MCA）的卢·瓦瑟曼，大西洋唱片公司的阿迈特·厄蒂冈；也有媒体巨擘，像哥伦比亚广播公司的威廉·佩利，美国广播公司的鲁尼·阿里基，《华盛顿邮报》的凯瑟琳·格雷厄姆，以及出版商鲁珀特·默多克；还有新保守派头头，像诺曼·波多雷茨及其妻子，经常抨击他的米杰·戴克托尔，罗伯特·麦克纳马拉和威廉·西蒙也纷纷到场。其他前来祝寿的还有玛格丽特·洛克菲勒、被废黜的伊朗王后、麦克·华莱士、威廉·萨菲尔、泰德·科普尔（致辞时特意表演了他的基辛格模仿秀）、温斯顿·洛德和妻子贝蒂·包，当然还有10处打锣10处在的德拉伦塔。

这个小圈子里的人自然不全都亲密无间，看谁都像知己。但正是这个五光十色，有钱有权的小圈子把基辛格迷得流连忘返。就是这个花花世界把他拽回了纽约，现在他和妻子俨然已是这个世界最耀眼的两颗明星。

◎没有公文包的部长

尽管基辛格在曼哈顿的生活有滋有味，但他仍然眷恋权位。1977~1980年，民主党人卡特占据了白宫。可等待机会的基辛格不知道的是，未来两届共和党政府仍然不买他的账，没给他提供任何重返权力场的机会。整个80年代和90年代，基辛格始终在外交决策权外忽隐忽现，但从未被召回竞技场。某种程度上，基辛格又变成了像当年哈佛那样把鼻子贴在玻璃窗上往里看的人。

卡特政府的大部分时期，基辛格一直与其相安无事，老对手布热津斯基成了国家安全事务助理，但由于国务卿万斯的存在，也没发生什么事情。万斯原来是外交关系委员会的老好人，属于外交政策精英圈子里基辛格自然而然会喜欢的那种人。

基辛格与卡特政府最大的冲突发生在1979年，起因是伊朗巴列维王权被宗教极端主义势力推翻。"整整一代人的时间里，美国外交最大的政策争议就是我们的盟友伊朗政府被推翻，而美国袖手旁观，甚至连一点起码的理解都没有表示。"他公开抨击道。

那年早些时候，万斯国务卿曾请求基辛格帮忙为巴列维在美国找个住处，算是鼓励老国王从容一点退位，给他留点颜面。基辛格对这项计划表示了怀疑，但接受了。在洛克菲勒家族的帮助下，地方找到了。

但卡特政府在巴列维离开伊朗后突然变了卦，表示不接受伊朗国王到美国来。而且又找到基辛格，请他帮忙说服巴列维买账。基辛格不但愤而拒绝，而且更起劲地张罗，他对所有知情的人说，美国从道义上应该给这位老盟友提供庇护。他两次找到万斯，又给布热津斯基打电话，布氏建议他直接找卡特总统，基辛格还真给卡特打了电话，总统告诉他，这会收留伊朗国王不符合美国利益。基辛格于是决定把事情公开。这在道义上是错误的，他在当月的一次演讲中称，让盟友老国王"像荷兰飞人似的在空中盘来盘去地寻找落脚港"着实不合适。

在基辛格和洛克菲勒的帮助下，巴列维终于在墨西哥找到了临时落脚点。最后，美国终于同意让废黜的伊朗国王来纽约治病。结果，德黑兰愤怒之至，一群暴民冲进美国大使馆，把所有工作人员扣为人质。

在基辛格的眼里，在险境之中帮不帮一位老盟友涉及美国的信用问题。但他没想到，当初就是他和尼克松无限制地把武器卖给伊朗国王，从而使后者走向灭亡。这一切都证明，靠扶持伊朗国王作美国在中东地区的支柱的政策实际上无异于沙中立树。

基辛格曾想竞选参议员，他一度成为纽约社交圈中的中心焦点。所有的妇人都以能让丈夫设法把自己介绍给基辛格为荣，出席宴会时，基辛格的光芒甚至盖过了前总统福特。和基辛格共同出席过某场晚会的人士描述和基辛格一起走在大街上是什么样子："活像是穆罕默德·阿里，出租车里的人们摇下车窗，和他打招呼，办公楼里的人们甚至把身子伸出窗外，朝他的方向指指点点。"

但南茜·基辛格威胁他，如果他再投身政治，她就加入民主党并提出离婚，基辛格只好作罢。

"为什么你要竞选参议员？"有人问。"我为自己的名望积累了10年的资本，每一年这些资本都在减少，不加以补充的话，我会被遗忘的。我需要能表现自己的讲台。"基辛格回答。

1980年，共和党总统候选人提名大会上，基辛格参与了一系列几乎可能重塑美国总统游戏规则，并将自己重新带回权力场的谈判活动。当时，里根眼看就要获得党内提名，他想邀请四年前被卡特击败的杰拉尔德·福特作他的副总统。福特考虑后表示可以考虑里根的提议，但前提是他必须掌握实际权力，做一个有实际意义的副总统。里根的竞选助手请求基辛格说服福特接受这个建议。基辛格看到这些以前常拿他作攻击对象的保守主义分子请他帮忙，激动不已。再说，福特的复出可能意味着他能东山再起，他欣然接受了这个使命。

与此同时，基辛格自己也有机会获得死硬的里根派的青睐。当天晚上，基辛格在共和党大会上发表了一通演讲。效果很好。尽管不时有嘘声传来，但很快他通过对民主党人的辱骂令全场观众沸腾起来，在他的嘴里，民主党人的罪过是"让世界对反美的极端主义变得更加安全"。基辛格疾呼道，共和党内派别林立，"但团结一心的时刻已经到来。"实际上，他所谓的团结呼吁根本没有必要，这话的潜台词是说给里根派的人士们听的，意思是请他回到政府里再次就任高官的时候到了。

深夜，福特召集智囊开会。到会的除他妻子外，还有几名政治助理，经济学家阿兰·格林斯潘，以及基辛格。18岁，即将进入耶鲁大学的大卫·基辛格也在场。基辛格对于总统和副总统分享实际权力的计划表示怀疑，但他劝福特发扬爱国主义精神，为了国家接受这一邀请。美国当前处境绝望，如果不能击败民主党人，灾难将继续下去。他知道福特会为此牺牲很多，基辛格说，但国家需要他。

会议进行了一个小时后，福特站起身来，把基辛格单独叫到里屋密谈。"可是亨利，这不行。"他说。基辛格又重复了一遍国家需要他云云。

在外面，基辛格可能再次成为国家机器里的核心要员的前景已经开始显现为一个十分扎眼的问题。里根根本不信任他，也不喜欢他，认为他在苏联问题上太软弱。里根，这位演员出身的加利福尼亚州长是位斗士和理论家，他只注意事情的真相，而基辛格注意的则是事情的微妙变化之处。里根的幕僚都讨厌基辛格的行事风格，认为他根本缺乏原则，里根的首席外事顾问理查德·艾伦——12年前曾惨遭基辛格冷落——干脆整天守在里根旁边，随时反击那些企图为基辛格加入里根阵营说好话的人。

但福特态度坚决，要他复出，必须让基辛格出任国务卿。基辛格知道这是触霉头的事，劝他不要这么做，但福特坚持自己的想法。

周三，福特派出四名代表，包括基辛格和格林斯潘，和里根的高层幕僚谈判，看能否研究出一项双方都能接受的方案。最后搞出一份两页纸的共识：如搭档竞选获胜，福特将出任实质意义上的白宫"首席运营官"和办公厅主任，同时有对国安会的监督权，并执掌国安会的国内事务部分。里根则担任"主席"和"首席执行官"，保留最终决策权。基辛格称这份东西"不是毫无道理的"。

当天晚上，福特打电话给里根问能否碰碰面。他认为抛出基辛格问题的时机已经到了。"罗恩，我已经作出了牺牲，"见面时福特第一句话说，"现在我要求你作出些牺牲，我想请你任命基辛格为国务卿。"

里根非常恼火。这个要求绝对超出了他所能接受的限度。"杰里，我了解基辛格所有的优点，"里根告诉福特说，"我会好好地启用他，但不是国务卿。过去几年我走遍了全国各地。基辛格受名声所累，掣肘的东西太多了。我没法接受这一点。实际上我的手下也不会接受。"

"我当时坚持这一要求，"福特回忆说，"可里根就是不肯松口。"谈了15分钟，福特起身离开回到房间，没有声张。

这样一来，热乎劲就过去了。里根和福特的梦幻组合显然已无法撮合。基辛格问题就像一根刺，扎破了这对梦幻组合的气球，整个国家也从一场几乎改写总统制度的讨论中解脱了出来。当晚，福特还在电视上大谈了一番所谓的"共同总统"。里根不耐烦地打电话来，成或不成，要福特当晚就给个准信。差不多一个小时左右。福特回了电话，明确拒绝了合作计划。

里根没费多少时间就把目光转移到了美前常驻联合国代表乔治·布什——亦曾经遭到基辛格冷遇——的身上。布什爽快地答应下来，出任里根的搭档。

里根提名黑格为国务卿，更拉大了他和基辛格之间的距离。虽然在"水门事件"达到高潮之际，基辛格与黑格弥合了一部分裂痕，但双方仍旧互不信任，基辛格对这位前助理的浅薄头脑充满蔑视。黑格则由于一个不光彩的自杀性的举动，当了一阵短暂的、默默无闻的国务卿后，被里根赶了出去。

代替黑格的是乔治·舒尔茨，一个基辛格真心喜欢并且赞赏的人。在公开场合，基辛格说如果给他机会，他会提名舒尔茨为总统。私下里，他则忍不住要向朋友诋毁舒尔茨几句，特别是在舒尔茨的中东和平努力陷入僵局时。基辛格的坏话迅速在华盛顿圈子里流传开，舒尔茨有所风闻。他怒火中烧，但不动声色地停止给基辛格提供有关最新动态的消息。许多人觉得奇怪，就像既了解基辛格又了解舒尔茨的前国防部长詹姆斯·施莱辛格，为什么基辛格直到现在还没有吸取教训，背地里说人家的坏话会不可避免地给自己惹来麻烦。

基辛格反对里根的对外政策，尤其对里根同意戈尔巴乔夫全部销毁两国中短程核导弹的建议而感到极度恐慌，他在导弹问题上的态度从50年代以来就一直如此。他对里根政策的反对是发自内心的，但也带有一定复杂的目的，他在公共空间里摆出一派极端保守主义的做派，就是为了讨好极右派。这些人控制着共和党的选票，但基辛格注定讨不到他们的欢心，因为他们不仅在早年是反对"缓和"的斗士，而且他们讨厌他的风格甚至出身背景。本质上，里根派有种民粹主义的、常常是宣扬仇恨的情结，其多数最积极的活动分子都是宣扬美国至上的孤立主义和单边主义者，他们不相信老练的国际主义者们宣扬的东西，比如什么大西洋联盟等。这场"革命"的主力军都是东岸各大精英集团的头头们，比如洛克菲勒家族、媒体、银行等，换言之，都是基辛格的靠山。

在里根集会上，积极分子们散发大量传单。据说上面揭露了对外关系委员会和三边委员会的阴险举动。传单上满眼都是感叹号和箭头，无情地指向写有"洛克菲勒"和"基辛格"的方框。这就是里根向福特提到过的基辛格"包袱"。哪怕基辛格已经悄悄向右翼靠拢，依然不能消除运动干将们对他挥之不去的厌恶。

他最多能指望的就是尽量缓和保守派对他的反对。他这样做了。1988年年初，在保守主义运动的思想库传统基金会举办的一次晚宴上，他发言说，美国应当更多地关注与苏联之间的政治分歧，而不是紧盯着军控不放。他还花了不少篇幅解释，为什么不管俄国由谁统治——沙皇也好，共产党也罢——俄国都会是美国的一大威胁，不过并没有人为此鼓掌。"我可没有被戈尔巴乔夫给我们带来的喜悦冲昏头脑。"他说。后来，这个智囊团的国家安全专家詹姆斯·哈克特说："没想到基辛格离职后观念发生这么大的变化，真令人惊讶。"

基辛格与尼克松维持着一种紧张但得体的关系。两人从来没有什么私交可言，有时互相猜疑，有时相依为命。1977年，当尼克松接受大卫·弗罗斯特的系列采访时，两人关系开始恶化。尼克松把基辛格描述成行事隐秘、好耍阴谋诡计的、私下里好说一些不负责任话、贪恋权位的人。尼克松讲了，1973年埃以爆发战争时，基辛格胆小怕事，不敢大胆驰援以色列，最后是他下命令让

"所有会飞的东西都运到以色列去";是他,而不是基辛格策划了美国与中国和苏联的外交棋局。尼克松用一种尖酸刻薄的语气谈到基辛格好往名人圈里钻的嗜好,还有他遇到好坏消息都大惊小怪的脾性。

基辛格当时正在阿尔索普家里,在电视里看到有关采访尼克松的节目后,气得吐沫飞溅地咒骂起来,在房间里上蹿下跳,倒不是因为尼克松对他个性的批判叫他不堪忍受,而是因为尼克松肆意贬低他的外交成就。阿尔索普的老婆苏珊看不下去了,给尼克松写了封信。尼克松又回了封信,歪歪扭扭的字,一看就是说给基辛格而非说给苏珊的话。

> 听了我对亨利的评价,没人会对我们任内的外交政策所取得的成就感到沮丧。我录了套10小时的录音带,可惜只留下80分钟。在里头,我一遍又一遍地指出,没有基辛格创造性的点子和外交技巧,我们永远都不可能成功地取得和中国的突破、和苏联签订削减战略武器协定、签署越南和平协议或缓解中东地区的紧张局势。我个人的评价是,他将被铭记为我们这一时代最伟大的外交家……此外,如果这礼拜五——亨利的生日——看见亨利,请代我拥抱他!
>
> ——理查德·尼克松

第二年,尼克松出版了自己的回忆录,里头慷慨地夸奖了基辛格一番。而他把自己描绘成一位果敢的总统,领导一位才华横溢但感情用事的外交天才。

一写完回忆录,尼克松就回到老地盘纽约,在新泽西萨德尔河畔买了一栋树木环绕的牧场式的房子,此后经常驱车到曼哈顿的一间办公室,潜心写书或做一些恢复声望的工作。20世纪80年代早期,当基辛格拼了老命和保守派分子以及自由派知识分子大打出手时,尼克松却正迎来又一次回归。他在死硬保守派里仍旧牢牢地保持着个人影响力,当里根对苏联人毫不客气地兵戎相见时,外交政策精英们终于开始怀念尼克松那冷酷的实用主义。

基辛格从未将他纳入自己的社交圈,他也没有加入的意思。他们最多在一块吃吃中饭或喝杯百事可乐。尼克松不喜欢出去吃饭,有时会答复基辛格说,只想去基辛格家里随便喝上杯可乐、谈谈世界形势就好。1984年的一次,两人去了家著名的法国餐厅。

不论私下还是公开场合，尼克松总是敦促里根充分使用基辛格。一次电视节目里，他称赞基辛格是中东问题上"重量级的谈判者"，尽管听上去并不像基辛格期待的那样强烈。"现在，亨利很别扭，很困难，有些人还认为他很有害，但他终归是个绝佳的谈判高手。"

里根的人总是把基辛格晾在一边。唯一派给基辛格做的事情是1983年里根任命他为美国对中美洲政策两党委员会主席。到底应不应该对基辛格的归来感到悲哀呢？历史学家罗纳德·斯蒂尔在《华盛顿邮报》上撰文说，"既不应该，如果我们想让美国的外交政策保持些专业些的话。……也应该，如果我们认为美国外交政策与我们信仰的价值存在联系的话。"但左右两派都有批评声音，左派认为"一个让美国卷入柬埔寨战争"的人现如今又让美国插手尼加拉瓜和萨尔瓦多的家务事，右派埋怨说"基辛格的外交经历就是不断地失去国家"。

但主流意见非常统一：重新启用基辛格是个好主意。所有的人一致认为政府应该给他一份差事，就连跟他一起工作的民主党人士对他也赞不绝口，认为他和在位时很不一样，乐于听取别人的意见和建立共识。圣安东尼奥民主党市长说："虽然他当过国务卿，是世界知名人物，但他很有耐心，很公正。基辛格博士智慧过人，听他用你理解的另一种方式把问题阐述清楚是一种享受。"

10月，委员会对中美洲进行了六天六国的高强度访问。每一站均有成群的记者报道。离开公职七年的基辛格仍旧保留着一种国家领导人的气质。《华盛顿邮报》报道说："如果不是基辛格当这个委员会的主席，委员会的工作性质就会变得模糊不清。"基辛格带领委员会和各国政府、舆论进行了密集的会谈和磋商，颇有当年穿梭外交的风范。抵达尼加拉瓜首都马那瓜时，基辛格一走出飞机就被记者团团围住。外交部官方接机人员被挤到一旁，头晕目眩地看着基辛格完成吹风和表演。

委员会的成果是一份132页的报告。里根表面上装出一副极为赞赏的样子，对报告大加吹捧，并立即签署了一项价值8亿美元的对有关国家的军事和人道主义援助计划。但实际上，白宫，包括国会，从来没真正拿这项计划当回事。最后，这份构思完美的基辛格委员会报告成为无人问津的故纸堆。

1986年，真正重返政府的机会再一次让基辛格动了心。他探了探各个州共和党领导人口风，看看有没有机会和民主党的马里奥·库尔莫竞选州长。基辛格当参议员听上去还蛮合人的胃口，但让他去为了高速公路拨款整天和州立法机构死缠烂打，简直荒谬至极。但大多数共和党州都急于推出个像样的人物拼掉库尔莫，因此极力怂恿基辛格出战。"共和党就是在汽油桶盖上刮油用。"政治分析家盖茨讽刺道。经过几个礼拜的慎重考虑，基辛格最终打消了这个念头。

1988年共和党总统提名人竞选期间，参选人罗伯特·多尔参议员和众议员杰克·肯普都想把基辛格从荒野中拉回政府。两人都够保守，但急需外交政策专家。只可惜运气不在基辛格这一边，占据选势头名的正是冤家老布什，布什不够保守，但偏偏不缺优秀的外事专家。

布什非常不喜欢基辛格，对于基辛格当政时对身为常驻联合国代表的他隐瞒重要信息十分不满，从此落下两人不睦的病根。布什参加总统竞选的过程中对其他参选人的评价相对而言尚属礼貌，但唯独对基辛格恶语相向。

布什当上总统后，基辛格简直就像遭到现世报的厄运。布什不仅不给基辛格提供一份工作，反而从他的咨询公司挖去两名得力干将——伊戈尔博格和斯考克罗夫特，分别任助理国务卿和国家安全事务助理。基辛格为他俩的任命感到高兴，因为这样一来，他能深入新政府的心脏地带，直达天听。

布什和他的国务卿詹姆斯·贝克都是不折不扣的冷冰冰的现实主义者，对所谓的"战略视野"嗤之以鼻。基辛格主张的大外交和地缘政治理念在他们那里一文不值。

这种分歧没多久便显现了出来。1989年布什就任，贝克立即对基辛格提出的一个所谓"第二个雅尔塔"计划给予静悄悄的羞辱。就像对待一个可怜的气球，贝克把这个主意一脚踢到空中，得意洋洋地看了看，然后漫不经心地拍走了。

"雅尔塔第二"计划和1972年莫斯科峰会和1975年赫尔辛基峰会美苏领导人提出的有关方案有异曲同工之妙。按照基辛格的想法，美苏达成一项静悄悄的"互惠框架协议"，苏联允许东欧国家重获自由，作为回报，美国承诺对此不采取任何可能危及苏联安全的行动，谈判可以采取秘密形式，派秘密代表——比如基辛格本人。

1988年12月，基辛格向当选总统的布什、斯考克罗夫特和贝克提出了这一想法。他强调，布什将成为第一个有机会结束冷战的美国总统。但这需要视野和冒险。布什看上去蛮感兴趣，他授权基辛格操办此事，向苏联总统戈尔巴乔夫提出。1989年1月18日，基辛格在一次和戈尔巴乔夫单独会面时解释了这项计划，听罢，苏联领导人向前欠身问：这葫芦里卖的究竟是什么药？这是不是诱使苏联彻底交代自己在东欧地区真正意图的圈套？基辛格保证说，除了他所解释的东西，没有任何其他目的。于是，戈尔巴乔夫表示，如果布什政府这么打算的话，就让基辛格昔日秘密外交的老伙伴多勃雷宁和他保持联系。

问题出在贝克身上。此君对基辛格的主意颇感兴趣，但并不急于推进一项由基辛格控制的重大外交谋划。实际上，国务院的高级官员们也表示反对。东欧地区的政治进程正朝美国乐见的方向自行前进。"何必花大头钱去买那些历史会免费赠予你的东西呢？"一位苏联问题专家说。结果，基辛格的计划得到了一个充满讽刺的绰号"雅尔塔第二"。没多久，计划被偷偷公开了。布热津斯基等人在报纸上冷嘲热讽。贝克在接受公开采访时笑里藏刀地狠很地讽刺了一番。"我想这是个值得考虑的提议，因为是个新路子。"他对《纽约时报》的外事记者托马斯·弗里德曼说。咨啬地夸奖了几句后，贝克开始挑毛病，中心思想是基辛格的计划纯属脱裤子放屁——多此一举。东欧地区已经开始了对美国有利的进程，所以，"现在干吗不让这一进程自行推进呢？"

基辛格满腹委屈、愤怒，有一股被出卖的感觉。他在报纸上回击了贝克，所谓东欧走势看好，没必要和苏联商量任何事情的看法是错误的，"一旦那里有了无政府主义和坦克车，外交就晚了。"但实际上基辛格的计划确实有很多漏洞，首先，他先入为主地认定，当时的美国和苏联对其盟国仍然拥有决定性的影响力，其次，贝克最终证明自己是正确的：苏联的卫星国在西方没有对苏联作出安全妥协的情况下靠自己赢得了自由。如果在一个全新的雅尔塔体系下达成妥协，很可能华约组织还将继续存在，而不会像历史戏剧所真正所上演的那样。

从"雅尔塔第二"开始，基辛格和布什、贝克的关系愈加冷淡。尽管他们偶尔还见见基辛格，谈上一谈，但从未试图让他在重大外交决策中发挥任何作用，特别是划时代的苏欧剧变时期。

跟主角人物中断来往的基辛格只得跟副总统丹·奎尔套近乎。这是一种奇特的关系，因为两人迥然不同。但两人互有所需，副总统靠这个曾经叱咤风云的外交奇才为自己空洞的外表注入实质内容和影响力，基辛格则靠名义上的美国第二号人物给自己的未来打拼出再次谋取高就的可能性。

第33章 | 从老牌外交家到富商巨贾

世界顶级顾问是怎样一夜暴富的

这家伙忙得要命。你好像是在和一位国务卿一起旅行。这也有道理：他就是吃这碗饭的。

——罗伯特·戴伊（Robert Day），西部信托投资公司主席

◎外交"雇佣军"

先来看看基辛格做生意的能量：

例一 20世纪80年代初，阿根廷国家保险公司决定进入国际再保险市场，大量收购美国国际集团（AIG）——美国最大的商业保险商——发行的股票。但随着保险业市场进入新一轮恶性循环，阿根廷国家保险公司陷入亏损，1987年，它开始拒绝分发红利，包袱于是甩到了AIG身上。AIG主席毛利斯·格林博格找到基辛格，请他帮忙解决。一起去阿根廷，基辛格立刻便找到财政部长看看如何解决问题。让格林博格大为吃惊的不光是基辛格能够敲开王公贵族的大门——尽管基辛格能够如此轻易地约见到财政部长仍令他印象深刻，而且这位前国务卿研究问题十分细致深入，总是找出许多可资商讨的解决办法。"他能让谈判双方都各让一步。"格氏称。不光谈生意，格林博格还趁机借光，随前国务卿应邀出席了新总统梅内姆的就职仪式。

例二　　总部位于路易斯安那州的自由港口公司专营采矿和油气勘探业务。该公司和基辛格的业务关系最为典型：基辛格出任该公司的执行董事，同时基辛格旗下的咨询公司作为该公司的国际咨询方每年收取咨询费。自由港口公司想在缅甸打油，基辛格就在自由港口公司和其另一客户——韩国大宇公司——之间建立了一项会议机制。几方推出一项价值40亿美元的联合勘探计划：自由港口公司负责勘探和打井，大宇负责生产液化天然气，然后运往韩国。

1990年出现变数，缅甸军政府举行全国选举，但以失败告终，军政府拒绝下台。一片混乱之中，项目搁浅了。尽管如此，基辛格咨询公司仍然向自由港口公司征收每月50万美元的报酬——除了每年20万美元咨询费外，同时也向大宇公司收取咨询费和额外报酬。

例三　　西部信托投资公司是为拉美各国国有企业私有化进程募集投资资金的主要领导者之一，特别是在墨西哥。基辛格作为该公司董事会成员和咨询顾问，定期就墨西哥的政治形势向公司提供情报，还对墨的领导人进行多姿多彩的评价。但有些事情却非靠基辛格不可。1990年3月，基辛格在墨西哥阿卡帕尔考度假，邀请维斯特公司精力充沛的主席罗伯特·戴伊过来做客。然后在墨西哥城安排了一天的活动：先是坐戴伊的私人飞机飞到墨西哥城，和财政部长共进早餐，然后依次会见了四位重量级的其他部长。当晚，戴伊出席了美国驻墨西哥大使内格罗蓬特专门为基辛格举行的招待会，内格罗蓬特早年是基辛格在国安会的助手。在座的有80位墨西哥顶级的政治家和富商巨贾。直到半夜，两人才飞回阿卡帕尔考。

基辛格咨询公司的秘密世界多姿多彩，既提供战略建议、外交事务参考，还提供许多很好的私人关系和敲门砖，以及世界上最具市场潜力的姓氏的印章——基辛格。他退隐后不久，咨询公司便告成立。特别到了1982年，基辛格放弃了撰写第三部回忆录的念头，里根政府也再未打算把他召进政府任职，便将大部分精力扑在公司事务上，业务开始活跃起来。基辛格既未受过法律训练，金融敏感性又差，没法遵循常规操作律师事务所或投资公司的业务。所以他干脆把自己当成"政治家雇佣军"，以不菲的价格向私人企业提供外交政策咨询，承担他们的外交工作，当他们主席的私人国家安全事务助理。

在肮脏、廉价的华盛顿游说圈里，基辛格的所作所为相对比较干净。和那些甫一卸下公职便自立门户当律师或说客以向大公司兜售政府关系的人不一样，基辛格决定，他决不替任何客户游说美国政府。此外，他等了五年，超过一任政府任期后才积极投身商海。虽然他偶尔带客户旅行，把他们引荐给外国领导人，但他主要不是靠私人关系替人当敲门砖，相反，他的产品是自己的洞察力和外交事务分析。当然，基辛格的巨大成功为我们提供了一个机会，可以一瞥在当今讲究影响力的世界里，特权和门路有着多么高的价钱。

一开始，基辛格向高盛公司和其他三家银行借了35万美元，在曼哈顿帕克大道的第51街和华盛顿K街分别开了间办公室。贷款期限为五年，但不到第二年年末，基辛格就全部还清了。到1987年，基辛格咨询公司年利润已达500万美元，20世纪90年代早期又翻了两倍。

第一位合伙人是原来在国家安全委员会的助理斯考克罗夫特。斯考克罗夫特除在这个公司担任副董事长和经理之外，自己手里还掌握着一些秘密客户，从中牟利。他在基辛格联合咨询公司的年薪近30万美元。另一位老部下、天性善良快活的伊戈尔博格则帮助基辛格把公司变成了一个真正的大企业。到1988年，他离开公司进入布什政府之前，工资已达到67万多美元，其他收入也多达24万美元。此外还有阿兰·斯托加，这位福特和卡特政府时期财政部官员出任基辛格咨询公司的首席经济学家。斯托加曾在基辛格组建的中美洲委员会供职，委员会解散后，基辛格立刻将其招至麾下。这位低调、务实、直觉敏感而且聪明伶俐的经济学家成为基辛格的有力干将。1989年斯考克罗夫特和伊戈尔博格相继离开后，基辛格又找到另外几位老部下出任左膀右臂，如保罗·布雷莫和威廉·罗杰斯（不是前国务卿、基辛格的死对头罗杰斯——著者注）等人。

到90年代早期，基辛格咨询公司已有超过两打的客户，四分之三是美国公司，且多为美国运通、可口可乐、渣打银行、爱立信、贝尔电话、沃尔沃等大牌企业。

基辛格咨询公司在电话簿上找不到。公司所在的写字楼大厅里也没有列出公司名称。如果你的电梯正好在公司所在楼层停下来，你会发现一些零星的坐椅散落四处，透明塑料窗后面坐着一位接待员，门上也没有公司名称。

公司内部的装潢属现代风格，但并不矫饰，看上去就像一个中等保险公司代理处，白色沙发，标准尺寸的办公桌。沿大厅有一长溜的小办公间。基辛格自己的L形办公室在拐角处，办公室墙上挂满了带签名的国家领导人的照片，都在朝基辛格笑脸相迎。

基辛格一出现，办公室里就发出一种略带惊恐的、兴奋的嗡嗡声。他很少安静地坐在办公室里，而是四处乱转，到各个办公室去巡视，要求澄清他文件夹里的各种决议，警觉地查看他们为他定好的时间表，然后全盘否定。这期间，他会就全球事务大发宏论，或讲一些无关紧要的小事。他常抱怨他要养活这么多职员，这肯定是复仇之神施加给他的残酷惩罚。然后又话题一转，突然就某一个计划提出敏锐的建议，或恭维某人几句或开个玩笑。

1991年1月15日是布什和联合国勒令伊拉克退出科威特的最后期限。偏偏基辛格要到大通曼哈顿银行国际顾问委员会开一天会，这次会议安排了六个月才定下来。这并不能叫他高兴。他希望那些忧心忡忡的客户打电话来时，能找到他。同样重要的是，他希望有电视台前来报道他的看法，晚间播出。"这种事再也不许发生了，"基辛格在走廊里跺着脚乱发脾气。"你们都听懂了没有？"大家都一本正经地点着头，虽然他们搞不清怎样说服联合国按照基辛格的公司董事会日程制订它的战争计划。

相当大的一部分工作是修订基辛格的时间表。他做的不仅仅是旅行。他喜欢私人飞机，需要保镖，希望在每一站都有司机开着车来接他。他讨厌日程表排得太满，但一发现空当他就想起要会见另外一个什么人。时间表经过修改之后，他抱怨也抱怨得差不多了，便在最后一刻推迟或取消这趟旅行。

但所有这些烦恼都被一种潜在的幽默感和表演气氛抵消了。心不在焉的基辛格一会儿勃然大怒，一会儿祝贺这个、表扬那个，有时候嚷着要辞职，有时又拿自己开玩笑。他的职员都适应了他这一套。每次他打电话来，都会通过一个特别专线切进来，好让每位员工都听得到，以便作出反应。保安在电梯口安置了一个监视器，当基辛格的身影消失在门后时，大家都松了一口气。员工们都有一种惯孩子的感觉，好像他们刚刚跟一个聪明绝顶但好冲动的小孩打过交道。但大家对他怀有深深的敬意，这种恭敬与其说来自惧怕，不如说来自对他的尊重和喜爱。

基辛格的身价差不多是每年20万美元，此外，就具体项目，每月可收取10

万美元单独费用，外加各种花费。每年，公司向客户提供两到三次国际形势报告，通常由基辛格或布雷莫、斯托加口授给客户公司高层的一小撮人。一切都不留纸面的东西，基辛格不想他的高见被影印和到处传阅，然后几个月后再被人引用。

所有报告都根据客户具体要求操作，但不涉及具体的投资建议。看法大多是中期时段的：譬如欧共体或俄国未来5到10年的形势展望如何。拉丁美洲国家的还贷和私有化进程在当时属于很大的问题，和东欧形势一样重要。

此外，基辛格、斯托加和布雷莫也提供电话咨询。1991年海湾战争爆发时，每天客户都会打来五到六个电话询问看法。在这种情况下，所提建议通常和生意没什么直接联系。公司高管们实际上无法抵御能和基辛格交流带来的虚荣心，他们能跟人吹嘘："哦，我今早刚和亨利通过电话，他认为……"

事实上，基辛格咨询公司部分出售的是名望和基辛格那轰隆隆的口音。一位执行经理如果在作出对外投资方面的困难抉择时请教过基辛格，他心里要踏实得多。"如果我们投资的国家局势恶化，"一位公司经理解释道，"我知道我们要是事先跟亨利讨论过形势，我们就不会给人一种玩忽职守的感觉。"

更多具体的事情都是项目式操作，每月收取10万美元咨询费。典型工作是帮助某些公司获得在某些国家做生意的许可权。基辛格要求其所接受的任何项目在给客户带来利润的同时，必须符合被投资国的利益。这就让他能够发挥自身优势：做一名调节者，正如他在中东做的那样，让双方为着对彼此有利的事情坐在一起。有关谈判中，他喜欢把自己打扮成得到双方信任的中间人，而非仅仅是客户利益的代理人。

基辛格很担心自己被看成是位成功的调停家，但至少四分之一的工作就是解决客户们在国外遇到的来自官僚机构的障碍。这常常意味着给对方政府的高级官员打上几个恰到好处的电话。同样，基辛格竭力否认自己是客户的敲门砖，"去年我去过的所有地方，"他在1986年说，"政府首脑都会接待我。我不会请求他们为某个客户开绿灯，也不会带着客户去参加会见。"他喜欢举的一个例子是，他曾经拒绝过一笔100万美元的买卖，人家的要求就是请他安排一次公司首席执行官和某国财政部长的会见，这种事他一个电话就搞定了。

但随着时间的推移，基辛格不再那么固执，部分原因是，提供引荐，或向一位处在高官地位的朋友请求帮助是一种自然产生的生意本能；部分原因是他离任愈久，这种事就不再显得那么不得体。举个例子，安东尼雷立公司的头头海因茨曾骄傲地吹嘘基辛格如何帮他见到津巴布韦、土耳其和象牙海岸的总统的。正像他带西部信托投资公司总裁戴伊出席墨西哥城的活动并引荐他认识高级领导人一样，基辛格曾经帮美国运通总裁詹姆斯·罗宾逊在日本做过同样的事情，也帮过美国国际集团毛利斯·格林博格在中国、自由港公司总裁詹姆斯·莫非特在印度尼西亚见过国家领导人。

　　基辛格咨询公司和某些特定的促进两国贸易和友谊关系的商业组织保持密切联系。这是让公司高层见到高级领导人的一个办法。典型的例子就是马来西亚-美国私人部门协商小组，基辛格和格林博格是美方共同主席。19名成员中，有可口可乐公司执行官约翰·亨特、摩托罗拉主席加尔文，都是基辛格的主顾。1991年海湾战争前就存在的美国-伊拉克商务论坛也是这样一个组织，但它让基辛格着实尴尬了一次。基辛格和他的公司都不是这个组织的成员，但公司首席经济学家斯托加1989年曾受其邀访问巴格达，此事在《新共和》杂志上还有一篇报道。后来哥伦比亚广播公司"60分钟"电视节目播放了一段，含沙射影地批评基辛格与非法提供给伊拉克的贷款有间接关系。节目中并没有为这一指控提供有力的证据，狂怒的基辛格指责节目制片商休伊特之所以这么干，是因为自己在哥伦比亚广播公司主席威廉·帕雷葬礼后举行的一次招待会上没邀请他——同样，这一指控也没什么真凭实据。

　　80年代期间，投机生意盛行，基辛格曾试图挤入公司合并业务。但他入行时，这类生意已经在走下坡路，没能成功。"他是个天才，"格林博格说，"但这并不意味着基辛格对商业或投资银行就很在行。"

　　20世纪90年代，一种生意大有前途，就是国有企业私有化，譬如电话系统、银行、重工业、交通系统等。因为许多国家开始转向市场经济。但美国银行一提到直接向第三世界政府贷款就神经紧张，这些国家只得向外国投资者出售国有资产。基辛格在这些私有化交易中属于缺一不可的稀缺人物，因为当今世界没有人像他一样在这么多的国家和政府里有这么多私人关系。西部信托投资公司主席戴伊评论基辛格道："亨利无论到什么地方，每个人都想见他。这人忙得不行。跟他旅行就好像仍和一位国务卿旅行一样。原因只有一个：这家伙就吃这碗饭。"戴伊特别对拉丁美洲国家的私有化买卖感兴趣，他在墨西哥、委内瑞拉和智利都有投资。1990年时，他为400多家机构和个人客户的200

亿美元实施投资。基辛格是维斯特公司董事会成员，他自己的公司又为维斯特提供咨询服务，而戴伊又是负责处理基辛格私人理财业务的人。

和基辛格的生意关系往往带有很强的社交成分。1991年有一回，戴伊来到纽约，基辛格和妻子南茜特意为他举行了一场小型晚宴，有差不多一打的基辛格夫妇的老熟人出席——都是些鼎鼎有名的豪门大户，石油大亨，服装设计师，都是些风言风语的专栏文章中的常见角色。

这种深入基辛格社交圈子的附带效应是份不可多得的馈赠，是随着生意关系而来的小小红利。基辛格夫妇为来访的外国领导人举办的晚宴上，客户经常也在邀请之列。

国际集团总裁格林博格就是基辛格20世纪80年代早期的兼具客户和社交好友双重身份的人。瘦高个的格林博格颇富幽默感，总是带着让人安心的微笑，在他的领导下，国际集团成为美国首屈一指的国际保险公司，其利润大部分来自海外投资。1987年，他邀请基辛格出任公司国际咨询顾问小组主席，并请基辛格咨询公司每年为其处理三到四个项目的业务，譬如AIG和阿根廷国家保险公司的官司。"亨利还是像他当国务卿时那么受欢迎，"格林博格说，"走到哪里都立刻受到尊敬。"

基辛格为AIG做的头几笔买卖之一是帮它打入韩国保险业市场，此前，AIG花了15年工夫在韩国申请出售人寿保险的执照都没有成功。基辛格去了汉城（现首尔），跟政府官员会晤，高官们把责任推到底层官僚身上。基辛格驾驭执照问题的能力令格林博格大为吃惊，基辛格绝不仅仅把这个问题提出来，然后让别人去处理就算了。他亲自过问申请执照过程的每一个细节，搞清楚究竟是哪个环节出了毛病，然后找出解决办法。1989年，国际集团在韩国开了第一家保险公司。

1989年11月，格林博格随基辛格到亚洲跑了一趟，这趟旅行充分展现了基辛格关系网的价值。第一站是新加坡。从1959年起一直担任总理的李光耀是基辛格的老朋友，他为基辛格举办了一个私人午餐会和一个大型招待会。在大型招待会上，"美国国际集团"在当地的高级经理有幸在有基辛格的陪同下会见总理——一个建立工作关系的良好方法。接着，他们去了马来西亚。马来西亚总理是基辛格在哈佛的国际研讨会的学生，而"美国国际集团"是马来西亚最大的保险公司。旅行以三天对北京的访问而告终。这是1989年中国政治风波后基辛格第一次访华。

　　基辛格也和自由港公司的总裁莫菲特一起旅行。莫菲特胆大，乐观，不那么讲究，毫不优柔寡断，和基辛格的性格截然相反。但他明白基辛格能给公司带来多大的全球效益。他一直让自由港公司成为基辛格咨询公司最具利润潜力的客户：1989年，年咨询费20万，外加项目费60万，承诺未来任何依据基辛格的建议实现的投资回报都返还2%的利润。1990年，咨询费20万，项目费30万，此外，作为对公司董事会的咨询补偿，基辛格每年还得到三万美元的费用。

　　单是基辛格的名字对自由港这种在许多国家名不见经传的公司就意味着信用。"在和那些不知我们为何物的国家政府打交道时，我们需要形象和验明正身，"莫菲特说，"而基辛格在我们身后就意味着信用，我们就能见到达官显贵，他们就会拿我们当回事。"基辛格一同随行时更显珍贵，"领导人会告诉他一些我们永远都不可能靠自己挖出来的信息。"

　　1991年1月董事会召开前，莫菲特在新奥尔良法语区旁边的莫兰河沿餐厅设宴款待众人。他是那种喜欢把基辛格请来、就听他一个人滔滔不绝讲话而其他人张着大嘴笑着傻听的公司首脑。当晚就是如此，董事会成员和高管们一边吃着牡蛎和大虾，一边听基辛格开讲海湾战争。

　　海湾的形势对自由港公司的业务有极大的影响。该公司正准备在海湾地区投资金矿生意，但金价老是随着战争形势不停地上下波动。同样，它的油气生意也随着原油的每次价格波动揪心地挣扎着。

　　基辛格并不就金矿价格或石油输出国组织的价格决定给公司具体建议。他发表的都是宏论，有时甚至非常抽象。尽管如此，董事会成员和经理们毕恭毕敬地聆听，好像真的得到了不少智慧似的。基辛格谈起穆斯林世界正在出现的动荡、孤立阿拉伯极端主义的前景和在中东建立亲西方共识的问题。

　　任何人都没从晚会上得到一个实用的点子，实际上，大多数都想不起来当时基辛格都说了些什么。但几个月后，许多人仍在津津乐道地回忆着基辛格的高谈阔论是多么的"才华横溢"。"简直让人着迷，"莫菲特说，"他谈到了穆斯林世界和西方之间爆发斗争的长期威胁问题。太棒了。"

　　莫菲特还喜欢请基辛格做政治和风险评估，而这也是基辛格咨询公司的拿手菜。自由港公司最大一笔买卖是做印度尼西亚的金矿生意。1991年，公司得到30年开采权，需投资金额达5.5亿美元。协议签订前，莫菲特请基辛格就印度尼西亚未来10到20年的政治前景做一风险分析。基辛格的合伙人威廉·罗杰斯去了趟印尼考察情况。基辛格还请出国安会的老部下、亚洲问题专家约翰·霍尔德里奇——也是后来的美国驻印度尼西亚大使——提供帮助。基辛格将最后评估结果交给莫菲特，之后两人1991年3月一起去了趟印尼，敲定了协议的所有细节。

"当你做一笔数十亿美元的大买卖时，"莫菲特后来解释说，"花几十万美元请熟悉情况的人提供些咨询真的算不了什么。"如果不做咨询，一旦印尼爆发革命，金矿全部国有化，自由港的股东们可饶不了他们。

上世纪80年代末，自由港公司打算跟摩洛哥开始一项化学肥料交易。自由港公司拥有世界上最大的硫矿，位于路易斯安那州海域。摩洛哥拥有丰富的磷矿石。要生产优质肥料，这两种矿物质必不可少。莫菲特打算与摩洛哥商量，签订贸易协定，或成立合资公司一起干。到1991年，虽然协定尚未搞定，但基辛格已经不辞辛苦三赴摩洛哥，商谈项目。莫菲特说，尤其令他难忘的，是基辛格居然有幸面见哈桑国王。"亨利跟国王关系很好，"莫菲特说，"他不仅告诉你什么样的提议会讨摩洛哥人喜欢，他自己还一直和那儿的人保持联系，包括那些认识国王的人，所以他会告诉你在摩洛哥怎么才能把事情办好，哪些因素是最重要的。"

自由港公司还有一个与巴拿马有关的项目。公司在巴拿马有一个金矿，但是因为强人诺列加的行为，美国对巴拿马实行制裁，导致公司的金矿也不得不关门大吉。公司想要卖掉金矿里的设施，必须在巴拿马物色某人帮他们保持租约，不然开采权就要被取消。"诺列加大权在握，亨利居然能在巴拿马政府里找到一个头脑清醒的家伙帮我们摆脱困境，"莫菲特回忆说，"像这些国家，他们庞大的官僚机构压根不知道你是老几，可是亨利总是能轻轻松松地帮你省去种种繁琐的手续。他每次都能找到某人帮忙。"

美国运通（American Express）也是基辛格的重要客户之一。1984年，前总统福特退出美国运通公司董事会时，推荐基辛格当他的接班人。"你们许多人可能不喜欢亨利，"福特解释说，"在这个国家他可能是个很有争议的人物。但在海外，他没有任何争议。他广交朋友，能打开大门，能搞定事情。"另一位执董不同意，提出"一个像美国运通这么庞大和精密的公司不需要任何人帮它打开门路"。其他几位董事会成员认为基辛格的到来对于美国运通而言可能太过招摇。不过最后基辛格还是当选了，而公司主席詹姆斯·罗宾逊成了基辛格的头号拥趸。

公司付给基辛格的费用总是在变。但1989年是比较标准的一年，包括作为为罗宾逊做国际事务咨询的10万美元、为运通旗下的投资银行哈顿公司做顾问的20万美元，此外，基辛格个人为公司各种活动所作的演讲和出场费有12万美元，作为公司董事会成员还有5.55万美元的酬劳。大多数董事会议开会前，罗宾逊都会打电话给基辛格，请他提供些世界形势的评估。

"亨利掌握形势的能力简直令人难以置信。"罗宾逊说。每次出访前，基辛格都会打电话给罗宾逊，看看他对自己即将赴访的地方有没有什么想要了解的东西。例如一次，美国运通想获得在匈牙利经营银行业的许可。基辛格到那后，便向匈牙利新政府提出这一问题，强调说美国运通银行应该享有优先权，因为它还可以帮助匈牙利发展旅游产业（美国运通的信贷消费非常发达，有利于吸引西方旅游者前往有美国运通银行网点的国家和地方旅行——译者注）。

基辛格常和罗宾逊一同出访，特别是日本。"他介绍我认识了好几位日本高官，"罗宾逊说，"我也有其他办法认识他们，但在亨利的光环下有私人朋友的色彩。"基辛格引荐双方时，会有一种"我能为他作保"的信任感。

一个例子是1987年日本保险公司收购美国运通的哈顿公司13%股份一事。日本政府犹疑不决，担心此举会在华盛顿引发反日情绪，日方公司于是打起了退堂鼓。基辛格立即飞往东京，见了老朋友日本财政大臣，顿时解除了日方的疑虑，最终买卖顺利完成。"他能处理穿梭外交，"罗宾逊评价说，"是因为双方都信任他。"

到90年代初时，基辛格的年收入已高达800万美元。1988年，基辛格和一位投资银行的总裁开玩笑，问他投资银行家的收入是多少。朋友和他打赌说，他先猜猜基辛格的年收入，如果猜的价和基辛格的真实收入相差20%以上，那么他就告诉基辛格自己的收入。基辛格当下同意，朋友说了一个数字：750万。基辛格笑了没说话，默认他猜得八九不离十。

◎斗争与利益

基辛格作为咨询顾问没有做任何违法之事，甚至连打擦边球的事都没做过。实际上，他的活动比那些在华盛顿被看作稀松平常的事还要干净得多。不过就像他的外交政策一样，基辛格脱离公职后的世界也充满着形形色色的连环套。他既想当媒体评论员、商业咨询顾问，又想做政府的非正式智囊，这些搅和在一起让我们得以一窥个中的价值准则和利益冲突。

基辛格属于华盛顿一种古老而不那么令人尊敬的族群：政府高官退出后，以高薪受雇于一些公司，这些公司与其说是欣赏他们的才智和头脑，不如说看重他们的人脉、影响力和名片夹。有些退休高官做得巧妙，用所谓的律师身份做掩护，显得好看些。其他人干脆赤膊上阵，直呼自己为"说客"或顾问。到底哪些可以接受、哪些不能接受并没有截然分明的界限，不过是程度、判断和风格的问题。

当然也有一些基本的游戏规则为大家一致认可：离开公职的时间越久，干这种事的不妥之处就越少，而且最好不要游说你过去的同事。就这些标准而言，基辛格的工作可以说十分得体。离职五年内，他一直拒绝加入任何公司董事会或大肆扩张个人生意。和许多离职高官不同的是，基辛格提供给客户十分专业的独到见解，而非仅仅是拉关系或引荐一类。此外，他从不做国内游说，不为客户代理涉及白宫、国务院和国会的事务。

基辛格在里根时期曾出任中美洲委员会主席，同时，他也为一些掌有拉丁美洲国家债权的银行或投资公司担任高薪顾问，这些银行和公司支持美国给予拉美国家经济援助。这两者之间或许有些冲突，但这种情况在私人部门的人员受命出任公职时经常出现。基辛格要算情况较好的。不像他的副手斯考克罗夫特，在担任洛克希德公司（美国最大的军火集团之一）私人顾问的同时，又领导着一个研究战略导弹问题的政府委员会。到头来，除非政府把一些委员会的公职人选限定在毫无利益牵涉的人身上，否则事情好坏只能寄托于个人修养和诚信上了。

出现利益冲突的地方多是在基辛格担任媒体评论员或专栏作家的时候。美国媒体的一个基本行规是：记者或评论员不能在他们评论的事情中牵涉个人经济利益，尤其是秘密事项。但基辛格会时不时地在报纸专栏和电视节目中来上几句，可能给他的客户生意带来好处。当然，许多情况下并无大碍。基辛格的分析通常都是谈有关军控、北约的前途、冷战后欧洲安全等问题，其观点大都和客户的生意没什么直接瓜葛。同样，他在电视上的评论主要都和突发事件有关，譬如海湾战争、巴勒斯坦暴动、苏联东欧的是是非非，生意关系也没有直接牵涉。

也有一些情况，基辛格会面临直接涉及主顾利益的话题。他不承认，认为那些说他为客户利益剪裁自己观点的看法简直"荒唐"，没有证据。但是人们有理由相信，基辛格对某些复杂问题的认识会受那些给他大笔钞票的人的影响。而且，他在报章上对国外领导人的评论口风常常有意无意地受到以下标准的左右：他们过去对他是否友好，未来是否有必要和某国领导人发展友好关系。

他对墨西哥领导人及其减债问题的评论即是一例。拉美国家彼时普遍债台高筑，而基辛格服务的大多美国超级公司都在拉美国家有利益，拉美债务既有欠美国政府的，也有欠这些公司的，眼看这些国家经济濒临崩溃，各大公司都希望美国政府帮助减债，维系其经济运行，否则自己的投资眼看血本无归。基辛格的笔杆子发挥了作用。

比如，基辛格关于墨西哥和墨西哥债务写的专栏文章。对聘请基辛格当顾问的公司来说这件事尤为重要，包括美国运通、西部信托投资公司和大通曼哈顿银行。

1989年，大通银行增加准备金11.5亿美元，填补第三世界国家欠它的债务，结果导致当年重大损失。前任董事长大卫·洛克菲勒和时任董事长威拉德·布彻积极游说华盛顿，希望政府帮助削减墨西哥债务。

同病相怜的是美国运通公司旗下专管借贷的美国运通银行。1987年，拉美国家欠美国运通银行的债务超过20亿美元，随后运通银行使尽浑身解数想要减少这笔数目。1988年，董事长詹姆斯·罗宾逊公开倡议建立国际债务与发展协会，由协会折价购买第三世界国家的债务，并提供债务免除，帮助这些国家从事贸易，繁荣经济。罗宾逊宣布这个倡议后，基辛格翻来覆去看演讲稿草稿，提笔做了不少建议，不过大部分内容都采纳了。

西部信托投资公司的董事长罗伯特·戴伊同样十分关注债务危机的进展。除此之外，墨西哥的某些动作也和他利益攸关，比如私有化。所以他付钱要基辛格帮他和墨西哥保持良好的关系，不管是谁坐镇江山。他还和基辛格一道三次前往墨西哥。

基辛格用他那媒体专家和高级官员非正式顾问的身份，提倡免除拉美国家债务。另外，他写的有关墨西哥和墨西哥领导人的评论处处流露着对他们的深切同情，所以，每次他和客户去墨西哥都能得到当地的盛情款待。

例如，1988年，卡洛斯·萨利纳斯当选墨西哥总统之后不久。基辛格在《洛杉矶时报》上发表了一篇赞扬萨利纳斯的长文，并对墨西哥国内共产主义势力可能威胁国家稳定问题提出警告。基辛格进而说，"美国能在鼓励该国民主和经济改革方面发挥重大作用。"怎么发挥作用？减债。"只有靠经济增长萨利纳斯的自由经济改革才能维系下去，但只要每年还债就占去GDP的6%，墨西哥经济没法发展。"而减债不能光靠借贷的美国银行发善心，"一些负担必须落在债权国政府身上，包括美国政府。"基辛格写道。然后，他又大肆吹捧了一番旨在解决拉美债务问题的美国运通的詹姆斯·罗宾逊提出的"创新计划"。就是没提他是运通公司的客户，而且所谓的新计划也是他本人帮着搞出来的。

应该看到，基辛格的提议是真诚的，他大多数的主张是一贯的，而且在大客户推动之前他就已在宣扬。而且他许多主张和他的银行客户所宣扬的也背道而驰。但他的分析很可能深受罗宾逊、戴伊这类人物的影响。"他的看法对我有影响，"每年付给基辛格咨询公司将近50万美元的罗宾逊说，"而我也认为，我的观点对他也产生了不大不小的影响吧。"

◎中国之争

有关中国的问题是基辛格面临利益纠缠的一个更加鲜明和更富争议的例子。

天安门政治风波发生一天后，美国广播公司（ABC）采访他："美国该干点什么，基辛格博士？"一边强调着美国和中国保持友好关系的重要性，基辛格建议道："要是我就不会搞任何制裁。"整个夏天，基辛格不停地在美国广播公司的电视台前宣扬这一主张，ABC每年付给他10万美元的酬劳。

在报章专栏里，基辛格也坚决反对对中国实施经济制裁。他认为这是中国内政，邓小平先生应该作为真正的改革家受到赞扬，美国和中国保持友好关系的重要性"高得不能再高"。他警告美国政府不要草率作出决定，还得出结论："北京这出戏对美国人来说，是对我们的政治是否成熟的一种考验。"

此后一篇专栏，基辛格再次公开抨击国会"出于对纯属别国内政的事务作出反应"就投票对中国施加制裁的做法。尽管他对北京发生的事情感到失望，但"没有一个政府能忍受首都主要广场被数万名示威者占据八星期"，他说。不管美国人个人对事情抱何看法，他说，"中国对于美国国家安全实在太重要了，不能在此刻感情用事冒险破坏两国关系。"

当时，尽管ABC或《洛杉矶时报》的观众和读者们不知道，基辛格在中国有着十分密切的生意关系。美国的石油公司，自由港公司，国际集团，都经由基辛格在中国开始经营各种买卖。

另外，基辛格和中国政府的关系好得不得了，他甚至可以把客户和客人带到中国来，由最高领导人亲自接见——这可是了不得的财富。1987年年底他就带西部信托投资公司的董事长罗伯特·戴伊去过一回中国。1988年年初，他又安排大通银行的国际顾问委员会在北京开会。会议日程极为诱人，他和前任董事长大卫·洛克菲勒还得到邓小平的接见。不过他有时也分不清人家对他热情到底是出于工作上的需要还是真的朋友情深，有一次他叫北京当地的一个公司老板帮他为摩根大通举办宴会，结果宴会后，中国老板居然给他寄来账单，基辛格差点气晕过去。

基辛格跟中国打了这么多交道，其中最野心勃勃的是他成立的一个有限投资合伙公司，叫中国投资公司（China Ventures）。公司正式成立于1988年12月，就在天安门事件前半年。基辛格的目的是帮助美国的顶级公司投资中国的新企业和合资企业。

在这个公司，基辛格既是董事长，又是首席执行官，还是普通合伙人。这样，他每年到手的管理费超过100万美元；而且公司利润的8%付给投资人之后，剩下利润中他还能捞20%。

通过基辛格在中国投资的公司一直没有公开，但不用公开也知道，多数是基辛格的客户。大的投资方有：美国运通、自由港公司、美国国际集团、西部信托投资公司、亨氏食品公司和可口可乐公司。这些公司的董事长们都是集团投资委员会成员，与他们平起平坐的还有前任财政部长威廉·西蒙。西蒙也是基辛格咨询公司的董事。

基辛格总共从这些公司拉来了7 500万美元的投资。美国运通投了1 000万美元，1989年付了20万美元给基辛格做管理费。自由港公司投入330万美元，给基辛格的管理费是66 667美元。

可惜，中国投资公司从来就没有投出过一分钱。头一个要命的原因就是，如他的朋友莫里斯·格林博格所说，基辛格压根不是风险投资方面的行家。他提出的许多项目根本没有多少经济价值。比如自由港公司感兴趣的采矿公司，中方要求保留控制权。还有一个项目是计划在上海附近某地生产纺织品，但格林博格说："规模太小，完全没有意义，简直就是浪费每个人的时间。"

更要命的原因是天安门广场事件，紧接着四面八方都在喊要对中国进行制裁，合伙公司只好暂停一切项目。结果一分钱也没投出去，到1990年年底合伙关系正式解散。所有投进来的钱又都悉数回到各投资公司的口袋。

天安门广场事件后基辛格公开主张美国应该与中国继续良好的关系，于是有人抨击他这样做是为了自己的商业利益。基辛格坚决否认："因为中国投资公司从来没有投出去一个子。"但是如果美国真的听从基辛格的劝说，对天安门事件稍微客气一点的话，基辛格的公司就可以继续在中国发展，他本人也可以赚个盆满钵满。何况基辛格在中国还有其他好几个项目。由于和政府相交甚欢，基辛格可没少发财。所以邓小平政权的安危确实影响他的钱袋。其实，他的公司内部也对潜在的冲突进行过讨论；后来公司散伙倒是一大解脱，至少再不会有人盯着他不放。

1989年9月，《华尔街日报》的约翰·费尔卡披露了中国投资公司的存在。基辛格上"麦克内尔/雷若新闻一小时"节目做评论员时，被问到这件事。他回答说，居然有人含沙射影说他为了一己私利，就要祖护中国政府，简直忍无可忍。身为自由民主党人的众议员史蒂芬·索拉兹算是站出来为基辛格说了句好话：我相信这与经济利益无关，基辛格博士向来维护独裁政权，不管他在这些国家有没有经济利益。基辛格的老助手温斯顿·洛德当时被派去中国做大使，由于基辛格维护邓小平政权，两人分道扬镳。但这次他也站出来挺了基辛格一把："即便他在中国没有一分一毫的商业利益，他还是会像现在这样维护中国。"

随后《洛杉矶时报》和《华盛顿邮报》刊登"编者的话"说，鉴于基辛格在专栏中为邓小平政权说好话，估计他在中国有商业投资。不过报纸并未提及，基辛格还在中国帮五六个客户打理其他项目。

1989年11月，基辛格决定高调访华，以正视听。这将是他第十五次访华。和第一次访华惊人相似的是，这回基辛格和尼克松之间再次演绎小小插曲。

1971年破冰之旅发生前，尼克松曾建议基辛格在北京之外的某个地方会晤中国领导人，这样好让尼克松本人享受第一个落地北京的美国领袖的荣耀。时间到了1989年，说来也怪。刚好尼克松也琢磨着访华——他想成为天安门事件后第一个到访的美国高级官员。基辛格想距离尼克松访华时间越远越好，不停地向尼克松办公室询问前总统访华日程定了没有，但迟迟杳无音信。让基辛格烦恼不已的是，他最后竟在报纸上读到了尼克松已经先他几天抵达北京的消息。

和基辛格同访中国的有毛利斯·格林博格。当时美国国际集团正在上海建造主办公楼，70年前，国际集团的创始人就在上海卖过保险。尽管在上海项目上，基辛格并没有出手相助，他的出现本身便已在国际集团和地方官员打交道时帮了大忙，据格林博格回忆说，"亨利在中国的形象和影响力很大，光和他同处一室你就觉得事情统统好办了。他受到尊敬，这也是和他同赴中国旅行如此美妙的原因。"

在中国外长的欢迎晚宴上，基辛格提到"一些美国人觉得中国应该在当下情形先迈出第一步，而一些中国人则认为美国应该先迈出第一步"。既然两国在维系双边关系上拥有共同利益，基辛格总结说，"那双方就应该共同行动将中美关系推上更加顺畅的轨道"。

邓小平在人民大会堂接见并宴请了基辛格和格林博格。会晤期间，"天安门风波"问题被提了出来。基辛格解释道：美国政策既要照顾其利益又不能违背其价值观，但他希望关系迅速得以改善。邓小平则大谈"文化大革命"，讲到他是被肃清的对象，他的儿子如何被激进分子从窗口扔出去，造成终生残废。基辛格推测，邓小平讲这个故事是为了表明他认为又遇上一场像"文化大革命"似的暴乱，他像基辛格一样，生活教会了他秩序和权威的价值。

基辛格和格林博格还得到李鹏总理等其他国家领导人的接见。温斯顿·洛德大使——基辛格从前的忠实助手——在美国驻华使馆为基辛格举办了盛大的招待会，北京政治、文化、经济的高官云集于此，盛况空前。不管中美关系遇到什么情况，基辛格的关系网毫发未损。

回国后，白宫邀请基辛格吃晚饭，他向布什、贝克和斯考克罗夫特作了汇报。要修复关系，美国必须作出姿态，他解释道，"中国人对外国干涉他们内政一向很敏感，30年前中国人就因为同样的问题跟苏联中断了关系。"

布什下决心做的事情使基辛格显得更富有影响力：他派斯考克罗夫特和伊

戈尔博格——基辛格的原商业伙伴和国家安全委员会的同事秘密访问中国，和邓小平把酒言欢，修复裂痕。基辛格事先不知道这件事，发现后大吃一惊，他意识到好像他是这个决定背后无形的推动力。

基辛格的时事评论、内部影响力和商业关系形成的错综复杂的网保持了良好的互动关系。1990年2月，基辛格在他的公寓为中国大使举行了晚宴，并引荐他的客户认识。他在祝酒词中说，美国人不够了解中国反抗外来干涉的伟大传统。当晚宴结束后，中国大使在大厅门口拥抱了基辛格，并对国会里一场正在辩论的赞成制裁的议案表示忧虑。基辛格立刻掏出一个黑皮笔记本记道："打电话给布伦特（斯考克罗夫特——译者注）。"他的一位商业客户把这一切都看在眼里。没有证据表明他真打过这个电话，但就是这种小小的姿态给在场的人留下很深印象，从中国大使到大公司首席执行官。

"我要早知道，压根就不会让他上节目。"彼得·詹宁斯后来说，他指的是天安门事件后第一天对基辛格的采访。另一方面而言，因为基辛格既是商人，又是媒体评论员，与政府还有千丝万缕的联系，所以他这个分析师比任何人都消息灵通。

三重身份就是三种交叉的利益，自然存在问题。偏偏基辛格还没改掉从政时的老毛病——干什么都喜欢鬼鬼祟祟。阳光其实就是很好的杀毒剂。基辛格大可以在他评论的事件中把自己和客户的商业考虑写出来，交给读者和观众去评判。就算他不想公开某些客户的大名，他至少可以大致说说，他帮某个会受所谈之事影响的客户出了出主意。把潜在的问题摆到台面上来谈当然不会一下子解决问题，但却是赢得信任的不二法门——而信任，不正是优秀的新闻工作、良好的商业关系，以及善政良治的基石吗？

◎老当益壮

20世纪90年代初期，基辛格的影响力和能量都未见减少，但待他快接近70岁生日之际，重新步入政界的想法愈来愈淡。现在的生活充斥着没完没了的晚宴、商业旅行、乡间周末，俨然是曼哈顿贵族社会一片夕阳无限好的光景。他的时间表依然排得满满的，从黎明到深夜的每一分钟都计算在内，预约在数月前就定下来。当他为滚滚财源来去匆匆时，依然精力过人、焦躁不安。他太积极好动，上镜率太高，无法获得一种宁静致远的老牌政治家的形象，但似乎在商务活动、新闻明星、豪富社交中找到一种平衡，让他的旺盛精力源源不断地分泌而出。

每逢繁忙，基辛格都不忘在公寓或休假地举办形形色色的晚会，招待各路神仙。通常晚会有三种，一是曼哈顿的社会名流，二是媒体和娱乐圈明星，三是知名政治家和官员。每年9月初联合国大会召开前一段时间都是基辛格最繁忙的日子，忙着会见来自世界各地的政治家。

以社交为目的的晚宴一般会邀请布鲁克·阿斯特、玛格丽特·洛克菲勒、伊萨克·斯特恩、亚伯拉罕·里比科夫及妻子凯西；当然还有《女装日报》那帮人，像阿迈特·厄蒂冈、德拉伦塔、锡德·巴斯、格蕾斯·达德利，以及简·赖茨曼。

传媒和娱乐界显贵们参加的晚宴（比如为斯威夫特·拉扎尔举办的那次，还有为巴巴拉·沃特斯庆祝生日的那次）通常规模更大，参加的人可不只十来个，怎么也有30到40位客人。一般来说都会有一两位传媒大亨——哥伦比亚公司的威廉·佩利（还活着的时候），后来换成劳伦斯·蒂什；美国广播公司的托马斯·墨菲；《洛杉矶时报》后来加入美国有线新闻网（CNN）的汤姆·约翰逊；《华盛顿邮报》的凯瑟琳·格雷厄姆。电影圈也有朋友来捧场，像柯克·道格拉斯及妻子安、捷克导演米洛斯·福尔曼，以及英国导演彼得·格林威尔。除了这些人，同时到场的还有一些明星记者，像大卫·布林克利及妻子苏珊、汤姆·布鲁考及妻子梅雷迪斯、阿贝·罗森索及妻子雪莉、亨利·格伦瓦尔德和妻子露易丝，以及威廉·巴克利和妻子帕特。同时混迹其中的还有三五个没那么大名气的报刊编辑。

初秋，各国高官蜂拥到曼哈顿开联合国大会。于是，特意为某位官员准备的晚会在这里络绎不绝。在90年代初那时候，接受宴请的有巴西和墨西哥总统、中国外交部长、新加坡、牙买加、马来西亚和法国总理、韩国贸易部长、法国某前总统，以及美国副总统。宾客中一般还会有几个记者、公司老板——当然多数是基辛格的客户——以及其他各类权贵，像美国劳工联合会-产业工会联合会主席雷恩·可可兰德和妻子伊雷娜、前商务部长彼得·彼得森和妻子琼·甘兹·库尼。

每年3月，基辛格一家都会去墨西哥阿卡帕尔考待上几个星期。他们一般都住在洛威尔·吉尼斯家，他是英国著名吉尼斯家族的继承人，总是神采奕奕；他的妻子格洛里亚美若天仙，是一个出生在墨西哥的冒险家，前任老公乃是一位埃及王子。吉尼斯的府邸建在高高的山上，中间是一座大宅，两边接着茅草做顶的别墅，专供客人使用。直到吉尼斯1989年去世，他一直是美国和欧洲富豪们社交生活的焦点，每年冬天，这些有钱人都会蜂拥到他的度假胜地。

基辛格一家待在阿卡帕尔考时，还有一个多少有些俗气的家伙给他们搭伴——波尔塔诺瓦男爵。这个人行为古怪，满世界游手好闲，从外公——休斯敦石油大王休·罗伊·库仑——那儿继承了巨额遗产，每个月有超过200万美元的生活费供他挥霍。他的头衔和夸张做派则拜老父所赐——意大利贵族阶层中的一个小人物，偶尔登台演出。波尔塔诺瓦和妻子阿列桑德拉男爵夫人（以前是休斯敦的桑迪·霍瓦斯）在阿卡帕尔考修了一幢摩尔人式的宫殿，看上去不伦不类，设有32个卧室，三个游泳池，两个室内瀑布（其中一个高80英尺），房顶上点缀着实物大小的石膏骆驼。基辛格有幸在这里享用了好多次晚餐，一次向主人致辞说："几百年后，这个奇妙的神殿会让考古学家们打得头破血流，争论这地方到底信奉的是什么宗教。"

就个人风格和品位而言，另一个极端以英国出生的导演彼得·格林威尔为代表。他住在墨西哥，常来阿卡帕尔考拜访基辛格一家。格林威尔具有超凡的感悟力，冷冷的英国式幽默，导演过电影《贝克特》、《孽海游龙》等，也在伦敦和纽约导演过十几出戏剧。格林威尔回忆说，虽然在度假，但"他体内那部巨大的劳斯莱斯发动机还在马不停蹄地往前跑，简直令人难以置信。他可以先去波尔塔诺瓦家享受聚会，玩到子夜时分才回来，然后迅速埋头写东西。"

夏天，基辛格一家会在肯特度过整个8月。虽然基辛格算不上技巧娴熟的园丁，但他对园艺设计却灌注了极大的热情。他尤其执著地把大树和灌木丛赶得远远的，开辟出空旷的田野，好让他在家里就能欣赏远处的石壁和湖光山色（德拉伦塔夫妇和厄蒂冈夫妇曾送了一辆拖拉机给南茜做生日礼物）。1989年泰勒死后，南茜又买了一条拉布拉多寻回犬，取名阿米莉亚；基辛格经常带着阿米莉亚在林中散步。

每年圣诞节，基辛格一家几乎都会去德拉伦塔夫妇在自家举办的聚会。这对夫妻的府邸在圣多明戈，占地30英亩，靠近海滩，除了不规则的主体建筑，还有九个小别墅。聚会上的宾客除了基辛格夫妇一般还有锡德·巴斯夫妇、阿内利斯一家、格雷斯·达德利、布鲁克·阿斯特、斯威夫特·拉扎尔夫妇，以及约翰·理查德逊。

基辛格跟他的两个孩子保持着密切的关系。伊丽莎白在剑桥读了医学院，成为波士顿地区的一名医生。长得酷似父亲的大卫在曼哈顿一家大公司当律师，后来竟放弃执业资格，跳槽去当娱记，基辛格的反应是装着吓了一大跳。再后来，大卫开始尝试做电视制片人。

基辛格对美式橄榄球和足球的痴狂随着岁月的消逝到了无以复加的地步。每个礼拜天他和朋友们坐在电视前，大谈特谈每个队的战术，预测比赛结果。1990年，这位曾在家乡菲尔特城被禁止看球的男孩成了罗马世界杯足球赛的座上名人，他和记者们说："我在世界杯赛场上受到的关注比在我参加的非足球活动中受到的更多。"1994年，基辛格又出力帮助美国赢得了世界杯主办权，并为此成为赛事监督委员会的荣誉主席。把足球引入美国，他说，"是一种传教事业"。

基辛格并不太参加各色俱乐部，但他喜欢去那些汇聚权贵和特权阶层人士的各种组织，而且越神秘、门槛越高越好。风格从轻浮的到沉重的不一而足，基辛格先后参加过像"波希米亚小树林"和"比尔德博格小组"之类的俱乐部。波希米亚小树林是个秘密的、全部为男性的俱乐部，主要活动是每年夏天在旧金山北边的红树林里举行乡村式的、惬意的休闲活动。那里汇聚了许多美国大亨级的富豪和政客，他们嬉戏打闹，刻意唱些无聊愚蠢的歌，讲笑话，听演说，喝酒，或靠在树干上发泄自己的愤懑情绪。成员中有四位美国总统——布什、里根、福特和尼克松。俱乐部成员们和客人们分宿在100个左右的分组里，仿佛城中之城。基辛格属于"曼德勒小组"，包括福特、乔治·舒尔茨、尼古拉斯·布拉迪等政界和工业巨头。

表演小品也是基辛格的拿手好戏。1988年，在《彼得与狼》的模拟表演中他扮演狼。第二年，在一出叫做《低俗恶作剧》的剧中，一个男人戴着橡皮做的基辛格面具出现在大家面前，一开口就是一副基辛格腔，听起来古里古怪。最后他摘下面具，大家一看，原来就是基辛格自己。"我之所以表演这个，是因为我一直相信，低俗恶作剧才是最好的春药。"他用低沉的声音说。这一年，他还干了几件令人难忘的事：排队打电话加塞——非常不波希米亚；把法国总理米歇尔·罗卡尔当客人带来——过于波希米亚。

比尔德博格俱乐部神秘程度也差不多。波希米亚树林有多幼稚，那么这个俱乐部就有多严肃。俱乐部成立于20世纪50年代中期，创始人包括荷兰贝恩哈德王子、高尚的美国政治家乔治·波尔、名叫约瑟夫·雷廷格的波兰抵抗战士和伯罗夫公司总裁约翰·科尔曼。成立这个俱乐部的宗旨在于促进欧洲和美国领导人之间的友好关系。第一次会议在荷兰奥斯特比克市的比尔德博格酒店举行。之后每年，俱乐部都会把80位左右大西洋联盟国家的最高领导人和各行业领袖召集到一起，召开三天戒备森严的秘密会议。

1990年5月的秘密会议选在长岛一处庄园进行——像这样在美国召开的机会可不多。基辛格是重要发言人，设法为副总统丹·奎尔搞到了一张邀请函。可是副总统对这个神秘俱乐部不甚了了，盘算着带上他那班随从，什么助手啦，顾问啦，事务打理者啦，匆匆进来露个小脸就完事。俱乐部组织人员发现后又羞又恼。基辛格和大卫·洛克菲勒商量后，上前对奎尔说，赶紧把你那群小跟班打发了吧。

当基辛格坐下来为自己的财政情况进行预算时，他猜测，演讲收入会减少，毕竟他离开公职已长达15年，名望和权力肯定会走下坡路。但在20世纪90年代，这种情况并没有出现。像变戏法似的，他仍然如日中天，始终坐在名人宝座上居高不下，这是任何其他世界名人都无法做到的。大概美国国务卿能像他这样退休后保持高知名度的并不多，也许乔治·马歇尔、迪恩·艾奇逊或亨利·史汀生可以，但他们也始终保持低调。

究竟是什么让基辛格保持名望如此之久、如此之高呢？答案是：主要靠钻研。就像星级演员离不开聚光灯、离不开摄像机，新闻制片人发现他是块不可多得的瑰宝。1988年戈尔巴乔夫访问美国，两天之内，基辛格上了美国有线电视网（CNN）两次，美国广播公司、哥伦比亚广播公司更多达数次。1991年有一次，基辛格甚至在哥伦比亚广播公司的电视节目上客串了一回天气预告员。"如果您生活在埃及和宾夕法尼亚、黎巴嫩和新罕布什尔之间的话，那么我预计您会遇到和风旭日的天气。"他装模作样地说。然后，基辛格又对其他几个美国城市做天气预报，但嘴里说的居然是外国城市的名字，而且指错了方位。天气预报员马克·麦克艾文开玩笑插嘴说，真怕您抢了我的饭碗。

为了维系名声，基辛格仍然像在白宫时一样执迷于说服对手或不同意见者。每次他都会被吸引到批评者面前，带着一股不安和傲气，迫不及待地解释自己的立场，争取认可。一次，基辛格参加了一场反对在曼哈顿体育场兴建大型写字楼的示威活动。这边一结束，他赶紧跑到写字楼开发商泽克曼那里，解释说，"您知道，我这么干不过是为了安抚我的那些自由派的朋友罢了。"

基辛格这种渴望从所有人那里争得认可的愿望，属于人类共性，但在他那里显得格外突出。在朋友们看来，高级权位和财富的获得仍然不能驱散这个菲尔特难民内心的脆弱感，同样，他对别人攻击的敏感、对敌手的狂想、对友人的多疑都未见磨灭。在取得了如此辉煌的成就和声誉后，在那些他刻意渴望求得社会尊重的人士面前，基辛格仍显得有一丝焦虑和谦卑。

"亨利在人性层面上总是很难获得完全的安全感，这和他在智力层面上的自信截然不同。"基辛格偶尔的社交旅伴、英国著名导演彼得·格林威尔说，"'不安感'是个贬义词。但用在亨利身上，我表达的是赞许。这么多年过去了，他仍然感到不安，这已内化为他身心的一部分。在他身上有一种脆弱性，也有一种伟大的人格魅力。"

如果说90年代的基辛格在夺目的光芒中缺少了什么，那就是无论在社交上还是职业上，他的世界里少了几分实质，多了几分浮华。时不时地，他在幽默自嘲时，会说他那刚刚结交的社会朋友们简直就是"暴发户"。基辛格和大部分朋友缺乏心灵和智力的交流，他们的轻浮与他有点格格不入。然而，晚会依旧是那么炫目，旅行仍是那么豪华，朋友情谊仍是那么温馨惬意。

同样，他在生意上的成功始终不像他在政治上的成功那样令人满意和实实在在。让印尼变得对自由港公司更加安全，终究不像让世界变得对中国更加安全那样令人志得意满。不过还好，基辛格仍然能够坐在私人飞机里环游世界，扮演外交官和外交事务助理的角色——那些他最拿手的行当。

青年时代，基辛格征服了学术领域。然后在华盛顿官场、在外交界走向胜利，又成为新闻明星和名人，然后又开大公司，进入富人圈。在所有这些领域——从往来无白丁的全球外交战场到微不足道、口水四溅的杂志专栏，他那才华和暴躁性格的结合，自以为是和缺乏安全感的交织，以及四射的魅力和鬼祟作风、天才幽默和纵世雄心的混合，不管好坏功过，都使他成为那一时代的头号巨星之一。

　　1991年2月，葆拉·基辛格——一位德国贩牛商的女儿、小学校长的妻子、把家人从纳粹魔掌中挽救出来的女人、一个儿子如此功成名就乃至无须刻意吹嘘的幸福的母亲，迎来了自己90岁寿辰。一如往常，此刻的她，正在波多黎各那间早年就和丈夫一直包租的海边简易公寓里度过漫漫冬日。

　　她仍旧步履轻捷、充满生气，头脑敏捷，心直口快，也很健康。她的公寓在第10层，那个月公寓的电梯坏了好几天，大家要她搬到一个方便一点的套房，她拒绝了。每天，她爬10层楼梯上下，对年龄所作的唯一让步是每爬三楼左右停下来短歇一会儿。大楼里的朋友会趁她歇气的时候邀她喝一杯茶。

　　生日的那个星期六晚上，沃尔特·基辛格一个当教师的儿子从加利福尼亚飞来看她。他把她带到他住的希尔顿饭店，当她走进房间时，吃惊地发现她的儿子们——亨利和沃尔特，以及全部家庭成员们都在那等她。

　　吃饭时，亨利·基辛格提到了母亲的力量。因为她永不服输的天性，他说，一家人才从纳粹德国逃出来。因为如此，他们到美国后才能舒适地生活，她的儿子们能上大学。"在逆境岁月中，"他说，"正是您凭着您的勇气、精神和奉献，把全家人团结在一起。我取得的每一分成就，我们一家取得的每一分成就，都归功于您。"

　　葆拉沉默了一会，深深地沉浸在那美好的瞬间。接着，用近乎完美的英文说，"这一辈子活得太值了。"

第34章 | 基辛格的政治遗产

政策与个性

> 人们反对梅特涅的自大和僵硬的保守主义，却往往连他的成就也一并否定了。

——基辛格，1957年

拿破仑曾经说梅特涅搞不清楚政策和权术的关系。基辛格两方面都是大师，和梅特涅一样，他的政策深刻地反映着他的复杂个性。

基辛格最经得起考验的优点，就是他无与伦比的才华，连他最苛刻的批评者也不得不承认这一点。不管是随意谈话还是正式场合，他总是能见微知著，富于洞察力，口吐莲花，妙语连珠，才思敏捷，令人赞叹，有他在，整个谈话都会提升一个层次。1971年，周恩来在与基辛格探讨过大国战略平衡问题后，也由衷地称赞道："基辛格博士，您是个聪明绝顶的人哪！"

基辛格才华的关键在于，他能看透不同事物之间的关联所在，并很快拿出一个解释模型和解决办法来。就像盘踞在网络中间的蜘蛛，基辛格几乎是过分敏锐地关注着自己势力范围的每一个角落，警惕地盘算着世界上某地某事会如何影响另一地方，每一次力量的投放会如何在遥远的地方激起涟漪。

研究解决事情的办法时，基辛格出奇的认真诚实，这让老以为他是个骗子的批评者们吃惊不已。他身边满是有着不同想法的聪明谋士，基辛格喜欢毫不留情地挑战他们的想法，更喜欢接受他们在思想上的反击和挑战。

批评家们说了，基辛格的才华更多表明，他是个战术家，而非战略家。换句话说，他善于设计确保任务成功的具体步骤，但缺乏建构宏大目标的战略视野。实际上，基辛格既是战术家也是战略家。其思想的力量之一就是其在不同层面上进行思考和行动的能力。上得厅堂，下得厨房。日常工作中，他能一边担心着所谓的历史车轮、历史性力量等宏大命题，一边高声咒骂官僚机构的种种漏洞。他能建构出像中东、中美苏三角关系等超富想象力的战略框架，也能潜入水底，一分一毫地在谈判桌上讨价还价。

基辛格在国际事务上的欧式哲学——基于权力的现实主义和权力政治——源于他的出身和背景。作为魏玛共和国的国民和纳粹大屠杀的幸存者，对稳定和秩序的追求深深地嵌入他的血液里。在他长大成人的环境里，所谓的"信任"从未被主动灌输给普通人，也没有天上掉下来的"美德"，因此，基辛格自然而然地对人性看法悲观，笃信实力政治。哈佛老友霍夫曼评价说，基辛格身上体现着一种"儿时不幸者所具有的那种阴冷忧郁情结"。因此，基辛格好动多疑，更倾向于臆测和操控人类的敌意，而不是先入为主地去迎合他们的好心肠。正如他1954年在信中描写大屠杀幸存者所言："他们见识过人类最黑暗卑劣的一面，谁还有资格责备他们的多疑呢？"由此基辛格相信，权力，而非道理，决定着世界的秩序。那些根据国家利益行事的国家，在基辛格看来，要远比那些靠意识形态和道义判断四处打杀的国家理智和安全得多。大屠杀的教训之一，他认为，即有时"人类只能靠谎言才能存活下去"，"虚弱无异于死亡"。

基辛格的性格中有深深的不安全感和广为人知的傲慢，对此他自己毫不讳言。智力上他非常自信，乐于与人争辩，愿意自己的想法受到诚实的挑战。但在个人层面上，基辛格对现实存在的和他想象中的敌手充满忌恨。对别人的蔑视极为敏感，近乎病态。对待同事总是偷偷摸摸、藏着掖着，这种作风在尼克松时期尤其明显。基辛格喜欢搞秘密外交，甚至欺骗外交，是他性格中不安全感和紧张心态的直接反映，但也和他追求的政策目标有关。建立在道德理想主义和国际法基础上的外交自然很容易开放地操作，但讲究模糊性、妥协和运用强力的现实主义方式便易于诉诸秘密行动和欺瞒，因为一旦公开，公众肯定反对。基辛格笃信偷偷摸摸和爆炸性的外交，他悲观地认定，自己对国家安全利益的冷酷盘算大都不会得到公众和国会的支持。"如果去掉10%的才华，多10%的诚实，他就是个伟人。"美国犹太人领袖、基辛格家族挚友古德曼说道。

基辛格的秘密行事风格很大程度上受尼克松个性和主张的影响。基辛格既反映、也强化了尼克松性格中的黑暗面。两人都喜欢搞重大事件，比如对中国的破冰行动；都急于掌控局面，沽名钓誉，都不信任他人，尤其是官僚机构。二人都更乐于策划秘密行动，对泄密怕得要死。

基辛格急着把同事排除在许多行动之外，部分原因是他的虚荣心。但也有现实合理性，他相信，为了建立微妙的"连环套"和在某些事物间保持脆弱的平衡，必须通过幕后渠道对政策保持严密的控制。他相信，把国务院排除在外，他一定能更好地与中国人打开破冰之旅；如果让阮文绍总统蒙在鼓里，一定能和北越更容易地达成一项协议；如果绕开史密斯和国务院的军控谈判专家，他一定能和苏联人搞出项不错的军控协定。在所有这些乃至更多的例子中，基辛格都取得了不朽的成功。但他也埋下了怨恨的种子，在白宫和内阁间助长了一种尼克松式的缺乏信任的气氛，削弱了官僚机构的支持并不必要地引发了一系列国内反弹。

这种不安全感和智力优越感的化学反应还体现在他极力转化不同意见者的强迫症上。基辛格是个大师级的"邀宠者"——不分青红皂白地想要获得所有人的认可。他晓得如何笼络人心，迎合别人的虚荣心，拉一派打一派，在朋友之间靠分享对对方的辱骂拉近关系。尤其令人吃惊的是他这张"邀宠"的网大得没边。专栏作家克拉夫特的妻子看着基辛格如何拉拢她的丈夫，评价说："真得有天大的不安全感和虚荣心，才能让一个人如此不惜力地去说服别人。"小阿瑟·施莱辛格说得好，这是典型的难民心态，急于满足自己被承认的渴望。

基辛格施展魅力往往是成功的，因为他确实善于交流，聪明伶俐而且幽默。但副作用也很明显：因为交游太广，基辛格不可避免落下了伪善的名声。对此詹姆斯·施莱辛格评说，亨利很享受这种曲意逢迎的伪善，别人撒谎时脸通红，亨利不会，不仅如此，他还摆着姿势去做，好像跳芭蕾舞似的。

魅力、劝说、奉承和两面派，这些都成了基辛格外交的一部分。在中东穿梭外交时，本来应该建立在实实在在的穿梭过程上的美国外交政策实际上变成了基辛格的独角戏。在以色列和埃及，甚至叙利亚和沙特，基辛格都能把国家领导人哄得热血沸腾，假装和他们密谋，偷偷地开敌国领导人的龌龊玩笑。

不论如何，基辛格的历史功绩不容抹杀。20世纪70年代后的和平格局是基辛格缔造起来的，这足以让他和史汀生、马歇尔和艾奇逊等美国外交史上的光辉人物一同成为当代美国最伟大的政治家。基辛格堪称美国20世纪最伟大的谈判家，也和乔治·凯南并列为美国最具影响力的外交思想家。

但是，基辛格对美国传统的价值观毫无感觉。史汀生强调荣誉要高于权谋，理想高于利益。基辛格不是这样，他对民主社会中的健康争吵和开放的决策过程所蕴涵的力量没有兴趣。"亨利是个主张权力均衡的思想家，"基辛格最亲密的同事之一伊戈尔博格评价说，"他对秩序稳定笃信不疑。而这些政策目标在美国经验中是与主流价值不相容的。美国人喜欢追求道德价值。亨利对美国政治制度没有与生俱来的认同感，他的政治人生并不是以美国的价值判断为起点的。"

基辛格登上历史舞台时，他的第二祖国在外交上正面临危险时刻。受越战影响，美国国内的孤立主义思潮正蓬勃兴起。国会和民众没有兴趣为越南战场花钱买新的武器，也不愿在第三世界和苏联一争高下。基辛格，靠着缓和中的外交手腕，成功地确保了美国在力量衰弱时与苏联的竞争更加可控，也确保美苏间的决裂不再那么危险。他织起一张精密的环环相扣的网络，为军事力量每况愈下的美国提供了大量的外交资源。基辛格曾说，"在一切都衰败不堪的时期，我们为美国保住了一些元气，这大概是我们的功绩所在。"数十年后重新审视那段历史，应该说，基辛格的话不无道理。

纵观基辛格的外交生涯，一些行动精彩绝伦而且富有想象力，一些则冲动、鲁莽和生硬。一些很聪明，另一些则过于算计。作为历史上唯一一位用欧洲现实主义哲学指导美国外交政策的首席外交官，这位权力政治的实践者丝毫不受美国历史上沿袭几百年的感性理想主义的束缚，时常显得令人痛心般的冷血无义。但他却能线条清晰地构筑起一个全新的全球平衡时代，确保美国在后越战时代保持了国际影响力，并最终结束了冷战。

尽管基辛格偏执般地认定每一场冲突背后都有苏联主使，但他不偏不倚，既顶住了鸽派人士和孤立主义者寻求闭关自守、放弃与苏联竞争的压力，又没有倒向要求放弃与苏联合作的强硬派。正如乔治·凯南在20世纪40年代所指出的那样——基辛格在20世纪70年代重申——苏联必须靠不断向外扩张、挑动是非才能维系其政权，如果切断其机会，苏联将不攻自破、难以自持，历史证明他们是对的。

此外，基辛格和尼克松将战后的两极体制转化为大三角棋局，为美国开展创造性的外交提供了更多机会。与中国建立关系——以前历代总统不屑一顾的事情——让世界上两个最大的共产主义国家争相与美国维持更好的关系，彻底逆转了此前的力量博弈格局。美国战后外交政策发生了根本性的变革：自1945年波茨坦会议后，美国与苏联和中国的竞争与合作关系有史以来第一次同时成为美国大国博弈战略的一部分。仅此一点，足可称现实主义大获全胜，令基辛格与梅特涅并肩齐名。

这一新的战略框架中，既包含着对美国实力限度的客观认知，同时也坚持美国必须抵制苏联扩张的信念。基辛格既没有像保守派批评者希望的那样狂热反苏，又比自由派所能容忍的更加强硬和对外扩张，这样便为越战后的美国在世界上确定了更加平衡的新作用，避免钟摆过度向左或向右偏移。这一政策的主线在接下来的20年里为美国执政者所恪守：对苏联保持遏制和合作两手政策，促使苏联体制的内在冲突逐渐释放出来；在中东地区坚持步步为营的策略，确保美国在该地区始终保持主导地位；对中国实行务实政策，既维持中美苏三角平衡，又给华盛顿更多对苏运作空间。当冷战结束时，这剂现实主义的良药终于帮助美国在一个崭新的多力量中心的平衡世界中获得游刃有余的地位。

但是，由于过分忽视道义的地位，基辛格的实力现实主义步履蹒跚。尊重人权、国际法、民主制度及其他理想价值，这些被视为美国外交政策历史基石的宝贵信仰，然而像秘密轰炸柬埔寨和河内、搞垮智利左翼政权，诸如此类的残暴行为，都是对美国奉为圭臬的价值观的无情践踏。基辛格作为政治家所面临的挫折和作为个体遇到的种种敌视都源于他地缘战略的非道德性。

基辛格的做法引发了美国社会对缓和的反弹，国民情绪向卡特的道德主义和里根的意识形态狂热渐次偏移。其结果，基辛格留下的外交遗产虽充满光辉和才智，但缺乏牢固基础，成了用硬邦邦的砖头垒起的精美大厦。基辛格的现实政治论和一个开放与民主的社会格格不入，在那里，诉诸远大的目标并不能为不受欢迎的手段正名。要想争取一向具有孤立主义传统的美国民众的支持，必须抱有美国的一切行动都是道德的和高尚的这一信念。不论是发动战争还是抵制苏联霸权，美国都将终极动因归结为对自身价值的捍卫——而非出于冷静的地缘战略利益考量。即使某些冲突部分原因是美国自身的经济利益，如1991年海湾战争，但公开喊出的仍然是那些被一贯坚持的目标。

　　在基辛格看来，要在乱世之中保持政策的连贯性，美国精神的理想主义色彩是种弱点。某种程度上他是对的。对他而言，强调现实主义和国家利益——尽管可能看上去在执行过程中冷酷无情，但并不等同于拒绝道德价值。正相反，他认为这是获得稳定世界秩序的最佳途径，而一个稳定的世界才是终极的道德诉求，特别是在核武器时代。

　　在1988年巴黎的诺贝尔奖得主一次聚会上，基辛格试图解释道德和现实主义的关系。在一次闭门会议上，他的乔纳森权力论和非道德外交方式遭到猛烈抨击，前诺贝尔和平奖得主、阿根廷人阿道夫批评基辛格是个制造"种族清洗和集体屠杀"的刽子手，基辛格开始拿他的童年作出解释。整个会场一片骚动。

　　"我有超过一打的亲戚遇害"，他说，他知道什么是种族清洗。在这个世界上，人权论者与和平主义活动家靠嘴皮子坚持完美的理想很容易。但对政策制定者而言，必须学会面对现实去争取可能实现的最佳结果而不是想象中的最佳结局。把军事力量从世界事务中踢出去的想法好极了，但世界并不完美，这一点他小时候就领教了。那些真正对和平负有责任的人——不像那些满嘴仁义道德的旁观者——没法承担起摆弄纯粹理想主义的代价。他们必须鼓起勇气去应对种种模糊性并作出妥协，要认识到，伟大的目标只有通过不完美的路径才能实现。任何一方都唱不起道德的独角戏。